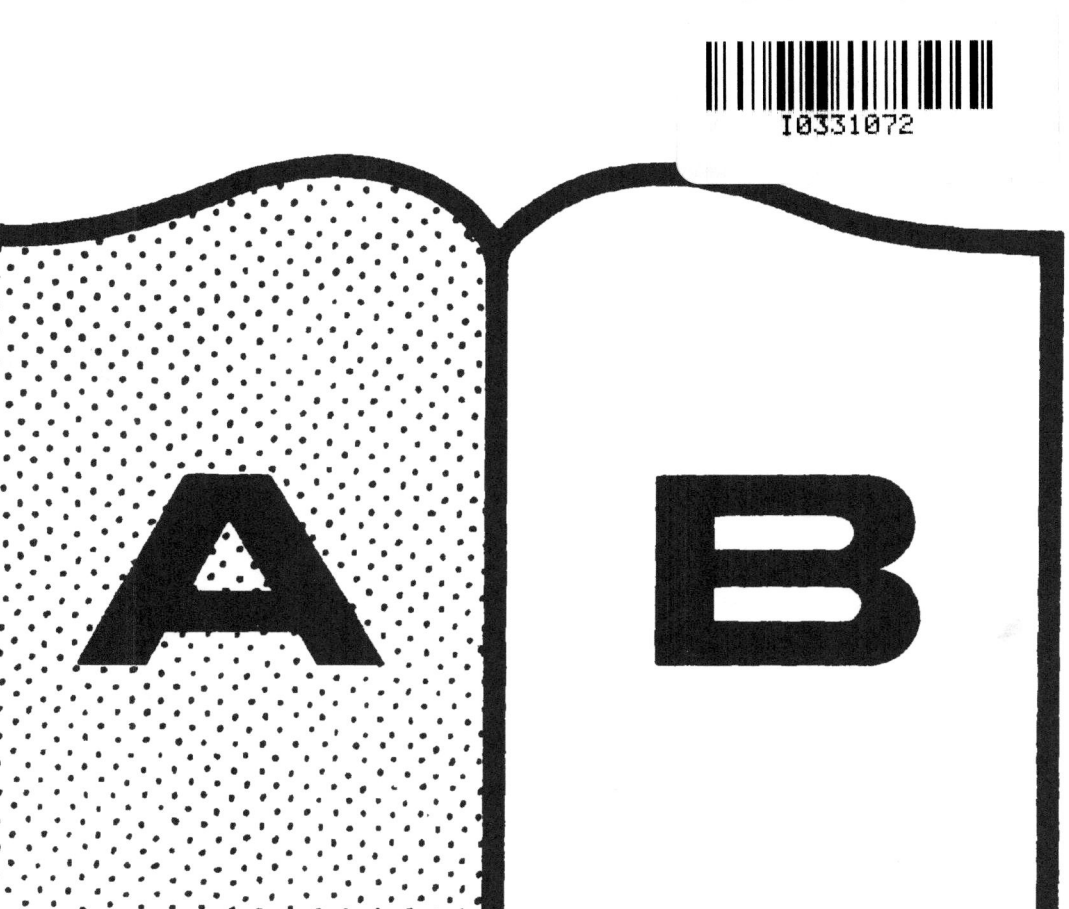

Contraste insuffisant

NF Z 43-120-14

19513

ŒUVRES

DE LEIBNIZ

TOME II

Paris. — Typographie de Firmin Didot frères, fils et Cⁱᵉ, rue Jacob, 56.

ŒUVRES

DE

LEIBNIZ

PUBLIÉES POUR LA PREMIÈRE FOIS

D'APRÈS LES MANUSCRITS ORIGINAUX

AVEC

NOTES ET INTRODUCTIONS

PAR

A. FOUCHER DE CAREIL

TOME DEUXIÈME

LETTRES DE LEIBNIZ,

BOSSUET, A. ULRICH,

LA DUCHESSE SOPHIE, MADAME DE BRINON,

POUR LA RÉUNION

DES PROTESTANTS ET DES CATHOLIQUES

PARIS

LIBRAIRIE DE FIRMIN DIDOT FRÈRES, FILS ET Cie

IMPRIMEURS DE L'INSTITUT, RUE JACOB, 56

1860

Droit de traduction et de reproduction réservé.

INTRODUCTION

De toutes les méthodes proposées pour lever ce grand schisme d'Occident qui dure encore, Leibniz, après les avoir toutes passées en revue dans un écrit spécial qui ouvre ce second et dernier volume de la correspondance avec Bossuet, trouve celle de M. l'évêque de Tina la plus raisonnable, et la préfère à celle de M. de Meaux, connue sous le nom de Méthode d'exposition ou d'éclaircissement, qu'il n'écarte pas entièrement, mais qu'il déclare insuffisante. Il a lui-même énuméré dans cet écrit les diverses méthodes d'union qui avaient été proposées, et il les a comparées les unes aux autres. Voici le résultat de ses analyses.

Les voies de *dispute* et de *rigueur*, qui ne valurent jamais rien, une fois écartées, et celle d'une *tolérance mutuelle* admise en principe, trois voies restaient, qui pouvaient conduire à une réunion pacifique des protestants avec les catholiques. La première est la voie de l'*exposition*, qui consiste en éclaircissements des difficultés proposées sans permettre jamais de remettre les principes ou le dogme en question (1), méthode excellente, nous dit Leibnitz, pour faire disparaître les malentendus, et dont Bossuet et Molanus avaient donné de beaux essais sur la *justification* et le *sacrifice* : mais aussi méthode insuffisante, qui s'applique plutôt aux controverses verbales qu'aux difficultés réelles. La seconde voie est celle de la *déférence* ou de la *condescendance*, lorsqu'un parti cède à l'autre sur certains points. Par cette voie on peut obtenir et on avait obtenu, en effet, d'importantes concessions, non sur le dogme, mais sur la pratique, et des promesses salutaires pour la réforme des abus si constamment réclamée dans l'Église et hors de l'Église. Ne parlons ici que pour mémoire de la voie de *l'accommodement* ou de transaction, qui a presque toutes les avenues fermées, dit Leibniz, et arrivons à la troisième qui est celle de *l'abstraction* ou *suspension*, qui écarte provisoirement, et jusqu'à plus ample informé, certaines questions controversées, comme celles de la supériorité du pape à l'égard des conciles et de la conception immaculée de la Sainte-Vierge, que l'Église n'avait point encore décidées. Dans l'opinion des protestants, cette voie, qui laisse ces questions en suspens jusqu'à

---

(1) Bossuet, p. 75, 35 : « Id autem erit commodissimum quod vix ulla nova decreta condi, sed per *expositoriam* et *declaratoriam viam* aptas et consentaneas interpretationes afferri oporteat, ut confessionis Augustanæ defensores ad se ultro rediisse et sua constituta hausisse videantur. »

la décision du prochain concile œcuménique, doit venir au secours des deux autres, en certains cas permis, pour abréger leurs longueurs : « Car nous convenons, dit Leibniz, qu'il faut poser pour le fondement de toute la négociation *que chacun doit faire icy de son costé le plus extrême effort sur soy-mesme qu'il luy soit possible sans blesser sa conscience, en faisant voir pour les autres la plus grande condescendance qu'on puisse avoir sans offenser Dieu.* » Principe excellent et bien capable, s'il était admis des deux parts, d'avancer ce grand œuvre de la réunion pour obvier aux grands maux que le schisme a fait naître, « c'est-à-dire à la perte de tant de milliers d'âmes et à tant d'effusion de sang chrestien, sans parler d'autres misères que ce schisme a causées, et pourra causer encore, s'il n'est arresté. »

Leibniz juge, en les rapportant à cette règle unique, les trois méthodes employées par Spinola, Bossuet et les protestants pour lever ce grand schisme et venir à une réunion définitive. Il ne dissimule pas sa préférence pour celle de l'évêque de Tina. Réunir des déclarations positives en grand nombre de beaucoup de princes protestants; se soumettre d'avance à un jugement de l'Église universelle assemblée en concile général; sonder les esprits pour une *réunion préliminaire* en attendant les décisions du concile futur, afin que la hiérarchie fût rétablie; recueillir les sentiments des docteurs tant catholiques que protestants sur les conditions de cette réunion ; trouver les moyens de conciliation, *media compositionis;* s'efforcer d'amener ainsi *par degrés insensibles*, et en consultant leur humeur, les protestants à recevoir le concile de Trente ; tâcher enfin de faire prononcer les protestants sans s'expliquer soi-même, et de faire agréer de Rome leurs propositions les plus douces et les plus discrètes, *propositiones novellorum ac discretiorum* (1) : telle est la méthode au plus haut point conciliante et vraiment irénique de l'évêque de Tina, que Guhrauer condamne sans la bien connaître, mais qui, presque adoptée par Rome à un certain moment, favorablement accueillie par quatorze princes protestants, et couronnée de succès en Hongrie, aurait sans doute réussi en Allemagne sans le malheur des temps et les complications de la politique.

La méthode de Bossuet, plus simple, plus radicale, plus cartésienne enfin, s'en sépare complétement. On peut dire qu'elle était le renversement de la première : Bossuet n'admet pas la *réunion préliminaire*, il ne veut rien qu'une exposition dogmatique et tous les éclaircissements que les protestants pourraient désirer : « La grande difficulté à laquelle je vous ay souvent représenté qu'il falloit chercher un remède, écrit-il à Leibniz (2), c'est, en parlant de réunion, d'en proposer des moyens qui ne nous fissent point tomber dans un schisme plus dangereux et plus irrémédiable que celuy que nous tascherions de guérir.

---

(1) C'est le titre même d'un mémoire approuvé par le pape et les cardinaux. (Voir t. I, p. 39.)
(2) Tome II, p. 386.

La voye déclaratoire que je vous propose évite cet inconvénient, et, au contraire, la suspension que vous proposez nous y jette jusqu'au fond, sans qu'on s'en puisse tirer. » Voilà cette méthode qui, sous le nom d'Exposition, a joué un si grand rôle dans ces controverses, méthode admirable de clarté et d'évidence, tant qu'on n'avait affaire qu'à des hérétiques isolés ou en petit nombre, mais qui avait le tort de ne point reconnaître l'existence du fait, celui d'Églises protestantes constituées en face de l'Église catholique. Toutefois Leibniz lui adressait un autre reproche, c'était d'être trop oratoire et pas assez rigoureuse dans les pages éloquentes de M. de Meaux. « Il faut *ad populum phaleras*, lui disait-il ; j'y accorderois les ornemens, et je pardonnerois mesme les suppositions et pétitions de principe : c'est assez qu'on persuade. Mais, quand il s'agit d'approfondir les choses et de parvenir à la vérité, ne vaudroit-il pas mieux convenir d'une autre méthode qui approche un peu de celle des géomètres, et ne prendre pour accordé que ce que l'adversaire accorde effectivement, ou ce qu'on peut dire déjà prouvé par un raisonnement exact ? *C'est de cette méthode que je souhaiterois de pouvoir me servir. Elle retranche d'abord tout ce qui est choquant ; elle dissipe les nuages du beau tour, et fait cesser les supériorités que l'éloquence et l'authorité donnent aux grands hommes, pour ne faire triompher que la vérité.* »

L'éclectisme conciliant de Leibniz avait une tâche toute tracée d'avance. Trois méthodes étaient en présence : Bossuet n'en admettait qu'une, exclusive de toutes les autres. Leibniz, au contraire, les examine toutes les trois, et il trouve que toutes les trois ont du bon : il le déclare en commençant, dans cet exposé de principes que nous avons déjà cité : « Cependant il reste encore *une voye ouverte qui embrasse ce qu'il y a de bon dans toutes les voyes paisibles précédentes*, et qui a cela d'important qu'elle peut s'accommoder des principes des catholiques aussi bien que des protestans. Il me semble que c'est un effet de la divine Providence, qui a voulu que, nonobstant cette opposition si grande qui paroist estre entre les parties, il soit resté un moyen de venir à une réunion sans armes et sans disputes, sauf les principes des protestans, aussi bien que des catholiques. Quand cela ne seroit vray que spéculativement, ce seroit tousjours beaucoup ; mais souvent il ne tient qu'à la bonne intention des hommes et à des conjonctures favorables de réduire la théorie à la pratique, et ce qui n'est pas encore meur pourra peut-estre un jour venir à sa perfection par la bénédiction d'en haut. C'est pourquoy il est important que cette pensée soit connue et conservée (1). »

Voilà bien l'éclectisme conciliant et raisonné d'un sage en présence de l'exclusivisme plus étroit d'un docteur et des tendances séparatistes d'un zélé controversiste de l'Église catholique. Leibniz analyse les trois méthodes ; il les combine et en fait, par leur

(1) Tome II, p. 4.

union, une méthode nouvelle et plus féconde : c'est cette conciliation harmonieuse des voies, de toutes les voies et moyens employés, que j'appelle *l'éclectisme* de Leibniz, pour l'opposer à l'exclusivisme de Bossuet. C'est lui qui lui dictait déjà, dans cette conversation si curieuse avec le duc Jean-Frédéric, que lui-même a rapportée (1), ces six règles d'une si grande sagesse et d'un caractère si moderne que je n'hésiterai pas à les ranger, comme principes fondamentaux de toute discussion, à côté des quatre règles de Descartes, qui le sont de toute analyse :

1° « Que cette méthode sera appliquée premièrement à la matière de l'Église et à ce qui en dépend, pour en faire un essay, parce que la décision de cette matière donneroit un préjugé pour tout le reste ; *Ses règles pour finir les controverses.*

2° « Que celuy qui se servira de cette méthode ne sera point juge, ny partie, ny conciliateur, mais rapporteur ;

3° « Que la fidélité du rapporteur paroistra en ce qu'on ne pourra point deviner quel party il tient luy-mesme, ce qui est sans exemple en matière de controverses, et peut passer pour une marque palpable de modération et d'égalité ;

4° « Qu'il gardera un certain ordre incontestable, qui portera avec luy la clarté et l'évidence, et qui doit exclure formellement les cinq inconvénients marqués cy-dessus ;

(1) Voir ce singulier écrit dans le tome Ier, Appendice, p. 459.

5° « Qu'il abrégera les disputes autant qu'il luy sera possible, afin qu'on en puisse voir toute l'économie, quoyque bien souvent ce qui rend ces choses prolixes et difficiles n'est pas tant leur nature que les expressions embarrassées et ambiguës des autheurs, qu'on est obligé de développer afin qu'ils ne puissent point dire que leurs raisons ont esté négligées ;

6° « Qu'il sera ordinairement aisé à un homme de bon sens de juger sur le rapport qui a esté faict, sans que le rapporteur ait besoin de se déclarer. »

Méthode éclectique et conciliante au plus haut point, qui réunissait en une toutes celles énumérées précédemment, où l'idée de choix, c'est d'emprunter à toutes les méthodes employées avant Leibniz ou par ses contemporains ; et la tendance à l'union, à la conciliation, à la paix, c'est de ne rien rejeter, de tout employer, et d'en composer, en théorie du moins, les éléments de la réunion future.

Mais, si l'éclectisme de Leibniz a de grands avantages, et nous paraît l'élever au-dessus de ceux qu'il veut concilier, il faut aussi reconnaître ses inconvénients. On ne saurait passer sous silence l'article 3. de ces règles ; on le peut d'autant moins qu'il devient en quelque sorte la clef de toute une série d'écrits iréniques, dont le *Systema theologicum* est le principal, mais non le seul témoin. Leibniz s'exprime ainsi : « La fidélité du rapporteur paroistra en ce qu'*on ne pourra point deviner quel party il tient luy-mesme*, ce qui est sans exemple en matière de controverses, et peut passer pour une marque palpable de modération et d'égalité. »

Application de ces règles au Systema theologicum.

Singulière vertu d'une petite phrase ignorée pour finir un grand procès, quand elle recouvre une pensée intime et secrète : que de rêves pieux, que de systèmes plus ou moins théologiques vont être mis à néant et radicalement supprimés par cette petite phrase, et qu'il faut, dans ces difficiles questions des négociations religieuses du genre *irénique*, s'armer de critique et se mettre en garde contre les préoccupations de l'esprit de secte ou les émotions d'un zèle pieux ! Je n'en citerai qu'un exemple : il y a quinze ans, l'abbé Lacroix retrouvait à Rome, à Saint-Louis des Français, dans la succession du cardinal Fesch, en la possession du comte de Survilliers, Joseph Bonaparte, le manuscrit autographe du *Systema theologicum*. Un jeune prince, ami des lettres, l'enrichit d'une introduction (1) : l'abbé Emery, Lamennais, et plus récemment l'abbé Lescœur (2), s'en occupèrent avec bonheur, presque avec passion. Mais si, éditeurs et interprètes, tous ceux enfin qui, dans un zèle pieux, mais trop ardent, ont bâti sur cet unique fondement du *Systema theologicum* l'espérance d'une conversion, ont cru devoir en tirer des inductions relatives à la foi de Leibniz et voulu en faire le testament religieux de ce philosophe, avaient eu sous les yeux ce petit article de son projet *pour finir les controverses de religion*, ils n'eussent point

(1) Le *Systema theologicum*, traduit par le prince A. de Broglie.
(2) Voir le *Correspondant* du 25 septembre 1852 et suiv.

donné des armes à la critique protestante, qui les a victorieusement réfutés par les dates, par l'étude du texte et surtout par ces petits faits inobservés qui sont le sel de la critique. M. Grotefend en cite une nouvelle preuve assez curieuse, et qui paraît avoir complétement échappé à la perspicacité de l'abbé Lacroix. C'est à la page 77, à cette phrase : *Nec verò irritæ sunt protestationes quemadmodum adversarii accusant.* Leibniz avait mis d'abord *nostrorum* (de nous autres *protestants*) après *protestationes*, puis il avait effacé sur le manuscrit ce mot révélateur, ce mot qui était à lui seul toute une confession de foi, double indice et de sa qualité de protestant, et du soin qu'il mettait à la déguiser dans cet écrit. Ainsi tout prouve que l'article 3. de la méthode pour finir les controverses de religion s'applique dans toute sa latitude au *Systema theologicum* : c'en est le signalement. Leibniz n'a qu'un rôle en cette affaire, celui d'exposer fidèlement le débat engagé entre les catholiques et les protestants. C'est un simple rapporteur, sans parti pris, et, là où l'on voyait un philosophe prêt à se convertir, il y a tout bonnement un esprit conciliant et expert qui expose, qui examine, qui résume les difficultés, qui rapporte le débat enfin.

Mais une autre page de cette histoire si difficile et qui avait échappé jusqu'ici à toutes les recherches, éclaire la première d'un jour assez vif, et prouve que l'article 3 de sa méthode irénique était bien la règle fondamentale qu'il s'était faite. A force d'entendre Leibniz nous parler d'une *adresse innocente* à laquelle il voulait recourir pour donner le change aux évêques de France, nous nous étions mis en garde contre le *Systema theologicum*. La découverte de ces six règles de discussion augmentait un peu notre défiance, mais cette fois le doute n'était plus permis. Après avoir voulu s'appuyer de l'autorité d'un grand prince catholique pour répandre sa méthode impartiale, après avoir dressé vers 1684 un premier projet d'exposition de foi religieuse, le *Systema theologicum*, destiné à lui obtenir un brevet de catholicité, et sans doute aussi à jouer un rôle dans les négociations entamées, il y revient, comme à une pensée favorite et presque à une idée fixe, en 1694, et nous le voyons méditer alors une seconde édition du *Systema theologicum* revu et perfectionné sous ce titre supposé : *Jugement d'un docteur catholique, Judicium doctoris catholici* (1) : jugement qui était bien d'un docteur, mais non pas catholique.

Voici le fait, assez curieux et complétement inconnu, que je signale aux éditeurs du *Systema theologicum*. Leibniz, fidèle à sa recette pour finir les controverses, imagina, lui protestant, de prendre le rôle d'un catholique, et d'imposer à Spinola celui d'un protestant modéré, en un mot, de troquer pour un moment leurs situations respectives : car je n'oserais dire de changer de masques. Mais il ne se borna pas à un simple vœu : il se mit à l'œuvre, il composa un nouvel écrit irénique, sous ce titre supposé :

(1) Tome II, pages 46 et 50.

Judicium doctoris catholici de tractatu reunionis cum quibusdam protestantibus nuper habito. Cette fois il n'y a plus de doute sur les intentions : une lettre d'envoi, adressée à Spinola, accompagnait l'écrit; nous l'avons publiée. Leibniz cherche à monter sérieusement la pièce qu'il s'agit de jouer devant le public; il y est dit que c'est avec l'approbation de M. l'abbé (Molanus) qu'il en distribue les rôles; il recommande le secret, indispensable, on l'avouera, pour le succès; il entre même dans le détail de précautions minutieuses pour dissimuler la provenance de ces deux écrits, en surveiller l'impression et lancer l'affaire au bon moment. Le *pseudo-catholique* envoie son écrit à Vienne, afin qu'il lui soit rendu avec la signature d'un religieux, l'approbation de son provincial ou de quelque théologien. De son côté, le *pseudo-protestant*, après avoir accommodé le sien aux principes de la convocation hanovrienne, l'expédierait à Hanovre, centre protestant, pour qu'on y mît la dernière main, et qu'on l'éditât avec approbation de l'ordinaire. Je cite textuellement.

Voilà donc cette *adresse innocente* dont Leibniz comptait se servir, et sur laquelle il revient sans cesse dans ses lettres au landgrave de Hessen, à savoir : « Composer un écrit (irénique) et le faire examiner par des théologiens, sans qu'on sût que l'auteur n'était pas catholique (1). » La pièce, je l'avoue, était habilement concertée; et même des évêques

---

(1) Voir Römmel, tome II, p. 26.

auraient pu être pris à un piége si bien tendu. C'était, je l'accorde, une critique très-fine, quoique un peu anticipée, de cette manie des disputes, de cette fureur des controverses qui a rempli le XVII° siècle. S'il était si facile de changer de rôle et de prendre le masque de l'adversaire, évidemment les causes de séparation n'étaient pas auşsi profondes qu'on le supposait, et il en était de beaucoup de ces querelles comme de ces torches auxquelles Leibniz a comparé les sectes les plus furieuses :

vidi ego jactatas mota face crescere flammas
Et vidi nullo concutiente mori (1).

Mais, outre qu'il était difficile, même à l'esprit tempérant d'un Leibniz, de soutenir jusqu'au bout ce rôle impartial et presque impersonnel qu'il s'était donné, il y avait à ce rôle un danger ou un inconvénient très-grave, celui de ne prendre parti pour rien, de rester en suspens, comme il le dit, et de remplacer enfin le fanatisme par l'indifférence. C'est ce que Bossuet lui reprochera plus tard, et ce que Spinola (2) n'a point assez vu peut-être : la vérité n'a pas ces allures louches et ne connaît point d'ambages. S'il reprochait à Bossuet de manquer de rigueur dans ses démonstrations, de quel droit pouvait-il recourir à ces ruses, à ces expédients, à ces adresses enfin plus ou moins innocentes ? Car, il en

(1) Ovide.
(2) Spinola n'accepta pas toute l'offre de Leibniz, il sut choisir : *Inter oblationes vero vestras accipio illam quæ offert*, etc.

convient lui-même : ce n'était plus une méthode, c'était un *expédient*.

Mais, et ce point mérite de fixer l'attention, sauf cette réserve fondamentale, les thèses de cet écrit sur la hiérarchie dans l'Église et son infaillibilité dans tout ce qui est nécessaire au salut, sur la suprématie du pape qui est de droit divin, sur le sacrement de l'Eucharistie, sur le pouvoir d'absoudre et d'excommunier, sont tellement explicites que les catholiques, s'ils n'en connaissaient point l'origine, pourraient s'en prévaloir, et que tout ce qu'ils ont dit dans l'entraînement d'un zèle pieux du *Systema theologicum* s'applique également à ce nouvel écrit irénique. C'est le même respect du dogme, le même désir de concilier les controverses, et, à ne consulter que le texte de cet écrit, on pourrait légitimement en tirer les mêmes conséquences, et dire que c'est une exposition de la foi catholique, une déclaration de catholicisme, un testament religieux de Leibniz enfin. Preuve accablante contre les admirateurs prévenus du *Systema theologicum !* Car enfin c'est le même esprit politique qui lui a dicté l'un et l'autre écrit; il avait entouré le premier des mêmes précautions diplomatiques que le second lui suggérait encore; le même voile recouvre ces deux négociations, et l'expédient est le même dans les deux cas, à savoir : « Composer un écrit, et le faire examiner par des théologiens, sans qu'on sût que l'auteur n'était pas catholique. »

C'était donc l'*adresse innocente* dont il comptait se

servir pour obtenir par là et faire obtenir à ses coreligionnaires une sorte de brevet de catholicité, en surprenant, sinon la bonne foi, au moins les lumières des théologiens consultés. Et maintenant qu'en conclurons nous? que le *Systema theologicum*, composé dans un but de conciliation pour servir aux négociations entamées, trop vanté par les uns, trop blâmé par les autres, ne méritait

Ni cet excès d'honneur, ni cette indignité.

C'est un document peu sûr pour nous faire connaître l'âme de Leibniz, précieux à consulter au contraire pour bien connaître l'histoire de ces délicates négociations. Son authenticité n'est pas douteuse. Mais sa diplomatie ne l'est pas non plus, et il a enfin précisément le même degré d'autorité que son frère puîné, le *Judicium doctoris catholici*, composé dix ans plus tard. Tous deux appartiennent à la même famille d'écrits iréniques que nous avons retrouvés à Hanovre. Leibniz, dans les deux cas, n'a fait que continuer ce rôle de rapporteur impartial et d'expositeur presque indifférent qu'il indiquait à Jean-Frédéric, dès l'année 1678, comme le procédé par excellence et l'accomplissement de la méthode.

Les Princesses.

Il semble que notre galerie de portraits se soit enrichie de quelques types précieux dans ce second volume, et que plusieurs de nos personnages, à peine esquissés dans le premier, y paraissent sous un jour meilleur et avec des traits plus achevés. Les *Princesses* y sont au premier rang, car rien ne se faisait sans elles, et l'aride théologie n'avait plus d'obscurités à la cour de Hanovre, depuis que Leibniz était devenu leur maître; et, pour commencer par celle que l'âge et la noblesse mettait au premier rang, on y verra cette respectable duchesse douairière de Hanovre, la veuve de Jean-Frédéric, la belle-sœur d'Ernest-Auguste, Henriette-Bénédicte enfin. La duchesse ressentait pour Leibniz l'estime que le feu duc Jean-Frédéric avait toujours eue pour lui. Le mariage de sa fille Amalia de Brunswick avec le roi des Romains, alliance heureuse dont l'éclat rejaillissait sur toute la maison de Brunswick et qui fut un texte inépuisable pour madame de Brinon, fut l'occasion d'un douzain en vers qui finissait ainsi :

Henriette-Bénédicte.

> Unaque (1) divulsam jungit si filia gentem,
> Altera (2) Romano culmine digna venit.

La duchesse douairière de Hanovre, qu'il ne faut pas confondre avec la duchesse Sophie, sa belle-sœur, pouvait beaucoup pour la réunion par le respect qu'elle inspirait à Hanovre et à Maubuisson, à Leibniz et à Bossuet. Madame de Brinon tournait les yeux vers elle dans les conjonctures difficiles. Or on se trouvait vers 1694, à la veille d'un nouveau refroidissement, presque d'une rupture. Le 30 mai, Leibniz lui avait écrit pour lui exposer sommairement l'état assez triste de la négociation; le 2 juillet, il répond

(1) Charlotte-Félicité, duchesse de Modène, fille de Bénédicte.
(2) Wilhelmine-Amalia, autre fille de Bénédicte, mariée à Joseph, roi des Romains.

aux doutes qu'elle lui avait exprimés au sujet du concile de Trente, qui ne serait pas reçu en France. Il paraît que cette lettre avait beaucoup voyagé, et qu'elle se trouvait alors entre les mains de la duchesse d'Orléans, mère du régent et belle-sœur de Louis XIV, dont la vie se passait à correspondre avec l'Allemagne, et que Bénédicte avait mise en rapport avec le philosophe de Hanovre.

Louise-Hollandine, dont les lettres sont plus rares et d'un grand prix, ne figure dans notre recueil que pour trois lettres écrites à Leibniz et à la duchesse Sophie, sa sœur. Mais Herren-Hausen a gardé trois portraits d'elle. Dans l'un, ses cheveux abondants se dérobent sous un chapeau mousquetaire. Dans un autre, peint par Hannemann, elle cueille des roses. Son costume est noble et simple : elle porte la robe carmélite, quelques rangs de perles autour du cou et pour retenir ses manches bouffantes. Elle a les yeux noirs, les sourcils marqués ; des touffes de boucles s'échappent de toutes parts. On voit qu'il y avait en elle de l'héroïne. Telle elle dut apparaître aux yeux charmés des amis de la reine de Bohême dans ce cercle choisi de la Haye qu'elle quittera bientôt. Ses lettres sont datées de Maubuisson. Elle ne cueille plus de roses, elle ne porte plus de chapeaux mousquetaires, mais le voile blanc, la robe de laine et « la croix de bois pendue à un long ruban bleu ». Mais, si l'on n'y retrouve pas la brillante jeune fille dont la fuite un peu romanesque avait été l'objet de tant de commentaires, elles sentent la vieillesse sans rides et sans

<small>Louise-Hollandine</small>

aigreur d'une femme amie des arts, qui avait fait de Maubuisson, sa riche abbaye, un lieu de délices presque mondaines, où la piété n'avait rien de trop austère, et dont l'ascétisme, vanté par madame de Brinon et rappelé par Bossuet dans l'oraison funèbre de la Palatine (1), ne dépassait pas les murs du cloître.

Affligée par la maladie, ne marchant plus sans l'aide du prochain, Louise-Hollandine s'y représente à sa fenêtre, d'où elle voit arriver de loin ceux qui venaient lui faire des compliments « avec sa chatte et les chiens du clos qui ont beaucoup d'esprit », pas assez toutefois pour lui faire croire avec Leibniz à leur âme immortelle (2). Elle ne peignait plus, mais elle était encore artiste : j'en juge ainsi par un charmant portrait où elle critiquait les femmes de son temps avec moins d'aigreur que Boileau, mais avec plus d'art peut-être. « Vous me faites, écrit-elle à la duchesse Sophie, à propos de sa petite-fille, une description de son beau teint et de toute sa figure, qui fait plaisir à imaginer, et vous avez bien raison de dire que, si je peignois encore, je tascherois de me la représenter assez vivement pour la peindre. En ce pays-cy, depuis que les femmes prennent du tabac et boivent des liqueurs fortes et le vin assez pur, elles sont fort laides. Madame de Nemours, qui avoit gardé les anciennes mœurs, disoit : « Autres fois on estoit heureuse quand son cocher n'estoit point ivrogne : à l'heure qu'il est, on est trop heureuse quand

---

(1) Voir les lettres d'Anne de Gonzague, à l'Appendice, t. I, p. 484.
(2) Voir les lettres de Louise-Hollandine, à l'Appendice, p. 561.

on a une belle-fille qui ne l'est pas (1). » Curieuse et piquante révélation sur les mœurs d'un siècle à son déclin, et sur la Régence qui approche.

Mais le principal rôle est à la duchesse Sophie, la femme du duc Ernest-Auguste, et la plus spirituelle comme la plus belle des trois filles de cet infortuné roi de Bohême à qui ses malheurs et sa couronne perdue ont fait donner le surnom de *Winterkœnig* (roi d'un seul hiver). La duchesse était une femme de tête et de cœur, d'une fermeté d'esprit admirable et d'une sensibilité vraie. Exclue des affaires par la supériorité de son mari et la jalousie ombrageuse de son fils, elle exerçait une sorte d'ascendant dans le cercle intime dont elle était la reine. Leibniz était l'âme de ses entretiens d'Herren-Hausen. La duchesse était mise au courant de la négociation par Leibniz et madame de Brinon ; elle recevait communication de toutes les lettres de Bossuet par l'abbesse de Maubuisson, sa sœur, de toutes les réponses de Leibniz par ce philosophe même. Madame de Brinon n'avait jamais complétement perdu l'espoir de la convertir ; la duchesse avait laissé de si bons souvenirs à Maubuisson qu'elle les lui rappelle sans cesse. En 1697, elle lui écrit lettre sur lettre. La duchesse, dont l'humeur railleuse se contenait difficilement, répondit à ses avances en plaisantant avec une liberté d'esprit et de langage qui tranchait singulièrement avec la prose ascétique de madame de Brinon. « Elle est modeste,

<small>La duchesse Sophie.</small>

---

(1) Lettre de Louise-Hollandine, à l'Appendice, p. 560.

elle ne souhaite, lui écrit-elle, comme David, que d'être portier dans la maison de Dieu ; elle ne manquera pas de lui faire la première visite. » On était loin du temps de la mère Gabrielle, dont la dernière parole avait été qu'elle priait Dieu pour la conversion de la duchesse d'Osnabruck. Mais sœur Marie de Brinon, revenant à la charge à tout propos, et même hors de propos, la duchesse, fatiguée de ses obsessions, lui écrivit une lettre qui dut être la dernière. C'est là, dans cette violente diatribe contre les catholiques, où la révocation de l'édit de Nantes et les massacres du Palatinat sont stigmatisés avec une éloquente indignation, qu'après avoir rappelé « la Saint-Barthélemy, les massacres en Irlande et en Piémont, la trahison des poudres en Angleterre pour faire sauter en l'air le roi Jacques son aïeul, avec tout son parlement, l'assassinat de Henri III et de Henri IV », et le long catalogue de ces sanglantes horreurs, la duchesse prend à témoin de cette belle religion l'Angleterre, la Hollande et l'Allemagne qui sont toutes remplies de réfugiés, et qu'elle s'écrie : « Voilà qui est bien chrétien ! » Il y a là je ne sais quoi de fier et d'indigné qui vient du cœur, et l'énergique accent d'une conscience qui proteste contre de tels excès : l'éloquence naturelle de cette lettre frappera tous ceux qui la liront. C'est à ce point que j'y aurais vu la main de Leibniz plutôt que celle d'une femme, si lui-même n'avait pris soin de nous avertir que la lettre est bien d'elle, qu'il survint quand elle était sur le point de la faire cacheter, et qu'il l'avait suppliée de lui en accorder une copie : « Car, ajoute-t-il, non sans une joie maligne, je ne saurais dissimuler qu'elle vous a admirablement répondu. » Leibniz le prenait avec elle sur un ton plus enjoué et qui allait mieux à son esprit. Il savait tempérer dans ses lettres la théologie par la critique et l'histoire des conciles par la mythologie. Il lui envoya, le 6 décembre, une lettre très-spirituelle sur le purgatoire, dont le tour un peu sceptique ne devait pas déplaire à la duchesse. Il lui dit qu'il lui apporte des dépêches de Pluton. Il en est une autre, d'une confidence perfide, que gardent les archives de Hanovre, où il s'émancipe tout à fait avec elle sur les eunuques blancs qui y conduiront la princesse au bain. Ici se lève une partie du voile qui recouvre les mœurs de cette cour au fond assez licencieuse. La duchesse aimait les anecdotes, et Leibniz la servait suivant son goût : elle a bien plus de la libre humeur d'une Ninon et d'une Sévigné que de la politesse affectée des Artémises de l'hôtel de Rambouillet ou de la Sapho du Marais. Cette verve badine, presque licencieuse, son *humour*, qui est un trait de famille, ont fait croire au scepticisme de la princesse : ses ennemis la représentent comme tout à fait indifférente en matière de religion. Une princesse calviniste et philosophe, amie de Thomas Burnet, à qui Collins envoyait son discours sur la libre pensée, que Tolland eut l'honneur d'entretenir à diverses reprises : quelle conquête pour les esprits forts, quelle occasion pour les amateurs de scandale! Mais ils oublient qu'elle avait pour la garder du déisme superficiel de Tolland l'ardente piété d'Hortensio Mauro et l'immortelle Théodicée de Leibniz. Si elle resta calviniste au milieu d'une cour luthérienne, il faut lui en faire honneur, et, si elle ne put s'habituer à l'idée de savoir son fils Maximilien catholique (1), c'est qu'elle n'ignorait pas que cette conversion avait été déterminée uniquement par l'intérêt.

<small>Sœur M. de Brinon.</small> Au-dessous de ces princesses, madame de Brinon, dont le zèle ne se ralentit pas, occupait presque seule l'intermède pendant le long silence de Bossuet. Madame de Brinon, tour à tour insinuante avec Leibniz, médiatrice entre lui et Bossuet, respectueuse et familière avec la duchesse Sophie et parfaitement informée par madame de Maubuisson. Elle est au-dessus de tout éloge ; elle conforte, exhorte, soutient, relève : sa morale est pure, ses pensées fortes, son zèle infatigable. Rebutée par Leibniz, elle ne se décourage jamais ; elle le connaît bien d'ailleurs, elle n'est point sa dupe. Très-inférieure aux femmes que je viens de nommer, non-seulement par le rang, mais par l'esprit, elle a plus de droiture que Leibniz et plus de charité que Bossuet, plus de piété qu'elles toutes. A l'un elle ne cesse de remontrer que la conversion d'une seule âme est d'un prix inestimable aux yeux de Dieu ; à l'autre, qu'il ne sert de rien de gagner le monde s'il perd son âme. Ses nouvelles pensées sur la gloire, sur la mort, ses réflexions sur les dynasties tombées, ne dépareraient pas certains

---

(1) Voir une lettre très-curieuse de son fils Christian sur cette conversion, t. II, p. 118.

sermons de Bossuet, dont elles semblent un écho. C'est là ce qu'on pourrait lui reprocher ; elle est, si je puis m'exprimer ainsi, trop Bossuétienne, et, comme la copie ne valut jamais l'original, j'aime mieux, malgé ses défauts, la duchesse Sophie, qui est elle-même, que madame de Brinon, qui est une sorte de Bossuet sous le voile. Leibniz la ménageait d'ailleurs assez peu ; il la renvoie à sa conscience, il lui dit de tourner ses exhortations vers *ses messieurs*, et semble enfin aussi peu convertissable que la duchesse. Madame de Brinon ne se rebuta point : elle revint à la charge auprès de monsieur de Meaux ; puis, quand elle eut perdu tout espoir de ce côté, elle eut recours à mademoiselle de Scudéry.

Hanovre a gardé toute une correspondance de Leibniz avec mademoiselle de Scudéry, qu'il avait connue à l'époque de son voyage à Paris. Avec mademoiselle de Scudéry nous courions risque de naviguer en pleine carte du Tendre, et déjà madame de Brinon, qui s'est faite la vestale de ce beau feu, ne peut s'empêcher de s'écrier, sur le ton de l'hôtel de Rambouillet : « Mon Dieu ! qu'il est aisé d'échauffer l'un pour l'autre les beaux esprits ! Mademoiselle de Scudéry est pour vous comme si vous aviez été nourris ensemble, et vous ne vous êtes encore écrit qu'une fois. » En effet, mademoiselle de Scudéry, très-affaiblie par ses quatre-vingt-douze ans, avait pris la plume, le 2 mars 1699, pour lui parler de la mort de son perroquet : « J'avais un petit perroquet de la grosseur d'un moineau, qui avait un esprit prodi-

Mademoiselle de Scudéry et Leibniz.

gieux ; il suffisait seul à détruire les automates de monsieur Descartes (1). » Leibniz crut devoir lui envoyer une épigramme latine fort spirituelle, où il lui rappelle ce trait de Cyrano de Bergerac, qui, dans son voyage au soleil, arrive au royaume des oiseaux et ne doit sa délivrance qu'à un perroquet reconnaissant. Il termine par ce vers un peu fort :

Nam Sapho quidquid Musa et Apollo potest.

Sapho communiqua ces vers à Damon (M. de Bétoulaud), qui, voyant le Parnasse partout, même dans une agate, improvisa sur ce sujet des vers assez faibles à la louange de Louis XIV, des neuf Sœurs, et de Sapho surtout. Elle envoya ce bouquet poétique à Leibniz, qui accepta le défi et composa un Éloge du roi : malgré l'inexpérience et les fautes du poëte, ses vers laissent bien loin derrière eux la poésie un peu fade de Damon et de Sapho.

Dans ces vers, tout modernes par la pensée, il célèbre les découvertes faites à l'Observatoire royal et à l'Académie de médecine, qu'il met bien au-dessus des triomphes de Louis ; il voit, suivant une idée qui lui est chère :

> La France à l'Orient donnant la sainte loi ;
> L'empire des Chinois tend les bras à la foi.
> Louis fait devenir histoire véritable
> Ce qu'alors de son cœur on jugeoit vraisemblable.

(2) Cette question de l'âme des bêtes était fort à la mode au XVIIe siècle. Louise-Hollandine, qui chérissait Leibniz et qui aimait aussi les bêtes, ne pouvait lui accorder qu'elles fussent immortelles. Voir sa lettre à la duchesse Sophie, dans le tome II, page 502, à l'Appendice.

Il est de sa grandeur que de ses dignes mains
Il ne dispense plus que du bien aux humains.
Quel triomphe qu'on puisse obtenir par la guerre,
Obliger est bien plus que conquérir la terre !
C'est par ce beau chemin, des demi-dieux foulé,
Qu'un mortel peut aller à la divinité.
Qu'on soit Européen, Chinois, mondain, en somme,
La magnanimité n'y regarde que l'homme.
Les héros tels que luy sont de tous les pays.
Où leur nom peut aller ils ont les cœurs soumis.
Cette monarchie est la seule universelle,
Et de celle de Dieu le plus juste modelle.

Madame de Brinon, qui ne se piquait pas de littérature, dit que, loin de vouloir contredire aux beaux esprits, elle n'eût point entendu les langues à la construction de la *tour de Babylone*. C'est Babel qu'elle voulait dire. Mademoiselle de Scudéry, de son côté, quoiqu'elle eût mal à un œil, lut avec plaisir la belle et obligeante lettre de Leibniz, qui loue sa bonté et s'excuse de la liberté grande dans une lettre du 24 janvier 1698.

Mais ni les Princesses, ni Sapho, ni les saintes femmes de Maubuisson, ne devaient nous faire oublier la mémoire de deux hommes qui ont concouru à ce beau dessein de la réunion et qui étaient les plus capables de le conduire à bien. Nous ne reviendrons pas sur Pellisson, mort dès 1693, qui n'appartient à ce volume que par les regrets que cette mort inspire, et par son oraison funèbre qui se continue dans les lettres de madame de Brinon. Mais l'évêque de Tina ne mourut que trois années plus tard. Sa dernière lettre à Leibniz est datée du 22 novembre 1694. Il laissa d'universels regrets et

Épitaphe de l'évêque de Neustadt.

un grand vide après lui. Sa mort est avec celle de Pellisson un des événements qui contribuèrent le plus à refroidir ce commerce. Le comte de Buckaim, qui fut choisi pour le remplacer, n'avait pas la même ardeur de zèle jointe à une aussi indomptable énergie. Deux témoignages nouveaux achèveront son éloge : l'un, qui n'est point suspect de partialité, est celui d'un prédicateur protestant de Gotha (Tribbechovd?) qui s'exprime ainsi dans son langage familier : « Son humeur est française, sa manière de faire italienne ; quand il se fâche, l'Espagnol reparaît ; mais à table c'est un véritable Allemand. » Mais ce que ce protestant ne dit pas, et ce qui avait frappé Leibniz, c'est l'inflexible courage et la patience héroïque de cet homme qui alla six fois à Rome et cinq fois à Hanovre pour cette affaire de la Réunion, et que nous avons vu, porté dans sa chaise, se faire traîner dans ces petites cours d'Allemagne malgré les douleurs d'une goutte sciatique, et s'arrêter à Budveiss, dans une petite ville de Bohême, pour écrire à Molanus. Leibniz, qui avait été frappé de ce que ces fortes qualités et cette alliance des dons les plus contraires offraient de caractéristique et de rare, eut la pensée d'écrire sa biographie (1), et composa en son honneur une épitaphe qui en est l'abrégé. « Cet homme, dit-il en très-beaux vers latins, cet homme du parti de Rome, qui portait le bandeau sacré, tout à coup enflammé d'un grand désir de paix, sacrifie à ce vœu la pour-

---

(1) Voir à Hanovre les liasses cataloguées sous ce titre : *Varia ad biographiam Spinolæ spectantia.*

pre romaine. Nous le louons à bon droit : mais pour vous, ô César, qui avez protégé Roxas, quel sera l'éloge ! Le pape, qui le croit ? déjà l'écoute avec faveur, et Rome daigne enfin entendre le langage de la modération. Le poëme sacré que l'on chante à Hanovre ne déplaît pas sur les bords du Tibre. Mais de toutes ces merveilles la plus grande, la plus étonnante encore, c'est que celui qui a persuadé tout cela, était un..... Espagnol !.... »

« De tous les philosophes, disait M. Saint-Marc Girardin, dans une page excellente sur notre premier volume, Leibniz est celui qui a le mieux embrassé l'universalité des choses humaines. Ce qui le frappe le plus, c'est l'ordre et l'harmonie qui règnent dans cet ensemble des choses. Aussi cherche-t-il à montrer partout l'unité. Son vaste esprit réunit et coordonne tout. Nous ne sommes donc pas étonnés que Leibniz ait travaillé à établir l'union entre les diverses communions chrétiennes, et qu'il ait engagé sur ce sujet une correspondance avec Pellisson, avec Bossuet, et avec quelques théologiens catholiques. Amener les communions chrétiennes à reconnaître leur unité, en dépit de leurs diversités, était une œuvre conforme au génie de Leibniz ». Mais, pour l'entreprendre, il fallait être Leibniz, c'est-à-dire le controversiste le plus expert et le plus savant théologien, en même temps que le plus grand philosophe et le plus habile mathématicien. En effet, il n'a pas manqué depuis lui de ces pacificateurs improvisés qu'a si bien décrits le père Tabaraud, dont le système est de faire considérer la partie

Leibniz théologien.

dogmatique de la religion comme un simple recueil de nuances, d'abstractions métaphysiques, de vérités spéculatives, qu'on peut modifier, altérer même et se dispenser de croire sans inconvénient pour le salut ; conciliateurs *latitudinaires*, comme il les appelle si bien, pour qui les diverses religions ne sont que les notes d'un même concert, les différentes Églises les strophes d'une même hymne à l'Éternel, et les nombreux *credo* les formules variées, mais au fond identiques, de la vérité universelle. A ces théologiens de l'avenir, à ces apôtres de tolérance et de paix, il ne manque pour être Leibniz, que cette vaste science, que cette profondeur de recherches, que cette doctrine éprouvée, qui en ont fait l'habile adversaire et le rival souvent heureux de Bossuet. M. de Meaux ne se fût pas soucié d'un homme qui aurait eu sans cesse à la bouche les mots de charité, de paix et de conscience, et qui n'y eût pas joint les mérites plus solides qu'on est en droit d'attendre d'un théologien et d'un controversiste. Leibniz lui-même ne veut pas qu'on lui fasse dire dans ses lettres sur la *Tolérance des religions* que publiait Pellisson, qu'il parle d'un *projet pour réunir tous les chrétiens*, projet extrêmement chimérique, ajoutait-il, et tel qu'il ne voudrait pas qu'on le *soupçonnât* d'avoir donné là-dedans : et il insiste surtout sur ce qu'il regardait sans doute comme son principal titre, qui est d'avoir excellé de bonne heure aux controverses, et d'avoir épuisé toute la science théologique de son temps.

C'est qu'une œuvre comme celle qu'entreprenait

Leibniz, et qu'il était digne de son génie d'avoir conçue, était tout à la fois très-universelle et très-particulière: et il est plus facile en ces sortes d'affaires de se tenir à la vérité générale entrevue que de descendre dans le détail très-particulier des recherches qu'elle suppose. Leibniz était merveilleusement doué pour l'entreprendre, précisément parce qu'il joignait la plus grande universalité à la particularité la plus savante. Cet homme, qui se tenait au-dessus des différentes Églises, afin de les dominer et de les juger, savait aussi dans le détail les moindres articles de leurs confessions, et cet esprit spéculatif ne reculait devant aucun fait : ce soin du détail, cette variété des recherches, cette science des faits, ont eu ce résultat heureux, que, si l'œuvre a manqué par ce côté universel et trop vaste par lequel elle ne pouvait point réussir, elle est faite pour ainsi dire sur beaucoup de points particuliers, et que de solides assises ont été posées pour les conciliations futures ; en sorte qu'il serait aujourd'hui aussi impossible aux catholiques de revenir sur ce que Bossuet a concédé, qu'aux protestants de ne point consentir à ce que Leibniz et Molanus ont accordé.

Bossuet paraîtra dans ces pages un peu différent du Bossuet idéal et abstrait que les arts nous ont représenté plus grand que nature, revêtu d'un manteau d'hermine, et planant sur l'invisible auditoire devant lequel il prononça l'oraison funèbre de Condé. Récemment encore un poëte nous a dépeint cet homme né pontife, avec la pâleur émue qu'un Père

Bossuet controversiste.

de l'Église appelle le beau coloris des grands hommes, le regard de l'aigle et « cette voix qu'on ne réfuta, qu'on ne contredit jamais ». Nous avouons humblement que le Bossuet que nous présentons aujourd'hui a déposé les foudres de l'éloquence et qu'il est bien éloigné du lyrisme de Pindare ; s'il est encore éloquent, c'est malgré lui et comme par échappées. On ne lui en laisse ni le temps ni la volonté. Il a encore moins la prétention de n'être jamais réfuté ni contredit ; car Leibniz, qui lui refuse le droit d'être éloquent, use, jusqu'à la dureté, de celui de contradiction et de contrôle avec lui. Mais « cette voix, qui ne parla jamais, ni au nom de l'opinion, ni au nom de la philosophie, ni au nom du prince », parle au nom de Dieu, et n'est pas moins digne d'être écoutée quand elle suit les lois sévères du raisonnement, que lorsqu'elle obéit aux élans du cœur. Il nous faut donc redescendre de ces hauteurs où l'imagination des hommes l'a placé, pour pénétrer dans son palais épiscopal de Meaux ou dans sa maison de campagne de Germigny. C'est là que nous retrouvons le Bossuet des controverses occupé à dicter ses substantiels écrits, ou bien à parler dans l'intimité avec l'abbé Bossuet, son neveu, et l'abbé Ledieu, son chapelain, des affaires d'Allemagne et « de ce fameux portefeuille des écrits des luthériens de Hanovre, sans lequel il ne voyageait plus de Meaux à Paris ». Bossuet n'a point varié, et nous le retrouvons, au seuil de la vieillesse, le même qu'au sortir du séminaire de Metz. C'est toujours le Bossuet de l'*Exposition*, aussi éloigné du fanatisme et de la violence que de la mollesse et d'une lâche condescendance, enseignant la foi, sous l'hypocrisie régnante et le libertinage naissant, comme dans la plus pure lumière du grand siècle.

Quelques amateurs de nouveautés, n'en fût-il plus au monde, trouveront que Bossuet se répète et qu'il refait sans cesse son livre de l'*Exposition de la foi catholique*. Pour ces esprits blasés, ce livre, qui a converti Turenne et Schomberg, ne suffit plus ; ils demandent du nouveau. Mais quoi de plus nouveau que cette stabilité dans le dogme au-dessus de la perpétuelle instabilité et des incessantes variations des Églises protestantes ; que cet arrêt dans la foi à quatre pas de la Régence et du « cuistre violet » que railla Saint-Simon ; que cette mâle austérité de langage à côté de tant de relâchement des mœurs, et des exemples des ancêtres oubliés et foulés aux pieds ? Qu'ils étudient ce contraste, Leibniz et Bossuet, le Catholicisme et la Réforme, Louis XIV et le Régent, la foi et l'incrédulité, le principe d'autorité et le droit d'examen, la liberté de conscience et l'intolérance, l'esprit de secte et l'esprit de concorde, la société civile et le pouvoir religieux, les jésuites et les jansénistes, la Gnose et l'Exégèse, la mystique et la critique ; tous ces éléments complexes et réfractaires qui bouillonnent dans la fournaise du grand siècle et dont les impures scories s'appellent les *bonshommes* et les *croyants*, les *frères du libre-esprit* et les *saints des derniers jours* ; Jean de Leyde et

Du caractère nouveau de ces études.

Jean Huss, le Pape et l'Antechrist, le bûcher de Jeanne d'Arc et les auto-da-fé, la Saint-Barthélemy et les massacres de catholiques en Angleterre, Genève et Paris, les guerres de religion et les dragonnades, les théocrates et les théophilanthropes, maladies bizarres engendrées par le doute et le fanatisme, qui ont rempli l'Europe chrétienne d'incendies et de massacres ; et qu'ils disent si ce n'est pas un spectacle nouveau que celui d'un pape et d'un empereur, d'un roi de France et de quatorze princes régnants, d'un philosophe et d'un évêque, des universités et des théologiens, travaillant de concert à la pacification des esprits, à l'unité de la foi et à la concorde des princes chrétiens, et, pour tout comprendre en un mot, à la réunion des Églises !

Quoi de plus nouveau, par exemple, que ces princesses théologiennes ou philosophes, pour qui la philosophie n'avait plus de mystères, ni l'aride théologie d'obscurités ; cette respectable duchesse douairière de Hanovre, mère de la future reine des Romains ; la veuve de Jean-Frédéric, la belle-sœur d'Erneste-Auguste, Henriette-Bénédicte, dont Leibniz vantait l'esprit élevé et les grandes connaissances, pour qui l'Électeur et l'Électrice avaient la déférence la plus marquée, bien qu'elle fût du parti de Rome ? Quoi de plus entraînant que ces coups de la grâce qui, au sortir du bateau qui l'emportait avec le complice de sa fuite romanesque, avaient jeté dans le cloître Louise-Hollandine, la sœur d'Élisabeth et de Sophie, aujourd'hui abbesse de Maubuisson, femme aimable, amie des arts, qui avait su faire de sa riche abbaye un centre de la réunion, fréquenté par Bossuet, et un lieu de délices presque mondaines où l'oratoire tenait à l'atelier? Quoi de plus instructif, enfin, que ces entretiens d'Herren-Hausen où brillaient l'esprit de la duchesse Sophie, les grâces de sa fille, Sophie-Charlotte, future reine de Prusse, et l'aimable philosophie d'un Leibniz?

Mais, pour continuer l'œuvre de Spinola, et pour obtenir de sérieux résultats, il fallait plus de travail, plus de patience et plus d'efforts que pour faire de stériles vœux et d'inutiles appels à la charité universelle. Voyez Leibniz à Hanovre, dans ce cabinet qu'il appelait sa *cellule,* correspondant à la fois avec Vienne et Paris, fouillant les archives, écrivant à lui seul plus de traités iréniques que tous les théologiens de son temps, et recommandant à l'official de l'évêque défunt Vlostorf ses papiers mis sous le scellé après la mort de Spinola. Il paraît qu'on avait voulu l'évincer. Madame de Brinon l'apprend à Bossuet : elle sait par les confidences de Maubuisson que l'abbé de Loccum et Leibniz veulent de bonne foi la réunion; elle n'est point dupe toutefois de ce dernier : « Il a, dit-elle, un caractère bien différent de l'autre, qu'elle connaissait d'ailleurs assez mal, et trop d'esprit pour ne pas s'apercevoir qu'on le met plus dehors que dedans, et qu'il tâche de s'y raccrocher. » Le fait est que Leibniz se comparait alors à un simple porteur de lettres. Mais que serait devenue cette affaire sans lui? On ne pouvait s'en passer, et nous le retrouverons bientôt conduisant deux affaires iréniques au lieu d'une, et, non content de l'union des catholiques avec les protestants, voulant encore réconcilier les filles divisées de la Réforme. Les affaires iréniques de Hanovre, distinctes de celles de Berlin, dont le but spécial était la réunion des différentes communions protestantes, forment, à Hanovre seulement, dix ou douze volumes de lettres, d'extraits, de mémoires et de notes. La réunion des Églises, qui occupa de si grands hommes au dix-septième siècle, qui est devenue le scandale des philosophes et le sourire des sceptiques au dix-huitième, méritait-elle la profonde indifférence où l'ont laissée tomber les théologiens du dix-neuvième ?

Examen des torts de Bossuet.

Un fait frappera d'abord tous les lecteurs qui ont suivi les diverses phases de cette correspondance : c'est le silence et l'abstention à peu près complète de M. de Meaux dans les six années qui s'écoulent de 1693 à 1699. Un premier refroidissement avait marqué l'année de la mort de Pellisson ; il se continua dans les années 1694 et 1695. Bossuet reste, du 15 août 1693 au 12 avril 1694, c'est-à-dire huit grands mois, sans donner signe de vie, ni à Leibniz, ni à Molanus. Et qu'on ne croie pas que ses lettres soient perdues ; il ne rompt ce long silence, *dont il s'excuse*, que par une courte lettre datée du 12 avril 1694, et Leibniz qui lui répond : « Vous avez fait revivre nos espérances, » s'aperçut bien vite qu'elles ne seraient pas de longue durée ; car, à partir de cette date, Bossuet disparaît complétement des négociations pour quatre années, et c'est madame de Brinon qui soutient seule le commerce littéraire interrompu par M. de Meaux. Ce long silence d'abord inexpliqué et cette abstention à peu près complète ont donné beau jeu à Leibniz, qui, comme on le sait, était peu favorable à M. de Meaux. Il paraît d'abord d'autant plus inexplicable que c'est au moment où la mort de Spinola, arrivée en 1695, le laissait, pour ainsi dire, seul représentant et seul organe des catholiques, qu'il disparaît entièrement de la scène. Des charges plus ou moins graves ont été élevées à ce sujet par Leibniz contre la sincérité et la charité de M. de Meaux. Il importe de juger ce procès. Nous le ferons avec des pièces entièrement neuves.

Quels sont les torts de Bossuet et les causes de la rupture de 1693 ? Deux conditions avaient été mises à l'admission de Bossuet : le secret et une complète ouverture. Ces conditions ont-elles été remplies par M. de Meaux, ou bien y a-t-il manqué? Leibniz put croire un moment que M. l'évêque de Meaux manquait à la première. Brosseau lui écrivait, le 22 février 1692 : « Tout le monde veut icy que vous ayez des relations avec Pellisson et de longs entretiens par lettres au sujet de la religion aussi bien qu'avec M. de Meaux. Celuy-cy ne s'en cache pas et le dit à tant de gens que je n'en puis douter. » Bossuet ayant depuis manifesté l'intention de traduire en français l'écrit latin de l'abbé Molanus, Leibniz s'en inquiète, croyant qu'on allait livrer à l'impression ces pièces confidentielles : « Je vous supplie, madame, écrit-il à madame de Brinon, de faire connoistre l'importance du secret, afin que ny M. l'évesque de Neustadt, ny M. Molanus, n'ayent sujet de se plaindre de moy (1). » Mais des assurances formelles lui furent données par madame de Brinon et par Bossuet. Cette traduction ne regardait en rien les imprimeurs, mais elle était faite pour madame la duchesse de Hanovre et sa sœur. Il lui fut prouvé que Bossuet n'avait pas eu l'intention de la livrer au public, et il reconnut plusieurs fois que, quant à la condition du secret, M. de Meaux y avait satisfait complétement.

<small>Bossuet manqua-t-il de franchise ?</small> Restait la seconde condition, sur laquelle il est moins facile de s'entendre : Leibniz lui reproche très-nettement d'avoir provoqué la rupture de 1694 en refusant de s'expliquer sur un point décisif ; il y revient avec une telle insistance et en s'adressant aux personnes les plus diverses, ce commerce est tellement rempli de ses reproches et de ses doléances sur ce point unique, qu'il faut examiner ce reproche. Ainsi, pour n'en donner que quelques exemples, les belles et importantes lettres VI, VIII, XIX et XXI à madame de Brinon ; celles n^{os} V et VII à la duchesse douairière de Hanovre, qui était catholique ; celles LXXIX et LXXXII au duc Antoine-Ulrich, lorsqu'il s'agit de reprendre les négociations ; les deux lettres CX et CXI à Bossuet, qui ne furent pas envoyées, mais qui sont d'autant plus précieuses pour

---

(1) Leibniz nous apprend que des malveillants avaient fait courir autrefois des papiers qui furent désavoués ; Pellisson en reçut un. (P. 246.)

bien connaître ses pensées les plus intimes, et surtout la lettre capitale faussement rangée sous le n° CIX, toutes ces lettres, rapprochées et comparées, sont parfaitement d'accord sur un point, qui est celui-ci : Bossuet a refusé de s'expliquer catégoriquement sur la *suspension* proposée, et par ce refus il a été l'auteur de la rupture (1).

Un tel accord est une présomption assez forte en faveur de Leibniz : qu'on remarque, en effet, que ce n'est pas seulement dans ses lettres à madame de Brinon catholique, mais dans celles à la duchesse Sophie et au duc Antoine-Ulrich, protestants, qu'il n'avait aucun intérêt à tromper, qu'il y revient avec insistance. Enfin il l'écrit à Bossuet lui-même et à deux reprises différentes pp. 259 et 393, ce qui exclut toute supposition de mauvaise foi, puisqu'il le dit en face à son adversaire. Nous savons bien que Bossuet se défendra plus tard. Nous verrons sa ré-

---

(1) Voir Lettre VI à madame de Brinon : « M. l'évesque de Meaux n'a point nié ces choses directement, il ne sçauroit ; mais il a cherché des biais pour les éviter. Cependant l'opinion de M. de Loccum est que c'est là le fondement de toute la négotiation et de toutes les espérances... M. de Meaux semble différer de s'expliquer sur ce point de la suspension de certaines controverses. » — Lettre LXXXII, à Antoine-Ulrich : « Il nous donna le change, en quelque façon. J'eus beau le presser : sa response, quoyqu'il me l'eust promise, ne vint point, et M. Pellisson estant mort, cela joint au retour de M. le comte Balati fit que, peu à peu, la communication se refroidit, et qu'enfin elle cessa tout à faict par le silence de M. de Meaux » — En mars 1699, il prépare une narration pour S. A. E. l'électeur de Hanovre, où l'on retrouve le fait énoncé à peu près dans les mêmes termes : « Feu monseigneur l'Électeur l'agréa ; mais, après la mort de M. Pellisson, le commerce cessa, et nous ne pûmes avoir le sentiment de l'évesque de Meaux sur certains poincts où il l'avoit faict espérer. C'est pourquoy je luy en fis faire une espèce de reproche, parce qu'il me sembloit qu'il ne vouloit point s'expliquer rondement »

ponse. Nous l'entendrons rejeter le principal tort sur la guerre, qui a eu pour effet de rompre toutes les communications, et qui ne pouvait que nuire à la pacification religieuse, reprocher à Leibniz et à son parti de « n'avoir pas fait attention aux solides conciliations qu'il leur a proposées, et d'avoir fait semblant de ne pas les voir », et leur imputer le retardement et les difficultés dont ils se plaignent. Remarquons seulement qu'il fit attendre sa réponse sept années, et qu'il semblait donner des armes contre lui par ce retard. La rupture datait de 1693, et la lettre où il faut aller chercher sa défense est du 12 d'août 1701. Qu'avait-il fait pour détromper Leibniz et l'abbé Molanus durant ce long intervalle? La guerre, il est vrai, avait éclaté vers 1695; mais la guerre était-elle un motif de cesser aussi complétement ce commerce de religion bien plus que de politique? L'*ultima ratio regum* était-elle aussi la dernière raison des théologiens? Si la France se tait quand Bossuet a parlé, Bossuet devait-il se taire parce que le canon commençait à gronder? L'évêque catholique recevait-il donc exclusivement ses instructions du souverain politique de son pays, ou laissait-il la diplomatie maîtresse absolue de diriger ces affaires qui regardent les consciences? Nous sommes habitués à entendre adresser ce reproche à Leibniz; mais il semble que ce ne serait pas trop se prévaloir du long silence de M. de Meaux que de le lui retourner en cette occasion.

Rôle des universités d'Allemagne. Les universités d'Allemagne furent appelées à donner leur avis sur cette grande affaire de la Réunion.

Elles étaient fameuses à des titres différents : les unes, comme Wittemberg, pour la part éclatante qu'elles avaient prise à la Réforme ; les autres, comme Iéna et Tubingen, pour leur savoir et leur modération. Le mouvement des études, l'importance de certaines facultés de théologie protestantes, leur autorité reconnue, les désignaient à l'attention de tous. Les princes les consultaient ; des peuples même avaient recours à elles. Ainsi nous voyons les Hongrois, sollicités d'abjurer le protestantisme, se réserver le droit de consulter les académies d'Allemagne, et les communes délibérer sur la question d'appeler des théologiens de ce pays. Mais Leibniz nous apprend que, parmi les universités consultées, plusieurs, par esprit de méfiance, refusèrent de donner leur avis. On se rappelle quelle opposition avait excité, dans une partie de la théologie protestante, la déclaration du consistoire de Hanovre *(convocatio hanoverana)* (1) et la méthode de ramener l'union entre les protestants et les catholiques *(methodus reducendæ unionis)*. On n'a pas oublié les doutes de Mosheim, le blâme de Spener, la lettre ironique d'Alberti et le grand Calixte lui-même, victime de cet esprit de contention et de fanatisme qui le rendait suspect aux docteurs de Dresde, de Wittemberg et de Leipzig. Mais l'université d'Helmstadt, cette noble académie Julienne, encore toute remplie de la science de son Calixte, que loue Bossuet, se distinguait de toutes les autres

---

(1) Lettre d'Alberti, théologien protestant, t. I, appendice p. 468.

par l'esprit plus libéral qui l'animait ; c'était presque en plein dix-septième siècle une académie de *Puseytes;* elle venait d'acquérir deux nouveaux professeurs, Fabricius et Schmidt, qui ne pouvaient qu'ajouter à son éclat. Leibniz lui-même avait été leur patron et leur introducteur à Helmstadt. « J'ai toujours cherché, écrit-il, à empêcher qu'on y appelât des professeurs de Wittemberg, et j'ai toujours recommandé cette famille aux princes et aux ministres et à l'incomparable Calixte, qui a tant fait pour la gloire des protestants de ce pays ; et, comme le manque de professeurs s'était fait sentir, j'ai tant fait que l'on m'a autorisé à y appeler d'ici le docteur Jean-André Schmidt et Jean Fabricius d'Altdorf, le premier, disciple de Musæus, le second, qui avait fréquenté l'université d'Helmstadt. » Aussitôt après leur installation à Helmstadt, Leibniz s'y rendit et engagea le professeur Calixte le jeune à publier une seconde édition du traité *De tolerantia reformatorum,* sauf l'agrément de S. A. S. l'Électeur. Le commerce se continua entre Leibniz, Fabricius et Schmidt, de 1697 à 1712, et le nombre des lettres fut tel, à certaines époques, qu'en l'année 1698, dans le seul mois de février, nous comptons sept réponses de Leibniz à sept lettres que Fabricius lui adressa coup sur coup.

Correspondance avec Fabricius et Schmidt.

La correspondance avec Schmidt avait été donnée par Veesenmeyer, en 1788, à Nuremberg, et comprenait quatre-vingt-seize lettres. Il s'exprime ainsi dans sa préface : « Elles sont toutes inédites, autant que j'ai pu m'en assurer, à l'exception des lettres 45 et 66, dont j'ai indiqué la source (1). » Les autographes lui avaient été donnés par un ami, et portaient encore le cachet. Les copies avaient été tirées d'un livret manuscrit, mais mutilé au commencement et à la fin. Une mention, inscrite sur la liasse qui les contenait, en indiquait un plus grand nombre que celui qui s'est retrouvé : *CXLIX epistolæ autographæ GG. Leibnizii ad A. Schmidium.* L'état du manuscrit prouvait qu'elles avaient été arrachées pour servir aux usages les plus vils. Veesenmeyer regrette vivement cette perte. Mais la bibliothèque de Hanovre possédait les brouillons de plusieurs de ces lettres, et un amateur de livres dont le nom est devenu depuis trop fameux, M. Libri, en possédait des originaux qui viennent d'être acquis en vente publique, à Londres, par M. Philips. On verra que nous avons pu consulter les brouillons de Hanovre et les autographes de M. Philips avant la vente, et les conférer avec ceux déjà imprimés par Veesenmeyer. La correspondance avec Fabricius avait été donnée par Kortholt et reproduite par Dutens ; elle comprend CXVIII lettres. Hanovre en possédait d'autres que nous avons également mises à profit.

L'intérêt de cette double correspondance est de nous faire connaître l'opinion de deux célèbres théologiens d'Helmstadt sur les principales questions *(Ce qui est de droit divin et ce qui n'est pas de droit divin, dans l'autorité du Saint-Siége.)*

---

(1) *Nulla earum adhuc fuit edita quantum quidem mihi indagare licuit, præter partem epistolarum nº* XLV *et nº* LXVI, *quæ ubi reperiantur indicavi.*

agitées entre les catholiques et les protestants. Elle nous permet de comparer les doctrines. Deux questions très-importantes y sont traitées entre protestants : celle du droit divin, que s'arrogent les papes, et que contestait Calixte, fut tranchée par une distinction qui rallia Molanus, Fabricius et Schmidt, entre le droit divin de l'autorité souveraine dans l'Église et son application au siége de Rome. C'est cette distinction qui permit à Leibniz, tout en admettant que les prérogatives du siége de Rome sont de *droit humain*, de reconnaître que sa direction générale de l'Église est de *droit divin*. Il accordait que le gouvernement monarchique est de droit divin dans l'Église, bien que son application soit soumise aux règles du droit humain : profonde et habile distinction qui, si elle eût été rappelée de nos jours, eût épargné bien des flots d'encre qui ont coulé récemment pour la défense ou la ruine de ces prérogatives, en démontrant aux plus zélés, comme aux plus rebelles, que le gouvernement monarchique institué par Dieu pour son Église est autant au-dessus des orages qui ébranlent les trônes de la terre, fût-ce même celui de Rome, que des règles de droit humain qui peuvent varier suivant les temps, et augmenter ou restreindre les prérogatives de ce siége. Car Dieu, qui donne des lois à son Église, l'a constituée sous une forme et sur un plan monarchique; mais il a laissé les hommes maîtres d'en régler l'application plus ou moins libérale dans la pratique, et d'ajouter ou de retrancher à ces prérogatives qui ne sont que de droit humain. L'Église est une hiérarchie, sans doute, et cette hiérarchie est établie de Dieu; mais c'est une société, et cette société doit vivre et se mouvoir dans le cercle des sociétés humaines et des droits civils. C'est ainsi que, divin dans son principe, humain dans l'application, le gouvernement de l'Église participe des deux natures et est réglé par deux droits; et il serait aussi absurde de nier l'un que de reconnaître à l'autre une prérogative absolue. Telle est la doctrine de Leibniz et de Fabricius, qui méritait mieux que l'indifférence et le dédain des modernes (1).

Une autre question qui s'agitait, non plus entre les catholiques et les protestants, mais entre les réformés et les luthériens, divisait alors les universités allemandes : c'était celle de la grâce ou de l'absolu décret, de la prédestination enfin. Dieu veut-il sauver

(1) Il est aisé de faire l'application de ces maximes à la question controversée du *pouvoir temporel*, dont Leibniz, d'accord avec lui-même, faisait une question de convenance mondaine régie par les maximes de la prudence civile, et non par celles du droit divin. Ce qui est divin dans le gouvernement de l'Église, c'est l'institution monarchique, c'est la suprématie du chef de l'Église, mais non toutes les prérogatives qui ont été attachées successivement au siège de Rome; ce qu'il exprimait ainsi dans une addition célèbre à la lettre de Pcina, malheureusement perdue : « Cum Deus sit Deus ordinis, et corpus unius Ecclesiæ catholicæ et apostolicæ uno regimine hierarchiâque universali continendum juris divini sit, consequens est ut ejusdem sit juris supremus in eo spiritualis magistratus terminis se justis continens (HÆC VERBA NUNC ADDO. L.) *directoriâ potestate, omniaque necessaria ad explendum munus pro salute Ecclesiæ agendi facultate instructus, tametsi locus et sedes hujus potestatis in metropoli christiani orbis Româ ex humanis considerationibus placuerit.* » Lettre à Fabricius. Ed. Kortholt.

On peut voir un texte curieux de Leibniz sur le pouvoir temporel dans sa correspondance avec le landgrave de Hesse, cité par l'auteur dans un écrit intitulé : *Le Pape et le Parti catholique*. N. E.

tous les hommes? leur donne-t-il à tous une grâce égale pour se sauver? Les réformés ou calvinistes, les jansénistes et même les thomistes le nient; les autres l'accordent ou du moins paraissent incliner vers ce sentiment. Telle est la position de la question qui divisait Calixte et ses collègues, et que Leibniz s'efforce de concilier. « J'ay communiqué à M. l'abbé Molanus, écrivait-il, ce que M. Calixte avoit mis par escrit; il n'en a pas esté content, non plus que moy. »

Cette controverse n'eût-elle d'autre mérite que de nous faire connaître la bibliothèque d'un controversiste protestant au dix-septième siècle, qu'il faudrait encore lui en savoir gré. Qui donc aujourd'hui aurait la patience de feuilleter tous ces livres de controverses ou de concordes, annotés par Leibniz et les théologiens d'Helmstadt, et dont les auteurs, fort oubliés de nos jours, alors célèbres, étaient *Véronius* (1), les *frères de Walemburck* (2), le jésuite *Masen* (3), *Spanheim* (4), *Pictet* (5), *Forbes* (6), Hottin-

---

(1) Véronius, auteur d'un livre intitulé *Secretio*, dont il est question entre Leibniz et Bossuet, et qui parut sans nom d'auteur. (Voir t. II, p. 274.)

(2) Adrien et Pierre de Walemburck, célèbres controversistes du parti de Rome. (Voir, sur eux, Buddens, *In Isag. hist. theol.*, CVII, p. 1274, et Jo. Fabricius, *Hist. biblioth.*, pp. 11, 127-29.)

(3) Jac. Masen, jésuite, auteur du livre : *Meditata concordia protestantium cum catholicis in und confessione fidei ex sacrâ scripturâ*. Coloniæ, 1681. In-8°.

(4) Spanheim le jeune, auteur d'un *Elenchus controvers. cum Lutheranis*, sur la grâce ou l'absolu décret.

(5) Pictet, auteur de *Theolog. christ.*, que Calixte fut dissuadé de réimprimer par Leibniz.

(6) Guill. Forbes d'Edinburgh : *Considerationes controversarium*, réédité par Jean Fabricius.

guer (1) et *Walchius* (2) ? C'est là cependant que Leibniz trouvait ses principales autorités pour concilier cette question de la grâce et de la prédestination, si controversée même entre les protestants, pour adoucir le sens de Calvin qui ne pouvait plus être toléré, pour faire ranger enfin cette controverse et les erreurs des protestants sur la grâce parmi les moins fondamentales : *minimè fundamentales*.

Nous voyons, dans ses lettres à ces deux théologiens d'Helmstadt, la contre-partie et comme le dessous des cartes ; tout ce qu'il ne veut pas dire à ses correspondants de France, il le dit à ceux d'Helmstadt. C'est ainsi que, dans une lettre de 1697 à Fabricius, il se laisse aller à un épanchement intime : « Et moy aussi, lui dit-il, j'ay beaucoup travaillé à arranger les controverses de religion ; mais j'ay reconnu bientost que la conciliation des doctrines estoit une œuvre vaine. Alors j'ay imaginé une sorte de *trêve de Dieu : inducias tantum sacras excogitare volui*, et j'ay introduict l'idée de tolérance déjà impliquée par la paix de Westphalie. » Dans une autre lettre de 1698, il lui tient le même langage : « J'ay surtout travaillé à la *tolérance civile* : car, pour l'*ecclésiastique*, on n'obtiendra jamais que les docteurs des deux partis ne se condamnent pas mutuellement. Qu'ils se condamnent donc tant qu'ils voudront, mais sans injures, sans imputations malveillantes. Si les An-

Leibniz favorable à la tolérance et à la liberté.

----

(1) **Hottinguer**, *In dissert. Esslingæ recusâ*. 1723.
(2) **Walchius Georg.**, *In introductione in præcipuas religionis controversias*.

glois acceptoient cette espèce de trêve de Dieu, ils ne brûleroient plus, chaque année, l'image du pape en grande pompe. Qu'ils renoncent aux persécutions, aux inquisitions, aux coups, aux violences ; qu'ils accordent à chacun l'exercice de sa religion en particulier : *privatim exercitium concedant;* qu'ils refrènent la licence de certains escrits. Je me soucie médiocrement des doctrines : j'ay tousjours pensé que c'estoit affaire de politiques bien plus que de théologiens ; car on leur laisseroit leurs mœurs et leurs usages pour obtenir la paix et l'égalité entre les différentes communions. » Dans des lettres de la même époque adressées à Ludolfi, à Cuneaux, à Bauval, il tient le même langage et ne cache pas son peu d'espoir de voir la réunion projetée. Il écrit à Ludolfi le 26 juin 1698 : « Il faut avouer que nos espérances d'une paix religieuse sont bien éloignées ; et pourtant il suffiroit de la volonté de cinq ou six hommes pour l'achever. Supposez que le pape, l'empereur et le roy de France, d'une part, et quelques grands princes, de l'autre, voulussent la chose sérieusement, elle seroit faicte. Or les cœurs des princes sont dans la main de Dieu ; mais ce bonheur n'est point réservé à nostre siècle. Le sera-t-il au siècle suivant, dont aucun de nous ne lira l'histoire ? » Leibniz, on le voit, ne se faisait aucune illusion. On sent plutôt, à le lire, je ne sais quelle lassitude voisine du découragement, la fatigue du génie étreignant un problème insoluble, et comme un appel aux temps modernes et à des principes nouveaux de tolérance et de liberté qui se chargeront de le venger ou du moins de l'absoudre. L'idée d'étendre la *trêve de Dieu* des violences homicides d'un autre âge aux discordes intellectuelles de son temps, est une idée sublime et vraiment digne de son génie.

Des difficultés sérieuses existaient en 1697. La paix de Ryswyk avait fait une nouvelle position aux protestants d'Allemagne. L'article IV, plusieurs fois cité par Leibniz, fut regardé par eux comme une atteinte directe au traité de Westphalie. Quel était donc cet article dont Leibniz se plaint dans deux lettres, l'une de 1699, et l'autre de 1700 : *Le quatrième article de la paix de Ryswyk.*

« L'estat présent des affaires publiques et les divisions que le quatrième article de la paix de Ryswyk a faict naistre dans l'empire, qui a réveillé extrêmement les jalousies des partis, font qu'on est extraordinairement réservé sur ces matières. » L'article IV portait : Que la religion catholique serait maintenue dans tous les pays cédés à l'empereur et qui formaient une partie de l'Alsace, de la forêt Noire et du Brisgau ; et qu'elle y resterait sur le pied qu'elle se trouvait alors. « Cette condition, dit Reboulet, fit beaucoup de peine aux protestants, en ce qu'elle réglait leurs intérêts par rapport à leur religion, différemment de ce qui avait été déterminé par les anciennes pacifications de l'empire, et en particulier par le traité de Passau, conclu pour terminer les différends des religions, et par lequel il est défini que tous ceux de la confession d'Augsbourg jouiraient paisiblement de tous les biens ecclésiastiques dont ils étaient en possession, et par le traité de Westphalie, qui, selon les préliminaires posés par la France, devait servir de base au nouveau traité (1). »

C'était une sorte de *révocation de l'édit de Nantes à l'extérieur*, et, afin de bien marquer que son intention était de détruire le protestantisme au dedans et au dehors, le traité rappelle et renouvelle en cas de besoin les peines édictées contre les protestants par l'acte de révocation. Louis XIV nous paraît ici sous un jour plus complet, dans toute l'âpreté de cette unique pensée, intrépidement suivie, à travers trente années de guerres qui ont appauvri et dépeuplé la France, et fait peser sur l'Europe des maux incalculables. Cette pensée, qui liguait contre lui toute l'Allemagne, et qui réveillait, comme le dit si bien Leibniz, toutes les jalousies des partis, mais dont il poursuivit l'exécution jusqu'au bout, par tous les moyens permis et défendus, *per fas et nefas*, c'était la ruine du protestantisme, dans lequel il avait vu le pire ennemi de son pouvoir et un obstacle insurmontable à la monarchie universelle qu'il affectait en Allemagne, et que Leibniz combattait énergiquement. Avec Louis XIV pour arbitre des destinées de l'Europe chrétienne, Bossuet pour principal ministre de la pacification religieuse et le traité de Ryswyk pour base du droit public et religieux des peuples, Leibniz avait raison de dire que la réunion

(1) *Histoire du règne de Louis XIV*, t. II, p. 577.

n'avait que peu de chances. Elle devenait presque impossible. Mais pourquoi l'affaire fut-elle reprise, au moment même où il y avait si peu d'espoir de la conduire à bien? c'est ce qu'il reste à expliquer en peu de mots.

Un prince dont Pellisson nous vante le grand mérite, et qui avait une légitime action sur l'université d'Helmstadt, allait exercer une réelle influence sur la reprise des négociations. C'était le duc Antoine-Ulrich, de la branche aînée de la maison de Brunswick, prince éclairé, ami des lettres, à qui l'Allemagne doit ses premiers romans et de fort beaux *lieder*. Il partageait la régence de Wolfenbuttel avec son frère aîné Rodolphe-Auguste. La maison de Brunswick se divisait en deux branches, l'une représentée par Ernest-Auguste et le duc de Celle, l'autre, la branche aînée, par les ducs Rodolphe-Auguste et Antoine-Ulrich de Brunswick-Wolfenbuttel, toutes deux alliées, mais rivales, depuis surtout que la création d'un neuvième électorat, pour l'illustre et puissant représentant de la branche cadette, avait accru les jalousies et ravivé les susceptibilités déjà trop excitées par le mariage du prince héréditaire avec la princesse de Celle. Leibniz avait pu, sans négliger les intérêts de ses maîtres, conquérir l'estime et l'affection des ducs de Wolfenbuttel, qui lui avaient confié leur trésor, cette étonnante bibliothèque de Wolfenbuttel, si riche en manuscrits des premiers siècles et peut-être unique dans le monde. Vers 1698, son crédit était grand et croissait même à Wolfenbuttel, à mesure qu'il décli-

Antoine-Ulrich de Wolfenbuttel.

nait à Hanovre. Grâce à cette position exceptionnelle, Leibniz, qui avait les yeux sur l'université d'Helmstadt, qu'il dirigeait sous-main, et qu'il avait remplie de ses choix, voulut mettre la paix à profit pour la reprise des négociations. Il conçut le dessein d'y engager le duc Antoine-Ulrich et de traiter directement l'affaire avec Louis XIV. Mais, pour réussir dans cette négociation, il fallait écarter Bossuet, ou du moins le faire tenir en bride à Versailles. Cette considération n'arrêta point Leibniz : prévenu contre le parti de Rome, fort bien instruit de ses intrigues, irrité même par la hauteur et les finesses de « Messieurs les ecclésiastiques », il essaya de s'en passer et de supprimer Bossuet. Évidemment il s'est dit, à ce moment de la correspondance, que, s'il pouvait arracher l'affaire des mains de M. de Meaux, il serait assuré du succès : non-seulement il l'a dit, mais il l'a écrit. Nous avons retrouvé la minute de ce projet et le plan d'attaque.

Intrigues de Leibniz pour supplanter Bossuet.

Mais, pour supplanter Bossuet, il fallait trouver des alliés en France, à la cour de Louis XIV. Leibniz a eu ce mérite de pressentir le parti qu'on pouvait tirer des maximes et des idées gallicanes contre le parti de Rome et son représentant Bossuet. Il connaissait ce parti, qui avait compté dans ses rangs les premiers magistrats du pays, les Harlay, les Pithou, les de Thou ; il voulut s'en servir, et les opposer à M. de Meaux. Et de là cette seconde partie du projet, qui se résume ainsi : S'il ne pouvait pas lui enlever l'affaire, lui faire adjoindre du moins quelque magistrat gallican.

L'attaque était hardie, elle fut assez habilement conduite : Leibniz s'était assuré d'un prince allié de Louis XIV, le duc Antoine-Ulrich dont il avait la confiance et même la signature : il avait recherché et obtenu l'amitié du ministre résident de France à Brunswick, M. du Héron, par lequel il communiquait avec Torcy, ministre des affaires étrangères du roi de France. Aussi je ne m'étonne pas du nombre de pièces, de minutes et de projets que nous retrouvons à Hanovre pour éclairer la négociation, et qui nous servent à en refaire l'histoire.

Dans une première lettre au duc Antoine-Ulrich, Leibniz indiquait la marche à suivre et le grand parti qu'on pouvait tirer de ce qui avait été fait à Helmstadt « en le ménageant et en le gardant, comme il le dit, pour la bonne bouche, après que messieurs les Romanistes auront faict aussi quelques démarches considérables. » La seconde pièce est un projet de lettre d'Antoine-Ulrich à Louis XIV, minuté par Leibniz. La troisième, également adressée au duc, qui est de beaucoup la plus importante et datée du 17 novembre 1698, était l'exposé de l'affaire et des causes de l'interruption. Il y en a trois, sans compter la trop grande réserve ou le refus de s'expliquer, qu'il a toujours reproché à Bossuet. C'étaient la mort de Pellisson, le retour du comte Balati, subitement rappelé à Hanovre, et enfin la mort du prince de Condé, qui s'était toujours intéressé à cette négociation. Il joint à cet exposé les moyens qui lui paraissaient les plus propres à en assurer le concert à

Appel de Leibniz aux gallicans.

l'avenir, et il y a cela de très-remarquable dans ce document, qu'il contenait un appel très-net et très-direct aux gallicans et un éloge de la France au point de vue du gallicanisme, dont Harlay, Pithou et de Thou sont à ses yeux les illustres représentants. La France lui paraît surtout propre à tenir le milieu entre les protestants et ce qu'il appelle les excès des Romanistes; et persuadé, comme il l'est, que les ecclésiastiques, sans en excepter M. de Meaux, ont toujours fatalement penché de ce dernier côté, il veut, s'il est possible, leur enlever l'affaire, ou du moins leur faire adjoindre des magistrats capables et instruits de cette école. C'est là son projet pour évincer, ou du moins pour supprimer moralement Bossuet.

D'une part, Antoine-Ulrich, appuyé sur les universités et les facultés de théologie protestantes, de l'autre, Louis XIV toujours secondé par Bossuet, mais flanqué de ces assesseurs nouveaux, les magistrats gallicans, puis Leibniz, entre deux, se flattant de mener les uns et les autres vers le but désiré : telle était cette conception singulière, originale, et qui prouve au moins ceci: c'est que Leibniz n'avait pas assez contre Bossuet des universités d'Allemagne, il lui fallait encore ranimer le vieil esprit des parlements.

Un tel projet, qui, s'il fût resté en portefeuille, aurait déjà de l'intérêt, a cela de piquant qu'il a été envoyé en France.

Le marquis de Torcy l'a reçu, il l'a communiqué à M. de Meaux. Il faut donc le juger et dire ici toute notre pensée. Les parlements ont, en effet, joué un très-grand rôle en France dans les conflits survenus entre le pouvoir civil et le pouvoir religieux ; et il s'était formé dans leurs rangs, dès les plus beaux temps de la monarchie, une école de magistrats fortement attachés à la foi catholique, mais très-déclarés contre l'excès de certaines prétentions de Rome. Cet esprit, qu'on a appelé, pour le discréditer, l'esprit légiste, a soutenu certaines déclarations demeurées célèbres, inspiré d'immortelles résistances, et dicté d'importants arrêts. C'était au nom des libertés gallicanes compromises que la France, avant de protester par la bouche de vingt-six évêques, avait réclamé publiquement, par l'entremise des parlements, au nom de la noblesse et du tiers-état.

Toutefois deux courants contraires s'étaient établis bien avant cette époque en France, et la tendance ultramontaine était puissamment représentée. Le concile de Trente, qui ne s'y montra que trop docile, trouva dans le clergé de grands appuis et dans les parlements une vive opposition que Leibniz voulait faire renaître. Aussi ne tarit-il pas contre « cette bande de petits évêques italiens, courtisans et nourrissons de Rome, qui fabriquèrent dans un coin des Alpes, d'une manière désapprouvée hautement par les hommes les plus graves de leur temps, des décisions qui doivent obliger toute l'Église ». C'était, suivant Leibniz, le premier et déplorable effet des doctrines ultramontaines.

Ultramontains et gallicans.

L'ultramontanisme ! Il est singulier que ce mot, gros de tempêtes, ait été, pour la première fois, employé par Leibniz dans une lettre à madame de Brinon, où il la met en garde contre ce qu'il appelle les *surprises ultramontaines*. Il semble qu'il n'eût pas dû s'adresser à Bossuet, dont le discours sur *l'unité de l'Église* se termine par une exhortation à conserver ces fortes maximes de nos pères que l'Église gallicane a trouvées dans la tradition de l'Église universelle.

Le promoteur de la déclaration de 1682 avait-il donc à se défendre d'être un suppôt de Rome? Les ultramontains, qui ne lui ont pas épargné l'imputation de gallicanisme, seraient bien étonnés de se trouver un nouvel et puissant allié sur lequel ils comptaient si peu. Telle n'était point la pensée de Leibniz, et son appel au gallicanisme avait une tout autre portée. La France, depuis Henri IV, et même avant lui, comptait dans son sein deux partis et comme deux sociétés distinctes, la société religieuse et la société civile : la première, représentée par un clergé influent, par d'éminents évêques et par des canonistes distingués ; la seconde, qui s'était formée plus lentement à l'école sévère des jurisconsultes et des politiques, et qui avait soutenu nos rois par ses lumières. Leibniz, qui ne nie pas la science de nos théologiens et de nos sorbonistes, ne dissimule pas non plus son goût pour nos grands jurisconsultes. A ses yeux Bossuet était le plus illustre représentant des premiers, mais son gallicanisme religieux se liait aux théories les plus absolutistes et ne l'empêchait pas d'incliner par une tendance commune à tous les ecclésiastiques vers le parti de Rome : les Bignon, les Harlay, les de Thou, les Pithou, les Dupuis, les Rigaut, au contraire, brillaient au premier rang de ceux qui ont maintenu, par leurs savants écrits et par la fermeté de leurs conseils, contre les entreprises des courtisans de Rome et la complaisance du clergé, non-seulement les libertés de l'Église gallicane et les droits de la couronne à cet égard, mais aussi la pureté de quelques dogmes importants par rapport à l'État; il aimait leur esprit laïque moins sujet à biaiser que celui des ecclésiastiques, et c'est à ce gallicanisme civil que s'adressait Leibniz, pour l'opposer aux excès des Romanistes dont Bossuet ne lui paraît pas exempt. Il lui semble impossible qu'il ne se trouve point, parmi les magistrats et dans les conseils du roi, des continuateurs des Bignon, des Harlay, des Pithou, ou du moins une personne qui ait les qualités de feu M. Pellisson, c'est-à-dire autant de zèle, de lumières, de modération et de crédit qu'il en avait. Il fait appel à ce conseiller nouveau, à cet assesseur indispensable pour contre-balancer M. de Meaux. Cet appel est très-remarquable : car, s'il est un hommage rendu à l'invincible fermeté de l'évêque catholique et à l'onction pénétrante de feu M. Pellisson, c'est aussi un dernier recours au pouvoir civil, et une sorte *d'appel comme d'abus* lancé par Leibniz contre M. l'évêque de Meaux. C'est comme s'il eût dit à Louis XIV : « Que le roi très-chrétien retire aux évêques la conduite de cette affaire, qu'il l'évoque devant son conseil d'État, et la Réunion est faite. »

Nous avouons que le conseil d'État, qui frappait de

ses arrêts les protestants réfractaires, aurait mieux fait de les attirer à l'Église par une plus grande douceur. Mais s'imagine-t-on des magistrats, même gallicans, transformés en concile par la grâce d'un philosophe, et cela pour supprimer le plus gallican des évêques de France et pour contre-balancer la majesté d'un concile œcuménique? Évidemment Leibniz se trompait de pays et de temps. Ces évêques nourrissons de Rome, qui fabriquèrent dans un coin des Alpes des décrets sur le dogme, avaient du moins cet avantage sur les conseillers en simarre du parlement, d'y être autorisés. En admettant même, comme l'ont répété depuis de trop fidèles disciples, que le gallicanisme fût alors le seul refuge de la France contre le protestantisme, et que « les quatre articles fussent, comme le voulait le célèbre docteur anglican Lesley, un puissant moyen de rapprocher les deux communions », il faut reconnaître que la *réunion par le gallicanisme*, ce nouveau mode original proposé par Leibniz, n'avait que bien peu de chances en France, treize ans après la révocation de l'édit de Nantes et un an après la promulgation du quatrième article de la paix de Ryswyk. En admettant que l'expédient fût bon vers 1682, il venait trop tard en 1698. Louis XIV était entré sous l'habile et persévérante influence de madame de Maintenon, dans une voie bien différente de celle que lui traçait Leibniz, et son confesseur se fût mal accommodé de ces maximes d'indépendance. Il est vrai que le même auteur, d'après une hypothèse ingénieuse, déjà proposée par M. de Broglie, croit pouvoir affirmer que, « quand l'altier despotisme de Louis XIV eut consommé la révocation de l'édit de Nantes, quand les jésuites, maîtres du pouvoir, étendirent la persécution des protestants à la meilleure partie de l'Église gallicane, alors Leibniz, catholique par les idées, recula définitivement devant la communion de l'intolérance ultramontaine. » Reste à savoir si, comme on ne tombe que du côté où l'on penche, la France, qui penchait vers le protestantisme, n'y fût point tombée tout à fait, en suivant la ligne de conduite que lui traçait Leibniz.

Sa lettre partit pour la France, sous le couvert du duc Antoine-Ulrich. Leibniz avait calculé, avec un art infini, l'effet qu'il s'en était promis ; il en avait habilement surveillé la marche et dirigé l'envoi ; mais il avait compté sans Torcy, qui la montra à Bossuet. Ses instructions écrites pour le copiste et ses recommandations au duc Antoine-Ulrich n'avaient point prévu ce dénoûment. Bossuet n'en fut point ému : trop au-dessus de ces imputations pour y attacher de l'importance, il se contenta de répondre que Leibniz semblait insinuer que ce commerce avait cessé par sa faute, mais « qu'il n'en fallait point chercher d'autre cause que la guerre, et que, pour son dessein d'y faire entrer quelque magistrat important, il n'y voyoit aucun inconvénient, et qu'il l'approuvoit mesme ». Il se réserve seulement de communiquer au roi tout ce qui a été fait et écrit par l'abbé Molanus et par lui. Grâce à sa sagesse, à sa modération,

Réponse de Bossuet.

l'incident n'eut pas d'autres suites. Si Bossuet s'était senti atteint par les reproches de Leibniz, s'il avait seulement ambitionné ce poste de confiance auquel l'avait appelé la sagesse de son roi, il se serait défendu, ou bien il aurait à son tour formé quelque secrète intrigue pour supprimer Leibniz ; mais Bossuet n'est pas diplomate, il va droit son chemin, comme il le lui dit, *sans aucune veue ni à droite ni à gauche*, et cette manière si nette et si ferme est aux finesses de Leibniz ce qu'était la politique de Louis XIV à celle des petits princes d'Allemagne. Sa lettre vint dissiper tous les nuages si péniblement amassés par Leibniz. Quant à celui-ci, il racheta son excès de franchise par un excès de réserve. La lettre de Bossuet lui fut rendue par le chargé d'affaires, M. du Héron. Pris au piége que lui-même avait tendu, il y répondit avec sa finesse habituelle ; il ne s'explique pas sur le sujet si délicat de sa lettre au duc et de son appel aux gallicans ; il pose cet axiome trop général : que le genre humain est dans les mains de quelques hommes : *humanum paucis vivit genus* ; et il réduit tout à la volonté de trois personnes : Louis XIV, l'Empereur et le Pape, manière commode de mettre sa responsabilité à couvert. On trouve le développement de la même pensée vers la fin d'un dialogue de haute politique et de haute morale (1). Quant à sa lettre, elle peut se résumer ainsi : éloge de Louis XIV en prose, après son panégyrique en vers ; bonheur de Leibniz

(1) Voir le Dialogue entre un habile politique et un ecclésiastique d'une piété reconnue, à l'*Appendice*, p. 512.

à la pensée que ce qu'il écrira passera sous les yeux de Sa Majesté ; vains empressements qui sentent le courtisan, suivis d'un retour politique qui sentait le diplomate sur la nécessité de consulter l'Électeur son maître, dont l'humeur farouche et la rudesse affectée justifiaient les craintes de Leibniz, et ce rhume dont le raillait du Héron, et qui était tout politique, et ses avances suivies de prompts retours, et toute cette diplomatie enfin dont lui-même est forcé de s'excuser. S'il n'avait pas avoué ces difficultés, sa correspondance suffirait pour nous en convaincre. On y remarque la trace de ses tâtonnements et de ses hésitations, des lettres inachevées, des brouillons commencés, et qui ne furent pas remis au net, des lettres antidatées, ou bien un même début servant à deux années d'intervalle. Une lettre du 14 mars 1699 à du Héron est, sur ce point, très-explicite. On a remarqué (à Hanovre) ses fréquents voyages à Wolfenbuttel : il doit ne point abuser de la permission qu'on lui continue, de peur de la perdre tout à fait. Il voudrait qu'on sût bien à Wolfenbuttel *combien la précaution de vouloir l'agrément de l'Électeur, pour reprendre la négociation avec M. de Meaux, a esté nécessaire* : il a reçu autrefois une réprimande pour avoir été moins scrupuleux. C'est d'ailleurs l'avis de l'abbé de Lockum. Sa lettre en allemand au prince Georges-Louis, successeur à l'électorat du duc Ernest-Auguste, avec la relation française qui l'accompagne, est fort habile. Il transmet au prince copie de la réponse de M. de Meaux, qu'il avait prié M. du Héron de faire transcrire : il a répondu, lui dit-il, comme la bienséance l'exigeait, mais d'une manière dilatoire, qu'il avait besoin, pour reprendre la communication, du consentement de S. A. l'Électeur. Il lui expose les raisons en faveur de la reprise : le roi la désire vivement, la cour impériale ne peut qu'y gagner ; enfin la différence est moindre entre les idées gallicanes et celles des protestants qu'entre ce parti et celui de Rome ; et, *bien qu'il n'y ait que peu d'espoir d'une réunion à cette époque,* ce sera satisfaire à la charité et à la bonne politique que de montrer ses bonnes intentions, que d'obtenir des déclarations de Rome, de faire naître l'occasion, de voir enfin jusqu'où chaque parti peut aller sans se départir de ses principes.

Lettre de l'empereur et voyage de Leibniz à Vienne.

L'année 1699 s'ouvrait sous de plus favorables auspices que les années précédentes : une nouvelle négociation commençait ; le zèle de notre chargé d'affaires à Brunswick, la franchise de Bossuet, la diplomatie même de Leibniz, la tranquillité renaissante, tout conspirait à renouer ce commerce, interrompu par la guerre et la politique. Le duc Antoine-Ulrich entrait dans le dessein de Leibniz, et, en envoyant le cartel de l'évêque de Meaux et son cachet volant, il en exprimait sa joie, témoignait des dispositions favorables d'Helmstadt et de Wittemberg, et se moquait du parti des opposants, qu'il appelle les *liébistes* ou *lupistes*. Leibniz se concerta avec le prince abbé de Lockum, Molanus, que le duc ménageait beaucoup, et répondit aux importunités d'un abbé Guidi pour calmer ses craintes. Enfin une lettre autographe de l'empereur Léopold à l'électeur Georges-Louis (1), et un voyage de Leibniz à Vienne, qui en fut la suite, levaient tous les doutes. Le comte de Buchaim avait été à Hanovre en 1698, pour lier de nouvelles conférences avec l'abbé de Lockum; et c'était pour les renouer que l'empereur avait écrit à l'électeur. Le choix de Leibniz était significatif; il passa trois mois à Vienne, au faubourg de Rossau, chez le médecin Garelli. De fréquentes visites aux archives de l'évêché de Neustadt, où il découvrit dans les papiers de Spinola des manuscrits importants par leurs variantes, et d'où il emporta l'amitié de l'official de l'évêque, Vlostorf, avec un grand nombre de copies de pièces curieuses, de fréquents entretiens à Vienne avec le comte de Buchaim et les théologiens les plus estimés du pays, une conférence enfin avec le nonce du pape, le cardinal Doria, dont nous avons retrouvé l'abrégé écrit de sa main, voilà quelle fut pour la Réunion l'aurore du nouveau siècle qui devait plus tard lui être si fatal. Leibniz, après ce long séjour, en partit avec des espérances, mais non sans inquiétudes sur l'horizon politique : « J'espère, écrit-il à Vlostorf, que l'affaire ira bien et que les événements heureux ou malheureux qui sont arrivés ne seront pas un obstacle. » Il voulait parler de la succession au trône d'Angleterre, événement heureux et même inespéré pour la maison de Hanovre, malheu-

(1) Lettre de l'empereur, du 17 mai 1700. Leibniz arriva à Vienne, vers la fin de septembre, en quittant les bains de Teplitz.

reux pour l'affaire de la Réunion et pour la politique impériale.

Le pape Clément XI fait demander à Bossuet ses écrits.

Si Leibniz voulait convertir l'empereur d'Autriche et le roi de France et s'allier aux gallicans, Bossuet, de son côté, n'avait pas une moindre ambition : il voulait gagner le pape à sa méthode. Clément XI lui avait fait demander ses écrits, c'est l'abbé Ledieu qui nous l'apprend ; il est vrai que cette découverte lui a coûté presque autant de peine que le retour des protestants à l'Église en put donner à M. de Meaux. Après un long silence, tout à coup Bossuet se réveille, et l'abbé Ledieu le suit, sans y rien comprendre, à Paris, où il a apporté le fameux portefeuille des écrits des luthériens de Hanovre, pour en conférer avec l'envoyé du duc de Saxe Gotha.

« Les mardy et mercredy, 6 et 7 juillet, il confere, après dîner, chez M. le marquis de Torcy, sur les luthériens d'Allemagne. Le dimanche, 31, à Conflans, pour voir M. le cardinal de Noailles et luy communiquer un autre ouvrage auquel il travaille actuellement. Puis, le 6 aoust 1701, à Germigny, où M. de Meaux luy a donné sa nouvelle lettre à M. de Leibniz pour la faire mettre au net (1) Il apprend en mesme temps que M. de Meaux a communiqué à M. l'abbé Pirot ses *dernières lettres escrites à M. de Leibniz sur la canonicité des livres saincts* et sur l'authorité du concile de Trente. Ce soir, monseigneur de Noailles, évesque de Châlons, est arrivé pour souper et coucher à Germigny. Il y a passé le dimanche suivant et en est reparti le lundy pour Châlons. Le vendredy, 22 d'aoust 1701, il a vu M. de Meaux travailler toute la matinée à sa *Politique*, et l'après-dînée il a fermé sa lettre pour M. de Leibniz, datée de ce jour et de ce lieu, qu'il a adressée à M. de Torcy, à qui il escrit *qu'il aura encore bientost un grand traicté à envoyer au mesme M. de Leibniz*, disant qu'il faut espérer que ces instructions auront quelque jour leur effet, si elles ne l'ont pas de ce temps-cy. Le mercredy, 17, il a rendu à M. de Meaux son escrit sur la canonicité des livres saincts, qu'il a signé et daté de Marly, de ce jour, et que luy, Ledieu, a adressé à M. de Leibniz, à Hanovre, après en avoir tiré une copie Le mardy suivant, séjour à Versailles. Après le dîner, M. de Meaux a parlé des luthériens de Hanovre, M. l'abbé Bossuet

(1) Voir cette lettre, tome II, page 382.

et moy seulement présens, et il a dit qu'il faisoit copier l'escrit de M. Molanus, abbé de Loccum ; mais il revoyoit aussi le sien, et y ajoutoit une relation en françois de l'estat de l'affaire. »

Il faut suivre dans le journal de cet observateur vulgaire et affairé la trace qu'a laissée la Réunion dans la vie de Bossuet pendant cette année 1701. Le journal de l'abbé Ledieu, si insignifiant parfois, prend alors une véritable importance. Cet empressement inaccoutumé, ces allées et venues insolites, ces voyages à Paris, à Versailles, ces visites de Bossuet chez Torcy et chez le cardinal de Noailles, et de Pirot, syndic de Sorbonne, chez M. de Meaux, tiennent en éveil la curiosité bourgeoise de l'abbé Ledieu. Enfin, le 22 septembre, il a le mot de cette énigme. Bossuet, après lui avoir demandé son traité : *De ecclesiastica potestate*, est ensuite descendu dans le jardin, où il l'a accompagné à la promenade :

<small>Bossuet compose un nouvel écrit qu'il destine à l'instruction du pape et des cardinaux.</small>

« Alors il m'a dit qu'il y a plus de six mois que le pape luy a faict dire par M. le nonce qu'il désiroit de voir ce qu'il a cy-devant escrit en respondant à M. Molanus, abbé de Loccum, en faveur des luthériens de Hanovre, dont le sainct-père avait ouï parler par les Allemands bien intentionnés qui négocioient à Rome pour préparer leur retour à l'Église. C'est principalement un grand prince d'Allemagne que M. de Meaux ne m'a pas nommé, mais qu'il dit estre très-habile et très-instruict, et qui n'a aucun intérest commun avec les autres protestans qui le retienne dans la communion. Je crois, pour moy, que c'est le prince héritier de Wolfenbuttel. Le premier avis de M. de Meaux avoit esté d'envoyer au Pape son escrit tel qu'il l'a faict pour M. l'abbé de Loccum ; mais depuis il a cru qu'il devoit plus tost de cet escrit en faire un nouveau, *par manière d'exposition et de conciliation sur tous les articles controversés*. C'est à quoy il a travaillé en différens temps, et, aujourd'huy qu'il veut finir ce mémoire, il prend son ancien escrit sur l'authorité de l'Église, parce qu'il juge *l'occasion très-importante d'insinuer au pape ce qu'il faut croire et proposer aux protestans à croire sur cette matière*, sur l'infaillibilité mesme et sur la déposition des rois ; car ce mémoire, destiné pour l'instruction des protestans d'Allemagne, *il le veut proposer pour servir à l'instruction mesme du pape et des cardinaux.* »

Or il existe en double à Rome dans les archives du Vatican, et à Hanovre dans la Bibliothèque royale, un écrit qui répond trait pour trait au signalement qui en est donné par l'abbé Ledieu (1). Ce sont bien là les deux belles copies qu'il fit faire à l'évêché, et pour lesquelles il dédaigna les copistes du cabinet du ministre des affaires étrangères. C'est bien cette fameuse *Conciliation d'Allemagne* qu'il porta lui-même au nonce et qu'il destinait à l'instruction du pape et des cardinaux. Le grand et mystérieux personnage qui avait si heureusement ranimé le zèle de M. de Meaux, et qu'il voulait, je ne dis pas conver-

(1) « Le nouvel escrit estant fini et mis entre mes mains au mois de novembre 1701, je l'ay comparé avec le premier que M. de Meaux fit en response à celuy de M. Molanus, et j'ay trouvé que ce dernier escrit est l'abrégé du premier. L'autheur y suit le mesme dessein, les mesmes principes, et il y prend les mesmes moyens de réunion, qui est la conciliation sur tous les points controversés; mais il le fait avec plus de précision, plus de netteté, en escartant davantage ce qui n'a pas de difficulté, et d'une manière bien plus décisive. Ainsi ce dernier escrit contient toute la force du premier, avec cet avantage qu'il est de moitié plus court, et, néanmoins, il renferme tous les passages des saincts Pères du concile de Trente et des confessions de foy des protestans qui sont rapportés dans le premier. Mais l'authorité du pape est icy traictée plus au long et suivant les principes appliqués dans l'*Exposition* de M. de Meaux. M. de Meaux a ajouté que ce qu'il avoit envoyé en dernier lieu à Hanovre à M. de Leibniz, ou plustost à Wolfenbuttel, sur la canonicité des livres saincts, pour estre communiqué à M. le prince héritier de cette principauté, comme il est dit expressément dans la lettre de M. de Leibniz et dans cette response que M. de Meaux luy a faicte; M. de Meaux, dis-je, m'a ajouté que cet escrit seroit très-utile et très-efficace pour ramener ces protestans; ce qui me fait encore croire davantage que c'est ce prince héritier de Wolfenbuttel qui négocie sa réconciliation à Rome. Le temps nous en esclaircira, et je marqueray avec soin tout ce que je verray là-dessus. » Enfin « le samedi, 10 décembre 1701, il a porté à M. le nonce, à Paris, la seconde belle copie qu'il avoit de sa *Conciliation d'Allemagne*, pour estre par luy envoyée au pape. Il a cru ainsi plus sûr, parce que la copie est bonne, au lieu qu'il avoit à craindre que des copies faictes chez M. le marquis de Torcy ne fussent pleines de fautes dans un ouvrage si important. »

tir, mais gagner à sa méthode, c'était le pape Clément XI, qui avait eu connaissance de la négociation avec tout le sacré collége, et qui demandait à en être informé tout à fait ; le nouvel écrit qui avait si vivement intrigué l'abbé Ledieu et qui fut si longtemps matière à ses conjectures n'est autre que le : *De professoribus confessionis Augustanæ ad repetendam veritatem catholicam disponendis*, qui a été imprimé à tort dans le tome XXXV de ses œuvres, avant l'écrit de Molanus (*Explicatio ulterior methodi Reunionis*) auquel il répond. On s'étonnera moins maintenant du soin et du mystère dont l'entourait Bossuet. Soit que Clément XI se défiât des écrits antérieurs de l'évêque de Meaux, soit qu'il eût été favorablement prévenu pour la Réunion par la lettre de l'empereur Léopold, le pape avait demandé ces écrits, et Bossuet avait voulu cette fois y mettre la dernière main et faire l'ouvrage le plus limé et le plus précis en matière de dogme qu'il ait peut-être jamais fait. L'abbé Ledieu, qui voyait déjà le pape et les cardinaux *convertis*, ne laissa pas échapper la première occasion qui se présenta de lui en parler : « Je lui dis que c'étoit là une nouvelle exposition plus étendue et plus raisonnée que la première : *il en est convenu, et de ce que je lui dis encore,* QU'APRÈS L'HISTOIRE DES VARIATIONS IL NE RESTERA PLUS A FAIRE QUE CETTE CONCILIATION, pour achever de persuader les esprits ébranlés par cette histoire, et qu'il n'y avoit que l'auteur de l'histoire qui pût être aussi auteur de la conciliation. » A partir du jour de l'envoi, nous sommes réduits, comme l'abbé Lediéu, aux conjectures sur l'usage qu'on en fit à Rome. Nous croyons toutefois que cet écrit ne fut pas étranger aux conversions qui éclatèrent bientôt en Allemagne, et dont les lettres de Clément XI sont l'éclatante confirmation. Celle du prince de Wolfenbuttel et de ses trois fils, annoncée par l'abbé Lediéu dès 1701, et qui dut étonner singulièrement Leibniz quand elle devint publique en 1710, est ainsi le couronnement de son œuvre et le plus beau fruit de ses travaux (1).

Autre écrit de Leibniz ; comparaison de ces deux traités.

Par une coïncidence bizarre, Leibniz avait fait, trois ans plus tôt, du point de vue des protestants, ce qu'on demandait à Bossuet, dans l'intérêt des catholiques ; il avait, lui aussi, écrit sa conciliation sous le nom de l'abbé et dans le monastère de Loccum. Arrivons donc aux doctrines, et comparons ces deux écrits, d'une part la *Liquidation des controverses*, annoncée par Leibniz et composée par lui sous le nom de l'abbé et dans le monastère de Loccum, et de l'autre, la *Conciliation d'Allemagne* entreprise par Bossuet pour être mise sous les yeux du pape. Cette comparaison nous fera voir s'il y avait encore entre eux, au point de vue du dogme, des causes sérieuses de dissentiment, et quelles étaient ces causes.

Leibniz imagine de faire le catalogue des *trois*

---

(1) Voir à la fin du tome II cette importante négociation, et les lettres du pape Clément XI au duc Antoine-Ulrich. L'une d'elles est relative à la misérable condition des catholiques irlandais. Le pape exhorte le prince converti à prendre en main leur cause. N. E.

décades des controverses qu'il croit terminées (1); et de montrer ainsi les résultats importants des précédentes conciliations. La grande question des sacrements y paraît comme achevée; il rétablit, comme Gœthe, les anneaux de cette chaîne qui relie la terre au ciel et que la Réforme avait brisée. Il insiste sur le rétablissement de la hiérarchie, qu'il avait toujours défendue dans ses précédents ouvrages. Or, si nous comparons sur tous ces points l'écrit de M. de

(1)

1ʳᵉ DÉCADE
1° Le sacrifice de la messe.
2° Les prières pour les morts.
3° Même sujet.
4° Faites à la messe.
5° Le sacrifice propitiatoire.
6° Les messes publiques, sauf l'invocation des saints.
7° L'adoration de l'Eucharistie.
8° Le culte de Marie.
9° Sur l'intention du ministre des sacrements.
10° Sur le nombre des sacrements.

2ᵐᵉ DÉCADE
1° Le sacrement de confirmation.
2° Le sacrement de l'ordre.
3° Le sacrement de mariage.
4° La pénitence ou absolution.
5° L'extrême-onction.
6° La messe.
7° Les œuvres.
8° Sur la grâce, *ex opere operato*.
9° L'élévation de l'hostie ou du calice.
10° La certitude absolue de la conversion, etc.

3ᵐᵉ DÉCADE
1° La justification.
2° Le mérite des œuvres.
3° La foi sans les œuvres, de Luther.
4° Les bonnes œuvres agréables à Dieu.
5° Les bonnes œuvres nécessaires au salut.
6° Si de *congruo* ou de *condigno*.
7° Si la foi justifie.
8° Si la justification détruit les péchés.
9° Si la concupiscence est empêchée.
10° Sur la possibilité ou l'impossibilité d'accomplir les commandements de Dieu.

Meaux, nous trouvons que Bossuet n'y voit pas de difficultés, qu'il rend hommage aux conciliations de Molanus, et que ces deux écrits concordent. Bossuet ne fait qu'expliquer un peu plus au long ce qui fait la matière des trois décades rassemblées par Leibniz, et nous sommes en droit de conclure que, pour le dogme, il ne pouvait y avoir de difficultés sérieuses. Mais alors, si la réunion ne s'est point faite sur les bases de cette liquidation proposée par Leibniz et acceptée par Bossuet, il en résulte que ce n'est point le dogme qui était en question, et qu'il faut chercher d'autres motifs de l'insuccès final.

Cette raison, je la trouve dans le préambule même de la liquidation des controverses présentée par Leibniz et dans les deux postulats de Bossuet mis en tête de son dernier écrit : les demandes des protestants pouvaient se résumer en une, la *réunion préliminaire*, et les deux postulats de Bossuet concernaient *le maintien du concile de Trente*. C'est là ce qui fit manquer la Réunion.

Leibniz, après avoir préparé deux projets de lettres qui ne furent pas envoyées, se contenta d'écrire à Bossuet, comme à la sollicitation du duc Antoine-Ulrich, pour lui demander : 1° ce que c'était qu'être de foi ; 2° quels degrés il mettait entre les articles de foi. Bossuet en fit le sujet de deux lettres assez amples, l'une du 9 janvier, en vingt-quatre articles, répondant à la première difficulté ; l'autre du 3 du même mois, s'appliquant à la seconde. Il y soutenait la perpétuité de la tradition, et la doctrine du consentement universel, comme marques assurées de la vérité de la foi. Il repoussait le besoin d'une nouvelle révélation dans l'Église, qui est toujours assistée par le même Esprit. Abordant ensuite avec une grande hauteur de vues la doctrine des articles *fondamentaux* ou d'un *minimum* de croyances, doctrine vraie dans son principe, mais fausse par l'excès qu'en fit la secte des *arminiens* ou des remontrants et vivement attaquée par les sarcasmes de Strauss non moins que par le bon sens de Bossuet, il réduisait tout à trois propositions évidentes, montrait que deux au moins étaient communes aux deux partis, et que la troisième seule pouvait faire l'objet d'un litige. Ce sont ces deux lettres de Bossuet qui motivèrent un véritable traité de Leibniz sur la matière, composé dès le commencement de mars 1700, mais qui ne fut envoyé que deux mois plus tard en deux parties antidatées, et après avoir été l'objet de toute une diplomatie, et précédé de deux lettres préliminaires, l'une du 30 avril, à Bossuet, pour lui annoncer l'envoi, l'autre du 4 mai, au duc Antoine-Ulrich, pour lui faire parvenir ses excuses et les brouillons, avec des instructions détaillées en allemand pour le copiste. Là on voyait comme dans un tableau toute la suite des Écritures et le degré de canonicité propre à chacune. Il rapportait à cette règle unique tous les livres de l'Ancien Testament; de sorte qu'il suffisait de jeter les yeux sur ce tableau qu'il a dressé, pour voir s'éclaircir tous les doutes sur les livres contestés par les protestants et connaître l'état exact de la science biblique au commencement du dix-huitième siècle.

Caractère de la correspondance et parallèle entre Leibniz et Bossuet.

Qui n'admirerait les lettres de Bossuet, toutes remplies du suc des Écritures et de cette saveur des Pères dont il avait su de bonne heure imprégner ses écrits ? Qui ne serait frappé de ces réponses de Leibniz et de tant de recherches savantes et profondes qui fascinaient le cardinal de Beausset lui-même, ébloui et vaincu par le prestige du génie ? Seulement ce qui, chez Leibniz, brille davantage, instruit et touche plus chez M. de Meaux, dont la lampe échauffe et brille tout ensemble : *Lucerna ardens et lucens*. Avec l'un, nous sommes portés par le courant vif et pur de l'Église d'Occident, et nous puisons au plus riche trésor d'une science ecclésiastique sans apprêt comme sans alliage : le second nous fait remonter jusqu'aux sources les plus secrètes de la primitive Église, et nous initie aux délicatesses de l'Orient, dont la subtilité raffinée lui paraît, pour les sciences sacrées comme pour les arts profanes, très-supérieure à la barbarie de l'Occident, *barbarie de théologie et de mœurs* qui n'est point assez remarquée de nos jours. Il y a de beaux mots de Bossuet sur saint Jérôme, *cet infatigable lecteur de tous les livres et de tous les actes ecclésiastiques;* sur saint Augustin, qu'il appelle la plus grande lumière de l'Église, et sur cet Occident enfin, où la pureté de la foi chrétienne s'est conservée avec un éclat particulier. Mais Leibniz nous éblouit par tant de traits profonds et sublimes, il a un jugement si plein de nouveauté et d'une sagacité si érudite sur l'Église de Rome, « plus autorisée que savante », et sur celle d'Afrique, « plus éloquente que solide et dont l'érudition n'était que de seconde main », que la victoire reste indécise entre ces deux champions. Bossuet est plus qu'un évêque, c'est un *concile* : mais Leibniz est peut-être plus encore, c'est tout un monde. Si M. de Meaux a derrière lui les Pères de l'Église latine et ces Églises de Rome et d'Afrique qui lui paraissent calomniées, Leibniz a, de son côté, les Grecs et toute la science protestante représentée par les Chemnice, les Gérard, les Calixte et les Rainold ; il a les universités et la correspondance des protestants et des catholiques tant en Allemagne qu'à l'étranger, et parmi eux trois historiens de premier mérite : Seckendorf, Ludolfi et Bauval. Aux citations de Bossuet il oppose la théologie scolastique, que Bossuet connaît peu, et ces docteurs qui font le désespoir de Pellisson, car « la rue Saint-Jacques ne les connaît pas, les bibliothèques les plus nombreuses ne les ont pas, non, pas même celle des jésuites (1). » Antiquités grecques et latines, histoire des papes et des conciles, et les scolastiques les moins connus comme les plus célèbres controversistes, il a tout lu, tout étudié, tout annoté ; le catalogue de ses lectures a de quoi effrayer une légion de théologiens (2) et justifie l'éloge qu'il

---

(1) T. I, p. 96. A propos du docteur Paiva Andradius, théologien considérable du concile de Trente.

(2) Voir à l'Index les noms suivants : Origène, Chrysostome, Grégoire de Nazianze, Cyprien, Clément d'Alexandrie, Cyrille, Athanase, saint Jérôme; Antonin, archevêque de Florence ; Exupère, évêque de Toulouse ; Fulgence, saint Jude et saint Hilaire, Eusèbe, Josèphe, Amphilochus, pour l'é-

s'est donné d'avoir de très-bonne heure excellé aux controverses. Il avait enfin à sa disposition et sous sa garde cette célèbre bibliothèque de Wolfenbuttel, dont il était directeur, et cette riche collection particulière amassée par le prince Rodolphe-Auguste pour l'illustration de l'histoire de la Réforme (1). Il faut avouer que ce dernier avantage était le plus précieux. Paris ne pouvait rien offrir de pareil à M. de Meaux : Leibniz écrivait ses lettres sur le canon de la Bible, en face de l'exemplaire qui avait appartenu à Luther, et qui servit à sa traduction. Mais Bossuet, dépourvu de ces ressources, se renfermait en pensée

---

poque des Pères. Je ne parle pas d'Augustin, pour lequel seul il faudrait un livre; Pierre Lombard, Isidorus Mercator, Vincent de Lérins, Raban Maur, Nicolas de Lyre, Grégoire de Valence; Jean Seneca, dit le Teutonique; Tostatus, Boëce et Cassiodore, et surtout saint Thomas, pour les scolastiques ; Baronius, Maimonide, Bullus, Pallavicini, du Perron, Ximénès, Petau, les frères de Walemburck, Balbinus et Bachini, ces deux derniers, jésuites; les papes Clément, Innocent, Gélase, Pascal; les conciles de Nicée, de Carthage, de Florence, Francfort, Bâle et Trente; les hérésies des ariens, des joviniens, des donatistes, des novatiens, des pélagiens, des nestoriens, des quarto-décimans; l'Église grecque et latine; les schismes d'Orient et d'Occident.

(1) Dès cette époque, Hermann de Hardt, bibliothécaire et secrétaire du duc, avait publié trois volumes de manuscrits de Luther et autres, tirés de cette précieuse collection. C'est ce catalogue qu'annonçait Leibniz en ces termes : « Il a déjà faict imprimer, écrit-il au landgrave, deux tomes d'un catalogue selon l'ordre des années, depuis 1517 jusques à la mort de Luther. Il y a là dedans quantité de petites pièces fugitives qui estoient disparues et qui ont esté cherchées inutilement. Il y a une belle suite de toutes les éditions de la Confession d'Augsbourg. La première a esté faicte l'an 1530 mesme, sans aveu des électeurs et des princes ; la seconde a esté publiée l'an suivant par Mélanchthon, suivant leur ordre; de sorte que c'est la plus authentique. Il se trouve dans cette collection quantité de choses propres à donner, un jour, une nouvelle édition des œuvres de Luther, bien meilleure que celle d'Altenburg. On conserve aussi dans cette collection quantité de pièces des autheurs qu'on tient pour hérétiques, dont il est difficile à présent de trouver les ouvrages. »

dans cette grotte de Bethléem, d'où Jérôme n'était sorti qu'après avoir achevé la sienne, et cet avantage compensait aisément tous les autres. Jamais lutte d'érudition profane valut-elle, soit pour l'importance des questions, soit pour la gravité des résultats, ce mémorable débat entre ces deux hommes, dont la science sacrée allait faire tous les frais ?

La question de la canonicité des livres saints, que Leibniz avait soulevée, était grosse de plus de questions que lui-même ne l'avait cru d'abord : avec elle la science sacrée allait entrer dans une nouvelle phase pleine de difficultés et de périls, mais aussi de recherches et de découvertes. Aussi les deux adversaires apportaient à ce dernier combat, qui devait être le prélude de tant d'autres après eux, des dispositions bien différentes. Bossuet, déjà vieux, fatigué, mais non vaincu du temps et des disputes, éprouvait quelque répugnance à rentrer dans l'arène et modérait l'ardeur de son plus jeune et plus hardi contradicteur. Il lui faisait observer que ces curieuses et doctes recherches n'avanceraient point l'affaire de la Réunion ; il essayait de l'en dissuader en lui annonçant que cette équivoque du mot de *canonique* se tournerait à la fin contre lui : et nous qui n'avons point l'excuse des mêmes fatigues, nous éprouvons aussi, nous l'avouerons, quelque répugnance à aborder en terminant des questions aussi complexes. Nous pouvions nous flatter d'un rapide succès en voyant la seconde phase de ces négociations, et nous voilà rejetés avec Leibniz en pleine mer et sur un

De la canonicité des livres saints.

Océan nouveau. Mais une pensée nous soutient, c'est que Leibniz avait aussi son étoile sur cette route semée d'écueils; et, si nous manquons à sa suite le port vainement cherché de la Réunion, nous entrevoyons du moins à sa clarté l'aurore d'une nouvelle science.

La nouvelle exégèse. L'exégèse, la nouvelle exégèse, faisait son apparition sur le terrain irénique au moment même où Bossuet allait disparaître pour toujours de la scène. La méthode d'exposition, si fortement recommandée par lui, n'a pu empêcher cette irruption de la critique et de l'histoire sur le terrain de la Bible. Qu'on nous entende bien : nous ne disons pas que la nouvelle exégèse allemande soit sortie tout armée du cerveau de Leibniz, vers 1700 ; mais nous disons que la discussion sur les livres canoniques, à laquelle il se livre, en était grosse : « L'exégèse sacrée, disait récemment un écrivain de notre temps (1), est depuis le seizième siècle et sera, ce semble, longtemps encore, le terrain scientifique des controverses religieuses. Aucune science ne demande, pour être approfondie, des connaissances plus variées. Une question d'exégèse est souvent à la fois philologique, historique, philosophique et théologique. Elle soulève à chaque instant autour d'elle des problèmes imprévus. » Leibniz rencontrait précisément, dans sa controverse avec Bossuet, une de ces questions complexes où ce n'était pas trop de ces quatre sciences réunies ensemble pour

---

(1) *De la critique historique des Évangiles*, par l'abbé Perreyve; Douniol, 1859.

résoudre le problème posé : à savoir, quels livres de l'Ancien Testament sont canoniques, et quels livres ne le sont pas; et, secondement, si le concile de Trente a eu le droit de déclarer canoniques des livres considérés comme apocryphes par le témoignage antérieur de l'Église. C'était, on le voit, l'application des principes généraux posés plus haut à la question particulière des livres canoniques de la Bible. Cette question, il la posait, dès 1692, dans un paragraphe de sa réponse à Pirot; mais il n'en pressentait pas alors toute l'importance; au contraire, il la rangeait parmi celles de *moindre calibre,* et qu'il était plus facile de concilier.

Ce ne fut que peu à peu qu'elle se développa dans son esprit, à partir de si humbles commencements, et qu'elle finit par y prendre de très-grandes proportions. Comme une plante vivace et parasite, qui étreint et qui étouffe l'antique chêne sur lequel elle s'appuie, cette exégèse protestante, qui a grandi à l'ombre des rameaux protecteurs de la foi et s'est nourrie de sa sève, jusqu'à ce qu'elle ait tout envahi et submergé toute science et la théologie protestante elle-même, tient d'abord dans deux lettres de Leibniz à Bossuet! On peut l'y montrer comme dans son germe : elle est née de la question des livres canoniques.

Toute science qui se fonde doit avoir ses règles. Leibniz, encore nouveau sur ce terrain, accepta d'abord toutes celles que lui présenta Bossuet. A ne prendre que ses lettres de 1699 et de 1700, les points

Règles de Leibniz.

communs entre eux étaient nombreux et décisifs, et Bossuet le remarque avec bonheur dans sa lettre du 9 janvier. Règles du consentement unanime et de la tradition universelle, Leibniz croit pouvoir tout accepter, tout employer. Il accorde à Bossuet le caractère révélé de tout article de foi, la perpétuité de la tradition comme marque de la vérité catholique, et le consentement universel de toute l'Église comme *criterium* infaillible: tous les grands principes enfin de ses expositions de la foi catholique. Mais bientôt les divergences s'accusent : les difficultés naissent des difficultés, et, au lieu de ces lettres, qui ne sont que la préface de cette nouvelle controverse, si nous prenons les dernières, ce Leibniz, d'abord si conciliant, ne reconnaît plus qu'un seul principe et qu'une seule règle, qui est la négation des premières. Toutes celles qu'il avait d'abord acceptées lui manquent l'une après l'autre; il est forcé de renoncer successivement au consentement unanime et à la tradition perpétuelle. Il sent que l'inspiration individuelle est trop vague et justifierait toutes les folies, et il est forcé de s'en tenir aux règles de la critique ordinaire. C'était le sort de cette question, imprudemment soulevée par Bossuet, et prématurément développée par Leibniz, de lui faire sentir la difficulté qu'il y a pour les protestants de donner des règles fixes à la nouvelle science, et, dans l'impossibilité de conserver les bornes posées par la sagesse catholique, de la lancer sur la pente subjective de la raison individuelle.

Quel est, en effet, le seul principe formulé par Leibniz dans sa dernière réplique, sur les ruines de la perpétuité de la tradition et du consentement unanime, qui se trouvaient violés à chaque instant? Le voici: « J'avoue que la règle des protestans, d'une révélation ou inspiration individuelle, prise à la rigueur, est insuffisante; il faut y substituer celle-cy: Joindre les règles de la critique ordinaire à la considération de la conduite de la Providence dans le gouvernement de son Église (1). » Ce criterium, quelque scientifique et philosophique qu'il puisse paraître à ceux qui le lui ont emprunté, ne me satisfait pas. Il consiste dans l'union de deux parties: les règles de la critique ordinaire, d'une part, et la considération de la conduite de la Providence de l'autre ; mais, comme l'économie providentielle a quelque chose de mystérieux et de vague, et, pour tout dire enfin, de pur sentiment, les rationalistes n'ont retenu que la première partie de la règle, celle qui regarde la critique ordinaire. Les règles de la critique ordinaire les ont conduits fort loin, plus loin assurément que Leibniz ne voulait aller. Car la première de toutes et la plus connue, c'est le rejet de l'autorité et la négation du surnaturel. Dans cette voie, on devait arriver très-vite à nier toute révélation, et à traiter les livres saints comme Homère ou Tite-Live, que dis-je? comme on n'a jamais traité les poëtes et les historiens de Rome ou d'Athènes.

La critique ordinaire seul criterium.

(1) T, II, p. 437. Inédit.

Mais les livres saints comprennent l'Ancien et le Nouveau Testament, et les règles de la critique ordinaire s'appliquent aussi bien au second qu'au premier. De quel droit, en effet, limiteriez-vous le champ de vos investigations à telle partie des livres sacrés, et feriez-vous de la Bible deux parts, l'une que vous soumettez, et l'autre que vous soustrayez aux règles de la critique ordinaire? Tout se tient dans ce divin enchaînement, et vous n'avez pas le droit de le rompre à moitié. Il faut que tout soit soumis, ou que rien ne soit soumis aux règles de la critique ordinaire. L'Évangile est entraîné ou subsiste au même titre que tout le reste.

Il suffit d'indiquer cette marche fatale et ces conséquences forcées, pour montrer le péril de ces questions et les dangers d'une étude prématurée. Je sais bien que Leibniz a lui-même indiqué ses réserves, et qu'il serait injuste de le rendre auteur ou complice des excès qui suivirent; mais ces réserves sont trop vagues pour être applicables, et trop arbitraires pour ne point exciter le sourire de la critique ordinaire. Bossuet, *qui croit admirer la Bible en admirant des contre-sens* (1), excelle à lui montrer le péril et le retient sur la pente glissante du rationalisme; il veut maintenir l'exégèse sur le terrain objectif de la foi, de la perpétuité et de la tradition. Mais les règles de la critique ordinaire obéissent à des lois et à une impulsion bien différentes, et l'on pourrait

---

(1) M. Renan, *Études d'histoire religieuse.*

trouver dans l'âpreté même de sa dernière réplique un utile enseignement.

Qu'on lise cette dernière et triomphante réplique de Leibniz (1), qui précéda de deux années seulement la mort de Bossuet. Jusqu'ici la correspondance de Leibniz et de Bossuet finissait par un monologue de l'évêque de Meaux en soixante-deux raisons, auxquelles Leibniz était censé n'avoir rien répliqué. Elle finira désormais par un dialogue digne de Platon par la gravité du sujet et la beauté du langage, où Leibniz joue le rôle de cet interlocuteur du *Phédon*, Cébès, l'homme le plus difficile à convaincre que Socrate eût jamais rencontré. Aussi l'on comprend que Bossuet s'anime à ce débat, malgré ses soixante-treize ans, et redevienne éloquent ; ce fut le chant du cygne : *Fuit illa cycnea vox.* « Ainsi, s'écrie-t-il dans une page qui lui est inspirée par la vue du

Dernière réplique de Leibniz.

---

(1) C'est cette réplique retrouvée par nous à Hanovre, et dont il lui annonçait l'envoi dans un billet du 5 février 1702, en s'excusant du retard sur les bonnes grâces de la reine de Prusse qui l'avait retenu à Berlin au delà de toutes ses prévisions. Bossuet n'accusa jamais réception de la lettre ni de l'envoi. L'abbé Ledieu se tait, et le cardinal de Beausset en reste à la lettre du 17 août 1701. Très-certainement Bossuet ne répondit pas à cette réplique de Leibniz. Ne l'aurait-il pas reçue ? Mais comment le croire après le billet du 5 ? Ne s'est-elle point retrouvée dans ses portefeuilles, si curieusement fouillés par son neveu, l'abbé Bossuet ? Cela est difficile à supposer. Que faut-il croire alors ? Que Bossuet n'a point voulu ou n'a point pu répondre, et que ses éditeurs ont jugé prudent de supprimer la réplique embarrassante de Leibniz ? Si j'insiste sur le silence gardé par Bossuet et sur cette lacune laissée par ses éditeurs, c'est qu'elle est capitale et qu'elle renverse les conjectures les plus vraisemblables. C'est à ce point que les précédents éditeurs de Leibniz, ignorant que Leibniz eût répondu à M. de Meaux, et pensant qu'il n'avait rien répliqué à ses soixante-deux raisons en faveur de Tente, terminent la correspondance au 17 avril 1701, date de l'envoi fait par M. de Meaux, et que nous y avions été trompé d'abord.

grand combat qu'il prévoit pour la foi sous le nom d'*exégèse*, ainsi, plutôt que de conserver les livres de la Sagesse et les autres, vous aimez mieux consentir à noyer sans ressource l'Épistre aux Hébreux et l'Apocalypse, et, par la mesme raison, les Épistres de sainct Jacques, de sainct Jean et de sainct Jude. Le livre d'Esther sera entraisné par la mesme conséquence : vous ne ferez point de scrupule de laisser perdre aux enfans de Dieu tant d'oracles de leur Père céleste. On n'osera plus réprimer Luther qui a blasphémé contre l'Épistre de sainct Jacques, qu'il appelle *une épistre de paille* : il faudra laisser dire impunément à tous les esprits libertins ce qui leur viendra dans la pensée. » Mais Leibniz, qui n'a pas de peine à saisir la faiblesse de l'argument sous la beauté du tour, lui répond avec une liberté que nous avions déjà relevée dans une précédente occasion, mais qui n'avait jamais atteint le niveau de l'invective, et qui dépasse même ici la mesure, quand il lui fait l'éloge de Luther :

> Cui genus humanum sperasse recentibus annis
> Debet et ingenio liberiore frui.

. Le dialogue se continue de la sorte pendant toute la seconde partie de ce dernier volume, éloquent et entraînant, quand c'est Bossuet qui parle, incisif et mordant, quand Leibniz lui répond. L'attaque et la riposte sont également vives : Bossuet a plus de hauteur et de gravité, mais Leibniz est maître dans cette logique serrée qui convient aux débats théologiques. Dans la réplique, il est aussi évidemment supérieur à Bossuet qu'il lui était inférieur dans l'éloquence proprement dite. Bossuet s'écrie-t il : « Laissez, laissez sur la terre quelques chrestiens qui ne rendent pas impossibles les décisions inviolables sur les questions de la foy, qui osent assurer la religion, et attendre de Jésus-Christ, selon sa parole, une assistance infaillible sur ces matières. C'est là l'unique espérance du christianisme ! » Leibniz reprend : « C'est parler plustost avec la liberté d'un orateur qui se donne carrière que dans la précision d'un théologien tel que vous, Monseigneur... A quoy bon ces expressions tragiques...? Il faut vous prier, à vostre tour, de laisser sur la terre des gens qui s'opposent au torrent des abus, qui ne permettent point que l'authorité de l'Église soit avilie par de mauvaises pratiques, et qui ne souffrent point qu'on abuse des promesses de Jésus-Christ pour establir l'idole des erreurs (1). »

Nous pourrions relever dans ces lettres bien des pages éloquentes, des traits vifs et perçants, des faits curieusement et doctement recherchés. Mais combien nous préférons à ces luttes brillantes, à ces vivacités de la polémique, à l'orgueil d'un esprit fasciné par les débuts de la nouvelle science, les derniers témoignages de la foi d'un Leibniz, encore vive sous l'anathème de Bossuet, et malgré l'éloge de Luther ! Toujours, par une noble incon-

(1) Pages 389 et 258.

séquence, sa critique, si libre avec la première antiquité judaïque, s'arrête au seuil des temps nouveaux, et ne dépasse pas l'Ancien Testament. L'Évangile reste sacré pour lui; et, quand Bossuet le presse par des raisons tirées de ces écrits, Leibniz recule aussitôt : « Qu'ay-je besoin, lui dit-il, de changer de question et de disputer sur les livres du Nouveau Testament? Suffit que j'aye prouvé que Trente a manqué à l'égard du Vieux (1). » Évidemment la question lui paraissait inopportune, et la critique des Évangiles pleine de périls. Ce que l'esprit d'un Leibniz ne concevait pas comme possible est devenu banal aujourd'hui.

Ces réserves sont les nôtres et doivent modifier le jugement que nous portons sur lui. Elles prouvent combien il était loin du dernier état de la science et quel abîme le sépare de ce qu'on appelle aujourd'hui l'*école rationaliste*, qui ne voit de révélation nulle part, ou plutôt qui la met partout; qui nie l'authenticité du Pentateuque, et ne fait du canon des Hébreux qu'un fruit de l'éclectisme, mais qui croit reconnaître dans les apocryphes une certaine manifestation des traditions juives; qui met en pièces les Évangiles, mais qui adore les mythes païens. Ce serait confondre deux écoles, deux temps et deux choses fort distinctes, que d'assimiler Leibniz et l'école de Tubingen. Son respect des Évangiles, son admiration de l'Apocalypse (2), ses définitions de la foi et de la révélation,

(1) Page 420.
(2) Si l'on doutait du respect de Leibniz pour nos monuments sacrés, il

seront longtemps encore la leçon de ces rationalistes superbes qui se croient dispensés du respect par la critique, et l'élèvent infiniment au-dessus de ceux qui passent avec dédain devant ces monuments d'un autre âge. Loin de nous donc la pensée de faire de Leibniz l'un de ces modernes exégètes ou même leur précurseur à aucun titre. S'il fallait absolument trouver un chef à cette école au XVIIe siècle, ce serait à Spinosa, et non pas à Leibniz, que reviendrait le péril ou l'honneur de tels disciples. C'est lui qui, le premier, a condensé dans le *Théologico-politique* (car il n'y a rien de nouveau sous le soleil) tous ces arguments contre les miracles, contre les dogmes, contre les prophétismes, contre la divinité du Christ, arguments si souvent repris par d'autres, et dont la nouvelle école se fait honneur. Spinosa, un des premiers, et il s'exposa par cette audace, ne l'oublions pas, au poignard des juifs et aux anathèmes de la synagogue, fit remarquer que certains lieux ne sont pas désignés dans le Pentateuque par les noms qu'ils portaient du temps de Moïse, et il en conclut que le Pentateuque était apocryphe : faible argument fort bien réfuté par M. Wallon, et qui, assurément, ne compense pas ses erreurs

---

suffirait de rappeler ce début d'un écrit d'exégèse sur le plus obscur des livres saints, sur l'*Apocalypse*, où il rend hommage en si excellents termes à « cette simplicité de langage qui lui rappelle les *Dialogues* de Platon ; à cette majesté de pensées, à cette lumière du discours, qui font qu'on ne peut lire attentivement cette composition sans l'admirer et sans être ému jusqu'au fond de l'âme. » Sa règle d'interprétation est celle d'une libre et honnête critique : « Il *est vraisemblable* que tous ces événemens, autant que cela se peut faire, doivent s'entendre de choses contemporaines à Jean. » Babylone est Rome païenne ; Λατεῖνος, un empereur, etc.

grossières sur le Deutéronome, qu'il attribuait à Moïse. Nous avons indiqué, ailleurs et par des textes irrécusables, toute la distance qui sépare Spinosa de Leibniz : Spinosa enseignant un Dieu inexorable et sourd à la même époque où Leibniz enseigne un Dieu personnel et libre ; Spinosa récusant tous les titres, même les plus sacrés, à la confiance et à la vénération des hommes, et Leibniz se contentant de demander avec esprit ses *lettres de créance* à l'ambassadeur de Dieu et de voir si elles sont en bonne forme. Entre ces deux hommes, ces deux systèmes et ces deux époques, il y avait un abîme ; et, à plus forte raison, peut-il être ici question de comparer Leibniz aux modestes disciples de Spinosa qui l'exagèrent encore en le copiant ?

Leibniz et la Deutsche Aufklärung.

On ne saurait nier cependant que tout un siècle de *Deutsche Aufklärung* (1) était contenu dans ces derniers écrits de Leibniz. L'époque des fragments de Wolfenbuttel n'était pas éloignée, et, quand Lessing souleva contre lui une tempête de l'orthodoxie par la publication de ces posthumes, on crut reconnaître l'ombre ou la main de Leibniz encore présente dans cette bibliothèque où il avait précédé Lessing. On se trompait : ces fragments étaient d'un médecin de Hambourg, Samuel Reimarus. Mais Reimarus n'était qu'un Leibniz plus conséquent : tel est du moins le jugement qu'en a porté récemment M. Kuno Fischer dans une histoire estimée de la

(1) On appelle ainsi en Allemagne la période de Reimarus, Lessing, etc.

philosophie de Leibniz. En effet, quand on applique les règles de la critique ordinaire comme *criterium* unique aux livres du Vieux Testament, et que par ces règles on en retranche toute une partie, il n'y a aucune raison valable pour ne pas en faire autant du Nouveau; et c'est ce que Bossuet, qui ne s'y était point trompé, fait sans cesse observer à Leibniz. En ce sens, il est vrai de dire que les docteurs protestants du xvii⁰ siècle ont aussi préparé à leur insu la *Deutsche Aufklärung* du xviii⁰, et celle-ci, la moderne sagesse rationaliste. Mais l'homme n'est point toujours conséquent, il vaut mieux souvent que ses principes. Leibniz est dans ce cas. Quand Bossuet le presse sur les livres du Nouveau Testament, il recule épouvanté: nous l'avons vu, cette question lui paraît inopportune, et il l'écarte. Constatons ces réserves, qui sont celles du temps et de l'homme, mais qu'elles ne nous empêchent pas de montrer les effets des règles qu'il a posées; et concluons qu'il serait également absurde de dire que Leibniz ait préparé successivement la *Deutsche Aufklärung*, et de nier qu'il en ait été involontairement l'auteur.

Conclusions.

Pour connaître les causes de l'insuccès final de ces négociations religieuses et démêler sous ces causes les résultats acquis, il fallait une histoire abrégée, mais complète de ces négociations envisagées dans leur suite.

Des raisons psychologiques ont contribué à retarder la Réunion en éloignant Leibniz et Bossuet l'un de l'autre. Quand on traite avec les protestants, on s'i-

Pourquoi la Réunion n'a pas réussi. Causes psychologiques.

magine trop aisément que, parlant au nom de l'Église objective et participant en quelque sorte de son infaillibilité, on est dispensé de charité ; les confidences posthumes de Leibniz, dont nous n'avons aucune raison de suspecter la sincérité, nous apprennent combien ce calcul est faux. On surprend quelque aigreur dans sa vaste correspondance sur ce sujet. M. de Meaux le prenait de trop haut avec lui, il n'avait pas le tour obligeant de M. Pellisson (1). Il se plaint de sa froideur : soit qu'il eût été choqué du silence et de la fierté de M. de Meaux, soit que son crédit grandissant lui donnât de l'orgueil, Leibniz, à partir de 1694, élève le ton et prend décidément l'offensive. On peut lire sur ce point ses lettres du 8 janvier 1692 et de juillet 1694. On y trouve les mots de *fierté choquante*, appliqués à M. de Meaux qui a tant de science, car il a peine à croire que d'autres vues en puissent détourner une âme aussi belle que la sienne. Pour lui, il a fait ses preuves et n'a pas négligé de s'éclairer : si l'intérêt ou l'ambition avaient été ses idoles, il y a longtemps qu'il serait catholique ; il est bien loin d'avoir en matière de religion l'indifférence qu'on lui reproche. Il se plaint, en outre, des réserves ordinaires de M. de Meaux. Dans une lettre à Thomas Burnet, du 14 décembre 1705, Leibniz le compare avec Pellisson, et le parallèle est tout à fait à l'avantage de ce dernier : « M. Pellisson, lui écrit-il, avoit donné aux jésuites

---

(1) Lettre à Bauval, du 19 février 1706. — Dubourdieu, ministre protestant, pensait tout autrement : il vante ses manières honnêtes et chrétiennes, ses soins charitables, ses intentions droites et pures. Il est vrai que Dubourdieu le connaissait personnellement.

l'espérance de ma conversion. Mais c'est que, M. Pellisson et moy, nous traitions la matière avec beaucoup de civilité, et qu'on aimoit de parler des choses où nous pouvions convenir. Mais, après la mort de M. Pellisson, l'évesque de Meaux, voulant continuer la correspondance, prenoit un ton trop décisif et vouloit pousser les choses trop loin en avançant des doctrines que je ne pouvois point laisser passer sans trahir ma conscience et la vérité, ce qui fit que je luy respondis avec vigueur et fermeté et pris un ton aussi haut que luy, pour luy monstrer, tout grand controversiste qu'il estoit, que je connoissois trop bien ses finesses pour en estre surpris. Nos contestations pourroient faire un livre entier. » Certes, personne n'admire plus que moi le beau génie de Bossuet et cette plume qui dictait ses oracles dans un style lapidaire; mais, l'avouerais-je? j'y regrette quelque chose : un je ne sais quoi qui fait vivre et palpiter sa pensée dans l'oraison funèbre de Madame Henriette et dans celle d'Anne de Gonzague. Je sais que la controverse a de dures lois, qu'elle impose la sévère obligation de contenir tout élan ; mais saint Augustin, que Bossuet a tant médité, qu'il savait par cœur, ne lui en donnait-il pas ici l'exemple? et dans le premier volume même, avec quelle joie n'avons-nous pas relevé sa noblesse et sa candeur d'âme dans une occasion mémorable! Mais, de tout ce second volume, le cœur est absent. Qu'arrive-t-il? que Leibniz, qui avait aussi sa fierté, ne laisse plus paraître ce qu'il y avait de bienveillance spontanée dans son âme; qu'il se met au ton de M. de Meaux, comme il le dit ; que dis-je ? qu'il se tient en garde contre sa naturelle éloquence ; qu'il craint quelque surprise ; qu'il est toujours sur ses gardes. Et de là, quand il revient sur ce sujet, ces plaintes excessives sur ce ton doctoral où Bossuet ne trouvait pas toujours son compte, et sur ces chicanes et ces faux-fuyants auxquels il lui paraissait adonné. Le père Tabaraud (1) nous dit que son cœur était ulcéré, et sa philosophie humiliée de ne pouvoir triompher dans cette lutte, où sa dialectique, souvent astucieuse, se trouvait perpétuellement en défaut devant la pressante logique de son éloquent adversaire. C'est mal connaître la philosophie de Leibniz et les faits mêmes qu'il raconte. Leibniz ne se croyait pas vaincu, et, aux yeux du monde, il a eu le dernier mot. Il n'avait donc aucune raison d'être ulcéré ni humilié. Je m'expliquerais plutôt ce dissentiment et cette antipathie par un malentendu perpétuel. Leibniz ne pouvait supporter que M. de Meaux se fît lui-même l'Église et parlât en son nom : il l'accuse d'orgueil parce qu'il dogmatise. Bossuet, de son côté, croyant parler au nom de l'Église infaillible, ne pouvait changer de langage. C'est une étude psychologique des plus curieuses que l'analyse de ces deux natures si différentes. Madame de Brinon a, dans une de ses lettres à la duchesse Sophie, un mot profond. Elle veut marquer la divergence qui existait entre elles

(1) *De la Réunion des communions chrétiennes, ou Histoire des négociations, conférences, correspondances, qui ont eu lieu ; des projets et des plans qui ont été formés à ce sujet, depuis la naissance du protestantisme jusqu'à présent,* par le P. TABARAUD, de l'Oratoire ; Paris, 1809.

deux, et elle accuse la différence radicale qui séparait leurs maîtres. Elle lui dit *qu'elle se trompe, quand elle s'appuye sur la raison, puisqu'il n'y a de certitude que dans la foy*. Je ne veux pas dire que Bossuet allât jusqu'à cet excès, mais il y incline visiblement dans ses lettres, et c'est par là qu'il repoussait Leibniz. On a voulu faire de Bossuet un cartésien, un philosophe : je respecte toutes les convictions, mais je crains qu'on n'ait pris une simple distraction du grand évêque, ce que lui-même appelait un *passe-temps de campagne* (1), un amusement de Germigny, pour une étude profonde et suivie et pour un engagement sérieux. Bossuet n'est rien moins qu'un philosophe, même cartésien : c'est un théologien et un évêque; ses lettres à Leibniz nous le montrent dans son naturel. Il n'a traité nulle part *ex professo* des rapports de la raison et de la foi; mais soyez sûr qu'il subordonne complaisamment la première à la seconde, et que madame de Brinon, qui est son élève, rend exactement sa pensée quand elle dit qu'il n'y a de certitude que dans la foi. Entre Bossuet renouvelant le *Credo quia absurdum* d'un grand évêque, et Leibniz demandant les lettres de créance de l'ambassadeur de Dieu, la différence est grande et l'accord bien difficile. A Bossuet s'écriant : « Permettez-moy encore de vous prier, en finissant, d'examiner sérieusement devant Dieu si vous avez quelque bon moyen d'empescher l'Église de devenir éternellement

---

(1) Tome I, page 267.

variable en présupposant qu'elle peut errer et changer ses décrets sur la foy ; » y aura-t-il toujours en Allemagne un Leibniz pour répondre : « Il nous plaist, Monseigneur, d'estre de cette Église tousjours mouvante et éternellement variable. » Voilà la question, d'où dépend aujourd'hui le sort de la Réunion.

Bossuet, inférieur à Leibniz sous le rapport philosophique, nous paraît grand surtout par la gravité et la dignité du caractère moral. Il ne s'est jamais plaint de Leibniz qu'en face et à lui-même : il eût pu lui parler de ses finesses, lui reprocher ses manéges, peut-être même le prendre en flagrant délit de versatilité, et retourner contre lui ces mots *d'éloignement affecté* et de *réserves artificieuses* employés par Leibniz ; il ne l'a point fait. On n'a donc à recourir ici, pour rendre compte du genre de supériorité propre à Bossuet, ni à l'élévation du génie ni à la perspicacité plus grande. Leibniz le disputait à M. de Meaux sur tous ces points ; et, si l'érudition, la sagacité pénétrante et l'étude des lettres sacrées et profanes étaient les seuls titres à consulter, Leibniz l'aurait vaincu. Mais en un seul, il lui était inférieur : la droiture d'intention et la netteté de position. Leibniz est un Protée qui sait prendre toutes les formes ; s'il a l'universalité du catholique, il a du protestant l'esprit ondoyant et divers et la perpétuelle instabilité. Cet homme, qui ravit l'abbé Pirot, désespère madame de Brinon : « Je suis charmé, dit l'un, de notre Leibniz ; je vis bien du brillant dans ses premières notes, mais je ne le croyais pas si solide : *Utinam ex nostris esset!* » — « C'est un homme, écrit l'autre à Bossuet, dont l'esprit naturel combat contre les vérités surnaturelles et attribue à l'éloquence les traces que la vérité fait dans son esprit ; mais, quand la grâce voudra bien venir au secours de ses doutes, j'espère, Monseigneur, qu'il sera moins vacillant. » Le landgrave de Hesse, qui le connaissait bien, nous donne un signalement de ce singulier protestant « qui ne va pas à la cène des luthériens, mais qui est d'ailleurs un bien honnête homme ». M. Saisset en conclut qu'il n'est pas meilleur protestant que catholique, mais simplement philosophe. Lamennais le cite, dans son ouvrage *Sur les progrès de la Révolution et de la guerre contre l'Église,* parmi ceux qui furent notoirement favorables au pouvoir temporel des Papes. Fontenelle, dans *son Éloge,* en fait un grand sectateur de la religion naturelle. M. de Broglie croit à un testament religieux de Leibniz mourant. Nous repoussons ces opinions extrêmes, parce que l'une est au-dessous et que l'autre est au-dessus de la vérité. Mais tous ceux qui savent distinguer entre la défense et l'attaque des vérités religieuses, entre l'honneur et le mépris de l'Évangile, entre le respect et la haine de l'Église, entre le maintien et l'abolition de la hiérarchie, c'est-à-dire entre le rétablissement ou la ruine du christianisme, sauront distinguer Leibniz des déistes superficiels et des philosophes incrédules.

L'impuissance prouvée de la théologie en cette

hiques et circonstance n'est point niée, et ne pouvait l'être, par
eligieuses. les docteurs catholiques. Celle de la philosophie n'est
pas non plus contestable ni contestée par les philosophes, et c'est à ce point que théologiens et philosophes ont à peu près quitté la partie là-dessus en
faisant cette réflexion, à première vue, judicieuse : « Si
un théologien comme Bossuet et un philosophe comme
Leibniz ont échoué, qui pourrait se flatter de réussir
après eux ? » Ils paraissent en avoir pris leur parti
et s'être entendus pour tracer des limites provisoires
entre ces deux règnes. De là, comme d'une citadelle
inexpugnable, les philosophes menacent du sort de
Rémus le malencontreux théologien qui s'aventure
au delà des bornes qu'eux-mêmes ont fixées. Les
théologiens, à leur tour, gardiens jaloux de la vérité
qui leur fut confiée, interdisent l'entrée du sanctuaire
aux profanes. Il y aurait bien à dire sur cette im
puissance avouée et reconnue des deux parts, im-
puissance radicale et absolue, suivant les philosophes et les théologiens *séparatistes*, de concilier les
deux esprits, les deux méthodes et les deux ordres,
la raison et la foi, la philosophie et la théologie.
Cette impuissance réelle ou feinte cache un scepticisme d'un nouveau genre, très-subtil et très-dangereux, puisqu'il se glisse jusque dans le sanctuaire
à l'ombre de la foi, et qu'il va nourrir l'injuste méfiance de la raison plus encore que la haine ou le
mépris de la religion. Est-ce donc à cette radicale
impuissance et à cette incompatibilité absolue que
devaient aboutir ces *concordes*, ces exhortations à em-

brasser l'unité, ces discours de la *conformité de la raison et de la foi*, ces *harmonies de la nature et de la grâce*, par Leibniz, et cette fameuse *conciliation* d'Allemagne, dont Bossuet se promettait encore quelque grand effet en 1701 : portique majestueux d'un temple inachevé, et qui attend toujours son culte et ses fidèles ? Peut-être une pensée de découragement s'est-elle glissée dans les âmes, en voyant le xviiie siècle disperser aux vents de l'impiété cet héritage de la foi de nos pères, et le xixe finir dans la discorde ou s'éteindre dans l'indifférence. La discorde est au comble, et la langue même, ce dernier témoignage de l'unité, atteste ces luttes intestines et une *barbarie de théologie* mille fois pire que celle que Leibniz reprochait à l'Église d'Afrique, parce qu'elle n'a pas l'excuse de la rudesse et de l'âpreté farouche des époques de foi. On ne s'entend plus, je ne dis pas seulement entre théologiens et philosophes, je ne dis pas même entre catholiques et protestants, mais entre catholiques. Ce que les uns appellent l'unité dans la vérité n'est pour d'autres qu'une synthèse impossible entre deux contraires absolus. Le protestantisme, d'après les derniers apologistes, n'est qu'une halte dans l'erreur qui conduit fatalement au socialisme. Les doctrines que l'on considérait comme la gloire de l'épiscopat français sont devenues la *douleur du saint-siége*. Lamennais appelait les partisans de la liberté religieuse *disciples sanglants de la tolérance*, et M. Quinet, qui se fait l'éditeur des œuvres d'un protestant fougueux, pense qu'il faut extirper par le fer et le feu tout ce qui porte encore le nom abhorré de catholique. Où est la concorde ? où est le désir de la paix ? où est cette Église chrétienne qui contient dans son sein catholiques et protestants ? que devient cette réunion désirée par Leibniz et saluée par Chateaubriand ? Sommes-nous donc revenus au temps des Montluc et des d'Aubigné, des Basvilles et des Marnix de Saint-Aldegonde ? Quelques voix essayent de dominer ce tumulte, mais elles ne sont point écoutées. Seul, M. Guizot a pu faire entendre, au-dessus de l'agitation des partis, une parole de raison et de paix : « Aujourd'hui, dit-il fort bien, la question est changée : elle est entre ceux qui reconnaissent et ceux qui ne reconnaissent pas l'ordre surnaturel. D'un côté, les incrédules, les panthéistes, les sceptiques de toute sorte, les purs rationalistes; de l'autre, les chrétiens (1). »

(1) M. Guizot, dans la suite de son remarquable écrit, raisonne comme Leibniz et conclut comme Bossuet. Il raisonne comme Leibniz sur la nécessité pour le catholicisme, le protestantisme et la philosophie, de vivre en bonne harmonie; il conclut comme Bossuet sur l'impossibilité absolue de la fusion : « Le rétablissement de l'unité au sein du christianisme *par la réunion de toutes les Églises chrétiennes* a été le vœu et le travail des plus grands esprits catholiques et protestants. Bossuet et Leibniz l'ont tenté. Aujourd'hui encore cette idée préoccupe de belles âmes, et de pieux évêques me l'ont témoigné avec une confiance dont je me suis senti profondément honoré. Je respecte ce sympathique désir, mais je ne crois pas qu'il se puisse réaliser. *La foi n'admet pas la fusion; elle exige l'unité.* » Bossuet disait de même : « Les affaires de la religion ne se traitent pas comme les affaires temporelles, que l'on compose souvent en se relaschant de part et d'autre, parce que ce sont des affaires dont les hommes sont les maistres. Mais les affaires de la foy dépendent de la révélation, sur laquelle on peut s'expliquer mutuellement pour se faire bien entendre; mais c'est là aussi la seule méthode qui peut réussir de nostre costé. Il ne serviroit de rien à la chose que j'entrasse dans les autres voyes, et ce seroit faire le modéré mal à propos. La véritable modération qu'il faut garder en de telles choses, c'est

Oui, c'est bien là la vraie question aujourd'hui, et c'est encore la seule solution possible du problème posé. Tous ceux qui croient à l'ordre surnaturel acceptent explicitement ou implicitement le christianisme et appartiennent au corps ou à l'âme de l'Église. Tous ceux qui le rejettent sont en dehors de la discussion et demeurent séparés de la tige de la société chrétienne. Pour nous, ces études n'ont qu'un but, qu'un genre d'utilité : prouver que la théologie et la philosophie doivent rester unies, les forcer à convenir de leur radicale impuissance quand elles sont séparées, et à reconnaître leur force quand elles s'accordent. Voyez-les au dix-septième siècle séparées et pour ainsi dire isolées par la lutte entre Leibniz et Bossuet. L'un dit : « la Raison », et l'autre : « la Tradition ». Les voilà divisées : un siècle de chicanes va naître de ces mots mal compris; il n'en faut pas davantage pour accréditer le plus déplorable malentendu dont l'histoire de l'Église et celle de la philosophie aient gardé le souvenir. Ainsi affaiblies et mutilées, comment eussent-elles pu résister à cette formidable ligue de tous les incrédules dénombrés par M. Guizot, et au dix-huitième siècle qui approchait? Elles furent vaincues. Réunies, au contraire, elles sont fortes, invincibles, et elles dictent à Leibniz tant de pages admirables sur les rapports de la raison et de la foi, et sur la pos-

---

de dire au vray l'estat où elles en sont, puisque toute autre facilité qu'on pourroit chercher ne serviroit qu'à perdre le temps et à faire naistre, dans la suite, des difficultés encore plus grandes. »

sibilité d'un ordre surnaturel, qui sont encore la meilleure réponse aux détracteurs et aux ennemis de cette alliance.

La Raison et la Tradition conciliées. L'alliance désirable de la Raison et de la Tradition était donc possible : elle était non-seulement possible, mais à moitié faite par Leibniz et par Bossuet dans d'autres ouvrages et dans ces conciliations qu'ils avaient d'abord proposées. Une loi, que je n'hésite pas à considérer comme l'unique principe de l'histoire de la philosophie, loi célèbre dont Leibniz disait : « C'est toute ma méthode, » et que Bossuet lui-même avait magnifiquement appliquée dans son *Discours sur l'histoire universelle*, la *loi de continuité*, cet unique postulat de la Raison et de la Tradition, seul principe assez large pour contenir l'une et l'autre, leur donnait un point d'appui commun. Mais la Tradition, disent les adversaires de cette alliance, c'est l'Église, c'est le principe d'autorité; et la Raison, c'est la philosophie, c'est le principe de liberté. Entre ces deux principes l'alliance est impossible. Je ne réponds qu'une chose : qu'est-ce que la Tradition pour Leibniz comme pour Bossuet, sinon la chaîne des temps et la perpétuité de la doctrine ou *la Raison accrue et étendue par le fonds des vérités surnaturelles?* et qu'est-ce que la Raison pour Bossuet comme pour Leibniz, sinon un *enchaînement* de vérités qui se tiennent et qui tiennent à d'autres vérités dites surnaturelles? Si les anneaux de la Tradition rentrent aussi dans la Raison, qui est elle-même un enchaînement et un lien commun, pourraient-elles s'exclure ou se contredire l'une l'autre? Mais alors on ne comprend pas qu'il y ait encore des *traditionalistes* et des *rationalistes* séparés en deux camps ennemis, rangés dans des partis extrêmes et suspendus aux *deux bouts de la chaîne*, non pas, comme dit Bossuet, pour les tenir unis, mais pour tirer dessus jusqu'à ce qu'elle casse et qu'ils s'en distribuent les morceaux. Ils ont beau faire : la chaîne ne cassera pas ; car Leibniz a prévu le cas, et c'est en vue de ces frayeurs ou de ces perfidies qu'il disait : « La philosophie et la théologie sont deux vérités qui s'accordent entre elles. Le vrai ne peut être ennemi du vrai ; et, si la théologie contredisait la vraie philosophie, elle serait fausse. Voyez les philosophes averroïstes du quinzième siècle, qui prétendaient qu'il y a deux vérités : ils sont tombés il y a longtemps ; ils ont soulevé contre eux les philosophes chrétiens, toujours là pour montrer l'accord de la philosophie et de la théologie. »

La politique ne vit pas de doctrines, mais de compromis ; de dogmes, mais de transactions. Quel exemple en veut-on plus concluant que celui-ci ? Le *Systema theologicum*, cet *ultimatum* des protestants, qui n'est rien moins qu'un testament religieux de Leibniz, est enveloppé de diplomatie ; et le tort de quelques écrivains catholiques est de ne point tenir compte des circonstances qui se mêlent à ses origines. C'est la politique qui suscita, vers 1684, un premier conflit entre Leibniz et le duc Ernest-Auguste, qui, satisfait d'une union purement exté-

Causes politiques.

rieure, rejetait toute discussion préliminaire de ces controverses comme dangereuse. La politique encore lui conseilla de mêler à ces questions de théologie toute cette diplomatie subtile dont le *Judicium doctoris catholici* a gardé la trace, et put seule lui donner l'idée de ces *imbroglio* dont sa lettre à Spinola nous a rendu le confident posthume. C'est elle encore qui lui dictait ces paroles dédaigneuses pour l'humanité et plus dignes d'un diplomate que d'un philosophe : *humanum paucis vivit genus*, et qui lui faisait dire que, « si le pape, l'empereur d'Autriche et le roi de France pouvaient s'entendre, la Réunion serait bientôt faite. » C'est elle aussi qui lui inspire dans quelques lettres d'un caractère intime et presque confidentiel des maximes dangereuses sur la suprématie du pouvoir civil en fait de théologie et de théologiens, et le fait recourir dans une cause défendue par Bossuet aux lumières des magistrats gallicans et à l'infaillibilité du conseil du roi, pour régler le dogme et la discipline ecclésiastique. C'est la politique enfin qui lui fit conduire deux affaires iréniques au lieu d'une, au risque de nuire à la première, et s'efforcer de réunir à Berlin les filles divisées de la réforme au moment où il ne voyait plus que peu d'espoir à Hanovre de réconcilier ces deux frères ennemis, le protestantisme et le catholicisme : la politique explique seule cette double négociation et cette duplicité de Leibniz. En voyant dans quel dédale il s'engageait à la suite de ses maîtres, le philosophe dut maudire plus d'une fois la politique qui le contraignit à ce rôle. Je reconnais d'ailleurs que de grands intérêts étaient alors en jeu, et que la succession au trône d'Angleterre pouvait bien contre-balancer les instructions d'un Bossuet sur des esprits prévenus.

A peine l'espérance d'une couronne commence-t-elle à luire aux yeux charmés de l'Électrice, que l'on sent le contre-coup de cet événement dans la correspondance entre Leibniz et Bossuet. Quand cette espérance est devenue une réalité, il faut renoncer à croire sérieusement qu'elle ou son fils voudront se convertir à l'Église catholique. Leibniz ne s'en cache pas, et rien n'égale la franchise de ses aveux à Fabricius que la transparence de ses recommandations au sujet de la fameuse déclaration d'Helmstadt. Le 15 octobre 1708, il écrivait à Fabricius, accusé de tiédeur contre le parti de Rome : « *Tout notre droit sur la Grande-Bretagne est basé sur la haine de la religion romaine.* C'est pourquoi nous devons éviter tout ce qui pourrait nous faire paraître tiède à l'égard de cette Église. » Ses efforts pour introduire la liturgie anglicane en Prusse, sa lettre à la princesse de Galles, sa correspondance avec Burnet et Yablonski, les cinq dernières années de sa vie enfin, prouvent qu'il avait totalement renoncé à la réunion projetée. Si l'on veut se représenter les embarras et les difficultés existantes, il suffit de consulter les archives d'Helmstadt, et de voir les objections et la polémique que souleva cette déclaration demeurée célèbre. En Angleterre on s'émut extraordinairement ; l'Université d'Helmstadt protesta. Rostock, Leipzig et Tubingen ne restèrent pas en arrière ni de protestations ni de réclamations. L'Électeur évoqua l'affaire et demanda une complète information avec une copie de la déclaration. Fabricius désavoua son écrit et sa publication. Il n'en fut pas moins obligé de donner sa démission de la chaire de théologie devant la demande faite par Hanovre à Antoine-Ulrich de le suspendre *provisionaliter ab officio*. Il semble que Leibniz, son protecteur et son ami, dut le défendre. Qu'avait demandé le duc Antoine-Ulrich aux théologiens d'Helmstadt qui pût motiver ces rigueurs ? Il demandait si le mariage était permis entre catholiques et protestants, et si le retour à l'Église de Rome était licite. Fabricius, au nom de l'Université d'Helmstadt, dont il était l'interprète, avait répondu oui. Quelle plus noble cause que la défense d'un acte qui était une protestation contre l'intolérance et le premier usage qu'une Université protestante eût fait de la liberté de conscience ! La philosophie était intéressée dans cette cause. Leibniz jugea prudent de s'abstenir et de recommander aux théologiens d'Helmstadt d'être plus circonspects à l'avenir. Aussi, quand M. de Bonald, dans quelques articles sur l'unité religieuse en Europe, suppose que la politique déciderait plus promptement ces questions par des faits que la théologie n'a pu le faire par des raisonnements, j'avoue que je ne puis être de son avis. Il semble au contraire que la politique, si puissante lorsqu'il ne s'agit que des intérêts civils et temporels, devient inefficace quand on veut l'appliquer aux choses intellectuelles et spirituelles. La religion, en général, suppose la persuasion de l'esprit, l'approbation du cœur, la conviction de l'âme. C'est même de ces qualités réunies qu'elle tire sa principale force en politique (1). « La force de la religion, dit M. Portalis, vient de ce qu'on la croit. La foi ne se recommande pas. On croit sa religion, parce qu'on la suppose l'ouvrage de Dieu. Tout est perdu si on laisse entrevoir la main de l'homme (2). » Or la politique n'a à sa disposition aucun moyen capable de produire cette persuasion, ces sentiments, cette conviction. L'homme doit être éclairé par des idées distinctes et par des raisons solides. Toute autre méthode, tout autre moyen est absolument contraire à ses facultés, à sa nature et à celle de la religion. Si toutes ces voies sont maintenant épuisées sans qu'il en soit résulté le moindre succès, comment celles que la politique pourrait y substituer, étant prises hors de la nature et de l'esprit de la chose, pourraient-elles avoir un effet plus heureux? La politique n'influe que sur les actes extérieurs, et la réunion doit être fondée sur les dispositions intérieures. Celle-ci suppose un changement dans les sentiments, celle-là n'en suppose que dans les actions. La réunion qui pourrait être opérée par la politique ne serait donc ni sincère ni durable, parce

---

(1) *Esprit des lois*, liv. XXVI, ch. II.
(2) *Discours sur l'organisation des cultes*.

que la conduite extérieure ne peut offrir un garant assuré qu'autant qu'elle est dirigée par les sentiments. Il est donc démontré que la politique n'a pas, pour la procurer, des moyens plus efficaces que ceux qui ont été employés par la théologie (1).

Nous ne reverrons plus cette belle unité qui fut le rêve d'un Leibniz et la prédication d'un Bossuet, et les signes du temps n'y sont point favorables. L'effrayante statistique de projets manqués qu'a dressée le P. Tabaraud de l'Oratoire (2), avec une patience au-dessus de tout éloge, n'est point encourageante. Depuis, la liste a été grossie de quelques aspirations et aussi de folies nouvelles. Leibniz avait trouvé la réunion par le *gallicanisme*, trait d'union entre la France et la Réforme. Nous avons eu, depuis, des tentatives d'union par l'architecture, par la peinture, par les pompes du culte et par les gloires du catholicisme. Le docteur Newman a fait un tableau animé de ces aspirations insensées de jeunes étudiants d'Oxford reprenant déjà possession des vieilles cathédrales au nom de l'Église orthodoxe, et ne donnant pas quatre années pour que l'Angleterre fût catholique. « Pour que de tels projets d'union réussissent, dit fort bien un Anglais converti, il faut le consentement des deux

---

(1) Je ne parle point des *concordats*, ces alliances partielles et politiques qui ne sont point directement en cause, puisqu'elles supposent l'accord préalable absolu sur le dogme. Il m'est impossible, toutefois, de ne point voir que la politique qui a fait dégénérer en unions partielles la grande réunion des Églises, est avec la propagande qui substitue les réunions partielles sans condition, ou les conversions particulières, au pacte fondamental, le principal obstacle à la réunion définitive.

(2) Voir l'ouvrage cité plus haut.

parties. Comme l'Irlandais dans ses plans de mariage, nous avions bien « notre propre consentement, » il nous manquait celui de Rome. » Rome, d'après les paroles vraiment prophétiques de Leibniz à l'électeur George-Louis, a préféré le certain à l'incertain, et les conversions à la réunion. Peut-être l'unité des religions, comme celle des races et des langues, est-elle un souvenir du berceau de l'humanité plutôt qu'une pensée de son âge mûr. Quoi qu'il en soit de l'avenir qui lui est réservé, nous savons maintenant pourquoi elle n'a pas réussi.

La Réunion n'a pas réussi par la faute des hommes et des choses. La Réunion n'a pas réussi, parce que, comme un fleuve détourné de son lit et forcé de couler dans un autre sens, elle est devenue, de religieuse, politique, dans la pensée des protestants surtout. La Réunion n'a pas réussi, parce que le parti de la tolérance civile, que représentait Leibniz, ne pardonna jamais à Louis XIV la pensée politique qui lui dicta la révocation de l'édit de Nantes. La Réunion n'a pas réussi parce que le traité de Ryswick, qui défaisait l'œuvre de la paix de Munster et réveillait les jalousies du parti protestant, en a étouffé le germe dans tous les cœurs allemands, révoltés par la prépondérance de Louis XIV et inquiétés par ses projets de monarchie universelle. La Réunion n'a pas réussi, parce que la succession au trône d'Angleterre en a pour toujours détourné la maison de Hanovre, qui l'avait ménagée d'abord dans un intérêt contraire. La Réunion n'a pas réussi, parce qu'avec Louis XIV pour arbitre des destinées politiques de l'Europe, Bossuet pour principal ministre de la pacification religieuse, et les traités de Rysvick et d'Utrecht pour nouvelles bases du droit public européen, elle ne pouvait pas se faire. La Réunion enfin n'a pas réussi, parce que Rome, qui la voulait avec Innocent XI, ne l'a plus voulue sous Clément XI, et a préféré les réunions partielles, sans condition, à la grande réunion des Églises. La Réunion n'a pas réussi, parce qu'autant les esprits étaient avides d'unité au XVIIe siècle, autant ils le devinrent de liberté au siècle suivant, et qu'aujourd'hui encore la liberté en tout sens, liberté de conscience, liberté des cultes, libertés des Églises, a prévalu et prévaudra longtemps encore contre l'unité.

Mais ce serait une grave erreur que de croire que ces négociations furent infructueuses, et, si la Réunion n'a pas réussi, d'importants résultats ont été obtenus. Et je ne parle pas seulement ici de ce prosélytisme ardent qui arrachait dix-sept princes à la réforme : mais c'est une grande loi observée par Leibniz, et qui se trouve confirmée par cette histoire, que, plus le problème que vous posez est insoluble et d'un ordre élevé, plus les essais de solution que vous cherchez seront féconds. Ainsi, pour prendre un exemple rappelé par lui-même, la recherche des trois grandes chimères (*tria magna inania*) la pierre philosophale, le mouvement perpétuel et la quadrature du cercle, a beaucoup contribué à enrichir les sciences. La réunion des Églises, même en la restreignant au cas particulier de la réunion des protestants avec les catholiques, offrait encore de telles difficultés qu'il fallait pour la tenter une singulière audace. C'est l'audace du génie, il est vrai, et elle est presque toujours heureuse. Qu'on se moque tant qu'on voudra de Leibniz à la recherche de la meilleure Église : la réunion des protestants avec les catholiques, je le reconnais volontiers, et c'est ma thèse, était un problème insoluble au xviie siècle, et même au nôtre; et pourtant peu de questions furent aussi fécondes en résultats politiques, théologiques et moraux.

Leibniz, politique et diplomate, arrivait au dégoût des controverses et à un état d'esprit voisin de celui où se trouvait en 1802 l'auteur du concordat : « Les querelles de secte, disait Napoléon, sont les plus insupportables que l'on connaisse. Les querelles religieuses sont ou cruelles et sanguinaires, ou sèches, stériles, amères. Il n'y en a pas de plus odieuses. L'examen en fait de sciences, la foi en matière de religion, voilà le vrai, l'utile.» Ces pensées toutes modernes du législateur français sont déjà dans Leibniz : ses lettres à Fabricius respirent le désenchantement des controverses et une salutaire aversion de l'esprit de secte. Sans doute, la tolérance civile et l'exercice particulier de la religion de chacun n'était point encore la liberté des cultes publiquement reconnue, mais elle en annonçait l'aurore; l'appel fait aux gallicans par les protestants, qui y voyaient leurs naturels alliés, n'était pas la vraie voie du retour, mais il était de nature à faire réfléchir sur l'état de cette

France, moyenne entre le catholicisme et la Réforme, et qui paraissait le trait d'union de l'un avec l'autre. Enfin la théologie, qui ne put procurer cette union qu'elle souhaitait, fit naître une nouvelle science qu'elle voulut empêcher : l'exégèse. N'était-ce rien aussi que ce travail de l'incrédulité, qui a pour résultat d'établir sur un immense corps de preuves qui s'accroissent de jour en jour la vérité de ce que l'on niait ? Qu'on prenne les témoignages des protestants favorables à la hiérarchie, à l'Église, à la justification, au sacrifice, à la prière pour les morts, aux sacrements; qu'on lise attentivement Leibniz défendant Innocent XI et Ranke justifiant le concile de Trente; qu'on s'arrête devant cette élite, les Fénelon, les Channing, les Pusey, les Arnold (1) ; qu'on y joigne la liste de ces noms célèbres parmi les protestants d'Allemagne ou d'Angleterre qui ont déjà fait leur réunion sans condition et sans contrainte, et qu'on dise si la Réunion, la Réunion *quoad forum internum*, la Réunion par la vérité et dans la vérité, n'est point faite pour tous les protestants sincères. Quant à la Réunion extérieure, la Réunion *quoad forum externum*, je reconnais que son heure n'est point encore venue, et qu'il faut attendre.

Chateaubriand a dans ses *Mémoires d'outre-tombe* une page curieuse, et qui emprunte de son caractère

---

(1) On peut consulter pour Channing, ses OEuvres traduites par M. Laboulaye, pour Pusey, l'*Histoire du mouvement d'Oxford*, par le révérend Newman ; et pour Arnold, un remarquable article de M de Rémusat, réimprimé dans ses *Études d'histoire et de philosophie religieuse*.

presque officiel une certaine solennité : c'est le récit d'une conversation qu'il eut, pendant qu'il était ambassadeur à Rome, avec le pape Léon XII. « Encouragé par cette espèce d'effusion du cœur, et cherchant à élargir le cercle de la conversation, j'ai dit au Souverain-Pontife : Votre Sainteté ne penserait-elle pas que le moment est favorable à la recomposition de l'unité catholique, à la réconciliation des sectes dissidentes, par de légères concessions sur la discipline ? Les préjugés contre la cour de Rome s'effacent de toutes parts, et, dans un siècle encore ardent, l'œuvre de la Réunion avait déjà été tentée par Leibniz et Bossuet. — *Ceci est une grande chose, m'a dit le Pape*; mais *je dois attendre le moment fixé par la Providence.* Je conviens que les préjugés s'effacent; la division des sectes en Allemagne a amené la lassitude de ces sectes. En Saxe, où j'ai résidé trois ans, j'ai le premier fait établir un hôpital des Enfants trouvés et obtenu que cet hôpital serait desservi par des catholiques. Il s'éleva alors un cri général contre moi parmi les protestants; aujourd'hui ces mêmes protestants sont les premiers à applaudir à l'établissement et à le doter. Le nombre des catholiques augmente dans la Grande-Bretagne; il est vrai qu'il s'y mêle beaucoup d'étrangers. »

Attendre fut toujours la politique de Rome. Mais, en attendant l'heure marquée par la Providence, nous devons travailler comme si elle était prochaine. Si le malheur des temps a voulu que l'empereur Charles VI ait échoué, que Joseph II ait rencontré un Braschi au Quirinal, et Pie VII un vainqueur à Fontainebleau, faut-il désespérer de l'avenir? Travaillons donc : *Laboremus.*

FIN DE L'INTRODUCTION.

de remarques autographes déposées par LEIBNIZ
sur les marges d'un exemplaire des Réflexions de PELLISSON

IV.

La distinction de la clef qui erre ou qui n'erre point, *clave non errante*, est souvent employée par les Catholiques, mais elle ne peut icy avoir aucune application. Cette erreur de la Clef ne s'entend jamais que du particulier commis pour exercer le pouvoir des Clefs au nom de l'Église. La Clef dans les mains de ce particulier peut errer ; mais la Clef n'erre jamais entre les mains de l'Église universelle dans les articles de foy non contestez. La clef n'erre jamais entre les mains des Conciles generaux qui representent toute l'Eglise, lorsqu'ils prononcent sur les matières de foy. La Clef n'erre jamais enfin entre les mains de cette mesme Eglise, qui acquiesce à leurs décisions, les ratifie et les confirme tous les jours par un continuel et nouveau suffrage. Les Catholiques ne sçauroient pas entendre autrement, *clave non errante*, sans se contredire euxmesmes, puisqu'une Eglise inspirée et infaillible est leur premier principe.

[note marginale :] La clef peut errer entre les mains du pape et d'un Concile general lors qu'ils veulent excommunier quelque particulier, car ils peuvent se tromper en fait. Ils se peuvent tromper aussy quelques fois en une loy que la question n'interesse point la foy salutaire.

[ajout bas :] qu'en ce qu'elle ne decidera jamais un dogme qui renverse la foy salutaire

(*) L'Eglise n'est infaillible mais elle se peut tromper dans les communications

V.

Au fond cette promesse si magnifique, faite à toute l'Eglise en la personne des Apostres, se reduit à rien et devient une illusion si on l'entend comme Monsieur de Leibniz. Quand vous jugerez bien, vous jugerez bien, et je jugeray comme vous dans le ciel ; mais quand vous jugerez mal, vous jugerez mal, et je ne jugeray pas comme vous. Voilà un tres-beau privilege, et où est le petit Juge de village, et le petit Particulier qui ne puisse dire de mesme, si je juge bien, Dieu jugera comme moy. En un mot, ou la promesse n'est rien, ou elle enferme cecy, vous jugerez toûjours bien, parce que vous jugerez avec moy, que mon esprit ne vous abandonnera point, et que je suis avec vous jusqu'à la fin du monde. Monsieur de Leibniz semble vouloir apporter là-dessus *une distinction toute nouvelle*, au moins que je n'ay point vuë ailleurs. L'Eglise, dit-il, pourroist être infaillible sur la foy, c'est-à-dire, que Dieu ne permettroit pas qu'elle tombast sur la foy en une erreur damnable ; mais il ne s'ensuivroit pas qu'elle ne pust décider comme de foy ce qui ne seroit point de foy : car cette erreur, si on se trompoit là-dessus dans l'Eglise, ne seroit pas damnable. Je le prie d'y faire un peu de reflexion, de se souvenir de la loy du Talion. (✝)

(**) C'est ne pas prester des sentiments que je n'ay point. L'Eglise universelle a cette promesse de Dieu qu'elle n'approuvera jamais une erreur contraire à la foy salutaire. Mais dans les autres points elle n'est pas infaillible quoyqu'elle ait toujours en tout une grande autorité.

(✝) La loy qui s'appelle Lex Talionis ne sçauroit avoir lieu icy. Un bon juge peut condamner un innocent sans commettre une injustice, au moins il le peut souvent

LETTRES

DE

LEIBNIZ, PELLISSON, BOSSUET ET SPINOLA

POUR LA RÉUNION

DES PROTESTANTS ET DES CATHOLIQUES

PUBLIÉES POUR LA PREMIÈRE FOIS

D'APRÈS LES MANUSCRITS ORIGINAUX DE LA BIBLIOTHÈQUE DE HANOVRE

1

DES MÉTHODES DE RÉUNION.

Original autographe inédit de Leibniz conservé parmi ses manuscrits à Hanovre.

De toutes les méthodes qu'on a proposées pour lever ce grand schisme d'Occident, qui règne encore, et qui a faict tant de préjudice à la chrestienté et causé tant de maux spirituels et temporels, je trouve celle que M. l'évesque de Tina, maintenant de Neustadt, a négotiée avec quelques théologiens protestans, la plus raisonnable, quoyque je demeure d'accord qu'à moins d'une grande résolution, d'un grand zèle et des lumières extraordinaires d'un pape, d'un empereur ou de quelques-uns des premiers princes, tant catholiques que protestans, il sera impossible de surmonter les difficultés qui se présenteront dans la practique.

Mais c'est tousjours beaucoup qu'il ne tienne qu'à nous de jouir d'un si grand bien, et que, ces conditions posées, l'affaire soit faisable.

Mettons à part la *voye de la tolérance* mutuelle et d'une paix civile, par où il faudroit tousjours commencer (quoyque elle addoucisse plus tost le mal qu'elle n'enlève la cause, à peu près comme les médecins commencent leur cure par les symptômes les plus pressans), cela, dis-je, mis à part, on m'accordera que la *voye de la rigueur* n'est pas tousjours licite ny seure, et n'obtient pas tousjours son effect, témoin les Marrans qui se sont conservés par plusieurs générations, d'où naissent des sacriléges, des profanations et d'autres maux très grands; la *voye de la dispute* ou *discussion* est inefficace, d'autant qu'il n'y a point de juge, et point de forme réglée que les disputans soyent obligés de suivre exactement, d'où vient que, dans les conférences aussi bien que dans les escrits de controverse, on déclame en l'air, on se jette sur des pointilles, on se détourne par des digressions, on change l'ordre, on ne respond que lorsqu'on le trouve à propos, on dissimule les objections ou solutions de son adversaire, on tasche de les éluder par des railleries ou invectives, on use de redites, on ne distingue point l'office du respondant ou de l'opposant, non plus que de celuy qui doit prouver ou non. De sorte qu'on peut dire que la pluspart des livres de controverse ont esté faicts plus tost pour se satisfaire et pour attirer les applaudissemens de son party, en surprenant son adversaire, que d'une manière propre à le convaincre et à l'esclairer en mesme temps.

D'où vient que les colloques et conférences ont coustume d'estre infructueux, et le plus souvent ne servent qu'à aigrir les esprits et à faire naistre de nouvelles controverses.

Il paroist aussi que la *voye de l'accommodement* a presque toutes les avenues fermées. Car, quoyque il soit très vray qu'il y a des controverses qui ne consistent qu'en mésentendus où il ne faut que la distinction et la *voye de l'esclaircissement*, comme est, par exemple, la question du sacrifice, et qu'il y en a d'autres où il suffit d'user de la *voye de l'abstraction*, comme lorsqu'il s'agit de la supériorité du pape à l'esgard des conciles, ou de la conception immaculée de la saincte Vierge, il y a pourtant d'autres controverses si précises que la distinction n'y sert de rien, et si essentielles qu'on ne sçauroit en faire abstraction ny les passer sous silence ; or, là où l'abstraction n'est pas permise, la *voye de condescendance* l'est encore moins, et, quoyque il y ait des points qu'on pourroit accorder, il y en a d'autres où rien ne peut estre relasché.

C'est pourquoy ceux qui ont voulu accommoder les parties en leur disant qu'il falloit se contenter des articles enseignés par les premiers conciles œcuméniques, et reconnoistre pour frères en Jésus-Christ tous ceux qui en demeurent d'accord, ont perdu leurs peines et ont esté regardés de tous costés comme une secte nouvelle : ce qui estoit multiplier les discussions au lieu de les finir, car c'estoit choquer les principes de tous les partis.

Cependant il reste encore une voye ouverte, qui embrasse ce qu'il y a de bon dans toutes les voyes paisibles précédentes, et qui a cela d'important qu'elle peut s'accommoder des principes des catholiques aussi bien que des protestans. Il me semble que c'est un effect de la divine Providence, qui a voulu que, nonobstant cette opposition si grande qui paroist estre entre les parties, il soit resté un moyen de venir à une réunion sans armes et sans disputes, sauf les principes des protestans aussi bien que des catholiques. Quand cela ne seroit vray que spéculativement, ce seroit tousjours beaucoup; mais souvent il ne tient qu'à la bonne intention des hommes et à des conjonctures favorables de réduire la théorie à la practique, et ce qui n'est pas encore meur pourra peut-estre un jour venir à sa perfection par la bénédiction d'en haut. C'est pourquoy il est important que cette pensée soit connue et conservée.

Voicy sur quoy tout roule, autant que je l'ay pu comprendre. Le grand principe des catholiques est qu'un chrestien est dans la communion interne de l'Église, et n'est ny hérétique ny schismatique quand il est dans l'esprit de sousmission, prest à croire, et désireux d'apprendre ce que Dieu révèle, non seulement par la parole escrite dans les saintes Escritures, mais encore par sa parole non escrite qui sert d'interprétation, dont il a rendu son Église dépositaire, tellement que, lorsqu'un poinct d'importance est mis en controverse, et que l'Église catholique tesmoignera, dans un concile œcuménique légitime et légitimement tenu, qu'un certain article est de foy, c'est-à-dire révélé expressément ou virtuellement par la saincte Escriture, ou par la tradition que Dieu a faict passer jusqu'à nous par le moyen de son Église, cela, il y faudra déférer sans réserve, en supposant que c'est le Sainct-Esprit qui parle et qui dirige son Église *in omnem veritatem*.

D'où il s'ensuit que celuy qui est dans cet esprit de sousmission, quand il croiroit quelque hérésie sans le sçavoir, il ne seroit pas hérétique formel pour cela, et, quand il seroit excommunié ou retranché (*clave errante*), il ne seroit point schismatique non plus.

De plus, comme celuy qui se trompe avec quelque apparence de raison dans la personne du vray pape, en ne le reconnoissant point ou en reconnoissant un antipape, n'est pas véritablement schismatique, parce que son erreur consiste dans le faict et non dans le droit, de mesme ceux qui doutent si un tel concile est œcuménique ou non, et se croyent fondés en bonnes raisons, et en sont si persuadés que leur erreur est moralement invincible dans l'estat présent des choses, ne sont pas hérétiques, pourveu qu'ils reconnoissent sincèrement et de bonne foy le pouvoir des conciles de l'Église catholique. Les exemples ne manquent point ; car, en France, et en partie en Allemagne, les conciles de Constance et de Basle ont passé ou passent pour œcuméniques ; mais les Italiens n'en demeurent pas d'accord. De l'autre costé, le dernier concile de Latran, tenu par le pape Léon X, passe en Italie pour un concile légitime œcuménique ; et cependant il y a des catholiques qui en doutent, comme le reconnoist le cardinal Bellarmin, xvi, 2,

De conciliorum auctoritate, cap. XIII : « *De concilio inquit, Lateranensi* (ultimo) *nonnulli dubitant an fuerit vere generale, ideo usque in hanc diem quæstio superest* (de superioritate pontificis respectu concilii) *etiam inter catholicos.* » Mesme, lorsque le concile de Trente fut terminé, on fit mine en France de ne pas le tenir pour un concile œcuménique, comme le tesmoignent les actes et mémoires qu'on a publiés; et, quoyque le clergé ait désiré, dans l'assemblée des estats tenue après la mort de Henry IV, qu'il fust reconnu comme tel par un acte authentique, le tiers-estat et les cours souveraines s'y opposèrent. Il est vray néanmoins qu'à présent il semble qu'au moins *quoad fidem* le concile de Trente est reconnu tacitement.

Venons maintenant aux principes des protestans, pour voir s'ils seront réconciliables avec ceux de l'Église catholique et romaine. Or je suppose que c'est dans la confession d'Augsbourg qu'il les faut chercher; car les auteurs particuliers varient trop, les universités mesmes se combattent, et les autres livres symboliques ne sont pas si généralement receus; au lieu que ceux-là mesmes qui s'appellent réformés ont protesté hautement qu'ils approuvoient la confession d'Augsbourg, et c'est en vertu de cette déclaration qu'ils ont voulu prendre part à la paix de religion avant celle de Westphalie. Et, lorsque les docteurs de Dillingen accusoient les protestans qu'on appelle luthériens de s'estre écartés de la confession d'Augsbourg, et par conséquent d'estre incapables de jouir de cette tolération accordée à ceux de cette confession, les théologiens de Saxe publièrent des livres exprès, par ordre de l'électeur leur maistre, pour faire paroistre le contraire. Encore depuis peu, le comte Collonitsch (1), évesque de Neustadt, maintenant cardinal et archevesque de Strigonie, primat de Hongrie, ayant ordonné qu'on publiast un livre qui fist voir combien on s'estoit éloigné de ladite confession, un théologien de Saxe, par ordre de l'électeur, n'a pas manqué à soustenir le contraire et à protester qu'on leur faisoit tort. Or les électeurs, princes et villes libres de l'empire qui ont signé d'abord, et tous les autres rois, princes et Estats qui ont approuvé depuis la confession d'Augsbourg, ont déclaré dès l'entrée de cet ouvrage, qui fut délivré et lu dans la diète d'Augsbourg (1530), en présence de l'empereur Charles V, qu'ils ne refusoient pas le jugement de l'Église déclaré dans un concile général. Car ils disent d'abord : que, Sa Majesté impériale ayant tesmoigné dans l'intimation de la diète qu'elle avoit dessein d'entendre les protestans et de tascher de rétablir la concorde, et puis ayant faict proposer à l'ouverture de la diète que chacun exposast son opinion en latin et en allemand, et ayant déclaré ailleurs qu'elle ne pouvoit rien décider en matière de foy, mais qu'elle feroit des efforts auprès du pape pour faire assembler un concile général ; lesdicts électeurs, princes et Estats s'offrent en toute obéissance de comparoistre dans ce concile général, auquel ils tesmoignent d'avoir déjà appelé juridiquement et en forme deue ; et protestent qu'à moins d'un accord ils n'entendent pas quitter cette appellation

(1) Léopold, comte de Kollonicz, à qui succéda Spinola comme évêque de Neustadt en 1685. N. E.

interjettée ny luy déroger par d'autres traités ou négotiations. Or il est constant que celuy qui appelle à quelque juge en reconnoist la jurisdiction ; d'où il s'ensuit que leur engagement subsiste encore, puisqu'ils prétendent que ce concile œcuménique et légitime n'a pas encore esté tenu, et que tous les protestans professent d'estre entièrement dans les sentimens déclarés dans la confession d'Augsbourg ; et, quoyque les protestans ayent publié les raisons qui les ont empeschés de reconnoistre le concile de Trente comme légitimement tenu, entre autres, parce qu'ils allèguent qu'il a passé outre sans les entendre, cela n'empesche point qu'ils ne soient encore aujourd'huy obligés de se sousmettre à un concile général qui se tiendra en forme deue, à moins que de renoncer ouvertement à la confession d'Augsbourg.

Cette considération, que les docteurs catholiques, en escrivant contre les protestans, n'ont touchée qu'en passant et sur laquelle ils semblent n'avoir pas insisté assez, a esté reprise en main et poussée par la négotiation de M. l'évesque de Tina, autorisé de la part de Sa Majesté impériale. Car ledict prélat, ayant eu des lettres de recommandation ou de créance de la part de Sa Majesté impériale, s'est rendu dans les cours de plusieurs électeurs et princes protestans de l'empire, pour demander une déclaration positive et pour sçavoir d'eux s'ils sont encore dans le sentiment de leurs ancestres et prests de se sousmettre au jugement de l'Église universelle, en cas qu'il plust au pape de faire assembler un concile général et le faire tenir en forme deue, et pour apprendre aussi d'eux, en mesme temps, en quoy, selon eux, cette forme deue doit consister, et comment ils prétendroient s'y gouverner, afin que ce qu'on feroit ne fust pas élusoire et inutile; offrant les bons offices de Sa Majesté impériale auprès de Sa Saincteté pour cet effect, à l'exemple de Charles V et d'autres grands empereurs.

De plus, ledict prélat a eu ordre et intention de sonder les esprits pour sçavoir s'il ne seroit pas possible de trouver des moyens d'une réunion préliminaire, mais véritable; en sorte que les protestans, particulièrement en Allemagne et en Hongrie et autres pays héréditaires ou propres de Sa Majesté impériale (au bien desquels en particulier, et celuy de la chrestienté en général, il tesmoignoit d'avoir principalement esgard), fussent réconciliés avec la saincte Église catholique, apostolique et romaine, en attendant la décision dudict concile futur, et sans estre obligés tant de se désister d'abord de toutes les opinions rejettées dans le concile de Trente que de signer tous les canons et anathématismes de ce mesme concile de Trente, et sans estre tenus de changer ce qu'il y a de tolérable dans leurs rites et dans leur discipline, pourveu qu'ils fissent ce refus, non pas dans un esprit de désobéissance à l'égard des décisions de l'Église catholique, mais sur l'hypothèse, qu'on pourroit regarder chez les catholiques comme une erreur de faict, sçavoir que ledit concile n'a pas esté légitimement tenu; et pourveu qu'ils déclarassent sincèrement et de bonne foy qu'ils révèrent le chef ministériel de l'Église catholique dans le premier des évesques, à qui ils devroient promettre, avant toutes choses, une véritable obéissance filiale; ou enfin pourveu qu'ils avouassent nettement le pouvoir de l'Église catholique et des conciles œcuméniques qui la représentent; le tout en vertu de l'assistance promise du Sainct-Esprit, qui ne manquera jamais jusqu'à la consommation des siècles, lorsqu'on procédera d'une façon légitime, sans qu'il soit jamais possible que les conciles, en ce cas, puissent décider quoy que ce soit de contraire à la saincte Escriture, à la tradition apostolique, et, en un mot, à la vérité salutaire.

Là-dessus, suivant l'estat de la question, formé de la manière que je viens de dire, ledict seigneur évesque de Tina a recueilli soigneusement les sentimens de plusieurs docteurs particuliers, tant catholiques que protestans, et il a faict connoistre qu'il a des déclarations et approbations de quelques docteurs catholiques célèbres qui prononcent que, le cas estant posé comme il a esté dict, il est dans le pouvoir du pape de recevoir dans le sein de l'Église les protestans qui seroient dans cet esprit de sousmission et embrasseroient le principe essentiel qui fait un catholique, quand mesme leurs préventions enracinées, qu'il seroit difficile de lever tout d'un coup dans l'assiette présente des esprits, les empescheroient de se désabuser de cette erreur de faict qui leur donne de la répugnance à signer le concile de Trente; car on sçait et on a déjà remarqué cy dessus qu'il y a d'autres conciles très célèbres dont on est en dispute parmy les catholiques. Et, quant aux dogmes particuliers définis dans le concile de Trente, il est constant que de telles erreurs particulières, qui ne renversent pas le principe général de la catholicité, ne font pas un hérétique; autrement il est très asseuré que plusieurs saincts pères seroient de véritables hérétiques, ayant tenu des dogmes que l'Église a condamnés depuis, et qui estoient déjà contre la tradition apostolique, tel qu'estoit l'erreur de la rebaptisation des hérétiques, qui fut excusée dans saint Cyprian et condamnée dans les donatistes, comme dit sainct Augustin : *Absolvitur magister, condemnatur discipulus.* Or il ne fait rien à la question si la décision de l'Église a esté antérieure ou postérieure à l'erreur, pourveu que l'ignorance de ce faict soit moralement invincible dans l'estat présent des esprits, ce qu'on peut dire véritablement d'une infinité de protestans, qui sont tellement préoccupés par leur éducation et autres impressions, qu'ils ne sçauroient se persuader encore que les décisions du concile de Trente ont esté faictes d'une manière légitime pour mériter d'estre receues comme des oracles de l'Église universelle; de sorte qu'il faudra les mener par degrés pour obtenir sur eux ce qu'on désire. Et, puisqu'on peut pourvoir à leur salut sans cela, et les rendre susceptibles des saincts sacremens de l'Église, il semble qu'on doive faire à leur esgard tout ce qui se peut, à l'exemple de sainct Paul, *qui omnibus omnia factus est,* et qui avoit une grande condescendance pour les Juifs, jusqu'à faire circoncire Timothée pour complaire à ceux qui vouloient que les nations se deussent charger de l'observation de la loy, quoyque le concile apostolique de Jérusalem, le premier de tous les conciles, eust déjà défini le contraire.

On ne sçauroit nier que ce pouvoir n'appartienne au pape; car il est constant qu'il est administrateur légitime de tous les biens spirituels de l'Église universelle, surtout *tempore interconciliari* (1); et, si la chose se peut validement, le pape la peut faire; et, si elle se peut licitement, toutes les circonstances bien pesées, il semble qu'il la doive faire. Quelques-uns, qui soustiennent les principes que l'assemblée du clergé de France a approuvés, touchant la supériorité du concile, pourroient douter si ce ne seroit pas mettre indirectement le pape au-dessus du concile, en lui accordant le pouvoir de suspendre en quelque façon l'effet du concile. Mais, lorsque le concile n'est plus assemblé, ce qui reste du concile n'est pas un juge vivant qui peut déclarer ses sentimens, mais une loy morte ou muette qui a besoin de l'interprétation et de l'exécution d'un juge vivant. Or c'est le seul pape que ces docteurs qui favorisent la supériorité des conciles soient obligés de reconnoistre eux-mesmes comme juge vivant et visible dans l'Église universelle; c'est luy qui doit interpréter les loix et les appliquer aux faicts. Ce n'est donc pas déroger au concile en aucune façon, lorsqu'on en use comme nous venons de dire; mais c'est juger avec bonnes raisons que ce concile peut estre conceu à l'esgard de certaines personnes comme une loy qui n'a pas encore esté publiée ou connue chez eux, et n'a pas encore pu l'estre, comme en effet la congrégation des cardinaux députés pour l'interprétation et exécution du concile a jugé en plusieurs autres rencontres, quoyque de moindre importance.

De dire aussi que ce qui a esté une fois décidé

---

(1) C'est-à-dire dans l'intervalle d'un concile à l'autre. N. E.

dans un concile œcuménique ne doit pas estre rétracté, ny mis de rechef en question dans un autre concile, cela a besoin de quelque limitation. Il est vray que régulièrement cela ne se doit point faire, mais il ne s'ensuit pas que cela ne se doive jamais faire. Nous avons l'exemple du concile de Florence, où l'on traicta avec les Grecs touchant des erreurs discutées et condamnées en d'autres conciles. Et la raison et le bon sens font cennoistre manifestement que, lorsque plusieurs peuples, qui font une partie considérable des chrestiens, n'ont pas receu un certain concile, comme persuadés qu'il n'a pas procédé dans la forme deue, on peut avoir cette condescendance pour eux, que d'assembler un nouveau concile pour les satisfaire, surtout lorsqu'il y a de l'apparence d'esteindre le schisme par là ou au moins de l'affoiblir beaucoup, et qu'il n'y a pas grande apparence (à moins d'un coup extraordinaire de la Providence, sur lequel on ne sçauroit compter sans tenter Dieu) de le faire cesser si tost par d'autres voyes. De sorte que tout cela dépend de la prudence de ceux à qui Dieu a commis le gouvernement de son Église; et en effect ce n'est qu'un moyen licite et presque unique, par lequel on peut obtenir l'introduction et publication des décrets légitimes du concile en question auprès des peuples qui refusent de le recevoir, en les faisant confirmer par un concile qu'ils ne rejettent point, comme en effect il ne faut pas douter que le nouveau concile ne confirme les vérités catholiques du concile précédent, autrement ce seroit douter de l'assistance du Saint-Esprit et de l'autorité des conciles; DE SORTE QUE LES CATHO-

LIQUES NE RISQUENT RIEN ET GAGNENT BEAUCOUP, ce qui doit les porter à faciliter cette manière de réunion. Il s'entend aussi que, le principal estant réglé, c'est-à-dire des peuples protestans estant prests à se remettre dans le sein de l'Église et le pape disposé à les recevoir, l'Église ne fera pas scrupule de leur accorder d'autres poincts qui sont accordables, sçavoir, le mariage aux prestres, les ordres à leurs ministres qui en sont capables, et la communion sous les deux espèces aux peuples, quoyque limitée d'une certaine façon, *item* l'obmission de certains rites, qui ne sont pas nécessaires et pour lesquels les peuples qui doivent estre réconciliés peuvent avoir une répugnance qui n'est pas encore vincible. Mais il faudra en échange qu'ils se fassent ordonner leurs évesques et prestres, et qu'ils administrent les saincts sacremens selon les rites que l'Église tient essentiels, et qu'ils ne condamnent point les autres catholiques qui practiquent d'autres rites approuvés, et qui croyent et enseignent les dogmes décidés dans le concile de Trente : ce qui s'entend aussi de soy-mesme, puisqu'ils sont receus dans la communion extérieure de l'Église en se sousmettant au pape et à la hiérarchie ecclésiastique, qui est seule capable de maintenir l'unité ; car cette union ne subsisteroit pas s'ils ne se tenoient pour frères, et si l'un ne pouvoit communier avec l'autre.

Pour ce qui est du sentiment des théologiens et autres personnes habiles et de marque parmy les protestans sur cette proposition de M. l'évesque de Tina, il y en a eu plusieurs qui n'ont pas osé s'expliquer de peur de surprise ; car il est naturel que ceux qui sont d'un party opposé entrent en défiance quand on leur fait de semblables questions. Plusieurs, qui sont prévenus contre le pape et le clergé catholique, croyent qu'on ne songe qu'à les tromper et à les ruiner *quovis modo*, et que ces sortes de négotiations ne servent qu'à les faire entrer dans les filets, à sonder leur foible, et à tascher tout au moins de mettre un schisme entre eux. C'est pourquoy, dans plusieurs cours et universités, lorsque les théologiens sont entrés en conférence avec M. l'évesque de Tina par ordre de leurs maistres, ils n'ont pas voulu entrer en matière, demandant préalablement que ce prélat montrast des pouvoirs du pape, et s'excusant d'ailleurs qu'ils n'oseroient rien avancer dans une matière si importante, sans communiquer avec les autres théologiens leurs confrères. Cependant il y en a eu quelques-uns, des plus habiles et des plus considérables par leur vie et par leur doctrine, qui se sont expliqués davantage, et il s'est trouvé un grand prince (1), fort esclairé et très bien intentionné pour la paix de l'Église et le bien de la patrie, qui a ordonné à ses théologiens, tant de la cour que de l'université, d'entrer en négotiation avec M. l'évesque de Tina, pour voir jusqu'où cette affaire pourroit aller. Et ces théologiens, sur l'ordre de leur maistre, qu'ils ont jugé conforme à leur devoir, ont cru qu'ils ne pourroient pas éviter honnestement et de bonne grâce de donner l'éclaircissement qu'on leur demandoit; car à quoy serviront donc d'habiles théologiens, que les princes entre-

---

(1) Le duc Ernest-Auguste. N. E.

tiennent pour se servir de leur conseil, s'ils refusent à leur maistre de s'expliquer et d'entrer dans une conférence amiable, où il n'y a aucun préjudice à craindre pourveu qu'on use de prudence? Ils ont crû que la charité ne devoit pas estre soubçonneuse, et qu'après les avances qu'il sembloit que les catholiques faisoient en envoyant chez eux, leur conscience et le zèle que tous les véritables chrestiens doivent avoir pour le restablissement de l'unité de l'Église ne leur permettoient pas de respondre si mal aux marques extérieures de bonne intention qu'on leur donnoit à connoistre de la part des catholiques, par ordre du chef de l'empire, et de renvoyer un prélat si accrédité sans entrer dans aucune négotiation sur les ouvertures qu'il faisoit, parce qu'autrement le blasme retomberoit sur les protestans, et le party catholique, qui est le plus fort, se pouvant vanter d'avoir faict ce qu'il falloit pour venir aux voyes amiables, se croiroit plus fondé à venir aux rigueurs. Voicy donc comment j'ay appris qu'ils se sont expliqués en substance dans un escrit (1) qu'ils ont donné à leur maistre comme un résultat des conférences, et qui a esté par après délivré par son ordre à M. l'évesque de Tina : ils déclarent donc qu'ils tiennent le restablissement de l'union possible, et qu'on est obligé d'y travailler de tout son pouvoir.

(1) C'est la célèbre *Censure* des théologiens de Hanovre, dont il est parlé dans une lettre d'Alberti à Leibniz (1683). Cet écrit, que nous avons vu et consulté dans la bibliothèque de Hanovre, est signé des noms suivants : *Gerardus* (Molanus, abbé de Loccum), *Herman Barchaus, auctor Hanoveranæ, protecclesiastes, superintendens generalis Calenberg.*, etc., *Fredericus Ulricus Calixtus, Theod. Meyerus, theologiæ doctor.* Leibniz avait trouvé cet exemplaire de la *Censure* à Neustadt, où il avait visité Spinola.

Ils distinguent les controverses, disant qu'il y en a *majoris et minoris momenti*. A l'esgard de la réunion, quant à ceux du premier ordre, ils jugent que les protestans ne sçauroient relascher, et que l'Église romaine y peut avoir de la condescendance. Tels sont, selon eux, les poincts suivant cela : la communion sous les deux espèces, l'extension des messes particulières, la justification du pécheur, le mariage des ecclésiastiques, la validité des ordinations qui se feroient chez eux, le culte divin en langue vulgaire, enfin les droicts épiscopaux des princes protestans. Et ils croyent que le pape peut accorder ces choses prises dans un sens raisonnable, sans choquer les principes de l'Église catholique et romaine.

Quant aux controverses de moindre calibre, à leur avis, voicy comme ils distinguent, sçavoir : qu'il y y en a où toute la question ne revient qu'à des phrases ou formules, et où il n'y a point de discussion réelle dans le fond et dans les choses (telle est la question du nombre des sacremens, et si dans le sacrement de l'autel il se trouve un sacrifice proprement dict) ; qu'il y a d'autres controverses où ceux d'un mesme party ne sont pas d'accord (par exemple, si les bonnes œuvres sont méritoires, si la saincte Vierge a esté conceue sans péché originel, si le pape est l'Antechrist), et ils jugent que, dans ces controverses, il faut que, par une condescendance mutuelle, on suive les sentimens que les deux partis peuvent approuver ; enfin qu'il y a des controverses où rien de tout cela ne peut avoir lieu, parmy lesquelles il y en a quelques-unes qui sont d'assez grande importance en elles-mesmes, mais qui pourtant ne le sont pas assez pour empescher l'union préalable, comme sont les questions du purgatoire, des limites de l'authorité du pape, du canon et de la lecture des Escritures, de la manière de la présence réelle, des indulgences, du culte des sainctes reliques et images, de la confession auriculaire, etc., qu'il faut renvoyer à la décision d'un concile libre et œcuménique:

Or, comme ces mesmes théologiens ont crû que leur déclaration à l'esgard d'un concile libre et œcuménique pourroit estre jugée ambiguë, élusoire et captieuse, s'ils ne s'expliquoient pas distinctement là-dessus, puisque c'est le nœud de l'affaire; ils ont déclaré qu'il faut avoir telle confiance dans l'assistance du Sainct-Esprit promise à l'Église catholique dans les sainctes Escritures, qu'il faut se soumettre dès à présent à ce qu'un concile œcuménique décidera par la pluralité des voix sur les poincts en question, après avoir pris les précautions raisonnables, examiné les controverses avec soin, et ouy avec attention les raisons de part et d'autre, puisque, à moins d'un miracle, il n'y a point d'autre voye icybas de terminer les controverses. Mais, afin de pourvoir davantage à la liberté du concile et à l'intérest de leur party, ils ont jugé raisonnable que leurs surintendans, ou inspecteurs, qui seroient déjà déclarés par le pape ÉVESQUES CATHOLIQUES VÉRITABLES DU RITE TEUTONIQUE, en vertu de la réunion des protestans à l'Église, deussent assister à ce concile futur œcuménique, non comme partie accusée, mais comme juges, ayant voix et session avec les autres ÉVESQUES DU RITE LATIN OU GREC. En quoy ils jugent qu'il y auroit pour les protestans un avantage très grand, mais très raisonnable, dont leurs ancestres ne s'estoient pas avisés, puisqu'ils vouloient comparoistre devant le concile, sans avoir rien stipulé de la voix et session de leurs surintendans ou évesques. Car, ne pouvant pas refuser aujourd'huy ce que leurs ancestres avoient offert en présentant leur confession à l'empereur, sçavoir de reconnoistre un concile futur libre et légitime, ils ont crû bien mériter du corps entier des protestans en accompagnant cette offre répétée de précautions si considérables et si avantageuses.

L'escrit de ces théologiens, consistant en substance dans ce que je viens d'expliquer, ayant esté délivré par eux au prince leur maistre et par le prince à l'évesque de Tina, ce prélat tesmoigna d'en estre assez satisfaict pour le coup d'essay ; car il ne s'ensuit pas qu'on ne pourroit rien relascher davantage de part et d'autre si on venoit au faict, et depuis j'ay ouy dire que la cour de Rome, toute délicate qu'elle est, surtout en ces matières, n'a pas trouvé l'affaire méprisable ny mal conduite, quoyque elle ne luy ait peut-estre pas encor paru assez meure pour y prendre part et pour commettre son authorité. Cependant il a déjà esté montré cy-dessus que, si l'affaire s'exécutoit, l'Église catholique ne risqueroit rien et gagneroit beaucoup. De l'autre costé, ces théologiens protestans ont aussi pris de telles précautions, comme je viens de l'expliquer, qu'on ne leur doit pas imputer d'avoir faict aucun tort à leur party ; et, quand tous leurs confrères seroient d'accord avec eux, comme il semble qu'ils ne pourroient refuser de faire dans le fond de la chose, suivant l'engagement de leurs ancestres et de leur confession, ce seroit au pape de faire par après le premier pas en se déclarant avant toute autre chose sur les conditions que ces théologiens ont voulu stipuler comme nécessaires à faire réussir la réunion préalable. Enfin il faut demeurer d'accord qu'il y a encore des difficultés considérables dans la déclaration des théologiens protestans que je viens de représenter, comme particulièrement à l'égard du mariage des évesques, qui ne se practique aujourd'huy, que je sçache, que chez les protestans, et à l'esgard de la validité des ordinations des protestans, que le pape ne sçauroit approuver pour le passé, suivant les principes de l'Église catholique : mais il semble que l'Église, qui peut accorder le mariage aux prestres, le pourroit aussi accorder aux évesques, la distinction qu'il y a entre eux, suivant le droict divin, ne paroissant pas avoir lieu à l'esgard du mariage ; peut-estre aussi que les protestans s'en désisteroient eux-mesmes. Au reste, et quant au dernier, il semble que, si les protestans obtenoient les autres poincts, et si on ne les obligeoit point dans la réunion préliminaire d'avouer l'invalidité de leurs ordinations, ils se contenteroient peut-estre qu'on renvoyast encore cette question au concile futur ; et qu'en attendant et pour l'avenir, après la réunion, on les reconnust pour bien ordonnés, en leur donnant les ordres d'une manière concertée, qui, selon les catholiques, auroit tout ce qui est nécessaire à une véritable ordination, et, selon eux, pourroit estre prise pour une confirmation de ce qu'ils prétendent avoir déjà, jusqu'à ce que le jugement de l'Église catholique, assemblée dans un concile, y intervienne. Quant aux difficultés de practique qui s'offriroient dans l'exécution de ces projects, j'en reconnois beaucoup, mais je ne les touche point. C'est à ceux qui n'approuvent pas ces desseins d'en faire dénombrement, et à tous les bien intentionnés de contribuer, en tout ce qui dépend d'eux, pour les faire surmonter, aussi bien que s'ils estoient eux-mesmes autheurs ou fauteurs de ces projects. Car on peut dire avec raison que, depuis le colloque de Ratisbonne du siècle passé, où les partis s'estoient assez approchés, jamais rien d'authorisé n'est sorty des mains des protestans, qui apporte plus de facilité au restablissement de l'union de l'Église occidentale que la déclaration que je viens de représenter.

FAC SIMILE

de l'écriture de Sœur M. de BRINON

ce 19.me novembre

J'ay envoyé en diligence la
Letre que vous m'aues fait
Lhonneur de m'ecrire à m.
pelisson quy proffitera de vos
advis dans l'impression quy
se va faire de nouueau de
vos lettres quy sont fort
goutée en ce pays icy, à
legard des supertitions des
peuples sur le Culte des S.ts
Et de leurs images ie vous

1694

Nouvelles et pressantes instances de madame de Brinon. — Reprise des négociations avec M. de Meaux. — Expédient proposé par Leibniz à l'évêque de Neustadt, et envoi d'un écrit irénique, qui rappelle le *Systema theologicum*, sous ce titre supposé : *Judicium doctoris catholici*.

II

MADAME DE BRINON A LEIBNIZ.

Original autographe inédit de la bibliothèque royale de Hanovre.

Ce 11 février 1694.

J'oray toute ma vie toute l'estime que je dois avoir, Monsieur, de vostre mérite et des lumières de vostre esprit naturel. Dieu s'en est servy pour faire escrire à nostre illustre amy feu monsieur Pellisson (1) des choses qui n'avoient jamais esté si bien exposées et si bien desmelées sur le faict de la religion catholique, qu'il l'a faict; mais tout cela, Monsieur, ne servira qu'à la plus grande condamnation de ceux qui n'oront faict qu'un jeu d'esprit des plus solides lumières de la religion. Je suis tousjours estonnée quand

(1) Feu M. Pellisson, donc cette lettre est de 1694.

vous me ditte, Monsieur, que la postérité proffitera de vos démarches sans que vous en proffitiez vousmesme; vostre bel esprit, que nos sçavans admire, vous servira bien peu pour l'éternité sy vous ne travaillez que pour les austres, et que vous vous contentiez d'avoir de la lumière sans zèle et sans chaleur, c'est-à-dire de l'indifférence pour vostre salut, qui est asseurément en grand hazard, puisque il est impossible que vous n'ayez pénétré plus et mieux qu'un austre la cose de nostre séparation, qui devroit estre toute seule un suject de vous réunir de bonne foy à l'Église catholique, sans vouloir attendre après les austres, qui ne voyent pas sy cler que vous et qui sont peut-estre par là moins coupables devant Dieu que vous ne l'este. Une personne de probité qui sçait à quel poinct je désire que la vérité vous arrache à l'herreur et au schisme, m'a dict depuis quelque tems qu'on ne pouvoit faire une bonne et solide réunion tant que l'esprit de l'homme agiroit en philosophe plus qu'en vray chrestien. Y a-t-il tant d'affaire pour se réconcilier avec sa mère, comme j'ay eu l'honneur de vous l'escrire tant de fois? Allez à elle, Monsieur, avec humilité; elle vous recevra avec amour et charité, et vous accordera toutes les choses qui dépendront d'elle, quand cela n'altérera pas les principes de nostre foy. C'est si peu de chose, ce que vous demandez, qu'il me semble que je sacrifierois tout cela sans peine pour vivre dans la vérité. Vous voyez, Monsieur, que, pour estre longtems sans vous escrire, mon affection pour vos véritables intérêts ne diminue pas; je voudrois que vous voulussiez vous donner tout entier, un mois durant, à l'examen de vostre estat et de vostre religion, que vous employassiez vostre esprit et vos lumières à connoistre les solides vérités de la religion : vous vous guéririez de la pensée que tout le monde se peut sauver dans celle où l'on est né. La vérité ne se partage point; ou vous vous trompez, ou nous nous trompons : le dernier ne sçauroit estre, puisque nous n'avons pas rompu l'union et que nous sommes demeurés attachés au gros de l'arbre. Si vous estiez catholique, vous convertiriez toute l'Allemagne par les aides que vostre esprit, conduict par celuy de Dieu, vous trouveroit. Je vous asseure, Monsieur, que je demande souvent les grâces qui vous sont nécessaires pour vous convertir. Ce que vous me ditte dans vostre dernière lettre est d'une grande subtilité, mais cela ne me rasseure pas sur vostre salut. Celuy qui veut qu'on renonce à tout pour le suivre ne vous excusera pas à son jugement, quand vous voudrez faire tomber la faute de vostre estat sur des sujects estrangers. Revenez à vous-mesme en simplicité de cœur, et vous verrez, Monsieur, que perdre son âme en attendant des formalités qui ne dépendent pas de vous n'est pas une philosophie qui vous puisse mettre à couvert au jugement de Dieu. Madame la duchesse sera asseurément de mon advis. Nous ne dogmatisons pas avec vous, Monsieur; ce n'est pas nostre affaire : mais nous raisonnons simplement sur la vérité. Je prie Dieu qu'il vous la fasse connoistre d'une manière où vous ne puissiez résister, qu'il touche vostre cœur et qu'il confonde les lumières de l'orgueil humain, qui ne veut jamais avoir tort. Dès que M. l'évesque de Maux m'ora faict tenir la response qu'il a promis de faire à M. l'abbé de Loccum, je seray ponctuelle à vous la faire tenir. Mais n'attendez point après cela, Monsieur; la vie est incertaine, et celuy qui promet de nous recevoir quand nous revenons à luy de bonne foy ne nous promet pas d'attendre jusques au lendemain. Je suis tousjours surprise, je vous l'ay dict bien des fois, Monsieur, du peu de cas que je remarque que les hérétiques font de la religion, qu'ils donneroient la plus part tout entierre pour une fortune passagère : c'est où conduit cette mauvaise maxime, qu'on peut se sauver dans toutes les religions. J'advoue que les catholiques ne sont pas dans leurs mœurs plus réglés que les luthériens, quand ils ne suivent pas la morale de l'Évangile ; mais il est très rare qu'un catholique abandonne sa religion dans les choses de droict, quand il en est instruit, pour faire sa fortune, quelque méchant qu'il soit d'ailleurs, ce que j'attribue à la force de la vérité, qui le retient malgré la licence des vices où il peut estre suject. Voilà, Monsieur, une longue lettre, qui vous sera peut-estre bien inutile ; mais sçachez-moy du moins bon gré de mes bonnes intentions et du désir que j'orois de vous voir un bon catholique. Madame de Maubuisson fait beaucoup prier Dieu pour la conversion de madame l'Électrice sa sœur : pleust à Dieu que ces vœux fussent efficaces! Je n'ay point receu la lettre de M. d'Hozier : pour celle de feu nostre illustre amy, je l'ay envoyée à mademoiselle de Scudéry, pour qu'elle la fasse tenir à M. l'abbé Férier, qui n'est point à Paris. Je vous remercie cependant de l'honneur que vous faite à la mémoire d'un homme qui le mérite tant, et qui est mort plein d'estime pour vous et de désir de vous voir dans le chemin qu'il a embrassé si généreusement et si constamment. Mademoiselle de Scudéry sera bien aise de retrouver de si loin une preuve de l'estime d'un si parfaict amy. Toute cette lettre vous marque, Monsieur, le peu de soin que j'ay de ma réputassion auprès de vous, par ma manière d'escrire si négligée que vous y trouverez, si vous l'examinez, des fautes partout, dont je vous fais mes excuse (1) : il me suffira que vous y remarquiez la persévérance de mon zèle pour vostre salut.

Sr M. DE BRINON.

III

MADAME DE BRINON A LEIBNIZ.

Extrait d'après l'original autographe inédit de Hanovre.

Sans date.

M. l'évesque de Meaux attend la réponse de Loccum, et est bien aise de sçavoir qu'il se porte assez bien pour l'achever bientost. — On ne vous demandera jamais de dire le rosaire et le chapelet ni aucun culte contraire à la vérité, à la saincteté et à la majesté de Dieu, que tous les vrais fidèles adorent en esprit et en vérité. — Elle ne voudroit pas abandonner sa mère parcequ'elle auroit des enfants rebelles et désobéissans. — Est-il possible, Monsieur, qu'un aussi grand esprit que le vostre puisse estre arresté par des toiles d'araignée? — Elle a vu une lettre de Madame l'électrice par madame de Maubuisson. — Elle est bien au-dessus de ces petites difficultés du culte, et souffriroit avec patience qu'une religieuse parast un autel, ou fist des vœux à un sainct au nom de Jésus-Christ. — Elle a vu madame la duchesse de Brunswick, et lui a faict ses condoléances sur la maladie de Leibniz que l'électrice a faict sçavoir à Maubuisson. — Elle espère en Dieu et en luy. —

---

(1) Madame de Brinon s'accusant elle-même, nous pouvions dire : *Habemus confitentem ream*, et nous ne devions point pallier des fautes qu'elle avoue. Ç'eut été, par une vaine recherche de l'orthographe, lui enlever le mérite de l'humilité. N. E.

M. de Meaux est charmé de sa foy et le trouve si catholique et si raisonnable dans tous ses sentimens qu'il croit penser comme luy, hors le concile de Trente.

IV

MADAME DE BRINON A LEIBNIZ.

Extrait d'après l'original autographe inédit de la bibliothèque royale de Hanovre.

Ce 14 avril 1694.

Voilà un livre de Bossuet. — Il fait solliciter une réponse de l'abbé de Loccum par l'abbesse, qui vous prie de persévérer. « Les secrets de vostre dynamique, quelque distinction qu'ils vous puissent donner parmy les sçavans, n'approchent en rien du mérite que vous peut donner l'ouvrage de la réunion, que tous les bons chrestiens doivent souhetter ardemment pour entrer dans l'esprit de l'Évangile. — M. l'abbé de Férier (1) m'a envoyé deux exemplaires du beau livre sur lequel nostre cher amy M. Pellisson a expiré, l'un pour Madame l'électrice de Brunswick et l'autre pour vous. Je les ay envoyés, il y a déjà plus de quinze jours, à M. Brosseau. »

V

LEIBNIZ A MADAME LA DUCHESSE DOUAIRIÈRE DE HANOVRE.

Original autographe inédit de la bibliothèque de Hanovre.

Wolfenbuttel, 30 may 1694.

J'espère que V. A. S. me pardonnera la liberté que je prends de recourir à Elle dans une matière que je sçay qu'elle affectionne. Je responds à madame de Brinon de la manière que V. A. S. verra par la lettre cy joincte, si elle y jette les yeux; et je supplie V. A. S. qu'en la faisant tenir elle veuille appuyer nos souhaits tant par l'entremise de ma-

---

(1) Cousin germain de cet illustre mort.

dame de Maubuisson qu'ailleurs où elle le trouvera à propos, afin que M. l'évesque de Meaux ait la bonté de s'ouvrir d'une manière conforme à sa modération et franchise ordinaires ; car jusqu'icy il a parlé avec beaucoup de réserve, sans toucher ce que nous demandons, quoyque d'autres théologiens considérables de son party, et particulièrement M. l'évesque de Neustadt, n'ayent point fait de difficultés sur ce poinct, sans lequel ils voyoient bien que la convocation des théologiens protestans, qui fut appelée sur cela, ne pourroit pas entrer en matière avec eux. M. de Neustadt, qu'on appeloit encore l'évesque de Thina, vint dans ce pays au temps de feu monseigneur le duc Jean-Frédéric, de glorieuse mémoire ; mais il ne fit alors que sonder les esprits. Il revint quelques années après, et trouva dans son successeur d'une autre communion les mesmes dispositions à favoriser la paix de l'Église que ce grand prince faict paroistre pour conserver ou pour restablir la paix publique. On alla mesme plus avant, et on convoqua de fameux théologiens du pays pour se déclarer sur des projects que M. de Neustadt avoit communiqués. La response fut si favorable qu'il jugea de s'en pouvoir contenter pour ce coup là. Et j'ose dire que jamais théologiens protestans n'ont faict une démarche si grande et si formelle, depuis le commencement de la réforme jusqu'à nous. Mais, avant que de pouvoir aller plus avant, ils ont jugé qu'il falloit quelque pas réciproque du party romain. M. l'évesque de Meaux, qui en avoit sceu quelque chose autrefois, et apprenoit que l'affaire pourroit avoir quelque suite, fut bien aise d'en sçavoir davantage ; ce qu'on ne luy refusa pas, à condition que la communication n'iroit pas à d'autres. Là dessus M. de Meaux nous envoya de très belles et très importantes réflexions sur l'avis de M. l'abbé de Loccum ; mais il s'arresta sur le point le plus essentiel, sans lequel la convocation de nos théologiens avoit jugé qu'on ne pouvoit rien faire. Il ne le refusa pas, à la vérité ; mais il semble qu'il auroit mieux aimé qu'on s'en fust passé. Cette réserve a retardé la communication, et a mis M. l'abbé de Loccum dans une espèce d'impossibilité de travailler conjoinctement avec cet illustre prélat à faciliter la paix de l'Église autant qu'il auroit souhaité, jusqu'à ce qu'on sçache s'il est possible de convenir dans les principes : c'est là l'estat de l'affaire. Le zèle et les lumières de S. A. S. allant en pair avec l'élévation de son estat et de sa qualité, il semble que Dieu luy ait donné les moyens et les occasions d'y pouvoir contribuer beaucoup : ce qui ne seroit pas une petite grâce. Je prie sa divine majesté de la conserver longtemps, avec mesdames les princesses, et de les combler de toute sorte de bonheur ; et je suis avec dévotion, Madame, vostre très humble et très obéissant serviteur.

LEIBNIZ.

VI

LEIBNIZ A MADAME DE BRINON.

Original autographe inédit de la bibliothèque royale de Hanovre.

Wolfenbuttel, 30 may 1694.

Si vostre silence, aussi bien que celuy de monsieur l'évesque de Meaux, nous a mis en peine et nous a faict douter du progrès du sainct ouvrage où vous avez si grande part par les liaisons que vous avez faict naistre, nous avons esté resjouis par la vostre du mois passé, à laquelle estoit joincte une autre de M. de Meaux, qui a ressuscité nos espérances. Mes dernières faisoient connoistre ce qui nous paroissoit nécessaire pour passer plus avant : car M. l'abbé de Loccum tient pour aussi asseuré que la plus ferme proposition de mathématiques, qu'il est impossible de venir à la réunion par la seule voye de l'explication, et je suis entièrement de son opinion ; qu'outre des controverses qui ne consistent qu'en termes, et qu'on peut faire disparoistre en les expliquant, il y en a de réelles, où, à moins que de chercher des équivoques et de plastrer les difficultés, on ne sçauroit faire convenir les parties. Mais comme, par bonheur, ou plustost par un secret ménagement de la Providence, ces controverses, insurmontables pour le présent, ne sont pas de grande conséquence en elles-mesmes, et n'ont guères d'influence sur la practique de la piété ny sur l'essentiel de la foy, il semble que le vray et unique moyen de vaincre cet obstacle est de travailler à la réunion en les laissant indécises, jusqu'à ce qu'un jour l'Église de Dieu, restablie dans son ancienne tranquillité, trouve à propos de les terminer, autant qu'il en sera besoin, par un concile œcuménique dont l'authorité ne soit point sujecte à des difficultés essentielles. Sans cet expédient, il n'y a rien à espérer suivant l'estat des choses : car, mettant la contrainte à part, l'expérience a faict voir qu'il est difficile et presque impossible de venir à la conviction, quelques escrits qu'on publie et quelques colloques ou conférences qu'on tienne, puisqu'il y a maintenant de part et d'autre de très habiles gens et des argumens très plausibles, soit qu'on se serve de l'Escriture, ou des Pères, ou de la raison; en sorte qu'une seule controverse, si on vouloit s'opiniastrer à l'épuiser, pourroit devenir un procès dont la discussion demanderoit la vie d'un homme, quand il ne voudroit faire que cela. Et après tout il arriveroit, ce qu'on voit dans des procès difficiles, qu'on se trouveroit aussi embrouillé et plus encore que dans les commencemens, et cela d'autant plus que, dans les procès, les juges et les ordonnances tiennent la main à faire observer aux disputans un certain ordre; au lieu que, dans les controverses de religion, chacun donnant aux choses un tour qui luy paroist le plus avantageux pour son party, il y a tant de routes et tant d'escarts qu'on ne finira jamais, à moins que de convenir d'une certaine nouvelle logique, qui est encore à inventer, et qui devroit faire dans les controverses ce que les ordonnances font dans les procès, et bien plus encore. [Puisque cette logique devroit nous donner une nouvelle balance des raisons, inconnue jusqu'icy, mais nécessaire pour déterminer visiblement quel party on doit choisir, lorsqu'il y a de deux costés un grand nombre de vraisemblances plausibles, mais opposées]. Ainsi, pendant que les esprits ne sont pas encore préparés et qu'il n'y a point de gouvernement commun qui les lie ensemble, il ne faut point s'attendre à convaincre ses adversaires; mais, la réunion ayant levé les aigreurs et tout estant sous la direction d'un chef, il y aura moyen de s'accorder un jour dans un concile bien réglé, sous quelque sainct pontife, soutenu par des monarques pieux et sages, tels que sont le pape, l'empereur et le roy de France d'à présent, la guerre à part.

A cela quelques zélés, de part et d'autre, opposent qu'il est impossible à vostre party de donner les mains à cette réunion, dangereux au nostre de s'y commettre, et difficile d'y disposer les uns et les autres. On convient de la difficulté; mais elle doit plustost animer que rebuter les bien intentionnés, d'autant qu'il ne s'agit pas encore de l'exécution, mais seulement des mesures préalables pour sçavoir jusqu'où il seroit possible d'aller, en cas que les esprits feussent disposés; car c'est par là qu'il faut commencer, pour avoir quelque fondement solide de la négotiation. Il y a moyen de satisfaire à ceux qui s'imaginent du danger du costé des protestans; mais présentement il ne s'agit que de respondre à ceux de vostre party qui tiennent qu'il n'est point loisible d'y consentir. Car, disent-ils, l'Église a décidé ces controverses dans le concile de Trente : or nous tenons l'Église pour infaillible; ainsi nous ne sçaurions laisser en suspens les controverses qui sont déjà décidées. Cette difficulté, quelque grande qu'elle paroisse, a pourtant esté levée par les habiles gens de vostre party. On convient donc que ceux qui tiennent le concile de Trente pour œcuménique ne doivent plus douter de ses décisions; mais cela ne les doit pas empescher d'estre réunis avec ceux qui, n'ayant point cette opinion de ce concile, par des raisons qu'ils jugent invincibles, ne sçauroient estre obligés de s'y sousmettre. Il y a des exemples de ce tempérament dans l'Église romaine mesme; car l'Italie reconnoist certains conciles pour œcuméniques, et la France, d'autres; chaque nation se tenant aux décisions du concile qu'elle approuve, et les croyant de foy, sans pourtant prétendre par là traicter d'hérétiques ceux du party contraire, parce que l'opiniastreté qui fait l'hérésie n'est pas dans ceux qui, par une ignorance moralement invincible, se trompent sur le poinct de faict, qui est l'authorité de quelque concile. De sorte que, si le nord de l'Europe estoit réuny avec le reste sous la hiérarchie romaine, aussi bien que l'Italie et la France le sont déjà, les différentes opinions de ces deux grands partis sur le concile de Trente et sur ses décisions ne seroient pas moins compatibles avec l'unité ecclésiastique, que nous voyons estre celles qu'on a en France et en Italie sur les décisions des conciles de Constance, de Basle, du dernier de Latran, et mesme d'autres. M. l'évesque de Meaux n'a point nié ces choses directement, il ne sçauroit; mais il a cherché des biais pour les éviter. Cependant l'opinion de M. de Loccum est que c'est là le fondement de toute la négotiation et de toutes les espérances d'une bonne paix, et j'ay tousjours esté du mesme sentiment; car des abus intolérables qui ont cours n'estant pas authorisés par une décision formelle de vostre Eglise, et mesme estant désapprouvés hautement par des personnes considérables parmy vous, nous ne les considérons point comme un obstacle invincible.

M. de Meaux semble différer de s'expliquer sur ce poinct de la suspension de certaines controverses. Nous demeurons d'accord qu'il le faut éviter autant qu'il est possible; mais il faut tousjours convenir qu'elle est loisible en cas de nécessité, lorsqu'il y faut venir pour procurer un si grand bien aux âmes rachetées par le sang de Jésus-Christ ; et il faut accorder, au moins conditionnellement et hypothétiquement, ou dans la théorie, que si le Nord estoit disposé à se réunir avec Rome, et qu'il n'y eust point d'autre difficulté que le refus qu'il feroit de reconnoistre des décisions dont l'authorité luy paroist douteuse, il seroit possible au pape de recevoir tant de peuples, comme il reçoit les François, qui refusent le dernier concile de Latran, que Rome tient pour œcuménique. Si M. l'évesque de Meaux s'explique sur cet article avec sa justesse et sa modération ordinaires, il y aura moyen de concourir sincèrement et d'avancer seurement, et l'on pourra bastir sur un fondement si solide, en diminuant considérablement les controverses pour rendre la réunion encore plus aisée qu'elle ne semble estre d'abord. Je ne voy point le moindre danger ny aucune considération qui puisse détourner cet illustre prélat de l'aveu sincère d'une vérité si constante dans son party, puisqu'il luy reste tousjours la réservation de ce qui est nécessaire dans l'application et dans les dispositions préalables. Et je le tiens trop porté à la gloire de Dieu et au bien des âmes pour oser le soubçonner d'un ménagement mondain et politique dans cette rencontre, quoyque je ne voye pas mesme de danger de ce costé-là, à moins qu'on ne veuille porter la délicatesse à un poinct extraordinaire en craignant trop le jugement des hommes, qu'on doit le moins appréhender.

C'est à vous, Madame, de faire icy la médiatrice et de nous procurer un aussi grand bien que seroit une démarche qui nous mettroit véritablement en train.

Servez-vous aussi du crédit que vous avez auprès de madame de Maubuisson. Cette princesse, dont les lumières sont si grandes, y pourra contribuer beaucoup. M. l'évesque de Meaux ne luy refusera pas une déclaration distincte sur ce poinct préliminaire, qui nous arreste tout seul. J'ay supplié madame la duchesse d'Hanover d'interposer encore son authorité. Cette princesse, quoyqu'elle soit du party de Rome, est pourtant si éloignée des fausses dévotions, aussi bien que mesdames les princesses ses filles, qu'on les peut proposer pour un modèle, et qu'on peut dire qu'elles sont capables de faciliter la réunion aussi bien par leur exemple que par la pénétration de leur esprit. On n'a qu'à les monstrer aux protestans les plus emportés contre les abus de Rome pour les faire revenir de leur entestement ; et vous aviez eu raison de dire, dans vostre lettre, qu'elles ne donneroient pas une mauvaise idée des practiques de vostre religion. L'esprit élevé et les grandes connoissances que madame la duchesse a acquises mesme sur le faict de la religion, joinctes au poids que l'esclat de sa qualité peut donner à ses raisons, de part et d'autre, me donnent de l'espérance. L'électeur et l'électrice, avec toute la maison de Brunswick, ont pour elle une déférence des plus grandes. Et s'il estoit à nous de faire une démarche, asseurez-vous que sa seule présence suffiroit pour l'obtenir. Mais nos théologiens ayant faict depuis peu un pas solennel et authentique, dont on peut dire qu'il n'y en a pas eu de plus grand depuis le commencement de la réforme jusqu'à nous, ils ne sçauroient aller plus avant sans que vostre party fasse quelque chose de proportionné :

autrement ils seroient blasmés avec raison et feroient du tort à leur party, ou plustost au sainct ouvrage dont il s'agit. Et M. l'abbé de Loccum, en son particulier, ne sçauroit s'éloigner des principes dans une convocation dont il estoit le chef, ny entrer en matière qu'avec ceux qui en conviennent, comme firent ceux de vostre party avec lesquels on a commencé de traicter, parce qu'ils voyoient bien que sans cela on n'entreroit jamais en négotiation. Je vous conjure donc, Madame, à mon tour, de travailler à applanir cette difficulté, et de vous proposer, comme aux autres, que c'est effectivement le plus sainct et le plus grand dessein qu'on puisse entreprendre. J'auray bientost l'honneur d'escrire à M. l'évesque de Meaux et de luy envoyer une partie de ce qu'il désire. Je ne manqueray pas aussi de remercier M. l'abbé Ferrier, quand j'auray receu l'ouvrage posthume de feu nostre excellent amy M. Pellisson. Cependant, je suis avec zèle, etc.

LEIBNIZ.

VII

LEIBNIZ A MADAME LA DUCHESSE DE BRUNSWICK.

Original autographe inédit de la bibliothèque royale de Hanovre.

A Hanovre, ce 2 juillet 1694.

Madame,

Vostre Altesse Sérénissime ayant paru surprise de ce que j'avois dict sur le concile de Trente, comme s'il n'estoit pas receu en France pour règle de foy, j'ay jugé qu'il estoit de mon devoir de luy en rendre raison, et j'ay crû que Vostre Altesse Sérénissime le prendroit en bonne part, son zèle pour l'essentiel de la foy estant accompagné de lumières qui la luy font distinguer des abus et des additions. Je sçay bien qu'on a insinué cette opinion dans les esprits, que ce concile est receu en France pour règle de foy, et non pas pour règle de discipline; mais je feray voir que la nation n'a déclaré ni l'une ni l'autre, quoyqu'on ait usé d'adresse pour gagner insensiblement ce grand poinct, que les prétendus zélés ont tousjours cherché à faire passer : et c'est pour cela mesme qu'il est bon qu'on s'y oppose de temps en temps, afin d'interrompre la prescription, de peur qu'ils n'obtiennent leur but par la négligence des autres. Car c'est par cette négligence du bon party que ces zélotes ont gagné bien d'autres poincts : par exemple, le second concile de Nicée, tenu pour le culte des images, a esté désapprouvé hautement par le grand concile d'Occident, tenu à Francfort, sous Charlemagne. Cependant le party des dévotions mal entendues, qui a ordinairement le vulgaire de son costé, estant tousjours attentif à faire valoir ce qu'il s'est mis en teste et à profiter des occasions où les autres se relaschent, a faict en sorte qu'il n'y a presque plus personne dans la communion de Rome qui ose nier que le concile de Nicée soit œcuménique.

Rien ne doit estre plus vénérable en terre que la décision d'un véritable concile général; mais c'est pour cela mesme qu'on doit estre extresmement sur ses gardes, afin que l'erreur ne prenne pas les livrées de la vérité divine. Et comme on ne reconnoistra pas un homme pour plénipotentiaire d'un grand prince, s'il n'est authorisé par des preuves bien claires, et qu'on sera tousjours plus disposé, en cas de doute, à le récuser qu'à le recevoir, on doit, à plus forte raison, user de cette précaution envers une assemblée de gens qui prétendent que le Sainct-Esprit parle par leur bouche : de sorte qu'il est plus seur et plus raisonnable, en cas de doute, de récuser que de recevoir un concile prétendu général ; car alors, si l'on s'y trompe, les choses demeurent seulement aux termes où elles estoient avant ce concile, sauf à un concile futur, plus authorisé, d'y remédier. Mais, si l'on recevoit un faux concile et de fausses décisions, on feroit une brèche presque irréparable à l'Église, parce qu'on n'ose plus révoquer en doute ce qui passe pour estably par l'Église universelle, qu'un tel concile représente.

Avant de prouver ce que j'ay promis, il faut bien former l'estat de la question, pour éviter l'équivoque. Je demeure d'accord que les doctrines du concile de Trente sont receues en France ; mais elles ne sont pas receues comme des doctrines divines, ny comme de foy, ny par conséquent comme d'un concile œcuménique. L'équivoque qui est là-dedans trompe bien des gens. Quand ils entendent dire que l'Église de France approuve ordinairement les dogmes de Trente, ils s'imaginent qu'elle se sousmet aux décisions de ce concile comme œcuménique, et qu'elle approuve aussi les anathèmes que ce concile a prononcés contre les protestans ; ce qui n'est point. Moy-mesme, je suis du sentiment de ce concile en bien des choses ; mais je ne reconnois pas pour cela son autorité ni ses anathèmes.

Voicy encore une adresse dont on s'est servy pour

surprendre les gens. On a faict accroire aux ecclésiastiques qu'il est de leur intérest de poursuivre la réception du concile de Trente ; et c'est pour cela que le clergé de France, gouverné par le cardinal du Perron, dans les estats du royaume tenus immédiatement après l'assassinat de Henry IV, sous une reyne italienne et novice au gouvernement, fit des efforts pour procurer cette réception ; mais, le tiers estat s'y opposant fortement, et le clergé ne pouvant obtenir son dessein dans l'assemblée des estats, il osa déclarer, de son authorité privée, qu'il vouloit tenir ce concile pour receu ; ce qui estoit une entreprise blasmée des personnes modérées. C'est à la nation, et non au clergé seul, de faire une telle déclaration ; et c'est suivant cette maxime que le clergé s'est laissé induire, par les partisans de Rome, d'obliger tous ceux qui ont charge d'âmes à faire la profession de foy publiée par Pie IV, dans laquelle le concile de Trente est authorisé en passant. Mais cette introduction particulière, faicte par cabale et par surprise contre les déclarations publiques, ne sçauroit passer pour une réception légitime : outre que ce qui se dit en passant est plustost une supposition où l'on se rapporte à ce qui en est, qu'une déclaration indirecte.

Après avoir prévenu ces difficultés et ces équivoques, je viens à mes preuves, et je mets en faict qu'il ne se trouvera jamais aucune déclaration du roy ny de la nation françoise, par laquelle le concile de Trente soit receu.

Au contraire, les ambassadeurs de France déclarèrent, dans le concile mesme, qu'ils ne le tenoient point pour libre, ni ses décisions pour légitimes, et que la France ne le recevroit pas ; et là-dessus ils se retirèrent. Une déclaration si authentique devroit estre levée par une autre déclaration authentique.

Par après, les nonces des papes sollicitant tousjours la réception du concile en France, la reyne Catherine de Médicis, qui estoit une princesse éclairée, respondit que cela n'estoit nullement à propos, parce cette réception rendroit le schisme des protestans irrémédiable ; ce qui fait voir que ce n'est pas sur la discipline seulement, mais encore sur la foy, qu'on a refusé de reconnoistre ce concile.

Pendant les troubles, la ligue résolut la réception du concile de Trente ; mais le party fidèle au roy s'y opposa hautement.

J'ay remarqué un faict fort notable, que les autheurs ont passé sous silence. Henry IV, se réconciliant avec l'Église de France et faisant son abjuration à Sainct-Denys, demanda que l'archevesque de Bourges et autres prélats assemblés pour son instruction, luy dressassent un formulaire de la foy. Cette assemblée luy prescrivit la profession susdite du pape Pie IV, mais après y avoir rayé exprès les deux endroicts où il est parlé du concile de Trente ; ce qui fait voir incontestablement que cette assemblée ecclésiastique ne tenoit pas ce concile pour receu en France et comme règle de la foy, puisqu'elle le raya, lorsqu'il s'agissoit d'en prescrire une au roy de France.

Après la mort de Henry le Grand, le tiers estat s'opposa à la réception, comme j'ay déjà dict, nonobstant que le clergé eust asseuré qu'on ne recevroit pas une discipline contraire aux libertés de l'Église gallicane. Et comme les autres règlemens de Trente estoient déjà receus en France par des ordonnances particulières, on voit qu'il ne s'agissoit plus de discipline, qui estoit ou déjà receue ou non recevable ; mais qu'il s'agissoit de faire reconnoistre le concile de Trente pour œcuménique, c'est-à-dire pour règle de la foy.

Les autheurs italiens soustiennent hautement que l'ordonnance publiée en France sur la nullité des mariages des enfans sans demander le consentement de père et de mère, est contraire à ce que le concile de Trente a décidé comme de droict divin ; et ils soustiennent qu'il n'appartient pas aux loix séculières de changer ce qui est de l'essence d'un sacrement ; mais l'ordonnance susdite est tousjours demeurée en vigueur.

Je pourrois alléguer encore bien des choses sur ce poinct, si je n'aimois la briéveté et si je ne croyois pas que ce que j'ay dit peut suffire. Je tiens aussi que les cours souveraines et les procureurs généraux du roy n'accorderont jamais que le concile de Trente a esté receu en France pour œcuménique ; et, s'il y a eu un temps où le clergé de France s'est assez laissé gouverner par des intrigues estrangères pour solliciter ce poinct, je crois que, maintenant que ce clergé a de grands hommes à sa teste, qui entendent mieux les intérests de l'Église gallicane, ou plustost de l'Église universelle, il en est bien esloigné ; et, ce qui me confirme dans cette opinion, c'est qu'on a proposé à de nouveaux convertis une profession de foy où il n'estoit pas faict mention du concile de Trente.

Je ne dis point tout cela par un mépris pour ce concile, dont les décisions, pour la pluspart, ont esté faictes avec beaucoup de sagesse ; mais parce que, estant seur que les protestans ne le reconnoistront pas, il importe, pour conserver l'espérance de la paix de l'Église universelle, que l'Église de France demeure dans l'estat qui la rend plus propre à moyenner cette paix, laquelle seroit sans doute une des plus souhaitables choses du monde, si elle pouvoit estre obtenue sans faire tort aux consciences et sans blesser la charité. Je suis avec dévotion, Madame, de Votre Altesse Sérénissime, le très humble et très fidèle serviteur.

LEIBNIZ.

P. S. Le cardinal Pallavicin. qui fait valoir le concile de Trente autant qu'il peut, et marque les lieux où il a esté receu, ne dit pas qu'il ait esté receu en France, ni pour règle de la foy, ni pour la discipline; et mesme cette distinction n'est point approuvée à Rome.

VIII

LEIBNIZ A MADAME DE BRINON.

Original autographe inédit de la bibliothèque royale de Hanovre.

Hanovre, 2/12 juillet 1694.

Madame,

Je vous supplie de faire connoistre à M. l'abbé Ferrier, en faisant mes remercîmens, combien les reliques de l'esprit de nostre illustre amy feu M. Pellisson me sont chères, et combien j'estime le présent du livre de l'Eucharistie. On ne sçauroit dire les choses avec plus de force ny de meilleure grâce. De la manière qu'il explique la transsubstantiation, elle n'est pas tout à fait esloignée de la confession d'Augsbourg ny des tempéramens de feu M. de Marca, archevesque de Paris, comme l'on en peut juger par la p. 99 et p. 108. Ce qu'il dit dans ce dernier endroict sur la nature de la substance s'accorde merveilleusement avec mes pensées, qui ne tendent qu'à expliquer plus distinctement cette clef invisible des propriétés de la substance corporelle que j'avois appelée la force primitive. C'est apparemment cet accord qui a faict tant gouster à M. Pellisson mes projects de dynamique, comme il a tesmoigné dans la dernière partie de ses *Réflexions* et dans les lettres qu'il m'a escrites, les considérant comme entièrement utiles à son dessein. Et s'il avoit vécu, il les auroit fort poussés. Je ne doute point qu'il n'y ait encore bien d'excellentes choses parmi ses papiers, et je croy que M. l'abbé Ferrier y trouveroit de quoy enrichir le public. Je vous supplie, Madame, de l'y faire penser, et je suis avec zèle vostre très humble, etc.

Leibniz.

IX

LEIBNIZ A M. L'ÉVÊQUE DE MEAUX.

Original autographe inédit de la bibliothèque royale de Hanovre.

Hanovre ce 3 juillet 1694.

En attendant ce que M. l'abbé de Loccum m'a promis de nouveau, dont j'espère que vous aurez quelque satisfaction, je vous envoye ces méditations philosophiques (1) que je sousmets a vostre jugement, qui est des plus esclairés mais aussi des plus équitables. Si vous ne les trouvez pas entièrement rebutables, Monseigneur, je crois que M. le président Cousin, les recevant de vostre part, les mettroit bien dans son *Journal des Sçavans*. Mais je voudrois qu'on n'y mist pas mon nom, pour sonder un peu le gué, d'autant que des pensées de cette nature desplaisent pour le moins à neuf dixiesmes des lecteurs, et leur desplairoient quand elles seroient les plus solides du monde. Le petit nombre de ceux qui les pourra gouster et qui daignera s'informer de l'autheur, le connoistra aisément par les circonstances. Une partie des fondemens de mes dynamiques y est contenue. Vous serez surpris peut-estre vous-mesme de la réhabilitation de la philosophie receue, que j'entreprends en quelque façon. Mais vous verrez, Monseigneur, que ce n'est pas à la légère ny d'une manière qui fasse tort aux nouvelles découvertes. En effet, je trouve que souvent il suffit de bien expliquer les anciens sans qu'on ait besoin de renverser les dogmes receus. Mais j'ay crû qu'il me seroit permis de bastir quelque chose de nouveau sur leur fondement. Et c'est ainsi que je crois avoir terminé le grand problème de l'origine des formes ou âmes, en monstrant qu'il faut dire d'elles ce que les Gassendistes disent de leurs atomes, sçavoir qu'elles ont esté créées avec le monde, où du moins qu'elles ne sçauroient commencer ni finir que par miracle,

---

(1) C'est le *De primæ philosophiæ emendatione et de notione substantiæ*.

c'est-à-dire par création ou annihilation. Cela se doit dire de toute substance qui a une véritable unité. Mais, quoyqu'il me paroisse ainsi que les âmes ou formes enfoncées dans la matière ont tousjours esté dans leur animal, qui n'est que transformé par ce que nous appelons génération ou mort, j'ay un tout autre sentiment des esprits et de nostre âme, qui en est un, qu'il faut exempter des révolutions de la matière, Dieu gouvernant les esprits par les loix particulières ou plustost tout le reste de l'univers n'estant faict que pour l'amour d'eux. Enfin je crois avoir résolu le grand problème de l'union de l'âme et du corps. On prendra mon explication pour une hypothèse, mais je la tiens pour desmontrée : il auroit fallu trop remonter pour donner cette desmonstration.

Je suis avec zèle et attachement vostre très humble et très obéissant serviteur.

LEIBNIZ.

X

LEIBNIZIUS AD EPISCOPUM NEOSTADIENSEM.

Ex autographo nondum edito.

Hanoveræ, 5 jul. (1) 1694.

Reverendissime et illustrissime Domine, Domine gratiosissime,

Gaudeo reverendissimam et illustrissimam Dominationem vestram de zelo meo pro sanctæ pacis

---

(1) On trouve à Hanovre, dans un catalogue déjà cité, la mention suivante : *Epist[ola] Krafftii. Arnstein.*, 6 *jul.* 1694. N. E.

negotio bene sentire, rogoque ut sibi firmiter persuadeat abesse a me longissime sordidas illas cupiditates humanorum respectuum, quibus rectæ intentionis laus corrumpitur. Si quid voluissem in sacris facere ad gratiam, dudum porta ad magnas dignitates aperta erat apud Principes, omnia facere cupientes mei causa, si obsequi potuissem. Ego vero libere testatus sum me talibus deterreri potius quam impelli. Nam spes metusque judicium pervertunt, ut scandalum in aliis taceam, dixique me, si quid mererer, aliter mereri velle.

Quod rem attinet, vobiscum sentio feriendum esse ferrum, dum calet, eademque est reverendissimi Domini Abbatis sententia.

Deum precor ut vos duumviros diutissime servet; nam qui vobis pari doctrina, zelo, auctoritate substitui possint, non video. Ex convocatione Hanoverana, præter Dominum Abbatem, solus superest Calixtus, senex propemodum capularis : ideoque vestrum est mature efficere ut saltem radices aliquas agat arbor, quam Deo, ut speramus, benedictionem daturo plantastis, egoque cum aliis rigare conor. Nam si semel radices egerit, spes est crescere eam paulatim posse, et fructus aliquando daturam esse. Radicabitur autem, si saltem efficiatur quamprimum, ut principia in convocatione Hanoverana stabilita approbatione quadam vestrorum solidentur. Apud nos jam solemne aliquid actum est, per ipsam nempe convocationem auctoritate publica institutam. Apud vos autem nihil tale est factum. Æquum autem est ut pari utrinque passu ambuletur. Nostri, antequam longius eant, volent nosse sententiam virorum gravium ex vestris, quemadmodum suam solemni quadam ratione dedêre.

Reverendissima Dominatio vestra duo proponit: primo ut confessio sua, Hungarorum nomine conscripta, edatur apud nostros cum approbatione vel consistoriali vel saltem academica, eamque in rem Lipsiam sibi aptam fore judicat ubi approbatio obtineri posset, in consultis etiam Dresdensibus. Quin ipsa reverendissima Dominatio vestra non alienam se ostendit a consilio accedendi Lipsiam, si spes ejus rei conficiendæ affulgeat. Secundo, de itinere aliquo nostrorum ad vestras oras mentionem injicit, et pro sua erga me benignitate judicat posse me quoque illud simul excurrere, promovendi sanctissimi instituti causa. De utroque dicam quid rerum nostrarum statui convenire videatur. In Academiis nostris, et speciatim Lipsiæ, solent libri submitti judicio decani Facultatis, qui, si nihil monet, eduntur, quanquam in libro ipso approbationis decani mentione facta. Fit tamen interdum ut nihilo minus dando improbetur liber et in fiscum redigantur exemplaria decanique negligentia a collegis vel a superioribus increpetur. Raro petitur approbatio Facultatis, et si peteretur in negotio præsente, erectis ad rei novitatem animis, haud dubie referret Facultas ad consistorium Dresdense, imo et alias Academias vel sponte vel jussa consuleret. Præterea ipsa confessio Hungarorum tam multa complectitur, ut egomet non dissimulaverim in meis prioribus, tametsi ei plurima insint præclara, non tamen nostris probari posse omnia. Atque ipse Dominus Abbas judicat longissime in ea transcendi lineas convocationis Hanoveranæ, cum omnes fere controversias liberalissime definiat confessio, quod nondum posse fieri convocatio judicavit. Consistoria etiam vel Academiæ nolent consultare super confessione Hungarorum quam ab ipsis Hungaricis Ecclesiis vel cive alicujus apud eos existimationis venire ipsis constaret. Et satis proni sunt homines ad quærendas difficultates in re tanta, etiam cum non sponte offeruntur; itaque Lipsiæ tale quid cum fructu nunc agi posse spes nobis nulla est. Me vero sibi persuadeat reverendissima et illustrissima Dominatio vestra semper promptissimum fore ad jussa sua, etiam ad itinera, si valetudo et principis auctoritas id suo tempore patiatur.

Interim ut fiat aliquid ab utraque parte, gradusque promoveatur, hoc mihi in mentem venit, quod Dominus Abbas non mediocriter approbavit : ut apud vos conscribatur aliquid accommodatum principiis convocationis Hanoveranæ, quasi a protestantibus Hungaris vel aliis profectum; idque nobis mittatur ut hic imponamus ultimam manum et editionem procuremus, quæ possit approbari. Vicissim autem apud nos conscribatur aliquid quasi nomine vestrorum, cui apud vos imponatur ultima manus, ita ut apud vestros cum approbatione possit edi per religiosum forte aliquem provincialis sui alteriusve gravis theologi auctoritate munitum (1). Et ne consilium nudum darem, accinxi me exsecutioni, conscripsique *Judicium doctoris catholici,* hic adjunctum, quod

---

(1) Hic dicet aliquis, Leibnizium habemus se confitentem reum, sed relege prius quæ junior duci J. Frederico proponebat, se methodi scilicet discriminum finiendorum causa inventorem jamjam professus. Hic reperiuntur prima *Systematis theologici* tanquam delineamenta. T. 1, Appendix, p. 459. N. E.

Dominus Abbas legit et probavit. Quod si vobis aliqua in eo mutanda videntur, significari petimus, idem facturi in eo quod a vobis mittetur. Sin vobis placeat non mittere aliquid novi, sed jubere ut ex ipsa confessione Hungarorum conficiamus aliquid nostris hominibus accommodatum, faciemus, et vestro judicio submittemus. Utile tamen fortasse erit utrinque impressa non statim spargi in vulgus, sed differri communicationem usque ad agendi tempus, ne malevoli inde turbandi aliquid occasionem sumant. Hæc sunt quæ sincera mente scripsi, ex quibus illustrissima et reverendissima Dominatio vestra promptitudinem animi mei ad juvandum negotium sanctissimum, simulque obsequium erga se intelliget. Quod superest, opto ut valeat mihique faveat qui summo semper studio sum futurus

  Reverendissimæ et illustrissimæ Dominationis
   vestræ, etc.
     G. G. Leibnitius (1).

XI

JUDICIUM DOCTORIS CATHOLICI

DE TRACTATU REUNIONIS

CUM QUIBUSDAM THEOLOGIS PROTESTANTIBUS NUPER HABITO (2).

Ex autographo nondum edito quod in bibliotheca regia Hanoverana asservatur.

Jamdudum audivi de negotio reunionis ecclesiasticæ, quod, jussu Cæsaris, reverendissimus quidam

---

(1) In eodem involucro reperitur *Judicium doctoris catholici* quod sequitur. Nº XI. N. E.

(2) Judicium hoc, in quo Leibnizius doctoris catholici personam induit, multum facit ad eos qui operis quod adscititio titulo *Systema theologicum*

et illustrissimus episcopus cum theologis nonnullis protestantibus præliminariter tractare dicebatur ; et quamvis quidam ea de re judicium meum petierint, nolui tamen de re non satis cognita quicquam pronunciare. Illud interim non dissimulavi, tempora præsentia mihi exiguam spem facere, et, licet non possem dubitare de prudentia eorum quos Cæsar in tam arduo negotio adhiberet, cavendum tamen sollicite dicebam ne talis tractatio apud catholicos scandalum pareret, protestantes autem magis adhuc a veritate catholica abalienaret. Nam, cum sæpe versatus fuerim cum protestantium theologis et politicis, sciebam quantopere a nostris dissideant et quam male plurimi sentiant, non tantum de curia romana et clero catholico, sed et de doctrina nostrorum. Itaque opinabar, non tam quæstionem esse de communione sub utraque specie et conjugio clericorum concedendo, quam de gravissimis controversiis circa fidem et juramenta, in quibus Ecclesia catholica nihil indulgere potest; et, licet sciam multos moderatiores inter ipsos protestantes papam non habere pro antechristo, nonnullos etiam, præsertim Georgii Calixti discipulos, eo progredi ut putent errores quos catholicis imputant non evertere fundamentum salutis, hoc tamen ad reunionem non sufficit, nisi protestantes ea omnia admittant quæ a catholica Ecclesia de fide et de jure divino haberi constat. Itaque verebar ne illi qui in hoc negotio laborassent plura promisissent protestantibus quam

---

nuncupaverunt, fidem, tanquam Leibnizii personati et fictitii catholicismi spem irritam mentiti, acerrime impugnant. Vide quæ auctor de iis, proœmii loco, disseruit. N. E.

possent præstare. Nunc autem, cum mihi nonnulla communicata fuerint, quæ acta fuere inter Reverendissimum illum et quosdam theologos Brunsvicenses aliosque, possum de re tota pronunciare paulo liberius. Et illud quidem libenter admodum observavi, illustrissimum [episcopum] sese in eo prudenter gessisse, quod protestantium diversorum sententias elicere, easque nostris contemperare laboravit. Deinde, illud quoque mihi fuit pergratum, videre nonnullas controversias, veluti de justificatione, de meritis operum, de libero arbitrio, de peccato originis, de certitudine gratiæ, et similes, quæ, initio prætensæ reformationis, capitales credebantur, a protestantibus ita explicari ut doctrina catholica, non tam re quam verbis, differre videantur. Video tamen aliqua superesse fidei capita, ab Ecclesia catholica definita, ubi protestantes isti doctores fatentur sese dissentire a nostris, et non obscure præ se ferunt quod potius in schismate sint mansuri, quam veritati nobis creditæ et ab Ecclesia declaratæ manus daturi. In quo, nisi mentem mutent aut melius explicent, videtur difficile, ne dicam impossibile, esse ut nos, salva conscientia, eos in unionem Ecclesiæ recipiamus.

Quia tamen hoc ipsum explicationem quamdam et distinctionem patitur, ideo ne quicquam a catholica parte omisisse videamur, quod ullo modo possibile sit a nobis, salva conscientia, fieri, ut tam grande bonum pacis Ecclesiæ consequamur, vel saltem aditum ad ipsum faciliorem reddamus; ideo, rogatus ab illis qui jubere possunt, mentem hic exponam paulo distinctius, Deumque veneror ut gratiam suam mihi aspiret, tum ne quid largiar quod possit in catholicæ fidei detrimentum cedere, tum etiam ne quid recusem concedere, quod ullo modo a catholicis, sub debitis cautionibus, concedi et ad salutem animarum prodesse possit.

Puto autem totius negotii fundamentum esse veram doctrinam de Ecclesia catholica; hac enim semel rite explicata, vel cessant aliæ controversiæ, vel certe via certa tolli possunt. Itaque, ante omnia, opus est ut circa hanc doctrinam recte instruantur protestantes, veritatique catholicæ sese submittant. Nam, post notitiam Dei trinunius et Salvatoris Dei incarnati, nihil magis necessarium est scitu quam auctoritas Ecclesiæ catholicæ, quam Deus Spiritu suo sancto regit, et per eam nos omnes vult regi; itaque ab hujus articuli successu totius tractationis fortunam pendere judico.

De Ecclesia parum recte sentiunt qui per eam nihil aliud intelligunt quam multitudinem fidelium, nam opus est connexione quadam inter ipsos; sed nec sufficit ut cœtum esse dicamus seu multitudinem aliquid commune habentem. Opus est ut, velut in civitate aut republica, coeat multitudo in unum corpus, uno velut spiritu connexum, et formet personam quamdam moralem, et, quemadmodum homines in foro collecti ad emendum vel vendendum, vel in amphitheatro ad spectandum, vel in templo ad audiendum, cœtum quidem componunt, sed corpus non faciunt, ita fideles, licet sub Dei oculis perinde sint ac si omnes in uno loco essent, non ideo formant Ecclesiam catholicam, nisi aliquod amplius accedat; tantumque differt cœtus fidelium ab Ecclesia, quantum tumultuaria multitudo, contra subiti hostis insultum coadunata, distat a justo exercitu, per numeros, manipulos et legiones, sub duce ordinato. Ecclesia igitur est quædam theocratia seu civitas sacra cujus causa efficiens est Deus; materia sunt omnes fideles sub supremo capite, Christo Deo et homine; forma autem regiminis constat legibus fundamentalibus divino jure præscriptis; finisque denique est civium beatitudo æterna. Unde consequens est Ecclesiam esse rem omnibus aliis rebus humanis præstantiorem et præferendam.

Igitur tenendum est Ecclesiam catholicam debere esse visibilem, eamdemque uno regimine contineri, et hoc regimen esse a Deo præscriptum. Ut autem forma regiminis et leges fundamentales hujus divinæ reipublicæ melius intelligantur, sciendum est, auctoritate supremi capitis Christi nunc invisibilis, vicariam quamdam potestatem in terris relictam esse, cui Christus discessurus suum Spiritum promisit, quæ tantum habeat auctoritatis ut homines ei tuto fidere possint in omnibus quæ ordinantur ad finem hujus reipublicæ, hoc est ad æternam salutem. Et fideles omnes, sine conditionis et dignitatis discrimine, huic potestati veram obedientiam debere: inobedientes autem, ope clavium cœli concessarum Ecclesiæ, posse coerceri, dum fructu beneficiorum spiritualium, in contumeliæ pœnam, privantur: præterea eamdem potestatem ecclesiasticam habere a Deo donum infallibilitatis, ut a Spiritu ejus in via salutis dirigatur in omnem veritatem; æternum symbolum unitatis et caritatis a Christo ordinatam esse perceptionem sanctissimi corporis sui, tanquam tesseram civis fidelis qui fit membrum mystici corporis, cujus caput est Christus. Qui autem extra hanc communionem hæreant culpa sua, eos schismaticos esse; qui vero fidei dogma, ab Ecclesia definitum, obstinato animo non admittant, plane hæreticos judicari; eosdemque, quamdiu in pertinacia sua perseverent, nec verum amorem Dei, nec caritatem proximi habere, nec gratia Dei aut Ecclesiæ sacramentis frui, sed in statu damnationis hærere.

Tametsi autem inter ipsos catholicos controversiæ supersint de subjecto summæ potestatis vicariæ in Ecclesia catholica, illud tamen constat inter omnes divino jure constitutum esse, ut potestas illa reperiatur in concilio œcumenico, totam Ecclesiam repræsentante, cui præest Pontifex maximus, id est Episcopus orbis christiani, Primarius nempe romanus. Et hoc concilium rite habitum, in rebus ad fidem pertinentibus, infallibile esse, eique a fidelibus esse obtemperandum : divino etiam instituto factum esse ut metropoleos orbis christiani simul et totius catholicæ Ecclesiæ episcopus esset et caput ejus ministeriale, nec tantum haberet ordinis, sed et potestatis primatum, omniaque ageret quæ postulat salus Ecclesiæ, et, sine convocatione concilii generalis, commode expediri possunt debentve : cæteros quoque episcopos, jure divino seu regula ordinis divinitus introducta, certis sacrarum functionum prærogativis instructos, in unaquaque Ecclesia esse suis presbyteris superiores, quemadmodum hi a laicis, ordinis charactere et sacramentorum certorum dispensandorum potestate, discernentur. Itaque hierarchiæ ecclesiasticæ fundamentum est ordo sacer, cujus character per impositionem manuum ab eo qui jus habet factam, per divini Spiritus operationem imprimatur, et in hoc successionis lineam esse custodiendam, ut scilicet rogatum sequendo boni ordinis sive jus divinum ordinum, nemo pro ordinato habeatur, nisi qui sit ordinatus ab iis, qui vicissim a rite ordinatis inde neque ab apostolis manuum impositione Spiritum sanctum et rem divinam faciendi potestatem acceperunt : ut ea ratione quodammodo successivum esse appareat Ecclesiæ regimen, spirituali pastorum propagatione.

Atque hæc sunt fundamenta doctrinæ catholicæ de Ecclesia, quæ qui non admittunt, salvis ejus principiis, dextras fraternitatis accipere aut ad communionem sacrorum nostrorum admitti non possunt. Scilicet qui vult catholicus esse hos articulos de Ecclesia, mente sincera, suscipere debet : *primo,* quod hic Ecclesia catholica est infallibilis in omnibus pertinentibus ad fidem salutarem ; *secundo,* quod ea infallibilitas retinetur in concilio œcumenico cui præest Papa romanus ; *tertio,* quod Papa romanus, jure divino, habet super alios non ordinis tantum sed et potestatis primatum ; *quarto,* quod clerici secundum suos gradus a laicis distinguuntur jure divino et linea ordinationis; *quinto,* quod Eucharistiæ sacramentum est tessera christianæ unitatis ; *sexto,* quod potestas absolvendi ac retinendi peccata itemque excommunicandi, quæ exsistit in Ecclesia et ab ejus prælatis et ministris exercetur, magnam in animas vim habet; eosque in statu damnationis æternæ constituit qui sententiam ecclesiasticæ damnationis meruere.

Ponamus jam factum esse quod optamus, ut in

his omnibus et in universum circa summam articuli de Ecclesia catholica cum protestantibus, consensus liquidissimus habeatur; hoc intento, fateor magnum gradum factum fore ad reunionem, nec parvam me spem concepturum esse de felici negotii tam laudabilis successu. Ubi enim partes sincere compromisere in judicem quemdam controversiarum visibilem, cujus oraculum haberi potest, utique certa ratio in promptu est dissensionis penitus tollendæ, quatenus eam decisione tolli est opus. Itaque si sese protestantes submittunt conciliis œcumenicis, tunc indubitatus controversiæ exitus in potestate habetur, sive præteritas conciliorum decisiones respiciamus, sive, quæ nondum constat esse definita, ad futurum generale concilium remittamus. Quandocumque igitur inter catholicos et eos protestantes quos in hoc consensisse poscimus controversia superforet, necesse esset eam ex hac facti quæstione pendere, utrum propositio de qua agitur in concilio aliquo œcumenico sit definita, vel non : id quod ipsum altioris indaginis est, ut non sit facilis dissentientium convictio, vel ad remedium novi concilii recurri potest. Sed quoniam frustraneum esset hoc remedium, nisi constaret inter partes quodnam concilium legitimumque atque œcumenicum censeri debeat, huc jam res rediret ut cum iisdem protestantibus de forma talis concilii conveniretur. Nam quod quidam olim scriptores protestantes, ad liberum concilium protestantes, tale sese intelligere declarabant in quo non auctoritas humana valeret, sed Spiritus sanctus per sacram scripturam judicaret, id ad exitum obtinendum minime sufficere quivis prudens facile videt.

Quemadmodum enim in republica præter legem opus est homine, id est judice legis vivo interprete, qui ex lege pronunciet et sententiam in proposita causa dicat, qui sive bene sive male decernat, jus tamen dixisse censeatur, alioqui nullus esset finis litium : ita in republica sacra a Deo instituta, præter leges divinas scripturamque sacram, opus est judice controversiarum, qui possit causæ cognitæ finem imponere, qui quidem, præ judice sæculari, magnum illud privilegium infallibilitatis à Deo accipit, ut in pertinentibus ad salutem tuto ejus judicium sequi possimus; quoniam sine illo privilegio inutile, immo periculosum saluti tale judicium esset, adeoque et sacra illa respublica certæ auctoritatis vinculo careret atque in anarchiam abiret. Itaque protestantes qui unitatem amant et ex Augustanæ confessionis formula ad concilium christianum provocant, debent convenire nobiscum quicquid in concilio legitimo, id est interventu Pontificis maximi et potissimorum principum christianorum convocato, post maturam discussionem adhibitasque omnes prudentiæ christianæ cautiones multo maxima suffragiorum parte decretum fuerit, id pro definitione ipsius concilii, immo dictatu sancti Spiritus, Ecclesiam, si unquam, certe tum maxime directuri, habendum fore; aut, his sublatis, inania fore omnia quæ de Ecclesiæ catholicæ unitate dicuntur.

Itaque si reverendissimus ille dominus, auctoritate cæsarea, apud principes protestantes Germaniæ aliosve hæc posset obtinere,

Primo : ut per methodum expositoriam minuerentur controversiæ et theologi inter protestantes docti, moderati atque auctoritate præditi, mentem suam quam clarissime explicantes, ostenderent quousque accedere iis possent quæ apud catholicos pro definitis habentur;

Secundo : ut iidem protestantes compromitterent in concilium legitimum œcumenicum circa controversias quæ post consumptam methodum expositoriam superessent;

Tertio : si iidem, de forma ac modo habendi ejus concilii ita declararent sententiam, ut appareret illos ea in re a principiis catholicis non discedere;

His tribus capitibus obtentis, putarem ego rem magnam fuisse præstitam, nec contemnendum operæ pretium nos habituros, jacto scilicet solido reunionis fundamento, cui, Deo favente, aliquando ædificium optatæ pacis Ecclesiæ imponi posset.

Erunt fortasse qui hærebunt nonnihil quod ita semel definita in Tridentino aliisque conciliis, in novum concilium iterum tractanda forent. Sed hic scrupulus neminem, credo, prudentem foret remoraturus, si cætera in liquido essent. Quicquid enim per se licitum est et sine periculo fit, et fieret cum maximo fructu animarum, utique faciendum est. Quidni autem liceat semel definita iterum tractare, non animo in dubium revocandi, sed confirmandi et declarandi? Periculum hic nullum video. Nam, si quis veretur ne inde aperiretur ansa ad eludendam conciliorum auctoritatem, ille in hypothesi nostra timeret, ubi non æstimo; supponimus enim non hic esse quæstionem cum protestantibus, in concilium futurum compromittentibus, utrum conciliorum œcumenicorum auctoritati sit standum, quod eos præliminariter agnoscere debere, antequam in eorum gratiam novum concilium habeatur, jam monitum est; sed utrum revera œcumenica et legitime habita sint certa quædam concilia, quorum definitiones ipsi non admittunt : supponimus etiam recusationem eorum, quoad certa illa concilia, fundari, non in erroribus juris conciliorum vel Ecclesiæ auctoritatem infringentibus, sed in erroribus facti, dum illi negant conditiones debitas fuisse observatas, quæ res altiorem ubique indaginem habet; constatque inter catholicos quoque controversias esse de quorumdam conciliorum auctoritate; itaque, quoties probabiles quædam rationes dubitandi contra concilii cujusdam definitiones adducantur, præsertim ab integris nationibus aut terrarum magnis tractibus, nihil prohibet rem eamdem in novo concilio tractari. Sane prudentes facile agnoscunt multum interesse inter id quod postularent privati aut pauci, et id quod nationibus et supremis potestatibus conceditur; his enim, ob fructus sperati magnitudinem, plura indulgeri debent, modo sint per se licita. Et videmus ea quæ contra Græcorum errores in generali concilio Lugdunensi acta fuerant, in Florentino iterum fuisse tractata, ne alia exempla congeramus : ut proinde absurdos, ne dicam improbos et a christiana caritate alienos fore putem eos qui tam magnum bonum (si quidem, ut supponitur, novo concilio id obtineri ampla spes esset) inani formalitate impedire conarentur. Causa certè timendi nulla est, neque enim vereri debemus catholici, ne Spiritus sanctus sententiam mutet, aliave pronuntiet in novo concilio quam quæ definivit in antiquo.

Atque hæc quidem, ex ista hypothesi, puto expedita esse, et, si casus contingeret ut talia a protestantibus possent obtineri, pro certo habendum judico eis, quos Deus Ecclesiæ suæ præficiet, non defore gratiam divinam prudentiamque necessariam ad omnia illa moderanda ne quid inde Ecclesia detrimenti capere possit. Hactenus itaque reverendissimi domini tractatus, si intra hos stant limites, omnino laudem favoremque summum merentur.

Verumenimvero non possum dissimulare spargi a nonnullis relatum esse ad me quod velint protestantes ut quædam controversiæ exciperentur etiam ab auctoritate futuri concilii, neque Ecclesiæ judicio submitterentur, sed semper in suspenso manerent. Quale quidem pactum puto ne a papa quidem ipso fieri posse. Impingeret hoc protestantium desiderium in principia ipsa fidei catholicæ de Ecclesia, cui quidem manus hoc modo ligari non possunt, nisi ipsamet judicet quæstionem indecisam manere posse, quippeque nec verbo divinitus tradito contineri. Et signum esset talia postulantes non bene sentire de auctoritate Ecclesiæ et conciliorum, ac proinde frustra in eorum gratiam concilium novum indici. Sed, cum hoc, non ex certa fide vel scripturis, sed rumoribus potius habeam, et a prava vel imperita interpretatione nasci potuerint, malim suspendere judicium; cumque, ex iis scripturis quæ ad me pervenere, videam dominum episcopum satis circumspecte processisse, idem de illis, quæ mihi non sunt visa, credere malo quam suspicionibus male fundatis indulgere.

Cæterum, inter eumdem reverendissimum et illustrissimum dominum et theologos quosdam protestantes, aliam intelligo tractari quæstionem majoris adhuc momenti, ex dictis tamen pendentem : utrum protestantes qui parati sint submittere se futuro concilio secundum supradictas leges, interim a Pontifice maximo in Ecclesiæ catholicæ communionem recipi possint, salvis opinionibus suis, quarum ultima determinatio ad concilium foret remissa. Hæc quæstio mihi videtur altissimæ indaginis, malimque de ea sapientium virorum audire judicia quam meum proferre. Quia tamen attingere eam jubeor, illud jure, spero, dixerim, duas rem facies habere : unam, cum quæritur quid sit consultum et in praxin traduci dignum; alteram, cum inspicitur quid sit licitum absolute. Rebus certe sic stantibus, ut nunc esse videmus, nisi admodum præparentur animi utriusque partis, dubito valde an sit facile quo modo tale quid in praxin traduci possit, ob nimiam dissonantiam opinionum et cultuum. Interim, quia humanum paucis vivit genus et procerum motus hæc cuncta sequuntur, cor autem regum in manu Dei est, non putem omnino desperandum esse. Nam si pax esset reddita orbi christiano, et, supremo Pontifice et magno Cæsare auspicibus, quidam alii potentes sapientesque principes huc animum efficaciter adjicerent, facile theologos primarios, in his quæ æquitate nituntur, assentientes haberent, a quibus cæteri pendere solent. Quod si ergo in abstracto et absolute quæratur quid sit licitum, posito animos esse satis præparatos, illud in genere dicere ausim salutem populi christiani supremam Ecclesiæ legem esse, et, si secundum regulas christianæ prudentiæ judicare posset maximus Pontifex, hac via sublatum vel valde imminutum iri magnum hoc schisma Occidentis; alia autem via, nihil tale cum ratione sperari facile posse : eo posito, ad hoc inclinat animus ut putem integras nationes protestantium, quæ agnoscere iterum vellent totam hierarchiam romanæ catholicæ et apostolicæ Ecclesiæ, posse, retentis quibusdam opinionibus suis erroneis, in communionem recipi, si sancte pollicerentur illi sese et suas sententias futuræ legitimæ concilii œcumenici definitioni submissas fore. Ut ad hoc judicium inclinem, hanc causam habeo quod, ubi de salute animarum procuranda agitur, omnia puto posse Pontificem maximum, quæ non sunt contraria juri naturali et divino indispensabili : itaque, donec exsistat aliquis qui nobis contrarium demonstret, potius Pontificis potestati favebo, præsertim ubi salutaris ejus usus est, quam eam sine ratione cogente coarctabo. Deinde considero in sanctis quibusdam patribus non paucos fuisse errores qui hodie pro hæresibus merito habentur, in ipsis tamen hæreses non fuisse, quia nondum tunc contrarium ab Ecclesia erat definitum. Sic quartadecimani quidam Asiæ rebaptisatores hæreticorum in Africa fuere viri sancti, atque inter hos et Cyprianus, ut alios taceam. Sed qui post concilium Nicænum talia defendebant hæretici erant : scilicet non sententia sed pervicacia hæreticum facit. Porro, ut quis pro pervicace et hæretico habeatur, non tantum necesse est ut contraria sententia sit definita ab Ecclesia, sed etiam ut de definitione ipsa constet, vel debito studio adhibito constiturum sit. Itaque cardinalis Bellarminus, etsi notet in ultimo concilio Lateranensi definitam esse superioritatem Pontificis, non ideo tamen Gallos aliosque Basileense concilium sequentes censet hæreticos, quia fatetur dubitare illos utrum vere œcumenicum sit illud Lateranense. Vicissim Galli non condemnant hæreseos Romanam curiam, quia sciunt in ea Basileensis concilii auctoritatem post dissidium inter ipsum et papam Eugenium non admitti, et similis œconomiæ exempla alia ex historia ecclesiastica proferri possent. Itaque censeo protestantes esse in errore qui pro rerum et animorum statu nunc sit invincibilis, et quidem circa quæstionem facti de auctoritate œcumenica ejus concilii in specie, cujus definitioni stare nolunt; Ecclesiæ autem catholicæ et conciliorum indubitatorum auctoritatem admittere, et principia illa agnoscere, quorum ope res in futuro concilio terminari possit, et adeò de reliquo ad submissionem et obedientiam esse paratos; atque ita spem esse maximam tali condescensu posse vel plane tolli vel admodum imminui tam grave et lamentabile vulnus Ecclesiæ : censeo Pontificem maximum omnibus rite præparatis nationes vel provincias ita sentientes in gremium Ecclesiæ recipere posse, cum magnum sit animarum lucrum, damnum autem valde incertum vel nullum. Qualibus autem præparationibus opus sit, judicabunt viri prudentes, nec dubito ipsum reverendissimum et illustrissimum hominem multa in eam rem sapienter attulisse. Hæc habui nunc quidem, quæ de re gravissima dicerem, salvo in omnibus prudentiorum et super omnia ipsius sanctæ romanæ et apostolicæ Ecclesiæ judicio, cui mea libens submitto.

FINIS.

XII

LEIBNIZ A BOSSUET (1).

Revu et complété d'après l'original autographe et en partie inédit de la bibliothèque royale de Hanovre.

A Hanovre, ce 12 juillet 1694.

Monseigneur,

Vostre dernière a faict revivre nos espérances. M. l'abbé de Loccum travaille fort et ferme à une espèce de liquidation des controverses qu'il y a entre Rome et Augsbourg, et il le fait par ordre de l'empereur. Mais il a affaire à des gens qui demeurent d'accord du grand principe de la réunion, qui est la base de toute la négotiation ; et c'est sur cela qu'une convocation de nos théologiens avoit faict solennellement et authentiquement ce pas que vous sçavez, qui est le plus grand qu'on ait faict depuis la réforme. Voicy l'eschantillon de quelques articles de cette liquidation, que je vous envoye, Monseigneur, de sa part. Il y en a jusqu'à cinquante qui sont déjà prests. Ce qu'il avoit projeté sur vostre excellent escrit entre maintenant dans sa liquidation, qui luy a faict prendre les choses de plus haut, et les traicter plus à fond ; ce qui servira aussi à vous donner plus de satisfaction un jour. Cependant je vous envoye aussi la préface de ce qu'il vous destinoit dès lors, et des pas-

---

(1) Les éditeurs de Bossuet regrettaient qu'on n'eût point la lettre de M. de Meaux, à laquelle répond Leibniz. Cette lacune est comblée ; voir tome I, page 433.

sages où il s'expliquoit à l'esgard du concile de Trente; et rien ne l'a arresté que la difficulté qu'il voyoit naistre chez vous sur ce concile, jugeant que, si l'on vouloit s'y attacher, ce seroit travailler sans fruict et sans espérance, et mesme se faire tort de nostre costé et s'éloigner des mesures prises dans la convocation et du fondement qu'on y a jeté. Il espère tousjours de vous une déclaration sur ce grand principe, qui le mette en estat de se joindre à vous dans ce grand et pieux dessein de la réunion, avec cette ouverture de cœur qui est nécessaire. Il me presse fort là dessus, et il est le plus estonné du monde de voir qu'on y fait difficulté; ceux qui ont faict la proposition de vostre costé, et qui ont faict naistre la négociation, ayant débuté par cette condescendance et ayant très-bien reconnu que, sans cela, il n'y auroit pas moyen d'entrer seulement en négotiation.

Le grand article qu'on accorde de nostre costé est qu'on se sousmette aux conciles œcuméniques et à l'unité hiérarchique; et le grand article réciproque qu'on attend de vostre costé est que vous ne prétendiez pas que, pour venir à la réunion, nous devions reconnoistre le concile de Trente pour œcuménique, ny ses procédures pour légitimes. Sans cela, M. de Molanus croit qu'il ne faut pas seulement songer à traicter, et que les théologiens de ce pays n'auroient pas donné leur déclaration; et qu'ainsi luy-mesme ne peut guère avancer non plus, de peur de s'escarter des principes de cette convocation, où il a eu tant de part. Il s'agit de sçavoir si Rome, en cas de disposition favorable à la réunion, et supposé qu'il ne restast que cela à faire, ne pourroit pas accorder aux peuples du nord de l'Europe, à l'esgard du concile de Trente, ce que l'Italie et la France s'accordent mutuellement sur les conciles de Constance, de Basle et sur le dernier de Latran, et ce que le pape avec le concile de Basle ont accordé aux Estats de Bohême, *sub utraque*, à l'esgard des décisions de Constance. Il me semble, Monseigneur, que vous ne sçauriez nier, *in thesi*, que la chose soit possible ou licite. Mais si les affaires sont déjà assez disposées *in hypothesi*, c'est une autre question. Cependant il faut tousjours commencer par le commencement, et convenir des principes, afin de pouvoir travailler sincèrement et utilement.

Puisque vous demandez, Monseigneur, où j'ay trouvé l'acte en forme, passé entre les députés du concile de Basle et les Bohémiens, par lequel ceux-cy doivent estre receus dans l'Église sans estre obligés de se sousmettre aux décisions du concile de Constance, je vous diray que c'est chez un autheur très catholique que je l'ay trouvé, sçavoir, dans les *Miscellanea Bohemica* du révérend P. Balbinus, jésuite des plus sçavans de son ordre pour l'histoire, qui a enrichy ce grand ouvrage de beaucoup de pièces authentiques tirées des archives du royaume, dont il a eu l'entrée. Il n'est mort que depuis peu. Il donne aussi la lettre du pape Eugène, qui est une espèce de gratulation sur cet accord; car le pape et le concile n'avoient pas rompu alors (1).

---

(1) Les éditeurs de Bossuet avouent la suppression en ces termes : « On n'a point imprimé la suite de cette lettre, qui traite de la dynamique, parce que cette matière, sur laquelle Leibniz avait des idées particulières, ne regarde point le projet de conciliation. (*Éd. de Paris*). »

C'est avec vostre pénétration ordinaire que vous avez bien jugé, Monseigneur, combien la dynamique establie comme il faut pourroit avoir d'usage dans la théologie. Car, pour ne rien dire de l'opération des créatures et de l'union entre l'âme et le corps, elle fait connoistre quelque chose de plus qu'on ne sçauroit ordinairement de la nature de la substance matérielle et de ce qu'il faut reconnoistre au delà de l'étendue. J'ay quelques pensées là dessus que je trouve également propres à esclaircir la théorie des actions corporelles et à régler la practique des mouvemens ; mais il ne m'a pas encore esté possible de les ramasser en un seul corps, à cause des distractions que j'ay. J'en avois communiqué avec M. Arnaud à l'esgard de quelques poincts sur lesquels nous avons eschangé des lettres ; par après, je mis dans les *Acies de Leipsig* (mois de mars 1685) une desmonstration abrégée de l'erreur des cartésiens sur leur principe, qui est la conservation de la quantité du mouvement, au lieu que je prétends que la quantité de la force se conserve, dont je donne la mesure différente de celle de la quantité du mouvement. M. l'abbé Catelan y avoit respondu dans les *Nouvelles de la République des lettres* (p. 999, septembre 86), mais sans avoir mis mon sens, comme je reconnois enfin et le marquay dans les *Nouvelles* de septembre de l'année suivante. Le R. P. de Mallebranche, dont j'avois touché le sentiment sur les règles du mouvement, dans ma *Réplique à M. Catelan* (février 87, p. 131), ne m'avoit point donné tort en tout (avril 87, p. 745), où je m'estois servi d'une espèce d'épreuve assez curieuse, par laquelle on peut juger, sans employer mesme des expériences, si une hypothèse est bien ajustée; et j'avois trouvé que la cartésienne, aussi bien que celle de l'autheur de la *Recherche de la vérité*, combat avec soy-mesme par le moyen d'une interprétation qu'on a droict d'y donner. Je ne parle point des autres qui ont voulu soustenir le principe des cartésiens dans les *Actes de Leipsig*, auxquels j'ay répliqué. Feu M. Pellisson, ayant fort gousté ce que j'avois touché de ma dynamique, m'engagea à luy envoyer un eschantillon pour estre communiqué à vos messieurs de l'Académie royale des sciences, afin d'en apprendre leur sentiment; mais il ne put l'obtenir, quoyque M. l'abbé Bignon et feu M. Thevenot s'y fussent employés : c'est pourquoy M. Pellisson approuva que je fisse mettre dans le *Journal des Sçavans* une règle générale de la composition des mouvemens, pour recourir au public. Longtemps auparavant j'avois escrit à M. l'abbé Foucher, chanoine de Dijon, touchant mon hypothèse et pourquoy je n'estois point d'accord du système des causes occasionnelles. Un professeur italien, à qui j'en avois dict quelque chose en conversation, y prit beaucoup de goust et m'en escrivit depuis, et j'y fis response. Un amy que j'ay à Rome ayant voulu sçavoir de moy pourquoy je ne mettois pas la nature du corps dans l'estendue, je luy fis une response, laquelle me paroissoit populaire et propre à entrer dans l'esprit sans qu'on eust besoin de s'enfoncer bien avant dans les spéculations. Je la fis imprimer dans le *Journal des Sçavans* (18 juin 1691); un cartésien y respondit (16 juillet 1691). Je le sçus un peu tard, mais enfin je le sçus par l'indication de M. l'abbé Foucher. J'y répliquay alors (5 janvier 1693), et M. Pellisson trouva ma réplique fort claire. M. l'Enf... (1), ministre des François réfugiés à Berlin m'escrivit ses doutes sur quelque chose qu'il en avoit veu dans le *Journal de Paris*, et je taschay de le satisfaire. On me mande que M. Bayle avoit dessein de faire soustenir quelques thèses sur la nature du corps, où il vouloit considérer mon opinion; mais cela n'a point esté exécuté. Enfin, à la semonce d'un amy de Leipsig, je fis insérer dans les *Actes* de cette année le petit discours cy-joinct(2), de la nature de la substance et de l'usage qu'on y peut faire de la notion de la force. Ainsi, n'ayant point encore eu le loisir de ranger mes pensées, je me suis contenté d'en donner quelques petits eschantillons et de respondre aux amis ou autres qui m'avoient proposé des doutes là dessus. Je travaille maintenant à mettre par escrit la manière que je croy unique pour expliquer intelligiblement l'union de l'âme avec le corps, sans avoir besoin de recourir à un concours spécial de Dieu ny d'employer exprès l'entremise de la première cause pour ce qui se passe ordinairement dans la seconde. Je ne sçay comment je me suis engagé, Monseigneur, à vous faire ce récit de mes progrès d'avoir faict quelques pas à l'esgard de la notion qu'on doit avoir de la substance en général et de la substance corporelle en particulier. Comme je ne trouve rien de si intelligible que la force, je croy que c'est encore à elle qu'on doit recourir pour soustenir la substance réelle, que j'a-

(1) Lenfant, protestant et ministre français à Berlin, correspondant de Leibniz. N. E.

(2) Leibniz envoyait à Bossuet sa réponse à Sturm, insérée dans les *Acta erudit.* de 1694, p. 110, sous ce titre devenu célèbre : *De primæ philosophiæ emendatione et de notione substantiæ* ; 1694. N. E.

voue ne pouvoir bien concilier avec l'opinion qui met l'essence du corps dans une estendue toute nue. Car ce que Descartes avoit dict sur ce sacrement ne regardoit que la conservation des accidens, et, quoyque le R. P. de Malebranche nous ait faict espérer une conciliation de la multiprésence avec la notion de l'estendue simple et pure, je ne me sousviens pas de l'avoir encore vue.

N'ayant pas maintenant le livre du P. Balbinus, j'ay cherché si la pièce dont il s'agit ne se trouveroit pas dans le livre de Goldastus, *De regno Bohemiæ*. Je l'y ay donc trouvée et l'ay fait copier telle qu'il la donne ; mais il sera tousjours à propos de recourir à Balbinus. Les *Compactata* mesmes se trouvent aussi dans Goldastus, qui disent la mesme chose et dans les mesmes termes, quant au poinct *de præcepto*. Peut-estre que dans les archives de l'église de Coutances en Normandie, dont l'évesque a esté le principal entre les légats du concile, ou parmy les papiers d'autres prélats et docteurs françois qui ont esté au concile de Basle, on trouveroit plus de particularités sur toute cette négotiation. Je suis avec zèle, Monseigneur, vostre très humble et obéissant serviteur.

LEIBNIZ.

XIII

MADAME DE BRINON A BOSSUET.

Revu d'après l'original autographe inédit de la bibliothèque royale de Hanovre.

Ce 18 juillet 1694.

Voilà enfin la response de M. l'abbé de Loccum, que je vous envoye, Monseigneur; Dieu veuille qu'elle soit telle que nous la devons désirer : j'espère que vous nous ferez voir la vostre en françois. Madame de Maubuisson, qui n'a plus de sœur que madame la duchesse d'Hanovre, désire beaucoup que vous fassiez tout de vostre mieux pour contribuer à cette réunion, que je croy qui ne sera pas bien aisée; à moins que la pureté de vos bonnes intentions n'attire sur ce party plus de vues droictes qu'il n'y en a présentement parmy les luthériens, qui ne sont gouvernés que par leur politique, et non par l'esprit de Dieu. Madame la duchesse de Brunswick, qui les voit de près présentement, me mande qu'elle n'a jamais tant senty la vérité de nostre religion que depuis qu'elle est parmy ces personnes, qui sont, à ce qu'il luy paroist, chacune les arbitres de leur foy, ne croyant que ce qu'il leur plaist de croire. Cependant le livre de l'Eucharistie de nostre illustre mort (Pellisson) y fait des merveilles en quelque façon. M. Leibniz l'a lu en deux jours ; il le loue et l'admire. Le prince Christian, neveu de madame de Maubuisson, ne se peut lasser de l'entendre lire chez madame la duchesse de Hanovre, sa mère, qui le faisoit lire; et luy, il disputoit, quoyque luthérien, en nostre faveur, avouant que tout ce qu'on y disoit du luthéranisme estoit vray.

Quand de tout ce que vous avez faict, Monseigneur, et nostre très cher amy M. Pellisson, il n'en résulterait que la conversion d'une âme, Dieu vous en tiendroit aussi bien compte que si vous aviez changé toute l'Allemagne, puisque vous avez assez travaillé pour que tous les hérétiques se rendent catholiques. Mais Dieu seul, qui peut ruiner leur orgueil qui les empesche de se sousmettre à l'Église, à laquelle il demandent des conditions onéreuses pour s'y rejoindre, peut donner l'accroissement à tout ce que vous avez semé. Ne vous rebutez donc pas, Monseigneur; au contraire, roidissez-vous contre le descouragement, s'il vous en prenoit quelque envie. Madame la duchesse de Hanovre mande à Madame sa sœur que M. l'abbé de Loccum et M. Leibniz veulent de bonne foy la réunion; et madame la duchesse de Brunswick me le confirme. Quoyque M. Leibniz ait un caractère bien différent de l'autre, cependant il me paroist qu'il ne veut pas quitter la partie : il a trop d'esprit pour ne se pas apercevoir qu'on le met plus dehors que dedans cette affaire; mais il tasche de s'y raccrocher. Il ne m'a point escrit cette fois, et j'ay receu uniquement le paquet que je vous envoye par la poste, n'ayant pas d'autre voye. Si vous me faites l'honneur de me communiquer quelque chose de tout cela, et que le paquet soit gros, je vous supplie, Monseigneur, de l'adresser à M. Desmarais, rue Cassette, faubourg Saint-Germain, nostre correspondant.

Comme cette affaire me tient au cœur, j'ay demandé le sentiment d'un docteur de Sorbonne, de mes amis, sur ce qu'ils demandent de tenir indécise l'authorité du concile de Trente, jusqu'à ce que l'Église en ait décidé par un nouveau concile. L'on m'a respondu que, pourveu qu'ils creussent la réalité de la présence de Jésus-Christ au sainct Sacrement, de la manière que nous la croyons; qu'ils revinssent à l'Église avec un esprit de sousmission pour tout ce qu'elle déclareroit dans le concile futur qu'ils demandent : on ne doute pas que, pour un si grand bien que la réunion, on ne leur accorde ce qu'ils désirent, pourveu que cette réunion soit sincère et du fond du cœur, et qu'elle ne soit pas un nouveau suject de nous désapprouver dans les practiques de nostre religion. L'on dit mesme que tous les gens de bien qui ont quelque authorité dans l'Église s'employeroient à leur obtenir ce qu'ils désirent, s'ils revenoient, comme je leur ay mandé autrefois, comme l'enfant prodigue, se jeter teste baissée entre les bras de leur mère, en confessant qu'ils ont péché. Mais c'est en cet endroict un coup de Dieu qu'il faut luy demander, l'humilité ne se trouvant guères dans un party d'hérétiques, puisqu'elle est le vray caractère des enfans de Dieu et de l'Église. J'espère, Monseigneur, que vous ferez de vostre part tout ce qu'on doit attendre de vostre zéle, de vostre douceur et de vostre charité.

Sr M. DE BRINON.

XIV

BOSSUET A LEIBNIZ.

Original autographe inédit de la bibliothèque royale de Hanovre.

A Meaux, ce 12 aoust 1694.

Je garde, Monsieur, avec vous un trop long silence, dans l'attente où vous m'avez mis de la response de M. l'abbé de Loccum. Vous me faisiez l'honneur de me mander qu'elle estoit presque en estat de nous estre envoyée. Je crains que quelque indisposition ne l'ait encore retardée; car, pour ce qui est de nos fascheuses et cruelles guerres, quoyqu'elles pussent retarder l'effet de nos souhaicts, elles ne doivent pas empescher les particuliers pacifiques de préparer les choses : c'est ce que personne ne peut mieux faire que ce sçavant abbé. Pressez donc tousjours sa response, je vous en conjure : s'il reste encore quelque chose à dire sur le concile de Trente et sur celuy de Basle, nous le ferons alors. J'ay tousjours oublié de vous demander d'où estoit pris l'acte du dernier concile que vous nous avez envoyé : nous en sçavions le fond et nous en avions les principales clauses en divers endroicts ; mais nous n'avons pas encore receu la pièce entière (1). Elle est fort belle, et il faudra la faire insérer dans l'édition des conciles. Si j'avois le loisir de philosopher, je trouverois de quoy m'exercer agréablement dans vostre Dynamique. Je vous exhorte à nous donner, si vos autres occupations le permettent, un escrit entier de vostre doctrine, où je voy qu'il y aura d'excellentes choses qui auront rapport à la théologie et à la doctrine qui nous est commune contre les sacramentaires. Je croy qu'on n'aura pas manqué de vous envoyer l'excellent ouvrage que nostre illustre amy M. Pellisson a laissé imparfaict par rapport à son dessein, mais très parfaict dans ce qu'il contient. La dernière fois que j'ay veu M. l'abbé Bignon, je fus ravy de le trouver pour vous dans les sentimens d'estime que vous doivent les gens de lettres et tous les honnestes gens.

Je suis tousjours avec la mesme passion, Monsieur, vostre très-humble serviteur,

BÉNIGNE,
Évêque de Meaux.

(1) En conférant ce passage avec celui de la p. 67 (lettre de Leibniz), on acquiert la certitude que Bossuet n'avait pas encore reçu le 12 août la lettre de Leibniz du 12 juillet, ou que sa lettre est du 12 avril.   N. E.

XV

CHRISTOPHORUS AD LEIBNIZIUM.

Original autographe inédit de la bibliothèque royale de Hanovre.

Viennæ, hac 17/22 novembris 1694.

Prænobilis, strenue, amplissimeque Domine,

Projectum mihi transmissum (1), more vestro, scilicet solide, clare et breviter conceptum ; inter oblationes vero vestras accepto illam qua offert convenientem confessionis sibi transmissæ approbationem Hannoveranam. Fiat, quæso, nomine vestri consistorii ; sed, antequam subscribatur, communicetur mihi ad hoc ut ego illa quibus apud nostros indigeat, tempestivius inseram.

Ad manus D^i Platten mitto libellum cui titulus *Concordia christiana*, quem nostra hæc academia tota approbavit, et sic apparet quod et nos pari passu vobiscum ambulemus. Notetur ibi quod, licet negotium nostrum nullam cum negotio electoratus habeat connexionem per se, notumque sit quod Serenitas sua illud promoverit, antequam de hoc egerimus, per accidens tamen, scilicet ob scrupulos dissentientium catholicorum principum, illam nunc habeat valde attendendam. Scribo D° Abbati reliqua, et maneo

Prænobilis et strenuæ Dominationis vestræ paratissimus,

CHRISTOPHORUS,
Episcopus Neostadiensis.

(1) **Projectum** nempe sub titulo : *Judicium doctoris catholici*, sed pseudocatholici, sub n° XI editum, quod episcopus nimis incautè approbare et suum facere velle videtur. N. E.

XVI

LEIBNIZ A MADAME LA DUCHESSE DE HANOVRE.

Original autographe inédit de la bibliothèque royale de Hanovre.

6 décembre 1694.

Puisqu'on dit que le purgatoire est situé sur les frontières du royaume de Pluton, je joins le sentiment d'un grand Père de l'Église sur le purgatoire, que j'ay approfondy, pour satisfaire Madame la duchesse au suject des despesches que le courrier de Pluton a apportées. Il est vray que ces despesches ne me plaisent guères. Elles sentent trop la médisance, et gardent trop bien le caractère infernal sans conserver le respect qui est deu aux grands princes. Quant au purgatoire, j'ay voulu vérifier ce que je disois dernièrement à V. A. E. J'ay représenté exactement le sentiment de sainct Augustin, tiré de ses propres paroles ; on voit par là qu'il en parle problématiquement et qu'aussi ce n'estoit pas un article de foy de son temps, et qu'ainsi l'Église romaine a varié en matière de foy.

Je suis avec dévotion,

D. V. A. E.

XVII

MOLANUS AD EPISCOPUM NEOSTADIENSEM.

Original autographe inédit de la bibliothèque royale de Hanovre.

28 décembre 1694.

Quoniam Reverendissima et Illustrissima Gratiositas vestra transmissum a me scriptum probat superesse, servatis servandis edatur a typographo aliquo Vienniensi vel Neostadiensi qui nomen suum et locum tempusque impressionis ponat, accedente, si placet, permissione Reverendissimæ et Illustrissimæ Dominationis vestræ tanquam ordinarii post relationem fortasse theologi qui jussu ejus se examinasse dicat quod habebit suæ approbationis. — Similiter scriptum a vobis probatum (1) apud nos poterit edi a typographo electorali et dedicari domino abbati ad exprimendam magis permissionem, quia apud nos usitata non est specialis ordinarii concessio.

(1) Scilicet libellus cui titulus *Concordia christiana*, de quo mentio supra facta est. N. E.

1695

Leibniz élève le ton et prend décidément l'offensive dans ses lettres à Madame de Brinon. — Silence gardé par Bossuet. — Mort de l'évêque de Neustadt. — Craintes exprimées par Leibniz sur le sort de sa correspondance très-confidentielle avec lui, et réponse de l'official. — Épitaphe de l'évêque défunt, composée par Leibniz.

XVIII

RÉPONSE A CELUY QUI ME COMMUNIQUA LA LETTRE DE M....
DONNÉE A ROME, 5 FÉVRIER 1695.

Original autographe inédit de la bibliothèque royale de Hanovre.

Je vous supplie, Monsieur, de témoigner à Mons. Alberti combien je luy suis obligé pour les bons offices qu'il me rend d'une manière si obligeante, quoyque je ne sois pas en estat d'en profiter. Ce personnage éminent à qui il a parlé de moy si favorablement doit avoir des sentimens pleins de générosité, puisqu'il pense à un estranger par la seule raison de quelque mérite qu'on luy attribue. — La mort de M. Pellisson a interrompu un commerce dont cet excellent homme estoit charmé à cause d'une ouverture que je luy avois donnée en passant, des sentimens de quelques principaux théologiens de la confession d'Augsbourg qui sont mes amis particuliers. Comme il croyoit avec raison que cela pourroit servir d'acheminement à la paix de l'Église, il le jugea si important qu'il en parla au roy son maistre d'une manière efficace, et à sa mort je croy que la négotiation auroit eu quelque suite. Mons. Pellisson jugea qu'on y applaudiroit à Rome mesme, et, en effect, je crois que c'est tousjours beaucoup quand on fait un pas et quand on gagne sans qu'il en couste. C'est à peu près comme dans le concile de Florence : les Grecs se remirent avec Rome, nonobstant qu'ils demeurèrent en différend sur quelques poincts, comme, par exemple, le divorce. Ainsi il y eut des théologiens qui ont monstré qu'en la plupart des matières les sentimens sont plus approchans qu'on ne pense, et que, pour quelque peu de poincts qui ne paroissent pas conciliables encore, il y auroit cet expédient qu'on se sousmettroit à ce que l'Église en pourroit juger dans un concile général ; car ceux qui sont hérétiques et ceux qui seroient prests à l'union hiérarchique ne seroient pas schismatiques non plus. Aussi l'union se pourroit faire mesme avant ce concile, et la sousmission au chef de l'Église précéderoit l'accord entier des sentimens, ce qui doit paroistre d'autant moins estrange qu'on sçait combien les théologiens de France sont esloignés de plusieurs sentimens des Italiens et des Espagnols, en des matières peut-estre encore plus importantes, sans que cela empesche l'union, quoyque les uns ne reconnoissent point l'authorité entière de quelques conciles, que les autres tiennent pour œcuméniques, puisqu'ils gardent tous le centre de l'union hiérarchique et qu'ils sont tous prests à se sousmettre à ce que l'Église pourroit déclarer un jour. J'avoue que les conjonctures ne paroissent guères probables à de telles négotiations; cependant je crois qu'on ne doit rien négliger qui puisse servir d'acheminement à un si grand bien, et qu'on ne trouvera pas tousjours de ce costé cy des personnes d'authorité et de mérite disposées comme celles que je connois. Ainsi je tiens qu'il seroit bon de profiter de leur bonne volonté autant qu'il seroit possible, et je ne désespère pas d'obtenir des déclarations en forme, qui seroient de conséquence si on y respondoit de vostre costé de la manière que leur bonne volonté semble mériter. Mais la chose est d'une nature à estre extresmement ménagée, pour en tirer du fruict.

XIX

LEIBNIZ A MADAME DE BRINON.

Original autographe inédit de la bibliothèque royale de Hanovre.

18/28 février 1695.

Madame,

Vos lettres marquent tousjours beaucoup de zèle pour ce que vous croyez estre la vérité, et beaucoup de bonté pour moy. Je vous dois louer de l'un et remercier de l'autre; mais, comme je suis persuadé que ce qu'on vous fait prendre pour la vérité s'en éloigne quelquefois, il m'est impossible de déférer en tout à vos avis, quelque considération que j'aye pour vostre personne, que j'honore infiniment. Vous supposez tousjours (par le penchant naturel que nous avons tous de nous flatter) que vous estes dans l'Église, préférablement aux autres, et que nous sommes dans le schisme. Si je croyois la mesme chose et ne laissois pas de demeurer comme je suis, je serois un meschant homme. Mais je ne le serois pas moins si je me joignois à ceux de vostre communion pour contribuer à l'oppression des vérités salutaires, tant que je croiray qu'on le fait chez vous.

Pour preuve de ce que je dis, je n'ay qu'à me rapporter à ce que j'ay escrit à feu M. Pellisson, et qu'il a faict imprimer en partie sans le réfuter. Quand une Église est excommuniée par une autre Église, et lors mesme qu'un particulier est excommunié par son Église, l'excommunication peut estre injuste, et alors les excommuniés ne laissent pas d'estre dans l'Église universelle. Et comme vos docteurs demeurent d'accord que le pape mesme peut fulminer des excommunications injustes, vous voyez, Madame, qu'on n'est pas schismatique pour estre séparé de sa communion. Vous dites qu'il se faut tenir au gros de l'arbre, mais le gros de l'arbre est Jésus-Christ; il est la vigne, nous en sommes les bourgeons. Jugez si ceux dont les dévotions sont solides et vont à Dieu mesme n'y sont pas plus attachés que ceux qui se jettent dans des practiques superstitieuses et donnent aux créatures ce qui n'appartient qu'à Dieu, qui se dit luy-mesme si jaloux de son honneur. Vous avez dict et direz encore, Madame, que ces choses ne sont point commandées chez vous : j'en conviens, et j'avoue mesme que des personnes judicieuses, surtout en France (dont vous, Madame, n'estes pas des moindres), les désapprouvent; mais, comme ces practiques sont authorisées par l'usage public des Églises mesmes et gagnent tousjours le dessus malgré les oppositions foibles et cachées de quelques bien intentionnés, nous ferions très mal et donnerions la main à la corruption publique si nous nous joignions à ces Églises qui ne veulent pas désavouer hautement ces abus inexcusables, pour ne pas dire qu'elles les practiquent. Voicy donc, Madame, ce qu'on devroit faire chez vous, à mon avis : c'est qu'au lieu d'exhorter des personnes qui se sont expliquées aussi suffisamment que monsieur l'abbé de Loccum et moy, il faudroit tourner les exhortations vers vos messieurs pour les faire penser à remplir les conditions, très faisables, très raisonnables et très nécessaires pour faciliter le chemin de l'unité de l'Église de Dieu, qu'on a marquées. Elles consistent en deux poincts, sçavoir : premièrement, à ne pas exiger de nous la confession des opinions noúvelles qu'une cabale de quelques nations particulières a décidées dans le siècle passé d'une manière qui fait voir qu'on se moquoit des autres nations, et qui, asseurément, ne passera jamais; et secondement, à ne pas authoriser chez vous des practiques que nous ne sçaurions approuver et qui font honte au christianisme. Jugez par là, Madame, comment on peut dire que ce n'est pas une affaire de se réconcilier avec vostre Église.

Pour ce qui est du premier poinct, monsieur l'abbé de Loccum et moy nous avons proposé des expédiens sur lesquels on attend les responses décisives de monsieur de Meaux. Il ne s'agit pas mesme d'avoir son sentiment sur la vérité de ces ouvertures : il suffit de sçavoir s'il ne les trouve pas tolérables au moins, et s'il voudra condamner des personnes d'authorité de sa propre communion qui les ont faictes ou approuvées. Et quant au second poinct, vous-mesme, Madame, en avez bien compris toute la force. Ainsi c'est à vos messieurs maintenant et à vous-mesme, ayant le mérite et l'approbation que vous avez auprès des grands, de vous descharger de vostre obligation et de satisfaire à vostre conscience en faisant tout ce qui dépend de vous, puisque tout ce qui dépend de nous est faict. L'élévation de la qualité et du génie de madame de Maubuisson, joincte à sa grande piété, y fera beaucoup. Elle connoist ce qu'il faut, et un mot de sa part sera de grand poids chez les personnes puissantes. Il seroit encore à souhaicter qu'au lieu de prier Dieu seulement d'esclairer madame l'Électrice, sa sœur, elle obtinst de Dieu encore le zèle et les lumières qu'il faut en faveur de ceux qui en ont besoin chez vous, pour rendre à l'Église tout le service qu'ils pourroient et devroient. Pour M. l'évesque de Meaux, qui a tant de lumières, j'espère qu'il n'aura pas moins de charité. J'ay de la peine à croire que d'autres veues en puissent détourner une âme aussi belle que la sienne, et j'espère d'en voir bientost des preuves. Lorsque je vous ay dict, Madame, que la postérité pourra profiter de ces travaux, j'ay entendu plus tost ceux des autres que les miens; car je n'y fais à peu près que la fonction d'un porteur de lettres ou d'un solliciteur tout au plus.

Il semble, Madame, que vous m'accusez de peu de zèle. Plust à Dieu que j'eusse des lumières et des forces proportionnées à ma bonne volonté ! Croyez-moy, je vous en supplie, quand je vous dis que je suis extresmement esloigné de me faire un jeu d'esprit de ces importantes matières. Vous m'exhortez de ne songer à rien, un mois durant, qu'à l'examen de ma religion. Mais qu'est-ce qu'un mois, Madame, au prix de tant d'années que j'y ay employées depuis l'aage de vingt-deux ans ? Car ce fut alors que j'entray au service d'un électeur de Mayence, et qu'un monsieur de Walenburch, évesque titulaire et suffragant de Mayence, si fameux par ses escrits, un monsieur de Boinebourg, principal ministre de ce prince, qui estoit un des premiers hommes de son temps, tous deux nouveaux catholiques et autres, prirent la peine de me vouloir faire suivre leur exemple, sans parler de feu monseigneur le duc Jean-Frédéric, qui fut mon maistre par après, et qui avoit tant de zèle et de lumières. Si l'intérest ou l'ambition avoient esté mes idoles, jugez si un jeune homme auroit résisté à de si puissans attraicts, qui estoient contrebalancés par ma conscience toute seule. Je ne négligeois pas de m'esclaircir ; au contraire, mon application aux controverses a surpassé de beaucoup ce que ma profession pouvoit exiger. J'ay reconnu de bonne foy les avantages de vostre party, mais j'ay reconnu aussi qu'ils sont effacés par des raisons certaines bien plus fortes. Quant aux changemens intéressés, je crois que, si on en peut moins compter parmy ceux qui sont nés chez vous que parmy ceux qui sont nés protestans, comme vous faites remarquer, ce n'est pas parce que vos gens soyent plus instruicts, mais plustost parce qu'ils sont moins instruicts et ne veulent rien entendre, et parce qu'ils sont moins tentés chez nous Où trouverez-vous des gens plus ignorans sur la religion qu'en certains pays de vostre party? Ces gens sont les plus attachés à leur opinion et les plus esloignés d'entendre quoy qu'on leur puisse dire, malgré que leur attachement vient de prévention. Mais mettez-les à des épreuves un peu fortes, comptez les renégats d'Alger, et vous verrez ce que c'est que leur constance.

Je suis bien esloigné de l'indifférence des religions dont vous m'accusez, Madame. Si j'estois logé là, je me serois faict des vostres dans des temps où je le pouvois faire avec bien de l'avantage. Mais j'ay creu qu'il est très dangereux pour le salut d'estre de vostre party, tant qu'il ne se corrige point, et qu'il est encore plus dangereux d'y entrer de nouveau, tant qu'il est dans cet estat. Vous dites que la vérité ne se partage point. Nous nous trompons (dites-vous, Madame), ou vous vous trompez. Ce que vous dites est vray lorsqu'il s'agit d'une certaine vérité ou question précise; mais, lorsqu'on parle en général, il se peut que l'un se trompe dans l'un, et l'autre dans l'autre. Ne voyons-nous pas, dans les questions qui s'agitent dans vostre party, par exemple sur l'infaillibilité du pape, que la vérité se partage; et que, selon le clergé de France, Rome se trompe en s'esloignant d'eux, et ne se trompe pas en s'esloignant de nous? Et Rome fait le mesme jugement de vous autres. La question n'est pas si l'on ne se trompe jamais, mais la question est si l'erreur est damnable et accompagnée d'opiniastreté. Je puis dire que ce n'est pas mon caractère de ne vouloir jamais avoir tort; j'ay pris plaisir de me rétracter publiquement quand j'ay obtenu de plus grandes lumières. Et pour ce qui est de l'esprit philosophe dont vostre amy vous a dict qu'on doit se défaire, c'est comme si quelqu'un disoit qu'on doit se défaire de l'amour de la vérité : car la philosophie ne veut dire que cela. Il a peut-estre entendu une philosophie de secte, mais je suis très éloigné de cette manière de philosopher; car c'est proprement estre dans une secte, quand on donne trop à l'authorité des hommes et à la cabale d'un certain party.

Enfin souffrez, Madame, qu'à mon tour je vous prie, pour l'amour de Dieu, de considérer vous-mesmes, vous et vos amis, si vous n'estes pas dans un estat très dangereux. Vous avez de grandes lumières, bien au delà de vostre sexe; je vous ay veue désapprouver les superstitions d'une manière très judicieuse. Mais cela ne suffit pas pour mettre la conscience en repos : il faut travailler avec zèle à corriger ceux qu'on trouve dans l'erreur, et, quand l'espérance de le faire est perdue, il faut rompre hautement avec ceux qui défigurent l'Église de Dieu; autrement on prend part à leur damnation, en fermant les yeux sur ces abus publics. Combien de gens n'y a-t-il pas, dans vos églises et dans vos monastères, qui tournent tout leur amour vers la saincte Vierge ou quelqu'autre sainct, sans en avoir pour Dieu, qu'ils devroient pourtant aimer sur toutes choses? N'est-il pas surprenant que l'esprit soit plus occupé de l'honneur d'une créature que de Dieu mesme? Le rosaire et les prières publiques et les chansons le marquent assez. Ne faudroit-il pas mettre une différence presque infinie entre le Créateur et la créature, dans les expressions de nostre affection, et de l'honneur qu'on rend à l'un et à l'autre, surtout dans le culte public ; de sorte que les créatures n'y devroient presque point paroistre qu'indirectement et comme en passant ? Et cependant on fait tout le contraire. De plus, on publie et on croit des miracles ridicules, et, quelque habiles que soyent les jésuites de France, ils ne se peuvent défaire encore de l'entestement ordinaire des religieux pour les contes : témoin la vie du père Lallemant, qu'on vient de publier dans le *Journal des Sçavans*, et où l'on rapporte de plaisantes choses, qu'une personne de jugement parmy vous aura honte de raconter devant des protestans. Cependant, quand quelque personne éclairée et zélée de vostre Église ose s'élever contre ces fables, on est seur de voir bientost son livre flétri de quelque censure dans l'Index, pour ne rien dire des mortifications où l'auteur est exposé luy-mesme, surtout s'il est religieux de quelque ordre. Tout va à soustenir la bagatelle et à estouffer les lumières qui sont encore restées parmy vous ; que seroit-ce s'il n'y avoit plus de protestans, dont l'appréhension oblige encore un peu vos gens d'aller bride en main ! Aussi voit-on une différence immense entre les pays qui sont my-partis ou qui l'ont esté depuis peu, et entre ceux qui sont purement romains depuis longtemps. Enfin la dévotion du peuple de vostre Église est presque toute sensuelle ; l'esprit et la vérité y sont comme comprimés. J'ay remarqué souvent, quand on parle chez vous du bon Dieu, que le vulgaire entend et adore un petit morceau blanc et rond qu'un prestre porte ; on y attache la plus grande dévotion. Jugez, Madame, jugez, je vous en conjure, si ces idées contiennent la souveraine substance, qui est seule adorable et qui veut toute nostre âme, et si ce n'est pas la déshonorer terriblement que d'en penser ou parler d'une manière si indigne ! Aussi ces étranges abus pratiqués parmy les chrestiens ont beaucoup contribué à donner de l'horreur aux mahométans pour le christianisme. Mais je vay trop loin et je ne finirois jamais si je voulois m'estendre sur ce suject : il n'y a que trop de matière. Le cœur doit saigner aux personnes zélées pour l'honneur de Dieu, quand elles y pensent. Je vous crois estre de ce nombre, Madame ; aussi je vous conjure encore une fois de donner gloire à Dieu plustost qu'aux hommes, et de penser et faire penser fortement aux remèdes de ces grands et déplorables maux, au prix desquels toutes les erreurs ensemble que vous vous figurez dans les protestans ne sont rien, quand vous les leur attribueriez avec justice.

XX

MADAME DE BRINON A LEIBNIZ.

Extrait d'après l'original autographe inédit de la bibliothèque royale de Hanovre.

Ce 23 mars 1695.

Elle a reçu sa lettre. — Elle se résout à l'abandonner aux lumières qu'il pourra tirer de la réponse de M. l'évêque de Meaux, qu'elle souhaiterait qu'il envoyât. « Mais c'est un pasteur si occupé de son troupeau qu'il trouve toujours sur son chemin quelques nécessaires interruptions. » — Ce n'est pas à une solitaire et simple religieuse comme elle à se mêler d'une si grande affaire. — « Le reste de ce que vous me proposez de faire me tireroit de ma place et de mon devoir. »

XXI

LEIBNIZ A MADAME DE BRINON.

Original autographe inédit de la bibliothèque royale de Hanovre.

A Hanover, ce 18 avril 1695.

Madame,

Je ne doute point que M. l'évesque de Meaux ne nous donne véritablement les lumières dont vous parlez, surtout pour l'intelligence des sentimens de son Église, et qu'il ne nous fasse voir plus de jour sur les moyens de lever le schisme. Ce n'est pas que je croye que nostre temps mérite le bonheur de voir la playe de l'Église tout à faict guérie ; mais il est tousjours de nostre devoir de ne rien négliger qui puisse servir d'acheminement. Dieu ne nous demande qu'une volonté sincère, et empressée de bien faire, autant qu'il nous est possible de connoistre et d'exécuter. C'est par cette marque que chacun peut sçavoir s'il est en bon estat et s'il agit par les principes de la véritable charité. Vous en avez donné de grandes preuves, Madame; vous avez voulu essayer avec nous une voye qui seroit la plus courte, s'il y avoit moyen d'y trouver une issue : c'estoit la voye des exhortations, parce que vous croyiez que nous estions à demy convaincus, et c'est la prévention ordinaire de ceux qui ne sont pas informés de l'estat de l'autre party. J'ay veu que M. de Meaux luy-mesme, tout sçavant et tout instruict qu'il est, s'estoit faict de nos ecclésiastiques protestans une idée différente de ce que l'expérience nous fait connoistre, comme s'ils avoient trop de penchans pour l'indifférence des religions : au lieu que le plus grand nombre, tant en général que parmy ceux qui sont le plus en considération, penche plustost vers la rigueur, à peu près comme chez vous ; et ce sera toujours le party dominant.

Ainsi, Madame, je ne m'estonne point que vous ayez creu qu'il suffisoit de nous rappeler à ce que vous appelez l'Église. Mais si vous sçaviez combien les nostres parlent de l'antechrist et de Babel, vous nous sçauriez quelque gré, à M. l'abbé de Loccum et à moy, que nous nous contentions de parler simplement de l'Église romaine sans la confondre ny avec Babylone ny avec l'Église catholique. Nous luy donnons son nom propre, sans nous servir de ceux qui sont contestés et que la prévention y adjouste.

Nous avons considéré avec soin les preuves que Rome apporte pour se donner les droicts de l'Église universelle, et nous avons reconnu clairement combien elles sont sans force, et que lorsqu'une Église particulière, quelque grande et authorisée qu'elle puisse estre, rompt l'union avec d'autres qui s'élèvent contre des abus, au lieu de profiter de leurs remonstrances, c'est elle qui fait le schisme et qui blesse la charité, dans laquelle consiste l'âme de l'unité. Cette vérité est très claire, et vous avouerez vous-mesme, Madame, que si Rome eust voulu practiquer dernièrement une méthode pareille contre la France, et fust passée à l'excommunication de ceux de vostre clergé, on n'y auroit eu aucun esgard chez vous ; et quand mesme le pape auroit assemblé et faict prononcer un concile des autres nations de son party, on n'auroit eu garde en France de reconnoistre ce concile pour œcuménique. Et comme les Églises d'Allemagne, d'Angleterre, de Suède et de Danemark ont autant de droict que les Églises de France, et que c'est justement le cas dont il s'agit, il est visible qu'il ne sert de rien de leur opposer ces grands noms de l'Église et des conciles universels.

Tout cela est sans réplique, et je ne sçaurois m'empescher de vous conjurer, Madame, d'y donner un peu d'attention; car, quand vous nous abandonneriez, nous ne nous abandonnerons point. Nostre charité est moins intéressée à la gloire d'une conversion : on ne demande pas des abjurations et de vous faire quitter ces sentimens contraires à la charité, et, par conséquent, dangereux mesme pour le salut, qu'on est accoustumé d'avoir de ceux qu'on damne si aisément chez vous et mesme chez nous. C'est dans ces condamnations téméraires que consiste véritablement l'esprit de secte et la source d'une grande partie des maux du christianisme. On ne sçauroit avoir le véritable amour de Dieu quand on n'aime point son prochain; et ce n'est pas l'aimer que de se précipiter à juger qu'il est en passe d'aller bientost dans l'enfer avec le diable, et y demeurer éternellement ennemy et blasphémateur de Dieu. Quand on envisage de près ces idées affreuses, on en conçoit toute l'horreur, et on ne connoist que trop les effects qu'elles ont faicts pour acharner les uns contre les autres. De croire que nous aurons ce sort malheureux, parce que nous ne voulons et ne pouvons renoncer aux remonstrances justes que Rome n'a point voulu écouter, et pour lesquelles elle a passé aux excommunications, cela ne sçauroit tomber dans l'esprit d'une personne de bon sens qui veut penser avec tant soit peu d'attention.

Après cela, Madame, j'espère quasi que vous reconnoistrez nostre innocence; car on ne sçauroit nier que nous faisons plusieurs remonstrances justes et nécessaires, qui méritent qu'on y ait esgard, et que ce seroit trahir nostre devoir que d'y renoncer. Tout ce que des personnes bien intentionnées peuvent faire, de vostre costé aussi bien que du nostre, se réduit à deux poincts. Le premier est qu'il faut examiner le cahier des remonstrances, de part et d'autre, avec un esprit d'équité; et c'est à quoy M. de Meaux a si bien travaillé, comme M. l'abbé de Loccum n'y a pas non plus espargné sa peine. L'autre poinct est de déterminer ce qui se peut faire sur certaines matières où il est aisé de prévoir qu'on ne sçauroit tomber d'accord ni se relascher de part et d'autre s'il n'arrive des changemens fort extraordinaires, soit par une direction fort extraordinaire du ciel (sur laquelle on ne sçauroit compter dans les affaires sans tenter Dieu), ou par des dragonnades, parce qu'il s'agit de certains sentimens establis par les livres symboliques de l'un ou de l'autre costé, où il y a une opposition formelle; de sorte que, si l'on n'y pourvoit, tout s'aheurtera à cet écueil, et le succès des bons desseins qu'on peut avoir deviendra impossible.

Cependant, comme, par un effect de la bonté de Dieu pour son Église, ces controverses insurmontables qui restent encore ne sont que sur des poincts où la modération se peut exercer sans préjudice : des personnes considérables et authorisées dans vostre party ont proposé un expédient approuvé des théologiens de ce pays cy, qui paroist unique, en effect, et qui consiste à déclarer que la paix de l'Église pourroit estre restablie, nonobstant ces dissensions, pourveu qu'on se soumist de part et d'autre à ce qui pourroit estre réglé dans un concile œcuménique assemblé dans les formes, selon les mesures convenables qui seront prises par avance. Et nous attendons là dessus le sentiment de M. de Meaux.

C'est à vous, Madame, qu'on est redevable de la dernière négotiation que nous avons eue avec cet insigne prélat. Car ce fut par vostre entremise que j'entray en commerce avec feu M. Pellisson, et la mention que j'avois faicte en passant, dans une de mes lettres, d'une conférence fort édifiante qui s'estoit faicte à Hanover sur les principes que je viens de dire, donna envie à M. de Meaux d'en apprendre des particularités. On a eu cette déférence pour luy de satisfaire à son désir, dans la confiance que les lumières distinguées dont Dieu l'a doué, joinctes à la modération qu'il avoit faict paroistre, contribueroient beaucoup à un si grand bien. Il est vray que l'escrit qu'il nous envoya là dessus, tout excellent qu'il estoit à l'esgard du premier poinct, qui est la conciliation raisonnable de plusieurs controverses, ne respondit pas encore assez à nostre attente sur le second à l'esgard de l'expédient proposé sur des sentimens irréconciliables ; mais c'est sur quoy nous espérons de sçavoir bientost le sien. Et c'est là le nœud de l'affaire. Car, quand il resteroit une seule question contestée, on ne sçauroit avancer sans cet expédient ; et quand il y en auroit mille, ce mesme expédient y peut suppléer.

Je particularise ces choses, Madame, pour vous faire considérer que vostre humilité ne vous doit point empescher de continuer les bons offices que vous avez déjà rendus à l'Église. Vostre piété et vostre sagesse sont connues et estimées des plus grands; vos exhortations peuvent donner de la chaleur aux bons desseins et faire gaigner du temps. Nous sçavons combien M. de Meaux est sçavant et habile. Ainsi, quand son loisir ne luy permettroit pas de vous envoyer un ouvrage aussi ample et aussi travaillé que le premier, son avis sur le poinct capital, appuyé d'un abrégé de ses raisons, nous peut suffire pour sçavoir ce qu'on doit attendre.

Car il faut considérer la brièveté de la vie humaine, et la nature changeante et passagère de l'occasion, dont on s'efforce de profiter quand on a véritablement de bonnes intentions. Toutes les circonstances favorables qui se rencontrent à présent ne se trouveront pas tousjours ensemble pour faire valoir de bons desseins. Car, pour ne rien dire des princes ny de vostre crédit, Madame, auprès des grands, je ne sçay s'il y aura tousjours des prélats de la force de M. de Meaux.

Et quant à ce qui s'est faict chez nous, je vous ay dict, Madame, et le dis encore, que jamais des personnes authorisées de part et d'autre, et surtout parmy les protestans, n'ont faict des avances si grandes. Et si on n'en profite assez pour faire en sorte que l'affaire puisse prendre racine, je crains que, quand ces personnes ne seront plus, elles ne puissent estre désavouées. Et il faudra des siècles pour en retrouver. Pour moy, hormis l'inclination à bien faire, je n'y ay pas le moindre intérest, pas mesme celuy de la gloire, puisqu'il n'y a rien de mon chef. Mais c'est par un zèle tout désintéressé que j'ay pris ces peines; quand elles seroient inutiles, c'est trop peu de chose pour en faire un sacrifice à Dieu. Cependant je suis content, puisque je sçay que Dieu luy mesme est content quand nous faisons nos diligences. Ne cessez pas, Madame, d'en faire où il sera à propos, et soyez persuadée qu'il est difficile que vous puissiez faire quelque chose de plus agréable à Dieu. Je vous recommande à sa protection, et je suis avec beaucoup de zèle, Madame,

Vostre très humble et très obéissant serviteur,

LEIBNIZ.

XXII

MADAME DE BRINON A BOSSUET.

Revu d'après l'original autographe.

Ce 25 juin 1695.

Voilà une lettre, Monseigneur, de M. Leibniz, qui se réveille de temps en temps sur un suject qui devroit l'empescher de dormir. L'objection qu'il fait sur le concile de Trente ne me paroist pas malaisée à résoudre; car les évesques qui ont faict faire l'abjuration à Henri IV pourroient avoir manqué en n'y voulant pas comprendre le concile de Trente pour ne le pas effaroucher : cela ne prouveroit pas qu'il ne fust pas receu en France sur les dogmes de la foy, comme il ne l'est pas sur quelques poincts de discipline. Ce n'est point à moy, monseigneur, à entamer ces questions ny à respondre à ce que m'en escrit M. Leibniz : cela regarde Vostre Grandeur. Je voudrois pourtant bien voir ce qu'il vous en escrit et ce que vous luy respondrez, pour le lire à madame de Maubuisson, qui est pleine de bonnes lumières et qui voit d'un coup d'œil le bien et le mal des choses.

Je croy, monseigneur, que vous ne sçauriez trop relever les bons desseins de M. de Lokkum, pour l'encourager à poursuivre la réunion et à venir des bonnes paroles aux bons effects. Car escrire et discourir toute la vie sur une chose qui ne peut plus se faire après la mort et de laquelle dépend le salut, c'est ce que je ne puis comprendre, et je doute tousjours qu'il y ait un commencement de foy dans l'âme des personnes qui veulent persuader qu'elles cherchent la vérité, quand tout cela se fait si à loisir et mesme avec quelque indifférence. Mais Vostre Grandeur m'a desjà mandé qu'il falloit faire ce qui pourroit dépendre de nous et attendre de Dieu ce qui dépend de luy, comme en cette réunion, qu'un intérest temporel fait rechercher, selon toutes les apparences; mais Dieu en sçaura bien tirer sa gloire et l'avantage de l'Église, pour laquelle Vostre Grandeur a tant travaillé.

J'avois mandé à mademoiselle de Scudéry que j'avois veu un petit manuscrit que M. Laron auroit bien voulu faire imprimer à la fin de son livre, faict, ou peu s'en faut, sur l'Eucharistie; mais il faudroit auparavant qu'il feust rectifié et qu'on n'y laissast aucun sujet de doute. Je l'ay leu lorsque le cher défunct me l'envoya pour le faire tenir en Allemagne. Autant que je puis m'y connoistre, je le trouvay bien fort. Je prie Dieu, monseigneur, qu'il vous augmente de plus en plus ses divines lumières, et qu'il vous donne la persévérance qui vous est nécessaire pour faire tout seul ce qui avoit paru devoir estre faict avec le pauvre M. Pellisson, dont le mérite se reconnoist de plus en plus. Vous m'avez promis, monseigneur, vostre bienveillance et vos prières ; je vous supplie de vous en souvenir et de croire que j'ay pour Vostre Grandeur tout le respect et l'estime que doit avoir vostre très humble et très obéissante servante,

Sr M. DE BRINON.

XXIII

REINERUS VLOSTORFF LEIBNIZIO S. D.

Ex autographo nondum edito quod Hanoveræ in bibliotheca regia inter Irenica asservatur.

Neostadii Austriæ, 17 octob. 1695.

Prænobilis, consultissime et colendissime Domine,

Gratissimis $\frac{2}{12}$ elapsi ad me datis (1) aliud respondendum non occurrit, quam quod omnes scripturæ a defuncto Domino Episcopo, piissimæ memoriæ, re-

---

(1) Leibnizius addidit : « S. A. E. avoit donné ordre qu'on veillast à Vienne à ne pas laisser dissiper les correspondances. Après la mort de Spinola, j'avois suject de veiller afin que ma correspondance ne vinst point entre de mauvaises mains. » Cf. Epistol. ad landgravium Hessiæ, Römmel, tom. II. N. E.

lictæ, ex speciali Augustissimi mandato cistæ inclusæ, et secreto suæ Majestatis sigillo munitæ, in archivo nostro episcopali etiam nunc bene custodiuntur (1) : interea sedulo quæritur subjectum negotio prosequendo sufficiens. Habemus quidem novum Episcopum (2) sedi Pontificis jam tum confirmatum, sed consecrandum prius Viennæ sexta subsequentis proximi novembris. Commendo me constanti favori et gratiæ, et permaneo

 Prænobilissimæ et consultissimæ Dominationis
  vestræ
   Obsequentissimus servus,
    REINERUS VLOSTORFF.

XXIV

MOLANUS A LEIBNIZ.

Simple billet autographe inédit.

Monsieur,

Je m'en vais à présent au consistoire. S'il vous plaist de venir voir les papiers concernans † M. l'Evesque de Tina † aujourd'huy, environ deux heures après midy, je vous les monstreray très-volontiers, estant avec beaucoup de sincérité, Monsieur, vostre très-humble et très-obéissant serviteur,

    GÉRARD A. L.

---

(1) Confer epistolam Leibnizii ad landgravium Hessiæ Ernestum : Römmel, tom. II, p. 196. N. E.
(2) Comes de Puchaïm. N. E.

XXV

EPICEDIUM REVERENDISSIMO ET ILLUSTRISSIMO DOMINO CHRISTOPHORO

NEOSTADIENSI IN AUSTRIA, EPISCOPO,
DE PIA ECCLESIA MERITO,
SCRIPTUM A G. G. L. (1)

Ex autographo cum notis nondum edito quod in regia bibliotheca Hanoverana asservatur.

Romana de parte virum quem sacra tegebat
    Infula (*a*), sinceræ pacis amore capi,
Atque hoc purpureo studium præferre galero (*b*)
    Spernereque hinc per quas distraheretur opes (*c*),
Laudamus merito : sed plus te, maxime Cæsar (*d*),
    Auspiciis (*e*) cujus talia Rochas agit.
Quis credat? pendet mox papa loquentis ab ore (*f*),
    Romaque dignata est tunc moderata pati (*g*);
Et placuit sacrum cecinit quod Hanovera (*h*) carmen
    Pastores (*i*) inter quos Tiberinus alit.
Inter multa tamen miranda hoc cætera vincit,
    Quod qui persuasit talia Iberus (*j*) erat.

Christophorus G. G. L. Roxas, ex nobili inter Hispanos gente (*j*), ordinem Franciscanorum ingressus

---

(1) Christophorus Royas de Spinola, 12 martis 1695, vita et piis in Ecclesiam meritis defunctus est. N. E.

theologiam inter suos cum laude docuerat in ipso ætatis flore. Inde cum negotiis quoque par appareret, destinatus in Germaniam a Philippo IV, mire se domino probavit, ut maxima monarchiæ negotia viri prudentiæ crederentur. Sed, defuncto Rege, ab Imperatore retentus est, compertæ fidei et multæ admissionis. Sæpe ad Moguntinum, rerum usu et moderationis fama inclytum, et maximos Protestantium principes, a diversa parte vulgo, præsertim Saxonem, Brandeburgicum, Brunsvicenses, missus : cognito animorum habitu, vidit alios esse nostros quam quales credi solent. Itaque, inter alia publice acta, de temperandis religionis controversiis serio cogitare cœpit : Hanoveræ (*h*) imprimis, ubi vicissim ad complanandas salebras obviam ejus desiderii itum est. Proinde cum Cæsaris (*d*) auctoritate (*e*) in id unum illud rediisset, conventu theologorum habito (*h*), quædam communi consensu comprobata placuit scripto complecti, quæ Christophorus noster Romam tulit (*a*), ubi Innocentio XI congregationique cardinalium (*i*) productis ipsis actis valde satisfecit (*f*), compluribusque magnis in urbe viris imprimisque ordinum rectoribus, inter hos Noyellio societatis Jesu præposito generali et imprimis sacri palatii magistro, quanquam is ex adverso ordine Dominicanorum sumatur, acta sua approbavit (*g*). Deinde reversus Viennam cum Hungaris egit, controversiasque non paucas magno ingenio nec minore moderatione tractabiliores reddidit; sed ætate et morbis fractus, immatura tamen morte si cœptas pectes, præclara consilia aliis prosequenda reliquit. Constat jam Neostadii in Austria episcopum (*a*) potuisse ad majores adhuc honores (*b*) pervenire si maluisset dare se artibus et studiis (c) quibus illuceri solet, quam pro Ecclesia laborare. Mulhiniensem archiepiscopatum († opulentam et primariam Belgii Ecclesiam) declinasse scimus, quod eo suscepto deserenda sibi cogitata judicasset.

1697

Nouvelles instances de madame de Brinon pour convertir la duchesse Sophie, repoussées par S. A., qui la raille sur ce sujet. — Lettres de Leibniz à Schmidt, de la faculté d'Helmstadt, relatives aux affaires iréniques, et aux négociations secrètes avec le parti protestant. — Interruption des rapports avec la France par suite de la guerre.

XXVI

MADAME DE BRINON A MADAME LA DUCHESSE DE HANOVRE, SOPHIE, ÉLECTRICE DE BRUNSWICK.

Autographe inédit tiré du British Museum, fonds Egerton.

A Maubuisson, ce 22 février 1697.

Il faut bien, ma chère Électrice, que mes lettres fassent un grand tour avant qu'elles soyent rendues à Vostre Altesse, puisque j'ay l'honneur de vous escrire souvent, et qu'Elle dit qu'Elle n'en reçoit que rarement. Pourrois-je me passer d'un si digne commerce, et serois-je indifférente à un honneur qui me touche si vivement ?

Madame Fagon brave la neige et les glaces ; elle se porte fort bien, malgré ses quatre-vingt-quatre ans : Dieu la conserve à ses amis ! Je puis dire que je n'ay jamais veu une plus heureuse vieillesse, car madame la princesse est aussi attentive à sa vie que si elle n'avoit que trente ans, et rien ne se peut ajouster à ses soins et à son amitié pour elle. Je suis ravie de sçavoir la paix en si bon chemin : nos plénipotentiaires ont leurs passe-ports et vont partir incessamment. Il me semble que toute la chrestienté va renaistre, et que les peuples vont estre aussi heureux que la guerre les a rendus misérables. Nostre bon roy Jacques voit cela bien constamment et bien vertueusement. Il souffre, non-seulement en sainct, mais en roy esloigné de toute bassesse, la perte de ses trois couronnes, que Dieu luy rendra au ciel, s'il ne les luy rend pas sur la terre. Il me souvient tousjours que, quand il arriva en France, il vint chercher presque aussitost madame de Maubuisson ; et, comme il se trouva presque tout seul avec la communauté, il loua le bonheur des vraies religieuses, et dit, en parlant du renversement de ses throsnes, que, pour estre véritablement grand, il falloit sentir son cœur au-dessus de sa grandeur, et que ces sentimens estoient un don de Dieu, dont il l'avoit gratifié devant luy en l'humiliant devant les hommes. La reine d'Angleterre n'est pas moins saincte, et, en vérité, c'est un grand bonheur de l'estre au milieu de tant de malheurs. J'ay ouï dire à une dame de sa cour qu'elle se despouilloit de tout ce qu'elle avoit pour faire subsister les pauvres Anglois qui les ont suivis, et qu'elle vend jusqu'aux boutons de diamans de ses manchettes, et qu'elle luy dit, à mesure qu'elle fait de ces belles actions de charité, qu'elle est ravie de se despouiller pour assister les autres. Est-il possible, chère Électrice, que les princes confédérés n'ouvriront point les yeux au mérite et à l'innocence de ces Majestés opprimées ? Il me semble que tous les souverains devroient finir toutes les misérables guerres qui ont désolé la chrestienté par le restablissement de ce roy légitime. Ce seroit le moyen d'attirer sur eux mille bénédictions du ciel, et d'obtenir miséricorde de tous les péchés qui ont esté commis durant la guerre. Je vous parle tousjours, ma très chère Électrice, avec la franchise que donne l'amitié. Je vous dis mes pensées telles que je les ay dans le cœur, et il me semble que Vostre Altesse Électorale pense, comme moy, qu'un teste-à-teste deschargeroit le cœur de sa très humble servante. Permettez-moy de dire à madame la princesse de Brunswick qu'elle a pensé fort juste sur l'affaire de madame de Mirabeau. J'auray l'honneur de luy escrire au premier ordinaire que j'ay le désir de son establissement ; car on ne peut l'aimer et l'estimer plus que je ne fais. Je baise les mains de Vostre Altesse Électorale avec autant de respect que d'affection. Vous sçavez bien, sans doute, que M. le cardinal de Bouillon s'en va à Rome en qualité d'ambassadeur, et que M. le cardinal de Janson revient en France, etc.

Sr Marie de Brinon.

XXVII

MADAME DE BRINON A MADAME LA DUCHESSE DE HANOVRE, SOPHIE, ÉLECTRICE DE BRUNSWICK.

Autographe inédit tiré du British Museum, fonds Egerton.

A Maubuisson, ce 2 juillet 1697.

Souffrez, Madame, je vous en supplie, que je tesmoigne à Vostre Altesse Électorale avec quelle joye j'ai receu de madame de Maubuisson une des médailles qu'elle a eu la complaisance de faire toucher aux précieuses reliques qui sont à Hanovre. Cela m'a renouvelé le désir de vous voir catholique et une assez grande saincte pour qu'au temps à venir l'on voye vostre médaille au bout des chapelets des religieuses de Maubuisson, avec celle de madame vostre sœur, qui n'évitera pas, malgré sa profonde humilité, d'estre au catalogue des sainctes de son ordre. C'est asseurément, Madame, ce qui la touche le moins, que les honneurs que l'Église rend à ses véritables enfans après leur mort. Elle seroit bien plus sensible à l'espérance de vous rejoindre toutes deux dans le paradis, et de jouir ensemble des honneurs et des ineffables plaisirs que Dieu réserve à ses éleus dans l'éternité. Quoyqu'il soit plus aisé de s'imaginer et de dépeindre les joyes du paradis, quand on ne les a point veues, que quand Dieu en a monstré quelque chose, comme il fit à saint Paul, qui, n'ayant esté ravy que jusqu'au troisième ciel, nous apprend, Madame, que jamais œil n'a veu, oreille entendu, ni cœur de l'homme conceu ce que Dieu a préparé à ceux qui l'aiment, tout estant dans ce lieu au-dessus de nos pensées et infiniment au-dessus des félicités de ce monde, nos sens ne sçauroient parler de ce qu'ils ne sçauroient concevoir; mais, du moins, nous pouvons cependant concevoir les maux infinis dont les bienheureux sont exempts. Et c'est assez, Madame, pour le faire désirer à ceux qui croyent aux promesses de Jésus-Christ. Le Sainct-Esprit nomme le paradis cité saincte, au deuxième chapitre de l'Apocalypse, où sainct Jean fait une peinture admirable de cette demeure des saincts ; mais il la proportionne à la capacité de l'esprit humain. Ce qui est très-certain, c'est qu'on ne sçauroit exagérer le bonheur des saincts ; de quelque façon qu'on se tourne, il sera asseurément au-dessus de toutes nos idées. Je prie Dieu, Madame, d'esclairer vostre esprit de ses divines lumières, et de sousmettre les vostres à la simplicité des enfans de l'Église, pour asseurer le salut de Vostre Altesse Électorale, que j'espère tousjours qui se désabusera des erreurs dans lesquelles elle a esté nourrie, si elle veut joindre ses vœux aux nostres et demander à Dieu qu'il la mette dans la voye de la vérité. C'est à vous singulièrement, Madame, que s'adressent ces paroles de l'Évangile : « Cherchez, et vous trouverez. » Le respect et l'attachement que j'ay pour madame de Maubuisson, et l'estime que je fais du mérite de Vostre Altesse Électorale, m'a faict recueillir précieusement l'occasion que m'ont offerte les médailles qu'elle a envoyées à madame sa sœur, pour luy renouveler mes profonds respects.

Sr M. DE BRINON.

P. S. Nous prions tous les jours pour la santé de M. l'Électeur.

XXVIII

MADAME LA DUCHESSE DE HANOVRE, SOPHIE, ELECTRICE
DE BRUNSWICK, A MADAME DE BRINON.

<small>Autographe inédit tiré du British Museum, fonds Egerton.</small>

Sans date.

Ce m'est une très grande joye, Madame, d'avoir peu contribuer en quelque chose à vostre satisfaction ; la récompense ne seroit pas proportionnée, si elle me monstroit un meilleur chemin pour aller en paradis que celuy qui m'a esté monstré par la Providence divine, où il me semble qu'on se doit arrester quand on n'a pas assez d'esprit pour mieux choisir, ny de temps pour lire tout ce qui a esté dict pour et contre. Et je trouve que la tranquillité d'esprit que le bon Dieu m'a donnée sur ce suject est une si grande bénédiction qu'il n'en auroit pas voulu gratifier une personne qu'il n'auroit pas choisie pour estre de ses éleus. David ne souhaita que d'estre portier de la maison de Dieu ; je ne prétends point de plus grande charge. Ceux qui sont plus esclairés que moy posséderont peut-estre des lieux plus éminens ; car Jésus-Christ dit que dans la maison de son Père il y a plusieurs demeures. Quand vous serez dans le vostre et moy dans le mien, je ne manqueray pas de vous y faire la première visite, et nous y serons apparemment bien d'accord, car il ne s'agira plus de disputes de religion. Et je ne crois pas que le bon Dieu laissera la gloire au diable d'avoir la plus grande et la plus belle cour; ce qui seroit apparemment s'il n'y eust de sauvés que ceux qui sont sous la domination du pape et de son concile, qui n'est pas composé de fort saincts personnages. Aussi ay-je ouï dire que chacun d'eux peut estre damné; mais, quand tous ces damnés viennent ensemble, ce qu'ils trouvent de bon vient de Dieu : ce qui me surprend, n'estant pas accoustumée de le croire. Cela n'empesche pas que je n'approuve que vous y ayez de la consolation; mesme je l'admire, comme je fais de tout ce qui sort de vostre plume, car l'on ne peut mieux exprimer son opinion que vous ne le faites. Je suis faschée, ma chère Madame, d'y respondre si mal; je le feray toujours mieux où il s'agira de vous servir et de tesmoigner l'affection et l'estime que j'ay pour vous.

S. E. DE BRONSWIC.

XXIX

LEIBNIZIUS SCHMIDIO S. D.

Ex autographis editis a Veesenmeyer et in publica auctione Dni Libri a Dno Philips emptis denuo inspexit Foucher de Careil.

Brunswigæ, 17 augusti 1697.

Tuis novissimis non rescripseram, quod pro certo haberem me tecum ante nundinas Guelfebyti esse collocuturum. Nam summus Dux, Antonius Ulricus, Domino Abbati Calixto significaverat, ut aliquot ante nundinas diebus et veniret ipse et te secum adduceret : quod ego suggesseram, ut ea occasione tuum, quod nosti, negotium in hac Aula confici posset. Porro ipse summus Dux miratus est neutrum vestrum advenisse; itaque si qua sunt quæ Dominum Abbatem Calixtum impediunt, autor ego sum ut ipse ad nos excurras, quod, si spes sit Dominum Abbatem Calixtum ante hujus septimanæ exitum esse venturum, eo usque exspectari posset ; interea rogo ut me consilii tui certiorem facias. Sed et Dominum Wagnerum in his nundinis me visurum putavi ; et si res ejus ita ferunt, poterit etiam ante te huc excurrere. Quod superest, vale et fave.

LEIBNIZIUS.

XXX

**MAXIMILIEN, DUC DE BRUNSWICK-LUNEBOURG,
A L'ÉLECTRICE DE BRANDEBOURG.**

Original autographe inédit de la bibliothèque royale de Hanovre.

Kreuzenach, le 5 septembre 1697.

Comme nous sommes depuis trois semaines en marche, je n'ay peu respondre à l'honneur de la vostre, par laquelle vous me dites la nouvelle du bruit qui court que je suis devenu catholique ; ce qui m'a fort surpris, ne sçachant qui puisse avoir inventé de semblables impostures, pour me faire paroistre dupe dans le monde. Cependant, comme vous connoissez à peu près mon inclination, vous me ferez la justice de respondre pour moy à ceux qui se donnent la peine de s'informer de ma conduite, qu'il est vray que j'aime fort le changement, mais ce n'est pas dans la religion où je le cherche. S'il y auroit des couronnes de reste, ou quelque grand avantage à faire, peut-estre qu'on auroit raison d'avoir de semblables soupçons, puisqu'il ne seroit pas blasmable que je songe à mes affaires le mieux que je puis, et que je cherche les moyens pour me bien establir. Mais ce bruit n'a pour but que la seule religion, et je ne suis pas assez dévot pour donner dans ce panneau sans sçavoir pourquoy ou pour quelle fin. Si vous m'auriez dict que je gagnerois par là $\frac{m}{50}$ escus de revenu, je vous aurois donné toute la raison du monde de croire ces sortes de bruits; mais, cela n'estant point, je ne sçay ce que je vous y dois respondre. Ne sçavez-vous pas que l'intérest et la religion ont tousjours esté de si fidèles compagnons qu'on ne peut pas les séparer? Ainsi, comme vous me parlez de l'un sans toucher l'autre, vous pouvez juger vous-mesme quel fondement peut avoir vostre nouvelle, laquelle ne sera jamais vérifiée sans l'avantage qui me pourroit faire changer de sentiment, que je ne vois pas à l'heure qu'il est. Il faut que celuy qui vous a faict accroire mon changement soit d'une autre opinion que moy. Mais, pour finir mon discours, je vous asseure et vous promets que je vivray autant pauvre luthérien, jusqu'à ce que je puisse devenir riche catholique. Je voudrois bien mander des nouvelles de nostre guerre, mais je ne sçay ce que je vous en dois dire, et, hormis de marche et remarche, il ne se passe rien de remarquable. Il y a quelque temps qu'on a creu le siége d'Eberenbourg, et il y en a qui croyent que cela se fera encore, quoyqu'il y a fort peu d'apparence. Quoy qu'il en soit, cette entreprise n'est d'aucune conséquence ; car, si nous nous en emparons, nous n'avons [qu'] une maison de plus, et cela ne mérite pas d'en faire tant de bruit. Nous avons pourtant l'honneur de pouvoir dire que nous avons passé le Rhin avec un corps de $\frac{m}{23}$ hommes; mais, si l'ennemi, qui n'est qu'à 8 heures esloigné de nous, sera plus fort que nous, nous ne nous vanterons pas si nous le repasserons aussi vite. Je crois que cette campagne sera finie pour nous autres, et qu'elle sera aussi heureuse que toutes les autres. Je trouve la nouvelle que vous me donnez de l'entretien avec le Czar fort jolie, surplus la danse que vous avez faicte avec luy. Je ne doute nullement de vostre contenance que vous avez tenue, et de vostre gravité. C'est dommage qu'il ne soit pas resté quelque temps en vostre compagnie, pour voir la fin de toutes ses extravagances, qu'on n'a pas peu remarquer en si peu de tems. Je finis par vous asseurer que personne ne soit plus

Votre très humble, etc.

Au dos, de la main de Leibniz :

Il nuntio di Colonia ha scritto al Papa haverli confessato il fratello dell' Elettore d'Hanover essere cattolico : ma non voleva esser vescovo di Osnabrug, et il fratello l'anch' esso cattolico secretamente.

NUGÆ.

XXXI

LEIBNIZIUS SCHMIDIO S. D.

Ex autographis editis a Veesenmeyer et in publica auctione Dni Libri a Dno Philips emptis denuo inspexit Foucher de Careil.

Hanoveræ, 10 sept. 1697.

Accepi tuas paulo ante quam Guelfebyto discessi, et ex iis cum summo Duce, Antonio Ulrico, sum locutus. Cogitavit ille dudum de omnibus illis quæ monetis, et jam cœpit agere quæ in eam rem conveniunt, nuperque etiam locutus est cum ablegato Gothano; sed et apud Regem Electorem invigilabit, et quod a politicorum parte in hoc negotio curandum est, sibi omne commendatissimum habebit, tantisper dum apud vos examinetur res ipsa, animo ab iis, quæ sperari exspectarive possunt, abstracto, quemadmodum, ut Grotius ait in præfatione operis *De jure belli et pacis*, mathematici formas a materia abstractas spectant. Interea prudentissime considerentur moneanturque a vobis etiam, quæ cogitationibus aliquando magis magisque in rem conferendis prodesse possunt.

Quæ de Domino M. Wagnero suggessi, plane in vestro sunt arbitrio. Jam cœpi eum hic commendare. Recte facit, quod docet; nolim tamen omne tempus huic rei impendat, ne, dum alios juvat, se moretur.

Quæ tibi dixi, Brunsvigæ mihi summus Dux, Antonius Ulricus, diserte confirmavit, curabitque expediri. Itaque non est cur tibi ipsi scrupulos injicias.

Dominum Benzelium, Suecum, apud vos esse puto. Rogo ut eum tibi commendatum habere velis, uti mihi certe de meliore nota commendatus fuit, ut se omnium favore reapse dignissimum ostendit.

Dominus D. Meierus, theologus celebris, Hamburgo veniens et in Saxoniam tendens, per Guelfebytum transiit, et ad me misit, cum jam alterum pedem in curru haberem discessurus; itaque non potui ipsi tunc adesse. Spem fecit per Hanoveram redeundi. Sed consilia, credo, habet paulo abhorrentiora a moderatione nostrorum; itaque non puto cum ipso de rebus irenicis agi cum fructu posse.

Accepi fasciculum a Domino Reihero jurisconsulto et mathematico Kiloniensi, in quo erant tum quæ de aqua salsa edidit, tum cogitata de reformatione calendarii. Litteræ autem ab ipso nullæ accesserunt. Si forte Domino Schelhammero rescribes, rogo ut eum a me salutes, et Dominum Reiherum per ipsum, gratiarum addita actione verbis meis. Cogitata ejus de aqua salsa consentiunt meis. Expertus sum, et acidulas Pirmontanas congelando concentravi. Nam forte lagenæ aliquot oblivione neglectæ superfuerant mihi in hyemem, quæ cum fuissent congelatæ, abjecta glacie reliquum fortissimum apparuit. Rem calendariam non æque examinavi, neque enim vacat satis, et ægre obtineri posse puto ut a Gregoriano discedatur. Cassinus (in iis, quæ Domino Lato vera ex meditatis ejus Samiensi itineri adjecit) tantum Gregorianæ reformationi tribuit, ut arbitretur singulari quadam fortuna exactiorem deprehendi et cœlo magis consentientem, quam ipsi sperarent autores. Hunc locum a Domino Reihero curatius examinari opto, et, si quid dubii habet, possum efficere ut ad ipsum Dominum Cassinum cum novo ejus calendario consilia deferantur : sed quod latine habere oporteret. Vale.

LEIBNIZIUS.

XXXII

LEIBNIZIUS SCHMIDIO S. D.

Ex autographis editis a Veesenmeyer et in publica auctione Dni Libri a Dno Philips emptis denuo inspexit Foucher de Careil.

Hanoveræ, 5 octob. 1697.

Gaudeo bene procedere institutum laborem, ejusque communicationem mature exspecto, ut cum Domino Abbate Molano de eo conferre possim, antequam scilicet expediatur. Nuper Dominus Cuneau, Secretariorum intimorum unus apud potentissimum Electorem Brandenburgicum, cum a me intellexisset te nunc Helmestadii esse, jussit ut tibi salutem ab ipso nuntiarem officiaque deferrem : nam sese anno 1682 inter discipulos tuos fuisse recordatur. Idem significavit Dominum Abbatem Calixtum medallionem aureum ab Electore habiturum occasione sui *De tolerantia Reformatorum* tractatus ad Electorem missi, una cum responsione, ex qua sincerum illius aulæ studium sacræ pacis promovendæ appareat. Nec dubito jam accepisse.

Gaudeo quod Dominus Benzelius, Suecus, vobis

satisfacit, idque prima quaque occasione in Sueciam scribens amicis nuntiabo. Pollicitus est, pro humanitate sua, se velle aliquid meo nomine curare in Suecia, cujus rogo ut eum admoneas. Res autem huc redit, ut per Dominum Brennerum, cujus cognatus cum Domino Fabricio, legato regio, apud Persas agit, petamus specimina linguarum ignotarum, inprimis Scythicarum, seu, ut vulgo loquuntur, Tartaricarum, quæ inter Tanaim et Volgam inprimis Caspiumque mare et Indos Sinasque sunt positæ, nempe Czircassorum, Czeremissorum, Nagaiorum, Calmuckiorum, Mogolensium, Baskiriorum, Usbeckiorum, etc. Vellem autem, quia orationem dominicam obtineri difficile foret in illis linguis, saltem obtinere vocabula *potissima* eam ingredientia, ut *pater, noster, esse, cœlum, sanctum, nomen, voluntas, terra, panis, dare, remittere, debitum, ducere, liberare, malum;* ut scilicet eo melius horum vocabulorum ope comparari lingua cum iis possit, quarum jam orationes dominicas habemus. Quodsi accedant aliæ voces, v. g. cognationum et ætatum (*pater, filius, conjux, frater,* etc.), partium corporis (*caput, manus, oculus, auris,* etc.), rerum necessariarum (*aqua, ignis, vinum,* μέθυ, *caro,* etc.), animalium quorundam et plantarum (*canis, equus, bos, rosa, arbor,* etc.), et aliarum id genus rerum, eo melior notitia foret. Multum hac re procurata Dominus Benzelius, et ejus hortatu Dominus Brennerus, ut et Dominus Schelhammerus, quem in Persia cum Domino Legato esse audio, et ipse Dominus Legatus rem litterariam obstringerent; ita enim melius populorum cognationes et origines noscerentur. Rogo igitur ut

Dominum Benzelium ad hoc exhorteris, eique, si placet, ex his litteris meis, quæ huc pertinent communicare velis.

Summus Dux, Antonius Ulricus, et tibi (ut ipse mihi retulit), et mihi ita favorem suum pro desideriis tuis pollicitus est, ut dubitare non possim aliquid vel actum esse, vel actum mature iri. Nostram Aulam et Zellensem suum facturas esse, pro certo habeo.

Dominum Wagnerum hortaberis ex condicto, ut nonnihil ipse det meditationi, nec nimium aliis laboret : qua ratione etiam sibi ipsi non male consulturum puto ; theoria enim solida cum praxi est conjungenda. Velim etiam nosse an subinde aliquid in cœlo observaverit, v. g. altitudinem poli, eclipsium durationes et magnitudines, item declinationem magnetis. Saltem aliquid in eo genere præstari non inutile erit, certas ob causas.

Varia lapidum genera in nostris regionibus impetrare non difficile erit, præsertim ex fodinis; multumque ea inquisitio afferre poterit luminis ad scientiæ naturalis emolumentum.

Pæne oblitus sum interrogare de folle æneo, an ille nonnihil processerit, aut quid forte oblatum sit difficultatis. Diu enim est, quod a Domino Wagnero nihil intellexi. Constructum hac ratione barometrum usus non contemnendos habiturum esset. Quod superest, vale et fave.

Leibnizius.

XXXIII

CHRISTIAN, DUC DE BRUNSWICK-LUNEBOURG, A L'ÉLECTRICE SOPHIE.

<small>Original autographe inédit de la bibliothèque royale de Hanovre.</small>

Vienne, le 2/12 octobre 1692.

Madame,

Je me suis estonné de voir, par la lettre que Vostre Altesse Électorale m'a faict l'honneur d'escrire, qu'Elle n'avoit pas receu de mes nouvelles depuis mon départ; je n'ay cependant quasy point laissé passer de poste sans l'asseurer de mes très humbles respects. Je voy, par ce que mon frère Maximilien a escrit, qu'il est tout à faict d'un autre sentiment que moy ; parce que ce ne seroyent jamais les biens ni les couronnes qui me feroyent catholique, à moins que je ne feusse bien persuadé de faire plustost mon salut en cette religion qu'en celle où je suis. Ce n'est pas que je ne croye qu'on peut aussy aisément estre sauvé dans une religion qu'en l'autre, mais c'est que j'offenserois le bon Dieu en changeant mes manières de l'adorer, purement pour l'argent. V. A. Él. ne s'estonnera pas des mensonges qu'on escrit de mon frère Max, quand je luy diray que beaucoup de gens m'ont demandé si le changement de religion de M^r l'Électeur de Brunsvic seroit bientost déclaré, parcequ'ils croyent qu'il estoit desjà catholique, ce qui a faict que je me suis bien moqué d'eux. On continue tous les jours à porter une image par les rues, qu'on dit qui a pleuré, et à laquelle on attribue la dernière victoire contre les infidelles ; et, quand la procession est finie, on la porte dessus un autel, où l'on fait beaucoup de prières. L'Empereur et toute sa cour furent, il y a quelques jours, de cette cérémonie. Le prince Ragotzi est icy, qui m'a prié de faire ses complimens à V. A. Il m'a dict qu'elle luy avoit faict autres fois l'honneur de respondre à ses lettres ; et son espouse, qui est une princesse de Reinfels, se recommande aussi. Il faut que je finisse, parce que la poste va partir. Je suis tousjours, de V. A. E.,

Le très obéissant serviteur,

Christian.

XXXIV

LEIBNIZIUS SCHMIDIO S. D.

Ex autographis editis a Veesenmeyer et in publica auctione Dni Libri à Dno Philips emptis denuo inspexit Foucher de Careil.

Hanoveræ, 11 nov. 1697.

Placet quod aliquem jam tum fructum admonitionis meæ saltem apud nostros sensisti, spero et apud reliquum sæculum.

Nescio an suadendum sit ut Natalis Alexandri *Historiam ecclesiasticam* ex Gallia tam caro redimas ; nam id agitant, ut in Germania recudatur multis voluminibus octavæ formæ, in folii formam conjunctis.

Dominus Sturmius junior mihi Guelfebyto scripserat, se in ambiguo esse. Quos commendandos aliquando putes, nosse gratum erit.

Inquiri aliquando a Domino Bibliothecario vestro utile erit, quæ sit illa Cosmographia quam in indice memorari notasti. Celeberrimi Domini Corberi favori jam tum sum obstrictus, eumque data occasione a me officiosissime salutari rogo.

Adjectas rogo ut Domino Benzelio tradi cures.

Cum novissimorum Sinicorum scheda, me curante edita, incidisset Parisiis in manus R. P. Bouvet, Jesuitæ, ex Sinarum imperio reducis, et illuc mox reversuri, nec displicuisset ipsi, dedit ipse litteras ad me humanissimas, quibus operam offert, si quid ex Sinia et vicinis regionibus expetam; itaque rogo ut ipse, cum quibusdam amicis apud vos, alibive, ut Ienæ, Kilonii, etc., cogites (sed mature) de quibusdam quæstionibus omnigenis mihi suppeditandis quamprimum. Fortasse Dominus Reiherus et Schelhammerus singulatim aliqua utiliter monebunt.

Pro monitis circa inducias sacras transmissis gratias ago. Ego non video cur inducias expetere debeamus, nisi vocabulo aliquid aliud, quam vulgo solemus, designatur. Ex monitis non possum agnoscere aliquid in schediasmate de induciis dictum fuisse, unde nobis lux oboriretur.

Perplacet methodus quam proponis, ut ne a Facultate transmittatur scriptum quod designatis, antequam designatio privatim ad summum Ducem sit transmissa, ut monitis fortasse non inutilibus locus esse possit.

Dominus de Spanheim scribit mihi se Domini Abbatis Calixti librum commendasse studiose, quod non dubium est ipsum mox intellecturum.

Grata erunt quæ Dominum Wagnerum mihi scripturum significas, præsertim si id faciat crebrius et sine apparatu, ut sese res offerunt, et quamvis mihi semper ad singulas respondere non liceat. Spero id non absque fructu fore.

Dictum est mihi te editionem nescio quorum Bosianorum aliquando curaturum; quænam ea, discere gratum erit.

Pro *Exercitatione de muliere heterodoxa* ago gratias, et talia tam late dispersa in corpus colligere, non exiguæ doctrinæ esse agnosco. De Bourignonia potuissem ipse suppeditare quædam non injucunda. Quidam Bertrandus Gallus, qui quadraturam circuli a se, si Diis placet, inventam ipsi dedicaverat, dicebat in dedicatione Antoniam esse *Alpha* in theologia, se vero Bertrandum esse *Beta* in mathesi. Vale.

LEIBNIZIUS.

XXXV

LEIBNIZIUS SCHMIDIO S. D.

<small>Ex autographis editis a Veesenmeyer et in publica auctione Dni Libri a Duo Philips emptis denuo inspexit Foucher de Careil.</small>

Hanoveræ, 26 nov. 1697.

Etiam mihi Berolino scriptum est (quod jam diu futurum significaverat illustris Spanhemius), Electorales ad Dominum Abbatem litteras responsorias cum duobus aureis numismatibus fuisse dimissas, quas nunc redditas ex tuis intelligo. Multas autem ob causas (cum præsertim de re hic jam retulerim) convenire judicatur, ut Dominus Abbas quam primum det litteras ad Serenissimum Electorem nostrum, Academiæ nunc directorem, et, relationem nonnullam de rursus edito a se atque aucto paterno circa *Tolerantiam Reformatorum* ac Berolinum ad ipsum Electorem misso a se cum litteris libro instituens, et suarum litterarum copiam adjiciat, tanquam clementissimi Electoris nostri judicio committens an aliquid porro in eam rem agendum statuendumve videatur. Id ergo rogo ut mature ipsi cum officiosissima a me salute significes, ne qua interponatur mora, et, si fieri potest, relatio proxima septimana offeratur. Quodsi tamen forte Dominus Abbas suarum litterarum ad summum Electorem Brandeburgicum datarum exemplum vel copiam ad manum non habeat, suffecerit huc mitti quæ ab Electore ipsi sunt responsa.

Nomina eruditorum juvenum, tum Sneebergæ Ienæque degentium, tum alterius auditoris tui, Themidi simul et mathesi operam dantis, nosse gratum erit, et plura de ipsis intelligere. Puto tamen etiam Dominum Wagnerum tuum paulatim, quæ forte adhuc in parte matheseos interiore desunt, adjecturum: neque enim in eo festinatione opus est, et mihi recte videtur fecisse, quod occasionem anatomes experiundæ non neglexit. Certe illa pars matheseos, quæ habetur sublimior, revera facilis est, ut commode obtineri suo tempore possit. Nosse velim an nonnihil præstiterit in observationibus cœlestibus : nam de eo speciatim fui interrogatus. Certe studiis ejus quacunque ratione consulendum judico, et rationes credo non defuturas. An certi aliquid de Domini Sturmii junioris discessu didiceris, intelligere gratum erit : jam diu enim est quod ea de re nihil ad me relatum fuit.

Fieri potest ut sub anni exitum breviculum aliquod iter a me instituatur; itaque rogo ut significes an tunc fortasse Dominum Wagnerum socium animi causa haberi possim. Dabo operam ut ne tempus suum male collocatum putet.

Pro notitia chartarum politicarum Bosianarum gratias ago; vir fuit haud dubie Bosius magnus et solidæ doctrinæ.

Sinensium rogo ut meminisse velis per te et per amicos, simulque indicare an alicubi observatus in Sole Mercurius, ab Eimarto præsertim Kirchioque.

Tuas ad Coburgensem Consistorii præsidem responsorias remitto; ipsius litteras ideo adhuc servo, ut eis Guelfebyti mox utar, nisi mavis eas tibi mature remitti.

Non ingratum erit, si litteras ab illo juvene juris simul matheseosque cultore de ratione studiorum accipias, ita tamen ne statim ideo in spem erigatur, sed ea ratione ut significes hoc non inutile fore ut aliquando fortasse ea notitia ad ipsum commendandum uti possis. Quod superest, vale et fave.

Leibnizius.

P. S. Domino Wagnero alias respondebo, rem nunc satis expendere non licuit; fortasse, ubi Guelfebytum venero, potero chartaceum molimen videre, antequam ad orichalcinum accedatur. Spero etiam, quæ summo Duci, Antonio Ulrico, mittenda sunt, mox absolutum iri, quod ubi factum erit, indicari peto, curarique quod jam condictum.

P. S. (in separata scheda.)

Spero urgeri a Domino M. Wagnero experimentum Mercurii, et artificem quoque mechanopœum rem suam urgere. Domino Junio optime cupio, et spero cum tempore fructum ei laboris non defuturum.

XXXVI

LEIBNIZIUS MOLANO S. D.

Original autographe inédit de la bibliothèque royale de Hanovre.

Hanoveræ, 10 dec. 1697.

Guelfebyto redux attuli mecum, quod adjunctum vides, scriptum Domini Abbatis Calixti (1).

XXXVII

MOLANUS LEIBNIZIO S. D.

Ex autographo nondum edito Hanoverano.

Hanoveræ, 21 dec. 1697.

Mitto tibi, excellentissime et nobilissime vir, et amice honoratissime, mea ad Calixtum cogitata. Simulavi me scriptionis auctorem ignorare, et propterea ad paragraphum finalem, ne manum deprehenderet, de industria omisi quæ de correlatione controversiarum et methodo expositoria moneri par erat. Vale et fave.

G. A. L.

(1) Leibnizius propria manu schedæ verso addidit : « Tuum ad Calixtum scriptum monitaque tua magna cum voluptate legi ; sed vereor ne Dominus Calixtus... auctoris manum agnoscat. »

XXXVIII

LEIBNIZIUS AD FABRICIUM, THEOLOGUM HELMESTADIENSEM.

Ex autographo prius edito, quod nunc etiam in bibliotheca Hanoverana servatur.

Hanoveranæ, 21 dec. 1697.

Gaudeo inter vos recte convenisse, nec fuisse opus aliunde decisionem dubitationum peti. Si quid medici astronomique vestrates submittent, quod ex Sinensibus quæri velint, rogo ut mature ad me cures. Intelligemus fortasse eadem occasione an Mercurius re vera comparuerit in Sole; an vero, ut sæpe fit, fefellerint tabulæ.

Hoc ipso tabulario mitto partem dissertationis theologicæ, ab erudito inter Reformatos viro huc missæ. Reliqua mox sequetur pars. Desideratur ut cum Domino D. Schmidio collega tuo de monitis, quam maturrime licet, cogites. De cætero et aliis non erit communicandum, neque ulla ratione certas ob causas ulterius emanare debere e re judicatur. Vale, et festos dies proximos lætus age, et mox in anno novo longam aliorum seriem feliciter auspicare.

LEIBNIZIUS.

XXXIX

LEIBNIZIUS SCHMIDIO S. D.

Ex autographis editis a Veesenmeyer et in publica auctione Dni Libri a Dno Philips emptis denuo inspexit Foucher de Careil.

Hanoveræ, 28 dec. 1697.

Ecce tibi confirmationem scripti nuperi, repetito, quod nuper significavi, desiderio meo monitorum vestrorum. Non inutile erit allegationum ibi factarum aliquam rationem habere. Si nos possemus monitis aspergere Reformatorum theologorum declarationes nobis faventes, vel privatas vel maxime publicas, id perutile foret, ut vicem reddamus; sed nolim id nimis morari vestra monita, quæ nunc non incidenter poterunt alias sequi. Domino D. Fabricio officiosissimam a me salutem nominari, atque eadem meo nomine peti peto. Dubitandum non est quin summi Ducis, Antonii Ulrici, verba sint effectum suum habitura, cum de te præsertim præclare sentiat. Ego vero rem urgere non desistam.

Quod scriptum Domini Calixti, vel novum potius concinnandum, attinet, optima haud dubie ratio erit, ut summus Dux ipse præscribat qua de re sibi sententiam exponi velit. Itaque id curabo quamprimum, ubi cum Domino Abbate Luccensi (1) rem omnem constituero.

Ego in universum non tantum de barometro portatili, sed etiam de folle metallico cogito, cujus species tantum vel specimen erit barometrum portatile. Atque ideo quædam constructiones leviores sufficiunt pro barometro portatili, quod magna vi magnoque volumine non indiget. Si tamen aliquid majus aliquando tentetur, considerandum quanam ratione effici possit ut tale machinamentum sit tutum. Et cætera quoque nupera monita schedæ meæ expendi peto. Vale.

Leibnizius.

Ineuntem annum novum cum multis aliis felicem opto.

(1) Molano.

1698

Nouvelle phase de la question et grande activité déployée par les négociateurs allemands. — La faculté d'Helmstadt, dans les personnes de Fabricius, Calixte et Schmidt, est consultée et mise en demeure de donner son avis par le duc Antoine Ulrich. Leibniz est dans le secret et presse vivement les théologiens d'Helmstadt. — Écrit de Calixte qui ne satisfait ni Leibniz ni Molanus. — Nouveau projet de Leibniz pour la réunion, écrit à Loccum. — Brouillon d'une lettre à Bossuet, et d'une autre à Louis XIV. — Deux lettres à Antoine Ulrich. — Madame de Brinon revient à la charge. Diatribe éloquente de l'électrice Sophie contre les catholiques.

XL

LEIBNIZ A MONSEIGNEUR LE DUC ANTOINE ULRICH, DUC DE BRUNSWICK-LUNEBOURG.

Extrait de l'original autographe inédit.

Wolfenbuttel.

Monseigneur,

J'ay communiqué à M. l'abbé Molanus ce que M. Calixte avoit mis par escrit, et il n'en a pas esté content non plus que moy (1).

(1) Voyez les billets XXXVI et XXXVII. N. E.

XLI

LEIBNIZIUS AD FABRICIUM, THEOLOGUM HELMESTADIENSEM.

Ex autographo prius edito, quod nunc etiam in bibliotheca Hanoverana servatur.

Hanoveræ, 10 januar. 1698.

Mitto ecce tibi reliqua scripti reformati, et ut cum Domino D. Schmidio collega tuo, addita multa a me salute, communices rogo, uti ille priora tecum communicavit. Desideratur ut velitis cogitatorum et monitorum vestrorum, ea quam jam exposui ratione, mihi copiam facere. Neque id ego a vobis peterem meo nomine; sed, ut facile judicabitis, ab altiore causa est quod postulo, ac silentium præterea commendare sum jussus. Facietis pro doctrina, prudentia et æquitate vestra, ut digna reponi suppeditentur.

In altero etiam negotio, quod diversæ sane naturæ est, et alio consilio desideratur alioque loco, spero, Serenissimi Ducis monitu, factum iri ut aliquid magis ad propositum concinnetur, quam quod prius fuerat designatum (1).

Jo. Lud. Fabricium olim Heidelbergæ novi. Vir erat doctrina et judicio valens et Electori suo carus. Vidi ejus scriptum de persona Christi, tum et *Euclidis catholici* titulo, sub Jani Alexandri Ferrarii no-

---

(1) Leibnizius theologorum Helmestadiensium judicium de controversiis; quæ inter Lutheranos et Pontificios doctores intercedunt, desiderat.

mine, elegantem in Pontificios lusum (1). Si quid Noriberga aut aliunde novi in re litteraria afferetur, id rogo ad me pervenire patiaris. Serenissimus princeps christianus Dux Brunsvicensis mihi inde ex Transylvania, Domini Franci libellum in duodecima forma misit. Nomen abest, insignia vero familiæ ære expressa adsunt; sed rem jam tuo beneficio habebamus. Vale.

Leibnizius.

XLII

LEIBNIZIUS SCHMIDIO S. D.

Ex autographis editis a Vcesenmeyer et in publica auctione Dni libri a Dno Philips emptis denuo inspexit Foucher de Careil.

Hanoveræ, 17 jan. 1698.

Monita vestra præliminaria, non parum profutura, cum ipsa scripti jam antea vobis transmissi parte accepi.

Ego, quod a vobis petii, feci superiori jussu; itaque non jam quæritur an scriptum (2) sit publicæ auctoritatis, et omnibus Reformatis probatum, quale postulare nunc quidem tergiversatorium, exspectare vero inane foret: sed sufficit tanti visum in aula nos-

---

(1) Quænam hujus scripti sit ratio Jo. Fabricius, part. IV. Historicæ Bibliothecæ suæ. p. 523, tradit: *Janus*, inquit, *Alexander Ferrarius genere scriptionis utitur singulari, et de quo dubium ad mimesin ne an sarcasmum vel mycterismum referri debeat. Simulat enim quasi cum promachis Papatus in constituenda et protegenda hierarchia faceret, atque ita iis illudit.*

(2) **Scriptum hoc**, teste apographo hujus Ep. a Jo. Fabricio facto, quod

tra, et contentis et circumstantiis potissimum, ut consideratio ejus desideretur.

Hæc autem optamus ut sit distinctior nonnihil; itaque vestra nondum produxi, quod in generalibus subsistant. Scilicet referre videtur, breviter licet, in controversiis singulis expendi, tum an status controversiæ sit satis explicate constitutus, tum quid de momento ejus sentiendum videatur, id est, an, qui in ea a receptis nostrorum sententiis dissentiat, anathemati subjiciendus, æternæque damnationis reus sit judicandus. Quod si aliquid forte adspergi queat illustrationis, quo complanetur magis difficultas, id quoque non erit adspernandum, etsi necessario non requiratur. Quodsi etiam controversiæ non parvi momenti præteritæ videantur, poterunt subnecti. Desideratur autem hoc fieri quam primum poterit, idque ob graves rationes. Monita vero vestra et considerationes licet festinatæ apud nos usui erunt, tum ad rem magis illustrandam, tum ad materiam suppeditandam, ut, adjunctis aliis fortasse monitis, concinnetur hic aliquid theologico calamo, *repondum* (1) suo tempore. Ipsa autem vestra non communicabuntur aliorsum, multo minus vestri fiet mentio; sed vos, ut sic dicam, consiliariorum vice fungemini. Interea non dubito quin conveniatis in summa rei, tales doctrinas non esse damnandas, eo, quo dixi, sensu: de quo etiam nulla vel minima apud nos du-

---

cl. v. de Murr possidet, et cum editore communicavit, est: *Kurze Vorstellung der Einigkeit und des Unterschieds im Glauben bey den Evangel. sogenannten Lutheranern und Reformirten.* Non videtur in lucem fuisse editum.

(1) **Sic etiam est in codice apogr.**; forte legendum *reponendum*.

bitatio est, neque apud te esse arbitror. Dominus D. Fabricius jam tum ea de re mentem suam in suo monito præliminari expressit. Ut autem maturius considerationes vestras nanciscamur, scripti copiam nuper factam statim iterum mitto; nam nundinæ Brunsvicenses appetunt, quas præveniri optandum, idque eo facilius erit, quia omnia jam nunc, et haud dubie etiam olim examinastis. Et præstabit, si alterutrum necesse sit, quædam minoris momenti omitti, quam, quæ sint majoris, retardari, cum et spicilegia sequi queant. Vale, et, quod præclare facis, porro cogita, ad salutem animarum gloriamque Dei vix quicquam fieri posse utilius, quam ut injusta odia inter Christianos, sed præsertim Protestantes, tollantur, ex quibus fundi nostri calamitas pro magna parte profecta est, majoraque adhuc mala, ipsi exitio nos propius admotura, nisi sapimus et malo cavemus, mox nasci possunt; itaque tempus est ut quicquid est vel affectuum vel respectuum rationi, ne dicam pietati et conscientiæ, cedat.

LEIBNIZIUS.

XLIII

LEIBNIZIUS AD FABRICIUM, THEOLOGUM HELMESTADIENSEM.

Ex autographo prius edito, quod nunc etiam in bibliotheca Hanoverana servatur.

Hanoveræ, 1 feb. 1698.

Missu tuo accepi scriptum vestrum doctum, solidum, moderatum (1), quo ad communem scopum ita

(1) Projectum scilicet irenicum de quo infra, in epistola sequenti, mentio fit. N. E.

uti conabimur, ut, quoad ejus fieri potest, novi motus vitentur et suavi ratione animi præparentur. Quæ etiam causa fuit cur hæc potius placuerit via, quam ut ad Facultatem ipsam scriberetur. Dedi operam in charta ad Serenissimum Ducem missa, ut explicarem mentem ipsius Serenissimi Domini pariter ac scopum, ad quem collineandum puto, tum ne difficultatibus civilibus implicemur, tum etiam ut nihil omittamus quod in nostra sit potestate, tum denique etiam ut jam bene actis utamur, nec tamen vel nobis vel nostris præjudicium creemus. Vale.

LEIBNIZIUS.

XLIV

MOLANUS LEIBNIZIO S. D.

Excerptum ex autographo nondum edito.

Sans date.

Demitto Calixtina cum meis ad illa novis observationibus, ita ut projectum ejus nobis placere non se fugiat, nec se tamen ex professo refutatum deprehendere queat.

P. S. Observationes tuas germanicas ad scriptum Berolinense et harum criticam non inveni.

XLV

LEIBNIZIUS MOLANO S. D.

Ex autographo nondum edito.

Sans date.

Perlectis iis quæ optime notasti in scriptum Calixtinum, duo tantum observavi.

P. S. Germanica illa mea paralipomena certissimum est ad me non rediisse.

XLVI

LEIBNIZIUS AD FABRICIUM, THEOLOGUM HELMESTADIENSEM.

Ex autographo prius edito, quod nunc etiam in bibliotheca Hanoverana servatur.

Hanoveræ, 15 febr. 1698 (1).

Serenissimus Dux, Antonius Ulricus, tibi significari clementissime jussit a se expeti ut quæ ad desiderata ipsius concepta sunt, secundum mentem scripti vestri prioris (novis considerationibus circa nova desideria, vobiscum duobus hic præsentibus, jam suppletam) latino sermone vestita quam primum in ordinem redigantur, et ad expeditionem promoveantur (2). Quod ut fiat melius promptiusque, commodissimum judicat uti, statim ubi domum redieris, cum Domino collega communices, absolutumque ex vestra sententia per nuntium proprium, si cursus publici dies non faveat, ipsi Guelfebytum transmitti cures, ut, cum præsente adhuc in aula Domino Abbate Calixto, ultima imponi manus, et ab hoc reverso Helmestadium, sub sigillo Facultatis, ex Decanatus officio perfectum tandem authenticum ad Serenitatem Suam transmitti possit. Vale.

LEIBNIZIUS.

(1) Eodem die Fabricius Leibnizio et Brunsvicæ paucis admodum verbis rescripserat. N. E.
(2) Scriptum irenicum scilicet quod a Facultate theologiæ Helmestadiensi petierat Dux A. Ulricus. N. E.

XLVII

LEIBNIZIUS AD FABRICIUM, THEOLOGUM HELMESTADIENSEM.

Ex autographo prius edito, quod nunc etiam in bibliotheca Hanoverana servatur.

Hanoveræ, 15 febr. 1698.

Serenissimus, Dux Antonius Ulricus, misit mihi tuas ad ipsum cum exemplo latino pariter et germanico delineationis vestri responsi. Latinum ipsi hodie remitto, quod, spero, cum ipsius approbatione ad te redibit. Germanicum recta remitto ad te, ne necesse sit ut id Domino Calixto tradat cum latino. Ex Serenitatis Suæ gratiosissimis litteris non satis licuit intelligere an Dominus Calixtus viderit latinam delineationem, et quod ei videatur. Itaque maturrime remitte, ut, si non vidit, Serenissimo monstrante, fortasse adhuc videat. Nec dubito Serenissimum, qua pote, curaturum ut finis negotio imponatur. Venia tua, quædam, parvi licet momenti, notata, claritatis causa consignata tibi uni mitto : si videbitur, rationem eorum habeas (1). Et sane non est cur prædelineationi germanicæ nimis adstringaris ; præclare interim omnia expressisti. Nuperas meas acceperis, in quibus dubitabam an res mature esset curata ; nunc vero ademta est mihi hæc dubitatio. Deum precor ut omnia in nominis sui gloriam Ecclesiæque Chris-

---

(1) Inter irenica, in specie Helmestadiensia, Hanoveræ reperiuntur nonnulla scripta Calixtina, vel Fabriciana, nec non Schmidii epistolæ non ita paucæ, ut ex his fasciculus sit completus, et librum integrum Veesenmeyer conflaverit : adde volumen sub Decani nomine Duci A. Ulrico dicatum. N. E.

tianæ bonum succedant : nobis optimæ voluntatis commendatio suffecerit. Quod superest, vale et fave‹

LEIBNIZIUS.

XLVIII

LEIBNIZIUS AD FABRICIUM, THEOLOGUM HELMESTADIENSEM.

Ex autographo prius edito, quod nunc etiam in bibliotheca Hanoverana servatur.

Hanoveræ, 22 febr. 1698 (1).

Nescio an tibi reddita fuerit epistola mea quam Peina scripsi in itinere, et ad Serenissimum Ducem Antonium Ulricum misi: in qua proposueram ut, temporis lucrandi et difficultatum cum Domino Abbate Calixto evitandarum gratia, cum Dominis collegis latine conciperetur responsum et mitteretur promtissime ad Serenissimum Ducem per proprium nuntium, dum adhuc Guelfebyti esset Dominus Calixtus, ut Serenissimus Dux ibi cum ipso componeret ultimam manum, et is deinde ad vos reversus expediret ex officio Decanatus. Nescio an adhuc tempus sit tale quid agendi; si fieri posset, futura esset res Serenissimo Duci gratissima. Tuas accepi interim, cum autographo meo germanico, quod gaudeo etiam Domino Schmidio non displicuisse. Ejus itidem accepi litteras; sed hac vice, imminente cursoris discessu,

(1) Hoc mense ea fuit commercii epistolaris inter Leibnizium et præcipuos Helmestadienses necessitas, ut Fabricius unus septies scripserit, nec minor fuit duobus mensibus sequentibus epistolarum numerus: adeo Duci A. Ulrico, suadentibus Leibnizio et Molano, tunc irenica placebant. N. E.

respondere ei non possum : faciam. Proximis vestris Dominus Abbas Molanus utetur, uti sane merentur. Grata ei fuit Lipsiensis collationis relatio. Habet ille Jo. Lud. Fabricii, Theologi, quondam Palatini Electoralis, *Dialogos,* quorum unus de persona Christi agit, ubi omnia ex Gerhardi fere sententia explicat, negatque suos ab ea abire (1).

In Peinensi epistola ad te, venerat mihi in mentem suggerere ut majoris charitatis causa talia fere adjicerentur circa jus Romani Pontificis : « Quum Deus sit Deus ordinis, et corpus unius Ecclesiæ Catholicæ et Apostolicæ uno regimine Hierarchiaque universali continendum juris divini sit, consequens est ut ejusdem sit juris supremus in eo Spiritualis Magistratus terminis se justis continens, *directoria potestate* (hæc verba nunc addo) *omniaque necessaria ad explendum munus pro salute Ecclesiæ agendi facultate instructus, tametsi locus ac sedes hujus potestatis in metropoli Christiani orbis Roma ex humanis considerationibus placuerit,* etc. » Horum rogo ut data occasione rationem haberi cures ; nam Serenissimus Dux inprimis de supremo Spirituali Magistratu mentionem faciendam urgebat, et merito quidem. Est enim in omni republica, adeoque et in Ecclesia Christiana ipso jure proditum ut supremus habeatur Magistratus,

---

(1) Jo. Lud. Fabricii *Meditatio de controversia circa personam Christi inter Evangelicos,* in operibus ejus Tiguri, 1698, editis. Sexto atque decimo loco exstat B. Gerhardus Woltherus Molanus, Abbas Loccumensis, in disputatione inaugurali sub D. Henichii præsidio habita; testatur *meditationem illam talem esse, ut enuntiare vix possit quantopere sibi probetur, seque confidere eam plerisque probatum iri, qui rem* ἄνευ παθῶν *ponderare potius, quam suspicionibus nequicquam indulgere præoptent.* Conf. Jo. Fabricii *Historia Bibliothecæ suæ,* part. IV, p. 523.

sive is in una consistat persona, sive in pluribus. Quod si tamen e pluribus collegium constet, naturale est in uno jus esse directoris, seu supremi Magistratus, suis licet limitibus coerciti.

Si, absente Domino Abbate Calixto, omnia possent latine a te præformari, rem, ut dixi, Serenissimo Duci gratissimam faceres. Quodsi ante reditum ejus (nisi aliter jam a Serenissimo Duce mandatum) cæteris præponere vel non velitis, vel commode non possitis, saltem temporis lucrandi causa id a te factum non poterit improbari : præsertim si ostendas te maluisse latinum ex mea prædelineatione germanica ad Serenissimi Ducis mentem conscripta formare, quam verba mea describere, quæ utique non erant servanda. Et addere posses germanica mea te remisisse, servatis latinis ut a te fuerint concepta, potius ad mentem Serenissimi Ducis quam ad verba germanicæ delineationis, quanquam (hoc inter nos dixerim) fortasse præstet ipsis, qua licet, insisti : salvo tamen jure tuo addendi, minuendi, emendandi, cui libenter acquiescemus, quia scimus tibi scopum ipsum esse cordi. Quod superest, vale faveque.

XLIX

MADAME DE BRINON A MADAME LA DUCHESSE DE HANOVRE SOPHIE, ÉLECTRICE DE BRUNSWICK.

_{Autographe inédit tiré du British Museum, fonds Egerton.}

A Maubuisson, 22 février 1698.

L'on ne sçauroit estre, Madame, plus touchée que je ne la suis de vostre grande et irréparable perte, que j'ay pleurée amèrement quand madame vostre sœur me fit l'honneur de me l'apprendre. Dieu, qui est plein de bontés pour ses créatures, n'a pas voulu surprendre Vostre Altesse Électorale; il l'a disposée de loin à ce rude coup par la longue et fascheuse maladie de M. l'Électeur, qu'elle a veu mourir tous les jours, avant de le voir mourir tout à faict. C'est un ménagement que la divine Providence a eu pour la conservation de vostre vie, si nécessaire à celle de nostre chère abbesse, qui ne pourroit pas vivre, ce me semble, si elle vous perdoit. Conservez-vous, Madame, j'ose vous en supplier très humblement, pour l'amour d'elle et par le cas que je fais de vostre mérite singulier. Je ne doute pas que vostre bon esprit ne vous aide à faire des efforts pour dissiper le chagrin que je comprends bien que vous doit donner cette mort, qui vous fait un vuide difficile à remplir. Mais, Madame, quand on regarde que la vie n'est qu'un moment, comparée à l'éternité, et que ce moment se fait sentir par ses misères bien plus que par ses plaisirs, il me semble que cela diminue l'horreur qu'on peut avoir de la mort, et, du moins, qu'on n'est fasché que pour soy-mesme, et non pas pour celuy que l'on perd, puisque le néant de l'homme n'est pas moindre durant sa vie qu'à sa mort, quoyque là il soit plus en évidence; il est du moins séparé du sentiment des misères corporelles, et, au regard de l'âme, elle est entre les bras de la miséricorde de Dieu, dont les jugemens sont impénétrables aux hommes. Je vous asseure, Madame, qu'on prie beaucoup à Maubuisson pour vostre consolation et pour vostre salut. Cette triste aventure, que nous déplorons, a renouvelé le zèle des bonnes âmes, en sorte que les vœux sont redoublés ; car Vostre Altesse Électorale y a laissé une réputation et tant de marques de bonté, qu'elle y est très-aimée et très-respectée, sans compter ce qu'on doit à madame vostre sœur et à une autre elle-mesme. Permettez-moy, Madame, de plaindre aussi l'affliction de la pauvre madame la duchesse de Brunswick : quelle perte pour elle et pour mesdames ses filles ! Quel retour des plaisirs qu'elles ont éprouvés en la cour d'Hanovre ! Je vous avoue, Madame, que, comprenant toute l'étendue de leur perte, et les aimant aussi sincèrement que je fais, je suis des plus affligées, et le serois encore davantage, si je n'espérois, Madame, que la bonté du père passera au fils, et qu'il achèvera ce que le premier n'a sceu faire. L'establissement de nostre chère princesse de Brunswick luy est réservé ; et je croy, de la manière dont Vostre Altesse en parle à madame de Maubuisson, qu'une si belle âme prendra plaisir à protéger ce que feu M. l'Électeur a aimé, soutenu et protégé avec tant de bonté ; et que vous, Madame, serez tout à la fois ce qui s'estoit partagé entre vous et cet illustre mort au regard de ces chères princesses, et que vous leur conserverez non-seulement vostre amitié, mais que vous ferez revivre dans vostre cœur celle qu'il avoit pour elles.

Voilà, Madame, ce que je prends la liberté de joindre au compliment que j'ose vous faire sur vostre perte. Je crois que vous ne le désapprouverez pas, madame vostre sœur m'ayant permis de le faire, et ayant, en plusieurs occasions, receu des marques de vostre bonté pour vostre très-humble et très-obéissante servante,

Sr M. de Brinon.

L

LEIBNIZIUS SCHMIDIO S. D.

¹ Ex autographis editis a Veesenmeyer et in publica auctione Dni Libri a Dno Philips emptis denuo inspexit Foucher de Careil.

Hanoveræ, 25 feb. 1698.

Nuper respondere impediebar per distractiones. Spero quæ, cum Domino D. Fabritio Summi Ducis Antonii Ulrici jussu egi, ad mentem etiam tuam fuisse.

Litteras ad te Coburgo scriptas monstravi Summo Duci, qui illis est usus ut apud suos urgeret negotium quod nosti, idque factum mihi ipse clementissime per litteras significavit. Spero igitur confectum iri; jam tuas remitto.

Gratias ago singulares pro novis litterariis. De longævitate Septentrionalium utilis inquisitio est, puto magis simplicitati vivendi, quam loco tribuendam.

Quis ille Grummius, qui Frankium theologum exercet? Dominus M. Wagnerus ad me, ut sperabam, non scripsit. Puto tamen omnia ex sententia processura.

Cogitatio mea de mensuratione distantiarum ex una statione, quam tibi probari video, fortasse non indigna est quæ aliquando in praxin transferatur.

Nollem Dominum M. Wagnerum tempus terere iis agendis quæ potius ad artifices pertinent, qualis esset occupatio figuras nummorum in ære scalpendi, nisi id tibi scilicet certas ob causas conveniens videatur; tibi enim debet omnia. Sed si alius alia ab eo postularet, tuis rationibus non intercedentibus, suaderem tempus ab eo melius collocari.

Nummorum exsequialium a te inventorum descriptionem videre pervelim. Vale.

Leibnizius.

P. S. His scriptis litteras Domini M. Wagneri cum tubis accipio, rogoque ut ei interim meo nomine gratias agas. Spero enim feliciter esse reversum. Peto etiam ut sumtus quos fecit consignare in scheda velit, quo satisfacere possim. Nam quod ei jam dedi, in sumtus imputari non debet.

Cæterum vereor ne globi tubis additi sint tenuiores quam ut aeris pressioni resistere possint.

LI

LEIBNIZIUS SCHMIDIO S. D.

Ex autographis editis a Veesenmeyer et in publica auctione Dni Libri a Dno Philips emptis denuo inspexit Foucher de Careil.

Hanoveræ, 15 mart. 1698.

Pro tuis nummorum vel emblematum saltem exsequialium eleganter excogitatorum delineationibus gratias ago. Suasi ut saltem in castro doloris vel tumba adhibeantur illa duo : « Sola bona, quæ æterna, » et : « Gloria electorum. »

Serenissimus Dux, Antonius Ulricus, per litteras ad me datas testatus est diserte jussisse ut, quæ dudum pro te annuit ratione Abbatiæ, effectui darentur Ita rem tandem aliqua ratione ad exitum venturam spero.

Intelligam etiam fortasse ex tuis sequentibus, quandonam Dominus Wagnerus commode ad me excurrere rursus possit, quod fiet, ut par est, sumtu meo. Nolim autem ideo alias ei commoditates claudier. Antequam veniat, fac, quæso, ut, quando venturus sit, sciam. Quodsi ante Pascha non potest, etiam hoc me docebis.

Spero Summum Ducem scriptum latinum ad vos remisisse, et jam ultimam manum imponi posse. Vale.

LEIBNIZIUS.

Suecicum librum Domini Claudii Rolam *Observationum juris* una cum *Constantinopolitani itineris* descriptione accepi. Sed si germanica versio, quam editam aiebant, procurari a Domino Benzelio posset, obstrictus ei forem adhuc magis, quamvis jam sim vehementer ; quemadmodum et, si Finnonici illius famuli meminisse velit, qui alicubi linguam Tartarórum intelligebat. Interea eum a me salutari peto.

LII

LEIBNIZIUS SCHMIDIO S. D.

Ex autographis editis a Veesenmeyer et in publica auctione Dni Libri a Dno Philips emptis, denuo inspexit Foucher de Careil.

Hanoveræ, 24 mart. 1698.

Pro inscriptione (tui, ut opinor, ingenii fœtu) et programmate debitas ago gratias.

Elegans illud tuum : « Sola bona, quæ æterna, » inter emblemata castri doloris, quod vocant, expressum est; consecratione abstinuimus, ob iniqua hominum judicia.

Personalia, quæ vocant, vix uno ante exsequias die et ne vix quidem fuere absoluta; ita fit, cum nimis differtur. Interea non male factum, quod vobis placuit, ipsum exsequiarum diem etiam apud vos atratum atque honoratum agere.

Non poterit non utilis esse tractatio historica de conciliationibus inter nostros et Reformatos varie tentatis; ita simul rerum momenta velut aliud agendo tradentur.

Domino Benzelio nuper hodœporicon Rolamianum misi.

Optime mihi cogitatum a te videtur faciliorem campanæ motum fore, si centrum axis sit vicinius centro gravitatis; sed et cætera puto commode effici posse. Cogita, quæso, per otium de optima illa mea mensurandi methodo ex una statione in praxin etiam transferenda. Circa festum Paschatos Guelfebytum excurrere spero, tunc Dominum Wagnerum videre gratum erit. Erunt enim fortasse, quæ ab ipso utiliter fieri queant.

Per Dominum D. Fabritium mox intelligere spero quem tandem exitum res acceperit. Spero enim Dominum Abbatem Calixtum acquievisse, et rationem aliquam nonnullorum adhuc a me monitorum et Domino Fabricio transmissorum haberi potuisse: atque hac ratione arbitror omnia sic concepta esse, ut nemo aliquid jure possit reprehendere, et tamen nihil a nostra moderatione nunc quidem desiderari amplius possit. Vale interim, et fave.

LEIBNIZIUS.

LIII

LEIBNIZIUS AD FABRICIUM, THEOLOGUM HELMESTADIENSEM.

Ex autographo prius edito, quod nunc etiam in bibliotheca Hanoverana servatur.

Hanoveræ, 31 martii 1698.

Quum tempore destituar otioque ad describendum quæ tanquam ad te in chartam conjeci, una cum delineatione litterarum ad Serenissimum Ducem, ideo rogo ut meam hanc plagulam mihi remittas, quemadmodum tuam ipse recipis, delineationem scilicet responsi Facultatis, et tuas litteras apostillatas, ut vocant, manu Dominorum Collegarum: de cætero me ad ampliora mea hic adjecta refero. Si non vult Dominus Calixtus consentire formulæ de jure divino adjectæ, rationes reddendæ crunt Serenissimo Duci(1). Distinguitur merito inter jus divinum autoritatis directoriæ in Ecclesia, et applicationem ejus ad Romanam sedem. Ita jus sedis Romanæ manet humanum. Prorsus quemadmodum si major propositio sit juris naturalis, minor positivi, conclusio etiam fit juris positivi, quia sequitur partem debiliorem. Quod superest, vale et fave.

LEIBNIZIUS.

LIV

LEIBNIZIUS SCHMIDIO S. D.

Ex autographis editis a Veesenmeyer et in publica auctione Dni Libri a Dno Philips emptis denuo inspexit Foucher de Careil.

Hanoveræ, 1 april. 1698.

Adjunctas rogo ad Dominum Fabricium (2) cures, qui de illis tecum haud dubie communicabit.

Puto summum Ducem hoc ipsum a Facultate expetere quid de jure divino sit judicandum, cum persuasa sit Serenitas sua, hoc capite non aliqua ratione constituto, ne præliminarem quidem aliquam unionem hierarchicam locum habere; fortasse igitur articulum pleniorem a vobis inseri petet.

Grata sunt quæ de Mercurii observationibus communicas. Remissio itinerarii Rolamiani satis mature fiet.

Gratum erit discere, quorsum Dominus Benzeliu iter suum instituerit. Quod superest, vale et fave.

LEIBNIZIUS.

(1) Confer. Ep. XIV.
(2) Hæc ad Fabricium ep. exstat inter Epp. Leibnizii a Kortoltio editas, vol. I, p. 20, n° X.

LV

LEIBNIZIUS AD FABRICIUM, THEOLOGUM HELMESTADIENSEM.

Ex autographo prius edito, quod nunc etiam in bibliotheca Hanoverana servatur.

Hanoveræ, april. 1698.

Significare volui Serenissimum Ducem responsum vestrum mecum communicasse. Quoniam ergo expeditum est, puto posse stare, sed aliud jam posse responsum dari additionale, ut vocant, cui desiderata inferantur; eamque in rem Serenissimo Duci scripsi. Quod si res hæc ad vos defertur, non dubito quin pro tua moderatione et prudentia sis effecturus ut res succedat, et ut imprimis Dominus Wideburgius vobis accedat.

Dominus Abbas Molanus, quantum ex colloquiis intellexi, mecum sentit; agnosco et ego Romanæ sedis prærogativas humani esse juris, etsi ipsum directorium in Ecclesia, quod ipsi ob humanas rationes delatum est, juris sit divini.

Ita est ut scribis : nimia est copia eorum qui dant litteris operam, selectu opus potius foret. Cæterum de rationibus mutandi convictus in stipendia velim esse informatior. Certe præstaret beneficia conferri in minus egentes, modo conferantur in magis dignos, dummodo homines aulici aliquando ne hoc quidem curent. Ante omnia urgendum censeo ut a Serenissima Domo lege lata jubeantur illi, qui studiorum suorum in his regionibus rationem haberi volent, Helmestadium adire, ibique certo tempore modoque litteris operam dare. Velim ergo a vobis rationes in hanc rem suppeditari, quibus ut pondus habeant, si quid pro tenuitate mea conferre potero, faciam lubens. Vale.

LEIBNIZIUS.

LVI

LEIBNIZIUS SCHMIDIO S. D.

Ex autographis editis a Veesenmeyer et in publica auctione Dni Libri a Dno Philips emptis denuo inspexit Foucher de Careil.

Hanoveræ, 14 april. 1698.

Consului Dominum Abbatem Molanum circa illam nunc agitatam juris divini distinctionem. Is sententiam nostram valde se probare scribit disertissimis verbis (1); quod rogo ut etiam Domino D. Fabritio significes, qui de sententia ejus dubitare videbatur. Spero Summum Dominum ea de re cum Domino Abbate Calixto esse locutum, et confici jam posse responsum additionale, ut sic dicam, quale fortasse Summus Dux requiret.

Ego sub initium septimanæ imminentis Guelfebytum excurram, atque illuc Deo volente Paschalia festa agam. Itaque in Domini Wagneri jam arbitrio est an illuc sive ante sive post viridium diem venire, et aliquot fortasse septimanarum deinde vacationem ab Helmestadiensibus laboribus sibi sumere velit. Vale.

LEIBNIZIUS.

(1) Die sequenti, scilicet 15 april., Molanus scribit Leibnizio, qui versa scheda mentionem hanc litteris ejus adscribit : « Gaudeo tibi distinctionem illam circa jus divinum potestatis quam sibi Roma tribuit approbari. » N. E.

P. S. Vellem loca quædam aliorum haberi posse, quibus hæc distinctio confirmetur. Etsi enim nunc non sit opus, tamen si quando occurrant, notari operæ pretium edi.

LVII

LEIBNIZ TO BENEDICTA, DUCHESS OF BRUNSWICK-LUNEBURG.

<small>Original autographe inédit de la bibliothèque royale de Hanovre.</small>

April, 8/18 1698.

Madame,

My correspondent at Vienna has informed me from time to time of what is going on there, and how they have advanced all sorts of ridiculous scandal respecting the constitution of M. the Princess, tho whom they have given sore eyes, a swollen throat, broad shoulders and a dumpy body. I have sent a distinct relation to contradict these absurdities, which indeed mutually destroy one another. A physician of Innsbruck, a Dr Holler, who had seen the Serene Princess, being come to Vienna on business of his own, Dr. Hertodt, my correspondent's father-in-law, was ordered to make inquiries of him, and Mr. Holler made a very favourable report, which Dr. Hertodt repeated word for word to their Imperial Majesties. This was all the more satisfactory, because there could be no sort of suspicion of Dr. Holler. However M. Guarelli has also done justice to the deserts of Madame la Princesse : he has said that she had both body and mind the best formed in the world, and particulary that he had himself seen her read very small writing; and he has added to this the certificate of a doctor that she has never had any illness, and the Emperor expressed some little scruple about this certificate.

And now some evil-disposed people, not knowing what further to say, have put forward that both the Empress and the Ministry had reason to be afraid of your Serene Highness as being a very intriguing woman, and one who would insist upon residing at Vienna; but I hope that these will be the last efforts of a fruitless calumny. They begin now and then to talk again of the Princess of Anspach; but it is hoped that the Emperor will remain steadfast in the determination which they say he has formed not to give his son a Convertite (1). And as for the Princess of Guastalla, although the *foglietti* have talked a good deal about it, and even gone as far as to say that both Italy and France are beginning to be jealous of this projected marriage (as if the King of the Romans would through it obtain a claim on the succession of Mantua), it does not seem to me that this Princess can bring any great succession with her. She has a brother, and even if he were to die, the Monferrat does not go tho the branch of Guastalla;

---

(1) The Princess of Anspach here mentioned is George the Second's Queen, Caroline, subsequently the favourite pupil and friend of Leibnitz, who was evidently at this time not aware that there was no chance of her conversion. It was attempted to bring her over to romanism, but she steadfastly declined even an imperial crown upon those terms. The daughter of Modena was a born catholic.

and as for Mantua, if it does go to the daughters, there are some nearer than the Princess of Guastalla; while, if it does not go the daughters, the Princess herself has no part in it.

My friend also assures me that the inclination of the King is ever constant, and that his Majesty the other day, showing some disinclination to take his physic, Dr. Hertodt said to him laughing that he ought to take it for the sake of her he knew of, and he took it directly. Dr. Hertodt knows nothing of the correspondence which his son-in-law keeps up with me, whose letters I treat with great caution, in order neither to get him nor his father-in-law into a scrape; but it is no want of discretion to communicate them to your Serene Highness. I wish I could prove my zeal in a more efficient manner; the kindness which your Serene Highness, with MM. the Duchess and Princess your daughters, have but lately shown me in the honour of your letters would be sufficient to engage me, had I not been long entirely won, being ever with devotion, Madam, etc. etc.,

LEIBNIZ.

Nous rapporterons ici une lettre de la duchesse Bénédicte, de 1694, qui est son entrée en correspondance avec Leibniz, et qui se trouve isolée dans les pièces de Hanovre :

BÉNÉDICTE, DUCHESSE DE BRUNSWICK, A LEIBNIZ.

D'Hernhausen, ce 19 juillet 1694.

Il est arrivé une assez plaisante aventure à la response que j'avois faicte à la lettre que vous m'avez escrite sur le concile de Trente. On l'a envoyée à Paris, sans y songer, avec mes autres lettres; mais je ne laisseray pas de vous dire encore que, comme je ne suis point assez habile pour parler sur une matière aussy délicate qu'est celle-là, je l'ay envoyée à mad. de Brinon. Elle est, toute dispute à part, sy belle et d'une éloquence qui mérite bien d'estre mise au nombre de celles qui ont desjà esté receues avec tant d'approbation. Je ne doute pas que monsieur de Meaux (1) n'y responde avec plaisir, quoyque dans des sentimens, je croy, un peu différens. Je souhaite de tout mon coeur que vous vous trouviez un jour dans les mesmes; cependant je vous prie d'estre persuadé que l'on ne sçauroit avoir une plus grande estime pour vous que j'ay, et que je seray ravie de pouvoir rencontrer quelque occasion de vous la tesmoigner.

BÉNÉDICTE (2).

LVIII

LEIBNIZIUS AD FABRICIUM, THEOLOGUM HELMESTADIENSEM.

Ex autographo prius edito, quod nunc etiam in bibliotheca Hanoverana servatur.

Hanoveræ, 19 april. 1698.

Hoc ipso momento hinc discessurus Guelfebytum, has ad te do litteras. Putavi additionalis responsi interventu melius consuli dignitati Facultatis. Id enim quod jam dedit, si benigne interpretemur, sustineri potest. Neque ulla erit contradictio, quum non negata fuerit illa, de qua quæritur, potestas, sed judicium tantum dilatum. Præterea si potestatem Pontificis qua Romani, seu sedem Romæ fixam respiciamus, non revocatur declinatio. Omnia igitur optime conspirant, et poterit responsum additionale esse articuli secreti loco non statim producendi, sed tum demum ubi altera pars videbitur sic satis optimæ nostrorum voluntati respondere: quæ

---

(1) Bossuet.
(2) Bénédicte Henriette Philippine, fille d'Édouard, Palatin du Rhin, était veuve de Jean-Frédéric, duc de Brunswick, frère de l'Électeur et son prédécesseur sur le trône.

causa etiam fuit, ut posterioribus cogitationibus hanc separationem prioris responsi reformationi præferendam putarem. Quid Serenissimus Dux cum Domino Calixto de hac re egerit, mox intelligam, ubi Guelfebytum appulero.

Significavi Domino Schmidio Dominum Abbatem Molanum mihi scripsisse, distinctionem illam juris divini, de qua agitur, sibi vehementer probari; idque fortasse a Domino D. Schmidio jam intellexeris. Nunc vicissim ut ei meum iter cum officiosa a me salute indices peto.

Visitatio his temporibus haberet difficultates: putem tamen nihilominus commodo Academiæ consuli posse; et operæ foret pretium omnia diduci distinctius, quo melius consultari in aulis possit. Omnino tollenda est illa inter convictus distinctio, et jubendum ut harum regionum cives apud vos aliquamdiu studiis dent operam. Vale, et felicia festa age.

LEIBNIZIUS.

LIX

LEIBNIZIUS AD FABRICIUM, THEOLOGUM HELMESTADIENSEM.

Ex autographo prius edito, quod nunc etiam in bibliotheca Hanoverana servatur.

Guelfebyti, 22 april. 1698.

Visum est Serenissimo Duci, Antonio Ulrico, aliquem vestrûm accersere; et placuit tandem, ne in te solum omnis derivetur invidia, quum nuper onus sustinueris, nunc venire Dominum D. Schmidium, præsertim cum prætextus rerum mathematicarum in ipso adsit. Interim ad te mittitur eques, qui has ad te deferet. Tu quæso inclusas Domino D. Schmidio tradi curabis, atque etiam cum ipso de re tota, quam noris, deliberabis, si placet. Ita spero confectum iri omnia. Vale interim et fave, nam hæc festinus scribo.

LEIBNIZIUS.

P. S. Si tute ipse simul venire velles, foret Serenissimo Duci gratissimum; sed, ut dixi, veriti fuimus ne nunc iterum venire gravarere.

LX

LEIBNIZIUS SCHMIDIO S. D.

Ex autographis editis a Veesenmeyer et in publica auctione Dni Libri a Dno Philips emptis denuo inspexit Foucher de Careil.

Guelfebyti, 22 april. 1698.

Placuit Serenissimo Duci, Antonio Ulrico, ut huc venires his feriis (1), eamque in rem mittit hoc, quod accipis, mandatum vectorium. Adventus tuus promtus mihi pergratus erit; Dominus Wagnerus, si videbitur, tecum venire poterit. Præfectus Regio-Lutherensis curabit ut huc deveharis. Tu mandatum ipsi maturrime mittes. Vale.

LEIBNIZIUS.

P. S. Etsi in mandatis habeat præfectus, ut equos

---

(1) Cf. Leibn. Ep. ad Fabric., t. I, n° XIII, p. 23.

Helmestadium tuî vehendi causa mittat, ego tamen propemodum suaderem ut scribas præfecto velle te propria opera curare, et venire ad Regiam Lutheram atque ibi equos paratos certa die sperare. Causa cur hoc suadeam hæc est, ut strepitus evitetur Helmestadii hominumque sermones, magisque in gratiam videndi meî Bibliothecæque Guelfebytanæ, et similes ob rationes huc venisse videaris, quam a summo Duce accersitus.

Maluit summus Dux te venire nunc potius, quia nuper Dominus D. Fabricius affuit, ne is putet in se solum derivari onus. Accedunt alia, de quibus coram. Ad res mathematicas pertinentia prætextui tuî accersendi aptiora. Iterum vale.

LXI

LEIBNIZIUS AD FABRICIUM, THEOLOGUM HELMESTADIENSEM.

Ex autographo prius edito, quod nunc etiam in bibliotheca Hanoverana servatur.

Guelfebyti, 9 maii 1698.

Præter opinionem accidit ut adhuc hærerem hoc loco; ita factum est ut Serenissimus Dux hoc mane jam discessuro mittat tuas, et ad se venire adhuc jubeat. Gaudeo rem pro confecta habendam. Cum Serenissimo mox loquar; et, quia litteras tuas mecum communicavit, dicam quæ ad rem videbuntur et ad mentem tuam. Interea apud Dominum Calvœrium et alios *parcius ista viris* tamen exponenda memento Quidam enim simulant assensum, ut aliquid expiscentur; quanquam de ipso Domino Calvœrio nil tale suspicer : vereor enim ne rumore nascente de talibus habeamus novas lites, et pro pace bella. Sed ea tua est prudentia et circumspectio, ut hæc superflua judicem monita; quanquam superflua non nocent. Iter felix et faustum precor.

Dominum Francum, quæso, in transitu a me saluta, et dic sperare me consilia ejus mihi probatissima bene processura porro ; et desiderare ut per Dominum Ludolphum juniorem cum Moscovitis jam redituris fructuosum aliquid efficere curet, quo scholæ ad ipsius morem apud Russos aperiantur : quod posset esse initium procurando nostris aditus usque ad Sinas. A Serenissimo Duce jam redeo : is valde laudat operam tuam, iterque faustum precatur. Bene distinguit inter singularia dogmata, quæ Pietistis, quos vocant, imputantur, et inter laudabiles conatus, qui semper sunt juvandi. Ego te salvum redire quamprimum opto precorque ; rogo etiam, si paulo diutius absis, nos ignaros tuî esse non patiaris.

Dominus Sturmius, Altorfii professor, disputatiunculam mecum habet. Ego puto omni substantiæ vim actricem seu nisum inesse, etsi non nisi secundum leges mechanicas exerceatur. Ille, Malebranchium et quosdam Cartesianos sequutus, vult Deum solum agere. Respondi ipsi ante menses aliquot, et filius, professor Guelfebytanus, schedam meam misit. Spero nunc mea paulo melius intellecturum. Nam antea putabat primum discrimen nostrarum sententiarum esse nimis parvum, postea credidit esse nimis magnum ; nec satis distincte mihi procedere videbatur pro declarandis tanti momenti veritatibus, imo ne id quidem satis constituisse, quid vis et actio sint. Eum a me salutari interim peto. Domino Weigelio etiam, si eum Noribergæ invenis, salutem a me rogo ut nunties, testerisque apud ipsum libentissime me semper ad præclara ejus consilia aliquid collaturum; sed postulanda sunt quæ fieri possint. Semper tantum ad me scripsit de rebus exigui momenti, et quæ valde commendari non possunt, velut de globis suis heraldicis, de calendario, etc. Ego vero malim agi res majoris ad bonum publicum momenti, et virum præclarum, dum adhuc superest, uti Dei donis. Vale.

LEIBNIZIUS.

P. S. Peto Domino D. Schmidio salutem dici. Dominus Calixtus scripsit, se mox apud suum Ducem fore. Nihil tangere voluit de conclusione per majora (1).

LXII

LEIBNIZIUS SCHMIDIO S. D.

Ex autographis editis a Veesenmeyer et in publica auctione Dni Libri a Dno Philips emptis denuo inspexit Foucher de Careil.

Hanoveranæ, 13 maii 1698.

Serenissimus Dux mihi adhuc Guelfebyti existenti monstravit transmissam delineationem responsi Fa-

---

(1) Hoc loco intercalari debuit epistola comitis de Puchaim ad abbatem Locumensem (Vienne, 10 maii 1698), et infra, sub 16 maii die, altera, Molani cujus initium sumit ab illis quos miserat nummis. N. E.

cultatis addititii, qua contentum se esse ostendit. Spero interim expeditionem ipsam esse secutam. Domino D. Fabritio Guelfebyto adhuc scripsi (1), et litteras ei ante discessum redditas puto. Locus Lutheri mihi valde placet, quo distinctio nostra confirmatur. Puto ab altera parte etiam loca Pontificiorum jus divinum de ipsa potestate, non de applicatione ad Romam, intelligentium reperiri posse.

Utile erit Domino Wideburgio suggeri ut de toto hoc responsi negotio nihil attingat, nisi ubi summa necessitas id exiget. Dominus senior vester litteris ad summum Ducem datis ita locutus est, ac si ipse contribuisset non parum. Sed cum Dominus D. Fabricius scripsisset per majora fuisse conclusum quod desiderabatur, facile fuit judicare quid ab ipso actum fuerit.

Domino Reihero juveni indicavi, ex libro in Gallia edito, quæ Dominus Cassinus afferat pro calendario Gregoriano et de Siamensium cyclo. Id puto parenti considerandæ Cassinianæ sententiæ occasionem dedisse. Vellem ipse cum Cassino communicaret de cyclo suo, cujus ego explicationem non vidi : nam quæ vidi adhuc αἰνιγματικώτερα mihi visa sunt ; eo autem nunc nec otio abundo, nec OEdipum agere possum. Hortandi sunt viri docti ut, omissis illis mentalibus reservationibus, quibus nemini magis quam sibi ac suis inventis tenebras obducunt, candide exponant quæ publice utilia esse judicant.

Dominum Wagnerum puto mox, ut mihi coram dixerat, absolutis iis quæ adhuc finienda restabant,

---

(1) Cf. Ep. Leibniz. ad Fabric., t. I, p. 24, n° XIV.

ad nos excurrere posse, idque quando futurum sit mox discere spero. Vale.

LEIBNIZIUS.

LXIII

LEIBNIZIUS SCHMIDIO S. D.

Ex autographis editis a Veesenmeyer et in publica auctione Dni Libri a Dno Philips emptis denuo inspexit Foucher de Careil.

Hanoveranæ, 24 maii 1698.

Gratissimum est intelligere ex tuis expeditam esse sententiam vestram. Valde vereor ut libellum Picteti (1) apud vos recudi, eique colloquium Lipsiense (2) addi, e re sit. Suspicor enim resuscitatum ita iri lites cum Saxonicis : nam ipsos contradixisse jam olim editioni colloquii Lipsiensis intellexi ex Strauchii continuatione libri Sleidani de quatuor summis imperiis. Et quod Pictetum attinet, sive approbentur apud vos ejus consilia, sive improbentur, nullum fructum video. Nam improbare, est lites alere cum Reformatis ; approbare, est renovare cum Witenbergensibus et ὁμοψήφοις. Nec video quid dicturus sit Dominus Calixtus, quod non jam in præfatione ad paternum scriptum dixerit : frustranea ergo non tantum repetitio est, sed et anceps ; constat enim illa præfatione Saxones fuisse perturbatos.

(1) De consensu et dissensu inter Reformatos et Augustanos fratres ; edidit Pictetus etiam vindicias Dissertationis de consensu, etc. N. E.

(2) Quod a. 1631 habitum fuit, de quo cf. *Mosheims K. Gesch. von Schlegel übers. B. IV, S.* 295. N. E.

Mea sententia est abstinendum esse, qua pote, a scriptis publicis, veniendumque ad tractatus, sed ita ut primum animi sine strepitu præparentur. Scripta typis edita tantum abest ut conferant sub initio, ut potius noceant. Sed hæc tibi dicta velim, et in tuo arbitrio relinquo an ipse per te Domino Abbati Calixto hanc editionem dissuadere velis. Colloquii latinam versionem a te communicatam habet apud se adhuc Dominus Abbas Molanus, a quo repetam.

Nostra Aula in concedenda certa summa de dote Academiæ pro Bibliothecæ Juliæ augmento facilis erit. Sed res ad communicationem cum Dominis Guelfebytanis redibit, penes quos præsertim nunc directorium est.

Domini Wagneri mihi gratus erit adventus. Circa follem metallicum proposueram nuper aliquid ei tentandum; sed, re geometrice considerata, deprehendi non esse possibile ut tria illa puncta durante motu maneant semper in plano horizontali.

Non memini me videre hactenus qui de resistentia solidorum scripserit empirice, et de lignorum et lapidum firmitate dederit experimenta, unde cætera ratione consequi liceret; quod tamen per esse necessarium, ne praxis submitteretur legibus theoriæ.

Vaubanius, præfectus munimentorum Galliæ Regis, ab Academia scientiarum regia petierat Elementa quædam mechanica ingeniario profutura. Eum laborem in se susceperat Mariottus, vir in his studiis inprimis egregius, et talia tradere brevi libello erat aggressus, ut scripsit ipse mihi; non tamen ut ederetur in publicum. Itaque nescio quid huic labori sit factum.

Tametsi autem multum inter ligna lapidesque intersit, putem tamen aliquid constitui posse quod nos reddat securos. Has ad Dominum Benzelium curari peto, quem adhuc apud Lipsienses agere arbitror. Vale.

Leibnizius.

LXIV

BÉNÉDICTE, DUCHESSE DE BRUNSWICK-LUNEBOURG, A LEIBNIZ.

<small>Original autographe inédit de la bibliothèque royale de Hanovre.</small>

A Modène, le 29 de may 1698.

Je ne sçay si je n'ay point respondu desjà à la dernière lettre que vous m'avez escrite en m'envoyant la lettre du médecin qui vous a escrit de Vienne ; j'ay tousjours tant de lettres à respondre qu'il faut un peu excuser si j'y manque quelques fois. Cependant je vous asseure que je ressens extresmement le zèle et l'attachement que vous tesmoignez pour les intérests de ma fille, à qui je n'ay pas manqué de le bien dire. Nous sçavions desjà tout ce que la malignité des mal intentionnés pour nous a pu inventer contre elle; mais, Dieu mercy, ce sont toutes choses si esloignées de la vérité qu'il n'est pas difficile de les convaincre de faussetés, ayant d'assez bons tesmoings de plus d'un pays, qui ont veu assez souvent la Princesse de Brunsvic pour que l'on ne puisse pas estre persuadé que les deffauts qu'ils luy attribuent auroient faict du bruit dans le monde il y a longtems, si elle en avoit eu le moindre. J'espère que présentement ceux qui l'ont veue depuis peu d'assez près auront dissipé toutes ces impostures-là. Vous m'avez faict cependant bien du plaisir de me faire part des nouvelles que vous en avez eues, dont je vous remercie de très bon cœur; et je vous prie de croire que j'ay tousjours pour vous, Monsieur, beaucoup d'estime, dont je seray ravie de pouvoir vous donner des marques dans toutes les occasions.

BÉNÉDICTE.

LXV

LEIBNIZIUS SCHMIDIO S. D.

Ex autographis editis a Veesenmeyer et in publica auctione Dni Libri a Dno Philips emptis denuo inspexit Foucher de Careil.

Hanoveræ, 7 jun. 1698.

Sententia quam perscripsi, et quam tibi placere libens intelligo, non tam mea est quam Ministrorum. Itaque ut ea ad Dominum Abbatem Calixtum perveniat, scribo litteras ad te his adjunctas, quas ipsi monstrare possis; ubi nulla ipsius mentio, sed respondeo epistolæ tuæ, quasi mihi institutum typographi significaveris occasione repetendi exemplaris colloquii tui. De Domino Wagnero proximus nunc festinat tabellarius.

LEIBNIZIUS.

LXVI

LEIBNIZIUS SCHMIDIO S. D.

Ex autographis editis a Veesenmeyer et in publica auctione Dni Libri a Dno Philips emptis denuo inspexit Foucher de Careil.

Hanoveræ, 7 jun. 1698.

Gratias ante omnia ago quod pro humanitate tua mihi significas Picteti, theologi Genevensis, librum irenicum nuper editum Helmestadii a typographo recusum iri, et e re visum ut colloquium, Lipsiæ olim inter Saxonas, Brandeburgicos et Hassos habitum, adjiciatur. Cum vero eum in usum a me repetas latinum colloquii hujus exemplar quod mihi commodato dedisti, nunc vero Dominus Abbas Molanus apud se habet, curabo ut quam primum ad te redeat.

Non possum tamen non monere me ex nostris Status administris intellexisse, videri ipsis consultum ut negotium hoc irenicum potius præparetur tractationibus privatis, quam scriptis publicis, quibus facillime crabrones irritantur. Credunt enim editis libris salutaria illa consilia, antequam nonnihil maturuerint, magis sufflaminari quam juvari. Itaque jussus sum id tibi significare, quod nunc facio, petoque ut mihi perscribas sententiam tuam, atque interea editionem quam memoras, suspendi cures. Vale.

LEIBNIZIUS.

LXVII

LEIBNIZIUS SCHMIDIO S. D.

Ex autographis editis a Veesenmeyer et in publica auctione Dni Libri a Dno Philips emptis denuo inspexit Foucher de Careil.

Hanoveræ, 24 jun. 1698.

Cum tuas accepi, jam scripseram ad Serenissimum Ducem, Antonium Ulricum, et credo proinde amico nostro eadem illic fuisse dicta, quæ ad te scripseram. Cum non adsit Dominus Bacmeister, locutus sum pro Domino Wagnero cum Domino Barone de Els, gubernatore Principis Electoralis, et hoc meam sententiam probante, ipsi Serenissimæ Electrici aviæ rem commendavi, præsente Domino Barone Helmontio, ad quem etiam postea Dominum Wagnerum misi, ut ipse de visu testimonium perhibere possit. Sed captanda est commoda occasio rem Serenissimo Electori proponendi; occurrunt non raro in aulis obstacula, præsertim ubi tandem ad rem pecuniariam veniendum est, constituendumque salarium novum. Nam qui attentiores sunt ad rem, mavolent officiali cuidam jam tum stipendia habenti addi paulum aliquid. Unde nihil adhuc certi pronuntiari potest. Vale, et fave.

LEIBNIZIUS.

LXVIII

LEIBNIZIUS SCHMIDIO S. D.

Ex autographis editis a Veesenmeyer et in publica auctione Dni Libri a Dno Philips emptis denuo inspexit Foucher de Careil.

Guelfebyti, 4 jul. 1698.

Negotium Marienthaliensis Abbatiæ tibi conferendæ conclusum esse Serenissimus Dux, Antonius Ulricus, mihi in memoriam revocanti tandem signi ficavit; quod tibi nunc Hanoveram rediturus mature perscribere volui. Dixit etiam Serenissimus, ex quo tidianis Portarum catalogis compertum sibi Dominum D. Fabricium nuper hac transiisse. Doleo id mihi serius cognitum ; alioqui libenter fuissem collocutus. Serenissimus etiam Domino Abbati Calixto ea ipsa quæ tibi scripseram, sponte sua dixit. Pedem alterum habens in curru nunc abrumpo. Vale.

LEIBNIZIUS.

LXIX

LEIBNIZIUS SCHMIDIO S. D.

Ex autographis editis a Veesenmeyer et in publica auctione Dni Libri a Dno Philips emptis denuo inspexit Foucher de Careil.

Linsburgi, 3 aug. 1698.

Veniam peto quod ad gratissimas tuas diutius silui quam aut volui aut debui; sed mire fui distractus, cujus rei testis esse potest Dominus Wagnerus. Præter agenda domi complura, ipsiusque transferendæ Bibliothecæ Electoralis curam, duo itinera intervenere, brevia quidem nec longinqua, sed quibus tamen non parum temporis deteritur. Reverso enim a Guelfebyto nuntius venit Linsburgum me vocans, ubi nunc Aula nostra versatur.

Serenissimus Dux, Antonius Ulricus, Domino Abbati Calixto ea ipsa dixit quibus dictis opus erit.

Si ante nundinas non conficitur negotium tuum, urgebo in illis ipse ut tandem aliquando finis imponatur.

Dominus Wagnerus mihi nunc opem fert in transferenda Bibliotheca; spero aliquam rationem reperire consulendi rebus ejus. Puto nihil obfuturum, si paulum absit Helmestadio, tametsi de nonnullis studiosis, qui operam ejus expetierint, sollicitus videatur. Nolim tamen præscribere quicquam, et puto probaturum quæ a te suadebuntur.

Ita est, ut ad te perscriptum fuit: Dominus Comes Marsilius Bononiensis, cujus nuper libellus de Litheosporo patrio prodiit Lipsiæ, in describenda regione Danubii per Hungariam et ultra versatur, idque jussu Cæsaris, postquam aula malis edocta deprehendit quam necessaria fit topographia locorum per quæ crebro commeare debent exercitus.

Utinam aulæ vel hoc exemplo excitatæ majorem utilissimis studiis mathematicis ornandis et augendis opem ferrent! Ita instrumentorum Eimartinis similium non modulos tantum, sed et perfectas ad usum elaborationes haberemus. Nunc oportet nos vel descriptionibus esse contentos.

Ipsum Dominum Eimartum (1) accepi nescio quam habere sententiam singularem de motibus planetarum; de qua si qua ad te pervenit notitia, rogo ut eam velis mecum esse communem.

Observatio Mercurii in Sole, tum ad motum planetæ magis magisque constituendum, tum ad longitudinum differentias vel æstimandas vel examinandas, proderit; nec dubito Dominum Eimartum cogitasse de his quæ ex collatis observationibus duci possint.

Video Noribergæ esse quendam Dominum Wurzelbauerum (2), qui et ipse nuper se studiosum observatorem ostendit. His vellem multos similes haberet Germania.

Pro tuo programmate doctissimo, ut tua solent, et dissertatione de sudariis ago gratias quæ tibi et a me et ab omnibus debentur.

Unum dicere oblitus sum, Dominum Cancellarium Guelfebytanum, Serenissimorum Fratrum missu, Hamburgum ivisse nuper; nec satis mihi constare an rediturus sit ante nundinas; sperare tamen me, quando ipso nondum digresso conclusa fuit res tua, ipso Serenissimo Duce mihi dicente, absentiam ejus conficiendo penitus negotio non obfuturam. Vale, et fave.

LEIBNIZIUS.

---

(1) De Eimarto v. Willi, cl. v. *Nürnberg. Gel. Lexikon*, t. I, p. 333-337.
(2) De Wurzelbauero, v. ibidem, t. IV, p. 320-323.

LXX

BÉNÉDICTE, DUCHESSE DE BRUNSWICK-LUNEBOURG, A LEIBNIZ.

Original autographe inédit de la bibliothèque royale de Hanovre.

A Modène, le 13 août 1698.

J'ay bien cru, monsieur Leibniz, que vous vous resjouiriez de la naissance du petit Prince de Modène et que vous prendriez un peu de part à ma joye, dont je vous suis fort obligée, et surtout de la manière dont vous tesmoignez vostre zèle sur ce qui regarde ma fille, la Princesse de Brunsvic: ce qui ne me surprend pas, sçachant l'affection que vous aviez pour M. le Duc, qui avoit tant d'estime et si particulière pour vous qu'il est bien naturel l'attachement qui vous en reste pour sa famille et toute la maison. Les soings que vous prenez pour en faire voir l'illustre origine ne luy servira pas encore peu pour en faire paroistre toutes les grandeurs. Vous avez bien faict d'en parler aux envoyés : mais il y a icy un père bénédictin, qui est bibliothéquaire et que l'on dit estre fort sçavant, qui pourra vous en donner de meilleurs esclaircissemens que ces messieurs-là; il s'appelle le père Bachini, qui a faict mesme des livres, je croy, d'antiquité, et surtout cette Mathilde dont on parle tant. Au reste, vous avez trouvé à respondre à merveille sur la malignité que l'on a esté trouver contre ma fille ; et ce Henry le Bastard, roy de Castille, estoit tout à propos pour opposer à nostre grand-père le pape, dont on nous accuse de descendre. J'avoue que je n'avois jamais ouy parler de cette saincte descendance-là. Après cela nous devrions faire des miracles; mais je m'estonne que l'on n'ait pas esté plus scandalisé de voir un religieux parler de ces choses-là. Enfin je vous prie d'estre persuadé que l'on ne sçauroit avoir plus d'estime pour vous ni plus sincère que j'ay.

BÉNÉDICTE.

LXXI

PROJET DE LEIBNIZ

(AU NOM DE L'ABBÉ DE LOCKUM)

POUR FACILITER LA RÉUNION DES PROTESTANTS AVEC LES ROMAINS CATHOLIQUES.

Original autographe inédit de la bibliothèque royale de Hanovre.

Comme on ne sçauroit assez louer le zèle du révérendissime et illustrissime seigneur François-Antoine, évesque de Neustadt, comte du sainct-empire et seigneur de Bucheim, baron de Raps et Krumbach, seigneur de Gollersdorf, Mühlberg et Aspersdorf, sénéchal ou *Truchsess* héréditaire d'Austriche au-dessus et au-dessous de l'Ens, et conseiller actuel et chambellan de Sa Majesté impériale, etc., venu dans ce pays par un ordre receu du siége de Rome, pour reprendre en main et pousser la saincte affaire de la

(1) Ce projet de Leibniz fait partie des *Irenica*, et est catalogué dans le 7ᵉ volume de théologie, à Hanovre, 9 pages in-fol. Il est entièrement inédit, et collationné par Grotefend. N. E.

Réunion chrestienne, que la Sacrée Majesté de l'Empereur avoit desjà recommandée plus d'une fois, il y a plusieurs années, au Sérénissime prince Ernest-Auguste, duc de Brunswic et de Lunebourg, électeur du sainct-empire et évesque d'Osnabruc, de glorieuse mémoire, et que le précédent évesque de Neustadt, de pieuse mémoire, avoit entamée icy ; on ne peut point se dispenser de reconnoistre, en mesme temps, que des desseins et travaux si louables, et qui marquent tant de piété et de bonne intention, méritent qu'on y responde convenablement de nostre costé, autant qu'il est possible.

Certes la charité (qui est la plus haute entre les vertus), l'amour de la paix, si recommandé par Jésus-Christ, et les preuves d'une modération chrestienne données depuis si longtemps de ce costé-cy, demandent qu'on n'obmette rien maintenant qui soit en nostre pouvoir, et qui puisse servir à lever ou à diminuer le malheureux schisme, qui est si pernicieux aux âmes et qui déchire l'Occident depuis plus d'un siècle et demi.

Or il est bien manifeste qu'on ne sçauroit imputer la continuation du schisme et des maux qui en dépendent à ceux qui travaillent de tout leur pouvoir à faire en sorte que l'unité hiérarchique soit restablie, s'il est possible, et qui sont prests à y contribuer en tout ce qu'on peut leur demander avec justice et tout ce qu'ils peuvent effectuer sans blesser leur conscience.

Puisque donc les nostres, qui ont pris part depuis quinze ans à cette affaire, ont faict voir abondamment, selon les intentions et ordres dudict sérénissime seigneur électeur de Brunswic, de très-heureuse mémoire, qu'ils avoient cette bonne intention, et puisqu'il a plu à son sérénissime successeur et fils, George-Louis, duc de Brunswic et de Lunebourg, électeur du sainct-empire, etc., nostre très clément seigneur, de faire continuer cette négotiation sous son authorité et par ses ordres très-exprès : il est aisé de juger que ces mesmes personnes susdictes en doivent avoir bien de la joye ; sur tout voyant que les semences jettées par leurs soins commencent à germer par la bénédiction divine, et que le Pape mesme paroist avoir le dessein de leur faire voir combien il est porté à la paix de l'Église.

Or la base et le fondement de la possibilité de la Réunion consiste dans ce dogme, que les docteurs catholiques romains enseignent communément, sçavoir: que personne ne doit estre tenu pour hérétique quand mesme il seroit dans l'erreur, lorsqu'il est prest de sousmettre son sentiment au jugement de l'Église catholique, et lorsqu'il est persuadé qu'elle a l'assistance du Sainct-Esprit pour estre menée à toute vérité salutaire par le chemin d'une procédure légitime.

Nos pieux ancestres ont marqué eux-mesmes qu'ils estoient de ce sentiment, lorsqu'ils ont demandé dans la Confession d'Augsbourg que les controverses fussent deûment terminées par le moyen d'un concile chrestien. Mais les nostres mentionnés cy-dessus sont allés aujourd'huy à des déclarations plus expresses et plus favorables, et ne refuseront pas d'aller jusqu'aux derniers bords de la condescendance chrestienne, pour marquer plus efficacement et plus réellement leur inclination et volonté, qui ne sçauroit estre meilleure.

Car ils sont d'avis qu'il y a moyen de renouer l'union hiérarchique rompue et de se rejoindre dans un mesme corps avec l'Église romaine, encore avant ce concile œcuménique, dont peut-estre la convocation ne pourroit pas estre obtenue sitost, à cause de plusieurs difficultés que la face présente de la chrestienté peut faire craindre.

Ainsi, nos ancestres paroissant avoir voulu différer le tout jusqu'à un concile général, ou du moins jusqu'à un synode de la nation germanique, et plusieurs mesmes ayant tesmoigné ne vouloir avoir aucun commerce avec le pontife romain : les nostres susdicts, pour monstrer toute la modération possible, sont prests à entrer en traité avec le Pape et à consentir que tout ce qui peut estre nécessaire pour la Réunion soit procuré par son authorité.

Mais ils jugent certaines *conditions ou demandes* nécessaires pour cet effect, qu'ils croyent pouvoir estre accordées par le Pape ; après quoy ils ne croyent point qu'il y ait grande chose qui puisse et doive empescher davantage une réunion actuelle : d'autant plus que la pluspart des controverses, comme il sera dict encore plus amplement cy-dessous, ne sont point réelles ou reçoivent au moins des tempéramens, et que les autres peuvent estre différées ou laissées indécises sans faire tort à l'unité.

Ces *demandes* très-équitables, que le party de Rome doit accorder de son costé aux protestans pour restablir l'unité du corps hiérarchique, consistent principalement dans les poincts suivans :

Premièrement. Que les protestans retiennent perpétuellement dans leur Église la communion du corps et du sang de Nostre-Seigneur Jésus-Christ sous les deux espèces ; en sorte, pourtant, que les mesmes protestans ne condamnent point la communion sous une seule espèce.

Secondement. Qu'on n'oblige point les protestans de recevoir dans leurs églises les messes solitaires ou sans communions, ny l'usage d'une langue inconnue au peuple, ny d'autres practiques du rite romain, qu'on ne sçauroit introduire chez eux sans beaucoup de troubles et inconvéniens; et qu'au lieu de cela ils retiennent leurs rites autant qu'il se peut, en sorte, pourtant, que les mesmes protestans ne condamnent point, dans les practiques et cultes receus dans l'Église romaine, ce que l'on peut tolérer sans blesser la piété : ne doutant point que l'authorité du Pape, autant qu'il se pourra sans scandaliser les peuples, ne lève efficacement des abus que des personnes judicieuses et estimées dans l'Église catholique romaine ont rejettés en partie, et qui font le plus d'obstacle à la Réunion.

Troisièmement. Qu'on laisse aux prestres et autres ecclésiastiques des protestans la liberté du mariage, telle qu'elle a esté receue et practiquée icy parmy eux.

Quatrièmement. Qu'à l'esgard des ordinations faictes jusqu'icy, et les degrés et dignités des ecclésiastiques, prestres, évesques et surintendans protestans, on convienne d'une manière recevable et agréable des deux costés : en sorte que doresnavant lesdicts ecclésiastiques protestans puissent estre tenus pour légitimes dans le party romain, sans qu'il se passe rien pour cela qui puisse leur faire préjudice et donner du scandale à eux ou aux peuples, comme s'ils devoient croire que les sacremens n'ont pas esté administrés validement jusqu'icy parmi eux. Mais, quant à l'avenir, pour lever toute sorte de doutes et de scrupules, on observera manifestement et expressément tout ce qui passe pour essentiel dans l'Église romaine à l'égard des sacremens, ordinations, degrés et dignités.

Cinquièmement. Qu'on laisse entièrement aux puissances séculières protestantes ce qui, en vertu de la transaction de Passau et de la paix de Westphalie, ou pour d'autres raisons, leur appartient à l'esgard du clergé et des choses sacrées et ecclésiastiques, personnes ou biens.

Sixièmement. Que, lorsque les protestans satisferont aux offres qu'on marquera tout à l'heure, le Pape et l'Église romaine lèvent en mesme temps toutes les excommunications et tous les anathématismes, et, retournant à une mesme unité ecclésiastique avec lesdicts protestans, déclarent qu'on ne les tient plus pour hérétiques ny mesme pour schismatiques; nonobstant les dissensions qui resteront à l'esgard de certaines controverses non encore accommodées ou qui seront remises à la décision future d'un concile œcuménique.

On avoit faict auparavant encore d'autres demandes, et celle-cy particulièrement, qu'il ne seroit point touché à la doctrine de la justification, qui a passé, au commencement de la Réforme, pour une des principales causes de la rupture. Mais on a trouvé, par une plus exacte discussion, qu'il ne reste plus de différence réelle sur cet article qui soit d'importance, et qu'ainsi il n'est pas à propos de demander ce qu'on a desjà obtenu. On pourroit encore mettre d'autres conditions ou demandes; mais il se trouve qu'elles sont contenues suffisamment dans celles qui viennent d'estre spécifiées, ou qu'on s'en peut passer comme estant moins nécessaires, ou du moins les différer jusqu'au concile ou jusqu'à un temps convenable.

Nous tenons pour certain que le Pape peut consentir à ces conditions et demandes : parce que la puissance de l'Église catholique, qu'il dirige et gouverne, s'estend, quand il use bien de son droict, à tout ce qui n'est pas contraire au droict divin indispensable.

Or la raison manifeste, aussi bien que les principes du party catholique romain, et mesme les exemples, prouvent qu'il n'y a rien dans ces poincts qui soit contraire au droict divin et que le Pape ne puisse permettre : estant certain que ce qu'on a faict en faveur des Grecs dans le concile de Florence et ailleurs, et ce qu'on a faict en faveur des Bohémiens et autres, pourra estre faict aussi, ou bien quelque chose d'équivalent, en faveur des protestans.

Maintenant, s'il est vray que le Pape peut demeurer d'accord de ces demandes ou conditions de la Réunion, sans préjudice du droict divin, il est manifeste qu'il ne peut pas se dispenser d'y consentir, suivant le devoir de sa charge suréminente et suivant le zèle très-louable qu'il fait paroistre : d'autant que ce que les protestans désirent est exigé pour le besoin d'une infinité d'âmes rachetées par le prétieux sang de Jésus-Christ, qu'on voit tous les jours et verra encore, sans cela, périr misérablement par les animosités terribles que les chrestiens font paroistre les uns contre les autres en violant, sous apparence d'un zèle de religion souvent mal entendu, les plus sacrés liens de la charité et de l'humanité.

Car il ne s'agit point icy d'un petit nombre de personnes (quoyque Nostre-Seigneur ait faict connoistre clairement, par la parabole d'une seule brebis esgarée entre cent, combien on doit travailler encore pour le salut d'un petit nombre); mais il s'agit de plusieurs provinces et nations entières et d'une grande partie de l'Europe chrestienne, qui doivent se retrouver ensemble dans le centre de la foy et de l'unité : et tous conviennent que le salut des âmes est la suprême loy de l'Église.

Maintenant, si le siége romain veut bien consentir à ces demandes, les protestans pourront promettre sincèrement à leur tour et accomplir fidèlement les offres suivantes :

Premièrement. Ils reconnoistront dans l'évesque et siége de Rome une primatie d'ordre, de dignité et de direction dans toute l'Église universelle, sur tous les évesques du monde chrestien, et outre cela les droicts suréminens du patriarchat dans l'Église d'Occident, et ils l'honoreront et respecteront comme le patriarche suprême et principal évesque de l'Église catholique et chef ministériel ecclésiastique, et luy seront obéissans selon le droict qui luy appartient dans les matières spirituelles.

Secondement. Les prestres seront sujects à leur évesque, et les évesques à leur archevesque, et ainsi de suite, selon la hiérarchie establie dans l'Église catholique.

Troisièmement. Ils reconnoistront les catholiques romains pour frères en Jésus-Christ, et cultiveront avec eux une unité actuelle, dans une mutuelle charité, nonobstant les controverses, mises à part et réservées à la décision de l'Église.

Quatrièmement. Quand la réunion actuelle sera faite, les protestans aimant également la vérité et la paix feront tout ce qu'ils pourront de leur costé afin que l'unité soit, non-seulement conservée, mais encore estendue et perfectionnée de plus en plus, se promettant que les catholiques qui se servent du rite latin en useront avec la mesme équité et sincérité à leur esgard, afin que tout levain de haine et de soubçon puisse estre enfin destruict entièrement par la grace divine.

Cinquièmement. Ainsi les nostres seront prests à entrer dans une discussion solide et pacifique des controverses qui resteront, et à en avancer la détermination autant qu'il sera nécessaire pour que le sacré dépost de la foy catholique et apostolique, venu jusqu'à nous par une tradition perpétuelle, soit conservé et transmis à la postérité. Et par conséquent, si la décision ne peut estre obtenue par une composition amiable, ils se sousmettront sincèrement à tout ce qui pourra estre définy légitimement là-dessus dans un concile œcuménique, selon le fondement de toute l'affaire que nous avons posé au commencement de cette déclaration : en sorte, pourtant, que le clergé et les docteurs des protestans réunis (à qui on ne pourra plus contester dans le party romain la qualité de catholiques) pourront intervenir dans le mesme concile avec un droict égal à celuy de leurs pareils, à l'exemple de ce qui a esté practiqué avec les Grecs et autres, et particulièrement leurs surintendans, spéciaux, généraux et généralissimes ou autres, conformément à la nature des choses, passeront pour prélats, évesques, archevesques, métropolitains, selon le lieu, rang et degré que chacun doit avoir dans l'ordre de l'Église.

Ces offres sont suffisantes suivant les propres principes establis dans l'Église romaine : car, comme il a esté dict cy-dessus, celuy dont l'esprit docile est disposé à écouter l'Église assemblée dans un concile œcuménique, et qui est prest à se sousmettre au jugement qu'elle donnera en matière de foy et à l'esgard de ce qu'on doit croire, ne pouvant pas estre accusé d'opiniastreté, ne sçauroit estre hérétique ; et celuy qui ne refuse pas aux supérieurs, et principalement au Pape, l'obéissance qui leur est deue en tout ce qui regarde la discipline et ce qu'on doit faire, et qui, bien loin d'apporter des obstacles à l'unité par sa faute, fait tout ce qu'il peut pour lever les empeschemens, ne sçauroit passer pour schismatique.

Cependant les nostres susdicts, croyant ces offres raisonnables, ont déclaré en mesme temps, comme aussy la chose s'entend d'elle-mesme, qu'ils ne veulent et ne peuvent donner la loy à d'autres, ny faire préjudice à qui que ce soit, ny précipiter l'affaire en concluant sans le sceu de leurs frères ; mais qu'ils ont voulu seulement déclarer leurs sentimens et avis, et contribuer de leurs soins à faire en sorte que ces conseils salutaires soyent encore approuvés par d'autres ; et ils s'en promettent autant du zèle pacifique des catholiques romains qui entrent dans cette négotiation, afin que ce qui doit commencer nécessairement par peu de personnes puisse estre respandu parmy plusieurs, autant qu'il se pourra faire avec la bénédiction divine, et autant que la prudence chrestienne le pourra permettre.

Après cette exposition de la substance de l'affaire, il reste seulement de proposer en abrégé les pensées que la bonne intention des nostres a faict naistre, touchant la manière de venir à la practique et d'approcher de l'exécution, dont on a d'autant plus de suject de parler maintenant, que l'interposition de l'autorité papale, que les nostres avoient demandée préliminairement, et qu'on leur avoit fait espérer, vient de paroistre en quelque manière.

Or les nostres qui sont entrés dans cette affaire ayant parlé avec tant d'ouverture de cœur, et estant allés si loin de leur costé qu'il ne paroist point qu'on puisse maintenant leur demander avec justice une explication plus claire et plus favorable, il est temps qu'on se mette en devoir du costé catholique romain d'aller d'un pas égal avec eux.

Ainsy il semble que les nostres peuvent souhaitter avec raison (sans rien prescrire pourtant), qu'en vertu d'une commission papale, et sous l'authorité de Sa Majesté Impériale, on nomme des théologiens catholiques romains, pieux, moderés, sçavans, entendus dans les controverses et dans les affaires d'Allemagne, mas encore zélés pour la patrie et non suspects ny odieux aux protestans, lesquels puissent travailler, sous une direction supérieure, à peser tout ce que nous venons d'avancer icy, à communiquer là-dessus avec les nostres, à applanir les difficultés, et à donner enfin une relation ou rapport aux supérieurs qui puisse servir à procurer une déclaration de leur costé, laquelle réponde et satisfasse à la nostre.

En quoy l'on aura d'autant plus besoin de circonspection dans le choix des personnes et dans le ménagement de l'affaire, que c'est une chose manifeste, et que l'expérience nous a assez apprise dans cette mesme négotiation, qu'il n'y a que trop de gens qui se soucient bien peu du bien de l'Église lorsque leur intérest n'y entre point, et qu'il y en a mesme assez qui ne souhaittent rien moins que l'union et le repos de l'empire ; et il ne faut point douter que ceux qui sont de ce nombre ne remuent tout pour trouver quelque achoppement qui puisse empescher ou reculer au moins ces bons desseins.

Cependant il sera très-utile de part et d'autre de faire recueillir des passages favorables des autheurs graves et estimés dans leur party, et de rechercher sous main des approbations et jugemens conformes des personnes dont le sçavoir et la prudence soyent reconnus, et d'ailleurs d'agir de concert ensemble et avec communication, autant qu'il se peut, pour avancer ces desseins si agréables à Dieu et aux hommes de bonne volonté.

Et, puisqu'on s'est desjà offert et faict fort de ce costé-cy de faire évanouir la plus grande partie des controverses par la *voye de l'exposition* et par une *espèce de liquidation*, en faisant voir que, le sentiment de l'un et de l'autre party estant bien entendu, il se trouve souvent que les différences ne sont point réelles ou ne sont que philosophiques, ce qui rendra le chemin de la Réunion d'autant plus aisé qu'il y aura moins à réserver pour une décision future : c'est pour cela que Sa Majesté Impériale a desjà receu deux décades ou dizaines de controverses vuidées, que l'abbé de Loccum a envoyées, auxquelles il joint présentement la troisième, qu'on destine à sadicte Majesté Impériale avec la plus dévote et la plus humble des soumissions; et il espère d'en envoyer encore d'autres, avec l'aide de Dieu.

On a cru à propos de joindre icy le catalogue de ces trois décades des controverses qu'on croit terminées, afin qu'on voye combien de grandes disputes peuvent passer maintenant pour finies, lesquelles autrement paroissoient devoir rendre la Réunion et la paix de l'Église fort difficiles.

PREMIÈRE DÉCADE.

1. La controverse du sacrifice de la messe n'est point réelle, mais purement verbale.

2. Il n'y a point de controverse du tout ou du moins, il n'y en a point qui doive estre entre les protestans et l'Église catholique romaine, touchant les prières pour les morts et leur utilité en général, faisant abstraction de la manière de leur effect et fruict en particulier.

3. Les prières pour les morts estant supposées de part et d'autre, et estant supposé que les âmes des défuncts en retirent quelque utilité, faisant abstrac-

tion des incommodités dont elles sont délivrées par leur moyen, la question qui reste touchant la manière spéciale de leur effet et utilité est problématique; elle ne doit point arrester la paix de l'Église, et il est permis de part et d'autre de suivre ses sentimens là-dessus, pourvu qu'il n'y entre rien qui soit contraire à l'analogie de la foy.

4. Dans la messe ou Sainte-Eucharistie, les obligations peuvent estre faites pour les vivans et pour les morts, pourveu qu'on l'entende bien ; et les protestans les peuvent admettre, particulièrement ceux qui suivent l'Apologie de la Confession d'Augsbourg, qui dit qu'il n'est pas seulement permis, mais qu'il est mesme utile de prier pour les morts.

5. Le sentiment de ceux qui disent que la messe est un sacrifice propitiatoire pour les vivans et pour les morts, estant bien expliqué, peut passer.

6. Les messes publiques et solennelles ont esté conservées dans les églises des protestans, qui n'ont rien de considérable à dire contre le canon de la messe des catholiques romains, sinon qu'il y a une invocation des saincts et que la messe n'est pas célébrée en langue vulgaire.

7. Si le sentiment des catholiques romains, en célébrant le sacrement de l'autel ou de l'Eucharistie, est de ne pas terminer l'adoration à l'hostie, mais à Jésus-Christ présent, il ne reste point de controverse sur cet article entre les catholiques romains et les protestans.

8. Si le Pape déclare publiquement que les paroles de la treizième session du concile de Trente, où il est dict que Jésus-Christ doit estre adoré du culte de latrie

dans le sainct sacrement de l'Eucharistie, ont ce sens que cette adoration doit estre terminée uniquement à Jésus-Christ présent, en ce cas les protestans mesmes se peuvent mettre à genoux dans la messe solennelle des catholiques lorsqu'on distribue actuellement le pain et le vin consacré, Jésus-Christ s'y trouvant par sa présence gratieuse et sacramentale, et pouvant estre honoré alors du culte de latrie avec la plus grande dévotion qui soit possible, au lieu qu'on ne doit qu'un culte ou honneur civil aux espèces du pain et du vin.

9. Il n'y a plus de controverse sur la question si l'intention du ministre est nécessaire pour la validité du sacrement : il suffit de s'entendre.

10. La controverse sur le nombre des sacremens est verbale et point du tout réelle.

SECONDE DÉCADE.

11. Le sacrement de la Confirmation n'est pas seulement conservé dans la pluspart des églises protestantes, mais encore ordinairement il ne se peut administrer chez eux que par les évesques, qu'on appelle chez eux surintendans, après sainct Hiérosme et sainct Augustin ; mesme on juge l'usage de ce sacrement si important chez les protestans, qu'il n'est point permis d'admettre les catéchumènes à l'Eucharistie avant qu'ils soyent confirmés par le surintendant. Il est vray que le chresme et autres cérémonies ne sont point en usage chez nous ; mais on ne voit rien qui empesche de les recevoir après la Réunion, pour garder d'autant plus l'uniformité.

12. Le sacrement de l'Ordre ne se conserve pas seulement fort religieusement dans les églises des protestans, mais mesme ordinairement on ne confère les ordres à un diacre ou prestre que de la main du premier surintendant de la province, qu'on a coustume d'appeller suprême, ou généralissime, ou bien directeur de l'Église et du clergé du pays; que, si un surintendant subalterne, soit général ou spécial, doit donner les ordres, il faut que cela se fasse par une commission spéciale du directeur et quelquefois de tout le consistoire. Aussy n'est-il point permis chez les protestans que d'autres que les prestres qui ont receu des ordres de la manière qu'on vient de dire, se meslent de célébrer le sacrement de l'autel ou d'absoudre les pénitens dans la confession.

13. Le Mariage, que l'Apostre appelle en grec un grand mystère, et que la version vulgate traduit un sacrement, passe tellement pour un sacrement parmy nous, que c'est pour cela que les questions matrimoniales sont décidées encore dans les églises protestantes par des juges ecclésiastiques et consistoires, et nullement par des séculiers.

14. Tant s'en faut que la Pénitence ou Absolution ne passe point chez nous pour un sacrement, qu'on sçait que l'Apologie de la Confession d'Augsbourg (titre de l'usage des sacremens) dit expressément que, si l'on appelle sacremens toutes les cérémonies que Dieu a commandées, et auxquelles il a joinct la promesse d'une grâce, il est aisé de juger quels sacremens sont ceux qui méritent proprement ce nom; car il n'appartient point à l'authorité humaine de la promettre, et par conséquent les signes et cérémo-

nies introduictes par les hommes sans un commandement de Dieu, ne sçauroient estre des signes de la grâce, bien qu'ils puissent servir à l'instruction des ignorans. Ainsy les sacremens qui méritent proprement ce nom, sont ces trois : le Baptesme, la Cène ou l'Eucharistie, et l'Absolution.

15. L'Extresme-Onction, rite déjà introduict du temps des apostres, et recommandé aux malades par sainct Jacques dans son Épistre catholique, cap. v, vers. 14 et 15, a esté fort en usage dans la primitive Église, et il passe tellement pour une manière de sacremens chez des protestans, que des modérés souhaittent mesme qu'on le réintroduise chez eux.

16. On ne doit plus imputer aux catholiques romains le sentiment de ceux qui disent que la messe est une œuvre qui efface les péchés actuels, comme le sacrifice de la croix satisfait au péché originel.

17. On peut dire que les sacremens confèrent la grâce *ex opere operato*, et, lorsqu'on s'entend, il n'y a plus de controverse sur ce suject.

18. Les plus modérés d'entre les protestans seroient bien aises de voir l'élévation de l'hostie ou du calice sacré restituée.

19. La controverse sur la raison formelle de la justification, ou bien en quoy consiste proprement la justification ou réconciliation du pécheur devant Dieu, a passé au commencement pour une des plus grandes; mais, maintenant qu'on s'entend mieux, on voit qu'elle n'est que verbale.

20. La certitude absolue de la conversion, pénitence, absolution, foy, justification, sanctification,

et enfin du salut, ne fait qu'une controverse verbale en partie.

TROISIÈME DÉCADE.

21. Quand on s'entend, il n'y a plus de controverse si les bonnes œuvres méritent la justification ou la rémission des péchés.

22. Il n'y a point de controverse touchant la confiance sur le mérite de ses œuvres.

23. Les phrases suivantes : « Il n'y a point d'action sans péché; nous péchons en tout ce que nous faisons ; les bonnes œuvres sont des péchés mortels en quelque façon; les bonnes œuvres des justes ne sont point péchés entièrement; les bonnes œuvres des non justifiés sont des péchés ; il faut se garder des bonnes œuvres ; les bonnes œuvres sont pernicieuses et dommageables à l'esgard du salut; » toutes ces phrases, dis-je, quand elles sont bien entendues, ne sont plus de véritables controverses.

24. La controverse sur la question si les bonnes œuvres des régénérés plaisent à Dieu ou non, est verbale.

25. La question si les bonnes œuvres sont nécessaires au salut, mise en controverse parmi les protestans mesmes, est verbale : et, entre les Romains et les protestans, on convient de la chose; mais il reste seulement une dispute scholastique sur la manière.

26. Supposez que les controverses des cinq nombres précédens soyent vuidées, la question qui reste, si les bonnes œuvres méritent proprement ou improprement, si *de congruo* ou *de condigno*, est plustost

spéculative que practique. Elle subsiste en effect de la manière qu'elle est expliquée par Vasquez; mais, suivant les scotistes et les nominaux, elle est nulle, et mesme les protestans s'accordent en cela avec le concile de Trente.

27. La question si la seule foy justifie, est verbale et non réelle.

28. Aussi bien que la question si la justification lève et destruit les péchés.

29. En s'expliquant suffisamment sur la question si la concupiscence qui reste dans les régénérés est contre la loy de Dieu, et par conséquent un péché, on trouve qu'elle se peut concilier ou accorder.

30. La controverse sur la possibilité ou impossibilité d'accomplir les commandemens de Dieu, n'est point réelle, mais verbale.

Après ce dénombrement, et tout ce qu'on vient de dire cy-dessus, il est aisé de connoistre que nous désirons, avec raison, que les théologiens catholiques romains chargés de cette affaire par l'authorité des supérieurs, considèrent avant toutes choses les poincts essentiels de la Réunion, pour sçavoir s'ils croyent que le Pape peut accorder les demandes susdictes, et s'ils tiennent qu'il se peut contenter des offres réciproques qu'on y a joinctes cy-dessus.

Mais, ce fondement de la possibilité estant posé, ils considéreront aussy la manière de pousser l'affaire, qui leur paroistra la meilleure, et, enfin, ils verront comment on pourra retrancher les controverses par la voye de la liquidation, à quoy servira la discussion de ces trois décades, afin qu'ils communiquent ce qu'ils trouvent à remarquer là-dessus.

Voilà tout ce qu'on a jugé nécessaire d'avancer dans ce présent escrit, dans l'intention de suivre les ordres du sérénissime Électeur, nostre maistre, afin que le révérendissime et illustrissime seigneur, évesque de Neustadt, soit pleinement informé de la disposition qui se trouve de ce costé-cy, toute équitable, toute portée à la paix et à l'unité, et toute conforme à ce qui s'est passé auparavant.

Il est vray qu'en d'autres occasions les protestans n'ont point voulu entrer en traictés avec l'Église romaine, jugeant qu'après tant de tentatives inutiles du siècle passé, il n'y avoit guères d'espérance de la Réunion : de quoy plusieurs livres des rigides font foy, d'autant qu'ils craignoient les surprises et croyoient qu'on ne cherchoit qu'à les brouiller entre eux.

C'est pour cela que la pluspart de ceux qu'on avoit recherchés, il n'y a pas longtemps, n'ont jamais voulu donner des responses distinctes et authorisées, qui auroient pu apporter la moindre facilité, et bien moins encore des déclarations péremptoires et décisives qui auroient pu trancher le nœud comme ce qu'on donne icy, mais seulement des exceptions générales et déclinatoires qui remettoient toute l'affaire à la communication avec d'autres, et au sentiment de tout le corps des protestans.

Mais les nostres à qui cette affaire a esté confiée, munis de l'authorité et du zèle du prince, et mettant en exécution ses ordres très-louables, malgré tous les obstacles, difficultés et appréhensions que la prudence de la chair pouvoit faire envisager ; considérant d'ailleurs que, si l'on ne se veut jamais escouter, et si l'on veut tousjours éviter toutes les occasions de s'expliquer et de communiquer ensemble, on ne pourra jamais avancer vers la paix et l'unité quand mesme elle seroit des plus faciles à obtenir : les nostres, dis-je, ont creu qu'il falloit préférer à toute autre chose la charité et la paix de Jésus-Christ, et que cette charité ne doit pas estre soubçonneuse. Ainsy ils ont mieux aimé courir le risque d'un travail inutile, et mesme s'exposer au péril des jugemens sinistres et aux effects dangereux de la haine de ceux qui sont très esloignés de cette modération, que de manquer aux devoirs d'un véritable chrestien et homme de bien qui cherche ardemment le bien de l'Église et le salut de la patrie, et qui ne perd point volontiers les occasions considérables de bien faire. C'est pourquoy, lorsqu'on les a recherchés de l'autre costé d'une manière honneste et obligeante, ils ont enfin rompu la glace et se sont expliqués avec plus d'ouverture que d'autres n'avoient voulu faire. En quoy ils ont jugé digne de leur zèle d'aller au devant de ceux qui peuvent aussy estre bien intentionnés, afin qu'on ne puisse point leur imputer le moins du monde le blasme de la continuation du schisme, asseurés que, si la paix de Dieu qu'ils portent aux autres n'en est point receue, elle retournera à eux avec usure.

Ils espèrent pourtant qu'on fera encore ce qu'il faut de l'autre costé, et qu'on accordera promptement et de bonne grâce tout ce qui se peut accorder, sans les chicanes et artifices qu'on a coustume d'employer dans les affaires purement humaines ; car, dans une négotiation qui regarde le salut des âmes, on doit faire tout ce qu'on peut faire, puisque ce n'est pas nostre affaire, mais celle de Dieu. C'est aussy dans son nom que nous exhortons et conjurons ceux qui auront à travailler à cette matière, qu'ils fassent en sorte qu'ils ne puissent se reprocher d'avoir obmis quoy que ce soit qui dépendoit d'eux. Et c'est de cela que nous chargeons leurs consciences.

Dieu, qui est un Dieu de paix et de vérité, veuille illuminer les cœurs des hommes pour les rendre faciles à recevoir une véritable paix, et qu'il veuille nous mener tous dans le chemin du salut à l'union de la cité d'en haut destinée à l'Église triomphante. Ainsy soit-il!

Sauf, en tout, le jugement de ceux qui sont plus sçavans et plus sages.

Faict dans le monastère de Loccum, le vingt-septième d'aoust, vieux stile, l'an de grâce mil six cent nonante et huict.

LXXII

LEIBNIZIUS SCHMIDIO S. D.

Ex autographis editis a Veesenmeyer et in publica auctione Dni Libri a Dno Philips emptis denuo inspexit Foucher de Careil.

Hanoveræ, 20 septembr. 1698 (1).

Distractionum mearum atque itinerum testis esse potest Dominus Wagnerus : ita factum est ut nonnihil tardarim in respondendo.

(1) Hoc mense prima fit mentio, inter Hanoverana, irenici cujusdam de Liechten Verk, Viennensis, tunc vero Hamburgo degentis, qui gallice scribit et cujus nomen hic sæpius redibit. N. E.

LEIBNIZIUS SCHMIDIO S. D.

Dominus Cancellarius mihi dixit rem esse certam et decretam de Abbatia tibi conferenda, quin et pecuniam jam tum numerari. Cæterum ipsam collationem tantummodo dilatam esse, dum publicaretur ea, quæ sub manibus est, ordinatio Monasteriorum. Etiam Dominus de Hart mihi scripsit, Præposituram esse sibi quidem promissam, nondum tamen reapse datam.

Pro doctissimis tuis dissertationibus gratias egi aut ago.

Domino Vicecancellario quæ destinatæ a te fuere litteræ, inscriptionem habuere quæ mihi non satis convenire visa est; itaque putavi Dominum Wagnerum rectius facturum si non traderet, aliasque exspectaret, hac forte inscriptione : «A Son Excellence Monsieur Hugo, Ministre d'État et Vice-chancelier de S. A. E. Hanover.»

Litteras adjunctas remitto, gratias agens pro communicatione. Non omitto, data occasione, dicere quam fueris ad redeundum Ienam, oblatis honestissimis conditionibus, sollicitatus.

Vellem Dominus Abbas Calixtus et alii, qui irenicum negotium juvare volunt, quæ forte inter legendum observant loca ipsorum adversariorum et rigidiorum instituto faventia, annotent. Spes est, cura Serenissimi Electoris Brandeburgici, rem porro promovendam esse. Quod superest, vale et fave.

LEIBNIZIUS.

LXXIII

LEIBNIZIUS AD FABRICIUM, THEOLOGUM HELMESTADIENSEM.

Ex autographo prius edito, quod nunc etiam in bibliotheca Hanoverana servatur.

Hanoveræ, 20 sept. 1698.

Non satis scio an sim in ære tuo litterario, nam aliquot septimanis fui distractissimus. Litteras Halis accepi a Domino Franco, quibus significat, quæ ipsi scripseras miserasve Lipsiæ (ubi et a me quædam significaveras) periisse, nec fuisse perlata. Puto idem ipsum significasse tibi, ut judices an ab amico justo curiosiore, an alia ratione litteræ fuerint interceptæ.

Serenissimus Elector Brandenburgicus irenicum negotium promovere pergit, speramusque plura in eam rem, quæ significare non intermittam.

Interea utile erit notari subinde inter legendum occurrentia forte loca utrorumque adversariorum, tum etiam nostrorum rigidiorum, quæ favere videbuntur: nam his in rebus plurimum valent argumenta ad hominem. Nuper nactus sum Brerlæi Pontificii Angli librum, cui titulus: *Apologia Protestantium pro Romana Ecclesia*, ubi nostrorum loca suis faventia adducit. Vellem etiam similia inter nostros et Reformatos haberentur. Quod superest, vale faveque.

LEIBNIZIUS.

P. S. An neminem nosti qui habeat librum Jac.

Payvæ Andradii : *Explicationes orthodoxæ de controversis religionis capitibus*, quem refutavit Chemnitius in *Examine Concilii Tridentini*. Mihi olim lectus est, sed ab eo tempore rursus non occurrit. Erat in auctione Albertina Lipsiæ, sed disparuit, quum emi juberetur.

LXXIV

LEIBNIZIUS SCHMIDIO S. D.

Ex autographis editis a Veesenmeyer et in publica auctione Dni Libri a Dno Philips emptis denuo inspexit Foucher de Careil.

Hanoveræ, 27 septembr. 1698.

Gaudeo id, quod tamdiu ac toties fuit promissum, tandem venisse ad effectum. Scilicet Serenissimorum Ducum enixa voluntas non est me passa dubitare, sed moræ unde natæ sint nosti; quarum tamen causæ rem differre, sed non auferre potuere.

Impedimenta Domino Abbati Molano oblata creberrima fecere ut responsio ad scriptum germanicum olim vobis communicatum nondum fuerit expedita; in eo tamen est ut expediatur. Interea appendix illa de absoluto decreto supervenit, de qua vestram sententiam exspecto.

Hæc potes Serenissimo Duci cum devotissima a me significatione indicare coram. Ego spero adesse intra paucas septimanas. Fasciculum irenicum a Domino Calixto communicatum adhuc apud Serenitatem Suam esse puto, ac me illic inventurum spero. Vale, et fave.

LEIBNIZIUS.

P. S. Gratum mihi erit responsum Regis Electoris circa directorium ecclesiasticum, quod ad vos pervenisse memoras; nondum enim vidi.

LXXV

LEIBNIZ A BOSSUET.

Original autographe inédit de la bibliothèque royale de Hanovre.

Hanovre, 6/16 octobre 1698 (1).

Monseigneur,

Ayant eu l'honneur de voir monsieur du Héron, envoyé de France, et voyant par là le commerce ouvert en quelque façon, j'ay songé d'abord à vous, puisque ce ministre a la bonté de vouloir se charger de cette lettre. J'ay creu qu'il estoit de mon devoir de profiter d'une occasion propre à vous marquer la persévérance de mon zèle et de ma vénération, depuis que l'interruption des correspondances a presque privé monsieur l'abbé de Loccum et moy de l'espérance d'obtenir vos esclaircissemens sur un poinct de conséquence. Nous avons bien creu que vous aviez eu de grandes raisons, Monseigneur, de ne vouloir

---

(1) Nous devons noter une mention importante ajoutée par Leibniz en tête de cette lettre, et qui prouve combien ce commerce diplomatique était surveillé de près et soumis à l'examen du duc. Cette mention est la suivante : « A M. de Meaux ist Nicht abgegangen : n'est pas partie. » N. E.

pas vous expliquer. Mais il nous a esté sensible cependant de ne pas pouvoir jouir des lumières du plus grand controversiste que le party de Rome ait aujourd'huy, d'autant plus que celles que nous en attendions avoient esté le fondement de nostre communication que vous aviez souhaittée. Un ancien jurisconsulte dit: *Qui tacet non quidem ideo consentit, sed tamen verum est eum non negare.* C'est toute la conséquence que nous en avons pu tirer. Je ne sçay si ces raisons ont cessé, mais nous concevons aisément que tant d'autres travaux importans survenus ne vous ont point laissé le temps de ces matières. Le soin de réprimer les abus des mystiques a esté digne de vous. La matière est de saison, et la maladie, régnante: une prétendue secte de piétistes donne presque autant d'exercice à nos théologiens que les quiétistes en donnent aux vostres. Il est vray qu'il faut prendre garde de ne pas toucher à la véritable dévotion en arrachant l'yvraye. Mais il y a des excès si grands qu'on ne sçauroit les dissimuler. Tel paroist ce qu'on dit de vostre madame Guyon. Je me souviens avoir vu des vers mystiques allemands assez bien faicts et imprimés plus d'une fois avec approbation dans le pays héréditaire de l'Empereur, mais qui me paroissent contenir des doctrines dangereuses, et où, sous un beau semblant, en parlant de repos, d'abandon et d'union avec Dieu, il paroist qu'on va à anéantir subtilement l'immortalité de l'âme et à favoriser une opinion semblable à celle de ces péripatéticiens averroïstes de jadis et de ces philosophes anciens qui paroissoient croire que l'âme ou l'intellect agent se perdoit dans l'océan de la Divinité. Pour ce qui est de l'amour désintéressé, comme la crainte est le fondement de la justice, ou plustost que la justice n'est autre chose qu'une charité conforme à la sagesse, j'avois touché ce beau problème : « Comment nous, qui faisons tout pour nostre bien, pouvons aimer sans intérest, » dans la préface de mon *Code diplomatique du droict des gens*, et j'ay creu que la définition de l'amour servoit à le résoudre. Car aimer n'est autre chose que trouver son plaisir (je dis plaisir et non pas utilité ou intérest) dans le bien, perfection, bonheur d'autruy, et ainsy, quoyque l'amour puisse estre désintéressé, il ne sçauroit pourtant estre détaché de nostre propre bien, le plaisir y entrant essentiellement.

Mais, comme vous avez approfondy ces matières, ce seroit *noctuas Athenas* que de vous en parler davantage. Cecy n'a esté que pour vous marquer qu'estant informés de vos grands travaux, nous avons esté moins disposés à vous importuner. Ainsi, par celle-cy, je ne pense qu'à me conserver au moins l'honneur de vos bonnes grâces : estant avec ardeur, Monseigneur, vostre très humble et très obéissant serviteur,

LEIBNIZ.

LXXVI

LEIBNIZIUS AD FABRICIUM, THEOLOGUM HELMESTADIENSEM.

Ex autographo prius edito, quod nunc etiam in bibliotheca Hanoverana servatur.

Hanoveræ, 14 octobr. 1698.

Litteris tuis gratissimis respondissem dudum, nisi iter Cellense intervenisset, quod me nonnihil distraxit, dum volo non negligere occasionem videndi magni Regis. Ante omnia pro dissertatione *De paradoxis theologicis* ago gratias, quales meretur, id est singulares : hoc ipsum est methodo expositoria operam præclaram dare, qua sæpe controversiæ difflantur. Vestra de absoluto decreto pergrata erunt monita ad scriptum mihi communicatum et vobis transmissum. In Paradoxis tuis commode distinguis cum Durio inter meritum et conditionem: nostræ etiam bonæ qualitates (sive fidem cum nostris, sive opera cum Pontificiis intelligas) non sunt meritoriæ, sed conditiones quibus alligare salutem Deo gratiose placuit. Verumenimvero videtur aliqua superesse difficultas circa arcanam dispensationem mediorum salutis, qua fit ut alii per varias vitæ occasiones disponantur ac suaviter seu salva libertate perducantur ad conditionem obtinendam, alii secus. Hic ergo redeundum est haud dubie ad βάθος Pauli, altitudinem scilicet divitiarum et sapientiæ divinæ, non quasi Deus alios ad fidem pœnitentiamque finalem perducere statuat, alios secus, decreto ita absoluto. ut omni causa impulsiva careat, quale in sapientem non cadit; sed quod rationes sint nobis occultæ, Deo tamen dignissimæ et cum justitia ejus ac bonitate maxime convenientes.

De his quæ Facultas vestra egit, non ita pridem scriptoque declaravit : suadeo ne cuiquam quicquam vel litteris vel coram significetur, nam res ejus momenti est ut præstet eam haberi occultissimam. Ego certe nemini mortalium de ea verbulum dixi, præterquam ei cui data est declaratio et ipsis Facultatis membris. Non quod res sit pudenda, quum nil mihi videatur fieri potuisse laude dignius; sed quòd non paucis esset displicitura, et alioqui plus efficaciæ ac pretii inest occultatis, si non nisi in ipso temporis articulo, quo maxime prodesse possunt, producantur. Vale.

LEIBNIZIUS.

P. S. Mitte mihi, quæso, Catalogum Lectionum vestrarum typis editum. Quid apud vos Andradii discere gratum erit.

LXXVII

LEIBNIZIUS AD FABRICIUM, THEOLOGUM HELMESTADIENSEM.

Ex autographo prius edito, quod nunc etiam in bibliotheca Hanoverana servatur.

Hanoveræ, 21 octobr.

Nuperas meas acceperis. Interea non exspectato vestro responso de absoluto decreto, nata est occasio vos consulendi nova. Nempe ipsemet, petente amico Reformato, cogitata quædam mea irenica delineavi, quæ antequam communicarem, volui censuræ prius vestræ submittere (1), rogoque ut cum Domino D. Schmidio communices, et an ita ferri possent me doceatis. Vale.

LEIBNIZIUS.

(1) Confer scriptum sub nomine Molani n° XLIV.

LXXVIII

LEIBNIZIUS AD FABRICIUM, THEOLOGUM HELMESTADIENSEM.

Ex autographo prius edito, quod nunc etiam in bibliotheca Hanoverana servatur.

Guelfebyti, 5 nov. 1698.

Exspecto sententiam et tuam et Domini Schmidii de scheda mea latina, non ita pridem transmissa; sed hoc, ubi vobis commodum erit. Sicubi addi posse aliquid aut explicari utiliter debere judicaveritis, quo magis sit ad gustum hominum, id rogo ut separatim etiam notetur. Si quæ etiam occurrant loca nostrorum faventia atque illustrantia, tanto facilior erit in animos ingressus. Vale.

P. S. Domino D. Schmidio jam alterum exemplum mitto schedæ latine nonnihil interpolatum et mutatum a priore, petens ut mihi post octiduum remitteret, priore ex hoc suppleto, et aliquando cum judicio vestro ad me itidem redituro. Is tecum novam schedam communicabit, et tu cum illo priorem.

LEIBNIZIUS.

LXXIX

NÉGOTIATION ANTOINE ULRICH.

Original autographe inédit de la bibliothèque royale de Hanovre.

Wolfenbuttel, 8 novembre 1698.

Monseigneur, j'ay conceu le papier cy-joinct (1) d'une manière que V. A. S. le puisse communiquer à

---

(1) Au-dessus se trouve: «Monseigneur, sçachant combien le zèle, les lu-

M. du Héron, comme si j'avois faict cette espèce de relation par ordre de V. A. S. et pour Elle seule, mais qu'Elle avoit jugé à propos, sans mon sceu, de la luy communiquer pour estre envoyée au Roy, afin de voir si on pourroit reprendre la négotiation que V. A. S. jugeoit présentement de saison plus que jamais. Là-dessus V. A. S. pourroit dire à l'envoyé de France qu'il seroit important que cecy fust ménagé avec circonspection, et qu'il passast (si cela se peut) au Roy mesme, immédiatement et directement, parce que l'on doute que beaucoup d'autres y ayent autant d'esgard que Sa Majesté, et parce que, d'ailleurs, l'autheur de la relation ne croyant que de parler à V. A. S., et rebuté par l'interruption du commerce, s'en explique un peu librement sur les qualités requises dans les personnes, et particulièrement sur ce qu'il seroit bon qu'un séculier, qui eust des qualités approchantes de celles de feu M. Pellisson, fust joint à l'évesque, ce qui pourroit desplaire à messieurs les ecclésiastiques ; qu'ainsi V. A. S. juge qu'encore pour cela cette relation ne doit point venir si tost entre les mains de ces messieurs.

V. A. S. pourroit adjouster qu'elle voit en effet de grandes espérances de réussir en quelque chose, et de faire quelques progrès considérables pour l'acheminement de cette grande œuvre, si l'on s'y prend comme il faut. Elle peut dire aussi, si elle le juge à propos, qu'elle me juge fort propre à y contribuer considérablement, mais qu'estant un peu mal satis-

---

mières et la grandeur de Vostre Majesté vous donnent de la disposition et de la facilité. » C'est le début d'une lettre préparée par Leibniz pour être envoyée par le duc à Louis XIV. Voyez le n° LXXX. N. E.

faict à cause de l'interception du commerce précédent et de tant de pensées perdues, j'aurois besoin d'estre ménagé de bonne manière, et qu'ainsi V. A. S. conseille à M. du Héron de s'appliquer à m'y engager et à m'encourager.

Du reste, je croy que V. A. S. ne trouvera point convenable de luy dire la moindre chose de ce que nous avons faict à Helmstadt; car il faudra garder cela pour la bonne bouche, et ne l'employer que lorsque messieurs les romanistes auront faict aussi quelques démarches considérables. Et, d'ailleurs, elle n'aura point besoin d'entrer en détail, renvoyant M. du Héron à moy là-dessus.

J'espère que V. A. S. gardera encore les manuscrits que M. Calixtus luy avoit envoyés, et qu'Elle sera assez bonne de ne se point précipiter à les luy rendre.

Au reste, j'ay pris la liberté de dire icy mes avis avec toute l'ouverture et liberté d'une conversation, puisque V. A. S. me l'a ordonné. Mais je la supplie de me rendre celle-cy quand elle en aura employé le contenu avec M. du Héron, suivant ce qu'elle aura jugé à propos.

Je suis avec dévotion, Monseigneur, de Vostre Altesse Sérénissime le très humble et très obéissant serviteur,

LEIBNIZ.

LXXX

LE DUC ANTOINE ULRICH AU ROY LOUIS XIV.

<small>Original autographe inédit de la bibliothèque royale de Hanovre.</small>

Sans date.

Monseigneur,

Sçachant combien le zèle, les lumières et la grandeur de Vostre Majesté vous donnent de la disposition et de la facilité à faire réussir les bons desseins, j'ay creu celuy dont je vay parler assez important pour en escrire ces lignes. C'est que j'ay appris qu'on avoit entamé autres fois dans ce pays-cy une négotiation de religion avec des personnes de vostre cour qui vous en faisoient rapport, et que Vostre Majesté en tesmoignoit quelque agrément; mais que le commerce en fut interrompu par les conjonctures qui survinrent. Maintenant, la paix estant faicte, j'ay creu que l'honneur de la correspondance de liaison que j'ay avec Vostre Majesté et l'intervention de son ministre qui est icy pourroient servir à remettre l'affaire en train. Ainsi, le sieur de Leibniz, conseiller d'État de Hanover, qui avoit esté employé en cette affaire, venant de temps en temps icy et ayant quelque dépendance encore de moy, tant pour les affaires qui touchent à la maison de Brunswick en commun que pour l'inspection de ma bibliothèque, je l'ay engagé à m'en faire un récit dans l'escrit que je joins icy, où il a mis en outre son avis, à mon instance et pour moy, sur ce qui lui paroist convenable. Comme cet escrit me paroist assez sensé, je prends la liberté de le luy envoyer, sans que l'autheur y ait part, pour sousmettre le tout au jugement et aux lumières élevées de Vostre Majesté. J'adjousteray seulement que je ne cède à personne en zèle pour contribuer à tout ce qui pourroit paroistre favorable et propre à seconder les intentions justes et glorieuses de Vostre Majesté.

Antoine Ulrich.

LXXXI

LEIBNIZIUS SCHMIDIO S. D.

Ex autographis editis a Veesenmeyer et in publica auctione Dni Libri a Dno Philips emptis denuo inspexit Foucher de Careil.

Guelfebyti, 9 nov. 1698.

Vereor ut ante Domini Cancellarii reditum expediri possit introductio vestra; inquiram tamen, et monebo.

Pro notis utilissimis in germanicum de absoluto decreto scriptum, vobis gratias ago: quas legam et expendam cum cura, et haud dubie cum profectu; nunc enim tabellarii discessus id non permittit. Præclare facies si in tuis irenicis laboribus perges, historiamque tentatarum conciliationum colliges. Primus inter tentatores Bucerus, novissimus fere Duræus (1) fuisse videtur (2). In negotio Electionis non jam videtur primaria difficultas in eo esse, an Deus decernat salvare quos fidem vivam finalem præscit habituros, sed præterea in ipso decreto conferendæ gratiæ, ex qua nascitur talis fides. Neque enim ad eam ex solis humanis viribus devenitur (3), cum sit donum Dei; sed opus est tum gratia interna, tum gratia, ut sic dicam, externa, id est, occasionibus et circumstantiis, quibus mentes hominum ad bona vel mala, salvo licet libero arbitrio, plurimum inclinantur. Duæ ergo hic, ni fallor, nascuntur quæstiones, *una*, an Deus æqualem omnibus det gratiam internam, quod Reformati et Jansenistæ atque etiam Thomistæ negant, alii vero passim affirmare videntur; *altera*, quoniam negari non potest gratias externas, id est, circumstantias favorabiles esse inæquales, quid Deum moveat ut hos præ illis (4) in circumstantiis externis (5) collocare decernat, ex quibus cum libero arbitrio et gratia interna conjunctis in uno fidem et salutem nascituram prævidebat (6), in alio (7) secus. Hic alii simpliciter dicunt rationem, quæ Deum hic moveat, esse justissimam, quæcunque ea sit; alii, amplius procedentes, putant

---

(1) De Duræo ejusque laboribus irenicis cf. Coleri Hist. Jo. Duræi, Witteb., 1716, et Benzelii Diss. de Jo. Duræo, maxime de actis ejus Suecanis, Helmst., 1744. *Mosh. K. Gesch.*, t. IV, p. 299-302.

(2) Quæ jam sequuntur, eadem Leibnizius eodem die et anno scripsit ad Jo. Fabricium, et legi possunt ap. Kortholt, c. 1, p. 32. Ep. XX. Varietates lectionis sequentibus numeris notavi.

(3) Pervenitur.
(4) Aliis.
(5) Talibus.
(6) Prævideat.
(7) Aliis.

Deum eos collocare in favorabilioribus circumstantiis, quos per scientiam mediam vel similem prævidet eis melius usuros. Hæ ergo duæ quæstiones, una de æqualitate vel inæqualitate (1) gratiæ internæ, altera inæqualitatis gratiæ (saltem externæ), motivo vel causa impulsiva revera, ni fallor, divortium faciunt inter partes, sed, ut mihi videtur, minime fundamentale, cum agatur de modo operandi occulto (2) Spiritus divini, deque arcanis Dei consiliis. Hæc fortasse merentur expendi curatius, libenterque de iis mentem vestram intelligam, quemadmodum et de cæteris in novissimo scripto meo (3) contentis. Quod superest, vale et fave. LEIBNIZIUS.

P. S. A Domino Mastrichtio nihil amplius accepi; ubi plura didicero, significabo. Litteræ meæ Hanovera nondum omnes ad me pervenere, unde nec quæ vos ad scriptum latinum. Moram introductionis non puto nocituram, neque facturam ut aliquid de salario vel dimenso deferatur.

LXXXII

LEIBNIZ A SON ALTESSE SÉRÉNISSIME LE DUC ANTOINE ULRICH, DUC DE BRUNSWIC ET LUNEBOURG.

Original autographe inédit de la bibliothèque royale de Hanovre (1).

Wolfenbuttel, 7/17 novembre 1698.

Puisque Vostre Altesse Sérénissime, qui prend garde à tout et sçait y faire des réflexions dignes de l'élé-

---

(1) Vel inæquum, desunt.
(2) Occulto, deest.
(3) Meo, deest.

vation de son esprit, s'est souvenue de ce qu'elle avoit entendu autrefois de mon commerce avec feu M. Pellisson et ensuite avec M. l'évesque de Meaux, et que vous désirez maintenant, Monseigneur, que je vous dise où on en est, dans l'espérance que l'affaire pourroit estre reprise en main par l'entreprise du ministre du Roy très chrestien, qui se trouve en vostre cour : là-dessus, je diray à V. A. S. que certaines remarques, que j'avois faictes suivant le désir d'une personne de la première élévation sur le livre des réflexions de religion de feu M. Pellisson, estant tombées entre les mains de cet excellent homme par le moyen de madame l'abbesse de Maubuisson, il y respondit le plus honnestement du monde sans scavoir à qui il avoit à faire ; mais, ayant appris depuis que ces remarques estoient venues de moy, il redoubla ses honnestetés, et il se lia entre nous un commerce de lettres qui a duré jusqu'à sa mort, tellement qu'ayant receu ma dernière quelques jours avant l'accident qui nous le ravit, il promit à un amy, presque la veille de son trespas, qu'il alloit me respondre aussi tost qu'il luy seroit possible ; car il avoit conceu une très grande opinion d'un succès extraordinaire qui pouvoit naistre de cette négotiation. Or, M. l'évesque de Meaux ayant sceu de M. Pellisson, qui estoit son amy particulier, de quoy il s'agissoit, désira d'apprendre ce que nous avions faict auparavant dans ce pays-cy sur le mesme suject avec feu M. l'évesque de Thina. Je luy communiquay donc, avec l'agrément de feu monseigneur l'électeur, ce que M. l'abbé de Loccum, directeur des églises du pays d'Hanover, avoit mis par escrit à ma sollicitation et conformément à nos veues; mais cette communication se fit à deux conditions, dont l'une estoit qu'on ne le communiqueroit pas plus loin sans nostre consentement, l'autre que M. de Meaux nous en diroit son sentiment avec toute sincérité, ouverture et condescendance possible, pour voir jusqu'où il y auroit moyen de convenir entre nous. M. de Meaux a satisfaict, comme nous l'espérons, à la première condition, qui estoit celle du silence ; mais il n'a pas assez satisfaict à la seconde, comme V. A. S. va l'entendre. Il est vray qu'il nous envoya un escrit très sçavant et très bien pensé, et qui mesme pourroit estre très utile au but dont il s'agissoit; mais, quant à la question principale, il évita de s'expliquer avec cette netteté qui luy est ordinaire et nous donna le change en quelque façon. J'eus beau le presser en faisant voir en quoy nous demandions encore de l'esclaircissement, et en lui fournissant toutes les pièces qu'il désiroit encore pour mieux former sa response, cette response, quoyqu'elle paroissoit avoir esté promise de nouveau, ne vint point; et M. Pellisson, qui avoit donné de la chaleur à ce commerce, estant mort durant ces entrefaictes, cela, joinct au retour de feu M. le comte Balati, qui avoit pris congé de la cour de France, fit que peu après nostre communication se refroidit, et qu'enfin elle cessa tout à faict par le silence de monsieur de Meaux. Je puis joindre aux causes de cette interruption la mort de feu M. le prince de Condé. Ce grand homme avoit tellement gousté certaines choses que j'avois escrites à feu M. Pellisson sur la grandeur du Roy, qu'il fit connoistre au Roy mesme combien il les approuvoit, à ce que M. Balati me rapporta; et, Sa Majesté estant informée d'ailleurs de mon zèle par M. Pellisson, celuy-cy me fit sçavoir positivement que ce grand monarque l'agréoit et que j'en aurois des nouvelles plus particulières. Mais, tout le fil de cette négotiation ayant esté rompu par les raisons que je viens de dire, le public et l'Église auroit beaucoup d'obligation à V. A. S. s'il pouvoit estre renoué par son moyen.

Mais, en ce cas, afin que l'affaire aille à l'avenir avec plus de justesse et de concert, et ne soit point si sujette à se démonter, il me semble qu'il ne faut pas qu'elle passe par les seules mains de messieurs les ecclésiastiques, qui ont leurs maximes et leurs veues à part, lesquelles ont quelquefois plus de rapport à leurs préventions et à leurs passions qu'au bien de l'Église: ce qui n'arrive pas par malice, mais par un certain enchaînement des choses, les plus excellens hommes estant toujours hommes et sujects aux foiblesses humaines. Ainsi la raison veut qu'on cherche à y remédier en joignant ensemble des personnes dont les veues sont différentes, ce qui, estant bien concerté, donne un tempérament propre à faire réussir les choses.

Nous avons appris en Allemagne, par expérience (1), que, tant que les seuls théologiens ont esté les maistres de ces affaires, on n'a point sceu avancer d'un pas; au lieu que les princes mesmes ayant pris l'affaire à cœur, et des politiques pleins de piété et de lumières y estant joincts, on a faict quelquefois des démarches raisonnables, comme certains

---

(1) L'expérience nous a appris. (*Variante de Leibniz, en marge.*)

colloques mesme du siècle passé en peuvent faire foy.

Il seroit à souhaitter qu'on pust faire maintenant par choix ce que le hazard nous avoit donné d'abord, et qu'on pùst trouver en France, parmy les gens de loy, une personne qui ait les qualités de feu M. Pellisson, c'est-à-dire autant de zèle, de lumières, de modération et de crédit qu'il en avoit. Je ne doute pas qu'il n'y en ait, mais il s'agit de les connoistre; il est seur que, parmy les magistrats et personnes du conseil du Roy, il y en a tousjours eu qui ont esté pourveus de toute la connaissance des dogmes de théologie et des canons de l'Église qu'on auroit pu désirer dans un ecclésiastique (tesmoings MM. Bignon, Harlay, de Thou, Pithou, du Puys, Rigaut et autres, célèbres en partie par leurs ouvrages), et qui ont maintenu par leurs sçavans escrits et par la fermeté de leurs conseils, non seulement les libertés de l'Église gallicane et les droicts de la couronne à cet esgard (contre les entreprises des courtisans de Rome et la complaisance du clergé), mais mesme la pureté de quelques dogmes importans par rapport à l'Estat, *dogma de regibus non deponendis* (contre le penchant des moines et ordres religieux à donner dans la superstition, dans le relaschement ou dans la chimère), les laïcs estant moins sujects à biaiser que les ecclésiastiques, pourveu que ces personnes laïques n'espèrent d'obtenir aussi un jour pour eux-mesmes ou pour les leurs des dignités ecclésiastiques qui puissent mettre leur désintéressement en compromis. (On sçait, par exemple, que feu M. de Marca rendit de grands services à l'Église et à l'Estat par ses escrits tant qu'il fut jurisconsulte; mais, quand il devint prélat et fut enfin nommé à l'archevesché de Paris, il mit de l'eau dans son vin, et fit tout ce qu'il put pour contenter Rome.) Ainsi ce n'est pas une petite affaire que de choisir un homme de loy propre à estre joinct à un évesque tel que M. de Meaux pour cette négotiation; et, bien que l'affaire, ainsi que le biais dont on la doit prendre, soit heureusement d'une nature à pouvoir estre à la fin agréée et applaudie par Rome mesme (1), néanmoins, comme on y est souvent très-scrupuleux et que l'on pousse quelquefois des prétentions outrées, il semble que la France, qui tient en bien des choses le milieu entre les Protestans et les excès des Romanistes, est naturellement propre à la médiation : outre que trop de gens se meslent ordinairement d'abord des choses à Rome, au lieu qu'en France on pourroit ébaucher la chose sans bruit; et mesme les lumières suprêmes du Roy suffisent toutes seules pour dissiper tous les nuages, pourveu que les intentions glorieuses de Sa Majesté soyent secondées par un prélat et un homme d'Estat plus propre que M. de Meaux, malgré toute sa réserve passée. Car il a beaucoup de sçavoir et de pénétration; il est en possession de traiter cette affaire, et je ne désespère pas qu'on ne puisse tirer de luy beaucoup de secours, s'il est animé de plus haut. Mais, quant au laïque qu'on y pourra joindre, la France est tellement changée, depuis tant d'années que je ne l'ay point veue, que je n'oserois en proposer :

(1) Néanmoins, en commençant avec la cour de Rome, on auroit trop de scrupules et de difficultés à essuyer. L.

cependant tout le succès de l'affaire pourra dépendre du choix des personnes. Le plus seur seroit, en cas qu'on veuille faire revivre la négotiation, d'explorer les gens, tant les ecclésiastiques que les autres, par des conversations adroites avant le choix et avant qu'on s'embarque avec eux : autrement on risque d'échouer, et il vaut mieux laisser l'affaire en suspens que de la gaster. Ainsi, pour se bien déterminer là-dessus, puisque c'est tout le commencement et la moitié de l'ouvrage, il faudroit faire un tour en France. J'avois ce dessein, en effet, après la paix ; mais je ne sçay quand je pourray satisfaire présentement à mon désir. Il faut laisser le tout à la direction de Dieu et se contenter d'avoir fait son devoir.

Voilà donc l'estat de l'affaire, Monseigneur, avec mon petit avis que j'y ai joinct pour satisfaire aux ordres de V. A. S. Elle sçait ménager les choses comme il faut sans que j'aye besoin de le luy recommander, et estant aussi zélée et aussi éclairée qu'Elle est, je ne doute point qu'Elle ne sçache prendre le tour le plus propre à faire ce qui sera faisable présentement avec l'aide de Dieu. Ce qu'on doit ménager le plus, c'est le temps ; car on ne trouve pas tousjours des personnes et des conjonctures propres à ces sortes de desseins.

Je suis avec dévotion, Monseigneur, de V. A. S., le très humble et très obéissant serviteur,

LEIBNIZ.

LXXXIII

LEIBNIZIUS SCHMIDIO S. D.

Ex autographis editis a Veesenmayer et in publica auctione Dni Libri a Dno Philips emptis denuo inspexit Foucher de Careil.

Hanoveræ, 8 déc. 1698.

Pro tabula prodroma studii theologici gratias ago singulares. Spirat illa, ut tua omnia, non judicium minus quam doctrinam. Epistolam adjectam remitto, cum præter opinionem adhuc inter meas reperissem. Habebis adhuc tentaminis mei irenici novissimum exemplar.

Non tam logica est mathematica, quam universalis mathesis, seu logistica, quod logicæ methodo delineare cœpi. Hæc scilicet pantomathesis, seu logistica, logicæ vicinissima est. Quæ cœperam, nondum reperire potui in schedis meis, et videre tamen ea necessarium erit ad continuandum. Sed, ubi sint, diu latere non poterunt, ubi licebit chartas meas mutata domo disturbatas reordinare.

Nihilne de Eimarti hypothesi motus planetarii intellexisti? Vellem nosse an abeat a sententiis Kepleri, quæ mihi valde probantur. Vale, et fave.

LEIBNIZIUS.

LXXXIV

LEIBNIZ AU DUC ANTOINE ULRICH.

<small>Original autographe inédit de la bibliothèque royale de Hanovre.</small>

Hanovre, 8 décembre 1698.

Monseigneur, j'ay escrit à M. Ludecke, conseiller privé de V. A. S., touchant l'Académie, et à M^r. Hertel, touchant la principauté fabuleuse ; ils en auront faict rapport apparemment, et j'en attends response.

Maintenant je prends la liberté de dire que j'ay appris de France qu'on y travaille fort à un nouveau règlement touchant les religionnaires. Ainsi, si V. A. S. a le dessein qu'elle me tesmoigna, il importeroit qu'il fust mis sur le tapis avant que ce règlement s'achève.

Je suis avec dévotion, monseigneur, de V. A. S. le très humble et très obéissant serviteur,

LEIBNIZ.

LXXXV

MADAME DE BRINON A MADAME LA DUCHESSE DE HANOVRE SOPHIE, ÉLECTRICE DE BRUNSWICK.

<small>Autographe inédit tiré du British Museum, fonds Egerton.</small>

De Maubuisson, 18 décembre 1698.

Souffrez, s'il vous plaist, Madame, que j'aye l'honneur de me resjouir avec vous de ce grand mariage, que je regarde comme l'œuvre de feu M. l'Électeur et de Vostre Altesse Électorale, que j'espère qui ne se repentira jamais d'avoir faict valoir le mérite de nostre chère princesse de Brunswick, puisqu'il coule de source et que je ne vois rien en elle qui ne me fasse espérer que ses bonnes qualités brilleront plus que sa couronne, et qu'elle remplira parfaictement les devoirs de la royauté. Je la connois de plante et de racine, et, dès l'âge de huict ou dix ans, lorsque la raison a commencé à délibérer, je ne luy ay jamais veu prendre un mauvais party, et j'estois tousjours surprise de la voir pleine de sagesse, dans un temps où l'on compte pour quelque chose de ne point faire et de ne point dire de sottises. Mais avec tout cela, Madame, je n'aurois jamais deviné, dans la situation où estoit madame sa mère, qu'elle eust peu parvenir à une royauté, qu'elle méritoit, mais dont tous les chemins paroissoient inaccessibles, quoyqu'elle fust, cette aimable princesse, d'assez bonne maison pour y parvenir. Mais Dieu, qui est le maistre des couronnes, les donne assez souvent dans sa colère, quand il veut punir son peuple, ou comme un effet de sa bonté, quand sa miséricorde le veut favoriser. Je n'oserois douter, Madame, qu'elle ne fasse beaucoup de bien, cette chère princesse, si personne n'y fait d'obstacle, et je ne doute pas non plus que l'humilité profonde de madame de Maubuisson n'attire sur son illustre famille tout ce qu'elle foule à ses pieds pour l'amour de Jésus-Christ ; car, comme elle a l'esprit et le cœur au-dessus des grandeurs de la terre, son élévation se fera dans le ciel, où j'espère tousjours que Vostre Altesse Électorale verra la gloire et l'avantage que sa saincte sœur tirera de sa vertu. J'ay tousjours, Madame, un désir ardent de vous sçavoir catholique; car, quoyque Vostre Altesse Électorale paroisse dans un profond repos sur son salut, cela ne le rend pas plus certain, puisque sainct Paul, qui avoit tout faict pour le sien et pour celuy de ses frères, nous a laissé des témoignages de sa crainte, quand il nous dit, dans une de ses épistres, que, quoyque sa conscience ne luy reproche rien, il ignore cependant s'il est digne d'amour ou de haine. Si Vostre Altesse Électorale vouloit un peu s'aider elle-mesme, la grâce et les lumières du Sainct-Esprit viendroient à son secours, et elle verroit alors que toute la pénétration de son bel esprit n'a point atteinct la vérité, et qu'il se trompe quand elle s'appuye sur la raison, puisqu'il n'y a de certitude que dans la foy, et que tout le reste nous trompe. Vous voyez, Madame, que je ne me rebute pas, et que je ne puis m'empescher, quand j'ay l'honneur de vous escrire, de frapper tousjours quelque coup à la porte de vostre cœur, après avoir prié Dieu avec persévérance qu'il dissipe les ténèbres de vostre esprit, et qu'il ne permette pas qu'une princesse à laquelle il a communiqué tant de grâces naturelles en puisse manquer pour assurer son salut. Je meurs de peur que les disputes sur le quiétisme ne vous fournissent une response, qui ne sauroit estre solide si elle n'est appuyée sur la foy.

Je viens d'apprendre que Vostre Altesse Électorale vient de mander à madame de Maubuisson ce qui se passe à Vienne au suject de nostre chère reine. Il semble que Dieu prenne plaisir à faire éclater la protection qu'il luy donne, et qu'elle reçoit d'une manière si chrétienne que je ne doute pas que les ennemis de sa gloire ne fussent en sûreté, quand ils seroient tous sous sa main, qui, par vertu, aimeroit mieux pardonner que de vaincre et de se venger. Et je suis persuadée que les personnes qui l'ont méprisée sont punies d'une manière que les hommes ne peuvent faire sentir. Les secrets remords que Dieu donne à ceux qu'il n'abandonne pas sont quelquefois des supplices rigoureux qui les font rentrer en eux-mesmes et qui causent leur conversion ; car qu'est-ce que la bonté de Dieu ne fait pas pour le salut des hommes ? Je veux espérer que sa puissance, qui est infinie, estendra sa miséricorde sur tous ceux pour qui nostre grande reine prie en disant le *Pater*. Qu'on a de peine, Madame, à finir une lettre qui aura l'honneur de passer sous vos yeux, sans vous parler du plaisir que font celles de Vostre Altesse Électorale à sa sœur, et j'ose dire à madame Fagon et à moy, lorsqu'elle nous fait l'honneur de nous en faire part ! car rien, Madame, n'est plus agréable que le tour que vous donnez aux choses. Je prie Dieu que vostre bel esprit vous soit encore meilleur qu'aux autres, et qu'il aide à Vostre Altesse Électorale à connoistre la vérité.

Sr M. DE BRINON.

LXXXVI

LEIBNIZ A MADAME DE BRINON.

<small>Original autographe inédit de la bibliothèque royale de Hanovre.</small>

A Hanovre, ce 23 décembre 1698.

De peur d'estre importun, j'ay différé de vous escrire jusqu'au temps où c'est une espèce de devoir.

C'en est un de faire les souhaicts de la nouvelle année; mais je vous supplie de croire que, lorsque je m'en acquitte maintenant, je ne donne rien à la coustume, et tout à l'inclination que j'ay pour les personnes vertueuses et capables de faire du bien dans le monde, dont la conservation me tient au cœur plus que tout le reste de ce qui est hors de nous. Jugez par là, Madame, si je ne souhaicte la vostre encore pour de longues années; quand vous ne feriez que contribuer à la satisfaction de deux royales sœurs, dont l'une est près de vous et dont j'ay l'honneur d'approcher de l'autre : royales, dis-je, moins par leur naissance que par les véritables qualités, et dont la longue vie fera la joye de la mienne.

Madame l'Électrice a leu avec la plus grande satisfaction du monde la lettre que vous lui avez escrite pour vous resjouir avec elle sur la nouvelle de la déclaration du mariage de la future reine des Romains. Pour moy, j'ay plus faict; car il y a des endroicts qui m'ont tellement pleu que je les ay envoyés à Vienne.

Ce que vous dites de madame de Maubuisson est aussi grand que véritable; mais, quoyque je m'intéresse dans la gloire que la saincte vie de cette princesse luy donnera chez la postérité après sa mort, autant que pourroit faire un homme qui auroit l'honneur d'estre à la maison palatine, je ne voudrois pas que ses mortifications trop grandes nous la fissent perdre un moment plus tost pour cela.

Quant au poinct qui fait vostre contestation avec madame l'Électrice, je ne sçaurois dissimuler qu'il me semble qu'elle vous a admirablement bien respondu : de sorte qu'ayant eu l'honneur de survenir quand elle estoit sur le poinct de faire cacheter sa lettre, je la suppliay de m'en accorder une copie auparavant. Vous voyez bien, Madame, qu'auprès des personnes esclairées il n'y a rien à faire sans bonnes preuves. Bien loin que ce soit une bonne action devant Dieu que de se rendre sans cela sous prétexte de foy, c'est une faute devant Dieu et devant les hommes.

Il n'y a rien de si beau que vos exhortations, supposé qu'elles soyent appuyées sur un fondement solide. C'est dommage que vous ne parliez ainsi pour la vérité. Je vous plains, Madame, et je plains encore l'Église de ce que nous n'avons pas de nostre costé bon nombre de personnes qui vous ressemblent. C'est une punition de Dieu que l'erreur a tant d'avantages, et entre autres, que nous n'avons pas un aussi grand théologien que M. de Meaux. Je ne sçay si c'est un bien ou si c'est un mal qu'il s'attache depuis quelques années à redresser les excès des mystiques : cela dépend de la science moyenne. S'il estoit destiné sans cela à se déchaisner contre la doctrine épurée des nostres, c'est un bien que Dieu l'en ait détourné. Mais, s'il avoit continué, sans madame de Guyon, de travailler aux voyes de pacification comme il l'avoit si bien commencé par sa communication avec M. l'abbé de Loccum, dont j'estois l'entremetteur, c'est un mal qu'il ait quitté la partie; car il la quitta tout d'un coup sans vouloir dire ny ouy ny non sur des questions où il s'estoit engagé de nous faire entendre son sentiment. M. Pellisson l'auroit peut-estre détourné de cette rupture, mais l'incomparable Pellisson n'estoit plus. Je vous laisse penser quel mauvais effect cela a faict, et quel jugement en ont faict ces personnes fort relevées qui ne connoissoient pas autant que moy la merveilleuse pénétration aussi bien que la droiture de ce grand prélat : au lieu que, s'il avoit continué comme il avoit commencé, je puis asseurer en conscience que je crois qu'il auroit pu faire plus de fruict pour la réunion des esprits, que je n'ose dire.

Je ne sçay comment je suis tombé insensiblement sur cette plainte. Il est vray qu'elle me vient assez naturellement en vous escrivant ; car c'est vous, Madame, qui estiez cause d'un commerce qui pouvoit faire tant de fruict. Vous nous aviez donné celuy de M. Pellisson, qui avoit attiré la communication avec M. de Meaux; mais le temps n'estoit pas encore venu. Dieu sçaura trouver le sien. Cependant nous avons icy la consolation de n'avoir rien obmis de ce qui estoit de nostre devoir, et qu'on ne nous sçauroit plus reprocher le schisme sans la dernière injustice.

Je suis avec zèle, Madame, vostre très humble et très obéissant serviteur,

LEIBNIZ.

LXXXVII

LEIBNIZ A MADEMOISELLE DE SCUDÉRY.

Original autographe inédit de la bibliothèque royale de Hanovre.

Hanover, ce 26 décembre 1698.

Mademoiselle,

Le respect que j'ay pour vostre éminent mérite m'a empesché de continuer à vous escrire. C'estoit bien assez que je me feusse hazardé de vous envoyer des vers francois, que vous receutes avec tant de bonté, et que l'excellent M. de Bétoulaud, dont ils regardoient l'Adraste, digne suject des vostres et des siens, ne méprisa point, par cette bonté qu'on a chez vous pour les étrangers : mais il seroit téméraire d'y revenir.

Ainsi, vous escrivant, Mademoiselle, pour satisfaire présentement à une espèce de devoir, et pour vous marquer, à ce commencement de la nouvelle année, avec combien de passion je vous en souhaicte encore beaucoup pour estre l'ornement encore d'un autre siècleque le nostre : j'y ay voulu joindre une épigramme latine sur la déclaration du mariage futur du roy des Romains avec la princesse Amalie de Brunswick, que vous aurez conneue en France, et où apparemment vous prenez intérêt, parce que je sçay combien vous avez l'estime de madame la duchesse d'Hanovre, mère de cette princesse.

Ce n'est pas que je prétende de mieux faire en latin, mais c'est que cette langue estant moins receue dans le grand monde, on y court moins de risques et la critique y est moins rigoureuse; les gens du pays latin estant plus indulgents les uns envers les autres par politique. Il est vray, Mademoiselle, que l'ancienne Rome et la Grèce mesme vous sont presque aussi conneues que Paris. Ainsi je ne sçay si je ne m'expose un peu trop; mais, n'ayant point vouleu me présenter devant vous à mains vuides, j'espère que vous pardonnerez le peu de valeur de ce que j'offre au zèle respectueux que j'ay pour paroistre, Mademoiselle, vostre très humble et très obéissant serviteur,

Leibniz.

P. S. Je croy qu'à l'heure qu'il est, le roy des Romains aura espousé la princesse par le duc de Modène, son procureur.

MADRIGAL.

Damon, quand vous louez le Roy
Sans comparaison mieux que moy,
Je n'en ay pas de jalousie :
Car j'aime sa gloire à tel poinct
Qu'en lisant vos beaux vers, mon âme est fort ravie
Que vous fassiez si bien ce que je ne fais point;
Mais, pour me consoler de mon manque d'adresse,
Je voudrois, je vous le confesse,
Que ce parfaict héros, qu'admire l'univers,
Fust content de mon cœur plustost que de mes vers.

LXXXVIII

MADAME DE BRINON A LEIBNIZ.

Original autographe inédit de la bibliothèque royale de Hanovre.

Sans date.

Mademoiselle de Scudéry veut, Monsieur, que vous voyiez de quelle manière M. Bétoulaud parle de vous.

Sans vouloir contredire aux beaux esprits, vous n'auriez point entendeu les langues à la construction de la tour de Babylone, puisque Dieu ne vouloit point que les Babyloniens s'entendissent et qu'il forma cette confusion des langues en punition de leur orgueil. Qu'il est aisé, Monsieur, d'eschauffer l'un pour l'autre les beaux esprits ! Mademoiselle de Scudéry est pour vous comme si vous aviez esté nourris ensemble, et vous ne vous estes encore escrit qu'une fois (1).

S^r DE BRINON.

LXXXIX

LEIBNIZIUS AD FABRICIUM, THEOLOGUM HELMESTADIENSEM.

Ex autographo prius edito, quod nunc etiam in bibliotheca Hanoverana servatur.

Hanoveranæ, 27 déc. 1698.

I. Non dubium est medallionem moduli non minimi esse debere ; nempe medium in istis tenen-

---

(1) Nous trouvons cependant à Hanovre l'indication de plusieurs lettres échangées entre Leibniz et mademoiselle de Scudéry. En voici la liste avec les dates :

Leibniz à mademoiselle de Scudéry.

Hanovre, 19 novembre 1697.

J'ay eu l'honneur de recevoir par vostre ordre, et par la faveur de madame de Brinon, de beaux vers sur l'agathe très-curieuse que M. de Bétoulaud vous a envoyée. (Voir les vers à l'appendice.)

Mademoiselle de Scudéry à Leibniz.

20 décembre.

Quoyque j'aye mal à un œil, j'ay leu avec beaucoup de plaisir vostre belle et obligeante lettre.

Leibniz à mademoiselle de Scudéry.

Hanovre, 14/24 janvier 1698.

Mademoiselle, vostre bonté est grande de donner des louanges à des vers d'un homme qui s'est si peu exercé à en faire en françois. (Voir les vers de Leibniz, ceux de Bétouland et de mademoiselle de Scudéry à l'appendice.)

dum est ut tanta sit magnitudo, quanta sufficit ne exiguus videatur. CALVINUS se optime explicat, ostenditque perceptionem a se non intelligi imaginariam, quali Romæ sumus, sed substantiæ ipsius. Fidem autem requirit, ut conditionem, unde non agnoscit perceptionem indignorum, in quo revera discrimen a nostris manet. Cæterum etiam nos magis ore, quam oraliter, dentaliter, gutturaliter, percipi statuimus; nempe quia non aliam ponimus conditionem, quam perceptionem elementi ore factam. Cæterum valde ago gratias quod petitioni meæ benevole deferre et quod desideraveram amico Noribergensi mandare voluisti, quem non dubito quin pro tua prudentia instruxeris. Vale, et fave.

LEIBNIZIUS.

P. S. Domino Abbati Luccensi jam velut acceptum communico scriptum breve germanicum de absoluto decreto, simulque ei significo me vobis copiam ejus misisse, ut possitis sententiam vestram ad me perscribere; post aliquot deinde dies mittam ei scriptum, jam a te mihi transmissum, tanquam recens acceptum. Hoc significo nescius ne sis, nam quædam impediere quominus Domino Abbati ista prius communicarem. Deum precor ut in hoc anno novo imminente multos alios felices inchoes.

XC

*** A LEIBNIZ (1).

Original autographe inédit de la bibliothèque royale de Hanovre.

Le 27 décembre 1698.

I primi frutti della mia riconvalescenza rendo a V. S. col scrivere queste poche righe di proprio pugno, avendomi bisognato sin ora servirmi di mano forestiera. Il primo e 22 di novembre et 10 di dicembre, cominciaremo adunque la nostra corrispondenza e su questa mia segnata n° 5, et cosi si continuerà a numerare le altre ; e servirà anco questa per accompire il debito mio d'augurare a V. S., coll' occasione delle sante feste di Natale e susseguente nuovo anno, etc., etc. Si ha avuto risposta da Roma, sopra el negozio consaputo, che la mia relazione fu stata via a Sua Santità, alla quale ho aperto candidamente il mio sentimento, communicato prima a Sua Maestà : onde non dubito ne seguirà in breve una favorevole e paterna risoluzione, ne mancherò da canto mio impiegarmi tutto con ogni viva forza e premura, advisandola sinceramente di tutto quello passerà. In tanto stiamo tutti affaccendati per le nostre e del nostro augusto Rè, etc.

***

(1) Sans doute d'un cardinal, et très-probablement du cardinal Davia. N. E.

XCI

LEIBNIZ A * * * (1).

<small>Original autographe inédit de la bibliothèque royale de Hanovre.</small>

Sans date.

Monsieur,

Comme Vostre Excellence a eu la bonté de me permettre de luy faire sçavoir ce que je pourrois observer servant aux droicts de la Sérénissime Maison, j'ay cru pouvoir profiter de l'occasion de ce qui suit pour me conserver l'honneur de ses bonnes grâces. C'est que j'ay depuis peu trouvé un extraict d'un contract passé entre les ducs de Brunswick-Lunebourg, Guillaume et Magnus, d'une part, et le duc Éric de Saxe Engern et Westphalie, de l'autre, portant que ce duc engage aux deux ducs susdicts pour une grande somme d'argent tout son pays, nommément les bailliages et terres de Hazebourg, Dertzengen, Nihms, Hadeln et Wiersten, et de plus, dans le mesme temps, il passe avec eux un autre contract portant une confraternité. Le pays engagé a sans doute esté retiré il y a longtemps, mais cela ne feroit point de préjudice à la fraternité; et, comme les ducs de Brunswick-Lunebourg d'aujourd'huy descendent du duc Magnus, et ceux de Saxe-Lauenbourg, du duc Éric, ce traicté seroit de conséquence et fortifieroit merveilleusement les raisons dont j'ay eu occasion d'entretenir Vostre Excellence quand elle estoit icy. J'ay donné à son excellence M. le baron de

<small>(1) Sans doute Bernstorf, ministre du duc de Celle. N. E.</small>

Plate la teneur de l'extraict tel qu'il s'est trouvé mot à mot avec mes remarques, car je trouve qu'il y doit avoir des fautes à l'esgard de l'année et autres particularités. Il m'a dict de le vouloir envoyer à Vostre Excellence. Cependant, comme l'extraict que j'ay veu estoit escrit de la main de feu M. Hofmann, il faut qu'il l'ait tiré des archives et apparemment de celles de Zelle. S'il en a veu l'original ou seulement une copie, et si la confraternité porte la succession mutuelle en termes clairs et exprès, c'est ce que je ne sçaurois dire ; mais il faut que la source d'où M. Hofmann a puisé se trouve quelque part dans nos archives. Peut-estre aussi qu'il y a quelque chose dans les archives du duc de Saxe-Lauenbourg.

Au reste, je trouve qu'il nous manque beaucoup de papiers de feu M. Hofmann, car j'ay veu une désignation de sa main ; et je sçay de M. Vete, nostre archiviste, qu'il a veu luy-mesme un volume de la Chronique de Buntinus avec du papier blanc partout, où M. Hofmann avoit faict quantité de remarques chronologiques tirées des archives et qui seroient bien utiles. Or nous n'en avons rien trouvé en faisant l'inventaire des papiers, et il y a de l'apparence que quantité de pièces de cette nature se trouvent chez les héritiers, dont le frère de la veuve qui est au service de Zelle pourra rendre bon compte, s'il est interrogé suivant les obligations de la foy qu'il doit à son sérénissime maistre, et je m'en remets à ce que V. E. pourra juger à propos.

Je suis, avec tout le zèle que je vous dois, Monsieur, de Vostre Excellence, etc.

LEIBNIZ.

XCII

LEIBNIZ A * * * (1)

<small>Original autographe inédit de la bibliothèque royale de Hanovre.</small>

Sans date.

Monsieur,

J'ay receu vostre billet, et je suis bien aise que vous ayez trouvé les diplômes dont il estoit question; mais je souhaicterois encore bien plus que celuy de l'union fut assez expressif sur le poinct capital, dont je doute encore. Néanmoins, pourveu que les paroles puissent recevoir une interprétation favorable, ce que je vous prie de m'esclaircir en me communiquant les propres termes, elles serviront à fortifier d'autres raisons dont je vous ay parlé. Quant à l'année, il est constant que les autheurs font mourir Guillaume, dernier de la ligne, l'an 1368, et M. Hofmann luy-mesme en quelque endroict marquoit pour plus d'asseurance le 23 de novembre. Mais, puisque le diplôme est positif, il servira, j'en conviens, pour corriger les historiens. Les différens avis me paroissent encore assez brouillés par les généalogistes. On trouve peu de choses touchant les comtes d'Ossenbourg. J'ay remarqué seulement depuis peu que *Theodoricus et Henricus....... de Ostorborch nominantur inter sacramentatos Alberti marchionis de Brandeburg in diplomate fœderis inter Ottonem Wingi et marchionem* 1212. Je souhaicterois aussi avoir par vostre faveur la copie du ban impérial *Quia Moguntiacum Torquatum,* puisqu'il sert à un supplément de nostre histoire.

LEIBNIZ.

(1) **Sans doute Hertel, bibliothécaire à Wolfenbuttel.** N. E.

1699

Négociation Antoine Ulrich. — Rôle officieux du ministre français à Wolfenbuttel, M. du Héron, qui sert d'intermédiaire entre le duc et la cour de France, et communique les lettres de Bossuet à Leibniz. — Politique de ce dernier, qui veut annuler M. de Meaux, ou du moins lui faire adjoindre un magistrat gallican. — Réponse de Bossuet. — Exposés et narration de Leibniz. — Récapitulation de ce qui s'est passé entre eux : ce qui est de foi et ce qui ne l'est pas.

XCIII

MADAME L'ÉLECTRICE DE BRUNSWICK A MADAME DE BRINON.

Autographe inédit à Hanovre, copie Gargan à Londres, fonds Egerton (1).

A Hanovre, le 23 décembre 1698, 2 janvier 1699.

Vous m'avez obligée infiniment, ma chère madame, de mesler si agréablement vostre joye parmy la nostre au suject du mariage avantageux que ma nièce, la princesse de Brunswick, va faire avec le roy des Romains. Vous faites un portraict si agréable de cette princesse que, si j'estois aussi familière avec le roy des Romains que je le suis avec vous, je luy enverrois vostre lettre pour le confirmer dans la bonne

(1) Cette lettre a été corrigée par Leibniz, dont on retrouve la main aux mots : *comme il met, rendre, entière*, et autres expressions soulignées. N. E.

opinion qu'il a desjà conceuë de sa future espouse. On dit qu'il a esté fort resjoui qu'elle eust une main tout comme la sienne, et jugez par là de la sympathie qu'ils auront ensemble. C'est à quoy les vœux de ma chère sœur et de tout son couvent ont beaucoup contribué, surtout les vostres, qui ont le don mesme de pouvoir mieux persuader Dieu que les autres, à ce que je m'imagine; car je ne doute pas que vostre ferveur ne lui soit fort agréable et la bonne volonté que vous avez de mettre ses créatures dans le bon chemin du salut. Mais, ma chère madame, quelle raison y a-t-il que je doive plus tost suivre vostre opinion que vous ne devez suivre la mienne? Puisqu'il s'agit de foy, la raison n'y a point de part : ce que vous croyez, vous ne le sçavez pas, et ce que vous ne sçavez pas, comment le pouvez-vous persuader à un autre ? Ce que vous alléguez que sainct Paul dit, après toutes ses bonnes œuvres, qu'il ne sçait pas s'il est digne d'amour ou de haine, n'est pas un passage qui nous doive fort consoler, et fait voir qu'il a creu tout à faict la prédestination, comme quand il met aussi l'exemple du potier, qui a pensé rendre les gens fous à force de méditer sur cet article. Dieu mercy, je me fie à la bonté de Dieu; il ne m'est jamais venu dans l'esprit qu'il m'a créée pour me faire du mal : pourquoy l'appeler le bon Dieu, s'il nous avoit faicts pour nous damner éternellement? Vous me parlerez de libre arbitre : ne dépendoit-il pas de luy de nous faire de manière que nous n'en eussions pas? Pour moy, j'ay une entière confiance en luy, et après *avoir tasché de faire de mon mieux*, je *croy* que, s'il eust voulu m'avoir autrement, il m'auroit faicte d'une autre manière.

Ce ne sont pas les quiétistes qui me scandalisent : je n'ay pas trop pris la peine de les examiner. Mais ce qui me donne une très meschante opinion des catholiques, c'est ce qui se practique à présent en France contre les gens de nostre religion, ce qui n'a rien du christianisme et fait voir que c'est une très meschante religion qui authorise tant de meschantes actions, la Sainct-Barthélémy, le massacre en Irlande et en Piedmont, la trahison des poudres en Angleterre pour faire sauter en l'air le roy Jacques, mon ayeul, avec tout son parlement, l'assassinat de Henry III et de Henry IV. Peut-on dire que ce sont là de bonnes œuvres qui procèdent d'une bonne foy, où il est dict que la foy n'est qu'une foy morte sans les bonnes œuvres ? Toute l'Angleterre, la Hollande et l'Allemagne sont tesmoins de cette belle religion, qui sont remplies de réfugiés, dont les uns ont esté dans les prisons, aux autres on a enlevé les enfans, et les biens à tous en général. Voilà qui est bien chrestien ! Combien en a-t-on faict mourir pour avoir prié Dieu et pour avoir chanté des pseaumes ! Vous direz apparemment, ma chère, que ce n'est pas vous qui estes cause de tout cela ; j'en suis bien persuadée, et que dans les bonnes mœurs nous sommes de mesme opinion. Ce n'est donc pas le nom de catholique ou de réformé qui nous sauvera, mais de manifester nostre foy par de bonnes œuvres ; tous ceux qui font cecy et croyent aux articles de la foy seront agréables à Dieu. Tout ce qui me vient de vous me l'est aussi, et j'en suis la plus reconnoissante du monde.

Sophie,
Électrice de Bronswic.

XCIV

L'ABBÉ GUIDI A LEIBNIZ.

Original autographe inédit de la bibliothèque royale de Hanovre.

Sans date, mais de Vienne.

J'ay appris ce matin avec regret que nostre affaire ne va pas bien, et que M. l'abbé Molanus a dict à M. le général major Derleville que, à Rome, on ne veut pas démordre de ce qu'on a estably jusqu'icy touchant la religion ; et, comme il faut que demain j'escrive à M. le baron, je seray bien aise d'estre informé si cela est vray. Faites-moy donc, Monsieur, l'honneur de vous en informer ; et, en attendant, je suis, avec M. le ***, vostre très humble et très obéissant serviteur,

L'abbé Guidi.

Au dos, de la main de Leibniz :

Je n'ay rien appris ny pour ny contre, et je ne crois pas mesme qu'il s'agisse de démordre de ce qui est estably. Ainsi je crois qu'il vaudroit mieux n'en rien toucher.

Je suis, etc.
Leibniz.

Hanovre, ce 5 janvier 1699.

XCV

Leibniz an den Herzog Anton Ulrich.

Original-Manuscript der königl. Bibliothek zu Hannover.

Hannover, 10. Januar 1699.

Diese Extraorder hat Hr. Abt verlangt von mir begehret, will Sie ad acta cenobii legen.

Herr Herzog Anton Ulrich zu Braunschweig und Lüneburg haben mir de dato Wolfenbüttel vom 29. December 1698 unter andern geschrieben:

Den neuen Fürst von Lockum bitte meinetwegen zu grüßen, mit Vermelden, daß mir lieb seyn würde ihn bey uns zu Braunschweig in der Meß zu sehen, wenn es nur wegen des Rangs keine Schwührigkeit gibt.

LEIBNIZ AU DUC ANTOINE ULRICH.

Traduction de la pièce en allemand ci-dessus.

Hanovre, 10 janvier 1699.

Le seigneur abbé m'a demandé avec instance cette pièce curieuse ; il veut la déposer aux archives du monastère.

Le duc Antoine Ulrich de Brunswick et Lünebourg m'a écrit de Wolfenbüttel, à la date du 29 décembre 1698, ce qui suit :

Je prie qu'on salue de ma part le nouveau prince de Lockum, en lui faisant savoir que je serai bien aise de le voir chez nous, à Brunswic, à la foire, pourvu qu'il n'y ait point de difficulté sur le rang à cause de cela.

Darauff ich den 5. Januarii 1699 also geantwortet :
Der neue Fürst den Sie im Wolfenbütelischen ge=
machet, bedanket sich der Ehre.

Gottfried Wilhelm Leibniz.

A quoi j'ai répondu, 5 janvier, ainsi :
Le nouveau prince que vous avez fait dans le pays de Wolfenbüttel, vous remercie de cet honneur.

G. G. LEIBNIZ.

XCVI

BOSSUET A LEIBNIZ.

Original autographe inédit de la bibliothèque royale de Hanovre.

11 jan. 1699.

Monsieur, j'ay veu entre les mains de M. le marquis de Torcy une de vos lettres à un de nos princes, dont on dit icy mille biens et dont les honnestes gens célèbrent l'esprit et les droictes intentions (1). Dans le compte que vous luy rendez du commerce que nous avons eu sur la religion, feu M. Pellisson et moy avec vous et M. l'abbé de Lokom, vous semblez insinuer que ce commerce a cessé de mon costé tout à coup sans que vous en sçachiez la véritable raison. Je vous

---

(1) Du Héron lui annonce qu'il a reçu une lettre de M. de Meaux dans un billet daté de Brunswick le 29 janvier 1699, et commençant ainsi : « J'ay receu une lettre de M. l'évesque de Meaux, où il me dit avoir vu entre les mains de M. le marquis de Torcy une de vos lettres à un de vos amis (1). » Voir ce billet sous le n° XCIX, p. 237.

(1) C'était celle où Leibniz se plaignait de lui. Voir n° LXXII, N. E.

asseure, Monsieur, qu'il n'en faut point chercher d'autre que la guerre survenue, pendant laquelle je n'ay pas creu qu'il fust aisé de traiter de la réunion des esprits sur la religion. Maintenant que Dieu nous a rendu la paix, je loüe sa bonté infinie du désir qu'elle vous a mis dans le cœur de reprendre cette affaire. J'approuve, Monsieur, le dessein d'y faire entrer quelque magistrat important, et il ne sera pas malaisé d'en trouver quelqu'un aussi propre à cette sainte négotiation que feu M. Pellisson. Quand vous en serez convenu, ce qui sera très facile, avec M. le marquis de Torcy, qui prendra là dessus les ordres du Roy, il faudra que vous trouviez bon que je luy donne communication de tout ce que nous avons escrit sur cette matière, vous, M. l'abbé de Lokom et moy. Si vous voulez bien nous marquer en quoy vous croyez que je n'aye pas respondu à vostre désir, je vous asseure que j'y satisferay pleinement, sans aucune veüe ni à droite ni à gauche, mais avec toute la droiture de bonne intention que vous pouvez désirer d'un homme qui ne peut jamais avoir de plus grande joye que celle de travailler avec de si habiles et de si honnestes gens à refermer, s'il se peut, les playes de l'Église encore toutes sanglantes par un schisme si déplorable. En vostre particulier, Monsieur, je conserve tousjours pour vous et pour vos travaux, dont il vous a plu me faire part, toute l'estime possible, et je suis, avec une parfaicte sincérité,

Monsieur, vostre très humble serviteur,

† J. Bénigne,
Évesque de Meaux.

XCVII

LEIBNIZ A BOSSUET.

Original autographe inédit de la bibliothèque royale de Hanovre.

Sans date.

Monseigneur,

Je suis ravy d'apprendre la continuation de vostre bonté pour moy, et surtout la persévérance de vostre zèle pour avancer le grand ouvrage de la paix de l'Église. Je ne regrette point le temps perdu par l'interruption de la négotiation entamée autres fois entre nous, quand je voy de quelle manière vous la recommencez et surtout que le Roy mesme en veut prendre connoissance d'une manière toute particulière; car il ne manquoit que cela à nos espérances, et rien n'est plus propre à me faire croire que Dieu est de la partie. Il tourne tousjours le mal à un plus grand bien, et il répare le délay avec usure lorsque, en inspirant à Sa Majesté, qui peut presque tout ce qui est dans le pouvoir des hommes, d'y penser fortement, il nous fournit le plus grand secours extérieur qui se puisse souhaicter. *Humanum paucis vivit genus :* un petit nombre de grands princes contient éminemment pour ainsi dire tout le reste du genre humain. Si l'Empereur y joint ses efforts, comme je sçay qu'il est bien disposé, et si le Pape mesme enfin veut tout de bon y mettre un jour la dernière main, il y a grande apparence de succès. Ainsi voilà presque le tout réduict à la volonté de trois personnes sur un suject où il semble qu'elles sont également bien intentionnées toutes trois. Je m'estois borné (je l'avoue) à espérer de voir jetter des fondemens solides, sur lesquels la postérité pourroit bastir ce grand ouvrage; mais à présent j'ose porter mes espérances plus loin, le Roy seul pouvant avancer le bonheur général et transporter les fruicts de l'avenir dans le présent. En effet, c'est encore en d'autres matières qui regardent le bien des hommes, telles que sont la vertu, la santé et les sciences ou arts utiles, que je croy qu'une sagesse et une puissance comme la sienne nous peuvent faire obtenir en dix ans plus qu'autrement on ne pourroit espérer par un progrès lent et tardif d'autant de siècles. Mais, pour ne me point escarter, Monseigneur, du suject dont il s'agit, j'accepte de tout mon cœur l'honneur de la continuation de vostre commerce sur une matière si salutaire. Je n'ay point voulu différer de marquer combien je suis sensible au bonheur que j'auray de sçavoir que ce qu'on vous pourra communiquer par mon ministère passera sous les yeux du Roy par l'entremise de M. le marquis de Torcy; quoyque j'avoue que cette joye est meslée d'une respectueuse crainte, que la grandeur de ce monarque et le sentiment que j'ay de mon insuffisance ne peut pas manquer de faire naistre. Cependant, estant au service d'Hannover, j'ay besoin de l'agrément de l'Électeur mon maistre pour rentrer en matière, comme vous sçavez que ce fut avec celuy de feu son père qu'on vous donna information de la négotiation du feu évesque de Tina, commencée autres fois à la cour d'Hannover, ce qui nous donna l'avantage de pouvoir jouir de vos lumières. Je ne manqueray pas de demander cet agrément aussi tost que je seray de retour chez moy, et je n'obmettray rien de ce qui pourra dépendre de ma bonne volonté, estant avec respect, Monseigneur, vostre très humble et très obéissant serviteur,

LEIBNIZ.

XCVIII

Anton Ulrich an den Leibniz.

Original-Manuscript der königl. Bibliothek zu Hannover.

Wolfenbüttel, den 25. Januar 1699.

Monsieur,

Des Bischofs von Meaux sein Cartel kommt sub sigillo volante hiebey. Mr du Héron verlanget, daß seine Antwort ebenfalls möge unversiegelet bleiben, weil der König die allemahl erst lesen will. Was wehre dieses für ein großes Glück und Ihnen eine fürtrefliche Ehre, wenn

LE DUC ANTOINE ULRICH A LEIBNIZ.

Traduction de la pièce en allemand ci-dessus.

Wolfenbuttel, le 25 janvier 1699.

Monsieur,

Le cartel de l'évêque de Meaux vient ici joint *sub sigillo volante*. M. du Héron désire que de même sa réponse reste non cachetée, parce que le roi veut chaque fois les lire d'abord. Quel grand bonheur ce serait, et pour vous

aus dieser Correspondenz eine Religions Vereinigung
könnte werden! Die Wittemberger und Helmstedter wollen den anfang zu dieser Vereinigung machen, und gegen
die Liebisten in eine offensive alliance treten. Wie offen
Madeburg beim Curfürsten von Brand war, schiehn
denn auch viel von Vereinigung der Religionen, da aber die
armen Lupisten nicht mit unter begriffen sein solten, ihn
in der Maße zu sprechen, und Schold den Fürsten von
Lockum auch. Verbleibe lebenslang

sein wolaffectionirter
Anton Ulrich.

quel excellent honneur, si par cette correspondance la
réunion pouvait se faire! Ceux de Wittemberg et de Helmstadt veulent faire le commencement de cette réunion et
entrer dans une alliance offensive contre les *Liebistes*.
Comme Magdeburg était ouvert à l'électeur de Brandebourg,
il y avait dès lors grande apparence d'une réunion des
religions; mais comme les pauvres *Lupistes* ne devaient pas
y être compris, il faudrait lui parler dans ce sens, et Schold
parlerait de même au prince de Lockum. Je suis pour la
vie son très-affectionné,

A. ULRICH.

XCIX

M. DU HÉRON A LEIBNIZ.

Original autographe inédit de la bibliothèque royale de Hanovre.

A Brunswick, le 29 janvier 1699.

Monsieur,

J'ay receu une lettre de M. l'évesque de Meaux,
où il me dit d'avoir veu entre les mains de M. le

marquis de Torcy une de vos lettres à un de vos amis, où dans le compte que vous luy rendez du commerce que luy et feu M. Pellisson ont eu sur la religion avec vous et M. l'abbé de Lockum, vous semblez insinuer que ce commerce a cessé de son costé tout à coup, sans que vous en sçachiez la véritable raison. Il me prie de vous asseurer, Monsieur, qu'il n'en faut point chercher d'autre que la guerre survenue, pendant laquelle il n'a pas cru qu'il fust aisé de traicter de la réunion des esprits sur la religion. Maintenant que Dieu nous a rendu la paix, il loue sa bonté infinie du désir qu'elle vous a mis dans le cœur de reprendre cette affaire. Il approuve, Monsieur, le dessein d'y faire entrer quelque magistrat important, et il croit qu'il ne sera pas malaisé d'en trouver quelqu'un aussi propre à cette saincte négotiation que feu M. Pellisson, quand vous en serez convenu, ce qui sera très facile, avec M. le marquis de Torcy, qui prendra là-dessus les ordres du Roy. Il faudra que vous trouviez bon qu'il luy donne communication de tout ce que luy et Monsieur l'abbé de Lockum ont escrit sur cette matière; et si vous voulez bien marquer en quoy vous voyez que M. de Meaux n'ait pas respondu à vostre désir, il vous asseure qu'il y satisfera pleinement, sans aucune veue ny à droite ny à gauche, mais avec toute la droicture de bonne intention que vous pouvez désirer d'un homme qui ne peut jamais avoir de plus grande joye que celle de travailler avec de si habiles et de si honnestes gens à refermer, s'il se peut, les playes de l'Église encore toutes sanglantes par un schisme si déplorable. En vostre particulier, Monsieur, il me marque qu'il conserve tousjours pour vous et pour vos travaux, dont il vous a plû luy faire part autresfois, toute l'estime possible (1).

Voilà les propres paroles de M. l'évesque de Meaux. Jugez, Monsieur, si ce n'est avec joye que j'accepte la commission de cet illustre prélat, pour vous faire part de ses sentimens.

J'ay l'honneur d'estre très parfaitement, Monsieur, vostre très humble et très obéissant serviteur,

Du Héron.

C

LEIBNIZ A MADAME L'ÉLECTRICE DE BRUNSWICK (2).

Original autographe inédit de la bibliothèque de Hanovre.

Hanover, 20 février 1699.

Madame,

J'apprends que l'Académie royale des sciences aura deux sortes de membres : les uns seront assidus et gagés, et auront chacun cinq cents escus; les autres seront libres et honoraires. Ainsi je ne doute point que je ne doive estre compris sous les derniers, ne pouvant pas estre sur les lieux. Il est vray qu'autre-

---

(1) Voir, n° LXXXIX, la lettre de Bossuet. N. E.
(2) Leibniz avait commencé, à la date du 8 février 1699, une autre lettre à la même princesse, dont nous avons le début : « Madame, les bontés de V. A. E. attirent encore celles de Madame, à qui je suis ravi que ce que j'avois escrit sur le commencement du siècle n'ait point desplu, et que je me sois rencontré avec la Sorbonne et l'Académie françoise. » On trouve aussi un début de lettre à la même, du 11 février : « Je ne demande rien à V. A. E. de ce qui se passe icy. » N. E.

fois on donnoit des gages plus considérables, et mesme aux absens, comme feu M. Hugens, qui avoit deux mille escus de pension. Mais, comme on a faict à présent un certain règlement, il n'y a point d'apparence de prétendre quelque chose de singulier ; cela mesme pourroit faire du tort à ma réputation, si j'affectois des choses déraisonnables. Cependant, puisque V. A. E. a eu la bonté d'en escrire un mot à Madame, et qu'Elle croit que Son Altésse Royale voudra bien avoir celle d'en toucher un mot à M. de Pontchartrain, je crois que cela pourroit (se borner) revenir à dire que Madame, ayant appris que le Roy m'avoit nommé pour estre de l'Académie, en est bien aise et voudroit bien sçavoir ce que c'est, tesmoignant au reste à M. de Pontchartrain que ce qui seroit à mon avantage ne luy desplairoit pas.

Je suis, avec dévotion, Madame, de Vostre Altesse Sérénissime, le très humble et très fidèle serviteur,

LEIBNIZ.

CI

LEIBNIZ A M. DU HÉRON.

Original autographe inédit de la bibliothèque royale de Hanovre.

Hanover, 21 février 1699.

Monsieur, j'ay esté attaqué par un catarrhe si violent à mon retour que je n'ay encore pu voir personne.

Cependant j'ay appris par des lettres de Paris qu'il y aura deux sortes de membres de l'Académie royale des sciences : les uns honoraires et libres, qui se contenteront de l'honneur d'estre d'un corps si célèbre ; les autres gagés et assidus, qui auront cinq cents escus de pension annuelle. Les absens seront du nombre des premiers, et on dit qu'on m'a faict l'honneur de m'en nommer avec quelques autres. Le Roy a destiné un revenu de 30 mille livres (comme je crois) pour les gages de vingt membres, et cet establissement passera les sceaux: Cela estant, je n'ay garde de penser à en tirer quelque avantage pécuniaire, et mesme ce qui pourroit faire croire que j'aurois des vues de cette nature me feroit du tort. Du temps de Monsieur Colbert les choses estoient sur un autre pied : des absens mesme estoient honorés de pensions, et celles des membres de l'Académie estoient fort inégales, en sorte que M. Hugens avoit plus de deux mille escus par an, quoyqu'il ne se trouvast que de temps en temps à Paris. Mais, après un réglement formel, il seroit déraisonnable de prétendre ce qui ne pourroit estre obtenu sans y déroger.

Quand j'auray pu faire rapport et recevoir des ordres sur ce que vous m'avez faict tenir, Monsieur, de la part de M. l'évesque de Meaux, je ne manqueray pas de satisfaire à mon devoir, et cependant je suis avec zèle, Monsieur, votre très humble et très obéissant serviteur,

LEIBNIZ.

A M. du Héron, envoyé extraordinaire de France à Wolfenbuttel.

CII

LEIBNIZ A L'ABBÉ DE LOCCUM.

Original autographe inédit de la bibliothèque royale de Hanovre.

Hanover, ce 24 février 1699.

Voicy la lettre que M. du Héron, envoyé de France, m'a escrite, où il me fait part des sentimens de M. l'évesque de Meaux, touchant la réassumtion de nostre commerce. J'ay jugé nécessaire de m'en rapporter à vous, et vous supplie de penser à ce qu'il y a à faire là dessus pour continuer une négotiation si utile.

Je suis avec zèle, Monsieur, vostre très humble et très obéissant serviteur (1),

LEIBNIZ.

(1) Leibniz a ajouté en transcrivant la réponse de M. du Héron : « Je suis ravi de voir que M. l'évesque de Meaux est prest à reprendre la communication. »

M. du Héron écrit à Leibniz, le 26 février 1699 : « J'ay faict copier, Monsieur, de mot à mot le modèle que vous avez pris la peine de m'envoyer. »

Leibniz a ajouté à la deuxième page : « J'ay dict à Mess. nos ministres que M. du Héron a jugé à propos de m'escrire une lettre tirée de celle de M. l'évesque de Meaux, et c'est ce modèle dont il parle icy que je luy en avois dressé comme il l'avoit souhaité. » M. du Héron, envoyé extraordinaire de France à la cour de Brunswick, travailla utilement à la reprise des négociations et servit d'intermédiaire entre Leibniz et Bossuet. N. E.

CIII

Leibniz an den Herzog Georg Ludwigen.

(Original-Manuscript der königl. Bibliothek zu Hannover.)

Hannover, den 28 Februar 1699.

Durchlauchtigster Churfürst, gnädigster Herr,

Es geruhen E. Churf. Durchl. was der französische Abgesandte wegen des Bischofs von Meaux an mich gelangen lassen, auß bey gefügter Abschrift in Gnade zu ersehen. Nun ist bekannt was ehemahlen auf Kayserl. Befehl der Bischof von Thina herrl. allhier gehandelt, wie selbiger deswegen an den von Meaux geschrieben bey dessen König zu verhüten, damit der Cardinal d'Estrées zu Rom nicht hinderlich sein möchte, und wie gedachter Bischof von Meaux einige Nachricht von der Sach auf des höchstsee-

---

Traduction de la pièce en allemand ci-dessus.

Hanovre, 25 février 1699.

Monseigneur,

Que V. A. S. daigne voir, par la copie ci-jointe, ce que l'envoyé de France m'a fait tenir de la part de l'évêque de Meaux. On sait que l'évêque de Thina a autrefois traité cette affaire par ordre de l'Empereur, et a écrit à M. l'évêque de Meaux de faire son possible auprès du Roi pour empêcher le cardinal d'Estrées d'entraver l'affaire à Rome. On sait aussi que ledit évêque obtint d'être informé de l'état de la négociation par ordre de l'Électeur, d'heureuse mémoire,

ligsten Churfürsten Befehl erhalten hat deßhalb sich auch
ein Briefwechsel auch eingelassen, solch aber, ehe er die
versprochene genügsame Erleuterung gegeben, abgebrochen.
Als ihm daßselbige durch unterschiedliche Wege ich etlich
Mahl mit Manier vorhalten laßen, ist darauf endlich die=
ses bey kommende erfolget, da er die Schuld auf den Krieg
leget, und wie es scheinet, mit seines Königes Vorwißen
die Reassumtion verlanget. Worauf ich, wie es der Wohl=
stand erfordert, vorgängig auf die Sach aber selbst dilato-
rie geantwortet: Daß nehmlich die ganze Handlung, auch
die ehemalige communication mit ihm des Höchstseelig=
sten Churfürstlich Befehl zuzuschreiben, also zu deren Er=
neuerung E. Churfl. Durchl. als des Nachfolgers gnä=
digste Genehmhaltung mir nöthig seyn wollte.

Was nun zu thun, und ob man, da der König sich der
Sach anzunehmen scheinet, solch commercium, zumahl es

que ce fut ce qui le décida à entrer en correspondance avec
nous, mais qu'il a rompu ce commerce avant d'avoir donné
les explications promises, qui eussent été suffisantes. Les
reproches que je lui ai fait adresser de différents côtés
m'ont attiré sa réponse, consignée dans le papier ci-joint (1).
Il rejette les torts sur la guerre, et, avec l'agrément du Roi,
paraît-il, il demande la reprise des négociations. Dans cette
conjoncture, j'ai répondu comme la bienséance l'exigeait,
sans entrer dans le fond, mais d'une manière dilatoire, que
l'affaire entière et la communication qu'on lui fit avaient
uniquement dépendu de l'ordre de feu l'Électeur, et que,
pour reprendre la négociation, j'avais besoin du consentement très-gracieux de V. A. E. comme successeur du feu
duc.

Il faut examiner ce qui nous reste à faire, et si l'intérêt
que le Roi paraît prendre à l'affaire doit nous faire repren-

---
(1) Voir XCVI, p. 232. N. E.

von Kayserl. Hofes selbst wegen, ob angeführter maßen, mit dem Bischof von Meaux erst angefangs und an sich (da man in Frankreich in der Lehre weniger von uns entfernet) zu Beförderung des Werks dienlichst fort zu seyen; oder wegen ieziger Wiedrigkeit und ander umstände abzulehnen gäbe: stelle zu gnädigster Entschließung, den Zweck belangend und was davon zu erwarten, will nur dieses anführen, daß ob zwar wenig Hoffnung einer Wiedervereinigung zu unser Zeit, demnach dienlich sein würde, zuförderst seine gute Neigung zu zeigen und nichts so thunlich zu unterlassen, mithin der christlichen Liebe ein genüge zu thun, und alle Schuld der ferner anhaltende Erennung von sich zu welzen, denn auch vom Römischen Hofe selbst oder sonst von der guten Herren Römischen Parthey, solche Erklärungen vielleicht zu erhalten oder dazu Gelegenheit zu geben, auch zu ersehen, wie weit jede Theile ihren grunde nach ohne Beleidigung der seelig machenden Wahrheit aufs äußerste zu Ergänzung der so kläglichen

dre le commerce avec l'évêque de Meaux, d'ailleurs très-profitable à la cour impériale, et (comme en France on diffère moins de nous, quant à la doctrine) nous faire passer outre à la reprise des négociations, ou bien, au contraire, si l'on doit l'abandonner, vu ses difficultés présentes et les empêchements existants. Je laisse à votre décision ce qui regarde le but et ce que l'on peut en attendre. Je veux seulement faire observer que, *bien qu'il n'y ait que peu d'espoir d'une réunion à notre époque,* il ne sera pourtant pas inutile de montrer ses bonnes intentions et de ne pas abandonner un projet réalisable. On satisfera ainsi à la charité chrétienne, et l'on sera absous de tous les obstacles qui pourront empêcher la réunion. Il faut obtenir de pareilles déclarations de la cour de Rome elle-même et des meilleurs soutiens du parti romain; tâcher d'y donner ouverture ou d'en

Riße der Christenheit gehen zu können vermeynen; auch dadurch einen Grund zu legen, wo auf eine so viel möglich, leidliche und unnachtheilige Kirchenvereinigung von der Nachwelt dermahleins mit Gottes Gnad gebauet werden könnte, auch also zu verhüten zu trachten, daß die Römische Parthey künftig desto weniger solche unbedingte und unzulängliche Reuniones, wie aniezo hin und wieder geschieht, und ferner besorglich geschehen dürfften, zu erhalten und erzwingen möge.

Ich verbleibe Lebenszeit S. Churfl. Durchl.
unterthänigster treu gehorsamster
Gottfried Wilhelm Leibniz.

Dem Durchlauchtigsten Fürsten und Herrn
Herrn Gerg Ludwigen
Herzogen zu Braunschweig und Lüneburg,
des Heiligen Römischen Reichs Churfürsten, u. s. w. Meinen gnädigsten Herrn.

faire naître l'occasion; voir aussi jusqu'où chaque parti peut aller sans se départir de ses principes et sans nuire à la vérité qui fera notre suprême béatitude, pour l'accomplissement d'une union si désirable, et jeter enfin les fondements sur lesquels nos successeurs pourront édifier, avec la grâce de Dieu, cette réunion des Églises, possible, désirable et utile, et empêcher ainsi le parti romain de faire des réunions sans conditions et insuffisantes, comme cela arrive et arriverait infailliblement plus tard.

Je reste pour la vie, de V. A., le très-humble et très-obéissant serviteur :

G. G. Leibniz.

Au sérénissime prince et seigneur
Georges Ludwig,
duc de Brunswick et Lunebourg,
électeur du saint empire romain.

CIV

L'ABBÉ DE LOCCUM A LEIBNIZ.

Original autographe inédit de la bibliothèque royale de Hanovre.

Sans date.

Monsieur,

Je suis ravi de voir que M. l'évesque de Meaux est porté à reprendre la communication, et je ne doute point que, par le moyen de ce grand prélat, on ne puisse aller bien loin. De mon costé, je seray tousjours prest à y contribuer de tout mon possible et de communiquer mes pensées comme j'avois commencé. Mais je juge qu'il sera nécessaire d'en parler premièrement à S. A. E., pour ne rien faire sans ses ordres et pour avoir son agrément, comme nous avons eu celuy du feu Électeur son père.

Je suis avec zèle, Monsieur, vostre très humble et très obéissant serviteur,

GÉRARD,
Abbé de Loccum.

CV

LEIBNIZ A MADEMOISELLE DE SCUDÉRY.

Extrait d'après l'original autographe inédit de la bibliothèque royale de Hanovre.

Mademoiselle de Scudéry ayant écrit à Leibniz, le 2 mars 1699, pour lui apprendre la mort de son perroquet, en ces termes : « J'avois un petit perroquet de la grosseur d'un moineau, qui avait un esprit prodigieux, et il suffisoit seul à destruire les automates de M. Descartes, etc., » Leibniz crut devoir lui adresser l'épigramme suivante :

> Psittace pumilio, docta sed magne loquela,
> Heu ! nuper dominæ cura jocique tuæ :
> Si nunc, Cyranidæ (1) quondam spectata volanti
> Ad superos, avium maxima regna tenes ;
> Ne genus humanum paucorum a crimine culpa,
> Queis, nuda in vobis machina, sensus abest ;
> Et natura parens, nobis, si credimus, unis
> Prodiga, sed reliquis rebus avara fuit.
> Mens melior Sapphûs, per quam immortalis honore
> Carminis, es socios jussus habere deos ;
> Et dominæ immensum parvus comes ibis in ævum :
> Nam Sappho, quicquid Musa et Apollo, potest.

Mademoiselle de Scudéry répondit à cette épigramme, et adressa à Leibniz les vers suivants pour le remercier :

> Le célèbre Leibniz, si savant et si sage,
> Du petit perroquet a fait un grand tableau,
> Dont les traits sont si vifs, le coloris si beau,
> Que nul phénix jamais n'eut un tel avantage :
> Car, depuis le climat où naissent les phénix,
> Il n'est point de savant que n'efface Leibniz ;
> Tous ses vers sont divins, et leur puissance est telle
> Que, sans le mériter, ils me font immortelle.

CVI

M. DU HÉRON A LEIBNIZ.

Extrait d'après l'original autographe inédit de Hanovre.

11 mars 1699.

M. du Héron, dans sa lettre du 11 mars 1699, l'avait raillé sur un rhume en ces termes : « Je suis bien fasché, Monsieur, de vostre incommodité ; je souhaitte que vostre santé soit entièrement restablie. Je vous avoue cependant que je ne serois point fasché que l'empressement que vous avez tousjours de quitter Wolfenbuttel ou Brunswick fust puni par quelque légère fluxion qui vous attaquast a vostre retour à Hanovre ; il faut quelque chose de semblable pour diminuer le goust que vous avez pour cette cour, et vous en donner pour celle-cy » — Il a écrit à M. de Meaux que Leibniz veut l'agrément de S. A. — Il lui parle de son choix à l'Académie, et semble répondre à une lettre de Leibniz lui parlant du traitement d'académicien. N° C.

(1 Cyrano de Bergerac, dans son voyage au soleil, arrive au royaume des oiseaux, et ne doit sa délivrance qu'à un perroquet reconnaissant. (LEIBNIZ.)

CVII

LEIBNIZ A M. DU HÉRON.

Original autographe inédit de la bibliothèque royale de Hanovre.

14/24 mars 1699.

A travers ce que vous dites, Monsieur, pour me railler sur un rhume qui m'a pris à mon retour et qui a puni selon vous mon empressement de retourner à Hannover, je reconnois vostre bonté et j'espère que vous me rendrez justice. Mes engagemens vous sont connus, et ny mon devoir ny mon intérest ne me permettent point de les oublier.

Auspiciis et sponte mea componere curas.

Je serois ravy de jouir souvent chez vous des bonnes grâces de Monseigneur le duc Antoine Ulrich et de la bonté que vous avez, Monsieur, de me souffrir. Maintenant il faut que je n'abuse point de la permission, qu'on me continue encore icy, d'aller de temps en temps faire ma cour à Wolfenbuttel, de peur qu'on ne me l'oste tout à faict. Je voudrois que vous puissiez sçavoir autant que moy combien la précaution de vouloir l'agrément de Monseigneur l'Électeur, pour reprendre la négotiation avec M. de Meaux, a esté nécessaire. J'ay receu mesme autres fois une réprimande dans une autre occasion, pour n'avoir point esté si scrupuleux; et, quoyque je n'aye rien dict à M. l'abbé de Loccum, il est tombé là dessus luy-mesme, comme vous pouvez juger, Monsieur, par le billet cy-joinct (1), que je luy escrivis à mon retour icy et qu'il me renvoya avec son apostille. Je n'ay point manqué de demander l'agrément dont il s'agit, par une relation par escrit adressée à S. A. E. (2) et par ce que j'ay dict de vive voix à nos ministres. J'attends, et je presseray la résolution.

Si vous avez appris, Monsieur, quelques particularités touchant l'Académie royale des sciences, je vous supplie de me les communiquer; car, tout membre que j'en dois estre, je suis fort ignorant. Outre l'honneur qui m'en revient, j'en espère l'avantage de jouir des lumières de tant d'habiles gens, et qu'aidés les uns par les autres dans ces méditations aussi bien que par le Roy mesme dans les exécutions, nous pourrons aller plus loin pour contribuer au bien public. Pour ce qui est de cette autre utilité dont vous parlez, Monsieur, elle contribueroit beaucoup sans doute à la première, et les choses estoient autres fois sur ce pied là ; mais je n'oserois point compter sur ce qui seroit à présent fort extraordinaire, et l'exemple de feu M. Hugens ne paroist plus estre de saison. Aussi faut-il avouer que son mérite estoit tout à faict éminent, et que je passerois pour ridicule si j'abusois de l'honneur qu'on m'a faict en m'érigeant en prétendant. Il est permis à vous, Monsieur, qui estes ministre d'un grand roy, d'avoir des pensées conformes à ce qui vous paroist estre de sa gloire ; mais il n'est pas permis à moy d'agir par un esprit mercenaire dont en effect j'ay tousjours esté esloigné, ayant tousjours

---

(1) Voir n° CII. N. E
(2) Voir n° CVIII. N. E.

employé pour les bons desseins plus qu'on ne donnoit à cet effect, de sorte que, si j'avois beaucoup, il n'y auroit que le public qui en profiteroit. Ce n'est pas le moyen de s'enrichir; mais chacun a son goust, et c'est là mon hérésie. Il seroit fort mal à propos d'allonger cette lettre pour ne vous parler que de telles choses : j'adjousteray seulement que j'espère de vous faire la révérence vers les festes, et que je suis avec zèle et reconnoissance, etc.

LEIBNIZ.

CVIII

LEIBNIZ A S. A. E. DE HANOVRE (1).

Original autographe inédit de la bibliothèque royale de Hanovre.

Mars 1699.

Feu l'évesque de Thina ayant négotié avec les théologiens de ce pays-cy, et appris que le cardinal d'Estrées traversoit son dessein à Rome, escrivit à l'évesque de Meaux, et le pria de remonstrer au Roy Très-Chrestien qu'il ne tendoit qu'au bien de l'Église. Le Roy luy fit respondre qu'en ce cas, bien loin de s'opposer, il y contribueroit. Quelque temps après, quand j'estois en commerce avec M. Pellisson sur ces matières, l'évesque de Meaux demanda communication de la négotiation à celuy de Thina. Feu monseigneur l'Électeur l'agréa; mais, après la mort de M. Pellisson, le commerce cessa, et nous ne pûmes avoir le

---

(1) Cecy n'a point esté donné, et j'ay jugé à propos d'en faire une relation en allemand. N. L.

sentiment de l'évesque de Meaux sur certains poincts où il l'avoit faict espérer. C'est pourquoy je luy en fis faire une espèce de reproche, parce qu'il me sembloit qu'il ne vouloit point s'expliquer rondement. Or M. du Héron, envoyé de France, s'estant avisé d'envoyer à M. le marquis de Torcy ce que j'en avois escrit, le marquis le communiqua à l'évesque par ordre de Sa Majesté, et l'évesque a tesmoigné son désir de reprendre les négotiations, rejettant le délay sur la guerre et s'offrant de s'expliquer sans détour. Et comme j'avois dict qu'il me paroissoit qu'il y falloit joindre quelque séculier, il adjouste qu'on en pourroit convenir avec M. le marquis de Torcy, qui en prendroit les ordres du Roy.

J'ay respondu comme l'ordonnoit l'honnesteté, mais sans entrer en matière, disant que l'affaire estant due à feu S. A. E., et la négotiation ayant esté entamée mesme avec M. de Meaux, suivant l'agrément de ce prince, il me falloit celuy de monseigneur l'Électeur mon maistre pour la recommencer.

La question est maintenant s'il sera à propos de reprendre ce commerce. Il y a des raisons pour et contre. Les raisons de le refuser sont : 1° qu'on n'est pas bien avec la France et qu'elle ne nous ménage guères ; 2° que ce seroit seulement donner occasion à Wolfenbuttel de s'en faire un mérite ; 3° que cela pourroit desplaire à la cour impériale, avec laquelle on négotie sur cette matière.

Les raisons de l'accorder sont :

1° Qu'il est tousjours bon de faire quelque chose qui oblige un monarque tel que le Roy de France, quand on le peut faire sans conséquence, et que cela peut diminuer l'aigreur, au lieu que le refus l'augmenteroit ; 2° que le premier et le dernier mérite nous resteroit tousjours, Wolfenbuttel n'ayant servi que d'occasion pour recommencer ; 3° que la cour impériale mesme fit autres fois escrire en France pour la rendre favorable sur ce chapitre et pour en éviter les empeschemens, comme j'ay déjà rapporté. Et en effect, si la cour impériale a envie de réussir en cecy, il luy importe de faire en sorte que la France ne s'y oppose point. La politique de cette couronne la semble devoir porter à tout ce qui peut empescher cette union ; mais, si la dévotion du Roy est plus forte que cette prétendue politique, il est bon d'en profiter.

J'en laisse la décision à S. A. E. touchant la question d'ouy ou non, laquelle estant résolue affirmativement, il faudroit penser au comment. Mais j'adjousteray seulement un mot sur ce qui me paroist faisable dans l'affaire mesme. Je reconnois qu'il est difficile qu'on puisse arriver de nostre temps à la réunion ; cependant il n'est pas impossible qu'elle n'arrive un jour, et, de peur qu'elle ne soit trop désavantageuse, comme il y a lieu de craindre si les choses vont le train comencé, il seroit important de pouvoir tirer du party romain certaines déclarations qui serviroient de fondement à quelque chose de meilleur. C'est ce qui a esté mon but dans toute cette affaire, que je ne désespère point de pouvoir obtenir, soit de la cour de Rome mesme, soit au moins de certains docteurs fameux, à son défaut; car le feu évesque de Thina estoit en bon train, et le théologien que le présent évesque de Neustadt avoit amené se trouvoit de mesme sentiment. Ainsi les plus zélés protestans, informés de ce qu'on a faict, ne pourroient que l'approuver, s'ils sont raisonnables; et en tout cas on satisfait à sa conscience et on rejette le blasme du schisme sur la partie adverse, si elle refuse d'entendre raison.

Leibniz.

CIX

LEIBNIZ A BOSSUET.

Original autographe inédit de la bibliothèque royale de Hanovre.

Sans date.

Monseigneur,

Vous aurez receu la lettre que je me suis donné l'honneur de vous escrire il y a plusieurs semaines; mais, comme elle n'estoit que préliminaire, je diray maintenant que je n'ay pas manqué, suivant l'avis de M. l'abbé de Loccum et le mien, de demander l'agrément de nostre cour (1) pour continuer de vous communiquer ses sentimens, accompagnés de quelques réflexions d'un théologien de ma part, touchant ce qui paroist convenable pour travailler à la paix de l'Église; mais j'ay honte qu'après avoir paru vous sommer il y a quelques mois, il semble que je recule maintenant moy-mesme, et j'ay peur de passer pour un homme qui fait le difficile et le prétieux mal à propos. Mais enfin il est arrivé des choses que je n'ay

---

(1) Cette mention nous donne la date de cette lettre, qui se trouve en double, pour le début seulement, à Hanovre, mais dont le contenu est très-différent. N. E.

eu garde de prévoir, et j'en suis fasché plus que je ne vous sçaurois dire. L'estat présent des affaires publiques et les divisions que le quatrième article de la paix de Riswic (1) a faict naistre dans l'empire, qui a réveillé extrêmement les jalousies de party, font qu'on est extraordinairement réservé chez nous présentement sur ces matières, pour ne point donner prise aux calomnies ny paroistre tiède aux uns ou passionné aux autres (2). Et quoique j'aye donné des asseurances de vostre retenue, qui nous est connue par le passé, pour ne rien dire des ministres du Roy, par les mains desquels doit passer la communication, j'ay pourtant remarqué qu'on n'a pas encore pu se résoudre, quoiqu'on ne refuse rien et qu'on se tienne fort honoré d'une telle communication, et que j'espère qu'on se déterminera à la fin comme je le souhaite.

Cependant, considérant combien l'affaire est importante et le temps prétieux, et que c'est un poinct de conscience de laisser tomber ou du moins refroidir une négotiation si bien recommencée ou si bien appuyée, j'ay voulu hazarder un expédient qui nous fera gagner du temps, en attendant qu'on puisse faire de plus grands pas, et qui nous exemte de nostre costé de la nécessité de faire des démarches qui ne me sont pas encore permises dans la conjoncture présente. C'est que, ne pouvant rien vous envoyer de nouveau de nostre costé jusqu'à ce que M. l'abbé Molanus en ait la permission, je vous supplie, Mon-

---

(1) Cette lettre, qui par le ton, par la force des raisons et par les nécessités de la politique dont elle rend compte, est une des plus importantes de ce commerce, ne paraît pas avoir été envoyée. N. E.

(2) C'est là un point très-important. N. E.

seigneur, de respondre à nos derniers escrits du temps passé, demeurés sans réplique, et de nous communiquer sur ce que j'eus l'honneur alors de vous envoyer, les lumières que nous avions attendues il y a longtemps, mais dont l'interruption de la correspondance, causée par le malheur des temps, nous avoit frustré; car il est tousjours permis d'apprendre et de profiter de vos instructions, et vous pouvez bien vous asseurer que cette bonté que vous aurez, j'espère, de nous esclairer ne sera pas mal employée ny divulguée. Mais, pour vous en faire mieux revenir les idées après un assez grand intervalle, il faut que je m'explique et que je vous fasse souvenir de ce qui s'est passé là-dessus entre nous. Vous estiez un jour sur un poinct qu'il est aisé de soustenir en théorie et en général, mais qui trouve bien des difficultés quand on vient au faict: c'est que vous voulez que l'Église n'ait jamais rien défini qui n'ait desjà passé pour catholique auparavant. A cela je vous opposay l'instance de la doctrine de deux volontés en Jésus-Christ: vous croyiez que deux natures demandoient clairement deux actions et qu'ainsi la doctrine des deux volontés estoit comprise manifestement dans la doctrine desjà décidée des deux natures; mais je respondis que, selon les philosophes, *actiones sunt suppositorum;* et n'y estant qu'un *suppositum*, on pouvoit soustenir que deux natures qui n'ont qu'une suppositalité n'ont qu'une mesme action; et qu'ainsi la chose n'estoit point claire. J'avois adjousté qu'encore présentement je sçay que des personnes, bien instruictes d'ailleurs dans le catéchisme et dans les doctrines ordinaires, mais peu versées dans l'histoire ecclésiastique, se sont trouvées embarrassées quand on leur a proposé cette question : s'il y a deux volontés ou actions en Jésus-Christ, ou s'il n'y en a qu'une. Cependant je ne suis nullement pour les monothélites par cela, et j'ay seulement voulu vous donner une instance que vous demandiez. Je demeure d'accord qu'il ne faut point affoiblir l'authorité des conciles ; mais je croy qu'on ne sçauroit l'affoiblir davantage qu'en voulant faire passer pour œcuméniques ceux qui ne le méritent pas. Vous adjoustez, Monseigneur, qu'il faut trouver un remède au désordre ou renoncer à l'expédient : mais faut-il que nous recevions un concile que nous croyons insoustenable, de peur de révoquer en doute tous les autres ? C'est un tour des sceptiques de rendre tout douteux, parce qu'il faut douter sur quelque chose. L'expédient contient desjà des remèdes et des précautions assez bonnes. Pour sçavoir si le concile de Trente est bon, on n'a point besoin de déterminer toutes les conditions d'un concile libre et légitime : il suffit qu'il luy en manque que tout le monde croit nécessaires. Mais, pour la revue de tous les conciles antérieurs, il faudroit déterminer toutes les conditions des conciles œcuméniques, ce qui est d'une plus grande discussion. Je ne voy point à quel propos vous remuez icy la question de l'infaillibilité de l'Église, et allez mesme à dire que nous la nions, nonobstant qu'on vous a marqué souvent que nous croyons que, si l'Église procède légitimement dans un concile, le Sainct-Esprit l'assistera et la mènera en toute vérité salutaire. Il ne s'agit pas non plus de résoudre les symboles et toutes les professions de foy, et je ne sçaurois comprendre ce qui vous a porté à outrer toutes les choses à un tel poinct, d'autant que cela ne peut servir qu'à embrouiller la matière, contre vostre propre dessein. C'est parler plustost avec la liberté d'un orateur qui se donne carrière que dans la précision d'un théologien tel que vous, Monseigneur, qui en sçait user mieux que personne. Est-ce que, parce qu'on rejette le concile de Trente et la profession de Pie IV, on doit rejeter aussi les conciles reconnus pour œcuméniques de tout temps et les anciens symboles de l'Église, ou estes-vous persuadé, Monseigneur, que l'un est aussi authorisé que l'autre? A quoy bon donc ces expressions tragiques : *Comme si nous ne voulions point laisser sur la terre quelques chrestiens qui ne rendent point impossibles les décisions inviolables sur la question de la foy, qui osent asseurer la religion et attendre de Jésus-Christ une assistance infaillible sur ces matières.* C'est là, dites-vous, l'unique espérance du christianisme. Mais il faut vous prier, à vostre tour, de laisser sur la terre des gens qui s'opposent au torrent des abus, qui ne permettent point que l'authorité de l'Église soit avilie par de mauvaises practiques et qui ne souffrent point qu'on abuse des promesses de Jésus-Christ pour establir l'idole des erreurs : autrement c'est rendre l'assistance de Jésus-Christ, unique espérance des chrestiens, très obscure et très incertaine. Joignez-vous plustost à eux, s'il est possible, en donnant l'honneur à Dieu, et rendez par là son lustre au christianisme. De dire que vous ne pouvez consentir à un nouvel examen, ce n'est que renouveler les équivoques anciens : il faut un nouvel examen au moins à l'esgard de ceux qui ont droict de douter d'une prétendue décision infaillible; et l'on se flatte en vain dans vostre communion d'un avantage en cela, comme s'il estoit permis à une bande de petits évesques italiens, courtisans et nourrissons de Rome, qu'on croyoit peu instruicts et peu soigneux du vray christianisme, de fabriquer dans un coin des Alpes, d'une manière désapprouvée hautement par les hommes les plus graves de leur temps, des décisions qui doivent obliger toute l'Église si nous les voulons croire. Non, Monseigneur, un tel concile ne passera jamais sans que l'Église chrestienne en reçoive une blessure insanable. Faut-il que nous en soyons plus jaloux que vous!

Permettez-moy de répéter, Monseigneur, que vous n'aviez point respondu suffisamment à mes difficultés sur le concile de Basle dans l'escrit que feu M. le comte Balati nous apporta (1). Et cela paroist clairement, puisqu'encore tout présentement je vous ay faict remarquer en quoy vous ne respondez pas assez au poinct essentiel, puisque vous prenez l'expédient que des théologiens de vostre part avoient proposé (suivant en cela l'exemple du concile de Basle) comme si par là ils ostoient toute authorité aux décisions que vous recevez, ce qui est changer entièrement le sens de leur proposition. Il ne faut pas aussi confondre deux questions : l'une, si la suspension dont il s'agit est praticable en quelque cas, ce que vous n'oserez peut-estre pas nier absolument, et, en tout cas, à moins que vous ne vouliez condamner le concile de Basle et vos prélats ; et l'autre, si elle convient aux

---

(1) Voir t. I, n° XCIII, et œuvres de Bossuet, t. XXXIV, p. 477.

circonstances présentes de l'estat de l'Église, et c'est ce que je n'oserois peut-estre pas affirmer moy-mesme sans y avoir pensé et repensé plus d'une fois. Aussi vostre question n'est qu'un *abstractum* sur la possibilité, dont l'aveu bien establi ne laisseroit pas d'estre de grand usage : ce seroit jeter des fondemens solides d'un meilleur estat, sauf à Dieu de disposer les choses pour y arriver, quand il plaira à sa divine providence. Je n'ay garde de vous accuser d'un mauvais procédé, quand je dis que vous évitez de respondre en choses semblables : je conçois que vous ayez des raisons, Monseigneur, d'escrire comme vous faites; mais nous ne pouvons pas nous en contenter tousjours. Je ne vous accuse pas aussi de chercher des longueurs ; et je ne sçavois pas qu'on eust donné les mains à ce qui fut proposé touchant les jurisconsultes, pour les joindre chez vous aux théologiens dans cette matière : cela pourroit encore estre utile.

Je fus forcé, Monseigneur, d'entrer dans la discussion du canon des Escritures, parce que vous me demandastes une instance contre le concile de Trente, et parce qu'il me paroissoit clair comme le jour que ce qu'on soustient chez vous sur ce poinct, en vertu de la décision nouvelle, est contraire à la doctrine constante de l'Église : il est seur qu'un seul poinct de cette nature renverse l'authorité de vostre concile. Rien ne pouvoit faire paroistre davantage votre habileté que ce que vous respondites et respondez là-dessus. Mais que peut-on contre la vérité ? Et qu'il est dommage que de grands hommes se trouvent engagés par des préventions à soustenir ce qu'ils condamneroient les premiers s'ils estoient libres ! Il n'y a peut-estre point de vérité d'authorité qui soit mieux establie que la doctrine des anciens sur le canon du Vieux Testament. Tant de passages formels, tant de dénombremens mesme en vers et la comparaison avec le nombre des lettres de l'alphabet se peuvent-ils destruire par deux ou trois passages ambigus du temps de sainct Augustin? Le soustenir, c'est ouvrir la porte aux sceptiques. Aussi ne me respondez-vous que comme ils ont coustume de faire, plustost en m'opposant d'autres difficultés qu'en résolvant les miennes, comme je feray voir dans un discours à part, pour respondre au vostre, que je viens de recevoir (1) et qui me paroist aussi plein d'érudition et d'adresse que destitué de raisons capables de satisfaire.

La considération que j'ay pour vous, Monseigneur, fait que je n'en parle qu'avec peine. Je souhaiterois de vous pouvoir céder sans trahir ma conscience; j'en ferois gloire : mais icy se seroit une fausse gloire. Vous estes trop généreux aussi pour vouloir estre flatté : il y a assez d'autres occasions où l'on peut vous rendre justice et relever vostre mérite sans blesser la vérité. On vous reconnoistra tousjours pour un des plus grands hommes de vostre Église, et c'est ce qui vous chargera davantage si vous ne luy procurez pas tout le bien que vous pouvez et dont elle a tant besoin. Je me recommande à vos bonnes grâces, estant avec vénération vostre très humble et très obéissant serviteur,

Leibniz.

(1) Ce discours serait-il celui des *Réflexions* de M. de Meaux remaniées? N. E.

CX

LEIBNIZ A M. L'ÉVÊQUE DE MEAUX (1).

<small>Original autographe inédit de la bibliothèque royale de Hanovre.</small>

Sans date (2).

Monseigneur,

Vous aurez receu la lettre préliminaire que je me suis donné l'honneur de vous escrire il y a plusieurs semaines. Je n'ay point manqué depuis, suivant l'avis de monsieur l'abbé de Loccum et le mien, de demander l'agrément de nostre cour pour continuer de vous communiquer les sentimens de ce théologien, accompagnés de quelques réflexions de ma part touchant ce qui paroist convenable à la paix de l'Église : mais j'ay honte de voir qu'après avoir paru vous sommer il y a quelques mois, il semble que je recule maintenant moy-mesme, et j'ay peur de passer pour un homme qui fait le difficile et le prétieux. J'espère pourtant que vous me rendrez justice, Monseigneur. Il est arrivé des choses que je n'ay eu garde de prévoir. L'estat présent des affaires publiques et les divisions que le quatrième article de la paix de Riswic, qui a réveillé extrêmement les jalousies de party, a faict naistre dans l'empire, font qu'on est extraordinairement réservé chez nous présentement sur ces matières, pour ne point donner prise aux calomnies

---

(1) Deuxième travail de la lettre CIX, début plus soigné. N. E.

(2) Mais avant le 8 mai, comme le prouve la fin de cette lettre, qui sans doute n'a pas été envoyée et n'est qu'un premier projet et une partie de la récapitulation annoncée en commençant. N. E.

ny paroistre tiède aux uns ou passionné aux autres ; et quelques asseurances que j'aye pu donner de vostre retenue, qui nous est connue par le passé, pour ne rien dire des ministres du Roy par les mains desquels doit passer la communication, j'ay remarqué qu'on n'a pas encore pu se résoudre, bien qu'on ne refuse rien et qu'on se tienne fort honoré d'une telle ouverture, ce qui me fait espérer qu'on se déterminera à la fin comme je le souhaite.

Cependant, considérant combien l'affaire est importante et le temps précieux, et que ce seroit un poinct de conscience de laisser tomber ou du moins refroidir une négotiation si bien recommencée et si bien appuyée, j'ay voulu hazarder un expédient qui nous fera gagner le temps en attendant, et qui nous exemte de ce costé-cy de faire des démarches qui ne me sont pas encore permises dans la conjoncture présente : c'est que, ne vous pouvant rien envoyer de nouveau de nostre costé jusqu'à ce que monsieur l'abbé Molanus en ait la permission, je vous supplie, Monseigneur, de vous expliquer sur nos derniers escrits du temps passé demeurés sans réplique, et de nous donner sur ce que j'eus l'honneur alors de vous envoyer les lumières que nous avions attendues il y a longtemps, mais dont l'interruption de la correspondance, causée par le malheur des temps, nous avoit privés. Car il est tousjours permis d'apprendre et de profiter de vos instructions ; et vous pouvez bien vous asseurer que cette bonté que vous aurez, comme j'espère, de nous esclairer, ne sera pas mal employée. Mais, pour vous en faire mieux revenir les idées, après un assez grand intervalle, il faut faire une petite récapitulation.

Vous vous souviendrez, Monseigneur, qu'on avoit jugé qu'il falloit joindre *trois voyes* pour venir à une réunion pacifique. La première est la *voye de l'exposition* sur certaines controverses, en faisant voir que, lorsqu'on s'entend bien, on y peut estre d'accord. Ces controverses sont verbales dans le fond, quoyqu'elles soient prises bien souvent pour réelles et ayent faict bien du bruit et bien du mal; et c'est en quoy vous avez desjà donné, Monseigneur, d'excellens essais, comme on a aussi contribué quelque chose de ce costé-cy, particulièrement en matière de justification et autres qui s'y rapportent. La *seconde voye* est celle de la *déférence*, lorsqu'un party cède à l'autre et luy accorde quelque chose en certains poincts. Si ce sont des *dogmes*, cela ne se peut obtenir que par de bonnes preuves ; mais c'est où nostre dessein n'est pas d'entrer présentement. Si ce sont des *practiques*, on peut et on doit céder quelquefois l'un à l'autre en faisant ce qui paroist le meilleur pour l'édification et la paix. Nous croyons que nos docteurs peuvent céder en quelques dogmes receus parmy eux, et les vostres aussi; mais il se trouve que ces dogmes ne sont point establis ny reçus universellement chez les uns ny chez les autres. Et nous sommes aussi d'avis qu'on doit aussitost qu'il sera possible retourner à l'hiérarchie et gouvernement du corps de l'Église visible, en reconnoissant la direction de son chef, et se conformer autant que de raison aux *practiques édifiantes* qui sont en usage chez vous : comme nous tenons que de vostre costé on doit s'appliquer fortement à abolir certaines *practiques abusives* qui ne sont bien souvent que trop establies publiquement en quelques endroicts, particulièrement à l'esgard du culte des créatures, mais qui sont désapprouvées chez vous mesme par des personnes sages et quelquefois mesme par des règlemens. Et l'occasion de la réunion avec les protestans pourra servir à des personnes authorisées et bien intentionnées chez vous (parmy lesquelles je comprends surtout un pape zélé comme il faut) à obtenir ce que les courtisans de Rome avoient éludé autrefois par leur manége dans le concile de Trente, c'est-à-dire à purger l'Église de plusieurs abus, à quoy contribuera beaucoup la liberté qu'on laissera cependant aux nostres de ne les pas admettre : ce qui paroistra d'autant moins extraordinaire que les Grecs, les Maronites et autres Orientaux réconciliés avec l'Église romaine ont gardé leurs rites, et que le concile de Florence y a donné les mains.

La *troisième voye est* celle de l'*abstraction* ou *suspension*, en faisant abstraction de certains poincts dont on ne peut convenir, ou sur lesquels on ne pourra s'accorder si tost, en les mettant à l'escart, soit pour tousjours, quand ils sont moins importans, soit jusqu'à la décision d'un concile œcuménique futur. Et cette voye doit venir au secours des deux autres, en certains cas permis, pour abréger leur longueur. Car nous convenons qu'il faut poser pour le fondement de toute la négotiation cette grande maxime, que chacun doit faire icy de son costé le plus extrême effort sur soy-mesme qui luy soit possible sans blesser sa conscience, en faisant voir pour les autres la plus grande condescendance qu'on puisse avoir sans offenser Dieu : afin d'avancer le grand œuvre de la réunion autant qu'il se peut, pour obvier à d'aussi grands maux que ceux que le schisme a faict naistre, c'est-à-dire à la perte de tant de milliers d'âmes et à tant d'effusion de sang chrestien, sans parler d'autres misères que ce schisme a causées et pourra causer encore s'il n'est arresté. Ainsi l'on pourra se réunir sous une mesme hiérarchie avant mesme que tous les dogmes exigés ordinairement par les vostres soyent accordés ou que tous les abus désapprouvés par les nostres soyent redressés': pourveu qu'on fasse certaines démarches essentielles dont on se peut concerter au commencement de la réunion.

Or nos derniers escrits assez amples qu'on vous envoya, Monseigneur, entroient dans toutes ces voyes. Mais l'escrit de monsieur l'abbé de Loccum s'estendoit particulièrement sur la conciliation solide de certains dogmes, en quoy il a continué depuis. Et à l'esgard des autres poincts où il paroist que la conciliation ne sçauroit encore avoir lieu, et que le concile de Trente s'est un peu trop hasté, à nostre avis, de décider, il se trouve heureusement que ce ne sont pas les plus importans, comme par exemple l'égalité de l'authorité de tous les livres de la Bible, dont Judith, Tobie, les Maccabées et autres n'estoient pas receus généralement pour canoniques, mais seulement pour ecclésiastiques et édifians, au sentiment de sainct Jérosme et autres anciens Pères, au lieu que le concile de Trente les veut faire passer pour égaux aux autres livres dont l'authorité divine est reconnue; sans que nous puissions voir le moyen de nous ranger de son costé, ny remarquer aucune nécessité d'y venir, puisqu'il n'y a aucun article de foy qui dépende de l'authorité de ces livres, sans parler d'autres poincts de pareille nature. D'ailleurs, il paroist impossible d'obtenir que le concile de Trente, suject à tant de difficultés que vous sçavez, soit receu par les protestans, disposés comme ils sont, pour règle de la foy. C'est pourquoy j'ay moustré par un exemple esclatant que l'Église, pour empescher ou lever un schisme, peut suspendre, à l'esgard des opposans, la réception d'un certain concile qui passe pour œcuménique à Rome et ailleurs, mais que ces opposans ne reconnoissent point, se fondant sur des raisons assez apparentes pour faire croire que ce qu'ils font n'est pas par opiniastreté, laquelle est pourtant requise ordinairement pour faire un hérétique.

C'est à ce dessein que je vous envoyay, Monseigneur, suivant vos ordres, l'acte en forme passé par les députés du concile de Basle et ceux des Estats de Bohême et de Moravie sur un cas pareil, ayant trouvé cet acte chez des autheurs catholiques romains. Et je vous suppliay de juger si l'Église romaine (supposé qu'on puisse gagner les protestans par une telle démarche) ne pourroit et ne devroit mesme faire pour eux, à l'esgard du concile de Trente, ce qu'on fit alors pour les Bohémiens à l'esgard du concile de Constance, en suspendant le concile quant aux opposans, pourveu que ces opposans se sousmettent par avance, avec toute la déférence qu'on a droict d'exiger d'eux, aux décisions futures d'un autre concile légitime œcuménique, qui ne soit point suject à de pareilles difficultés et dont on ne puisse point mettre l'authorité en compromis sur le manquement de la forme et des conditions requises. Et c'est, comme je croy, l'unique moyen que Dieu nous moustre présentement pour lever le schisme par des voyes pacifiques.

Pour éviter la longueur de cette lettre, j'achèveray dans une autre la récapitulation que je crois utile pour vous faire sousvenir de ce qui nous avoit faict attendre desjà autrefois vos esclaircissemens, que j'espère présentement, et je suis avec vénération et zèle, Monseigneur,

Vostre très humble et très obéissant serviteur,

Leibniz.

CXI

LEIBNIZ A BOSSUET.

Original autographe inédit de la bibliothèque royale de Hanovre.

Hanover, 8 may 1699.

Monseigneur,

Pour achever la récapitulation de ce qui s'est passé auparavant entre nous, commencée dans ma précédente, j'avois allégué autrefois qu'il est seur que les Pères de Basle ne tenoient pas moins le concile de Constance pour œcuménique que vous tenez pour tel celuy de Trente, et que les protestans ont des raisons aussi apparentes pour le moins à alléguer contre celuy-cy que les Bohémiens en pouvoient avoir contre celuy-là, et qu'ils sont dans une ignorance ou erreur (selon vous) aussi invincible à cet esgard que les Bohémiens, comme il est seur aussi que le concile de Basle approuva ce que ses députés avoient faict, et estoit encore alors dans l'estat où l'Église de France le reconnoist pour légitime et universel. En effet, le chef de cette députation estoit un prélat françois, sçavoir l'évesque de Constance. J'adjoustay que ce qui a esté faict légitimement se peut et se doit faire encore lorsque les circonstances le demandent, suivant cette grande maxime mise dans ma précédente, que, dans une matière aussi importante que celle d'à présent, où il s'agit de procurer le bien éternel de tant de millions d'âmes et de faire cesser tant de misères et tant d'effusion de sang, chacun doit aller au devant de l'autre autant que sa conscience le peut permettre, et avancer jusqu'aux bords extrêmes de la condescendance chrestienne, et que le party protestant, qui embrasse tant de nations et plusieurs royaumes, et qui est ainsi incomparablement plus considérable que cette poignée de gens qui prenoit alors la qualité des Estats de Bohême et de Moravie sans avoir aucune puissance légitime à leur teste, mérite aussi par des raisons incomparablement plus fortes qu'on fasse pour luy maintenant autant et mesme plus, s'il le falloit, que ce qu'on a faict alors.

Or l'acte de l'accord fait voir qu'on laissa aux Bohémiens leur opinion, que la communion sous les deux espèces estoit commandée, quoyque le concile de Constance eust défini le contraire, parce qu'ils se sousmettoient à ce qu'un autre concile décideroit là dessus : ce qui est justement le cas des protestans, qui pourroient estre prests à se réunir, en gardant quelques opinions rejettées à Trente, et qui auroient la mesme sousmission pour un concile tel qu'il faut. Il est vray que la raison du droict divin et humain ordonne d'y venir en faveur des protestans, et de les recevoir par avance, en attendant le concile futur, quand il n'y auroit point d'exemple d'un tel procédé ; mais, puisqu'il y en a, la chose est d'autant plus faisable. D'ailleurs vous aviez remarqué vous-mesme, Monseigneur, et mis dans son jour, avec cette érudition et ce jugement que vous faites paroistre partout, qu'il est arrivé plusieurs fois que, pour le bien de l'Eglise, plus tost que de faire ou fomenter un schisme, on a jugé à propos de laisser en suspens l'authorité, ou, pour dire ainsi, l'œcuménicité légitime de quelques conciles à l'esgard de ceux qui avoient cru de bonne foy d'avoir de grandes raisons pour ne les pas reconnoistre ny en permettre l'introduction ou publication chez eux. Et encore présentement on sçait que le dernier concile de Latran passe pour œcuménique à Rome et non pas en France, sans parler d'autres, d'où je concluois qu'on en doit faire autant à l'esgard du concile de Trente, et cela pour plusieurs grandes raisons qui luy sont particulières, raisons que je touchay en partie et dont je répéteray quelques-unes. Car, pour ne se point arrester à présent à plusieurs considérations qui furent alléguées de la part des princes et Estats protestans, contre le procédé de ce concile tout italien et tout dépendant de Rome, ny à ce qu'on peut tirer de Fra Paolo sur ce qu'il a publié des archives de Venise, non plus qu'à ce qu'il y a dans les lettres du fiscal Vargas, conseiller de l'ambassade espagnole à Trente, publiées depuis peu en Angleterre sur les originaux, pour faire voir avec quelle précipitation et par quelles cabales les protestans furent condamnés sans estre ouïs, je remarquois qu'il suffit de considérer la protestation de l'ambassade de France d'alors, fondée sur des raisons que la France mesme, quand elle se rétracteroit, ne sçauroit annuler ou effacer après coup, ny changer le faict. Je joignois à cela que ce concile n'a pas esté encore receu en plusieurs pays catholiques romains, ny reconnu pour œcuménique en France par aucun acte de la nation ; que les tentatives que le cardinal du Perron a faictes pour cet effect dans l'assemblée des Estats généraux du royaume pendant la minorité du feu Roy, ont esté inutiles ; et que ce n'est pas seulement à l'esgard de la discipline, puisque j'ay prouvé par le procès verbal de la réconciliation de Henry le Grand que les prélats de France qui l'instruisirent trouvèrent à propos de rayer de la profession de foy qu'ils firent faire à ce prince (et qui est l'ordinaire dressé par le pape Pie IV) les deux endroicts où il est faict mention du concile de Trente : preuve manifeste que, nonobstant qu'ils eussent en France la mesme foy que ce concile enseigne, ils ne reconnoissoient point ce concile pour règle de la foy. Et par ce retranchement ils rendirent cette profession incomparablement plus recevable.

En effect, on ne sçauroit démentir ses yeux en matière de faict, quelque soumission qu'on ait, et il importe pour l'Église catholique mesme et pour toute la postérité que, par trop de complaisance ou de foiblesse en acceptant des conciles de trop bas alloy, on n'affoiblisse l'authorité des conciles en général, et que par cette fausse démarche on ne lève un si grand secours à l'Église de Dieu. C'est à la France surtout d'y veiller, puisque c'est elle qui a eu la gloire jusqu'icy d'empescher que plusieurs abus et dogmes outrés ne soyent devenus absolument régnans. Et c'est particulièrement à vous, Monseigneur, qu'on reconnoist, sans vous flatter, pour un des plus grands docteurs que l'Église de France ait jamais eus, de travailler là dessus : mettant, comme vous le marquez, tous les autres respects à part, et profitant des lumières et du zèle d'un si grand Roy, qui, joinct à l'Empereur en cela, pourroit donner aux hommes un bien si souhaité, et dont on ne doit point désespérer, puisqu'il dépend ainsi, après Dieu, de la volonté sérieuse et forte de très peu de personnes, et puisque les dispositions sont présentement les plus belles du monde, sans qu'on soit bien asseuré qu'elles dureront.

Voilà, Monseigneur, la récapitulation de ce que je vous avois desjà mandé et déduict plus amplement en plus d'une lettre, vous ayant protesté particulièrement sur la difficulté que vous aviez mise en avant, que nostre intention n'estoit pas de prétendre que pour la réunion il falloit que ceux qui ont reconnu le concile de Trente y renonçassent, mais seulement qu'ils n'exigeassent point des protestans de le reconnoistre aussi. Après quoy nous avions attendu vostre esclaircissement, qui viendra maintenant bien à poinct, pour remplir le vuide de la correspondance où nous sommes réduicts de nostre costé, en attendant que nous soyons en estat d'avancer aussi, comme je l'espère bientost. Je puis vous asseurer cependant que la considération de la conscience et du bien de l'Église me fera tousjours faire aussi, comme j'ay faict tousjours, tout ce qui me sera possible, sans aucune veue ny à droite ny à gauche, pour me servir de vostre expression. Je suis avec vénération, Monseigneur,

Vostre très humble et très obéissant serviteur,

LEIBNIZ.

CXII

LEIBNIZ A M. DU HÉRON
ENVOYÉ DE FRANCE

Original autographe inédit de la bibliothèque royale de Hanovre.

Hanovre, 9/19 juin 1699.

J'ay de la confusion de la hardiesse que j'avois prise, et je vous en demande mille pardons. Par bonheur j'ay appris de monsieur Ludecke, qui venoit de Salzdahlem, que monsieur le Duc me faisoit réponse, et que je me pouvois espargner la peine d'y aller. Mon dessein estoit de luy recommander pour le prince qui ira à Constantinople un jeune homme qui est médecin et mathématicien, qui desseigne bien et pourra faire de bonnes observations sur la route, dont peut-estre on ne seroit pas fasché dans l'Académie royale des sciences. Monsieur le Duc me fit response, à un billet que j'avois déjà escrit sur ce suject, que cela se pourroit faire peut-estre, mais qu'on ne pourroit pas encore donner une response positive.

Au reste, je vous diray, Monsieur, qu'encore monseigneur l'évesque de Salisbury escrit à madame l'Électrice qu'on croit que le concile de Trente sera receu en France. Mais, considérant les lumières suprêmes du Roy, je ne sçaurois croire que Sa Majesté veuille faire sans nécessité un pas si désavantageux à l'Église et à son royaume. Cependant, comme la religion de Sa Majesté pourroit estre surprise par l'artifice de quelques personnes prévenues ou intéressées, je souhaite que des remonstrances à temps puissent donner occasion à des réflexions nécessaires pour prévenir ce que je considère comme un des plus grands maux qui pourroient arriver à la Chrestienneté. Je me remets à vostre prudence et à vos bonnes intentions, et suis avec zèle, etc.,

LEIBNIZ.

CXIII

LEIBNIZ A BOSSUET.

Revu d'après l'original autographe de la bibliothèque royale de Hanovre.

Wolfenbuttel, ce 11 décembre 1699.

Monseigneur,

Lorsque j'arrivay icy, il y a quelques jours, Monseigneur le duc Antoine Ulrich me demanda de vos nouvelles; et quand je respondis que je n'avois point eu l'honneur d'en recevoir depuis longtemps, il me dit qu'il me vouloit fournir de la matière pour vous faire sousvenir de nous : c'est qu'un abbé de vostre religion, qui est de considération et de mérite, lui avoit envoyé le livre que voicy (1), qu'il avoit donné au public sur ce qui est de foy. Son Altesse Sérénissime m'ordonna de vous le communiquer pour le sousmettre

(1) Ce livre parut sans nom d'auteur, de ville ni d'imprimeur.

à vostre jugement, et pour tascher d'apprendre, Monseigneur, selon vostre commodité, s'il a vostre approbation, de laquelle ce prince feroit presque autant de cas que si elle venoit de Rome mesme ; m'ayant ordonné de vous faire ses complimens, et de vous marquer combien il honore vostre mérite éminent.

Le dessein de distinguer ce qui est de foy de ce qui ne l'est point paroist assez conforme à vos vues et à ce que vous appelez la méthode de l'exposition ; et il n'y a rien de si utile, pour nous descharger d'une bonne partie des controverses, que de faire connoistre que ce qu'on dit de part et d'autre n'est point de foy. Cependant Son Altesse Sérénissime, ayant jeté les yeux sur ce livre, y a trouvé bien des difficultés : car, premièrement, il luy semble qu'on n'a pas assez marqué les conditions de ce qui est de foy, ni les principes par lesquels on le peut connoistre ; de plus, il semble, en second lieu, qu'il y a des degrés entre les articles de foy, les uns estant plus importans que les autres.

Si j'ose expliquer plus amplement ce que Son Altesse Sérénissime m'avoit marqué en peu de mots, je diray que, pour ce qui est des conditions et principes, tout article de foy doit estre sans doute une vérité que Dieu a révélée ; mais la question est, si Dieu en a seulement révélé autrefois, ou s'il en révèle encore, et si les révélations d'autrefois sont toutes dans l'Escriture saincte, ou sont venues du moins d'une tradition apostolique ; ce que ne nient point plusieurs des plus accommodans entre les protestans.

Mais, comme bien des choses passent aujourd'huy pour estre de foy, qui ne sont point assez révélées par l'Escriture, et où la tradition apostolique ne paroist pas non plus : comme, par exemple, la canonicité des livres que les protestans tiennent pour apocryphes, laquelle passe aujourd'huy pour estre de foy dans vostre communion, contre ce qui estoit cru par des personnes d'authorité dans l'ancienne Église ; comment le peut-on sçavoir, si l'on admet des révélations nouvelles, en disant que Dieu assiste tellement son Église qu'elle choisit tousjours le bon party, soit par une réception tacite ou droict non escrit, soit par une définition ou loy expresse d'un concile œcuménique? où il est encore question de bien déterminer les conditions d'un tel concile, et s'il est nécessaire que le Pape prenne part aux décisions, pour ne rien dire du Pape à part, ni encore de quelque particulier qui pourroit vérifier ses révélations par des miracles. Mais, si l'on accorde à l'Église le droict d'establir de nouveaux articles de foy, on abandonnera la perpétuité, qui avoit passé pour la marque de la foy catholique. J'avois remarqué autrefois que vos propres autheurs ne s'y accordent point et n'ont point les mesmes fondemens sur l'analyse de la foy, et que le P. Grégoire de Valentia, Jésuite, dans un livre faict là-dessus, la réduit aux décisions du Pape, avec ou sans le concile ; au lieu qu'un docteur de Sorbonne, nommé Holden, vouloit, aussi dans un livre exprès, que tout devoit avoir desjà esté révélé aux apostres, et puis propagé jusqu'à nous par l'entremise de l'Église ; ce qui paroistra le meilleur aux protestans. Mais alors il sera difficile de justifier l'antiquité de bien des sentimens qu'on veut faire passer pour estre de foy dans l'Église romaine d'aujourd'huy.

Et quant aux degrés de ce qui est de foy, on disputa, dans le colloque de Ratisbonne de ce siècle, entre Hunnius, protestant, et le P. Tanner, Jésuite, si les vérités de peu d'importance qui sont dans l'Escriture sainte, comme, par exemple, celle du chien de Tobie, suivant vostre canon, sont des articles de foy, comme le P. Tanner l'assura. Ce qui estant posé, il faut reconnoistre qu'il y a une infinité d'articles de foy qu'on peut non-seulement ignorer, mais mesme nier impunément, pourvu qu'on croie qu'ils n'ont point esté révélés : comme si quelqu'un croyoit que ce passage : *Tres sunt qui testimonium dant,* etc. (*I Joan.* v, 7, 8), n'est point authentique, puisqu'il manque dans les anciens exemplaires grecs. Mais il sera question maintenant de sçavoir s'il n'y a pas des articles tellement fondamentaux qu'ils soient nécessaires, *necessitate medii;* en sorte qu'on ne les sçauroit ignorer ou nier sans exposer son salut, et comment on les peut discerner des autres.

La connoissance de ces choses paroist si nécessaire, Monseigneur, pour entendre ce que c'est que d'estre de foy, que monseigneur le Duc a cru qu'il falloit avoir recours à vous pour les bien connoistre, ne sçachant personne aujourd'huy, dans vostre Église, qu'on puisse consulter plus seurement, et se flattant, sur les expressions obligeantes de vostre lettre précédente, que vous aurez bien la bonté de luy donner des esclaircissemens. Je ne suis maintenant que son interprète, et je ne suis pas moins avec respect, Monseigneur, vostre très humble et très obéissant serviteur,

Leibniz.

1700

Nouvelle exposition des principes de l'Église catholique par Bossuet, et application de ces principes à la question des livres canoniques. — Réponses de Leibniz, concertées avec S. A. le duc Antoine Ulrich, en 124 points. — Lettres de Leibniz antidatées. — Principes de la nouvelle exégèse. — Rôle diplomatique de M. du Héron.

CXIV

BOSSUET A LEIBNIZ.

Revu d'après l'original autographe de la bibliothèque royale de Hanovre (1).

A Meaux, ce 9 janvier 1700.

Monsieur,

Rien ne me pouvoit arriver de plus agréable que d'avoir à satisfaire, selon mon pouvoir, aux demandes d'un si grand prince que monseigneur le duc Antoine Ulrich, et encore m'estant proposées par un homme aussi habile et que j'estime autant que vous. Elles se rapportent à deux poincts : le premier consiste à juger d'un livret intitulé : *Secretio*, etc., ce qui demande du temps, non pour le volume, mais pour la qualité des matières sur lesquelles il faut parler seurement et juste. Je supplie donc Son Altesse

---

(1) C'est la réponse au n° CXIII. N. E.

de me permettre un court délay, parce que, n'ayant receu ce livre que depuis deux jours, à peine ay-je eu le loisir de le considérer.

La seconde demande a deux parties, dont la première regarde les conditions et les principes par lesquels on peut reconnoistre ce qui est de foy, en le distinguant de ce qui n'en est pas; et la seconde observe qu'il y a des degrés entre les articles de foy, les uns estant plus importans que les autres.

Quant au premier poinct, vous supposez, avant toutes choses, comme indubitable, que tout article de foy doit estre une vérité révélée de Dieu, de quoy je conviens sans difficulté; mais vous venez à deux questions, dont l'une est, « si Dieu en a seulement révélé autrefois, ou s'il en révèle encore; » et la seconde : « si les révélations d'autrefois sont toutes dans l'Escriture saincte ou sont venues du moins d'une tradition apostolique, ce que ne nient point plusieurs des plus accommodans entre les protestans. »

Je responds sans hésiter, Monsieur, que Dieu ne révèle point de nouvelles vérités qui appartiennent à la foy catholique, et qu'il faut suivre la règle de la perpétuité, qui avoit, comme vous dites très bien, passé pour la règle de la catholicité, de laquelle aussi l'Église ne s'est jamais despartie.

Il ne s'agit pas icy de disputer de l'authorité des traditions apostoliques, puisque vous dites vous-mesme, Monsieur, que les plus accommodans, c'est-à-dire, comme je l'entends, non-seulement les plus doctes, mais encore les plus sages des protestans, ne les nient pas; comme je crois, en effet, l'avoir remarqué dans vostre sçavant Calixte et dans ses disciples.

Mais je dois vous faire observer que le concile de Trente reconnoist la règle de la perpétuité, lorsqu'il déclare qu'il n'en a point d'autre que « ce qui est contenu dans l'Escriture saincte, ou dans les traditions non escrites, qui, receues par les apostres de la bouche de Jésus-Christ, ou dictées aux mesmes apostres par le Sainct-Esprit, sont venues à nous comme de main en main. »

Il faut donc, Monsieur, tenir pour certain que nous n'admettons aucune nouvelle révélation, et que c'est la foy expresse du concile de Trente, que toute vérité révélée de Dieu est venue de main en main jusqu'à nous; ce qui aussi a donné lieu à cette expression qui règne dans tout ce concile, que le dogme qu'il establit a tousjours été entendu comme il l'expose : *Sicut Ecclesia Catholica semper intellexit*. Selon cette règle, on doit tenir pour asseuré que les conciles œcuméniques, lorsqu'ils décident quelque vérité, ne proposent point de nouveaux dogmes, mais ne font que déclarer ceux qui ont tousjours esté crus, et les expliquer seulement en termes plus clairs et plus précis.

Quant à la demande que vous me faites, « s'il faut, avec Grégoire de Valence, réduire la certitude de la décision à ce que prononce le Pape, ou avec ou sans le concile, » elle me paroist assez inutile. On sçait ce qu'a escrit sur ce suject le cardinal du Perron, dont l'authorité est de beaucoup supérieure à celle de ce célèbre Jésuite; et, pour ne point rapporter des authorités particulières, on voit en cette matière ce qu'enseigne et ce que pratique, mesme de nos jours, et encore tout récemment, l'Église de France.

Nous donnerons donc pour règle infaillible, et certainement reconnue par les Catholiques, des vérités de foy, le consentement unanime et perpétuel de toute l'Église, soit assemblée en concile, soit dispersée par toute la terre, et tousjours enseignée par le mesme Sainct-Esprit. Si c'est là, pour me servir de vos expressions, ce qui est le plus agréable aux protestans, bien esloignés de les détourner de cette doctrine, nous ne craignons point de la garantir, comme incontestablement saine et orthodoxe.

« Mais alors, » continuez-vous, « il sera difficile de justifier l'antiquité de bien des sentimens qu'on veut faire passer pour estre de foy dans l'Église romaine d'aujourd'huy. »

Non, Monsieur, j'ose vous respondre avec confiance que cela n'est pas si difficile que vous pensez, pourveu qu'on éloigne de cet examen l'esprit de contention, en se réduisant aux faicts certains.

Vous en pouvez faire l'essay dans l'exemple que vous alléguez, et qui est aussi le plus fort qu'on puisse alléguer, « de la canonicité des livres que les protestans tiennent pour apocryphes, laquelle passe aujourd'huy pour estre de foy dans vostre communion, contre ce qui estoit cru par des personnes d'authorité dans l'ancienne Église. » Mais, Monsieur, vous allez voir clairement, si je ne me trompe, cette question résolue par des faicts entièrement incontestables.

I. Le premier est que ces livres, dont on dispute, ou dont autrefois on a disputé, ne sont pas des livres nouveaux ou nouvellement trouvés, auxquels on ait donné de l'authorité. La seconde lettre de sainct Pierre, celle aux Hébreux, l'*Apocalypse,* et les autres livres qui ont esté contestés, ont tousjours été connus dans l'Église, et intitulés du nom des apostres, à qui encore aujourd'huy on les attribue. Si quelques-uns leur ont disputé ce titre, on n'a pas nié pour cela l'existence de ces livres, et qu'ils ne portassent cette intitulation, ou partout, ou dans la plupart des lieux où on les lisoit, ou du moins dans les plus célèbres.

II. Second faict : j'en dis autant des livres de l'Ancien Testament. La *Sagesse*, l'*Ecclésiastique*, les *Machabées* et les autres, ne sont pas des livres nouveaux : ce ne sont pas les Chrestiens qui les ont composés ; ils ont précédé la naissance de Jésus-Christ, et nos Pères, les ayant trouvés parmy les Juifs, les ont pris de leurs mains pour l'usage et pour l'édification de l'Église.

III. Troisième faict : ce n'est point non plus par de nouvelles révélations ou par de nouveaux miracles qu'on les a receus dans le canon. Tous ces moyens sont suspects ou particuliers, et par conséquent insuffisans à fonder une tradition et un tesmoignage de la foy. Le concile de Trente, qui les a rangés dans le canon, les y a trouvés il y a près de douze cents ans, et dès le quatrième siècle, le plus sçavant sans contestation de toute l'Église.

IV. Quatrième faict : personne n'ignore le canon XLVII du concile III de Carthage, qui constamment est de ce siècle-là, et où les mesmes livres, sans en excepter aucun, receus dans le concile de Trente, sont reconnus comme livres «qu'on lit dans l'Église sous le nom de divines Escritures et d'Escritures canoniques : » *Sub nomine divinarum Scripturarum*, etc., *canonicæ Scripturæ*, etc.

V. Cinquième faict : c'est un faict qui n'est pas moins constant que les mesmes livres sont mis au rang des sainctes Escritures, avec le *Pentateuque*, avec l'Évangile, avec tous les autres les plus canoniques, dans la response du Pape Innocent Ier à la consultation du sainct évesque Exupère de Toulouse (cap. 7), en l'an 405 de Nostre-Seigneur. Le décret du concile romain, tenu par le Pape sainct Gélase, fait le mesme dénombrement au ve siècle, et c'est là le dernier canon de l'Église romaine sur ce sujet, sans que ces décrets ayent jamais varié. Tout l'Occident a suivy l'Église romaine en ce poinct, et le concile de Trente n'a faict que marcher sur ses pas.

VI. Sixième faict : il y a des Églises que, dès le temps de sainct Augustin, on a regardées comme plus sçavantes et plus exactes que toutes les autres, *doctiores ac diligentiores Ecclesiæ* (1984). On ne peut dénier ces titres à l'Église d'Afrique, ni à l'Église romaine, qui avoit outre cela la principauté ou la primauté de la chaire apostolique, comme parle sainct Augustin : *In qua semper apostolicæ cathedræ viguit principatus,* et dans laquelle on convenoit, dès le temps de sainct Irénée, que la tradition des apostres s'estoit tousjours conservée avec plus de soin.

VII. Septième faict : sainct Augustin a pris séance dans ce concile ; du moins il estoit de ce temps-là, et il en a suivy la tradition dans le livre *De la doctrine chrestienne*, où nous lisons ces paroles : « Tout le canon des Escritures contient ces livres, cinq de Moïse, » etc., où sont nommés en mesme rang : « *Tobie, Judith,* deux des *Machabées,* la *Sagesse,* l'*Ecclésiastique,* quatorze Épistres de sainct Paul, et notamment celle *aux*

Hébreux, » ainsi qu'elles sont comptées, tant dans le canon de Carthage que dans sainct Augustin : « deux lettres de sainct Pierre, trois de sainct Jean, et l'*Apocalypse.* »

VIII. Huitième faict : ces anciens canons n'ont pas esté une nouveauté introduite par ces conciles et par ces Papes : mais une déclaration de la tradition ancienne, comme il est expressément porté dans le canon desjà cité du concile III de Carthage : « Ce sont les livres, » dit-il, « que nos pères nous ont appris à lire dans l'Église, sous le titre d'Escritures divines et canoniques, » comme marque le commencement du canon.

IX. Neuvième faict : la preuve en est bien constante par les remarques suivantes. Sainct Augustin avoit cité, contre les pélagiens, ce passage du *Livre de la Sagesse* (IV, 11) : *Il a esté enlevé de la vie, de crainte que la malice ne corrompist son esprit.* Les semi-pélagiens avoient contesté l'authorité de ce livre, comme n'estant point canonique ; et sainct Augustin respond « qu'il ne falloit point rejeter le livre de la Sagesse, qui a esté jugé digne depuis une si longue antiquité, *tam longa annositate,* d'estre lu dans la place des lecteurs, et d'estre ouï par tous les Chrestiens, depuis les évesques jusqu'aux derniers des laïques, fidèles, catéchumènes et pénitens, avec la vénération qui est due à l'authorité divine. » A quoy il ajoute « que ce livre doit estre préféré à tous les docteurs particuliers, parce que les docteurs particuliers les plus excellens et les plus proches du temps des apostres se le sont eux-mesmes préféré, et que, produisant ce livre à témoin, ils ont cru ne rien alléguer de moins qu'un tesmoignage divin : *Nihil se adhibere nisi divinum testimonium crediderunt;* » répétant encore à la fin le grand nombre d'années, *tanta annorum numerositate*, où ce livre a eu cette authorité. On pourroit monstrer à peu près la mesme chose des autres livres, qui ne sont ni plus ni moins contestés que celuy-là, et en faire remonter l'authorité jusqu'aux temps les plus voisins des apostres, sans qu'on en puisse montrer le commencement.

X. Dixième faict : en effet, si l'on vouloit encore pousser la tradition plus loin, et nommer ces excellens docteurs et si voisins du temps des apostres, qui sont marqués dans sainct Augustin, on peut assurer qu'il avoit en vue le livre des *Tesmoignages* de sainct Cyprien qui est un recueil des passages de l'Escriture, où, à l'ouverture du livre, la *Sagesse*, l'*Ecclésiastique* et les *Machabées* se trouveront cités en plusieurs endroicts, avec la mesme authorité que les livres les plus divins, et après avoir promis deux et trois fois très expressément, dans les préfaces, de ne citer dans ce livre que des Escritures prophétiques et apostoliques.

XI. Onzième faict : l'Afrique et l'Occident n'estoient pas les seuls à reconnoistre pour canoniques les livres que les Hébreux n'avoient pas mis dans leur canon. On trouve partout dans sainct Clément d'Alexandrie et dans Origène, pour ne point parler des autres Pères plus nouveaux, les livres de la *Sagesse* et de l'*Ecclésiastique* cités avec la mesme authorité que ceux de Salomon, et mesme ordinairement sous le nom de Salomon mesme ; afin que le nom d'un escrivain canonique ne leur manquast pas, et à cause aussi, dit sainct Augustin, qu'ils en avoient pris l'esprit.

XII. Douzième faict : quand Julius Africanus rejeta

dans le prophète Daniel l'histoire de Susanne, et voulut défendre les Hébreux contre les Chrestiens, on sçait comme il fut repris par Origène. Lorsqu'il s'agira de l'authorité et du sçavoir, je ne crois pas qu'on balance entre Origène et Julius Africanus. Personne n'a mieux connu l'authorité de l'hébreu qu'Origène, qui l'a faict connoistre aux Églises chrestiennes ; et sans plus de discussion, sa lettre à Africanus, dont on nous a depuis peu donné le grec, establit le faict constant que ces livres, que les Hébreux ne lisoient point dans leurs synagogues, estoient lus dans les églises chrestiennes, sans aucune distinction d'avec les autres livres divins.

XIII. Treizième faict : il faut pourtant advouer que plusieurs Églises chrestiennes ne les mettoient point dans leur canon, parce que, dans les livres du vieux Testament, elles ne vouloient que copier le canon des Hébreux, et compter simplement les livres que personne ne contestoit, ni Juif ni Chrestien. Il faut aussi advouer que plusieurs sçavans, comme sainct Jérosme et quelques autres grands critiques, ne vouloient point recevoir ces livres pour establir les dogmes ; mais leur avis particulier n'estoit pas suivy, et n'empeschoit pas que les plus sublimes et les plus solides théologiens ne citassent ces livres en authorité, mesme contre les hérétiques, comme l'exemple de sainct Augustin vient de le faire voir, pour ne point entrer icy dans la discussion inutile des autres autheurs. D'autres ont remarqué, avant moy, que sainct Jérosme luy-mesme a souvent cité ces livres en authorité avec les autres Escritures, et qu'ainsi les opinions particulières des docteurs estoient, dans leurs propres livres, souvent emportées par l'esprit de la tradition et par l'authorité des Églises.

XIV. Quatorzième faict : je n'ay pas besoin de m'estendre icy sur le canon des Hébreux, ni sur les diverses significations du mot d'apocryphe, qui, comme on sçait, n'est pas tousjours également désavantageux. Je ne diray pas non plus quelle authorité parmy les Juifs, après leur canon par Esdras, pouvoient avoir, sous un autre titre que celui de canonique, ces livres qu'on ne trouve point dans l'hébreu. Je laisseray encore à part l'authorité que leur peuvent concilier les allusions secrètes qu'on remarque aux sentences de ces livres, non-seulement dans les auteurs profanes, mais encore dans l'Évangile. Il me semble que le sçavant évesque d'Avranches, dont le nom est si honorable dans la littérature, n'a rien laissé à dire sur cette matière ; et pour moy, Monsieur, je me contente d'avoir démonstré, si je ne me trompe, que la définition du concile de Trente sur la canonicité des Escritures, loin de nous obliger à reconnoistre de nouvelles révélations, fait voir au contraire que l'Église catholique demeure toujours inviolablement attachée à la tradition ancienne, venue jusqu'à nous de main en main.

XV. Quinzième faict : que si enfin vous m'objectez que du moins cette tradition n'estoit pas universelle, puisque de très grands docteurs et des Églises entières ne l'ont pas connue : c'est, Monsieur, une objection que vous avez à résoudre avec moy. La démonstration en est évidente : nous convenons tous ensemble, protestans ou catholiques, également des mesmes livres du Nouveau Testament ; car je ne croy pas que personne voulust suivre encore les emportemens de Luther contre l'*Épistre de sainct Jacques*. Passons donc une mesme canonicité à tous ces livres, contestés autrefois ou non contestés : après cela, Monsieur, permettez-moy de vous demander si vous voulez affoiblir l'authorité ou de l'*Épistre aux Hébreux*, si haute, si théologique, si divine; ou celle de l'*Apocalypse*, où reluit l'esprit prophétique avec autant de magnificence que dans Isaïe ou dans Daniel. Ou bien dira-t-on peut-estre que c'est une nouvelle révélation qui les a faict reconnoistre. Vous estes trop ferme dans les bons principes pour les abandonner aujourd'huy. Nous dirons donc, s'il vous plaist, tous deux ensemble, qu'une nouvelle reconnoissance de quelque livre canonique, dont quelques-uns auront douté, ne déroge point à la perpétuité de la tradition, que vous voulez bien advouer pour marque de la vérité catholique. Pour estre constante et perpétuelle, la vérité catholique ne laisse pas d'avoir ses progrès : elle est connue en un lieu plus qu'en un autre, plus clairement, plus distinctement, plus universellement. Il suffit, pour establir la succession et la perpétuité de la foy d'un livre sainct, comme de toute autre vérité, qu'elle soit tousjours reconnue ; qu'elle le soit dans le plus grand nombre sans comparaison; qu'elle le soit dans les Églises les plus éminentes, les plus authorisées et les plus révérées : qu'elle s'y soustienne, qu'elle gagne ou qu'elle se répande d'elle-mesme, jusqu'à tant que le Sainct-Esprit, la force de la tradition, et le goust, non celuy des particuliers, mais l'universel de l'Église, la fasse enfin prévaloir, comme elle a faict au concile de Trente.

XVI. Seizième faict: adjoustons, si vous l'avez agréable, que la foy qu'on a en ces livres nouvellement reconnus, a tousjours eu dans les Églises un tesmoignage authentique, dans la lecture qu'on en a faicte dès le commencement du christianisme, sans aucune marque de distinction d'avec les livres reconnus divins ; adjoustons l'authorité qu'on leur donne partout naturellement dans la praticque, comme nous l'avons remarqué ; adjoustons enfin que, le terme de *canonique* n'ayant pas tousjours une signification uniforme, nier qu'un livre soit canonique en un sens, ce n'est pas nier qu'il le soit en un autre ; nier qu'il soit, ce qui est très-vray, dans le canon des Hébreux, ou receu sans contradiction parmy les Chrestiens, n'empesche pas qu'il ne soit au fond dans le canon de l'Église, par l'authorité que luy donne la lecture presque générale, et par l'usage qu'on en faisoit par tout l'univers. C'est ainsi qu'il faut concilier, plustost que commettre ensemble les Églises et les autheurs ecclésiastiques, par des principes communs à tous les divers sentimens, et par le retranchement de toute ambiguïté.

XVII. Dix-septième faict : il ne faut pas oublier le faict que sainct Jérosme raconte à tout l'univers, sans que personne l'en ait démenti, qui est que le livre de Judith avoit receu un grand tesmoignage par le concile de Nicée. On n'aura point de peine à croire que cet infatigable lecteur de tous les livres et de tous les actes ecclésiastiques ait pu voir par ses curieuses et laborieuses recherches, auxquelles rien n'eschappoit, quelque mémoire de ce concile, qui se soit perdu depuis. Ainsi ce sçavant critique, qui ne vouloit pas admettre le livre dont nous parlons, ne laisse pas de luy donner le plus grand tesmoignage qu'il pust jamais recevoir, et de nous monstrer en mesme temps que, sans le mettre dans le canon, les Pères et les conciles les plus vénérables s'en servoient dans l'occasion, comme nous venons de le dire, et le consacroient par la practique.

XVIII. Dix-huitième faict : quoyque je commence à sentir la longueur de cette lettre, qui devient un petit livre, contre mon attente, le plaisir de m'entretenir, par vostre entremise, avec un prince qui aime si fort la religion qu'il daigne mesme m'ordonner de luy en parler de si loin, me fera encore adjouster un faict qu'il approuvera. C'est, Monsieur, que la diversité des canons de l'Escriture, dont on usoit dans les Églises, ne les empeschoit pas de concourir dans la mesme théologie, dans les mesmes dogmes, dans la mesme condamnation de toutes les erreurs, et non seulement de celles qui attaquoient les grands mystères de la Trinité, de l'Incarnation, de la Grâce ; mais encore de celles qui blessoient les autres vérités révélées de Dieu, comme faisoient les montanistes, les novatiens, les donatistes, et ainsi du reste. Par exemple, la province de Phrygie, qui, assemblée dans le concile de Laodicée, ne recevoit point en authorité, et sembloit mesme ne vouloir pas lire dans l'Église quelques-uns des livres dont il s'agit, contre la coustume presque universelle des autres Églises, entre autres de celle d'Occident, n'en condamnoit pas moins, avec elles, toutes les erreurs qu'on vient de marquer ; de sorte qu'en vérité il ne leur manquoit aucun dogme, encore qu'il manquast dans leur canon quelques-uns des livres qui servoient à les convaincre.

XIX. Dix-neuvième faict : c'est pour cela qu'on se laissoit les uns aux autres une grande liberté, sans se presser d'obliger toutes les Églises au mesme canon ; parce qu'on ne voyoit naistre de là aucune diversité, ni dans la foy, ni dans les mœurs : et la raison en estoit que les fidèles, qui ne cherchoient pas les dogmes de foy dans ces livres non canonisés en quelques endroicts, les trouvoient suffisamment dans ceux qui n'avoient jamais esté révoqués en doute ; et que mesme ce qu'on ne trouvoit pas dans les Escritures en général, on le recouvroit dans les traditions perpétuelles et universelles.

XX. Vingtième faict : sur cela mesme nous lisons dans sainct Augustin, et dans l'un de ses plus sçavans escrits, cette sentence mémorable : « L'homme qui est affermi dans la foy, dans l'espérance et dans la charité, et qui est inébranlable à les conserver, n'a besoin des Escritures que pour instruire les autres ; ce qui fait aussi que plusieurs vivent sans aucun livre dans les solitudes. » On sçait d'ailleurs qu'il y a eu des peuples qui, sans avoir l'Escriture, qu'on n'avoit pu encore traduire en leurs langues barbares et irrégulières, n'en estoient pas moins Chrestiens que les autres : par où aussi l'on peut entendre que la concorde dans la foy, loin de dépendre de la réception de quelques livres de l'Escriture, ne dépend pas mesme de toute l'Escriture en général ; ce qui pourroit se prouver encore par Tertullien et par tous les autres autheurs, si cette discussion ne nous jetoit trop loin de notre suject.

XXI. Vingt-unième faict : que si enfin on demande pourquoy donc le concile de Trente n'a pas laissé sur ce poinct la mesme liberté que l'on avoit autrefois, et défend, sous peine d'anathème, de recevoir un autre canon que celuy qu'il propose, sess. 4, sans vouloir rien dire d'amer, je laisseray seulement à examiner aux Protestans modérés si l'Église romaine a dû laisser esbranler par les Protestans le canon dont, comme on a veu, elle estoit en possession avec tout l'Occident, non seulement dès le quatrième siècle, mais encore dès l'origine du christianisme : canon qui s'estoit affermi depuis par l'usage de douze cents ans, sans aucune contradiction ; canon enfin dont on prenoit occasion de la calomnier, comme falsifiant les Escritures, ce qui faisoit remonter l'accusation jusqu'aux siècles les plus purs : je laisse, dis-je, à examiner si l'Église a dû tolérer ce soulèvement, ou bien le réprimer par ses anathèmes.

XXII. Vingt-deuxième faict : il n'est donc rien arrivé icy que ce que l'on a veu arriver à toutes les autres vérités, qui est d'estre déclarées plus expressément, plus authentiquement, plus fortement, par le jugement de l'Église catholique, lorsqu'elles ont esté plus ouvertement, et, s'il est permis de dire une fois ce mot, plus opiniastrement contredictes ; en sorte que, après ce décret, le doute ne soit plus permis.

XXIII. Vingt-troisième faict : je n'ay point icy à rendre raison pourquoy nous donnons le nom d'Église catholique à la communion romaine, ni le nom de concile œcuménique à celuy qu'elle reconnoist pour tel. C'est une dispute à part, où l'on ne doit pas entrer icy ; et il me suffit d'avoir remarqué les faicts constans, d'où résultent l'antiquité et la perpétuité du canon dont nous usons.

XXIV. Vingt-quatrième faict : après tout, quelque inviolable que soit la certitude que nous y trouvons, il sera tousjours véritable que les livres qui n'ont jamais esté contestés ont dès là une force particulière pour la conviction ; parce qu'encore que nul esprit raisonnable ne doive douter des autres, après la décision de l'Église, les premiers ont cela de particulier que, procédant *ad hominem et ex concessis*, comme l'on parle, ils sont plus propres à fermer la bouche aux contredisans.

Voilà, Monsieur, un long discours, encore que je n'aye faict que proposer les principes. C'est à Dieu à ouvrir les cœurs de ceux qui le liront. Ce dont je vous prie, c'est de le présenter à vostre grand prince, de prendre les momens heureux où son oreille sera plus libre, et enfin de le luy faire regarder comme un effect de mon très humble respect. Le reste se dira une autre fois et bientost, s'il plaist à Dieu. Je suis cependant, et seray tousjours, avec une estime et une affection cordiale, Monsieur, vostre très-humble serviteur,

J. Bénigne,
Évesque de Meaux.

CXV

BOSSUET A LEIBNIZ.

Revu d'après l'original autographe de la bibliothèque royale de Hanovre.

A Versailles, 30 janvier 1700.

Monsieur,

Des deux difficultés que vous m'avez proposées dans vostre lettre du 11 décembre 1699 (1), de la part

(1) Voir la lettre n° CXIII, à laquelle Bossuet répond le 30 janvier. N. E.

de vostre grand et habile prince, la seconde regardoit les degrés entre les articles de foy, les uns estant plus importans que les autres ; et c'est celle-là sur laquelle il faut tascher aujourd'huy de le satisfaire.

Vous l'expliquez en ces termes : « Quant au degré de ce qui est de foy, on disputa dans le colloque de Ratisbonne de ce siècle, entre Hunnius, protestant, et le P. Tanner, jésuite, si les vérités de peu d'importance qui sont dans l'Escriture saincte, comme, par exemple, celle du chien de Tobie, sont des articles de foy, comme le P. Tanner l'asseura : ce qui estant posé, il faut reconnoistre qu'il y a une infinité d'articles de foy qu'on peut non seulement ignorer, mais mesme nier impunément, pourveu qu'on croye qu'ils n'ont point esté révélés ; comme si quelqu'un croyoit que ce passage, *Tres sunt qui testimonium perhibent,* etc. (*I Joan.* v, 7), n'est point authentique, puisqu'il manque dans les anciens exemplaires grecs. Il sera question maintenant de sçavoir s'il y a des articles tellement fondamentaux qu'ils soyent nécessaires, *necessitate medii;* en sorte qu'on ne les sçauroit ignorer ou nier sans exposer son salut, et comment on les peut discerner d'avec les autres (1). »

Il me semble premièrement, Monsieur, que, si j'avois assisté à quelque colloque semblable à celuy de Ratisbonne, et qu'il m'eust fallu respondre à la question du chien de Tobie, sans sçavoir ce que dit alors le P. Tanner, j'aurois cru devoir user de distinction. En prenant le terme d'article de foy selon la signification moins propre et plus estendue, j'aurois dict que

---

(1) Voir la lettre n° CXIII. N. E.

toutes les choses révélées de Dieu dans les Escritures canoniques, importantes ou non importantes, sont en ce sens articles de foy; mais qu'en prenant ce terme d'article de foy dans sa signification estroicte et propre, pour des dogmes théologiques immédiatement révélés de Dieu, tous ces faicts particuliers ne méritent pas ce titre.

Je n'ay pas besoin de vous dire que je compte icy, parmy les dogmes révélés de Dieu, certaines choses de faict sur lesquelles roule la religion, comme la nativité, la mort et la résurrection de Nostre-Seigneur. Les faicts dont nous parlons icy sont, comme je viens de le marquer, les faicts particuliers. Il y en a de deux sortes : les uns servent à establir les dogmes par des exemples plus ou moins illustres, comme l'histoire d'Esther et les combats de David; les autres, pour ainsi parler, ne font que peindre et descrire une action, comme seroient, par exemple, la couleur des pavillons qui estoient tendus dans le festin d'Assuérus, et les autres menues circonstances de cette feste royale; et de ce genre seroit aussi le chien de Tobie, aussi bien que le baston de David, et, si l'on veut, la couleur de ses cheveux. Tout cela de soy est tellement indifférent à la religion qu'on peut ou le sçavoir ou l'ignorer, sans qu'elle en souffre pour peu que ce soit. Les autres faicts qui sont proposés pour appuyer les dogmes divins, comme sont la justice, la miséricorde et la providence divine, quoyque bien plus importans, ne sont pas absolument nécessaires, parce qu'on peut sçavoir d'ailleurs ce qu'ils nous apprennent de Dieu et de la religion.

Pour ce qui est de nier ces faicts, la question se

réduit à celle de la canonicité des livres dont ils sont tirés. Par exemple, si l'on nioit ou le baston de David, ou la couleur de ses cheveux et les autres choses de cette sorte, la dénégation en pourroit devenir très importante, parce qu'elle entraisneroit celle du livre des Rois, où ces circonstances sont racontées.

Tout cela n'a point de difficulté, et je ne l'ay rapporté que pour toucher tous les poincts de vostre lettre. Mais pour les difficultés qui regardent les vrais articles de foy, et les dogmes théologiques immédiatement révélés de Dieu, encore que la discussion en demande plus d'estendue, il est aisé d'en sortir.

Je rappelle tout à trois propositions : la première, qu'il y a des articles fondamentaux et des articles non fondamentaux ; c'est-à-dire des articles dont la connaissance et la foy expresse est nécessaire au salut, et des articles dont la connaissance et la foy expresse n'est pas nécessaire au salut.

La seconde, qu'il y a des règles pour les discerner les uns des autres.

La troisième, que les articles révélés de Dieu, quoyque non fondamentaux, ne laissent pas d'estre importans, et de donner matière de schisme, surtout après que l'Église les a définis.

La première proposition, qu'il y a des articles fondamentaux, c'est-à-dire, dont la connaissance et la foy expresse est nécessaire au salut, n'est pas disputée entre nous. Nous convenons tous du symbole attribué à sainct Athanase, qui est l'un des trois reconnus dans la Confession d'Augsbourg comme parmy nous, et on y lit à la teste ces paroles, *Quicunque vult salvus esse*, etc., et au milieu, *Qui vult ergo salvus esse,* etc., et à la fin, *Hæc est fides catholica, quam nisi quisque,* etc... *absque dubio in æternum peribit.*

Sçavoir maintenant si les articles contenus dans ce symbole y sont reconnus nécessaires, *necessitate medii,* ou *necessitate præcepti,* c'est, à mon advis, en ce lieu une question assez inutile, et il suffira peut-estre d'en dire un mot à la fin.

La seconde proposition, qu'il y a des règles pour discerner ces articles, n'est pas difficile entre nous, puisque nous supposons tous qu'il y a des premiers principes de la religion chrestienne qu'il n'est permis à personne d'ignorer ; tels que sont, pour descendre dans un plus grand détail, le Symbole des apostres, l'Oraison dominicale, et le Décalogue avec son abrégé nécessaire dans les deux préceptes de la charité, dans lesquels consiste, selon l'Évangile, toute la loy et les prophètes.

C'est de quoy nous convenons tous, Catholiques et Protestans également : et nous convenons encore que le Symbole des apostres doit estre entendu comme il a esté exposé dans le Symbole de Nicée, et dans celuy qu'on attribue à sainct Athanase.

On se peut réduire à un principe plus simple en disant que ce dont la connoissance et la foy expresse est nécessaire au salut, est cela mesme sans quoy on ne peut avoir aucune véritable idée du salut qui nous est donné en Jésus-Christ ; Dieu voulant nous y amener par la connoissance, et non par un instinct aveugle, comme on feroit des bestes brutes.

Dans ce principe, si clair et si simple, tout le monde voit d'abord qu'il faut connoistre la personne du Sauveur, qui est Jésus-Christ, Fils de Dieu; qu'il faut aussi connoistre son Père, qui l'a envoyé, avec le Sainct-Esprit, de qui il a esté conceu, et par lequel il nous sanctifie; quel est le salut qu'il nous propose, ce qu'il a faict pour nous l'acquérir, et ce qu'il veut que nous fassions pour luy plaire : ce qui ramène naturellement l'un après l'autre les Symboles dont nous avons parlé, l'Oraison dominicale et le Décalogue; et tout cela, réduict en peu de paroles, est ce que nous avons nommé les premiers principes de la religion chrestienne.

La troisième proposition a deux parties : la première, que ces articles non fondamentaux, encore que la connoissance et la foy expresse n'en soit pas absolument nécessaire à tout le monde, ne laissent pas d'estre importans. C'est ce qu'on ne peut nier; puisqu'on suppose ces articles révélés de Dieu, qui ne révèle rien que d'important à la piété, et dont aussi il est escrit : *Je suis le Seigneur ton Dieu, qui t'enseigne des choses utiles.* (Isa. XLVIII, 17.)

Ce fondement supposé, il y a raison et nécessité de noter ceux qui s'opposent à ces dogmes utiles, et qui manquent de docilité à les recevoir, quand l'Église les leur propose. La practique universelle de l'ancienne Église confirme cette seconde partie de la proposition. Elle a mis au rang des hérétiques, non seulement les ariens, les sabelliens, les paulianistes, les macédoniens, les nestoriens, les eutychiens, et ceux en un mot qui rejetoient la Trinité et les autres dogmes également fondamentaux; mais encore les novatiens ou cathares, qui ostoient aux ministres de l'Église le pouvoir de remettre les péchés; les montanistes ou cataphrygiens, qui improuvoient les secondes noces; les aériens, qui nioient l'utilité des oblations pour les morts, avec la distinction de l'épiscopat et de la prestrise; Jovinien et ses sectateurs, qui, à l'injure du Fils de Dieu, nioient la virginité perpétuelle de sa saincte Mère, et jusqu'aux quartodécimans, qui, aimant mieux célébrer la Pasque avec les Juifs qu'avec les Chrestiens, taschoient de restablir le judaïsme et ses observances, contre l'ordonnance des apostres. Les autheurs opiniastres de ces dogmes pervers ont esté frappés par les Pères, par les conciles, quelques-uns mesme par le grand concile de Nicée, le premier et le plus vénérable des œcuméniques; parce qu'encore que les articles qu'ils combattoient ne fussent pas de ce premier rang, qu'on appelle fondamentaux, l'Église ne devoit pas souffrir qu'on méprisast aucune partie de la doctrine céleste que Jésus-Christ et les apostres avoient enseignée.

Si MM. de la Confession d'Augsbourg ne convenoient de ce principe, ils n'auroient pas mis au nombre des hérétiques, sous le nom de sacramentaires, Bérenger et ses sectateurs, puisque la présence réelle, qui fait leur erreur, n'est pas comptée parmi les articles fondamentaux.

L'Église fait néanmoins une grande différence entre ceux qui ont combattu ces dogmes utiles et nécessaires à leur manière, quoyque d'une nécessité inférieure et seconde, avant ou depuis ses définitions. Avant qu'elle eust déclaré la vérité et l'antiquité, ou plustost la perpétuité de ces dogmes, par un jugement authentique, elle toléroit les errans, et ne craignoit point d'en mettre mesme quelques-uns au rang de ses saincts : mais, depuis sa décision, elle ne les a plus souffert, et, sans hésiter, elle les a rangés au nombre des hérétiques. C'est, Monsieur, comme vous sçavez, ce qui est arrivé à sainct Cyprien et aux donatistes. Ceux-cy convenoient, avec ce sainct martyr, dans le dogme pervers qui rejetoit le baptesme administré par les hérétiques : mais leur sort a esté bien différent, puisque sainct Cyprien est demeuré parmy les saincts, et que les autres sont rangés parmy les hérétiques : ce qui fait dire au docte Vincent de Lérins, dans ce livre tout d'or qu'il a intitulé *Commonitorium*, ou Mémoire sur l'antiquité de la foy : « O changement estonnant ! Les autheurs d'une opinion sont catholiques, les sectateurs sont condamnés comme hérétiques : les maistres sont absous, les disciples sont réprouvés : ceux qui ont escrit les livres erronés sont les enfans du royaume, pendant que leurs défenseurs sont précipités dans l'enfer. » Voilà des paroles bien terribles pour la damnation de ceux qui avoient opiniastrément soustenu les dogmes que les saincts avoient proposés de bonne foy, dont on voit bien que la différence consiste précisément à avoir erré avant que l'Église se fust expliquée, ce qui se pouvoit innocemment ; et avoir erré contre ses décrets solennels, ce qui ne peut plus estre imputé qu'à orgueil et irrévérence.

C'est aussi ce que sainct Augustin ne nous laisse point ignorer, lorsque, comparant sainct Cyprien avec les donatistes : « Nous-mesmes, dit-il, nous n'oserions pas enseigner une telle chose, » contre un aussi grand docteur que sainct Cyprien ; c'est-à-dire, la saincteté et la validité du baptesme administré par les hérétiques, « si nous n'estions appuyés sur l'authorité de l'Église universelle, à laquelle il auroit très certainement cédé luy-mesme, si la vérité esclaircie avoit esté confirmée dès lors par un concile universel : » *Cui et ille procul dubio cederet, si quæstionis ejus veritas, eliquata et declarata per plenarium concilium, solidaretur.*

Telle est donc la différence qu'on a tousjours mise entre les dogmes non encore entièrement authorisés par le jugement de l'Église, et ceux qu'elle a déclarés authentiquement véritables : et cela est fondé sur ce que la sousmission à l'authorité de l'Église estant la dernière épreuve où Jésus-Christ a voulu mettre la docilité de la foy, on n'a plus, quand on méprise cette authorité, à attendre que cette sentence : *S'il n'escoute pas l'Église, qu'il vous soit comme un païen et un publicain.* (*Matth.* XVIII, 17.)

Il ne s'agit pas icy de prouver cette doctrine, mais seulement d'exposer à vostre grand prince la méthode de l'Église catholique, pour distinguer, parmy les articles non fondamentaux, les erreurs où l'on peut tomber innocemment, d'avec les autres. La racine et l'effet de la distinction se tirent principalement de la décision de l'Église. Nous n'avançons rien de nouveau en cet endroict, non plus que dans toutes les autres parties de nostre doctrine. Les plus célèbres docteurs du IVe siècle parloient et pensoient comme nous. Il n'est pas permis de mespriser des authoritéz si révérées dans tous les siècles suivans : et d'ailleurs, quand sainct Augustin asseure que sainct Cyprien auroit cédé à l'authorité de l'Église universelle, si sa foy s'estoit déclarée de son temps par un concile de toute la terre, il n'a parlé de cette sorte que sur les paroles expresses de ce sainct martyr, qui, interrogé par Antonien, son collègue dans l'épiscopat, quelles estoient les erreurs de Novatien : « Sçachez premièrement, » lui disoit-il, « que nous ne devons pas mesme estre curieux de ce qu'il enseigne, puisqu'il est hors de l'Église : quel qu'il soit, et quelque authorité qu'il s'attribue, il n'est pas chrestien, puisqu'il n'est pas dans l'Église de Jésus-Christ : *Christianus non est, qui in Christi Ecclesia non est.* » Sainct Augustin n'a pas tort de dire qu'un homme qui ne souffre pas qu'on juge digne d'examen une doctrine qu'on enseigne hors de l'Église, mais qui veut qu'on la rejette à ce seul titre, n'auroit eu garde de se soustraire luy-mesme à une authorité si inviolable.

Il n'est pas mesme tousjours nécessaire, pour mériter d'estre condamné, d'avoir contre soy une expresse décision de l'Église, pourveu que d'ailleurs sa doctrine soit bien connue et constante. C'est aussi pour cette raison que le mesme sainct Augustin, en parlant du baptesme des petits enfans, a prononcé ces paroles : « Il faut, » dit-il, « souffrir les contredisans dans les questions qui ne sont pas encore bien examinées, ni pleinement décidées par l'authorité de l'Église : *In quæstionibus nondum plena Ecclesiæ auctoritate firmatis.* » — « C'est là, continue ce Père, que l'erreur se peut tolérer ; mais elle ne doit pas entreprendre d'esbranler le fondement de l'Église : *Ibi ferendus est error, non usque adeo progredi debet, ut fundamentum ipsum Ecclesiæ quatere moliatur.* »

On n'avoit encore tenu aucun concile pour y traicter expressément la question du baptesme des petits enfans ; mais, parce que la practique en estoit constante et universelle, en sorte qu'il n'y avoit aucun moyen de la contester, loin de permettre de la révoquer en doute, sainct Augustin la presche hautement comme une vérité tousjours establie, et dit que ce doute seul emporte le renversement du fondement de l'Église.

C'est à cause que ceux qui nient cette authorité sont proprement ces *esprits contentieux* que l'Apostre ne souffre pas dans les Églises. (*I Cor.* xi, 16.) Ce sont ces frères qui *marchent désordonnément*, et non pas selon la règle qu'il leur a donnée, dont le mesme Apostre veut qu'on *se retire.* (*II Thess.* iii, 6.) On ne se doit retirer d'eux qu'à cause qu'ils se retirent les premiers de l'authorité de l'Église et de ses décrets, et se rangent au nombre de ceux qui *se séparent eux-mesmes* (*Jud.* 19) : d'où l'on doit conclure qu'encore que la matière de leur dispute ne soit peut-estre pas fondamentale, et du rang de celles dont la connoissance est absolument nécessaire à chaque particulier, ils ne laissent pas, par un autre endroict, d'esbranler le fondement de la foy, en se soulevant contre l'Église, et en attaquant directement un article du Symbole aussi important que celuy-cy : « Je croy l'Église catholique. »

S'il faut maintenant venir à la connoissance nécessaire, *necessitate medii,* la principale de ce genre est celle de Jésus-Christ ; puisqu'il est establi de Dieu comme l'unique moyen du salut, sans la foy duquel on est desjà jugé (*Joan.* iii, 18, 36), et la colère de Dieu demeure sur nous. Il n'est pas dict qu'elle y tombe, mais qu'elle y demeure ; parce qu'estant, comme nous le sommes, dans une juste damnation par nostre naissance, Dieu ne fait point d'injustice à ceux qu'il y laisse. C'est peut-estre à cet esgard qu'il est escrit : « Qui ignore sera ignoré » (*I Cor.* xiv, 38): et quoy qu'il en soit, qui ne connoist Jésus-Christ n'en est pas connu; et il est de ceux à qui il sera dict au jugement : « Je ne vous connois pas. » (*Matth.* vii, 23.)

On pourroit icy considérer cette parole de Nostre-Seigneur : « La vie éternelle est de vous connoistre, vous qui estes le seul vray Dieu, et Jésus-Christ que vous avez envoyé. » (*Joan.* xvii, 3.) Cependant, à parler correctement, il semble qu'on ne doit pas dire que la connoissance de Dieu soit nécessaire, *necessitate medii*, mais plustost d'une nécessité d'un plus haut rang, *necessitate finis ;* parce que Dieu est la fin unique de la vie humaine, le terme de nostre amour, et l'object où consiste le salut : mais ce seroit inutilement que nous nous estendrions icy sur cette expression, puisqu'elle ne fait aucune sorte de controverse parmy nous.

Pour le livret intitulé *Secretio,* etc., il est très bon dans le fond. On en pourroit retrancher encore quelques articles : il y en auroit quelques autres à esclaircir un peu davantage. Pour entrer dans un plus grand détail, il faudroit traicter tous les articles de controverse ; ce que je pense avoir assez faict, et avec toutes les marques d'approbation de l'Église, dans mon livre de l'*Exposition.*

Je me suis aussi expliqué sur cette matière dans ma response latine à M. l'abbé de Lokkum. Si néanmoins vostre sage et habile prince souhaite que je m'explique plus précisément, j'embrasseray avec joye toutes les occasions d'obéir à Son Altesse Sérénissime.

Rien n'est plus digne de luy que de travailler à guérir la playe qu'a faicte au christianisme le schisme du dernier siècle. Il trouvera en vous un digne instrument de ses intentions; et ce que nous avons tous à faire, dans ce beau travail, est, en fermant cette playe, de ne donner pas occasion au temps à venir d'en rouvrir une plus grande.

J'advoue au reste, Monsieur, ce que vous dites des anciens exemplaires grecs sur le passage, *Tres sunt*, etc.: mais vous sçavez aussi bien que moy que l'article contenu dans ce passage ne doit pas estre pour cela révoqué en doute, estant d'ailleurs establi non seulement par la tradition des Églises, mais encore par l'Escriture très évidemment. Vous sçavez aussi, sans doute, que ce passage se trouve receu dans tout l'Occident; ce qui paroist manifeste, sans mesme remonter plus haut, par la production qu'en fait sainct Fulgence dans ses escrits, et mesme dans une excellente confession de foy présentée unanimement au roi Hunéric par toute l'Église d'Afrique. Ce tesmoignage, produict par un aussy grand théologien et par cette sçavante Église, n'ayant point esté reproché par les hérétiques, et au contraire estant confirmé par le sang de tant de martyrs, et encore par tant de miracles dont cette confession de la foy fut suivie, est une démonstration de la tradition, du moins de toute l'Église d'Afrique, l'une des plus illustres du monde. On trouve mesme dans sainct Cyprien une allusion manifeste à ce passage, qui a passé naturellement dans nostre Vulgate, et confirme la tradition de tout l'Occident. Je suis, Monsieur, vostre très humble serviteur,

J. BÉNIGNE,
Évesque de Meaux.

CXVI

LEIBNIZ A BOSSUET.

Revu d'après l'original autographe de la bibliothèque royale de Hanovre.

Wolfenbuttel, 30 avril 1700.

Monseigneur,

Il y a plus de deux mois que j'ay escrit deux lettres très-amples pour respondre distinctement à deux des vostres (1), que j'avois eu l'honneur de recevoir, sur ce qui est de foy en général, et sur l'application des principes généraux à la question particulière des livres canoniques de la Bible. J'avois laissé le tout alors à Wolfenbuttel, pour estre mis au net et expédié; mais j'ay trouvé, en y arrivant présentement, que la personne qui s'en estoit chargée ne s'est point acquittée de sa promesse. C'est ce qui me fait prendre la plume pour vous escrire cecy par avance, et pour m'excuser de ce délay, que j'auray soin de réparer.

Je suis fasché cependant de ne pouvoir pas vous donner cause gagnée, Monseigneur, sans blesser ma

---

(1) Les deux lettres de Bossuet sont celles du 9 et du 30 janvier 1700, sous les n°° CXIV et CXV, et les deux réponses de Leibniz, dont il est question dans le numéro suivant, donnèrent lieu à une sorte de négociation diplomatique et furent antidatées à leur départ pour la France. Composées en février 1700, elles ne partirent qu'après le 14 et le 24 mai de la même année. Voir le n° CXIX et le n° CXX. N. E.

conscience; car, après avoir examiné la matière avec attention, il me paroist incontestable que le sentiment de sainct Jérosme a esté celuy de toute l'Eglise, jusqu'aux innovations modernes qui se sont faictes dans vostre party, principalement à Trente ; et que les Papes Innocent et Gélase, le concile de Carthage et sainct Augustin ont pris le terme d'Escriture canonique et divine largement, pour ce que l'Église a authorisé comme conforme aux Escritures inspirées ou immédiatement divines ; et qu'on ne sçauroit les expliquer autrement, sans les faire aller contre le torrent de toute l'antiquité chrestienne ; outre que sainct Augustin favorise luy-mesme avec d'autres cette interprétation. Ainsi, à moins qu'on ne donne encore avec quelques-uns une interprétation de pareille nature aux paroles du concile de Trente, que je voudrois bien pouvoir souffrir, la conciliation par voye d'exposition cesse icy; et je ne voy pas moyen d'excuser ceux qui ont dominé dans cette assemblée, du blasme d'avoir osé prononcer anathème contre la doctrine de toute l'ancienne Église. Je suis bien trompé si cela passe jamais, à moins que par un estrange renversement on ne retombe dans la barbarie, ou qu'un terrible jugement de Dieu ne fasse régner dans l'Église quelque chose de pire que l'ignorance ; car la vérité me semble icy trop claire, je l'advoue. Il me paroist fort supportable qu'on se trompe en cela à Trente ou à Rome, pourveu qu'on raye les anathématismes, qui sont la plus estrange chose du monde, dans un cas où il me paroist impossible que ceux qui ne sont point prévenus très fortement se puissent rendre de bonne foy.

C'est avec cette bonne foy et ouverture de cœur

que je parle icy, Monseigneur, suivant ma conscience. Si l'affaire estoit d'une autre nature, je ferois gloire de vous rendre les armes; cela me seroit honorable et avantageux de toutes les manières. Je continueray d'entrer dans le détail avec toute la sincérité, application et docilité possibles : mais, en cas que, procédant avec soin et ordre, nous ne trouvions pas le moyen de convenir sur cet article, quand mesme il n'y en auroit point d'autre, quoiqu'il n'y en ait que trop, il faudra ou renoncer aux pensées *iréniques* là-dessus, ou recourir à la voye de l'exemple que je vous ay allégué autrefois, auquel vous n'avez jamais satisfaict, et où vous n'avez voulu venir qu'après avoir épuisé les autres moyens; j'entends ceux de douceur : car, quant aux voyes de faict et guerres, je suppose que, suivant le véritable esprit du christianisme, vous ne les conseilleriez pas; et que l'espérance qu'on peut avoir dans vostre party de réussir un jour par ces voyes, laquelle, quelque spécieuse qu'elle soit, peut tromper, ne sera pas ce qui vous empeschera de donner les mains à tout ce qui paroistra le plus propre à refermer la playe de l'Église.

Monseigneur le Duc a pris garde à un endroict de vostre lettre, où vous dites que cela ne se doit point faire d'une manière où il y ait danger; que cette playe se pourroit rouvrir davantage, et devenir pire : mais il n'a pas compris en quoy consiste ce danger, et il a souhaité de le pouvoir comprendre; car, non plus que vous, nous ne voulons pas des cures palliatives, qui fassent empirer le mal. Je suis avec zèle, Monseigneur, vostre très humble et très obéissant serviteur,

LEIBNIZ.

CXVII

LEIBNIZ A ANTOINE ULRICH.

<small>Original autographe de la bibliothèque royale de Hanovre, communiqué par Guhrauer (1).</small>

4 mai 1700.

Monseigneur,

J'envoye très humblement à V. A. S. les brouillons des deux lettres pour l'évesque de Meaux, dont la première pourroit estre expédiée un peu après le 14 may, et la seconde un peu après le 24 may. La copie que j'en avois faict faire icy (2), outre qu'elle a trop traisné, ne me contente point ; ainsi il en faudra bien une meilleure. V. A. S. peut aisément donner des ordres pour cela, qui seront plus ponctuellement exécutés que ce que je pourrois commettre à des personnes qui ne dépendent point de moy. J'ay signé en blanc la dernière feuille de chacune de ces deux lettres : ainsi le copiste se réglera à cela ; car j'ay mis le brouillon de chaque lettre dans un papier à part, où il y a quelques mots d'instructions qui serviront au copiste. Mais afin que le papier s'accorde tousjours avec les dernières feuilles que j'ay signées, j'envoye en mesme temps autant de papier qu'il en faudra, pour le moins, pour mettre ces deux lettres au net ; et j'ay mis toutes ces feuilles de papier (excepté les dernières) dans une demi-feuille, où j'ay

---

<small>(1) Cette lettre nous sert à relever un anachronisme commis par les éditeurs des deux grandes lettres sous les nos CXIX, CXX. N. E.</small>
<small>(2) Voir n° CXVI. N. E.</small>

escrit encore des instructions générales pour le copiste.

Mais, afin de faire moins attendre M. de Meaux, voicy une lettre d'excuse que je luy envoye par avance (1), et que je supplie V. A. S. de luy faire parvenir au premier jour.

Je suis avec dévotion, Monseigneur, de Vostre Altesse Sérénissime le très humble et très obéissant serviteur,

LEIBNIZ.

CXVIII

Concept oder Brouillon des ersten Briefes

an den

Herrn Bischof von Meaux,

welcher kurz nach dem 14. May, auf welchen ich ihn datiret, abzufertigen.

Original-Manuscript der königl. Bibliothek zu Hannover.

Hiebey lieget voran der letzte halbe Bogen zu der Abschrift, welchen ich unterschrieben, wie man bey dessen

INSTRUCTION POUR LE COPISTE

DE LA

PREMIÈRE LETTRE A EXPÉDIER PEU APRÈS LE 14 MAI,

QUE JE LUI AI DONNÉ POUR DATE.

Traduction de la pièce en allemand ci-dessus (2).

Ci-joint la dernière demi-feuille à copier; j'ai paraphé cette feuille comme on le verra en l'ouvrant. La copie

---

(1) Voir cette lettre sous le n° CXVI. N. E.
(2) Il y a à Hanovre, outre ces instructions détaillées pour le copiste,

Oeffnung sehen wird, und wäre demnach die Abschrift also zu stimmen, daß sie nur etliche Zeilen über dem Worth M o n s e i g n e u r aufhöhre, So viel ich zu Anfang des Briefes im Concept zwischen M o n s e i g n e u r und der ersten Zeile Raum gelassen, kan man ohngefehr in der Abschrift oder Außfertigung auch Raum lassen; in übrigen aber ist man an das Spatium nicht gebunden, als wie gedacht anfangs und am Ende, da man sich des von mir unterschriebenen halben Bogens zu bedienen hat.

Hierinn liegt das Papier worauf die beiden Briefe an den Herrn Bischof von Meaux zu schreiben. Das Papier überschicke ich deswegen, weil ich beide Briefe bereits zum voraus unterschreiben müssen, damit man sie ohne mich nun abfertigen könne, daher ich solch Papier beyfüge wie die letzte beyde halbe Bögen in quarto seyn, welche ich unterschrieben, deren jeder bey dem Concept lieget, davon die Abschrift gemacht werden soll.

devra être disposée de manière à cesser quelques lignes avant le mot *Monseigneur*. Le même espace que j'ai laissé dans le concept entre *Monseigneur* et la première ligne peut être laissé dans la copie; du reste on ne sera tenu à laisser d'espace qu'au commencement et à la fin, car il faut conserver une demi-page pour signer.

Ci-joint le papier sur lequel on doit écrire les deux lettres à M. de Meaux; j'envoie le papier, car j'ai signé à l'avance les deux lettres en même temps, afin qu'on puisse les terminer en mon absence. Les deux dernières demi-feuilles in-quarto que j'ai signées sont placées à côté du concept dont on doit faire la copie.

---

deux débuts différents de la première lettre. Le bon est celui qu'on trouvera plus loin; l'autre est du 4 mai 1700, à Wolfenbuttel. On trouve en outre, à Hanovre, un petit brouillon de la même lettre avec les copies. N. E.

Es können die Briefe mit Herrn Herzog Anton Ul=
richs Durchl. signet nach guthbefinden gesiegelt, und
folglich auch die Ueberschrift gemacht werden:

A Monsieur
Monsieur l'Évesque de Meaux.

Der erste Brief kan kurz nach dem 14 Maji, der
andere kurz nach dem 24 Maji abgefertiget werden, weil
ich die Data auf diese Tage gerichtet.

Das Concept iedes Briefes habe ich in eignen halben
Bogen geleget, und die Nothdurft dabey notiret.

Die Concepte können mir bey meiner Wiederkunft zu=
rückgegeben, und in zwischen conserviret werden.

Solten ihr Durchl. etwas vor der Abfertigung ändern
lassen wollen, stehet es in ihrem gnädigsten belieben: es
würde aber dienlich seyn solches zur Nachricht im Concept
auch zu notiren u. s. w, was beym abschreiben in genere
zu beobachten.

Wenn die reine Abschrift fein nach der rechten Art ge=

Les lettres pourront être, après approbation, cachetées
avec le cachet de S. A. le prince Antoine Ulrich, et l'adresse
écrite de la manière suivante :

A Monsieur
Monsieur l'Évéque de Meaux.

La première lettre peut être expédiée peu de temps après
le 14 mai, et la seconde peu après le 24 ; car les dates correspondent à ces époques.

Le concept de chaque lettre a été placé dans une demi-
feuille, et j'ai noté ce qui était nécessaire.

On me rendra les concepts lors de mon retour, en me les
gardant pendant cet intervalle.

Si S. A. veut y faire changer quelque chose, ce sera sui-

macht werden soll, wäre ein anders zu vermeiden, welches in dem Brouillon oder in der Concept=Abschrift nicht allerdings wohl, zum Exempel:

Wo sich findet St. als St. Augustin, kan man bloß schreiben S. als S. Augustin.

Nicht ӱ, sondern bloß y.

Ist auch nicht nöthig Haken über die u zu machen, und zu schreiben ŭ, sondern bloß u.

Keine Striche sind über m und n zu machen, als com̄e, persoñe, sondern lieber ganz außzuschreiben als comme, personne.

So viel sichs thun lässet, sind die Worth nicht zu theilen, und in zwey Zeilen zu bringen, sondern lieber in die folgende Zeile zu verschieben, also nicht zu schreiben als : . . . . toutes les person-nes, sondern lieber also : . . . . toutes les personnes.

vant son bon plaisir ; mais on ferait bien de le *noter* dans le concept, *ce qui doit s'observer en général dans la copie*.

Si une copie bien nette doit être faite et d'après la vraie manière, il ne faudra pas prendre pour exemple le concept.

Là où se trouve *S^t*, par exemple *St Augustin*, on peut tout simplement écrire *S. Augustin*. Un simple *y*, et non pas *ӱ*.

Inutile aussi de mettre un trait sur les *u* et d'écrire *ŭ*, mais tout simplement *u*.

On ne mettra point de traits sur les *m* et les *n* aux mots *com̄e*, *persoñe*, mais on écrira les mots entiers ; par exemple, *comme, personne*.

Autant que possible, on ne partagera pas les mots sur deux lignes différentes. Ainsi on n'écrira pas *toutes les person-nes*, mais on écrira *toutes les personnes*.

CXIX

LEIBNIZ A BOSSUET.

Revu et corrigé d'après l'original autographe de la bibliothèque royale de Hanovre.

A Wolfenbuttel, ce 14 may 1700.

Monseigneur,

Vos deux grandes et belles lettres n'estant pas tant pour moy que pour Monseigneur le duc Antoine Ulrich (1), je n'ay point manqué d'en faire rapport à Son Altesse Sérénissime, qui mesme a eu la satisfaction de les lire. Il vous en est fort obligé ; et, comme il honore extrêmement vostre mérite éminent, il en attend aussi beaucoup pour le bien de la chrestienté, jugeant, sur ce qu'il a appris de vostre réputation et authorité, que vous y pourriez le plus contribuer. Il seroit fasché de vous avoir donné de la peine, s'il ne se félicitoit de vous avoir donné en mesme temps l'occasion d'employer de nouveau vos grands talens à ce qu'il croit le plus utile, et mesme très conforme à la volonté du Roy, suivant ce que M. le marquis de Torcy avait faict connoistre.

Comme vous entrez dans le détail, j'avois supplié ce prince de charger un théologien de la discussion des poincts qui le demandent : mais il a eu ses rai-

---

(1) Autre début : « Si vos deux grandes et importantes lettres n'estoient pas plus tost pour Mgr le duc Antoine Ulrich, etc. » Le début qu'il a substitué à celui-ci dans la copie porte la date de Wolfenbuttel, 21 may 1700. N. E.

sons pour vouloir que je continuasse de vous proposer les considérations qui se présenteroient, et dont une bonne partie a esté fournie par Son Altesse mesme : et pour moy, j'ay tasché d'expliquer et de fortifier ses sentimens par des authorités incontestables.

Il trouve fort bon que vous ayez choisi une controverse particulière, agitée entre les Tridentins et les Protestans : car, s'il se trouve un seul poinct, tel que celuy dont il s'agit icy, où il est visible que nous avons contre certains anathématismes, prononcés chez vous, des raisons qui, après un examen faict avec soin et avec sincérité, nous paroissent invincibles ; on est obligé chez vous, suivant le droict, et suivant les exemples pratiqués autrefois, de les suspendre à l'esgard de ceux qui ne s'esloignent point pour cela de l'obéissance due à l'Église catholique.

I. Mais, pour venir au détail de vos lettres, dont la première donne les principes qui peuvent servir à distinguer ce qui est de foy de ce qui ne l'est pas, et dont la seconde explique les degrés de ce qui est de foy : je m'arresteray principalement à la première, où vous accordez d'abord, Monseigneur, que Dieu ne révèle point de nouvelles vérités qui appartiennent à la foy catholique ; que la règle de la perpétuité est aussi celle de la catholicité ; que les conciles œcuméniques ne proposent point de nouveaux dogmes ; enfin, que la règle infaillible des vérités de la foy est le consentement unanime et perpétuel de toute l'Église. J'avois dict que les Protestans ne reconnoissent pour un article de la foy chrestienne que ce que Dieu a révélé d'abord par Jésus-Christ et ses apostres ; et je suis bien aise d'apprendre, par vostre déclaration, que ce sentiment est encore ou doit estre celuy de vostre communion.

II. J'advoue cependant que l'opinion contraire, ce semble, d'une infinité de vos docteurs, me fait de la peine; car on voit que, selon eux, l'analyse de la foy revient à l'assistance du Sainct-Esprit, qui authorise les décisions de l'Église universelle; ce qui estant posé, l'ancienneté n'est point nécessaire, et encore moins la perpétuité.

III. Le concile de Trente ne dit pas aussi qu'elles sont nécessaires, quoiqu'il dise, sur quelques dogmes particuliers, que l'Église l'a tousjours entendu ainsi; car cela ne tire point à conséquence pour tous les autres dogmes.

IV. Encore depuis peu, Georges Bullus, sçavant prestre de l'Église anglicane, ayant accusé le P. Pétau d'avoir attribué aux Pères de la primitive Église des erreurs sur la Trinité, pour authoriser davantage les conciles à pouvoir establir et manifester, *constituere et patefacere*, de nouveaux dogmes; le curateur de la dernière édition des *Dogmes théologiques* de ce Père, qui est apparemment de la mesme société, respond dans la préface: *Est quidem hoc dogma catholicæ rationis, ab Ecclesia constitui fidei capita; sed propterea minime sequitur Petavium malis artibus ad id confirmandum usum.*

V. Ainsi le P. Grégoire de Valentia a bien des approbateurs de son Analyse de la foy; et je ne sçay si le sentiment du cardinal du Perron, que vous luy opposez, prévaudra à celuy de tant d'autres docteurs. Le cardinal d'ailleurs n'est pas tousjours bien seur; et je doute que l'Église de France d'aujourd'huy approuve la harangue qu'il prononça dans l'assemblée des estats, un peu après la mort de Henri IV, et qu'il n'auroit osé prononcer dans un autre temps que celuy d'une minorité; car il passe pour un peu politique en matière de foy.

VI. De plus, suivant vostre maxime, il ne seroit pas dans le pouvoir du Pape ni de toute l'Église de décider la question immaculée de la saincte Vierge. Cependant le concile de Basle entreprit de le faire : et il n'y a pas encore longtemps qu'un roy d'Espagne envoya exprès au Pape, pour le solliciter à donner une décision là-dessus; ce qu'on entendoit sans doute sous anathème. On croyoit donc en Espagne que cela n'excède point le pouvoir de l'Église. Le refus aussi, ou le délay du Pape, n'estoit pas fondé sur son impuissance d'establir de nouveaux articles de foy.

VII. J'en diray autant de la question *de auxiliis gratiæ*, qu'on dit que le pape Clément VIII avoit dessein de décider pour les thomistes contre les molinistes; mais la mort l'en ayant empesché, ses successeurs trouvèrent plus à propos de laisser la chose en suspens.

VIII. Il semble que vous-mesme, Monseigneur, laissez quelque porte de derrière ouverte, en disant que les conciles œcuméniques, lorsqu'ils décident quelque vérité, ne proposent point de nouveaux dogmes, mais ne font que déclarer ceux qui ont tousjours esté crus, et les expliquer seulement en termes plus clairs et plus précis. Car, si la déclaration contient quelque proposition qui ne peut pas estre tirée, par une conséquence légitime et certaine, de ce qui estoit desjà receu auparavant, et par conséquent n'y est point comprise virtuellement ; il faudra avouer que la décision nouvelle establit en effet un article nouveau, quoyqu'on veuille couvrir la chose sous le nom de déclaration.

IX. C'est ainsi que la décision contre les monothélites establissoit en effect un article nouveau, comme je crois l'avoir marqué autrefois ; et c'est ainsi que la transsubstantiation a esté décidée bien tard dans l'Église d'Occident, quoyque cette manière de la présence réelle et du changement ne fust pas une conséquence nécessaire de ce que l'Église avoit tousjours cru auparavant.

X. Il y a encore une autre difficulté, sur ce que c'est que d'avoir esté cru auparavant. Car voulez-vous, Monseigneur, qu'il suffise que le dogme que l'Église déclare estre véritable et de foy ait esté cru en un temps par quelques-uns, quels qu'ils puissent estre, c'est-à-dire, par un petit nombre de personnes et par des gens peu considérés ; ou bien faut-il qu'il ait tousjours esté cru par le plus grand nombre, ou par les plus accrédités ? Si vous voulez le premier, il n'y aura guères d'opinion qui n'ait tousjours eu quelques sectateurs, et qui ne puisse ainsi s'attribuer une manière d'ancienneté et de perpétuité ; et par conséquent cette marque de la vérité, qu'on fait tant valoir chez vous, sera fort affoiblie.

XI. Mais si vous voulez que l'Église ne manque jamais de prononcer pour l'opinion qui a tousjours esté la plus commune ou la plus accréditée, vous aurez de la peine à justifier ce sentiment par les exemples. Car, outre qu'il y a *opiniones communes contra communes*, et que souvent le grand nombre et les personnes les plus accréditées ne s'accordent pas; le mal est que des opinions qui estoient communes et accréditées cessent de l'estre avec le temps, et celles qui ne l'estoient pas le deviennent. Ainsi, quoyqu'il arrive naturellement qu'on prononce pour l'opinion qui est la plus en vogue, lorsqu'on prononce; néanmoins il arrive ordinairement que ce qui est *eudoxe* dans un temps étoit *paradoxe* auparavant, *et vice versa*.

XII. Comme, par exemple, le règne de mille ans estoit en vogue dans la primitive Église, et maintenant il est rebuté. On croit maintenant que les anges sont sans corps, au lieu que les anciens Pères leur donnoient des corps animés, mais plus parfaicts que les nostres. On ne croyoit pas que les âmes qui doivent estre sauvées parviennent sitost à la parfaicte béatitude; sans parler de quantité d'autres exemples.

XIII. D'où il s'ensuit que l'Église ne sçauroit prononcer en faveur de l'incorporalité des anges, ou de quelque autre opinion semblable; ou, si elle le faisoit, cela ne s'accorderoit pas avec la règle de la perpétuité, ni avec celle de Vincent de Lérins, du *semper et ubique*, ni avec vostre règle des vérités de foy que vous dites estre le consentement unanime et perpétuel de toute l'Eglise, soit assemblée en concile, soit dispersée par toute la terre. En effet, cela est beau et magnifique à dire, tant qu'on demeure en termes généraux; mais, quand on vient au faict, on se trouve loin de son compte, comme il paroistra dans l'exemple de la controverse des livres canoniques.

XIV. Enfin, on peut demander si, pour décider qu'une doctrine est de foy, il suffit qu'elle ait esté simplement crue ou receue auparavant, et s'il ne faut pas aussi qu'elle ait esté receue comme de foy. Car, à moins qu'on ne veuille se fonder sur de nouvelles révélations, il semble que, pour faire qu'une doctrine soit un article de foy, il faut que Dieu l'ait révélée comme telle, et que l'Église, dépositaire de ses révélations, l'ait tousjours receue comme estant partie de la foy, puisqu'on ne pourroit sçavoir que par révélation si une doctrine est de foy ou non.

XV. Ainsi il ne semble pas qu'une opinion qui a passé pour philosophique auparavant, quelque receue qu'elle ait esté, puisse estre proposée légitimement sous anathème; comme, par exemple, si quelque concile s'avisoit de prononcer pour le repos de la terre contre Copernic, il semble qu'on auroit droit de ne luy point obéir.

XVI. Et il paroist encore moins qu'une opinion, qui a passé longtemps pour problématique, puisse enfin devenir un article de foy par la seule authorité de l'Eglise; à moins qu'on ne luy attribue une nouvelle révélation, en vertu de l'assistance infaillible du Sainct-Esprit; autrement l'Église auroit d'elle-mesme un pouvoir sur ce qui est de droict divin.

XVII. Mais, si nous refusons à l'Église la faculté de changer en article de foy ce qui passoit pour philosophique ou problématique auparavant, plusieurs décisions de Trente doivent tomber, quand mesme on accorderoit que ce concile est tel qu'il faut; ce qui va paroistre particulièrement, à mon advis, à l'esgard des livres que ce concile a déclarés canoniques, contre le sentiment de l'ancienne Église.

XVIII. Venons donc maintenant à l'examen de la question de ces livres de la Bible, contredicts de tout temps, à qui le concile de Trente donne une authorité divine, comme s'ils avoient esté dictés mot à mot par le Sainct-Esprit, à l'égal du *Pentateuque*, des Évangiles, et autres livres reconnus pour canoniques du premier rang, ou *protocanoniques;* au lieu que les Protestans tiennent ces livres contestés pour bons et utiles, mais pour ecclésiastiques seulement; c'est-à-dire dont l'authorité est purement humaine, et nullement infaillible.

XIX. J'estois surpris, Monseigneur, de vous voir dire que je verrois cette question clairement résolue par des faicts incontestables, en faveur de vostre doctrine; et je fus encore plus surpris, en lisant la suite de vostre lettre : car j'estois comme enchanté pendant la lecture ; et vos expressions et manières belles, fortes et plausibles, s'emparoient de mon esprit. Mais quand le charme de la lecture estoit passé, et quand je comparois de sang-froid les raisons et authorités de part et d'autre, il me semble que je voyois clair comme le jour, non seulement que la canonicité des livres en question n'a jamais passé pour article de foy; mais plustost que l'opinion commune, et celle encore des plus habiles, a tousjours esté à l'encontre.

XX. Il y a mesme peu de dogmes si approuvés de tout temps dans l'Église que celuy des Protestans sur ce poinct ; et l'on pourroit escrire en sa faveur un livre de la perpétuité de la foy à cet esgard, qui seroit surtout incontestable par rapport à l'Église grecque, depuis l'Église primitive jusqu'au temps présent : mais on la peut encore prouver dans l'Église latine.

XXI. J'advoue que cette évidence me fait de la peine ; car il me seroit véritablement glorieux d'estre vaincu, Monseigneur, par une personne comme vous estes. Ainsi, si j'avois les vues du monde, et cette vanité qui y est jointe, je profiterois d'une défaicte qui me seroit avantageuse de toutes les manières ; et l'on ne me diroit pas pour la troisième fois : *Æneæ magni dextra cadis.* Mais le moyen de le faire icy sans blesser sa conscience ? outre que je suis interprète en partie des sentimens d'un grand prince. Je suivray donc les vingt-quatre paragraphes de vostre première lettre, qui regardent ce suject, et puis j'y adjousteray quelque chose du mien ; quoyque je ne me fonde que sur des authorités que Chemnice, Gérard, Calixte, Rainold, et autres théologiens protestans, ont desjà apportées, dont j'ay choisi celles que j'ay crues les plus efficaces.

XXII. Comme il ne s'agit que des livres de l'Ancien Testament, qu'on n'a point en langue originale hébraïque, et qui ne se sont jamais trouvés dans le canon des Hébreux, je ne parleray point des livres receus également chez vous et chez nous. J'accorde donc que, suivant votre § 1, les livres en question ne sont point nouveaux, et qu'ils ont tousjours esté connus et lus dans l'Église chrestienne, suivant les titres qu'ils portent ; et § 2, que particulièrement la *Sagesse*, l'*Ecclésiastique*, *Judith*, *Tobie*, et les *Machabées* ont précédé la naissance de Nostre-Seigneur.

XXIII. Mais je n'accorde pas ce qui est dans le

§ 3, que le concile de Trente les a trouvés dans le canon, ce mot pris en rigueur, depuis douze cents ans. Et quant à la preuve contenue dans le § 4, je croy que je feray voir clairement cy-dessous que, dans le concile III de Carthage, sainct Augustin qui y a esté présent, à ce qu'on croit, et quelques autres qui ont parlé quelquefois comme eux, et après eux, se sont servis des mots *canonique* et *divin* d'une manière plus générale, et dans une signification fort inférieure ; prenant *canonique* pour ce que les canons de l'Église authorisent, et qui est opposé à l'*apocryphe* ou caché, pris dans un mauvais sens ; et *divin*, pour ce qui contient des instructions excellentes sur les choses divines, et qui est reconnu conforme aux livres immédiatement divins.

XXIV. Et puisque le mesme sainct Augustin s'explique fort nettement en d'autres endroicts, où il marque précisément, après tant d'autres, l'infériorité de ces livres ; je croy que les règles de la bonne interprétation demandent que les passages où l'on parle d'une manière plus vague soyent expliqués par ceux où l'autheur s'explique avec distinction.

XXV. On doit donner la mesme interprétation, § 5, à la lettre du pape Innocent I, escrite à Exupère, évesque de Toulouse, en 405, et au décret du pape Gélase ; leur but ayant esté de marquer les livres authorisés ou canoniques, pris largement, ou opposés aux apocryphes, pris en mauvais sens ; puisque ces livres authorisés se trouvoient joincts aux livres véritablement divins, et se lisoient aussi avec eux.

XXVI. Cependant ces autheurs ou canons n'ont point marqué ni pu marquer en aucune manière, contre le sentiment receu alors dans l'Église, que les livres contestés sont égaux à ceux qui sont incontestablement canoniques, ou du premier degré, et ils n'ont point parlé de cette infaillibilité de l'inspiration divine, que les Pères de Trente se sont hasardés d'attribuer à tous les livres de la Bible, en haine seulement des Protestans, et contre la doctrine constante de l'Église.

XXVII. On voit en cela, par un bel eschantillon, comment les erreurs prennent racine, et se glissent dans les esprits. On change premièrement les termes par une facilité innocente en elle-mesme, mais dangereuse par la suite; et enfin on abuse de ces termes pour changer mesme les sentimens, lorsque les erreurs favorisent les penchans populaires, et que d'autres passions y conspirent.

XXVIII. Je ne sçay si, avec le § 6, on peut dire que les Églises de Rome et d'Afrique, favorables en apparence, comme on vient d'entendre, aux livres contestés, estoient censées, du temps de sainct Augustin, *doctiores et diligentiores Ecclesiæ*, et que sainct Augustin les a eues en vue, livre II, chapitre XV, *De doctrina christiana*, en disant que, lorsqu'il s'agit d'estimer l'authorité des livres sacrés, il faut préférer ceux qui sont approuvés par les Églises où il y a plus de doctrine et plus d'exactitude.

XXIX. Car les Africains estoient à l'extrémité de l'empire, et n'avoient leur doctrine ou érudition que des Latins, qui ne l'avoient eux-mesmes que des Grecs. Ainsi on peut bien asseurer que *doctiores Ecclesiæ* n'estoient pas la romaine ni les autres Églises occidentales, et encore moins celles d'Afrique.

XXX. L'on sçait que les Pères latins de ce temps n'estoient ordinairement que des copistes des autheurs grecs, surtout quand il s'agissoit de la sainte Escriture. Il n'y a eu que sainct Jérosme et sainct Augustin, à la fin, qui ayent mérité d'estre exceptés de la règle; l'un par son érudition, l'autre par son esprit pénétrant.

XXXI. Ainsi l'Église grecque l'emportoit sans doute du costé de l'érudition ; et je ne croy pas non plus que l'Église romaine de ce temps-là puisse estre comptée *inter Ecclesias diligentiores*. Le faste mondain, *typhus sæculi*, le luxe et la vanité y ont régné de bonne heure, comme l'on voit par le tesmoignage d'Ammien Marcellin, païen, qui, en blasmant ce qui se faisoit alors à Rome, rend en mesme temps un bon tesmoignage aux Églises esloignées des grandes villes ; ce qui marque son équité sur ce poinct.

XXXII. Cette vanité, joincte au mespris des estudes, excepté celle de l'éloquence, n'estoit guère propre à rendre les gens diligens et industrieux. Il n'y a presque point d'autheur latin d'alors qui ait escrit quelque chose de tolérable sur les sciences, surtout de son chef. La jurisprudence mesme, qui estoit la véritable science des Romains, et presque la seule, avec celle de la guerre, où ils ayent excellé, suivant le bon mot de Virgile :

> Tu regere imperio populos, Romane, memento ;
> Hæ tibi erunt artes. . . . .
> (*Æneid.*, lib. VI, vers. 851, 852.)

estoit tombée, aussi bien que l'art militaire, avec la translation du siége de l'empire. On négligeoit à Rome l'histoire ecclésiastique et les anciens monumens de l'Église ; et, sans Eusèbe et quelques autres Grecs, nous n'en aurions presque rien. Ainsi, avant l'irruption des Barbares, la barbarie était à demy formée dans l'Occident.

XXXIII. Cette ignorance, joincte à la vanité, faisoit que la superstition, vice des femmes et des riches ignorans, aussi bien que la vanité, prenoit peu à peu le dessus; et qu'on donna par après, en Italie principalement, dans les excès sur le culte surtout des images, lorsque la Grèce balançoit encore, et que les Gaules, la Germanie et la Grande-Bretagne estoient plus exemptes de cette corruption. On receut la mauvaise marchandise d'un Isidorus Mercator; et l'on tomba enfin en Occident dans une barbarie de théologie, pire que la barbarie qui y estoit desjà à l'esgard des mœurs et des arts.

XXXIV. Encore présentement, s'il s'agissoit de marquer dans vostre communion *Ecclesias doctiores et diligentiores,* il faudroit nommer sans doute celles de France et des Pays-Bas, et non pas celles d'Italie: tant il est vray qu'on s'estoit relasché depuis longtemps à Rome et aux environs à l'esgard de l'érudition et de l'application aux vérités solides. Ce défaut des Romains n'empesche point cependant que cette capitale n'ait eu la primatie et la direction dans l'Église, après celle qu'elle avoit eue dans l'empire. L'érudition et l'authorité sont des choses qui ne se trouvent pas toujours joinctes, non plus que la fortune et le mérite.

XXXV. Mais, quand on accorderoit que sainct Augustin avoit voulu parler des Églises de Rome et d'Afrique, j'ay desjà faict voir que ces Églises ne nous estoient pas contraires; et de plus, sainct Augustin ne parloit pas alors des livres véritablement canoniques, dont l'authorité ne dépend pas de si foibles preuves.

XXXVI. Pour ce qui est dict de l'authorité de sainct Augustin, § 7, j'y ay desjà respondu, comme aussi au texte du concile de Carthage, § 8 : mais je le feray encore plus distinctement en son lieu, c'est-à-dire dans la lettre suivante. Il est vray aussi, § 9, que sainct Augustin ayant cité contre les pélagiens ce passage de la *Sagesse : Il a esté enlevé de la vie : de crainte que la malice ne corrompist son esprit;* et que, des prestres de Marseille ayant trouvé estrange qu'il eust employé un livre non canonique dans une matière de controverse, il défendit sa citation : mais je feray voir plus bas que son sentiment n'estoit pas esloigné du nostre dans le fond.

XXXVII. Et quant aux citations de ces livres qui se trouvent chez Clément Alexandrin, Origène, sainct Cyprien et autres, §§ 10 et 11, elles ne prouvent point ce qui est en question : les Protestans en usent de mesme bien souvent. Sainct Cyprien, sainct Ambroise et le canon de la Messe ont cité le quatrième livre d'Esdras, qui n'est pas mesme dans vostre canon; et le livre du *Pasteur* a esté cité par Origène, et par le grand concile de Nicée, sans parler d'autres : et s'il y a des allusions secrètes que l'Évangile fait aux sentences des livres contestés entre nous, § 14, peut estre en pourra-t-on trouver qui se rapportent encore au quatrième livre d'Esdras, sans parler de la prophétie d'Énoch, citée dans l'Épistre de sainct Jude.

XXXVIII. Il est seur qu'Origène a mis expressément les livres contestés hors du canon : et s'il a esté plus favorable aux fragmens de Daniel dans une lettre escrite à Julius Africanus, que vous m'apprenez, § 12, avoir esté publiée depuis peu en grec, c'est quelque chose de particulier.

XXXIX. Vous reconnoissez, Monseigneur, §§ 13, 15, que plusieurs Églises et plusieurs sçavans, comme sainct Jérosme, par exemple, ne vouloient point recevoir ces livres pour establir les dogmes; mais vous dites *que leur advis particulier n'a point esté suivi*. Je monstreray bientost que leur doctrine là-dessus estoit receue dans l'Église : mais quand cela n'auroit point esté, il suffiroit que les Églises entières et des Pères très-estimés ont esté d'un sentiment, pour en conclure que le contraire ne pouvoit estre cru de foy, de leur temps, et ne le sçauroit estre encore présentement, à moins qu'on n'accorde à l'Église le pouvoir d'en establir de nouveaux articles.

XL. Mais vous objectez, § 15, que par la mesme raison on pourroit encore combattre l'authorité de l'*Épistre aux Hébreux*, et de l'*Apocalypse de sainct Jean*; et qu'ainsi il faudra que je reconnoisse aussi, ou que leur authorité n'est point de foy, ou qu'il y a des articles de foy qui ne l'ont pas esté tousjours. Il y a plusieurs choses à respondre. Car premièrement les Protestans ne demandent pas que les vérités de foy ayent tousjours prévalu, ou qu'elles ayent tousjours esté receues généralement : et puis il y a bien de la différence aussi entre la doctrine constante de l'Église ancienne, contraire à la pleine authorité des livres de l'Ancien Testament, qui sont hors du canon des Hébreux, et entre les doutes particuliers que quelques-uns ont formés contre l'*Épistre aux Hébreux*, ou contre l'*Apocalypse*; outre qu'on peut nier qu'elles sont de sainct Paul ou de sainct Jean, sans nier qu'elles sont divines.

XLI. Mais, quand on accorderoit chez nous qu'on n'est pas obligé, sous peine d'anathème, de reconnoistre ces deux livres pour divins et infaillibles, il n'y auroit pas grand mal. Le moins d'anathèmes qu'on peut, c'est le meilleur.

XLII. Vous essayez dans le mesme endroict, § 15, de donner une solution conforme à vos principes ; mais il semble qu'elle les renverse en partie. Après avoir dict, par forme d'objection contre vous-mesme, « que du moins cette tradition n'estoit pas universelle, puisque de très-grands docteurs et des Églises entières ne l'ont pas connue; » vous respondez « qu'une nouvelle reconnoissance de quelques livres canoniques, dont quelques-uns auront douté, ne déroge point à la perpétuité de la tradition, qui doit estre la marque de la vérité catholique, laquelle, dites-vous, pour estre constante et perpétuelle, ne laisse pas d'avoir ses progrès. Elle est connue en un lieu plus qu'en un autre, plus clairement, plus distinctement, plus universellement. Il suffit, pour establir la succession et la perpétuité de la foy d'un livre sainct, comme de toute autre vérité, qu'elle soit tousjours reconnue, qu'elle le soit dans le plus grand nombre sans comparaison, qu'elle le soit dans les Églises les plus éminentes et les plus authorisées, les plus révérées ; qu'elle s'y soustienne, qu'elle gagne et qu'elle se respande d'elle-mesme jusqu'au temps que le Sainct-

Esprit, la force de la tradition, le goust, non celuy des particuliers, mais l'universel de l'Église, la fasse enfin prévaloir, comme elle a faict au concile de Trente. »

XLIII. J'ay esté bien aise, Monseigneur, de répéter tout au long vos propres paroles. Il n'estoit pas possible de donner un meilleur tour à la chose. Cependant où demeurent maintenant ces grandes et magnifiques promesses qu'on a coustume de faire du *tousjours et partout*, SEMPER ET UBIQUE, des vérités qu'on appelle catholiques, et ce que vous avez dict vous-mesme cy-dessus, que la règle infaillible des vérités de la foy est le consentement *unanime* et *perpétuel* de toute l'Église? Le *tousjours* ou la *perpétuité* se peut sauver en quelque façon et à moitié, comme je vais dire; mais le *partout* ou l'*unanime* ne sçauroit subsister, suivant vostre propre aveu.

XLIV. Je ne parle pas d'une unanimité parfaicte; car j'advoue que l'exception des sentimens extraordinaires de quelques particuliers ne déroge point à celle dont il s'agit : mais je parle d'une unanimité d'authorité, à laquelle déroge le combat d'authorité contre authorité, quand on peut opposer Églises à Églises, et des docteurs accrédités les uns aux autres; surtout lorsque ces Églises et ces docteurs ne se blasmoient point pour estre de différente opinion, et ne contestoient et ne disputoient pas mesme : ce qui paroist une marque certaine, ou qu'on tenoit la question pour problématique et nullement de foy, ou qu'on estoit dans le fond du mesme sentiment; comme en effet sainct Augustin, à mon advis, n'estoit point d'un autre sentiment que sainct Jérosme.

XLV. Or, ce que nous venons de dire estant vray, la perpétuité mesme reçoit une atteinte. Car elle subsiste, à la vérité, à l'esgard du dogme considéré comme une doctrine humaine; mais non pas à l'esgard de sa qualité, pour estre crue un article de foy divine. Et il n'est pas possible de concevoir comment la tradition continuelle sur un dogme de foy puisse estre plus claire, onze ou douze siècles après, qu'elle ne l'estoit dans le troisième ou quatrième siècle de l'Église; puisqu'un siècle ne la peut recevoir que de tous les siècles précédens.

XLVI. Il se peut, je l'advoue, que quelquefois elle se conserve tacitement, sans qu'on s'avise d'y prendre garde ou d'en parler : mais, quand une question est traictée expressément, en simple problème, entre les Églises et entre les principaux docteurs, il n'est plus soustenable qu'elle ait esté enseignée alors comme un article de foy, connu par une tradition apostolique. Une doctrine peut avoir pour elle plus d'Églises et plus de docteurs, ou des Églises plus révérées et des docteurs plus estimés; cela la rendra plus considérable : mais l'opinion contraire ne laissera pas que d'estre considérable aussi, et elle sera hors d'atteinte, au moins pour lors, et selon la mesure de la révélation qu'il y a alors dans l'Église; et mesme absolument, si l'on exclut les nouvelles révélations ou inspirations en matière de foy. Car toutes ces Églises, quoyque partagées sur la question, convenoient alors qu'il n'y a aucune révélation divine là-dessus; puisque mesme les Églises qui estoient les plus révérées, et que vous faites contraires à d'autres, non seulement n'exerçoient point de censures contre les autres, et ne les blasmoient point, mais ne travailloient pas mesme à les désabuser, quoyqu'elles sceussent bien leur sentiment, qui estoit public et notoire.

XLVII. De sorte que, si une doctrine combattue par des authorités si considérables, et reconnue dans un temps pour n'estre pas de foy, se soustient pourtant, se répand, et gagne enfin le dessus, de telle sorte que le Sainct-Esprit et le goust présent universel de l'Église la font prévaloir, jusqu'à estre déclarée enfin article de foy par une décision légitime : il faut dire que c'est par une révélation nouvelle du Sainct-Esprit, dont l'assistance infaillible fait naistre et gouverne ce goust universel, et les décisions des conciles œcuméniques ; ce qui est contre vostre système.

XLVIII. J'ay parlé icy suivant vostre supposition, que les livres en question ont eu pour eux la plus grande partie des Chrestiens, et les plus considérables Églises et docteurs : mais, en effect, je croy que c'estoit tout le contraire, ce qui ne s'accommode pas avec le principe du grand nombre, sur lequel certains autheurs ont voulu fonder depuis peu la perpétuité de leur croyance, contre le sentiment des antérieurs, tel qu'Alphonsus Tostatus, qui a dict : *Manet Ecclesia universalis in partibus illis quæ non errant, sive illæ sint plures numero quam errantes, sive non ;* où il suppose que le plus grand nombre peut tomber dans l'erreur.

XLIX. Mais il y a plus icy, et nous verrons par après, dans la lettre suivante, que non seulement la pluspart et les plus considérables, mais tous en effect estoient du sentiment des Protestans, qui pouvoit passer alors pour œcuménique.

L. Il est vray, suivant votre § 16, que ces livres ont tousjours esté lus dans les Églises, tout comme les livres véritablement divins : mais cela ne prouve pas qu'ils estoient du mesme rang. On lit des prières et on chante des hymnes dans l'Église, sans égaler ces prières et ces hymnes aux Évangiles et aux Épistres. Cependant j'advoue que ces livres que vous recevez ont eu ce grand avantage sur quelques autres livres, comme sur celuy du *Pasteur*, et sur les Épistres de Clément aux Corinthiens et autres, qu'ils ont esté lus dans toutes les Églises ; au lieu que ceux-cy n'ont esté lus que dans quelques-unes : et c'est ce qui paroist avoir esté entendu et considéré par ces anciens, qui ont enfin canonisé ces livres, qu'ils trouvoient authorisés universellement ; et c'est à quoy sainct Augustin paroist avoir butté, en voulant qu'on estime davantage les livres receus *apud Ecclesias doctiores et diligentiores*.

LI. Peut-estre pourroit-on encore dire qu'il en est, en quelque façon, comme de la version Vulgate, que vostre Église tient pour authentique, et, pour ainsi dire, canonique, c'est-à-dire authorisée par vos canons : mais je ne croy pas qu'on pense luy donner une authorité divine infaillible, à l'esgard de l'original, comme si elle avoit esté inspirée. En la faisant authentique, on déclare que c'est un livre seur et utile ; mais non pas qu'elle est d'une authorité infaillible pour la preuve des dogmes, non plus que les livres qu'on avoit meslés parmi ceux de la saincte Escriture divinement inspirée.

LII. Il ne paroist pas qu'on puisse concilier les anciens, qui semblent se contrarier sur nostre question, en disant, avec le § 16, que ceux qui mettent les livres de *Judith*, de *Tobie*, des *Machabées*, etc., hors du canon, l'entendent seulement du canon des Hébreux, et non pas du canon des Chrestiens. Car ces autheurs marquent, en termes formels, que l'Église chrestienne ne reçoit rien du Vieux Testament dans son canon, que l'Église du Vieux Testament n'ait desjà receu dans le sien. J'en apporteray les passages dans la lettre suivante.

LIII. Il faut donc recourir à la conciliation expliquée ci-dessus, sçavoir, que ceux qui ont receu ces livres dans le canon l'ont entendu d'un degré inférieur de canonicité : et cette conciliation, outre qu'elle peut seule avoir lieu, et est fondée en raison, est encore rendue incontestable ; parce que quelques-uns de ces mesmes autheurs s'expliquent ainsi, comme je le feray encore voir.

LIV. Je croiray volontiers, sur la foy de sainct Jérosme, que le grand concile de Nicée a parlé avantageusement du livre de *Judith :* mais dans le mesme concile on a encore cité le *Livre du Pasteur* d'Hermas, qui n'estoit guère moins estimé par plusieurs que celuy de Judith. Le cardinal Baronius, trompé par le passage de sainct Jérosme, crut que le concile de Nicée avoit dressé un canon pour le dénombrement des sainctes Escritures, où le livre de Judith s'estoit trouvé : mais il se rétracta dans une autre édition, et reconnut que ce ne devoit avoir esté qu'une *citation* de ce livre.

LV. Au reste, vous soustenez vous-mesme, Monseigneur, § 18, que les Églises de ces siècles reculés estoient partagées sur l'authorité des livres de la Bible *sans que cela les empeschast de concourir dans la mesme théologie ;* et vous jugez bien que *cette remarque plaira à Monseigneur le duc,* comme en effect rien ne lui sçauroit plaire davantage que ce qui marque de la modération. Ils avoient raison aussi ; puisqu'ils reconnoissoient, comme vous le remarquez, § 19, que cette diversité du canon, mais qui, à mon advis, n'estoit qu'apparente, ne faisoit naistre aucune diversité dans la foy ni dans les mœurs. Or je croy qu'on peut dire qu'encore à présent la diversité du canon de vos Églises et de la nostre ne fait aucune diversité des dogmes. Et comme nous nous servirions de vos versions et vous des nostres en un besoin, nous pourrions bien en user de mesme, sans rien hasarder, à l'esgard des livres apocryphes que vous avez canonisés. Donc il semble que l'assemblée de Trente auroit bien faict d'imiter cette sagesse et cette modération des anciens, que vous recommandez.

LVI. J'advoue aussi, suivant ce qui est dict § 20, que non seulement la connoissance du canon, mais mesme de toute l'Escriture saincte, n'est point nécessaire absolument ; qu'il y a des peuples sans Escriture, et que l'enseignement oral où la tradition peut suppléer à son défaut. Mais il faut advouer aussi que, sans une assistance toute particulière de Dieu, les traditions de bouche ne sçauroient aller dans des siècles éloignés sans se perdre, ou sans se corrompre estrangement, comme les exemples de toutes les traditions qui regardent l'histoire profane et les lois et coustumes des peuples, et mesme les arts et sciences, le monstrent incontestablement.

Ainsi la Providence, se servant ordinairement des moyens naturels et n'augmentant pas les miracles sans raison, n'a pas manqué de se servir de l'Escriture saincte, comme du moyen plus propre à garantir la pureté de la religion contre la corruption des temps : et les anathèmes prononcés dans l'Escriture mesme contre ceux qui y adjoustent ou qui en retranchent, en font encore voir l'importance, et le soin qu'on doit prendre à ne rien admettre dans le canon principal, qui n'y ait esté d'abord. C'est pourquoy, s'il y avoit des anathèmes à prononcer sur cette matière, il semble que ce seroit à nous de le faire, avec bien plus de raison que les Grecs n'en avoient de censurer les Latins, pour avoir adjousté leur *Filioque* dans le Symbole.

LVII (1). Mais, comme nous sommes plus modérés, au lieu d'imiter ceux qui portent tout aux extrémités, nous les blasmons ; et par conséquent nous sommes en droict de demander, comme vous faites enfin vous-mesme, § 21, « pourquoy le concile de Trente n'a pas laissé sur ce poinct la mesme liberté que l'on avoit autrefois, et pourquoy il a défendu, sous peine d'anathème, de recevoir un autre canon que celuy qu'il propose. » Nous pourrions mesme demander comment cette assemblée a osé condamner la doctrine constante de l'antiquité chrestienne. Mais voyons ce que vous direz au moins à vostre propre demande.

LVIII. La response est, § 21, que l'Église romaine,

---

(1) Leibniz a lui-même rectifié ainsi les numéros sur la copie, et réuni en un deux paragraphes. On verra le motif de ces corrections en lisant la lettre suivante. Les numéros ne concordaient plus, au grand étonnement des éditeurs de Bossuet, qui, n'ayant point les brouillons sous les yeux, n'y pouvaient rien comprendre. N. É.

avec tout l'Occident, estoit en possession du canon approuvé à Trente depuis douze cents ans, et mesme depuis l'origine du christianisme, et ne devoit point se laisser troubler dans sa possession, sans se maintenir par des anathèmes. Il n'y auroit rien à répliquer à cette response, si cette mesme Église avoit esté depuis tant de temps en possession de ce canon, comme certain et de foy; mais c'estoit tout le contraire : et si, selon vostre propre sentiment, l'Église estoit autrefois en liberté là-dessus, comme en effect rien ne luy avoit encore faict perdre cette liberté, les protestans estoient en droict de s'y maintenir avec l'Église, et d'interrompre une manière d'usurpation contraire, qui enfin pouvoit dégénérer en servitude, et faire oublier l'ancienne doctrine, comme il n'est arrivé que trop. Mais, qui plus est, il y avoit non-seulement une faculté libre, mais mesme une obligation ou nécessité de séparer les livres ecclésiastiques des livres divinement inspirés : et ce que les protestans faisoient n'estoit pas seulement pour maintenir la liberté et le droict de faire une distinction juste et légitime entre ces livres, mais encore pour maintenir ce qui est du devoir, et pour empescher une confusion illégitime.

LIX. Mais vous adjoustez, § 22, qu'il n'est rien arrivé icy que ce que l'on a vu arriver à toutes les autres vérités, qui est d'estre déclarées plus expressément, plus authentiquement, plus fortement par le jugement de l'Église catholique, lorsqu'elles ont esté plus ouvertement et plus opiniastrément contredictes. Mais les protestans ont-ils marqué leur sentiment plus ouvertement, ou plustost est-il possible de le marquer plus ouvertement et plus fortement que de la manière que l'ont faict sainct Méliton, évesque de Sardes, et Origène, et Eusèbe, qui rapporte et approuve les authorités de ces deux; et sainct Athanase, et sainct Cyrille de Jérusalem, et sainct Épiphane, et sainct Chrysostome, et le synode de Laodicée, et Amphilochius, et Rufin, et sainct Jérosme, qui a mis un gardien ou suisse armé d'un casque à la tête des livres canoniques? C'est son *Prologus galeatus*, à qui il dit avoir donné ce nom exprès pour empescher les livres apocryphes et les ecclésiastiques de se fourrer parmy eux. Et, après cela, est-il possible d'accuser les protestans d'opiniastreté? ou plustost est-il possible ne pas accuser d'opiniastreté et de quelque chose de pis ceux qui, à la faveur de quelques termes équivoques de certains anciens, ont eu la hardiesse d'establir dans l'Église une doctrine nouvelle et entièrement contraire à la sacrée antiquité, et de prononcer le mesme anathème contre ceux qui maintiennent la pureté de la vérité catholique? Si nous ne connoissions pas la force de la prévention et du party, nous ne comprendrions point comment des personnes éclairées et bien intentionnées peuvent soustenir une telle entreprise.

LX. Mais, si nous ne pouvons pas nous empescher d'en estre surpris, nous ne le sommes nullement de ce qu'on donne chez vous à vostre communion le nom d'Église catholique; et je demeure d'accord de ce qui est dict, § 23, que ce n'est pas icy le lieu d'en rendre raison. Les protestans en donnent autant à leur communion. On connoist la Confession catholique de nostre Gérard, et le Catholique orthodoxe de

Morton, Anglois. Et il est clair au moins que nostre sentiment, sur le canon des livres divinement inspirés, a toutes les marques d'une doctrine catholique ; au lieu que la nouveauté introduicte par l'assemblée de Trente a toutes les marques icy d'un soulèvement schismatique. Car que des novateurs prononcent anathème contre la doctrine constante de l'Église catholique, c'est la plus grande marque de rébellion et de schisme qu'on puisse donner. Je vous demande pardon, Monseigneur, de ces expressions indispensables, que vous connoissez mieux que personne ne pouvoir point passer pour téméraires ni pour injurieuses dans une telle occasion.

LXI. Je ne voy donc pas moyen d'excuser la décision de Trente, à moins que vous ne vouliez, Monseigneur, approuver l'explication de quelques-uns, qui croyent pouvoir encore la concilier avec la doctrine des protestans, et qui, malgré les paroles du concile, prétendent qu'on peut encore les expliquer comme sainct Augustin a expliqué les siennes. En ce cas, il ne faudroit pas seulement donner aux livres incontestablement canoniques un avantage *ad hominem*, comme vous faites, § 24 ; mais absolument, en disant que le canon de Trente, comme celuy d'Afrique, comprend également les livres infaillibles ou divinement inspirés, et les livres ecclésiastiques aussi, c'est-à-dire, ceux que l'Église a déclarés authentiques et conformes aux livres divins. Je n'ose point me flatter que vous approuviez une explication qui paroist si contraire à ce que vous venez de soustenir avec tant d'esprit et d'érudition : cependant il ne paroist pas qu'il y ait moyen de sauver autrement l'honneur des canons de Trente sur cet article.

Me voilà maintenant au bout de vostre lettre, Monseigneur, dont je n'ay pu faire une exacte analyse qu'en m'estendant bien plus qu'elle. Je suis bien fasché de cette prolixité, mais je n'y voy point de remède. Et cependant je ne suis pas encore au bout de ma carrière : car j'ay promis plus d'une fois de monstrer en abrégé, autant qu'il sera possible, la perpétuité de la foy catholique conforme à la doctrine des protestans sur ce suject. C'est ce que je feray, avec vostre permission, dans la lettre suivante que je me donneray l'honneur de vous escrire; et cependant je suis avec zèle, Monseigneur, vostre très humble et très obéissant serviteur,

LEIBNIZ.

CXX

LEIBNIZ A BOSSUET.

Revu d'après l'original autographe de la bibliothèque royale de Hanovre (1).

A Wolfenbuttel, ce 24 may 1700.

Monseigneur,

Vous aurez receu ma lettre précédente, laquelle, tout ample qu'elle est, n'est que la moitié de ce que je dois faire. J'ay tasché d'approfondir l'esclaircissement que vous avez bien voulu donner sur ce que c'est d'estre de foy, et surtout sur la question, si l'Église en peut faire de nouveaux articles : et comme

(1) Cette seconde lettre, qui n'est qu'une suite de la première, porte quelques remarques en allemand à Hanovre. N. E.

j'avois douté s'il estoit possible de concilier avec l'antiquité tout ce qu'on a voulu définir dans vostre communion depuis la Réformation, et que j'avois proposé particulièrement l'exemple de la question de la canonicité de certains livres de la Bible, ce qui vous avoit engagé à examiner cette matière ; j'estois entré, avec toute la sincérité et docilité possibles, dans tout ce que vous aviez allégué en faveur du sentiment moderne de vostre party. Mais, ayant examiné non-seulement les passages qui vous paroissoient favorables, mais encore ceux qui vous sont opposés, j'ay esté surpris de me voir dans l'impossibilité de me sousmettre à vostre sentiment; et, après avoir respondu à vos preuves dans ma précédente, j'ay voulu maintenant représenter, selon l'ordre des temps, un abrégé de la perpétuité de la doctrine catholique sur le canon des livres du Vieux Testament, conforme entièrement au canon des Hébreux. C'est ce qui fera le suject de cette seconde lettre, qui auroit pu estre bien plus ample, si je n'avois eu peur de faire un livre ; outre que je ne puis presque rien dire icy qui n'ait desjà esté dict. Mais j'ay tasché de le mettre en vue, pour voir s'il n'y a pas moyen de faire en sorte que des personnes appliquées et bien intentionnées puissent vider entre elles un poinct de faict, où il ne s'agit ni de mystères ni de philosophie, soit en s'accordant, soit en reconnoissant au moins qu'on doit s'abstenir de prononcer anathème là-dessus.

LXII (1). Je commence par l'antiquité de l'Eglise

(1) On lit dans l'édition de Bossuet cette note, qui se trouve rectifiée, grâce à la découverte du concept original : « Leibnitz a voulu suivre les

judaïque. Rien ne me paroist plus solide que la remarque que fit d'abord Monseigneur le duc, que nous ne pouvons avoir les livres divins de l'Ancien Testament que par le tesmoignage et la tradition de l'Église de l'Ancien Testament ; car il n'y a pas la moindre trace ni apparence que Jésus-Christ ait donné un nouveau canon là-dessus à ses disciples ; et plusieurs anciens ont dict en termes formels que l'Église chrestienne se tient, à l'esgard du Vieux Testament, au canon des Hébreux.

LXIII. Or, cela posé, nous avons le tesmoignage incontestable de Josèphe, autheur très digne de foy sur ce poinct, qui dit, dans son 1er livre *Contre Appion*, que les Hébreux n'ont que vingt-deux livres de pleine authorité, sçavoir : les cinq livres de Moïse, qui contiennent l'histoire et les lois ; les treize livres qui contiennent ce qui s'est passé depuis la mort de Moïse jusqu'à Artaxercès, où il comprend Job et les prophètes, et quatre livres d'hymnes et admonitions, qui sont sans doute les Psaumes de David, et les trois livres canoniques de Salomon, le *Cantique*, les *Paraboles* et l'*Ecclésiaste*.

LXIV. Josèphe adjouste que personne n'y a rien osé adjouster ni retrancher ou changer, et que ce qui a esté escrit depuis Artaxercès n'est pas si digne de foy. Et c'est dans le mesme sens qu'Eusèbe dit que,

---

numéros de sa lettre précédente ; mais il s'est trompé, car ce numéro devrait être LXV au lieu de LXII. De même, plus bas, du nombre LXXXV il passe au nombre LXXXVIII. Comme ces erreurs sont peu importantes, nous laissons les numéros tels qu'ils sont dans son manuscrit original, parce que Bossuet les cite ainsi dans sa *Réponse*. » (*Édit. de Paris*.)

« depuis le temps de Zorobabel jusqu'au Sauveur, il n'y a aucun volume sacré. »

LXV. C'est aussi ce que confessent unanimement les Juifs, que, depuis l'autheur du Ier livre des *Machabées* jusqu'aux modernes, l'inspiration divine ou l'esprit prophétique a cessé alors : car il est dict, dans le Ier livre des *Machabées* (ix, 27), qu'*il n'y a jamais eu une telle tribulation depuis qu'on n'a plus vu de prophète en Israël*. Le *Sepher olam*, ou la *Chronique des Juifs*, avoue que la prophétie a cessé depuis l'an 52 des Mèdes et des Perses; et Aben-Ezra, sur Malachie, dit que, dans la mort de ce prophète, la prophétie a quitté le peuple d'Israël. Cela a passé jusqu'à sainct Augustin, qui dit « qu'il n'y a point eu de prophète depuis Malachie jusqu'à l'avénement de Nostre-Seigneur. » En conférant ces tesmoignages avec celuy de Josèphe et d'Eusèbe, on voit bien que ces autheurs entendent toute inspiration divine, dont aussi l'esprit prophétique est la plus évidente preuve.

LXVI. On a remarqué que ce nombre de vingt-deux livres canoniques du Vieux Testament, que nous avons tous dans la langue originale des Hébreux, se rapportoit au nombre des lettres de la langue hébraïque. L'allusion est de peu de considération ; mais elle prouve pourtant que les chrestiens qui s'en sont servis estoient entièrement dans le sentiment des protestans sur le canon ; comme Origène, sainct Cyrille de Jérusalem et sainct Grégoire de Nazianze, dont il y a des vers, où le sens d'un des distiques est :

Fœderis antiqui duo sunt librique viginti,
Hebrææ quot habent nomina litterulæ.

LXVII. Ces vingt-deux livres se comptent ainsi chez les Juifs, suivant ce que rapporte desjà sainct Jérosme, dans son *Prologus galeatus* : cinq de Moïse, huit prophétiques, qui sont *Josué, Juges* avec *Ruth, Samuel, Rois, Isaïe, Jérémie, Ézéchiel*, et les douze petits prophètes ; et neuf hagiographes, qui sont *Psaumes, Paraboles, Ecclésiaste*, et *Cantique de Salomon, Job, Daniel, Esdras* et *Néhémie* pris ensemble ; enfin *Esther* et les *Chroniques*. Et l'on croit que les mots de Nostre-Seigneur, chez sainct Luc, se rapportent à cette division ; car il y a : *Il faut que tout ce qui est escrit dans la loy de Moïse, dans les prophètes et dans les Psaumes, s'accomplisse* (*Luc.* XXIV, 44).

LXVIII. Il est vray que d'autres ont compté vingt-quatre livres ; mais ce n'estoit qu'en séparant en deux ce que les autres avoient pris ensemble. Ceux qui ont faict ce dénombrement l'ont encore voulu justifier par des allusions, soit aux six ailes des quatre animaux d'Ezéchiel, comme Tertullien ; soit aux vingt-quatre anciens de l'*Apocalypse,* comme le rapporte sainct Jérosme, dans le mesme *Prologue,* disant : *Nonnulli Ruth et Cinoth* (les *Lamentations de Jérémie* détachées de sa prophétie) *inter hagiographa putant esse computandos, ac hos esse priscos legis libros viginti quatuor, quos sub numero viginti quatuor seniorum Apocalypsis Joannes inducit adorantes Agnum.* Quelques Juifs devoient compter de mesme, puisque sainct Jérosme dit, dans son Prologue sur Daniel : *In tres partes a Judæis omnis Scriptura dividitur, in Legem, in Prophetas et in Hagiographa ; hoc est in quinque, et in octo, et in undecim libros.* Ainsi il paroist que l'allusion aux six ailes des quatre animaux venoit des Juifs, qui avoient coustume de chercher leurs plus grands mystères cabalistiques dans les animaux d'Ézéchiel, comme l'on voit dans Maimonide.

LXIX. Venons maintenant de l'Église du Vieux Testament à celle du Nouveau, quoiqu'on voye desjà que les chrestiens ont suivy le canon des Hébreux : mais il sera bon de le monstrer plus distinctement. Le plus ancien dénombrement des livres divins qu'on ait est celuy de Méliton, évesque de Sardes, qui a vescu du temps de Marc-Aurèle, qu'Eusèbe nous a conservé dans son *Histoire ecclésiastique.* Cet évesque, en escrivant à Onésimus, dit qu'il luy envoye les livres de la saincte Escriture ; et il ne manque que ceux qui sont receus par les protestans, sçavoir : ces mesmes vingt-deux livres, le livre d'*Esther* paroissant avoir esté obmis par mégarde et par la négligence des copistes.

LXX. Le mesme Eusèbe nous a conservé, au mesme endroict, un passage du grand Origène, qui est de la préface qu'il avoit mise devant son *Commentaire sur les Psaumes,* où il fait le mesme dénombrement, le livre des douze petits prophètes ne pouvant avoir esté obmis que par une faute contraire à l'intention de l'autheur, puisqu'il dit qu'il y a vingt-deux livres, sçavoir, autant que les Hébreux ont de lettres.

LXXI. On ne peut point douter que l'Église latine des premiers siècles n'ait esté du mesme sentiment ; car Tertullien, qui estoit d'Afrique et vivoit à Rome, en parle ainsi dans ses *Vers contre Marcion :*

> At quater alæ sex veteris præconia verbi
> Testificantis ea quæ postea facta docemur :
> His alis volitant cœlestia verba per orbem.
> . . . .
> Alarum numerus antiqua volumina signat, etc.

LXXII. On ne trouve pas que, dans ces siècles d'or de l'Église qui ont précédé le grand Constantin, on ait compté autrement. Plusieurs mettent le synode de Laodicée avant celuy de Nicée ; et, quoyqu'il paroisse postérieur, néanmoins il en a esté assez proche pour que son jugement soit cru celuy de cette primitive Église. Or vous avez remarqué vous-mesme, Monseigneur, § 18, que ce synode de Laodicée, dont l'authorité a esté receue généralement dans le code des canons de l'Église universelle, et ne doit pas estre prise pour un sentiment particulier des Églises de Phrygie, ne compte qu'avec les protestans, c'est-à-dire les vingt-deux livres canoniques du Vieux Testament.

LXXIII. De cela il est aisé de juger que les Pères du concile de Nicée ne pouvoient avoir esté d'un autre sentiment que les protestans, sur le nombre des livres canoniques ; quoyqu'on ait cité, comme les protestans font souvent aussi, le *Livre de Judith,* de mesme que le *Livre du Pasteur.* Les évesques assemblés à Laodicée ne se seroient jamais escartés du sentiment de ce grand concile ; et, s'ils avoient osé le faire, jamais leur canon n'auroit esté receu dans le code des canons de l'Église universelle. Mais cela se confirme encore davantage par les tesmoignages de sainct Athanase, le meilleur tesmoin sans doute qu'on puisse nommer à l'esgard de ce temps-là.

LXXIV. Il y a dans ses œuvres une *Synopse* ou abrégé de la saincte Escriture, qui ne nomme aussi que vingt-deux livres canoniques du Vieux Testament ; mais l'autheur de cet ouvrage n'estant pas trop asseuré, il nous peut suffire d'y adjouster le fragment d'une lettre circulaire aux Églises, qui est sans doute de sainct Athanase, où il y a le mesme catalogue que celuy de la *Synopse*, qu'il désigne, s'il m'est permis de me servir de ce terme, par ces mots: *Nemo his addat, nec his auferat quidquam.* Et que cette opinion estoit également des orthodoxes ou homoousiens et de ceux qu'on ne croyoit pas estre de ce nombre, cela paroist par Eusèbe, dans l'endroict cité cy-dessus de son *Histoire ecclésiastique*, où il rapporte et approuve les authorités des plus anciens.

LXXV. Ceux qui sont venus bientost après ont dict uniformément et unanimement la mesme chose. L'ouvrage catéchétique de sainct Cyrille de Jérusalem a tousjours passé pour très considérable : or il spécifie justement les mesmes livres que nous, et adjouste qu'on doit lire les divines Escritures, sçavoir, les vingt-deux livres du Vieux Testament que les soixante interprètes ont traduicts.

LXXVI. On a desjà cité un distique tiré du poëme que sainct Grégoire de Nazianze a faict exprès sur le dénombrement des véritables livres de l'Escriture divinement inspirée : Περὶ τῶν γνησίων Βιβλίων τῆς θεοπνεύστου Γραφῆς. Ce dénombrement ne rapporte que les livres que les protestans reconnoissent, et dit expressément qu'ils sont au nombre de vingt-deux.

LXXVII. Sainct Amphiloche, évesque d'Iconie, estoit du mesme temps et de pareille authorité. Il a aussi fait des vers, mais iambiques, sur le mesme suject, adressés à un Séleucus. Outre qu'il nomme les mesmes livres, il parle encore fort distinctement de la différence des livres qu'on faisoit passer sous le nom de la saincte Escriture. Il dit qu'il y en a d'adultérins, qu'on doit éviter, et qu'il compare à de la fausse monnoie; qu'il y en a de moyens, ἐμμέσους, et, comme il dit, approchant de la parole de la vérité, γείτονας, voisins; mais qu'il y en a aussi de divinement inspirés, dont il dit vouloir nommer chacun, pour les discerner des autres :

Ego Theopneustos singulos dicam tibi.

Et là-dessus il ne nomme du Vieux Testament que ceux qui sont receus par les Hébreux; ce qu'il dit estre le plus asseuré canon des livres inspirés.

LXXVIII. Sainct Épiphane, évesque de Salamine dans l'isle de Chypre, a faict un livre des poids et des mesures, où il y a encore un dénombrement tout semblable des livres divins du Vieux Testament, qu'il dit estre vingt-deux en nombre; et il pousse la comparaison avec les lettres de l'alphabet si loin qu'il dit que, comme il y a des lettres doubles de l'alphabet, il y a aussi des livres de la saincte Escriture du Vieux Testament qui sont partagés en d'autres livres. On trouve la mesme conformité avec le canon des Hébreux, dans ses *Hérésies*, V et LXXVI.

LXXIX. Sainct Chrysostome n'estoit guères de ses amis : cependant il estoit du mesme sentiment; et il dit, dans sa quatrième *Homélie sur la Genèse*, que « tous les livres divins (πᾶσαι αἱ θεῖαι βίβλοι) du Vieux Testament ont esté escrits originairement en langue hébraïque; et tout le monde, adjouste-t-il, le confesse avec nous : » marque que c'estoit le sentiment unanime et incontestable de l'Église de ce temps-là.

LXXX. Et afin qu'on ne s'imagine point que c'estoit seulement le sentiment des Églises d'Orient, voicy un tesmoignage de sainct Hilaire, qui, dans la préface de ses *Explications des Psaumes*, où il paroist avoir suivy Origène, comme ailleurs, dit que le Vieux Testament consiste en vingt-deux livres.

LXXXI. Jusqu'icy, c'est-à-dire jusqu'au commencement du cinquième siècle, pas un autheur d'authorité ne s'est advisé de faire un autre dénombrement. Car, bien que sainct Cyprien et le concile de Nicée, et quelques autres, ayent cité quelques-uns des livres ecclésiastiques parmy les livres divins, l'on sçait que ces manières de parler confusément, en passant, *et in sensu laxiore*, sont assez en usage, et ne sçauroient estre opposées à tant de passages formels et précis, qui distinguent les choses.

LXXXII. Je ne pense pas aussi que personne veuille appuyer sur le passage d'un recueil des coustumes et doctrines de l'ancienne Église, faict par un autheur inconnu, sous le nom de *Canons des Apostres*, qui met les trois livres des *Machabées* parmy les livres du Vieux Testament, et les deux Épistres de Clément, escrites aux Corinthiens, parmy ceux du Nouveau. Car, outre qu'il peut parler largement, on voit qu'il flotte entre deux, comme un homme mal instruict, excluant du canon : *Sapientiam eruditissimi Siracidis*, qu'il dit estre *extra hos*, mais dont il recommande la lecture à la jeunesse.

LXXXIII. Voicy maintenant le premier autheur connu et d'authorité, qui, traictant expressément cette matière, semble s'esloigner de la doctrine constante que l'Église avoit eue jusqu'icy sur le canon du Vieux Testament. C'est le pape Innocent Ier, qui, respondant à la consultation d'Exupère, évesque de Thoulouse, l'an 405, paroist avoir esté du sentiment catholique dans le fond : mais son expression équivoque et peu exacte a contribué à la confusion de quelques autres après luy, et enfin à l'erreur des Latins modernes; tant il est important d'éviter le relaschement, mesme dans les manières de parler.

LXXXIV. Ce pape est le premier autheur qui ait nommé canoniques les livres que l'Église romaine d'aujourd'huy tient pour divinement inspirés, et que les protestans, comme les anciens, ne tiennent que pour ecclésiastiques. Mais, en considérant ses paroles, on voit clairement son but, qui est de faire un canon des livres que l'Église reconnoist pour authentiques, et qu'elle fait lire publiquement comme faisant partie de la Bible. Ainsi ce canon devoit comprendre tant les livres théopneustes ou divinement inspirés que les livres ecclésiastiques, pour les distinguer tous ensemble des livres apocryphes plus spécialement nommés ainsi, c'est-à-dire de ceux qui doivent estre cachés et défendus comme suspects. Ce but paroist par les paroles expresses, où il dit : *Si qua sunt alia, non solum repudianda, verum etiam noveris esse damnanda.*

LXXXV. Non-seulement l'appellation de canoniques, mais encore de sainctes et divines Escritures, estoit alors employée abusivement : et c'estoit l'usage de ces temps-là, de donner dans un excès estrange sur les titres et sur les épithètes. Un évesque estoit traicté de *Vostre Saincteté* par ceux qui l'accusoient et parloient de le déposer. Un empereur chrestien disoit : *Nostrum numen,* et ne laissoit presque rien à

Dieu, pas mesme l'éternité. Il ne faut donc pas s'estonner des termes du concile III de Carthage, que d'autres croyent avoir esté le cinquième, ni les prendre à la rigueur, lorsque ce concile dit : *Placuit, ut præter Scripturas canonicas, nihil in Ecclesia legatur sub nomine divinarum Scripturarum.*

LXXXVI. Cela fait voir qu'on avoit accoustumé desjà d'appeler abusivement du nom d'Escritures divines tous les livres qui se lisoient dans l'Église, parmi lesquels estoient le livre du *Pasteur*, et je ne sçay quelle doctrine des Apostres, διδαχὴ καλουμένη τῶν ἀποστόλων, dont parle sainct Athanase dans l'Espistre citée cy-dessus : *item*, les Épistres de sainct Clément aux Corinthiens, qu'on lisoit dans plusieurs Églises, et particulièrement dans celle de Corinthe, surtout la première, suivant Eusèbe, et suivant Denis, évesque de Corinthe, chez Eusèbe. C'est pourquoy elle se trouvoit aussi joincte aux livres sacrés, dans l'ancien exemplaire de l'Église d'Alexandrie, que le patriarche Cyrille Lucaris envoya au roy de la Grande-Bretagne, Charles Ier, sur lequel elle a esté ressuscitée et publiée.

LXXXVII. Tout cela fait voir qu'on se servoit quelquefois de ces termes d'une manière peu exacte; et mesme Origène compte, en quelque endroict, le livre du *Pasteur* parmi les livres divins : ce qu'il n'entendoit pas sans doute dans le sens excellent et rigoureux. C'est sur le chapitre XVI, verset 14, *aux Romains*, où il dit : « Je croy que cet Hermas est l'autheur du livre qu'on appelle *le Pasteur*, qui est fort utile et me semble divinement inspiré. »

LXXXVIII. On peut encore moins nous opposer la

liste des livres de l'Escriture, qu'on dit que le pape Gélase a faicte dans un synode romain, au commencement du cinquième siècle, où il en fait aussi le dénombrement d'une manière large, qui comprend les livres ecclésiastiques aussi bien que les livres canoniques par excellence ; et l'on voit clairement que ces deux papes et ces synodes de Carthage et de Rome vouloient nommer tout ce qu'on lisoit publiquement dans toute l'Église, et tout ce qui passoit pour estre de la Bible, et qui n'estoit pas suspect ou apocryphe, pris dans le mauvais sens.

LXXXIX. Cependant il est remarquable que le pape Gélase et son synode n'ont mis dans leur liste que le premier des *Machabées*, qu'on sçait avoir esté tousjours plus estimé que l'autre ; sainct Jérosme ayant remarqué que le style mesme trahit le second des *Machabées* et le livre de la *Sagesse*, et fait connoistre qu'ils sont originairement grecs.

XC. Je ne voy pas qu'il soit possible qu'une personne équitable et non prévenue puisse douter du sens que je donne au canon des deux papes et du concile de Carthage ; car autrement il faudroit dire qu'ils se sont séparés ouvertement de la doctrine constante de l'Église universelle, du concile de Laodicée et de tous ces grands et saincts docteurs de l'Orient et de l'Occident que je viens de citer ; en quoy il n'y a point d'apparence. Les erreurs ordinairement se glissent insensiblement dans les esprits, et elles n'entrent guères ouvertement par la grande porte. Ce divorce auroit esté fait très mal à propos, et auroit faict du bruit et faict naistre des contestations.

XCI. Mais rien ne prouve mieux le sens de la

lettre du pape Innocent Iᵉʳ et de l'Église romaine de ce temps que la doctrine expresse, précise et constante de sainct Jérosme, qui florissoit à Rome en ce temps-là mesme, et qui cependant a tousjours soustenu que les livres proprement divins et canoniques du Vieux Testament ne sont que ceux du canon des Hébreux. Est-il possible de s'imaginer que ce grand homme auroit osé s'opposer à la doctrine de l'Église de son temps, et que personne ne l'en auroit repris, pas mesme Rufin, qui estoit aussi du mesme sentiment que luy, et tant d'autres adversaires qu'il avoit; et qu'il n'eust jamais faict l'apologie de son procédé, comme il fait pourtant en tant d'autres rencontres de moindre importance? Il est seur que l'ancienne Église latine n'a jamais eu de Père plus sçavant que luy, ni de meilleur interprète critique ou littéral de la saincte Escriture, surtout du Vieux Testament, dont il connoissoit la langue originale : ce qui a faict dire à Alphonse Tostatus qu'en cas de conflict il faut plustost croire à sainct Jérosme qu'à sainct Augustin, surtout quand il s'agit du Vieux Testament et de l'Histoire, en quoy il a surpassé tous les docteurs de l'Église.

XCII. C'est pourquoy, bien que j'aye desjà parlé plus d'une fois des passages de sainct Jérosme, entièrement conformes aux sentimens des protestans, il sera bon d'en parler encore icy. J'ay desjà cité son *Prologus galeatus*, qui est la préface des *Livres des Rois*, mais qu'on met, suivant l'intention de l'autheur, au-devant des livres véritablement canoniques du Vieux Testament, comme une espèce de sentinelle pour défendre l'entrée aux autres. Voicy les paroles de l'autheur : *Hic prologus, Scripturarum quasi galeatum principium, omnibus libris quos de hebræo vertimus in latinum, convenire potest.* Il semble que ce grand homme prévoyoit que l'ignorance des temps et le torrent populaire forceroient la digue du véritable canon, et qu'il travailla à s'y opposer. Mais la sentinelle qu'il y mit avec son casque n'a pas esté capable d'esloigner la hardiesse de ceux qui ont travaillé à rompre cette digue, qui séparoit le divin de l'humain.

XCIII. Or, comme j'ay dict cy-dessus, il comptoit tantost vingt-deux, tantost vingt-quatre livres du Vieux Testament; mais en effect tousjours les mesmes. Et ce qu'il escrit dans une lettre à Paulin, qu'on avoit coustume de mettre au-devant des Bibles avec le *Prologus galeatus*, marque tousjours le mesme sentiment. Il s'explique encore particulièrement dans ses préfaces sur *Tobie*, sur *Judith*, et ailleurs : *Quod talium auctoritas ad roboranda ea quæ in contentionem veniunt minus idonea judicatur.* Et, parlant du livre de Jésus, fils de Sirach, et du livre nommé faussement la *Sagesse* de Salomon, il dit : *Sicut Judith et Tobiæ et Machabæorum libros legit quidem Ecclesia, sed eos in canonicas Scripturas non recipit; sic et hæc duo volumina legit ad ædificationem plebis, non ad auctoritatem ecclesiasticorum dogmatum confirmandam.*

XCIV. Rien ne sçauroit estre plus précis; et il est remarquable qu'il ne parle pas icy de son sentiment particulier, ni de celuy de quelques sçavans, mais de celuy de l'Église : *Ecclesia*, dit-il, *non recipit*. Pouvoit-il ignorer le sentiment de l'Église de son temps? ou pouvoit-il mentir si ouvertement et si impudemment, comme il auroit faict sans doute, si elle avoit esté d'un autre sentiment que luy? Il s'explique encore plus fortement dans la *Préface sur Esdras et Néhémie* : *Quæ non habentur apud Hebræos, nec de viginti quatuor senibus sunt* (on a expliqué cela), *procul abjiciantur;* c'est-à-dire, loin du canon des livres véritablement divins et infaillibles.

XCV. Je croy qu'après cela on peut estre persuadé du sentiment de sainct Jérosme et de l'Église de son temps; mais on le sera encore davantage, quand on considérera que Rufin, son grand adversaire, homme sçavant, et qui cherchoit occasion de le contredire, n'auroit point manqué de se servir de celle-cy, s'il avoit cru que sainct Jérosme s'esloignoit du sentiment de l'Église. Mais, bien loin de cela, il témoigne d'estre luy-mesme du mesme sentiment, lorsqu'il parle ainsi dans son Exposition du Symbole, après avoir faict le dénombrement des livres divins ou canoniques, tout comme sainct Jérosme : « Il faut sçavoir, » dit-il, « qu'il y a des livres que nos anciens ont appelé, non pas canoniques, mais ecclésiastiques, comme la *Sagesse* de Salomon, et cette autre *Sagesse* du fils de Sirach, qu'il semble que les Latins ont appelée pour cela mesme du nom général d'*Ecclésiastique;* en quoy on n'a pas voulu marquer l'autheur, mais la qualité du livre. *Tobie* encore, *Judith* et les *Machabées* sont du mesme ordre ou rang : et, dans le Nouveau Testament, le *Livre pastoral* d'Hermas, appelé les *Deux Voyes*, et le *Jugement de Pierre* : livres qu'on a voulu faire lire dans l'Église, mais qu'on n'a pas voulu laisser employer pour confirmer l'authorité de la foy. Les autres Escritures ont esté appelées apocryphes, dont on n'a pas voulu permettre la lecture publique dans les églises. »

XCVI. Ce passage est fort précis et instructif ; et il faut le conférer avec celuy d'Amphilochius cité cy-dessus, afin de mieux distinguer les trois espèces d'Escritures, sçavoir : les divines, ou les canoniques de la première espèce ; les moyennes ou ecclésiastiques, qui sont canoniques, selon le style de quelques-uns, de la seconde espèce, ou bien apocryphes selon le sens le plus doux ; et enfin les apocryphes dans le mauvais sens, c'est-à-dire, comme dit saint Athanase ou l'autheur de la *Synopse,* qui sont plus dignes d'estre cachées, ἀποκρυφῆς, que d'estre lues, et desquelles saint Jérosme dit : *Caveat apocrypha;* et sur Isaïe, LIV, 4 : *Apocryphorum deliramenta conficiant.*

Voicy la représentation de ces degrés ou espèces :

Canoniques.		
Proprement, ou du premier rang.	Improprement, ou d'un rang inférieur.	
Divins, ou infaillibles.	*Ecclésiastiques,* ou moyens.	*Défendus* quant à la lecture publique.
	Apocryphes :	
	Improprement, ou dans le sens le plus doux.	Plus proprement, ou dans le mauvais sens.

XCVII. Mais on achèvera d'estre persuadé que la doctrine de l'Église de ce temps estoit celle des protestans d'aujourd'huy, quand on verra que saint Augustin, qui parle aussi comme le pape Innocent Ier et le synode III de Carthage, où l'on croit qu'il a esté, s'explique pourtant fort précisément, en d'autres endroicts, tout comme saint Jérosme et tous les autres. En voicy quelques passages : « Cette Escriture, » dit-il, « qu'on appelle des *Machabées* n'est pas chez les Juifs comme la Loy, les Prophètes et les *Psaumes*, à qui Nostre-Seigneur a rendu tesmoignage comme à ses tesmoins. Cependant l'Église l'a receue avec utilité, pourvu qu'on la lise sobrement; ce qu'on a faict principalement à cause de ces Machabées, qui ont souffert en vrais martyrs pour la loy de Dieu, » etc.

XCVIII. Et dans la *Cité de Dieu* : « Les trois livres de Salomon ont esté receus dans l'authorité canonique, sçavoir : les *Proverbes*, l'*Ecclésiaste* et le *Cantique des cantiques*. Mais les deux autres, qu'on appelle la *Sagesse* et l'*Ecclésiastique*, et qui, à cause de quelque ressemblance du style, ont esté attribués à Salomon (quoyque les sçavans ne doutent point qu'ils ne soyent point de luy), ont pourtant esté receus anciennement dans l'authorité, par l'Église occidentale principalement... Mais ce qui n'est pas dans le canon des Hébreux n'a pas autant de force contre les contredisans que ce qui y est. » On voit par là qu'il y a, selon luy, des degrés dans l'authorité : qu'il y a une authorité canonique, dans le sens plus noble, qui n'appartient qu'aux véritables livres de Salomon, compris dans le canon des Hébreux ; mais qu'il y a aussi une authorité inférieure, que l'Église occidentale surtout avoit accordée aux livres qui ne sont pas dans le canon hébraïque, et qui consiste dans la lecture publique pour l'édification du peuple, mais non pas dans l'infaillibilité, qui est nécessaire pour prouver les dogmes de la foy contre les contredisans.

XCIX. Et encore dans le mesme ouvrage : « La supputation du temps, depuis la restitution du temple, ne se trouve pas dans les sainctes Escritures qu'on appelle canoniques; mais dans quelques autres, que, non les Juifs, mais l'Église tient pour canoniques, à cause des admirables souffrances des martyrs, » etc. On voit combien sainct Augustin est flottant dans ses expressions; mais c'est tousjours le mesme sens. Il dit que les *Machabées* ne se trouvent pas dans les sainctes Escritures qu'on appelle canoniques ; et puis il dit que l'Église les tient pour canoniques. C'est donc dans un autre sens inférieur, que la raison qu'il adjouste fait connoistre : car les admirables exemples de la souffrance des martyrs, propres à fortifier les chrestiens durant les persécutions, faisoient juger que la lecture de ces livres seroit très utile. C'est pour cela que l'Église les a receus dans l'authorité, et dans une manière de canon, c'est-à-dire comme ecclésiastiques ou utiles, mais non pas comme divins ou infaillibles ; car cela ne dépend pas de l'Église, mais de la révélation de Dieu, faicte par la bouche de ses prophètes ou apostres.

C. Enfin sainct Augustin, dans son livre de *la Doctrine chrestienne,* raisonne sur les livres canoniques dans un sens fort ample et général, entendant tout ce qui estoit authorisé dans l'Église. C'est pourquoy il dit que, pour en juger, il faut en faire estime selon le nombre et l'authorité des Églises ; puis il vient au dénombrement : *Totus autem canon Scripturarum in quo istam considerationem versandam dicimus, his libris continetur,* etc. ; et il nomme les mesmes que le pape Innocent Ier : ce qui fait visiblement connoistre qu'en parlant du canon, il n'entendoit pas seulement les livres divins incontestables, mais encore ceux qu'on regardoit diversement, et qui avoient leur authorité de l'Église seulement ou des Églises, et nullement d'une révélation divine.

CI. Après cela, le passage de sainct Augustin où, dans la chaleur de l'apologie de sa citation, il semble aller plus loin, ne sçauroit faire de la peine. Vous aviez remarqué, Monseigneur, § 9, qu'il avoit cité contre les pélagiens ce passage de la *Sagesse* (IV, 11) : *Raptus est ne malitia mutaret intellectum ejus.* Quelques sçavans gaulois avoient trouvé mauvais qu'il eust employé ce livre, lorsqu'il s'agissoit de prouver des dogmes de foy : *Tanquam non canonicum definiebant omittendum.* Sainct Augustin se défend dans son livre *De la Prédestination des saincts.* Il ne dit pas que la *Sagesse* est égale en authorité aux autres, ce qu'il auroit fallu dire s'il avoit esté dans les sentimens tridentins : mais il respond que, quand elle ne diroit rien de semblable, la chose est assez claire en elle-mesme; qu'elle doit cependant estre préférée à tous les autheurs particuliers, *omnibus tractatoribus debere anteponi,* parce que tous ces autheurs, mesme les plus proches des temps des apostres, avoient eu cette déférence pour ce livre : *Qui eum testem adhibentes, nihil se adhibere nisi divinum testimonium crediderunt.* Et un peu auparavant : *Meruisse in Ecclesia Christi tam longa annositate recitari, et ab omnibus Christianis cum veneratione divinæ auctoritatis audiri.*

CII. Ces paroles de sainct Augustin paroistroient estranges, d'autant qu'elles semblent contraires à la doctrine receue dans l'Église, si l'on n'estoit déjà instruict de son langage par tous les passages précédens.

Donc, puisque aussi il n'est pas croyable que ce grand homme ait voulu s'opposer à luy-mesme et à tant d'autres, il faut conclure que cette authorité divine dont il parle ne peut estre autre chose que le tesmoignage que l'Église a rendu au *Livre de la Sagesse;* qu'il n'y a rien là que de conforme aux Escritures immédiatement divines ou inspirées, puisqu'il avoit reconnu luy-mesme, dans son livre de la *Cité de Dieu,* que ce livre n'a receu son authorité que par l'Église, surtout en Occident, mais qu'il n'a pas assez de force contre les contredisans, parce qu'il n'est pas dans le canon originaire du Vieux Testament. Et le mesme sainct Augustin, citant un livre de pareille nature, qui est celuy du fils de Sirach, n'y insiste point, et se contente de dire que, si on contredit à ce livre parce qu'il n'est pas dans le canon des Hébreux, il faudra au moins croire au *Deutéronome* et à l'Évangile, qu'il cite après.

CIII. Ce qu'on a dict du sens de sainct Augustin doit estre encore entendu de ceux qui ont copié ses expressions par après, comme Isidore, Rabanus Maurus et autres, lorsqu'ils parloient d'une manière plus confuse. Mais, quand ils parloient distinctement et traictoient la question de l'égalité ou inégalité des livres de la Bible, ils continuoient à parler comme l'Église avoit tousjours parlé; en quoy l'Église grecque n'a jamais biaisé. Et l'authorité de sainct Jérosme a tousjours servi de préservatif dans l'Église d'Occident, malgré la barbarie qui s'en estoit emparée. On a tousjours esté accoustumé de mettre son *Prologus galeatus* et sa *Lettre à Paulin* à la teste de la saincte Escriture, et ses autres préfaces devant les livres de la Bible qu'elles regardent ; où il s'explique aussi nettement qu'on a vu, sans que personne ait jamais osé, je ne dis pas condamner, mais critiquer mesme cette doctrine, jusqu'au concile de Trente, qui l'a frappée d'anathème par une entreprise des plus estonnantes.

CIV. Il sera à propos de particulariser tant soit peu cette conservation de la saine doctrine ; car, pour rapporter tout ce qui se pourroit dire, il faudroit un ample volume. Cassiodore, dans ses *Institutions*, a donné les deux catalogues, tant le plus estroict de sainct Jérosme et de l'Église universelle, qui n'est que des livres immédiatement divins, que la liste plus large de sainct Augustin et des Églises de Rome et d'Afrique, qui comprend aussi les livres ecclésiastiques.

CV. Junilius, évesque d'Afrique, fait parler un maistre avec son disciple. Ce maistre s'explique fort nettement, et sert très bien à faire voir qu'on donnoit abusivement le titre de livres divins à ceux qui, à parler proprement, ne le devoient point avoir : DISCIPULUS. *Quomodo divinorum librorum consideratur auctoritas?* MAGISTER. *Quia quidam perfectæ auctoritatis sunt, quidam mediæ, quidam nullius.* Après cela on ne s'estonnera pas si quelques-uns, surtout les Africains, ont donné le nom de *Divines Escritures* aux livres qui dans la vérité n'estoient qu'ecclésiastiques.

CVI. Grégoire le Grand, quoyque pape du siége de Rome, et successeur d'Innocent Ier et de Gélase, n'a pas laissé de parler comme sainct Jérosme : et il a monstré par là que les sentimens de ses prédécesseurs devoient estre expliqués de mesme ; car il dit positivement que les livres des *Machabées* ne sont point canoniques, *licet non canonicos*, mais qu'ils servent à l'édification de l'Église.

CVII. Il sera bon de revoir un peu les Grecs, avant que de venir aux Latins postérieurs. Léontius, autheur du sixième siècle, parle comme les plus anciens. Il dit qu'il y a vingt-deux livres du Vieux Testament, et que l'Église n'a receu dans le canon que ceux qui sont receus chez les Hébreux.

CVIII. Mais, sans s'amuser à beaucoup d'autres, on peut se contenter de l'authorité de Jean de Damas, premier autheur d'un système de théologie, qui a escrit dans le huitième siècle, et que les Grecs plus modernes, et mesme les scholastiques latins, ont suivi. Cet autheur, dans son livre IV *De la Foy orthodoxe*, imitant, comme il semble, le passage allégué cy-dessus du livre d'Épiphane *Des Poids et des Mesures*, ne nomme que vingt-deux livres canoniques du Vieux Testament; et il adjouste que les livres des deux *Sagesses*, de celle qu'on attribue à Salomon et de celle du fils de Sirach, quoyque beaux et bons, ne sont pas du nombre des canoniques, et n'ont pas esté gardés dans l'arche, où il croit que les livres canoniques ont esté enfermés.

CIX. Pour retourner aux Latins, Strabus, autheur de la Glose ordinaire, qui a escrit dans le neuvième siècle, venant à la préface de sainct Jérosme, mise devant le *Livre de Tobie*, où il y a ces paroles : *Librum Tobiæ Hebræi de catalogo divinarum Scripturarum secantes, iis quæ hagiographa memorant, manciparunt*, remarque cecy : *Potius et verius dixisset apocrypha*.

vel large accepit hagiographa, quasi sanctorum scripta, et non de numero illorum novem, etc.

CX. Radulphus Flaviacensis, bénédictin du dixième siècle, dit au commencement de son livre xiv sur le *Lévitique* : « Quoyqu'on lise *Tobie, Judith* et les *Machabées* pour l'instruction, ils n'ont pas pourtant une parfaicte authorité. »

CXI. Rupert, abbé de Tuits, parlant de la *Sagesse* : « Ce livre, » dit-il, « n'est pas dans le canon, et ce qui en est pris n'est pas tiré de l'Escriture canonique. »

CXII. Pierre le Vénérable, abbé de Cluny, escrivant une lettre contre certains, nommés pétrobrusiens, qu'on disoit ne recevoir de l'Escriture que les seuls Évangiles, leur prouve, en supposant l'authorité des Évangiles, qu'il faut donc recevoir encore les autres livres canoniques.

Sa preuve ne s'estend qu'à ceux que les protestans reconnoissent aussi. Et, quant aux ecclésiastiques, il en parle ainsi : « Après les livres authentiques de la saincte Escriture, restent encore six qui ne sont pas à oublier : la *Sagesse, Jésus, fils de Sirach, Tobie, Judith* et les deux des *Machabées*, qui n'arrivent pas à la sublime authorité des précédens, mais qui, à cause de leur doctrine louable et nécessaire, ont mérité d'estre receus par l'Église. Je n'ay pas besoin de vous les recommander ; car, si vous avez quelque considération pour l'Église, vous recevrez quelque chose sur son authorité. » Ce qui fait voir que cet autheur ne considère ces livres que comme seulement ecclésiastiques.

CXIII. Hugues de Sainct-Victor, autheur du commencement du douzième siècle, dans son livre des *Escritures et escrivains sacrés*, fait le dénombrement des vingt-deux livres du Vieux Testament, et puis il adjouste : « Il y a encore d'autres livres, comme la *Sagesse* de Salomon, le *Livre de Jésus, fils de Sirach, Judith, Tobie* et les *Machabées*, qu'on lit, mais qu'on ne met pas dans le canon; » et, ayant parlé des escrits des Pères, comme de sainct Jérosme, saint Augustin, etc., il dit que ces livres des Pères ne sont pas du texte de l'Escriture sainte, « de mesme qu'il y a des livres du Vieux Testament qu'on lit, mais qu'on ne met pas dans le canon, comme la *Sagesse* et quelques autres. »

CXIV. Pierre Comestor, autheur de l'Histoire scholastique, contemporain de Pierrre Lombard, fondateur de la théologie scholastique, va jusqu'à corriger en critique le texte du passage de sainct Jérosme, dans sa *Préface* de Judith, où il y a que Judith est entre les *Hagiographes* chez les Hébreux, et que son authorité n'est pas suffisante pour décider des controverses. Pierre Comestor veut qu'au lieu d'*hagiographa*, on lise *apocrypha*, croyant que les copistes, prenant les apocryphes en mauvais sens, ont corrompu le texte de sainct Jérosme : *Apocrypha horrentes, eo rejecto, hagiographa scripsere*. Il semble que le passage de Strabus sur Tobie a donné occasion à cette doctrine.

CXV. Dans le treizième siècle fleurissait un autre Hugo, dominicain, premier autheur des *Concordances* sur la saincte Escriture, c'est-à-dire des allégations marginales des passages parallèles, faict cardinal par Innocent IV. On a de luy des vers où, après le dénombrement des livres canoniques, suivant l'antiquité et les protestans, on trouve cecy :

> Lex vetus his libris perfecte tota tenetur.
> Restant apocrypha : *Jesus, Sapientia, Pastor,*
> Et *Machabæorum* libri, *Judith* atque *Tobias.*
> Hi, quia sunt dubii, sub canone non numerantur,
> Sed quia vera canunt, Ecclesia suspicit illos.

CXVI. Nicolas de Lyre, fameux commentateur de la saincte Escriture du quatorzième siècle, commençant d'escrire sur les livres non canoniques, débute ainsi dans sa *Préface sur Tobie* : « Jusqu'icy j'ay escrit, avec l'aide de Dieu, sur les livres canoniques; maintenant je veux escrire sur ceux qui ne sont plus dans le canon. » Et puis, « bien que la vérité escrite dans les livres canoniques précède ce qui est dans les autres, à l'esgard du temps dans la pluspart, et à l'esgard de la dignité de tous; néanmoins la vérité escrite dans les livres non canoniques est utile pour nous diriger dans le mesme chemin des bonnes œuvres, qui mène au royaume des cieux. »

CXVII. Dans le mesme siècle, le glossateur du décret, qu'on croit estre Jean Semeca, dit le Teutonique, parle ainsi : « La *Sagesse* de Salomon, et le livre de *Jésus, fils de Sirach, Judith, Tobie* et le livre des *Machabées,* sont apocryphes. On les lit, mais peut-estre n'est-ce pas généralement. »

CXVIII. Dans le quinzième siècle, Antonin, archevesque de Florence, que Rome a mis au nombre des saincts, dans sa *Somme de théologie,* après avoir dict que la *Sagesse,* l'*Ecclésiastique, Judith, Tobie* et les *Machabées* sont apocryphes chez les Hébreux, et que sainct Jérosme ne les juge point propres à décider les controverses, ajoute que « sainct Thomas, *in secunda secundæ,* et Nicolas de Lyre sur Tobie, en disent autant; sçavoir, qu'on n'en peut pas tirer des argumens efficaces en ce qui est de la foy, comme des autres livres de la saincte Escriture. Et peut-estre, adjouste Antonin, qu'ils ont la mesme authorité que les paroles des saincts, approuvées par l'Église. »

CXIX. Alphonse Tostat, grand commentateur du siècle qui a précédé celuy de la Réformation, dit, dans son *Defensorium,* « que la distinction des livres du Vieux Testament en trois classes, faicte par sainct Jérosme dans son *Prologus galeatus,* est celle de l'Église universelle; qu'on l'a eue des Hébreux avant Jésus-Christ, et qu'elle a esté continuée dans l'Église. » Il parle en quelques endroicts comme sainct Augustin, disant, dans son *Commentaire sur le Prologus galeatus,* que l'Église reçoit ces livres, exclus par les Hébreux, pour authentiques et compris au nombre des sainctes Escritures. Mais il s'explique luy-mesme sur sainct Matthieu : « Il y a, » dit-il, « d'autres livres que l'Église ne met pas dans le canon, et ne leur adjouste pas autant de foy qu'aux autres : *Non recipientes non judicat inobedientes aut infideles;* elle ignore s'ils sont inspirés : » et puis il nomme expressément à ce propos la *Sagesse,* l'*Ecclésiastique,* les *Machabées, Judith* et *Tobie,* disant : *Quod probatio ex illis sumpta sit aliqualiter efficax.* Et, parlant des apocryphes dont il n'est pas certain qu'ils ont esté escrits par les autheurs inspirés, il dit : « qu'il suffit qu'il n'y a rien qui soit manifestement faux ou suspect; qu'ainsi l'Église ne les met pas dans son canon, et ne force personne à les croire; cependant elle les lit, » etc.;

et puis il dit expressément, au mesme endroict, qu'il n'est pas asseuré que les cinq livres susdicts soient inspirés : *De auctoribus horum non constat Ecclesiæ an Spiritu sancto dictante scripserint : non tamen reperit in illis aliquid falsum aut valde suspectum de falsitate.*

CXX. Enfin, dans le seizième siècle, immédiatement avant la Réformation, dans la préface de la Bible du cardinal Ximénès, dédiée à Léon X, il est dict que les livres du Vieux Testament, qu'on n'a qu'en grec, sont hors du canon, et sont plustost receus pour l'édification du peuple que pour establir les dogmes.

CXXI. Et le cardinal Cajetan, escrivant après la Réformation commencée, mais avant le concile de Trente, dit à la fin de son *Commentaire sur l'Ecclésiaste* de Salomon, publié à Rome en 1534 : « C'est ainsi que finit l'*Ecclésiaste,* avec les livres de Salomon et de la *Sagesse.* Mais, quant aux autres livres à qui on donne ce nom, *qui vocantur libri sapientiales*, puisque sainct Jérosme les met hors du canon qui a l'authorité de la foy, nous les obmettrons, et nous nous hasterons d'aller aux oracles des prophètes. »

CXXII. Après ce détail de l'authorité de tant de grands hommes de tous les siècles, qui ont parlé formellement comme l'ancienne Église et comme les protestans, on ne sçauroit douter, ce semble, que l'Église a tousjours faict une grande différence entre les livres canoniques ou immédiatement divins, et entre autres compris dans la Bible, mais qui ne sont qu'ecclésiastiques : de sorte que la condamnation de ce dogme, que le concile de Trente a publiée, est une des plus visibles et des plus estranges nouveautés qu'on ait jamais introduictes dans l'Église.

Il est temps, Monseigneur, que je revienne à vous, et mesme que je finisse ; car vostre seconde lettre n'a rien qui nous doive arrester, excepté ce que j'ay touché au commencement de ma première response. Au reste, j'y trouve presque tout assez conforme au sens des protestans : car je n'insiste point sur quelques choses incidentes ; et il suffit de remarquer que ce que vous dites si bien de l'authorité et de la doctrine constante de l'Église catholique est entièrement favorable aux protestans, et absolument contraire à des novateurs aussi grands que ceux qui estoient de la faction, si désapprouvée en France, qui nous a produict les anathèmes inexcusables de Trente.

Je ne doute point que la postérité au moins n'ouvre les yeux là-dessus, et j'ay meilleure opinion de l'Église catholique et de l'assistance du Sainct-Esprit, que de pouvoir croire qu'un concile de si mauvais aloy soit jamais receu pour œcuménique par l'Église universelle. Ce seroit faire une trop grande brèche à l'authorité de l'Église et du christianisme mesme, et ceux qui aiment sincèrement son véritable intérest s'y doivent opposer. C'est ce que la France a faict autrefois avec un zèle digne de louange, dont elle ne devroit pas se relascher, maintenant qu'elle a esté enrichie de tant de nouvelles lumières, parmy lesquelles on vous voit tant briller.

En tout cas, je suis persuadé que vous et tout ce qu'il y a de personnes esclairées dans vostre party, qui ne sçauroient encore surmonter les préventions où ils sont engagés, rendront assez de justice aux protestans pour reconnoistre qu'il ne leur est pas moins impossible d'effacer l'impression de tant de raisons invincibles qu'ils croyent avoir contre un concile dont la matière et la forme paroissent également insoustenables. Il n'y a que la force, ou bien une indifférence peu esloignée d'une irréligion déclarée, qui ne se fait que trop remarquer dans le monde, qui puisse le faire triompher. J'espère que Dieu préservera son Église d'un si grand mal, et je le prie de vous conserver longtemps, et de vous donner les pensées qu'il faut avoir pour contribuer à sa gloire autant que les talens extraordinaires qu'il vous a confiés vous donnent moyen de le faire. Et je suis avec zèle, Monseigneur, vostre très humble et très obéissant serviteur,

LEIBNIZ.

CXXI

BOSSUET A LEIBNIZ.

Revu d'après l'original autographe de la bibliothèque royale de Hanovre.

A Versailles, ce 1ᵉʳ juin 1700.

Monsieur,

Vostre lettre du 30 avril m'a tiré de peine sur les deux miennes, en m'apprenant non-seulement que vous les avez receues, mais encore que vous avez pris la peine d'y respondre, et que je puis espérer bientost cette response. Il ne serviroit de rien de la prévenir; et encore que dès à présent je pusse peut-estre vous expliquer l'équivoque du mot de *canonique*, qui à la fin se tournera contre vous, il vaut mieux attendre que vous ayez traicté à fond ce que vous n'avez dict encore qu'en passant. Mais je ne puis tarder à vous expliquer l'endroict de ma lettre sur lequel Monseigneur le duc veut estre esclairci. J'ay donc dict que l'on tenteroit vainement des pacifications sur les controverses, en présupposant qu'il fallust changer quelque chose dans aucun des jugemens portés par l'Église. Car, comme nos successeurs croiroient avoir le mesme droict de changer ce que nous ferions, que nous aurions eu de changer ce que nos ancestres auroient faict, il arriveroit nécessairement qu'en pensant fermer une playe, nous en rouvririons une plus grande. Ainsi la religion n'auroit rien de ferme; et tous ceux qui en aiment la stabilité doivent poser avec nous pour fondement que les décisions de l'Église, une fois données, sont infaillibles et inaltérables. Voilà, Monsieur, ce que j'ay dict, et ce qui est très véritable. Au reste, à Dieu ne plaise que je sois capable de compter la guerre parmy les moyens de finir le schisme : à Dieu ne plaise, encore un coup, qu'une telle pensée ait pu m'entrer dans l'esprit, et je ne sçay à quel propos vous m'en parlez.

Quant à l'endroict où vous dites que je n'ay pas respondu, ou que j'ay différé de respondre, j'advoue que je ne l'entends pas. Je soupçonne seulement que vous voulez parler d'un acte du concile de Basle, que vous m'avez autrefois envoyé. Mais asseurément j'y ay respondu si démonstrativement, dans mon escrit à M. l'abbé de Lokkum, que je n'ay rien à y adjouster. Je vous supplie donc, Monsieur, encore un coup, comme je croy l'avoir desjà faict, de repasser sur cette response, si vous l'avez, et de marquer les endroicts où vous croyez que je n'aye pas respondu, afin que je tasche de vous satisfaire, ne désirant rien tant au monde que de contenter ceux qui cherchent le royaume de Dieu.

Permettez-moy de vous prier encore une fois, en finissant cette lettre, d'examiner sérieusement devant Dieu si vous avez quelque bon moyen d'empescher l'Église de devenir éternellement variable, en présupposant qu'elle peut errer et changer ses décrets sur la foy. Trouvez bon que je vous envoye une instruction pastorale que je viens de publier sur ce suject-là ; et, si vous la jugez digne d'estre présentée à vostre grand et habile prince, je me donneray l'honneur de luy en faire le présent dans les formes, avec tout le respect qui luy est dû. J'espère que la lecture ne luy en sera pas désagréable, ni à vous aussi, puisque cet escrit comprend la plus pure tradition du christianisme sur les promesses de l'Église. Continuez-moy l'honneur de vostre amitié, comme je suis de mon costé, avec toute sorte d'estime, Monsieur, vostre très humble serviteur,

J. BÉNIGNE,
Évesque de Meaux.

CXXII

LEIBNIZ A BOSSUET.

Revu d'après l'original autographe de la bibliothèque royale de Hanovre.

A Brunswick, ce 3 septembre 1700.

Monseigneur,

Vostre lettre du 1er juin ne m'a esté rendue qu'à mon retour de Berlin, où j'ay esté plus de trois mois, parce que Monseigneur l'électeur de Brandebourg m'y a faict appeler, pour contribuer à la fondation d'une nouvelle société pour les sciences, dont Son Altesse Électorale veut que j'aye soin. J'avois laissé ordre qu'on ne m'envoyast pas les paquets un peu gros; et, comme il y avoit un livre dans le vostre, on l'a faict attendre plus que je n'eusse voulu. C'est de la communication de ce livre encore que je vous remercie bien fort; et je trouve que, par les choses et par le bon tour qu'il leur donne, il est merveilleusement propre pour le but où il est destiné, c'est-à-dire pour achever ceux qui sont dans une autre assiette d'esprit, et qui opposent à vos préjugés de belle prestance d'autres préjugés qui ne le sont pas moins, et la discussion mesme, qui vaut mieux que tous les préjugés. Cependant il semble, Monseigneur, que l'habitude que vous avez de vaincre vous fait tousjours prendre des expressions qui y conviennent. Vous me prédisez que l'équivoque de canonique se tournera enfin contre moy. Vous me demandez à quel propos je vous parle de la force, comme d'un moyen de finir le schisme. Vous supposez tousjours qu'on reconnoist que l'Église a décidé; et après cela vous inférez qu'on ne doit point toucher à de telles décisions.

Mais, quant aux livres canoniques, il faudra se remettre à la discussion où nous sommes; et, quant à l'usage de la force et des armes, ce n'est pas la première fois que je vous ai dict, Monseigneur, que, si vous voulez que toutes les opinions qu'on authorise chez vous soyent receues partout comme des jugemens de l'Église, dictés par le Sainct-Esprit, il faudra joindre la force à la raison.

En disputant, je ne sçay si l'on ne pourroit pas distinguer entre ce qui se dit *ad populum*, et entre ce dont pourroient convenir des personnes qui font profession d'exactitude. Il faut *ad populum phaleras*. J'y accorderois les ornemens, et je pardonnerois mesme les suppositions et pétitions de principe : c'est assez qu'on persuade. Mais, quand il s'agit d'approfondir les choses et de parvenir à la vérité, ne vaudroit-il pas mieux convenir d'une autre méthode, qui approche un peu de celle des géomètres, et ne prendre pour accordé que ce que l'adversaire accorde effectivement, ou ce qu'on peut dire desjà prouvé par un raisonnement exact? C'est de cette méthode que je souhaiterois de me pouvoir servir. Elle retranche d'abord tout ce qui est choquant; elle dissipe les nuages du beau tour, et fait cesser les supériorités que l'éloquence et l'authorité donnent aux grands hommes, pour ne faire triompher que la vérité.

Suivant ce style, on diroit qu'un tel concile a décidé cecy ou cela; mais on ne dira pas que c'est le jugement de l'Église, avant que d'avoir monstré qu'on a observé, en donnant ce jugement, les conditions d'un concile légitime et œcuménique, ou que l'Église universelle s'est expliquée par d'autres marques; ou bien, au lieu de dire l'Église, on diroit l'Église romaine.

Pour ce qui est de la response que vous nous avez donnée autrefois, Monseigneur, voicy de quoy je me souviens. Vous aviez pris la question comme si nous voulions que vous deviez renoncer vous-mesme aux conciles que vous reconnoissez, et c'est sur ce pied-là que vous respondistes à M. l'abbé de Lokkum. Mais je vous remonstray fort distinctement qu'il ne s'agissoit pas de cela, et que les conciles, suivant vos propres maximes, n'obligent point là où de grandes raisons empeschent qu'on ne les reçoive ou reconnoisse ; et c'est ce que je vous prouvay par un exemple très considérable. Avant que d'y respondre, vous demandastes, Monseigneur, que je vous envoyasse l'acte public qui justifioit la vérité de cet exemple. Je le fis, et après cela le droict du jeu estoit que vous respondissiez conformément à l'estat de la question qu'on venoit de former. Mais vous ne le fistes jamais; et maintenant, par oubly sans doute, vous me renvoyez à la première response, dont il ne s'agissoit plus.

Vous avez raison de me sommer d'examiner sérieusement devant Dieu s'il y a quelque bon moyen d'empescher l'estat de l'Église de devenir éternellement variable : mais je l'entends en supposant qu'on peut, non pas changer ses décrets sur la foy, et les reconnoistre pour des erreurs, comme vous le prenez, mais suspendre ou tenir pour suspendue la force de ses décisions, en certains cas et à certains esgards; en sorte que la suspension ait lieu, non pas entre ceux qui les croyent émanés de l'Église, mais à l'esgard d'autres, afin qu'on ne prononce point anathème contre ceux à qui, sur des raisons très-apparentes, cela ne paroist point croyable, surtout lorsque plusieurs grandes nations sont dans ce cas, et qu'il est difficile de parvenir autrement à l'union sans des bouleversemens qui entraisnent, non-seulement une terrible effusion de sang, mais encore la perte d'une infinité d'âmes.

Eh bien, Monseigneur, employez-y plustost vous-mesme vos méditations et ce grand esprit dont Dieu vous a doué : rien ne le mérite mieux. A mon advis, le bon moyen d'empescher les variations est tout trouvé chez vous, pourvu qu'on le veuille employer mieux qu'on n'a faict, comme personne ne le peut faire mieux que vous-mesme. C'est qu'il faut estre circonspect, et on ne sçauroit l'estre trop, pour ne faire passer pour le jugement de l'Église que ce qui en a les caractères indubitables ; de peur qu'en recevant trop légèrement certaines décisions, on n'expose et on n'affoiblisse par là l'authorité de l'Église universelle, plus sans doute incomparablement que si on les rejetoit comme non prononcées ; ce qui feroit tout demeurer sauf et en son entier : d'où il est manifeste qu'il vaut mieux estre trop réservé là-dessus que trop peu. Tost ou tard la vérité se fera jour, et il faut craindre que, lorsqu'on croira d'avoir tout gagné, quand c'est par de mauvais moyens, on aura tout gasté, et faict au christianisme mesme un tort difficile à réparer. Car il ne faut pas se dissimuler ce que tout le monde en France et ailleurs pense et dit sans se constraindre, tant dans les livres que dans le public. Ceux qui sont véritablement catholiques et chrestiens en doivent estre touchés, et doivent encore souhaiter qu'on ménage extrêmement le nom et l'authorité de l'Église, en ne luy attribuant que des décisions bien avérées, afin que ce beau moyen qu'elle nous fournit d'apprendre la vérité garde sans falsification toute sa pureté et toute sa force, comme le cachet du prince, ou comme la monnoie dans un Estat bien policé : et ils doivent compter pour un grand bonheur et pour un coup de la Providence que la nation gallicane ne s'est pas encore précipitée par aucun acte authentique, et qu'il y a tant de peuples qui s'opposent à certaines décisions de mauvais aloy.

Jugez vous-mesme, Monseigneur, je vous en conjure, lesquels sont meilleurs catholiques, ou ceux qui ont soin de la réputation solide et pureté de l'Église et de la conservation du christianisme, ou ceux qui en abandonnent l'honneur, pour maintenir, au péril de l'Église mesme et de tant de millions d'âmes, les thèses qu'on a espousées dans le party. Il semble encore temps de sauver cet honneur, et personne n'y peut plus que vous. Aussi ne croy-je pas qu'il y ait personne qui y soit plus engagé par des liens de conscience, puisqu'un jour on vous reprochera peut-estre qu'il n'a tenu qu'à vous qu'un des plus grands biens ait esté obtenu. Car vous pouvez beaucoup auprès du Roy dans ces matières, et l'on sçait ce que le Roy peut dans le monde. Je ne sçay si ce n'est pas encore l'intérest de Rome mesme : tousjours est-ce celuy de la vérité.

Pourquoy porter tout aux extrémités, et pourquoy récuser les voyes qui paroissent seules conciliables avec les propres et grands principes de la catholicité, et dont il y a mesme des exemples ? Est ce qu'on espère que son party l'emportera de haute lutte ? Mais Dieu sçait quelle blessure cela fera au christianisme. Est-ce qu'on craint de se faire des affaires ? Mais, outre que la conscience passe toutes choses, il semble que vous avez des voyes seures et solides pour faire entrer les puissances dans les intérests de la vérité. Enfin je crains de dire trop quand je considère vos lumières, et pas assez quand je considère l'importance de la matière. Il faut donc en abandonner le soin et l'effect à la Providence, et ce qu'elle fera sera le meilleur, quand ce seroit de faire durer et augmenter nos maux encore pour longtemps. Cependant il faut que nous n'ayons rien à nous reprocher. Je fais tout ce que je puis, et, quand je ne réussis pas, je ne laisse pas d'estre très content. Dieu fera sa saincte volonté, et moy, j'auray faict mon devoir. Je prie la divine bonté de vous conserver encore longtemps, et de vous donner les occasions, aussi bien que la pensée, de contribuer à sa gloire, autant qu'il vous en a donné les moyens. Et je suis avec zèle, Monseigneur, vostre très humble et très obéissant serviteur,

LEIBNIZ.

P. S. Mon zèle et ma bonne intention ayant faict que je me suis émancipé un peu dans cette lettre, j'ai cru que je ne ménagerois pas assez ce que je vous dois, si je la faisois passer sous d'autres yeux en la laissant ouverte. J'adjouste encore seulement que toutes nos ouvertures ou propositions viennent de vostre party mesme. Nous n'en sommes pas les inventeurs. Je le dis, afin qu'on ne croye point qu'un poinct d'honneur ou de gloire m'intéresse à les pousser. C'est la raison, c'est le devoir.

CXXIII

LEIBNIZIUS REINERO VLOSTORF S. D.

Ex autographo nondum edito, quod nunc etiam in bibliotheca Hanoverana servatur.

Dabam Viennæ, 17 decembris 1700.

Maxime reverende Domine, fautor honoratissime,

Nolui ex his regionibus discedere antequam tibi per litteras agerem gratias pro omnigeno mihi adhibito favore, et porro me tibi commendarem. Sed et imminentia festa ipsumque annum instantem cum aliis compluribus tibi opto ex sententia evenire, et cum integra valetudinis constantia, etiam commoda quæque afferre. Si quid uspiam ad tua jussa possim, nihil mihi erit gratius quam invenire occasionem qua tester quam tibi sim obstrictus. Rem quæ tractata est spero recte processuram, et quæ interim in Republica aut adversa aut et prospera evenere, illa quidem non esse obstitura, et hac via etiam esse adjumento futura. Vale, et fave.

LEIBNIZIUS.

A Monsieur de Vlostorf, official de Monseigneur l'évesque de Neustadt.

1701

Leibniz soulève un incident relatif à Molanus. — Réponse de Bossuet. — Bossuet, après avoir remanié ses écrits iréniques et en avoir composé un nouveau traité intitulé : *De professoribus confessionis Augustanæ ad repetendam veritatem catholicam disponendis,* les adresse au pape Clément XI, qui voulait s'en servir pour la conversion d'un duc de Saxe-Gotha. — Reprise de la polémique avec Leibniz. Les soixante-deux raisons en faveur du concile de Trente rétorquées par Leibniz contre ce concile. Les deux lettres de Leibniz n^{os} CIX et CXXVI.

CXXIV

LEIBNIZ A BOSSUET.

Revu d'après l'original autographe de la bibliothèque royale de Hanovre.

A Wolfenbuttel, ce 21 juin 1701.

Monseigneur,

J'ay eu l'honneur d'apprendre de Monseigneur le prince héritier de Wolfenbuttel, que vous aviez tesmoigné de souhaicter quelque communication avec un théologien de ces pays-cy. Son Altesse Sérénissime y a pensé, et m'a faict la grâce de vouloir aussi escouter mon sentiment là-dessus : mais on y a trouvé de la difficulté, puisque M. l'abbé de Lokkum mesme paroissoit ne vous pas revenir (1), que nous sçavons

---

(1) Les éditeurs de Bossuet font observer qu'il est difficile de deviner sur quoi Leibniz a pu soupçonner M. de Meaux de ne vouloir pas traiter avec Molanus. N. E.

estre sans contredict celuy de tous ces pays-cy qui a le plus d'authorité, et dont la doctrine et la modération ne sont guères moins hors du pair chez nous. Les autres qui seront le mieux disposés n'oseront pas s'expliquer de leur chef d'une manière où il ait autant d'avances qu'on en peut remarquer dans ce qu'il vous a escrit. Et comme ils communiqueront avec luy auparavant, et peut-estre encore avec moy, il n'y a point d'apparence que vous en tiriez quelque chose de plus avantageux que ce qu'on vous a mandé. La pluspart mesme en seront bien esloignés, et diront des choses qui vous accommoderont encore moins incomparablement; car il faut bien préparer les esprits pour leur faire gouster les voyes de modération, outre qu'il faut, Monseigneur, que vous fassiez aussi des avances qui marquent vostre équité; d'autant qu'il ne s'agit pas proprement, dans nostre communication, que vous quittiez à présent vos doctrines, mais que vous nous rendiez la justice de reconnoistre que nous avons de nostre costé des apparences assez fortes pour nous exempter d'opiniastreté, lorsque nous ne sçaurions passer l'authorité de quelques-unes de vos décisions. Car si vous voulez exiger comme articles de foy des opinions dont le contraire estoit receu notoirement par toute l'antiquité, et tenu encore du temps du cardinal Cajetan, immédiatement avant le concile de Trente, comme est l'opinion, que vous paroissez vouloir soustenir, d'une parfaicte et entière égalité de tous les livres de la Bible, qui me paroist destruicte absolument et sans réplique par les passages que je vous ay envoyés, il est impossible qu'on vienne au but; car vous avez trop de lumières et trop de bonnes intentions pour conseiller des voyes obliques et peu théologiques, et nos théologiens sont de trop honnestes gens pour y donner. Ainsi je vous laisse à penser à ce que vous pourrez juger faisable ; et, si vous croyez pouvoir me le communiquer, j'y contribueray sincèrement en tout ce qui dépendra de moy. Car, bien loin de me vouloir approprier cette négotiation, je voudrois la pouvoir estendre bien avant à d'autres, et je doute qu'on retrouve sitost des occasions si favorables du costé des princes et des théologiens.

Vous m'aviez tesmoigné autrefois, Monseigneur, d'avoir pris en bonne part que j'avois conseillé qu'on y joignist de vostre costé quelque personne des conseils du Roy, versée dans les lois et droicts du royaume de France, qui eust toutes les connoissances et qualités requises, et qui pourroit prester l'oreille à des tempéramens et ouvertures où vostre caractère ne vous permet pas d'entrer, quand mesme vous les trouveriez raisonnables ; mais qui ne feroient point de peine à une personne semblable à feu M. Pellisson, ou au président Miron, qui parla pour le tiers estat en 1614. Car ces ouvertures pourroient estre réconciliables avec les anciens principes et priviléges de l'Église et de la nation françoise, appuyés sur l'authorité royale, et soustenus dans les assemblées nationales et ailleurs, mais que vostre clergé a tasché de renverser par une entreprise contraire à l'authorité du Roy, qui ne seroit point soufferte aujourd'huy. Ainsi je suis très content, Monseigneur, que vous demandiez des théologiens, comme j'ay demandé des jurisconsultes. La différence qu'il y a est que vostre demande ne sert point à faciliter les choses, comme faisoit la mienne, et que vous avez en effect ce que vous demandez. Car ce que je vous ay mandé a esté communiqué avec M. l'abbé de Lokkum, et en substance encore avec d'autres. Je suis, avec tout le zèle et toute la déférence possible, Monseigneur, vostre très humble et très obéissant serviteur,

LEIBNIZ.

CXXV

BOSSUET A LEIBNIZ.

Revu d'après l'original autographe de la bibliothèque royale de Hanovre.

A Germigny, ce 12 aoust 1701.

Monsieur,

Je voy, dans la lettre dont vous m'honorez, du 21 juin de cette année, qu'on avoit dict à Monseigneur le prince héritier de Wolfenbuttel, *que j'avois tesmoigné souhaiter quelque communication avec un théologien du pays où vous estes*, et qu'on y trouvoit d'autant plus de difficulté *que M. l'abbé de Lokkum ne sembloit pas me revenir*. C'est sur quoy je suis obligé de vous satisfaire; et puisque la chose a esté portée à Messeigneurs vos princes, dans la bienveillance desquels j'ai tant d'intérest de me conserver quelque part, en reconnoissance des bontés qu'ils m'ont souvent faict l'honneur de me tesmoigner par vous-mesme, je vous supplie que cette response ne soit pas seulement pour vous, mais encore pour leurs Altesses Sérénissimes.

Je vous diray donc, Monsieur, premièrement, que je n'ay jamais proposé de communication que je désirasse avec qui que ce soit de delà, me contentant d'estre prest à exposer mes sentimens, sans affectation de qui que ce soit, à tous ceux qui voudroient bien entrer avec moy dans les moyens de fermer la playe de la chrestienté. Secondement, quand quelqu'un de vos pays, catholique ou protestant, m'a parlé des voyes qu'on pourroit tenter pour un ouvrage si désirable, j'ai tousjours dict que cette affaire devoit estre principalement traictée avec des théologiens de la *Confession d'Augsbourg*, parmi lesquels j'ay tousjours mis au premier rang M. l'abbé de Lokkum, comme un homme dont le sçavoir, la candeur et la modération le rendoient un des plus capables que je connusse pour avancer ce beau dessein.

J'ay, Monsieur, de ce sçavant homme la mesme opinion que vous en avez, et j'advoue, selon les termes de vostre lettre, « que de tous ceux qui seront le mieux disposés à s'expliquer de leur chef, aucun n'a proposé une manière où il y ait autant d'avances qu'on en peut remarquer dans ce qu'il m'a escrit. »

Cela, Monsieur, est si véritable que j'ay cru devoir assurer ce docte abbé, dans la response que je luy fis, il y a desjà plusieurs années, par M. le comte Balati, que, s'il pouvoit faire passer ce qu'il appelle ses *pensées particulières*, COGITATIONES PRIVATÆ, à un consentement suffisant, je me promettois qu'en y joignant les *Remarques* que je luy envoyois sur la *Confession d'Augsbourg* et les autres escrits symboliques des protestans, l'ouvrage de la réunion seroit achevé dans ses parties les plus difficiles et les plus essentielles, en sorte qu'il ne faudroit, à des personnes bien disposées, que très peu de temps pour le conclure.

Vous voyez par là, Monsieur, combien est esloigné de la vérité ce qu'on a dict comme en mon nom à Monseigneur le prince héritier, puisque, bien loin de récuser M. l'abbé de Lokkum, comme on m'en accuse, j'en ay dict ce que vous venez d'entendre, et ce que je vous supplie de lire à vos princes, aux premiers momens de leur commodité que vous trouverez.

Quand j'ay parlé des théologiens, nécessaires principalement dans cette affaire, ce n'a pas esté pour en exclure les laïques; puisqu'au contraire un concours de tous les ordres y sera utile, et notamment le vostre.

En effect, quand vous proposastes, ainsi que vous le remarquez dans vostre lettre, de nommer icy des jurisconsultes pour travailler avec les théologiens, vous pouvez vous souvenir avec quelle facilité on y donna les mains : et, cela estant, permettez-moy de vous tesmoigner mon estonnement sur la fin de vostre lettre, où vous dites « que ma demande ne sert point à faciliter les choses, comme faisoit la vostre. » Vous semblez par là m'accuser de chercher des longueurs; à quoy vous voyez bien, par mon procédé, tel que je viens de vous l'expliquer, sous les yeux de Dieu, que je n'ay seulement pas pensé.

Quant à ce que vous adjoustez, que j'ay desjà ce que je demande, ou plustost ce que je propose sans rien demander, c'est-à-dire, un théologien, cela seroit vray, si M. l'abbé de Lokkum paroissoit encore dans les dernières communications que nous avons eues ensemble, au lieu qu'il me semble que nous l'avons tout à faict perdu de vue.

Vous voyez donc, ce me semble, assez clairement que cette proposition tend plustost à abréger qu'à prolonger les affaires, et ma disposition est tousjours, tant qu'il restera la moindre lueur d'espérance dans ce grand ouvrage, de m'appliquer sans relasche à le faciliter, autant qu'il pourra dépendre de ma bonne volonté et de mes soins.

Il faudroit maintenant vous dire un mot sur les avances que vous désireriez que je fisse, « qui », dites-vous, « marquent de l'équité et de la modération. » On peut faire deux sortes d'avances : les unes sur la discipline, et sur cela on peut entrer en composition. Je ne croy pas avoir rien obmis de ce costé-là, comme il paroist par ma responce à M. l'abbé de Lokkum. S'il y a pourtant quelque chose qu'on y puisse encore adjouster, je suis prest à y suppléer par d'autres ouvertures, aussitost qu'on se sera expliqué sur les premières, ce qui n'a pas encore esté faict. Quant aux avances que vous semblez attendre de nostre part sur les dogmes de la foy, je vous ay respondu souvent que la constitution romaine n'en souffre aucune, que par voye expositoire et déclaratoire. J'ay faict sur cela, Monsieur, toutes les avances dont je me suis avisé, pour lever les difficultés qu'on trouve dans nostre doctrine, en l'exposant telle qu'elle est, les autres expositions que l'on pourroit encore attendre dépendant des nouvelles difficultés qu'on nous pourroit proposer. Les affaires de la religion ne se traictent pas comme les affaires temporelles, que l'on compose souvent en se relaschant de part et d'autre, parce que ce sont des affaires dont les hommes sont les maistres. Mais les affaires de la foy dépendent de la révélation, sur laquelle on peut s'expliquer mutuellement pour se faire bien entendre; mais c'est là aussi la seule méthode qui peut réussir de nostre costé. Il ne serviroit de rien à la chose que j'entrasse dans les autres voyes, et ce seroit faire le modéré mal à propos. La véritable modération qu'il faut garder en de telles choses, c'est de dire au vray l'estat où elles sont, puisque toute autre facilité qu'on pourroit chercher ne serviroit qu'à perdre le temps, et à faire naistre dans la suite des difficultés encore plus grandes.

La grande difficulté à laquelle je vous ay souvent représenté qu'il falloit chercher un remède, c'est, en parlant de réunion, d'en proposer des moyens qui ne nous fissent point tomber dans un schisme plus dangereux et plus irrémédiable que celuy que nous taschcrions de guérir. La voye déclaratoire que je vous propose évite cet inconvénient, et, au contraire, la suspension que vous proposez nous y jette jusqu'au fond, sans qu'on s'en puisse tirer.

Vous vous attachez, Monsieur, à nous proposer pour préliminaire la suspension du concile de Trente, sous prétexte qu'il n'est pas receu en France. J'ay eu l'honneur de vous dire, et je vous le répéteray sans cesse, que, sans icy regarder la discipline, il estoit receu pour le dogme. Tous tant que nous sommes d'évesques, et tout ce qu'il y a d'ecclésiastiques dans l'Église catholique, nous avons souscrit la foy de ce concile. Il n'y a dans toute la communion romaine aucun théologien qui responde, aux décrets de foy qu'on en tire, qu'il n'est pas receu dans cette partie : tous, au contraire, en France ou en Allemagne, comme en Italie, reconnoissent d'un commun accord que c'est là une authorité dont aucun autheur catholique ne se donne la liberté de se départir. Lorsqu'on veut noter ou qualifier, comme on appelle, des propositions censurables, une des notes des plus ordinaires est qu'elle est contraire à la doctrine du concile de Trente : toutes les facultés de théologie, et la Sorbonne comme les autres, se servent tous les jours de cette censure ; tous les évesques l'employent, et en particulier, et dans les assemblées générales du clergé, ce que la dernière a encore solennellement pratiqué. Il ne faut point chercher d'autre acceptation de ce concile, quant au dogme, que des actes si authentiques et si souvent réitérés.

Mais, dites-vous, « vous ne proposez que de suspendre les anathèmes de ce concile à l'esgard de ceux qui ne sont pas persuadés qu'il soit légitime. » C'est vostre response dans vostre lettre du 3 septembre 1700.

Mais, au fond, et quoy qu'il en soit, on laissera libre de croire ou de ne croire pas ses décisions; ce qui n'est rien moins, bien qu'on adoucisse les termes, que de luy oster toute authorité. Et après tout, que servira cet expédient, puisqu'il n'en faudroit pas moins croire la transsubstantiation, le sacrifice, la primauté du Pape de droict divin, la prière des saincts, et celle pour les morts, qui ont esté définies dans les conciles précédens? ou bien il faudra abolir par un seul coup tous les conciles que vostre nation, comme les autres, ont tenus ensemble depuis sept à huit cents ans. Ainsi le concile de Constance, où toute la nation germanique a concouru avec une si parfaicte unanimité contre Jean Wiclef et Jean Hus, sera le premier à tomber par terre; tout ce qui a été faict, à remonter jusqu'aux décrets contre Bérenger, sera révoqué en doute, quoique receu par toute l'Église d'Occident, et en Allemagne comme partout ailleurs, les conciles que nous avons célébrés avec les Grecs n'auront pas plus de solidité. Le concile de Nicée, que l'Orient et l'Occident reçoivent d'un commun accord parmi les œcuméniques, tombera comme les autres. Si vous objectez que les François y ont trouvé de la difficulté pendant quelque temps, M. l'abbé de Lokkum vous respondra que ce fut faute de s'entendre; et cette response, contenue dans les escrits que j'ay de luy, est digne de son sçavoir et de sa bonne foy. Les conciles de l'âge supérieur ne tiendront pas davantage; et vous-mesme, sans que je puisse entendre pourquoy, vous ostez toute authorité à la définition du concile IV, sur les deux volontés de Jésus-Christ, encore que ce concile soit receu en Orient et en Occident sans aucune difficulté. Tout le reste s'évanouira de mesme, ou ne sera appuyé que sur des fondemens arbitraires. Trouvez, Monsieur, un remède à ce désordre, ou renoncez à l'expédient que vous proposez.

Mais, nous direz-vous, vous vous faites vous-mesmes l'Église, et c'est ce qu'on vous conteste. Il est vray; mais ceux qui nous le contestent ou nient l'Église infaillible ou ils l'avouent : s'ils la nient infaillible, qu'ils donnent donc un moyen de conserver le poinct fixe de la religion. Ils y demeureront courts; et dès la première dispute l'expérience les desmentira. Il faudra donc avouer l'Église infaillible :

mais desjà, sans discussion, vous ne l'estes pas, vous qui ostez constamment cet attribut à l'Église. La première chose que fera le concile œcuménique que vous proposez, sans vouloir discuter icy comment on le formera, sera de repasser et comme refondre toutes les professions de foy par un nouvel examen. Laissez-nous donc en place comme vous nous y avez trouvés, et ne forcez pas tout le monde à varier ni à mettre tout en dispute ; *laissez sur la terre quelques chrestiens qui ne rendent pas impossibles les décisions inviolables sur les questions de la foy, qui osent assurer la religion, et attendre de Jésus-Christ, selon sa parole, une assistance infaillible sur ces matières* (1). C'est là l'unique espérance du christianisme.

Mais, direz-vous, quel droict pensez-vous avoir de nous obliger à changer plustost que vous? Il est aisé de respondre. C'est que vous agissez selon vos maximes, en offrant un nouvel examen, et nous pouvons accepter l'offre (2) : mais nous, de notre costé, selon nos principes, nous ne pouvons rien de semblable ; et quand quelques particuliers y consentiroient, ils seroient incontinent desmentis par tout le reste de l'Église.

(1) Voir ces paroles textuellement rappelées dans une lettre sans date et sans adresse, p. 258, n° CIX, et qui devra porter désormais le n° CXXVI. N. E.

(2) Le censeur de l'édition de D. Déforis, persuadé que ces paroles ne peuvent se concilier avec la doctrine que Bossuet soutient dans cette lettre, aurait voulu qu'on les supprimât. D. Deforis crut devoir refuser cette suppression, et il avait raison. Cependant il ajouta au texte le correctif suivant, dont il avertit le lecteur dans une note, et présenta ainsi le texte de Bossuet : *Vous agissez selon vos maximes, en nous offrant un nouvel examen, et en prétendant que nous pouvons accepter l'offre.* Ce correctif gâte tout, et enlève à Bossuet le bénéfice de ses paroles : pourquoi reprocherait-on à Bossuet d'avoir dit qu'on pouvait accepter ce qu'on accepte réellement tous les jours et ce sans quoi ces deux volumes de lettres n'auraient pas de raison d'être? N. E.

Tout est donc désespéré, reprendrez-vous, puisque nous voulons entrer en traicté avec avantage. C'est, Monsieur, un avantage qu'on ne peut oster à la communion dont les autres se sont séparées, et avec laquelle on travaille à les réunir. Enfin c'est un avantage qui nous est donné par la constitution de l'Église où nous vivons, et, comme on a vu, pour le bien commun de la stabilité du christianisme, dont vous devez estre jaloux autant que nous.

A cela, Monsieur, vous opposez la convention, ou, comme on l'appeloit, le compact accordé aux Calixtins dans le concile de Basle, par une suspension du concile de Constance; et vous dites que, m'en ayant proposé l'objection, je n'y ay jamais faict de response. C'est ce qu'on lit dans vostre lettre du 3 septembre 1700. Pardonnez-moy, Monsieur, si je vous dis que par là vous me paroissez avoir oublié ce que contenoit la response que j'envoyay à la cour de Hanovre par M. le comte Balati, sur l'escrit de M. l'abbé de Lokkum et sur les vostres. Je vous prie de la repasser sous vos yeux; vous trouverez que j'ay respondu exactement à toutes vos difficultés, et notamment à celle que vous tirez du concile de Basle. Si mon escrit est égaré, comme il se peut, depuis tant d'années, il est aisé de vous l'envoyer de nouveau, et de vous convaincre par vos yeux de la vérité de tout ce que j'avance aujourd'huy. Pour moy, je puis vous asseurer que je n'ay pas perdu un seul papier de ceux qui nous ont esté adressés, à feu M. Pellisson et à moy, par l'entremise de cette saincte et religieuse princesse madame l'abbesse de

Maubuisson, et que, les repassant tous, je voy que j'ay satisfaict à tout.

Vous-mesme, en relisant ces responses, vous verrez en mesme temps, Monsieur, qu'encore que nous rejetions la voye de *suspension* comme impraticable, les moyens de la réunion ne manqueront pas à ceux qui la chercheront avec un esprit chrestien; puisque, bien loin que le concile de Trente y soit un obstacle, c'est au contraire principalement de ce concile que se tireront des esclaircissemens qui devront contenter les protestans, et qui à la fois seront dignes d'estre approuvés par la chaire de sainct Pierre et par toute l'Église catholique.

Vous voyez par là, Monsieur, quel usage nous voulons faire de ce concile. Ce n'est pas d'abord de le faire servir de préjugé aux protestans, puisque ce seroit supposer ce qui est en question entre nous. Nous agissons avec plus d'équité. Ce concile nous servira à donner de solides esclaircissemens de nostre doctrine. La méthode que nous suivrons sera de nous expliquer sur les poincts où l'on s'impute mutuellement ce qu'on ne croit pas, et où l'on dispute, faute de s'entendre. Cela se peut pousser si avant que M. l'abbé de Lokkum a concilié actuellement les poincts si essentiels de la justification et du sacrifice de l'Eucharistie, et il ne luy manque, de ce costé-là, que de se faire avouer. Pourquoy ne pas espérer de finir, par le mesme moyen, des disputes moins difficiles et moins importantes? Pour moy, bien certainement, je n'avance ni je n'avanceray rien dont je ne puisse très aisément obtenir l'aveu parmy nous. A ces esclaircissemens on joindra ceux qui se tireront, non des docteurs particuliers, ce qui seroit infini, mais de vos livres symboliques. Vos princes trouveront sans doute qu'il n'y a rien de plus équitable que ce procédé. Si l'on avoit faict attention aux solides conciliations que j'ay proposées sur ce fondement, au lieu qu'il ne paroist pas qu'on ait faict semblant de les voir, l'affaire seroit peut-estre à présent bien avancée. Ainsi ce n'est pas à moy qu'il faut imputer le retardement. Si l'estat des affaires survenues rend les choses plus difficiles; si les difficultés semblent s'augmenter au lieu de décroistre, et que Dieu n'ouvre pas encore les cœurs aux propositions de paix si bien commencées, c'est à nous à attendre les momens que nostre Père céleste a mis en sa puissance, et à nous tenir toujours prests, au premier signal, à travailler à son œuvre, qui est celle de la paix.

Je n'avois pas dessein de respondre à vos deux lettres sur le canon des Escritures, parce que je craignois que cette response ne nous jetast dans des traictés de controverse, au lieu que nous n'avions mis la main à la plume que pour donner des principes d'esclaircissemens. Mais comme j'ay vu, dans la dernière lettre dont vous m'honorez, que vous vous portez jusqu'à dire que vos objections contre le décret de Trente sont sans réplique, je ne dois pas vous laisser dans cette pensée. Vous aurez ma response, s'il plaist à Dieu, dès le premier ordinaire; et cependant je demeureray avec toute l'estime possible, Monsieur, vostre très humble et très obéissant serviteur,

J. Bénigne,
Évesque de Meaux.

CXXVI

LEIBNIZ A BOSSUET.

Original autographe inédit de la bibliothèque royale de Hanovre.

Sans date.

Monseigneur,

J'ai receu l'honneur de vostre lettre du 12 d'aoust, et n'ay point manqué de la monstrer et d'en faire rapport à Monseigneur le duc Antoine Ulrich et à Monseigneur le prince héritier, qui sont tousjours fort édifiés par vostre zèle, et marquent de vous avoir de l'obligation de vostre souvenir favorable. Pour ce qui est du contenu de vostre lettre, je voy bien qu'il y a eu des mesentendus, lorsqu'on a cru que vous aviez désiré quelque communication avec un théologien du pays, autre que monsieur l'abbé de Loccum, au lieu que vous me marquez, Monseigneur, de ne l'avoir désiré avec aucun, et d'avoir tousjours esté près de donner des esclaircissemens et d'en recevoir surtout de ce sçavant abbé. A quoy je diray seulement que la première occasion de nostre commerce sur ce suject a esté le désir que vous aviez tesmoigné d'estre informé sur ce que vous aviez appris des sentimens modérés qu'on agitoit icy, à quoy l'on satisfit à condition, entre autres, que vous nous en diriez le vostre. Mais nous trouvasmes particulièrement, monsieur de Loccum et moy, que vostre response, Monseigneur, sur un poinct qui paroissoit des plus essentiels, c'est-à-dire

---

(1) Cette lettre est la réponse à la précédente ; mais il faut joindre au n° CIX une lettre beaucoup plus vive, que nous avons trouvée à Hanovre, en brouillon, sans date, et dont la place devrait être ici. N. F.

sur le concile de Trente, que nous ne croyons pas pouvoir jamais admettre, prenoit nostre sens tout autrement que nous ne voulions, et comme si nous prétendions que vous deviez entièrement renoncer à l'authorité de ce concile avant qu'on pust entrer en aucune négotiation avec vous, au lieu qu'il s'agissoit seulement que vous reconnussiez vous-mesmes, avant toute chose, que vostre Église n'est pas obligée d'exiger absolument de ceux mesme de sa communion qu'on le reconnoisse pour règle de la foy, qu'elle peut l'exiger encore moins de tant de nations persuadées que presque tout y est illégitime, et qu'ainsi on pouvoit le mettre à l'escart à l'esgard des protestans et venir à un concile exempt des mesmes défauts. Je vous envoyay en mesme temps l'exemple du concile de Basle, qui dispensoit de la reconnoissance de celuy de Constance. La question estoit donc si vostre Église pourroit user d'une suspension semblable à l'esgard de celuy de Trente, pour de grandes et importantes raisons. A quoy des théologiens considérables de vostre party mesme ont respondu qu'ouy. Et j'ay trouvé que les prélats de France en ont usé ainsi en donnant l'absolution à Henry IV, comme le procès-verbal de cette solennité le fait voir. Nous trouvasmes, Monseigneur, que vous n'aviez point formé la question comme nous, ni respondu précisément là dessus. Au contraire, dans la dernière lettre de vostre ancienne correspondance, lorsque vous me demandiez l'acte des légats du concile de Basle, vous laissastes entrevoir quelque suspension de jugement sur ce poinct. C'est ce que montreront les lettres précédentes que vous dites d'avoir gardé soigneusement.

Monsieur l'abbé de Loccum a vu souvent ce que je vous ay escrit, Monseigneur, et je feray en sorte qu'il le tesmoigne luy-mesme et marque son approbation de ce que je vous escris maintenant, dont je suis asseuré sçachant ses principes. Mais vous m'avouerez qu'il seroit mal de communiquer avec d'autres théologiens de la Confession d'Augsbourg sur ses pensées particulières qu'il vous avoit escrites, avant que de voir la moindre apparence de fruict, puisqu'il est asseuré que, tandis qu'on ne se désiste pas chez vous d'exiger qu'on reconnoisse le concile de Trente pour règle de la foy, la méthode de l'exposition ne sçauroit suffire, d'autant que nous croyons que ce concile ne doit jamais estre reconnu, et que cela ne se peut sans faire le plus grand tort du monde à l'Église universelle, en la privant du secours et de l'authorité des conciles œcuméniques par l'admission de ceux qui sont de faux alloy, à quoy tout catholique véritable et véritablement zélé se doit opposer de tout son possible. La méthode de l'exposition peut bien estre poussée par des communications particulières (*per cogitationes privatas*); mais il n'y a point d'apparence d'en faire une affaire publique, sans espérance de ce désistement.

On demeure d'accord qu'il n'y a point de comparaison à faire sur les dogmes de la foy, parce que c'est une affaire dont les hommes ne sont pas les maistres. Mais la question, si un tel concile est œcuménique ou non, est une question de faict et sur un faict qui n'est point de foy. Ainsi les raisons des deux exemples allégués et les authorités de vos théologiens font voir qu'on peut dispenser de l'obligation de reconnoistre un concile pour tel, et qu'on peut estre en communion avec ceux qui refusent de le faire ; il est seur d'ailleurs, parmy vos théologiens, qu'on a pu et peut encore se tromper uniquement, mesme sur des dogmes qui passent aujourd'huy pour estre de foy, mais qui ne le sont que *necessitate præcepti* et nullement *necessitate medii*, lorsqu'on est là dessus dans une erreur invincible, et qu'il y a mesme des cas où pour cela on ne doit point estre exclu de la communion, outre que vous autres, messieurs les ecclésiastiques, pouvez avoir receu le concile de Trente pour règle de la foy en vostre propre et privé nom et par vostre authorité toute seule, sans intervention de l'authorité royale ny de celle de la nation ; mais cela impose-t-il la loy aux...... (1).

CXXVII

BOSSUET A LEIBNIZ.

Revu d'après l'original autographe de la bibliothèque royale de Hanovre.

Ce 17 aoust 1701 (2).

Je ne croyois pas avoir encore à traicter cette matière avec vous, Monsieur, après les principes que

---

(1) Cette lettre est inachevée et doit, pour être complétée, être lue avec la lettre n° CIX, où il cite les propres expressions dont s'est servi Bossuet, CXXV, et accuse réception d'un nouveau discours, p 261, qui est celui : *de Professoribus*, etc., Œuv. de Bossuet, XXXV. N. E.

(2) La correspondance finit là pour les éditeurs de Bossuet, mais non pour Leibniz, qui répliqua, ainsi qu'on le verra n° CXXVIII. Il est vrai que les éditeurs de Bossuet y ont ajouté : 1° *Summa controversiarum de Eucha-*

j'avois posés : car de descendre au détail de cette matière, cela n'est pas de nostre dessein, et n'opéreroit autre chose qu'une controverse dans les formes, adjoustée à toutes les autres. Ne nous jetons donc point dans cette discussion, et voyons par les principes communs s'il est véritable que le décret du concile de Trente sur la canonicité des livres de la Bible soit destruict absolument et sans réplique par vos deux lettres du 14 et du 24 may 1700, ainsi que vous l'asseurez dans vostre dernière lettre, qui est du 21 juin 1701. Il ne faut pas vous laisser dans cette erreur, puisqu'il est si aisé de vous donner les moyens de vous en tirer, et qu'il n'y a, en vous remettant devant les yeux les principes que vous posez, qu'à vous faire voir qu'ils sont tous évidemment contraires à la règle de la foy, et, qui plus est, de vostre aveu propre.

1. Ce que vous avez remarqué comme le plus convaincant, c'est que *nous exigeons comme articles de foy des opinions dont le contraire estoit receu notoire-*

---

ristia, que l'éditeur croit dirigé contre le P. Denys; 2° *Judicium D. Bossuet de Summa controversiæ de Eucharistia* : mais rien ne prouve que ces deux écrits se rapportent à cette date. A cette époque, au contraire, il est certain que le Pape Clément XI, averti des efforts que faisait Bossuet pour ramener les protestants à l'Église, et sans doute aussi mis en goût par une lettre de l'empereur Léopold, voulut être informé plus à fond, et se fit envoyer les écrits de M. de Meaux, qui les remania à son intention et en composa le mémoire qui a pour titre dans la collection de ses œuvres, t. XXXV, *De professoribus confessionis Augustanæ ad repetendam veritatem catholicam disponendis*. Cette année 1701, où l'on voulait arrêter ce commerce irénique, devint ainsi le point de départ d'une propagande plus active et le signal de nouvelles et nombreuses conversions de princes et de princesses en Allemagne, parmi lesquels on cite le duc de Saxe-Gotha, et bientôt, comme nous le verrons, le duc Antoine Ulrich.   N. E.

ment par toute *l'antiquité, et tenu encore du temps du cardinal Cajetan, immédiatement avant le concile de Trente* (1). Vous alléguez sur cela l'opinion de ce cardinal, qui rejette du canon des Escritures anciennes la *Sagesse*, l'*Ecclésiastique*, et les autres livres semblables que le concile de Trente a receus. Mais il ne falloit pas dissimuler que le mesme cardinal exclut du canon des Escritures l'*Épistre* de sainct Jacques, celle de sainct Jude, deux de sainct Jean, et mesme l'*Épistre aux Hébreux*, comme « n'estant ni de sainct Paul, ni certainement canonique ; en sorte qu'elle ne suffit pas à déterminer les poincts de la foy par sa seule authorité. »

Il se fonde comme vous sur sainct Jérosme, et il pousse si loin sa critique qu'il ne reçoit pas dans sainct Jean l'histoire de la femme adultère, comme tout à faict authentique ni comme faisant une partie asseurée de l'Évangile. Si donc l'opinion de Cajetan estoit un préjugé en faveur de ces exclusions, le concile n'auroit pas pu recevoir ces livres, ce qui est évidemment faux, puisque vous-mesme vous les recevez.

II. Vous voyez donc, Monsieur, que, dans l'argument que vous croyez sans réplique, vous avez posé d'abord ce faux principe, qu'il n'est pas permis de passer pour certainement canonique un livre dont il aurait esté autrefois permis de douter.

III. J'adjouste que, dans tous vos autres argumens, vous tombez dans le défaut de prouver trop, qui est le plus grand où puisse tomber un théologien, et mesme un dialecticien et un philosophe, puisqu'il oste

---

(1) Lettre de Leibniz du 21 juin 1701, n° CXIV. N. E.

toute la justesse de la preuve, et se tourne contre soy-mesme. J'adjouste encore que vous ne donnez en effet aucun principe certain pour juger de la canonicité des saincts livres. Celuy que vous proposez comme constamment receu par toute l'ancienne Église pour les livres de l'Ancien Testament, qui est de ne recevoir que les livres qui sont contenus dans le canon des Hébreux, n'est rien moins que constant et universel; puisque le plus ancien canon que vous proposez, qui est celuy de Méliton chez Eusèbe, ne contient pas le *Livre d'Esther,* quoyque constamment receu dans le canon des Hébreux.

IV. Après le canon de Méliton, le plus ancien que vous produisiez est celuy du concile de Laodicée ; mais, si vous aviez marqué que ce concile a mis dans son canon *Jérémie* avec *Baruch,* les *Lamentations,* l'*Épistre* de ce prophète, où l'on voit, avec les *Lamentations,* qui sont dans l'hébreu, deux livres qui ne se trouvent que dans le grec, on auroit vu que la règle de ce concile n'estoit pas le canon des Hébreux.

V. Le concile de Laodicée estoit composé de plusieurs provinces d'Asie. On voit donc par là le principe, non pas seulement de quelques particuliers, mais encore de plusieurs Églises, et mesme de plusieurs provinces.

VI. Le mesme concile ne reçoit pas l'*Apocalypse,* que nous recevons tous également, encore qu'il fust composé de tant d'Églises d'Asie, et mesme de l'Église de Laodicée, qui estoit une de celles à qui cette divine révélation estoit adressée. Nonobstant cette exclusion, la tradition plus universelle l'a emporté. Vous ne prenez donc pas pour règle le canon de Laodicée, et vous ne tirez pas à conséquence cette exclusion de l'*Apocalypse*.

VII. Vous produisez le dénombrement de sainct Athanase dans le fragment précieux d'une de ses *Lettres pascales*, et l'abrégé ou *Synopse* de l'Escriture, ouvrage excellent attribué au mesme Père ; mais, si vous aviez adjousté que, dans ce fragment, le *Livre d'Esther* ne se trouve pas au rang des canoniques, le défaut de vostre preuve eust sauté aux yeux.

VIII. Il est vray que sur la fin il adjouste que, pour une plus grande exactitude, il remarquera d'autres livres qu'on lit aux catéchumènes par l'ordre des Pères, quoyqu'ils ne soyent pas dans le canon, et qu'il compte parmy ces livres celuy d'*Esther*. Mais il est vray aussi qu'il y compte en mesme temps la *Sagesse* de Salomon, la *Sagesse* de Sirach, *Judith* et *Tobie*. Je ne parle pas de deux autres livres dont il fait encore mention, ni de ce qu'il dit des apocryphes inventés par les hérétiques en confirmation de leurs erreurs.

IX. Pour la *Synopse*, qui est un ouvrage qu'on ne juge pas indigne de sainct Athanase, encore qu'il n'en soit pas, nous y trouvons en premier lieu avec *Jérémie*, *Baruch*, les *Lamentations*, et la lettre qui est à la fin de *Baruch* comme un ouvrage de Jérémie : d'où je tire la mesme conséquence que du canon de Laodicée.

X. En second lieu, *Esther* y est, mais non pas parmy les vingt-deux livres du canon. L'autheur la met à la teste des livres de *Judith*, de *Tobie*, de la *Sagesse* de Salomon, et de celle de Jésus, fils de Sirach. Quoyqu'il ne compte pas ces livres parmy les vingt-deux livres canoniques, il les range parmy les livres du Vieux Testament qu'on lit aux catéchumènes : sur quoy je vous laisse à faire telle réflexion qu'il vous plaira. Il me suffit de vous faire voir qu'il les compte avec *Esther*, et leur donne la mesme authorité.

XI. Vous alléguez le dénombrement de sainct Grégoire de Nazianze, et l'Iambique III du mesme sainct à Séleucus, que vous attribuez à Amphiloque. Vous deviez encore adjouster que sainct Grégoire de Nazianze obmet le *Livre d'Esther*, comme avoit faict Méliton, avec l'*Épistre aux Hébreux* et l'*Apocalypse*, et laisse parmy les livres douteux ceux qu'il n'a pas dénommés.

XII. L'Iambique que vous donnez à Amphiloque, après le dénombrement des livres de l'Ancien Testament, remarque que quelques-uns y adjoustent le *Livre d'Esther*; le laissant par ce moyen, en termes exprès, parmy les douteux. Quant à l'*Épistre aux Hébreux*, il la reçoit, en observant que quelques-uns ne l'admettent pas ; mais pour ce qui est de l'*Apocalypse*, il dit que la pluspart la rejettent.

XIII. Je vous laisse à juger à vous-mesme de ce qu'il faut penser de l'obmission du *Livre d'Esther*, que vous dites faicte par mesgarde, et par la négligence des copistes dans le dénombrement de Méliton. Foible dénouement s'il en fust jamais, puisque les passages de sainct Athanase, de la *Synopse*, et de sainct Grégoire de Nazianze, avec celuy d'Amphiloque, font voir que cette obmission avoit du dessein, et ne doit pas estre imputée à la mesprise à laquelle vous avez recours sans fondement. Ainsi le *Livre d'Esther*, que vous recevez pour constamment canonique, demeure, selon vos principes, éternellement douteux, et vous ne laissez aucun moyen de le restablir.

XIV. Vous respondez, en un autre endroict, que ce qui pouvoit faire difficulté sur le *Livre d'Esther*, c'estoient les additions : sans songer que, par la mesme raison, il auroit fallu laisser hors du canon *Daniel* comme *Esther*.

XV. Vous faites beaucoup valoir le dénombrement de sainct Épiphane, qui, dans les livres *des Poids et des Mesures*, et encore dans celuy des *Hérésies*, se réduit au canon des Hébreux pour les livres de l'Ancien Testament.

Mais vous oubliez, dans cette mesme hérésie 76, qui est celle des anoméens, l'endroict où ce Père dit nettement à l'hérésiarque Aétius, « que, s'il avoit lu les vingt-deux livres de l'Ancien Testament, depuis la *Genèse* jusqu'au temps d'*Esther*, les quatre Évangiles, les quatorze Épistres de sainct Paul, avec les sept catholiques et l'*Apocalypse de sainct Jean*, ensemble les livres de la *Sagesse* de Salomon, et de *Jésus, fils de Sirach*, enfin tous les livres de l'Escriture, il se condamneroit luy-mesme » sur le titre qu'il donnoit à Dieu pour oster la divinité à son fils unique. Il met donc dans le mesme rang, avec les saincts livres de l'Ancien et du Nouveau Testament, les deux livres de la *Sagesse* et de l'*Ecclésiastique*, et, encore qu'il ne les compte pas avec les vingt-deux qui composent le canon primitif, qui est celuy des Hébreux, il les employe également, comme les autres livres divins, à convaincre les hérétiques.

XVI. Toutes vos règles sont renversées par ces

dénombremens des livres sacrés. Vous les employez à establir que la règle de l'ancienne Église, pour les livres de l'Ancien Testament, est le canon des Hébreux : mais vous voyez au contraire que ni on ne met dans le canon tous les livres qui sont dans l'hébreu, ni on n'en exclut tous ceux qui ne se trouvent que dans le grec ; et qu'encore qu'on ne mette pas certains livres dans le canon primitif, on ne laisse pas d'ailleurs de les employer comme livres divinement inspirés, pour establir les vrais dogmes et condamner les mauvais.

XVII. Vostre autre règle tombe encore, qui consiste à ne recevoir que les livres qui ont tousjours esté receus d'un consentement unanime, puisque vous recevez vous-mesme des livres que le plus grand nombre en certains pays, et des provinces entières, avoient exclus.

XVIII. Je ne répéteray pas ce que j'ay dict d'Origène dans ma lettre du 9 janvier 1700, et que vous avez laissé passer sans contradiction dans vostre lettre du 14 may 1700, en respondant seulement que c'est là quelque chose de particulier. Mais, quoy qu'il en soit, il y a cecy de général dans un autheur si ancien et si sçavant, que les Hébreux ne sont pas à suivre dans la suppression qu'ils ont faicte de ce qui ne se trouve que dans le grec, et qu'en cela il faut préférer l'authorité des Chrestiens ; ce qui est décisif pour nostre cause.

XIX. Pendant que nous sommes sur Origène, vous m'accusez du mesme défaut que je vous objecte, qui est celuy de prouver trop ; et vous soustenez que les citations si fréquentes, dans les ouvrages de ce grand homme, de ces livres contestés, aussi bien que celles de sainct Clément Alexandrin, de sainct Cyprien et de quelques autres, ne prouvent rien, parce que le mesme Origène a cité le *Pasteur*, livre si suspect. C'est, Monsieur, ce qui fait contre vous, puisqu'en citant le *Pasteur*, il y adjouste ordinairement cette exception : *Si cui tamen libellus ille suscipiendus videtur*; restriction que je n'ay pas remarqué qu'il adjoustast, lorsqu'il cite *Judith*, *Tobie* et le *Livre de la Sagesse*; comme on le peut remarquer en plusieurs endroicts, et notamment dans ses homélies 27 et 33 sur les *Nombres*, où les trois livres qu'on vient de nommer sont allégués sans exception, et en parallèle avec les livres d'*Esther*, du *Lévitique* et des *Nombres*, et mesme avec l'Évangile et les Épistres de sainct Paul.

XX. Vous aviez comme supposé vostre principe, dès vostre lettre du 11 décembre 1699; et je vous avois représenté, par ma response du 9 janvier 1700, n. 55, que cette difficulté vous estoit commune avec nous; puisque vous receviez pour certainement canoniques l'*Épistre aux Hébreux* et les autres, dont vous voyez aussi bien que moy qu'on n'a pas plus esté tousjours d'accord que de la *Sagesse*, etc.

XXI. Si je voulois dire, Monsieur, que c'est là un raisonnement sans réplique, je le pourrois démonstrer par la nullité évidente de vos responses dans vostre lettre du 14 may 1700.

XXII. Vous en faites deux : la première dans l'endroict de cette lettre, où vous parlez en cette sorte : « Il y a plusieurs choses à respondre ; car premièrement les protestans ne demandent pas que les vérités de foy ayent tousjours prévalu, ou qu'elles ayent tousjours esté receues généralement. » Dites-moy donc, je vous prie, quelle règle se proposent vos Églises sur la réception des Escritures canoniques ? En sçavent-elles plus que les autres pour les discerner ? Voudront-elles avoir recours à l'inspiration particulière des prétendus réformés, c'est-à-dire, à leur fanatisme ? C'est, Monsieur, ce que je vous laisse à considérer, et je vous diray seulement que vostre response est un manifeste abandonnement du principe que vous aviez posé comme certain et commun, dans vostre lettre du 11 décembre 1699, qui a esté le fondement de tout ce que nous avons escrit depuis.

XXIII. Je trouve une autre response dans la mesme lettre du 15 may 1700, où vous parlez ainsi : « Il y a bien de la différence entre la doctrine constante de l'Église ancienne, contraire à la pleine authorité des livres de l'Ancien Testament qui sont hors du canon des Hébreux, et entre les doutes particuliers que quelques-uns ont formés contre l'*Épistre aux Hébreux* et contre l'*Apocalypse;* outre qu'on peut nier qu'elles soyent de sainct Paul ou de sainct Jean, sans nier qu'elles sont divines. »

XXIV. Mais vous voyez bien, en premier lieu, que ceux qui n'admettoient pas l'*Épistre aux Hébreux* et l'*Apocalypse*, ne leur ostoient pas seulement le nom de sainct Paul ou de sainct Jean, mais encore leur canonicité ; et en second lieu, qu'il ne s'agit point icy d'un doute particulier, mais du doute de plusieurs Églises, et souvent mesme de plusieurs provinces.

XXV. Convaincu par ces deux responses, que vous avez pu aisément prévoir, vous n'en avez plus que de dire « que, quand on accorderoit chez les protestans qu'on n'est pas obligé, sous anathème, de reconnoistre ces deux livres (l'*Épistre aux Hébreux* et l'*Apocalypse*) comme divins et infaillibles, il n'y auroit pas grand mal. » Ainsi, plus tost que de conserver les livres de la *Sagesse* et les autres, vous aimez mieux consentir à noyer sans ressource l'*Épistre aux Hébreux* et l'*Apocalypse*, et, par la mesme raison, les Épistres de sainct Jacques, de sainct Jean et de sainct Jude. Le *Livre d'Esther* sera entraisné par la mesme conséquence. Vous ne ferez point de scrupule de laisser perdre aux enfans de Dieu tant d'oracles de leur Père céleste, à cause qu'on aura souffert à Cajetan et à quelques autres de ne les pas recevoir. On n'osera plus réprimer Luther, qui a blasphémé contre l'*Épistre de sainct Jacques*, qu'il appelle une *épistre de paille*. Il faudra laisser dire impunément, à tous les esprits libertins, ce qui leur viendra dans la pensée contre deux livres aussi divins que sont l'*Épistre aux Hébreux* et l'*Apocalypse*, et l'on en sera quitte pour dire, comme vous faites en ce lieu, « que le moins d'anathèmes qu'on peut, c'est le meilleur ».

XXVI. L'Église catholique raisonne sur les plus solides fondemens, et met les doutes sur certains livres canoniques au rang de ceux qu'elle a soufferts sur tant d'autres matières, avant qu'elles fussent bien esclaircies et bien décidées par le jugement exprès de l'Église.

XXVII. Vous avez peine à reconnoistre l'authorité de ces décisions. Vous comptez pour innovations, lorsqu'on passe en articles des poincts qu'on ne souffre plus qui soyent contestés par ceux qu'on souffroit auparavant. Par là vous rejetez la doctrine constante et indubitable que j'avois tasché d'expliquer par ma lettre du 30 janvier 1700, à laquelle vous voulez bien que je vous renvoye, puisque, après l'avoir laissée sans contradiction, vous déclarez, sur la fin de vostre lettre du 24 may 1700, qu'au fond elle ne doit point nous arrester.

XXVIII. Aussi cette doctrine est-elle certaine parmy les Chrestiens. Personne ne trouve la rebaptisation aussi coupable dans sainct Cyprien, qu'elle l'a esté dans les donatistes depuis la décision de l'Église universelle. Ceux qui ont favorisé les pélagiens et les semy-pélagiens, avant les définitions de Carthage, d'Orange, etc., sont excusés, et non pas ceux qui l'ont faict depuis. Il en est ainsi des autres dogmes. Les décisions de l'Église, sans rien dire de nouveau, mettent dans la chose une précision et une authorité à laquelle il n'est plus permis de résister.

XXIX. Quand donc on demande ce que devient cette maxime : Que la foy est enseignée *tousjours*, *partout* et *par tous*, il faut entendre ce *tous*, du gros de l'Église, et je m'asseure, Monsieur, que vous-mesme ne feriez pas une autre response à une pareille demande.

XXX. Il n'y a plus qu'à l'appliquer à la matière que nous traictons. L'Église catholique n'a jamais cru que le canon des Hébreux fust la seule règle, ni que pour exclure certains livres de l'Ancien Testament de ce canon, qu'on appeloit le canon par excellence, parce que c'estoit le premier et le primitif, on eust eu intention pour cela de les rayer du nombre des livres que le Sainct-Esprit a dictés. Elle a donc porté ses yeux sur toute la tradition, et, par ce moyen, elle a aperçu que tous les livres qui sont aujourd'huy dans son canon ont esté communément, et dès l'origine du christianisme, cités mesme en confirmation des dogmes les plus essentiels de la foy, par la pluspart des saincts Pères. Ainsi elle a trouvé dans sainct Athanase, au livre *Contre les Gentils*, la *Sagesse* citée en preuve indifféremment avec les autres Escritures. On trouve encore, dans sa première lettre à *Sérapion*, aussi bien qu'ailleurs, le *Livre de la Sagesse* cité sans distinction avec les livres les plus authentiques, en preuve certaine de l'égalité des attributs du Saint-Esprict avec ceux du Père et du Fils, pour en conclure la divinité. On trouvera le mesme argument dans sainct Grégoire de Nazianze et dans les autres saincts. Nous venons d'ouïr la citation de sainct Épiphane contre l'hérésie d'Aétius, qui dégradoit le Fils de Dieu. Nous avons vu, dans les lettres du 9 et du 30 janvier 1700, celle de sainct Augustin contre les semy-pélagiens, et il y faudra bientost revenir. Nous produirons aisément beaucoup d'exemples semblables.

XXXI. Pour marcher plus seurement, on trouve encore des canons exprès et authentiques, où ces livres sont rédigés. C'est le pape sainct Innocent, qui, consulté par sainct Exupère, a instruict en sa personne toute l'Église gallicane de leur authorité, sans les distinguer des autres. C'est le troisième concile de Carthage, qui, voulant laisser à toute l'Afrique un monument éternel des livres qu'elle avoit reconnus de tout temps, a inséré dans son canon ces mesmes livres sans en excepter un seul, avec le titre d'*Escri-*

tures canoniques. On n'a plus besoin de parler du concile romain sous le pape Gélase : il faut seulement remarquer que, s'il ne nomme qu'un livre des *Machabées*, c'est visiblement au mesme sens que, dans la pluspart des canons, les deux livres des *Paralipomènes* ne sont comptés que pour un, non plus que *Néhémias* et *Esdras* et beaucoup d'autres; à cause, comme sainct Jérosme l'a bien remarqué, qu'on en faisoit un mesme volume; ce qui peut d'autant plustost estre arrivé aux deux livres des *Machabées*, que, dans le fond, ils ne font ensemble qu'une mesme histoire.

XXXII. Vous voulez nous persuader que, sous le nom d'Escriture canonique, on entendoit souvent en ce temps les Escritures qu'on lisoit publiquement dans l'Église, encore qu'on ne leur donnast pas une authorité inviolable; mais le langage commun de l'Église s'oppose à cette pensée, dont aussi il ne paroist aucun tesmoignage au milieu de tant de passages que vous produisez.

XXXIII. Je ne sçay quelle conséquence vous voulez tirer, dans vostre lettre du 24 may 1700, des paroles de sainct Innocent I, qui adjouste au dénombrement des Escritures la condamnation expresse des apocryphes : *Si qua sunt alia, non solum repudianda, verum etiam noveris esse damnanda.* Voicy comment vous vous en expliquez : « En considérant ses paroles, qui sont celles qu'on vient d'entendre, on voit clairement son but, qui est de faire un canon des livres que l'Église reconnoist pour authentiques, et qu'elle fait lire publiquement comme faisant partie de la Bible. Ainsi ce canon devoit comprendre tant les livres théopneustes ou divinement inspirés, que les livres ecclésiastiques, pour les distinguer tous ensemble des livres apocryphes, plus spécialement nommés ainsi ; c'est-à-dire, de ceux qui devoient estre cachés et défendus comme suspects. »

XXXIV. J'advoue bien la distinction des livres apocryphes, qu'on défendoit expressément comme suspects, ou, ainsi que nous l'avons vu dans le fragment de sainct Athanase, comme inventés par les hérétiques. Ceux-cy devoient estre spécialement condamnés, comme ils le sont par sainct Innocent. On pouvoit aussi rejeter et en un sens condamner les autres, en tant qu'on les auroit voulu égaler aux livres canoniques ; mais, quant à la distinction des livres authentiques, et qui faisoient partie de la Bible, d'avec les livres divinement inspirés, je ne sçay où vous l'avez prise ; et pour moy, je ne la voy nulle part. Car aussi quelle authorité avoit l'Église de faire que des livres, selon vous, purement humains et nullement infaillibles, fussent authentiques et méritassent d'estre partie de la Bible (1) ? Quelle est l'authenticité que vous leur attribuez, s'il n'est pas indubitable qu'ils sont sans erreur ? L'Église les déclare utiles, dites-vous ; mais tous les livres utiles font-ils partie de la Bible, et l'approbation de l'Église les peut-elle rendre authentiques ? Tout cela ne s'entend pas ; et il faut dire qu'estre authentique, c'est, selon le langage du temps, estre receu en authorité comme Escritures divines. Je ne connois aucun livre qui fasse partie de la Bible, que les livres divinement inspirés, dont la Bible est le recueil. Les apocryphes qu'on a

(1) Lettre du 14 mai 1700.

ugés supportables, comme pourroit estre la prière de Manassès avec le *III*ᵉ et le *IV*ᵉ *Livre d'Esdras*, sont bien aujourd'huy attachés à la Bible; mais ils n'en sont pas pour cela réputés partie, et la distinction en est infinie. Il en estoit de mesme dans l'ancienne Église, qui aussi ne les a jamais mis au rang des Escritures canoniques dans aucun dénombrement.

XXXV. Je n'entends pas davantage vostre distinction, de la manière que vous la posez, entre les livres que vous appelez ecclésiastiques, et les livres vraiment canoniques. Dans le livre que sainct Jérosme a composé *De scriptoribus ecclesiasticis*, il a compris les apostres et les évangélistes sous ce titre. Il est vray qu'on peut distinguer les autheurs purement ecclésiastiques d'avec les autres. Mais vous ne monstrerez jamais que la *Sagesse* et les autres livres dont il s'agit soyent appelés purement ecclésiastiques. Si vous voulez dire qu'on lisoit souvent dans les Églises des livres qui n'estoient pas canoniques, mais qu'on pouvoit appeler simplement ecclésiastiques, comme les *Actes des martyrs*, j'en trouve bien la distinction dans le canon 47 du concile III de Carthage ; mais j'y trouve aussi que ce n'est point en ce rang qu'on mettoit la *Sagesse* et les autres livres de cette nature, puisqu'ils sont très-expressément nommés canoniques, et que le concile déclare en termes formels que ceux qui sont compris dans son canon, parmy lesquels se trouvent ceux-cy en parfaicte égalité, sont les seuls qu'on lit sous le titre de canoniques, *sub titulo canonicæ Scripturæ*.

XXXVI. Je ne puis donc dire autre chose sur vostre distinction de livre inspiré de Dieu, et de livre authentique et qui fasse partie de la Bible, sinon qu'elle est tout à faict vaine, et qu'ainsi, en rangeant les livres dont vous contestez l'authorité, au nombre des authentiques et faisant partie de la Bible, au fond vous les faites vous-mesme véritablement des livres divins ou divinement inspirés et parfaictement canoniques.

XXXVII. Sainct Augustin, qui estoit du temps, et qui vit tenir le concile de Carthage, s'il n'y estoit pas en personne, a faict deux choses : l'une, de mettre luy-mesme ces livres au rang des Escritures canoniques; l'autre de répéter trente fois que les Escritures canoniques sont les seules à qui il rend cet honneur de les croire exemptes de toute erreur, et de n'en révoquer jamais en doute l'authorité; ce qui montre l'idée qu'il avoit, et qu'on avoit de son temps, du mot d'Escritures canoniques.

XXXVIII. Cependant c'est sainct Augustin que vous alléguez dans vostre lettre du 24 may 1700, pour tesmoin de ce langage que vous attribuez à l'Église. Voyons donc si vos passages seront sans réplique. « L'Escriture des *Machabées*, » dit sainct Augustin, « n'est pas chez les Juifs comme la Loy et les Prophètes; mais l'Église l'a receue avec utilité, pourvu qu'on la lise sobrement. La *Sagesse* et l'*Ecclésiastique* ne sont pas de Salomon; mais l'Église, principalement celle d'Occident, les a receus anciennement en authorité. Les temps du second temple ne sont pas marqués dans les sainctes Escritures, qu'on appelle canoniques; mais dans les livres des *Machabées*, qui sont tenus pour canoniques, non par les

Juifs, mais par l'Église, à cause des admirables souffrances de certains martyrs. »

XXXIX. Je voy, Monsieur, dans tous ces passages, qu'on appelle particulièrement *canoniques*, les livres du canon des Hébreux, à cause que c'est le premier et le primitif, comme il a desjà esté dict ; pour les autres, qui sont receus anciennement en authorité par l'Église, je voy aussi l'occasion qui l'y a rendue attentive, et qu'il faut les lire avec quelque circonspection, à cause de certains endroicts qui, mal entendus, pourroient paroistre suspects : mais que leur canonicité consiste précisément en ce qu'on les lit dans l'Église, sans avoir dessein d'en recommander l'authorité comme inviolable, c'est de quoy sainct Augustin ne dit pas un mot.

XL. Et je vous prie, Monsieur, entendons de bonne foy quelle authorité sainct Augustin veut donner à ces livres. Premièrement, vous auriez pu nous avertir qu'au mesme lieu que vous alléguez pour donner atteinte à la *Sagesse* et à l'*Ecclésiastique*, sainct Augustin prétend si bien que ces livres sont prophétiques, qu'il en rapporte deux prophéties très-claires et très-expresses : l'une de la passion du Fils de Dieu ; l'autre, de la conversion des gentils. Je n'ay pas besoin de les citer ; elles sont connues, et il me suffit de faire voir que ce Père, bien esloigné de mettre leur canonicité en ce qu'on les lisoit dans l'Église, comprenoit au contraire que, de tout temps, comme il le remarque, on les lisoit dans l'Église, à cause qu'on les y avoit regardés comme prophétiques.

XLI. Venons à l'usage qu'il fait de ces livres, puisque c'est la meilleure preuve du sentiment qu'il en avoit. Ce n'est pas pour une fois seulement, mais par une coustume invariable, qu'il les employe pour confirmer les vérités révélées de Dieu et nécessaires au salut, par authorité infaillible. Nous avons vu son allégation du *Livre de la Sagesse*. Il a cité avec le mesme respect l'*Ecclésiastique*, pour establir le dogme important du libre arbitre, et il fait marcher ce livre indistinctement comme Moïse et les *Proverbes* de Salomon, avec cet éloge commun à la teste : « Dieu nous a révélé par ses Escritures qu'il faut croire le libre arbitre ; et je vais vous représenter ce qu'il en a révélé par la parole, non des hommes, mais de Dieu : *non humano eloquio, sed divino.* » Vous voyez donc que, s'il a cité le *Livre de la Sagesse* et celuy de l'*Ecclésiastique*, ce n'est pas en passant ou par mesgarde, mais de propos délibéré, et parce que chez luy c'estoit un point fixe de se servir authentiquement des livres du second canon, ainsi que des autres.

XLII. C'est dans ses derniers ouvrages qu'il a parlé le plus ferme sur ce suject : c'est-à-dire qu'il alloit tousjours se confirmant de plus en plus dans la tradition ancienne, et que, plus il se consommoit dans la science ecclésiastique, plus aussi il faisoit valoir l'authorité de ces livres.

XLIII. Ce qu'il y a icy de plus remarquable, c'est qu'il s'attacha à soustenir la divinité du *Livre de la Sagesse*, après qu'elle lui eust esté contestée par les fauteurs du semy-pélagianisme ; et qu'au lieu de lascher pied, ou de respondre en hésitant, il n'en parla que d'un ton plus ferme.

XLIV. Après cela, Monsieur, pouvez-vous estre content de votre response, lorsque vous dites, dans vostre mesme lettre du 24 may 1700, que sainct Augustin a parlé si ferme de l'authorité de la *Sagesse* dans la chaleur de son apologie, pendant que vous voyez si clairement que ce n'est pas icy une affaire de chaleur, mais de dessein et de raison, puisque ce grand homme ne fait que marcher sur les principes qu'il avoit tousjours soustenus, et dans lesquels il s'affermissoit tous les jours, comme on fait dans les vérités bien entendues.

XLV. Vous remarquez qu'il n'a pas dict que ce livre fust égal aux autres, ce qu'il auroit fallu dire s'il eust esté des sentimens tridentins. Mais ne voit-on pas l'équivalent dans les paroles où il inculque avec tant de force qu'on fait injure à ce livre lorsqu'on luy conteste son authorité, puisqu'il a esté escouté comme un tesmoignage divin? Rapportons ses propres paroles : « On a cru » dit-il, « qu'on n'y escoutoit autre chose qu'un tesmoignage divin, » sans qu'il y eust rien d'humain meslé dedans. Mais encore, qui en avoit cette croyance? les évesques et tous les Chrestiens, jusqu'au dernier rang des laïques, pénitens et catéchumènes. On eust induict les derniers à erreur, si on leur eust donné comme purement divin ce qui n'estoit pas dicté par le Sainct-Esprit, et si l'on eust faict de l'authorité divine de ce livre comme une partie du Catéchisme. Après cela, Monsieur, permettez que je vous demande si c'est là ce que disent les protestans ; et si vous pouvez concilier l'authorité de ces livres, purement ecclésiastique et humaine, et nullement infaillible, que vous leur donnez, avec celle d'un tesmoignage divin, unanimement reconnu par tous les ordres de l'Église, que sainct Augustin leur attribue. C'est icy que j'espère tout de vostre candeur, sans m'expliquer davantage.

XLVI. En un mot, sainct Augustin ayant distingué, comme on a vu cy-dessus, aussi clairement qu'il a faict, la déférence qu'il rend aux autheurs qu'il appelle ecclésiastiques, *ecclesiastici tractatores*, et celle qu'il a pour les autheurs des Escritures canoniques, en ce qu'il regarde les uns comme capables d'errer, et les autres non : dès qu'il met ces livres au-dessus des autheurs ecclésiastiques, et qu'il adjouste que ce n'est pas luy qui leur a donné ce rang, « mais les docteurs les plus proches du temps des apostres, » *temporibus proximi apostolorum ecclesiastici tractatores*, il est plus clair que le jour qu'il ne leur peut donner d'autre authorité que celle qui est supérieure à tout entendement humain, c'est-à dire, toute divine et absolument infaillible.

XLVII. Vous pouvez voir icy, encore une fois, ce qui a desjà esté desmontré cy-dessus, combien vous vous esloignez de la vérité, en nous disant qu'en ce temps le *Livre de la Sagesse* et les autres estoient mis simplement au rang des livres ecclésiastiques; puisque vous voyez si clairement sainct Augustin, autheur de ce temps, les élever au-dessus de tous les livres ecclésiastiques, jusqu'au poinct de n'y escouter qu'un tesmoignage divin ; ce que ce Père n'a dict ni pu dire d'aucun de ceux qu'il appelle *ecclésiastiques*, à l'authorité desquels il ne se croit pas obligé de céder.

XLVIII. Quand vous dites, dans vostre mesme lettre du 24 may 1700, qu'il reconnoist dans ces livres seulement l'authorité de l'Église, et nullement celle d'une révélation divine, peut-estre n'auriez-vous point regardé ces deux authorités comme opposées l'une à l'autre, si vous aviez consideré que le principe perpétuel de sainct Augustin est de reconnoistre sur les Escritures l'authorité de l'Église, comme la marque certaine de la révélation, jusqu'à dire, comme vous sçavez aussi bien que moy, qu'il ne croiroit pas à l'Évangile, si l'authorité de l'Église catholique ne l'y portoit.

XLIX. Que s'il a dit souvent avec tout cela, comme vous l'avez remarqué, qu'on ne cite pas ces livres que les Hébreux n'ont pas receus dans leur canon, avec la mesme force que ceux dont personne n'a jamais douté, j'en diray bien autant moy-mesme, et je n'ay pas feint d'avouer que les livres du premier canon sont en effet encore aujourd'huy cités par les catholiques avec plus de force et de conviction, parce qu'ils ne sont contestés ni par les Juifs, ni par aucun chrestien, orthodoxe ou non, ni enfin par qui que ce soit : ce qui ne convient pas aux autres. Mais si vous concluez de là que ces livres ne sont donc pas véritablement canoniques, les regardant en eux-mesmes, vous vous sentirez forcé, malgré vous, à rejeter la parfaicte canonicité de l'*Apocalypse* et de l'*Épistre aux Hébreux*, sous prétexte qu'on n'a pas tousjours également produict ces divins livres comme canoniques.

L. Puisque vous appuyez tant sur l'authorité de sainct Jérosme, voulez-vous que nous prenions au pied de la lettre ce qu'il dit si positivement en plusieurs endroicts : « Que la coustume des Latins ne reçoit pas l'*Épistre aux Hébreux* parmy les Escritures canoniques : *Latina consuetudo inter canonicas Scripturas non recipit?* » A la rigueur, le discours ne sera pas véritable. Le torrent des Pères latins comme des grecs cite l'*Épistre aux Hébreux* comme canonique, dès le temps de sainct Jérosme et auparavant. Faudra-t-il donc démentir un faict constant? ou plustost ne faudra-t-il pas réduire à un sens tempéré l'exagération de sainct Jérosme? Venons à quelque chose de plus précis. Quand sainct Augustin, quand les autres Pères, et, ce qu'il y a de plus fort, quand les papes et les conciles ont receu authentiquement ces livres pour canoniques, sainct Jérosme avoit desjà escrit qu'ils n'estoient pas propres, en matière contentieuse, à confirmer les dogmes de la foy; mais l'Église, qui dans le faict voyoit en tant d'autres, les plus anciens, les plus éminens en doctrine, et en si grand nombre, une pratique contraire, n'a-t-elle pas pu expliquer bénignement sainct Jérosme, en reconnoissant dans les livres du premier canon une authorité plus universellement reconnue, et que personne ne récusoit? ce qui est vray en un certain sens encore à présent, comme on vient de le voir, et ce que les catholiques ne contestent pas.

LI. On pourra donc dire que le discours de sainct Jérosme est recevable en ce sens, d'autant plus que ce grand homme a comme fourni une response contre luy-mesme, en reconnoissant que le concile de Nicée avoit compté le *Livre de Judith* parmy les sainctes Escritures, encore qu'il ne fust pas du premier canon.

LII. Vous conjecturez que ce grand concile aura cité ce livre en passant, sous le nom de saincte Escriture, comme le mesme concile, à ce que vous dites,

Monsieur (car je n'en ay point trouvé le passage), ou quelques autheurs auront cité le *Pasteur*, ou bien comme sainct Ambroise a cité le *IV*ᵉ *Livre d'Esdras*. Mais je vous laisse encore à juger si une citation de cette sorte remplit la force de l'expression, où l'on énonce que le concile de Nicée a compté le *Livre de Judith* parmi les sainctes Escritures. Que si vous me demandez pourquoy donc il hésite encore, après un si grand tesmoignage, à recevoir ce livre en preuve sur les dogmes de la foy, je vous respondray que vous avez le mesme intérest que moy à adoucir ses paroles par une interprétation favorable, pour ne le pas faire contraire à luy-mesme. Au surplus, je me promets de vostre candeur que vous m'avouerez que le *Pasteur*, et encore moins le *IV*ᵉ *Livre d'Esdras*, n'ont esté cités ni pour des poincts si capitaux, ni si généralement, ni avec la mesme force, que les livres dont il s'agit. Nous avons remarqué comment Origène cite le livre du *Pasteur*. Il est vray que sainct Athanase cite quelquefois ce livre : mais il ne faut pas oublier comment ; car, au lieu qu'il cite partout le *Livre de la Sagesse* comme l'Escriture saincte, il se contente de dire, *le Pasteur*, *le très-utile Pasteur*. Du moins est-il bien certain que jamais, ni en Orient, ni en Occident, ni en particulier, ni en public, on n'a compris ces livres dans aucun canon ou dénombrement des Escritures. Cet endroict est fort décisif pour empescher qu'on ne les compare avec des livres qu'on trouve dans les canons si anciens et si authentiques que nous avons rapportés.

LIII. Vous avez vu les canons que le concile de Trente a pris pour modèles. Je diray à leur avantage qu'il n'y manque aucun des livres de l'Ancien ou du Nouveau Testament. Le *Livre d'Esther* y trouve sa place, qu'il avoit perdue parmi tant de grecs : le Nouveau Testament y est entier. Ainsi desjà, de ce costé-là, les canons que le concile de Trente a suivis sont sans reproche. Quand il les a adoptés, ou plustost transcrits, il y avait douze cents ans que toute l'Église d'Occident, à laquelle depuis plusieurs siècles toute la catholicité s'est réunie, en estoit en possession ; et ces canons estoient le fruict de la tradition immémoriale, dès les temps les plus prochains des apostres, comme il paroist, sans nommer les autres, par un Origène et par un sainct Cyprien, dans lequel on doit croire entendre tous les anciens évesques et martyrs de l'Église d'Afrique. N'est-ce pas là une antiquité assez vénérable ?

LIV. C'est icy qu'il faut appliquer cette règle, tant répétée et tant célébrée par sainct Augustin : « Ce qu'on ne trouve pas institué par les conciles, mais receu et establi de tout temps, ne peut venir que des apostres. » Nous sommes précisément dans le mesme cas. Ce n'est point le concile de Carthage qui a inventé ou institué son canon des Escritures, puisqu'il a mis à la teste que c'estoit celuy qu'il avoit trouvé de toute antiquité dans l'Église. Il estoit donc de tout temps ; et quand sainct Cyprien, quand Origène, quand sainct Clément d'Alexandrie, quand celuy de Rome (car, comme les autres, il a cité ces livres en authorité); en un mot, quand tous les autres ont concouru à les citer comme on a vu, c'estoit une impression venue des apostres, et soustenue de leur authorité, comme les autres traditions non escrites, que vous avez paru reconnoistre dans votre lettre du 1ᵉʳ décembre 1699, comme je l'ay remarqué dans les lettres que j'escrivis en response.

LV. Cette doctrine doit estre commune entre nous ; et si vous n'y revenez entièrement, vous voyez que non-seulement les conciles seront esbranlés, mais encore que le canon mesme des Escritures ne demeurera pas en son entier.

LVI. Cependant c'est pour un canon si ancien, si complet, et, de plus, venu d'une tradition immémoriale, qu'on accuse d'innovation les Pères de Trente ; au lieu qu'il faudroit louer leur vénération et leur zèle pour l'antiquité.

LVII. Que s'il n'y a point d'anathèmes dans ces trois anciens canons, non plus que dans tous les autres, c'est qu'on n'avoit point coustume alors d'en appliquer à ces matières, qui ne causoient point de dissension, chaque Église lisant en paix ce qu'elle avoit accoustumé de lire, sans que cette diversité changeast rien dans la doctrine, et sans préjudice de l'authorité que ces livres avoient partout, encore que tous ne les missent pas dans le canon. Il suffisoit à l'Église qu'elle se fortifiast par l'usage, et que la vérité prist tous les jours de plus en plus le dessus.

LVIII. Quand on vit à Trente que des livres canonisés depuis tant de siècles, non-seulement n'estoient point admis par les protestans, mais encore en estoient repoussés le plus souvent avec mespris et avec outrage, on crut qu'il estoit temps de les réprimer, de ramener les catholiques qui se licencioient, de venger les apostres et les autres hommes inspirés dont on rejetoit les escrits, et de mettre fin aux dissensions par un anathème éternel.

LIX. L'Église est juge de cette matière comme des autres de la foy : c'est à elle de peser toutes les raisons qui servent à esclaircir la tradition, et c'est à elle à connoistre quand il est temps d'employer l'anathème qu'elle a dans sa main.

LX. Au reste, je ne veux pas soupçonner que ce soyent vos dispositions peu favorables envers les canons de Rome et d'Afrique, qui vous ayent porté à rayer ces Églises du nombre de celles que sainct Augustin appelle *les plus sçavantes, les plus exactes et les plus graves* (DOCTIORES, DILIGENTIORES, GRAVIORES) : mais je ne puis assez m'estonner que vous ayez pu entrer dans ce sentiment. Où y a-t-il une Église mieux instruicte entre toutes matières de dogmes et de discipline, que celle dont les conciles et les conférences sont le plus riche thrésor de la science ecclésiastique, qui en a donné à l'Église les plus beaux monumens, qui a eu pour maistres un Tertullien, un sainct Cyprien, un sainct Optat, tant d'autres grands hommes, et qui avoit alors dans son sein la plus grande lumière de l'Église, c'est-à-dire sainct Augustin luymesme? Il n'y a qu'à lire ses livres *De la doctrine chrestienne*, pour voir qu'il excelloit dans la matière des Escritures comme dans toutes les autres. Vous voulez qu'on préfère les Églises grecques : à la bonne heure. Recevez donc *Baruch* et la lettre de *Jérémie*, avec celles qui les ont mis dans leur canon. Rendez raison pourquoy il y en a tant qui n'ont pas receu *Esther*, et cessez de donner pour règle de ces deux Églises le canon hébreu, où elle est. Dites aussi pourquoy un si grand nombre de ces Églises ont obmis l'*Apocalypse*, que tout l'Occident a receue avec tant de vénération, sans avoir jamais hésité. Et pour Rome, quand il n'y auroit autre chose que le recours qu'on a eu dès l'origine du christianisme à la foy romaine, et, dans les temps dont il s'agit, à la foy de sainct Anastase, de sainct Innocent, de sainct Célestin et des autres, c'en est assez pour luy mériter le titre que vous luy ostez. Mais surtout on ne peut le luy disputer en cette matière, puisqu'il est de faict que tout le concile d'Afrique a recours au pape sainct Boniface II, pour confirmer le canon du mesme concile sur les Escritures, comme il est expressément porté dans ce canon mesme; ce qui pourtant ne se trouva pas nécessaire, parce qu'apparemment on sceut bientost ce qu'avoit faict par avance sainct Innocent sur ce poinct.

LXI. J'ay presque oublié un argument que vous mettez à la teste de vostre lettre du 24 may 1700, comme le plus fort de tous; c'est que, depuis la conclusion du canon des Hébreux sous Esdras, les Juifs ne reconnoissoient plus parmy eux d'inspirations prophétiques; ce qui mesme paroist à l'endroict du I*er* *Livre des Machabées* (ix, 27), où nous lisons ces mots : « Il n'y a point eu de pareille tribulation en Israël, depuis le jour qu'Israël a cessé d'avoir des prophètes. » Mais entendons-nous, et toute la difficulté sera levée : Israël avoit cessé d'avoir des prophètes, c'est-à-dire, des prophètes semblables à ceux qui paroissent aux *Livres des Rois*, et qui régloient en ce temps les affaires du peuple de Dieu, avec des prodiges inouïs et des prédictions aussi estonnantes que continuelles, en sorte qu'on les pouvoit appeler, aussi bien qu'Élie et Élisée, *les conducteurs du char d'Israël* (c. II, 12; XIII, 14). Je l'avoue des prophètes; mais pour dire, en général, des hommes inspirés qui ayent escrit les merveilles de Dieu, et mesme sur l'avenir, je ne croy pas que vous-mesme le prétendiez. Sainct Augustin, non content de mettre les livres que vous contestez parmy les livres prophétiques, a remarqué en particulier deux célèbres prophéties dans la *Sagesse* et dans l'*Ecclésiastique*, et celle, entre autres, de la passion de Nostre-Seigneur est aussi expresse que celles de David et d'Isaïe. S'il faut venir à Tobie, on y trouve une prophétie de la fin de la captivité, de la chute de Ninive et de la gloire future de Jérusalem restablie (*Tob.*, XIII, XIV), qui ravit en admiration tous les cœurs chrestiens; et l'expression en est si prophétique que sainct Jean l'a transcrite de mot à mot dans l'*Apocalypse* (XXII, 16 seq.) On ne doit donc pas s'estonner si sainct Ambroise appelle Tobie un prophète, et son livre un livre prophétique. C'est une chose qui tient du miracle, et qui ne peut estre arrivée sans une disposition particulière de la divine Providence, que les promesses de la vie future, scellées dans les anciens livres, soyent développées dans le *Livre de la Sagesse* et dans le martyre des Machabées, avec autant d'évidence que dans l'Évangile; en sorte qu'on ne peut pas s'empescher de voir qu'à mesure que les temps de Jésus-Christ approchoient, la lumière de la prédication évangélique commençoit à esclater davantage par une espèce d'anticipation.

LXII. Il est pourtant véritable que les Juifs ne purent faire un nouveau canon, non plus qu'exécuter beaucoup d'autres choses encore moins importantes, jusqu'à ce qu'il leur vinst de ces prophètes, du caractère de ceux qui régloient tout autrefois avec une authorité manifestement divine, et c'est ce qu'on voit dans le I*er* *Livre des Machabées* (IV, 46; XIV, 41). Si cependant cette raison les empeschoit de reconnoistre ces livres par acte public, ils ne laissoient pas de les conserver précieusement. Les chrestiens les trouvèrent entre leurs mains; les magnifiques prophéties, les martyres esclatans et les promesses si expresses de la vie future qui faisoient partie de la grâce du Nouveau Testament, les y rendirent attentifs : on les lut, on les gousta, on y remarqua beaucoup d'endroicts que Jésus-Christ mesme et ses apostres sembloient avoir expressément voulu tirer de ces livres, et les avoir cités secrètement, tant la conformité y paroissoit grande. Il ne s'agit pas de deux ou trois mots marqués en passant, comme sont ceux que vous alléguez de l'*Épistre de sainct Jude* : ce sont des versets entiers tirés fréquemment et de mot à mot de ces livres. Nos autheurs les ont recueillis, et ceux qui voudront les remarquer en trouveront de cette nature un plus grand nombre et de plus près qu'ils ne pensent (1). Toutes ces divines conformités inspirent aux plus saincts docteurs, dès les premiers temps, la coustume

(1) Le 10 décembre 1701, Bossuet, sollicité par Clément XI, remit lui-même au nonce le mémoire qui a pour titre : *De professoribus*, etc., et qui devait servir, suivant M. de Beausset, d'après l'abbé Ledieu, « à la conversion d'un prince d'Allemagne, le duc de Saxe-Gotha, dont on affectait encore de taire le nom, parce que cette négociation avait besoin d'être conduite avec le plus grand secret. » Nous devons dire que nos recherches dans les archives de Gotha et d'Oldenburg, pour découvrir les traces de cette mystérieuse négociation, sont restées sans succès. (Voir Theiner. *Augsburg*, 1846.) N. E.

de les citer comme divins, avec la force que nous avons vue. On a vu aussi que cette coustume ne pouvoit estre introduicte ni authorisée que par les apostres, puisqu'on n'y remarquoit pas de commencement. Il estoit naturel, en cet estat, de mettre ces livres dans le canon. Une tradition immémoriale les avoit desjà distingués d'avec les ouvrages des autheurs qu'on appeloit ecclésiastiques : l'Occident, où nous pouvons dire avec confiance que la pureté de la foy des traditions chrestiennes s'est conservée avec un estat particulier, en fit le canon, et le concile de Trente en a suivy l'authorité.

Voilà, Monsieur, les preuves constantes de la tradition de ce concile. J'aime mieux attendre de vostre équité que vous les jugiez sans réplique, que de vous le dire, et je me tiens très-asseuré que M. l'abbé de Lokkum ne croira jamais que ce soit là une matière de rupture, ni une raison de vous élever avec tant de force contre le concile de Trente. Je suis, avec l'estime que vous sçavez, Monsieur, vostre très-humble serviteur,

J. BÉNIGNE,
Évesque de Meaux.

CXXVIII

LEIBNIZIUS AD FABRICIUM, THEOLOGUM HELMESTADIENSEM.

Ex autographo prius edito, quod nunc etiam in bibliotheca Hanoverana servatur (1).

Dabam Berolini, 27 decembr. 1701.

Literæ tuæ apud societatem regiam fuere accep-

(1) Fabricius Leibnizio, 21 decembris 1699, de concordiæ cum Ecclesia romana difficultatibus :

« Fateor valde difficilem esse cum Ecclesia romana concordiam, sed im-

lissimæ, et quæ proponis agenda reipublicæ litterariæ caussa digna quæ considerentur et aliquando in rem conferantur. Res irenica hic non plane negligitur, de qua aliquando coram pluribus. Vellem etiam tuî, prout par est, rationem fuisse habitam, sed absenti mihi et distracto quid factum non constat. Nam me Regina hic detinet gratiosissime, cum qua spero domum reverti. Annum ineuntem cum multis sequuturis tibi in rem tuam, tuorum, et publicam, faustum et felicem precor. Vale, et fave.

LEIBNIZIUS.

possibilem dicere non ausim, neque enim abbreviata est manus Domini. Optandum esset Pontificem romanum non tantum non exigere infallibilitatis suæ fidem, sed etiam non adstruere, imo ei renunciare diserte. Sed hanc renunciationem ab ipso necessario exigendam esse, dicere itidem non ausim. De traditionibus optime notas, ne apud pontificios quidem intelligentes aliud in illis nisi illustrationem Scripturæ circa fidei articulos quæri. Itaque res redit ad principium secundarium Calixti. Sed quum unanimem consensum Patrum ipsi exigant, non video quomodo purgatorium, et librorum, quos nos apocryphos vocamus, auctoritatem, aliaque id genus tanquam creditu necessaria, præscribere possint, quæ constat in antiqua Ecclesia pro certis habita non fuisse. Vale.»

1702

Réponse inédite de Leibniz aux soixante-deux raisons de Bossuet en faveur du concile de Trente, et nouvelles objections sur la canonicité de certains livres de l'Ancien Testament.

CXXIX

LEIBNIZ A BOSSUET.

Original autographe inédit de la bibliothèque royale de Hanovre.

Brunswick, 5 février 1702.

Monseigneur,

Lorsque vous m'avez faict l'honneur de m'envoyer un escrit pour servir de response aux deux lettres que j'avois faictes contre le concile de Trente sur le canon de l'Escriture saincte, je fus obligé de faire un voyage à la cour de Berlin, et je crus pouvoir remettre la réplique à mon retour, que je ne croyois pas fort esloigné; mais il est arrivé, contre mon attente, que j'ay esté obligé de m'arrester à Berlin jusques dans le commencement de cette année, la reine de Prusse ayant voulu que je retournasse à Hanovre dans sa suite, comme j'ay faict. Après quoy je n'ay point tardé d'achever la réplique que j'avois desjà commencée, et je prends la liberté maintenant de vous l'envoyer,

Monseigneur, espérant que vous trouverez vous-mesme que je ne pouvois pas m'en dispenser sans trahir ce que je crois estre la vérité. Et M. l'abbé Molanus est aussi de mon sentiment; il me charge de vous marquer ses respects avec les miens, comme je fais, estant avec zèle, Monseigneur,

Vostre très-humble et très-obéissant serviteur,

LEIBNIZ.

CXXX

OBSERVATIONS
SUR
L'ÉCRIT DE MONSIEUR L'ÉVÊQUE DE MEAUX (1)

Où il répond aux deux lettres faites pour prouver que la décision de Trente sur le canon de l'Écriture est insoutenable.

Original autographe inédit de la bibliothèque royale de Hanovre (2).

AU COMMENCEMENT. Un faict ne peut ordinairement estre establi que par un détail. Il s'agit de sçavoir si les canons de Trente ont anathématisé la doctrine commune de l'ancienne église à l'égard des apocryphes du Vieux Testament et s'il ne s'agit pas icy d'establir les principes pour juger de ce qui est apo-

---

(1) Voir cet écrit sous le n° CXXVII. N. E.
(2) Les éditeurs de Bossuet, ignorant que Leibniz eût répliqué à Bossuet, et pensant qu'il n'avait rien répondu à ses soixante-deux raisons en faveur de Trente, terminent la correspondance au 17 avril 1701, date de l'envoi fait par M. de Meaux. La découverte de cette réplique inédite et circonstanciée de Leibniz change naturellement les rôles et termine ce débat autrement qu'ils ne s'y étaient attendus. N. E.

cryphe ou non. Or, ce faict estant clair, et toutes les responses tombant sur autre chose, il semble que ce décret de Trente est détruict sans réplique.

(Ad 1). Pour faire voir que la doctrine de l'ancienne Église sur le canon du Vieux Testament, si bien expliquée par S. Jérosme, avoit subsisté jusqu'au concile de Trente ; j'avois allégué Lira, Abulensis, Testatus, Cajetan et autres. Maintenant je m'estonne, *premièrement*, qu'on ne respond que sur le seul cardinal Cajetan, et, *secondement*, qu'on ne respond que d'une manière si indirecte, comme si c'estoit assez pour renverser son tesmoignage de dire qu'il a soustenu plus que je ne veux. Suffit que ma thèse est vraye à son esgard, et qu'importe-t-il qu'il soit allé encore plus loin et ait douté de quelques livres du Nouveau Testament que les protestans reçoivent? Il m'est permis d'alléguer un autheur qui est de mon sentiment dans le poinct dont il s'agit, quoyqu'il ne le soit point en quelques autres poincts. On ne veut point que Cajetan doive estre suivy en tout ce qui regarde le canon : il n'est point seul du sentiment pour lequel nous le citons, et, joinct à tant d'autres, il contribue à remplir la suite de la perpétuité de la doctrine là dessus ; et par luy-mesme, c'est-à dire, par son sçavoir et son auhtorité, c'est un grand tesmoin. C'estoit un cardinal de l'Église de Rome, un légat *a latere* pour l'Allemagne, un autheur célèbre, une lumière de l'eschole des Thomistes. Il a escrit dans des temps où l'on devenoit assez jaloux. On m'objecte qu'il a exclu du canon des livres que les protestans reçoivent, et qu'ainsi le concile a pu recevoir des livres qu'il exclut ; mais autre chose est recevoir comme font les protestans, autre chose enjoindre sous anathème, comme font Messieurs de Trente, ennemis perpétuels de la liberté de l'Église, et toujours presls, quand il s'agit des protestans, à faire passer pour dogme nécessaire ce qui ne le fut jamais. Outre que les protestans n'ont receu que ce qui estoit desjà le plus receu, et que Trente veut forcer sous anathème de croire le contraire de ce qui estoit receu généralement.

(Ad 2). Monsieur de Meaux veut inférer de ces opinions de Cajetan que j'ay posé ce *faux principe, comme s'il n'estoit pas permis de faire passer pour certainement canonique un livre dont il estoit autrement permis de douter.* Mais, *premièrement,* je n'ay point eu besoin de poser un tel principe ; et m'y borner, c'est affoiblir la force de mes raisons en me le représentant. La doctrine condamnée à Trente n'a pas été seulement permise autres fois ; mais elle a esté receue dominante, générale, tellement qu'on peut dire que la contraire est une pure *nouveauté* qui à peine pouvoit estre permise et tolérée. Et c'est la plus insupportable des entreprises de la vouloir establir sous anathème, et de prétendre qu'elle chasse sans retour ce que l'Église croyoit de tout temps. *Secondement,* en formant ce prétendu principe qu'on m'attribue, on oppose ce qui n'est point opposé ; car un dogme peut passer pour certain. quoyqu'il soit permis d'en douter. Nous ne condamnons pas tousjours ceux qui n'admettent pas ce que nous tenons pour certain. Le repos de la terre passoit pour certain, et cependant on ne s'avisoit pas de condamner Copernic et le cardinal de Cara. Je tiens pour certain que le paradis terrestre estoit proche du Tigre et de l'Euphrate; mais je ne condamnerois pas pour cela ceux qui le font occuper une bonne partie du globe de la terre.

(Ad 3). On m'objecte que je prouve trop, et que c'est le plus grand des défauts où puisse tomber un théologien et un philosophe. Je responds, *premièrement :* Que c'est un défaut de prouver trop, mais il s'en faut beaucoup que ce soit le plus grand; ces sortes de preuves contiennent ordinairement quelque chose de bon, et, si on les sçait modérer comme il faut, elles prouvent au moins une partie; ainsi il vaut mieux trop prouver qu'apporter des sophismes qui ne prouvent rien du tout. *Secondement :* Quand on n'a que cela à dire à un argument, on ne fait que respondre à la conclusion, et, au lieu de résoudre l'argument de l'adversaire, on luy fait une objection en voulant faire voir que de son raisonnement suit plus qu'il ne veut; mais cette manière de disputer n'est point satisfactoire. *Troisièmement :* J'ay faict voir, à l'article précédent, que je ne suis nullement tombé dans ce défaut de prouver ce qui est contraire à moy-mesme. *En quatrième lieu,* on adjouste icy que je ne donne aucun principe certain pour juger de la canonicité. Mais qu'ay-je besoin d'en donner? c'est assez que je fasse voir que Trente veut forcer tout le monde de croire que les livres que l'ancienne Église a exclus du canon sont canoniques. N'est-ce pas assez pour détruire l'œcuménicité de ce concile? Vouloir exiger de moy quelque chose de plus seroit l'artifice ordinaire à ceux qui sont embarrassés de vouloir changer de question et d'engager leur adversaire dans des difficultés hors d'œuvre. *En cinquième lieu*, pour la mesme raison, je n'ay point besoin de donner un tel principe pour les livres du Vieux Testament en particulier. Il est vray que j'ay rapporté celuy de tant de Pères qui ont dict expressément qu'il falloit suivre en cela le canon des Hébreux, et que je l'ay trouvé raisonnable moy-mesme ; mais ce sont des choses que j'ay adjoustées *ex abundanti*, sans avoir besoin de m'en charger. Cependant je suis encore pour ce principe, et je croy qu'on pourroit s'y tenir, le prenant mesme avec rigueur : quoyque je pourrois accorder qu'il y a eu des anciens qui l'ont seulement receu en gros, quelques-uns ayant obmis, je ne sçay assez pourquoy, le seul livre d'Esther, qui est dans le canon des Hébreux, et quelques autres, ayant receu certains appendices de Jérémie qui ne sont pas dans leur canon, outre un petit fragment de Daniel qui ne se trouve point dans l'hébreu et qu'Origène semble recevoir. Car c'est tout ce qu'on oppose, à la rigueur, à la règle, et qui ne l'empesche point de subsister et d'exclure ce grand nombre de livres apocryphes du Vieux Testament que Trente nous veut faire recevoir. Monsieur l'évesque de Meaux luy-mesme est obligé de ne prendre qu'en gros les règles qu'il donne, par exemple lorsqu'il prétend que tout ce qui est dans la Bible est inspiré, *infrà* n° 34. Il excepte la prière de Manassé, et les deux derniers livres attribués à Esdras.

(Ad 5). Suffit ce que je viens de dire.

(Ad 6). *Premièrement* : Qu'ay-je besoin de changer de question et de disputer sur les livres du Nouveau Testament? suffit que j'aye prouvé que

Trente a manqué à l'esgard du Vieux. Ainsi tout ce que je dis dehors de mon sujet n'est qu'*ex abundanti*. *Secondement:* Il est vray que le concile de Laodicée et plusieurs Églises n'ont point receu l'Apocalypse, que les protestans reçoivent ; mais j'ay desjà respondu que je ne croy point nécessaire qu'on la reçoive sous peine d'anathème. La remarque est bonne, que l'Apocalypse est adressée entre autres à l'Église de Laodicée, et que cependant elle n'a pas esté receue comme canonique dans cette mesme Église. Mais qu'en peut-on inférer, sinon qu'un prophète n'est pas tousjours estimé dans sa patrie?

(Ad 7, 8, 9, 10, 11). J'ay desjà respondu ad art. 3, n° 5. Ad 13. Je ne voudrois point qu'on anathématisast ceux qui pourroient douter de la divinité du *Livre d'Esther*, comme j'ay desjà dict. Je demeure d'accord que quelques-uns l'ont exclus du canon ; cependant, là où le nombre que l'autheur met ne se remplit qu'en mettant ce livre, il semble avoir esté obmis par la mesgarde de l'autheur ou par la faute des copistes. Et je m'estonne qu'on ait rejetté une conjecture, sans toucher à la raison que j'en avois donnée.

(Ad 14). Il ne s'ensuit point que ceux qui ont faict difficulté sur Esther à cause des additions deussent encore faire difficulté sur Daniel ; car, outre que les hommes ne sont pas tousjours extrêmement constans dans leur jugement, il faut considérer que Daniel a pu paroistre bien plus recommandable par beaucoup d'endroicts que le *Livre d'Esther*.

(Ad 15). *Premièrement:* Que peut-on inférer contre moy des deux passages de sainct Épiphane? Dans l'un, où il traite la matière exprès, il fait le dénombrement des livres canoniques du Vieux Testament, tel que les protestans ; dans l'autre, après avoir nommé les mesmes livres canoniques du Vieux et du Nouveau que les protestans reçoivent, il met à la queue ceux du Vieux Testament qui ne sont point canoniques, et les comprend tous ensemble sous le nom de l'Escriture. *Secondement:* Veut-on que cet autheur se contredise dans le mesme chapitre et mesme dans la mesme période? mais c'est à quoy il n'y a nulle apparence. Il faut donc dire qu'il a faict comme les protestans, qui comprennent sous le nom de l'Escriture ou de la Bible encore des livres non canoniques. *Troisièmement :* Je suis bien aise que Monsieur l'évesque de Meaux, forcé par tant de passages, donne quelque préférence à ceux que les protestans reçoivent pour canoniques, en disant que les XXII reconnus seuls par tant d'anciens sont du canon primitif, qui est celuy des Hébreux. Mais, considérant les mesmes passages, il avouera peut-estre enfin que les Pères leur donnent une bien plus grande prérogative que celle du temps.

(Ad 16). J'ay respondu à ce qu'il y a, excepté qu'on dit que les livres douteux sont employés quelquefois comme divinement inspirés, ce qu'on n'a point prouvé. Il est vray que les mots d'Escritures divines, inspirées, etc., ont esté employés quelquefois dans un sens abusif, comme j'ay monstré dans mes précédentes.

(Ad 17). Je ne me souviens pas d'avoir posé pour règle qu'on ne doit recevoir que des livres qui ont esté tousjours receus d'un sentiment unanime. Je voudrois seulement qu'on ne *forçast* point les gens de recevoir ceux que toute l'Église ancienne n'a point receus.

(Ad 18). J'ay respondu desjà à cet endroit d'Origène ad art. 3, n° 5.

(Ad 19). Il est vray qu'Origène, en citant le Pasteur, parle quelquefois douteusement, et qu'il cite quelquefois Judith, Tobie et la Sagesse sans parler douteusement. Cependant il cite aussi le Pasteur quelquefois sans restriction et mesme comme divin et inspiré, et il exclut Judith et les autres du canon, lorsqu'il s'agit du dénombrement des livres canoniques : et quand on pourroit prouver que le Pasteur luy a paru plus douteux que Judith, par exemple, j'y consentirois volontiers. Aussi les protestans mettent-ils Judith, Tobie et la Sagesse dans la Bible et au nombre des livres de l'Escriture, à l'exemple du concile de Carthage, et non pas le livre du Pasteur. De dire que ces livres de la Bible, apocryphes selon nous, ont esté allégués par Origène, sans exception et en parallèle avec les livres de Moïse, les Évangiles et sainct Paul, cela ne prouve rien. Les protestans mesme le font tous les jours.

(Ad 20). *Premièrement :* On dit que j'ay comme supposé mon principe, mais je n'ay point d'obligation d'en supposer aucun. Suffit qu'on voye la contradiction entre Trente et la primitive Église, et, *secondement*, la difficulté n'est point commune aux protestans et aux Tridentins ; car les protestans n'anathématisent pas ceux qui ne reçoivent point avec eux des livres sur lesquels il y a eu quelque doute considérable dans l'ancienne Église. On peut adjouster à cela ce que j'ay dict sur les livres du

Nouveau Testament et sur l'Apocalypse, particulièrement ad art. 6.

(Ad 21, 22). *Premièrement:* On me veut charger d'establir des règles dont je n'ay point besoin icy, comme j'ay marqué desjà plus d'une fois à l'art. 3, n° 4, et à l'art. 20, n° 1. *Secondement:* Lorsque les protestans enseignent que la dignité de la saincte Escriture paroist aux âmes bien intentionnées, attentives et assistées par la grâce du Sainct-Esprit, je ne croy pas qu'ils ayent tort ny qu'ils establissent un fanatisme. Je croy mesme que plusieurs ont parlé comme eux en cela dans l'Église romaine. Cependant j'avoue volontiers qu'en prenant les choses à la rigueur, cela ne suffiroit pas pour establir le canon et la critique de la saincte Escriture; car on pourroit aisément fourrer des endroits des livres douteux dans les livres indubitables sans qu'un lecteur non instruict d'ailleurs s'en pourroit apercevoir. *Troisièmement:* Ainsi je puis dire que, pour establir le canon des livres divins, il faut joindre les règles de la critique ordinaire à la considération de la conduite de la Providence, qui a voulu distinguer ces livres d'une manière toute singulière par eux-mesmes, et par l'authorité qu'elle leur a faict accorder dans l'Église. *Quatrièmement:* Les protestans croyent que la vérité peut estre opprimée et que l'erreur peut prévaloir. Cependant il n'y a aucun exemple encore, grâces à Dieu, qu'une hérésie ait esté establie dans l'Église par la voye légitime des conciles œcuméniques, et il faut espérer qu'il n'y en aura jamais; aussi est-ce pour cela qu'il est si important qu'on s'oppose à la réception du concile prétendu de Trente, afin d'exclure les conciles de bas alloy qui pourroient faire passer un jour des hérésies et corrompre entièrement la pureté du christianisme.

(Ad 23). Il est vray qu'on a assez douté de quelques livres du Nouveau Testament que les protestans reçoivent, et surtout de l'Apocalypse; mais ces doutes ne sçauroient entrer en comparaison avec l'exclusion généralement receue des livres du Vieux Testament que les protestans ne reçoivent point.

(Ad 24). Il y a des autheurs qui reçoivent l'Épistre aux Hébreux et l'Apocalypse, sans croire qu'elles soyent de sainct Paul ou de sainct Jean; cependant que d'autres ont douté de l'authorité, aussi bien que de l'autheur.

(Ad 25). *Premièrement:* Il n'y a point de conviction icy qui me force d'admettre quelque chose contre mon gré, et, lorsque je dis *que, quand on accorderoit chez les protestans qu'on n'est pas obligé sous anathème de reconnoistre l'Épistre aux Hébreux et l'Apocalypse comme divins et infaillibles, il n'y auroit pas grand mal,* mon dessein est de faire connoistre qu'il est juste de donner aux vérités le degré d'authorité qui leur appartient; et il ne dépend pas de moy ny d'autres de donner plus d'authorité aux apocryphes du Vieux Testament, pour exempter de doute les canoniques du Nouveau qui ont esté contestés : la vérité n'est pas une chose qui dépende de nostre volonté ou de nostre politique. Mais, *secondement,* il ne s'ensuit pas pour cela que ces livres du Nouveau Testament doivent estre abandonnés et qu'il est permis aux libertins de dire contre eux tout ce qui leur vient dans la pensée; et c'est outrer les choses que de tirer ces conséquences, car les protestans reçoivent ces livres et les ont en vénération comme divins et infaillibles et n'approuvent point qu'on les mesprise. Quant à ce que Luther a dict contre l'Épistre de sainct Jacques, je me remets aux autheurs qui ont faict l'apologie de ce grand homme,

> Cui genus humanum sperasse recentibus annis
> Debet et ingenio liberiore frui.

(Ad 26). Où sont ces fondemens prétendus solides dont messieurs de Trente se sont servis pour innover sur le canon avec tant de hardiesse? Est-ce la tradition? Point du tout. Le contraire a esté receu autres fois. Sont-ce quelques nouvelles descouvertes, quelque vieux manuscrit, quelque ancien monument? On n'en connoist point. C'est donc quelque nouvelle inspiration du Sainct-Esprit. Mais ces messieurs ont-ils esté des gens à inspiration?

(Art. 27, 28, 29). On ne doit point cesser de souffrir la doctrine que l'ancienne Église a jugée supportable, et encore moins celle qu'elle a constamment enseignée. Ainsi les exemples de Cyprien rebaptisant et des pélagiens avant Pélage ne quadrent point. Si jamais doctrine catholique a esté enseignée tousjours et partout, c'est celle des protestans sur le canon du Vieux Testament.

(Ad 30). Trouver des livres apocryphes cités mesme en confirmation des dogmes, n'est pas une preuve de la canonicité; on cite bien à cette fin les passages des docteurs d'authorité. La déclaration expresse des anciens, que ces livres du Vieux Testament sont inférieurs aux autres, doit prévaloir à des conjectures si légères.

(Ad. 31). *Premièrement :* J'avois desjà monstré qu'il faut expliquer le pape Innocent Ier, le concile de Carthage et sainct Augustin, en sorte qu'ils s'accordent avec la commune doctrine de l'Église antérieure et de leur temps ; et ainsi *canonique* ne signifie chez eux qu'authentique ou seur et déclaré tel par les canons. *Secondement :* Il faudroit prouver que les deux livres des Machabées ont esté pris pour un, afin de concilier le pape Gélase en cela avec le concile de Trente ; les deux Machabées sont manifestement de différens autheurs.

(Ad 32). Il est visible que canonique peut estre pris pour ce que les canons approuvent ou qui peut servir de canon. C'est un sens des plus naturels, et quand tout autre est déraisonnable chez un autheur, comme je viens de monstrer, il faut s'y tenir.

(Ad 33). Ma conséquence est claire : si tous les livres non canoniques, pris dans le sens d'Innocent Ier, sont des apocryphes dignes d'estre rejettés (*si quæ sunt alia noveris esse damnanda*), il s'ensuit que, sous le nom des canoniques, il a compris les apocryphes permis et utiles que Rufin appelle ecclésiastiques, qu'Amphilochius met après les inspirés, et appelle les ἐμμελεῖς, et que les protestans reçoivent parmy les livres de la Bible, quoyqu'ils ne leur donnent point le premier degré d'authorité.

(Ad 34). Et comme les apocryphes sont de deux sortes, suivant ce que M. l'évesque de Meaux reconnoist luy-mesme icy, on voit que les canoniques qui leur sont opposés se prennent aussi de deux manières. En disant que, par les canons, les livres ecclésiastiques (ou canoniques de second ordre) sont seurs, je ne dis rien de fort extraordinaire; car c'est ainsi que la version Vulgate est déclarée authentique par le concile de Trente. Cette instance satisfait à toutes les objections de monsieur de Meaux: car il n'est pas indubitable que la Vulgate soit sans erreur ou infaillible; cependant on la prend pour authentique et seure, c'est-à-dire, dont on se peut servir sans craindre qu'il y ait quelque erreur importante, et on la lit dans l'Église comme la Bible. *Troisièmement*: C'est une question de nom, si ce qui n'est pas divinement inspiré peut estre censé partie de la Bible. Les protestans ne sont pas les premiers à parler ainsi, et sainct Épiphane, qui distingue les canoniques des autres, les comprend tous sous le nom de l'Escriture. *Quatrièmement*: J'ay faict voir par sainct Augustin (*De la Cité de Dieu*, XVII, 20), qu'un livre peut estre receu en authorité proprement canonique ou divine, comme les livres reconnus par les Hébreux, et en authorité ecclésiastique, comme les autres livres du Vieux Testament.

(Ad 35). Je m'estonne que monsieur l'évesque de Meaux me blasme icy d'appeler *ecclésiastiques* les Escritures non comprises parmy les livres canoniques inspirés, et qu'il ait oublié ou dissimulé que je le fais d'après des anciens, témoin le passage de Rufin que j'avois apporté, qui remarque mesme fort à propos que ce nom général d'*ecclesiasticus* a esté donné particulièrement au livre du fils de Sirach. Si je me devois plaindre toutes les fois que M. de Meaux me contredit sans toucher à mes raisons, mon discours seroit trop plein de plaintes.

(Ad 36). Après cela et après tant de passages formels des anciens, on jugera si ma distinction est tout à faict vaine, comme dit M. l'évesque de Meaux.

(Ad 37). On a prouvé que sainct Augustin se sert de l'appellation de canonique de plus d'une façon. Il parle comme les protestans, livre XVII *De la Cité de Dieu*, chap. 20, et puis livre XVIII, chap. 36. Il avoue que les livres qu'il dit avoir esté mis dans une espèce de canon par l'Église occidentale n'ont pas assez de force contre les contredisans. Que peut-on demander de plus précis? d'autant plus qu'il appuye leur authorité, non pas sur l'authorité indubitable de l'Église universelle, mais sur des conjectures tirées du sçavoir et de la dignité de quelques Églises particulières plus ou moins favorables à quelques-uns de ces livres.

(Ad 38, 39). Monsieur de Meaux avoue icy que les livres receus dans le canon des Hébreux sont appelés particulièrement canoniques. Mais, lorsqu'il adjouste que sainct Augustin ne dit pas un mot qui marque que les autres n'ont pas une authorité inviolable, il ne s'est pas souvenu de l'endroict où cet autheur leur refuse une pleine force contre les contredisans.

(Ad 40). Non seulement un livre purement ecclésiastique, mais mesme un apocryphe rejettable, peut rapporter quelque prophétie. Balaam et Caïphas ont prophétisé.

(Ad 41). J'ay desjà faict voir dans ma précédente, par des exemples, que sainct Augustin et d'autres ont pris souvent le mot de divines Escritures *in sensu largo* pour ce qui s'accorde avec les Escritures immédiatement divines ; et si quelquefois, dans la chaleur de la dispute, il s'est servi de termes excessifs en citant des passages favorables des livres ecclésiastiques, il en a rabattu en d'autres endroicts, comme en citant le fils de Sirach, lib. *De cura pro mortuis*, c. 5, suivant ce que j'en aurois allégué.

(Ad 42, 43, 44). S'il est vray que sainct Augustin a changé de sentiment et a parlé plus affirmativement dans ses derniers ouvrages, c'est plustost, suivant l'ordinaire des hommes, parce qu'on l'avoit contredict, que parce qu'il avoit reconnu de plus en plus je ne sçay quelle ancienne tradition que nous avons monstré tant de fois avoir esté toute contraire. Et on ne peut pas dire qu'il eust desjà les principes, mais qu'il n'en a tiré que tard la conclusion : car ses principes avoient esté que certains livres du Vieux Testament n'avoient esté authorisés principalement que par l'Église d'Occident, qu'ils n'avoient pas une pleine force contre les contredisans, qu'il falloit les lire sobrement, qu'il *falloit* les estimer selon le nombre et authorité des Églises qui les recevoient. Après cela, peut-on ne pas reconnoistre que s'il en a voulu soustenir l'authorité toute divine contre ceux qui l'avoient repris de les avoir cités pour la confirmation des dogmes, il n'a parlé que dans la chaleur de la contradiction?

(Ad 45). Il est tousjours manifeste que, si sainct Augustin l'a entendu autrement et a voulu égaler la Sagesse à la Genèse, par exemple (quoyqu'il ne dise rien de tel), il faut qu'il ait esté opposé non seulement à luy-mesme, mais aussi à toute l'Église de son temps et du temps antérieur, comme on a prouvé par tant de passages : et, en tout cas, il ne seroit point raisonnable d'opposer quelque passage d'un autheur qui parle dans la chaleur de la dispute, à luy-mesme quand il parle de sens rassis, et à tant d'autres.

(Ad 46). On ne trouve pas estrange que sainct Augustin préfère ces livres receus dans la Bible, que l'Église a desclarés authentiques, aux autres docteurs ou escrivains qu'il appelle *ecclesiasticas tractationes ;* mais il ne s'ensuit point qu'ils sont canoniques inspirés ou infaillibles.

(Ad 47). Je n'ay pas seulement dict, mais j'ay prouvé que des livres tels que la Sagesse estoient appelés ecclésiastiques en ce temps là, et sainct Augustin n'y contredit pas lorsqu'il les préfère aux livres particuliers que l'Église n'a point authorisés. Au reste, j'ay prouvé par plusieurs passages dans ma précédente que quelques livres ont esté appelés divins dans un sens inférieur.

(Ad 48). Lorsque sainct Augustin dit que la Sagesse et tels autres livres ont esté receus par l'authorité de l'Église, il marque assez qu'il ne les entend pas comme si c'estoit par une révélation divine : car il l'attribue principalement à l'Église d'Occident, et il veut que, pour establir l'authorité de ces livres, on ait esgard au sçavoir et à l'authorité des Églises particulières qui les reconnoissent. Ainsi je n'ay point besoin a présent d'entrer dans la question de l'authorité divine et infaillible de l'Église, d'autant qu'elle peut authoriser un livre sans le desclarer divin : comme ceux qui croyent le concile de Trente infaillible dans ses décisions ne laissent pas de reconnoistre que son dessein n'est pas de desclarer la Vulgate inspirée et infaillible.

(Ad 49). M. de Meaux paroist icy s'approcher du sentiment des protestans en reconnoissant *qu'on ne cite pas les livres que les Hébreux n'ont pas receus dans leur canon avec la mesme force que ceux dont personne n'a jamais douté; et que les livres du premier canon sont en effect encore aujourd'huy cités par les catholiques avec plus de force et de conviction, parce qu'ils ne sont contestés ny par les Juifs ny par aucun chrestien ou non, ny enfin par qui que ce soit.* Mais comme il semble soutenir que ce n'est qu'*ad hominem* que les livres contestés ont moins de force, et qu'en eux-mesmes et entre les catholiques, ils sont aussi infaillibles que les plus authorisés, sa condescendance ne suffit pas pour concilier les canons de Trente avec l'ancienne doctrine. Cette explication ne se trouve nulle part, pas mesme chez sainct Augustin. Tous les anciens considèrent les livres comme moins authorisés en eux-mesmes. Josèphe dit expressément que ce qui a esté faict après Artaxerxe n'est pas si digne de foy, et qu'à l'esgard des antérieurs personne n'y a osé adjouster ny retrancher. Eusèbe dit que, depuis Zorobabel jusqu'au Sauveur, il n'y a aucun sacré volume. Tous les Pères des premiers siècles, en faisant le dénombrement des livres sacrés du Vieux Testament, ont exclu tous ceux que les protestans excluent, et sainct Athanase, en faisant son catalogue des livres divins, dit qu'il ne faut rien adjouster ny retrancher. Amphilochius, en les appelant *divinement inspirés*, les distingue expressément des livres qu'il appelle *moyens* (du nombre desquels sont selon luy ceux que l'Église romaine moderne a canonisés) et des *mauvais* qu'il faut rejeter; et sainct Jérosme dit souvent généralement que l'authorité des livres exclus du canon hébraïque n'est pas propre à décider des controverses et à establir des dogmes : de sorte que cela doit avoir lieu mesme entre des catholiques. Aussi voit-on que ceux qui ont repris sainct Augustin l'ont pris ainsi, et quantité d'autheurs de l'Église romaine, avant le concile de Trente, ont dict qu'il estoit permis à un catholique de ne point déférer à l'authorité de ces livres suivant des passages que j'ay cités : au lieu qu'il semble que, selon monsieur de Meaux, ce seroit seulement à l'esgard des Juifs et hérétiques que l'authorité de nos livres ne suffiroit pas.

(Ad 50). Sainct Jérosme peut avoir parlé avec exagération dans quelque *matière* particulière : mais ce qu'il dit sur les canons se trouve expliqué dans les *formes;* toute l'Église latine l'a répété dans les exemplaires des Bibles; on ne l'a jamais contredict ny excusé, et (ce qui importe le plus) il ne l'a dict qu'après tous les autres. On ne le sçauroit expliquer comme s'il n'avoit parlé qu'*ad hominem*, sans forcer son sens et sans contredire à tant d'autres qu'il a suivis.

(Ad 51, 52). Si le concile de Nicée, suivant sainct Jérosme, a cité le livre de Judith parmy les sainctes Escritures, on peut dire avec sainct Jérosme qu'il l'a compté en quelque façon parmy ces livres là, mais que ce grand homme n'a point jugé tirer à conséquence, non plus que d'autres citations des livres certainement apocryphes, comme du Pasteur. Il faut avouer que l'authorité du Pasteur est inférieure à celle des livres que l'Église romaine moderne a receus : cependant il se trouve parmy eux dans quelques dénombremens, par exemple dans celuy de Rufin ; et Origène l'a appelé divin et inspiré, dans un sens abusif, comme il est assez clair par ce qu'il dit ailleurs.

(Ad 53). Le concile de Trente ne s'est pas contenté de ce que disoient les anciens canons, puisqu'il a voulu establir une égalité et une infaillibilité divinement inspirée de tous les livres qu'il a canonisés, et que de plus il a osé y adjouster l'anathème. Le sens qu'il a donné aux anciens canons, bien loin d'estre le fruict de l'ancienne tradition, a esté l'effect d'un abus et d'une corruption qui a passé peu à peu des termes aux choses ; car c'est la coustume des erreurs de s'estendre comme la gangrène, et de glisser insensiblement.

(Ad 54, 55, 56). C'est aussi un abus de vouloir renverser les dénombremens par les citations, dont le peu d'exactitude a esté si souvent reconnu en tant de livres certainement apocryphes qu'on a cités comme saincts et divins : ce qui ne se fait qu'en passant, et peut avoir esté faict par mesgarde ou par abus, est tousjours inférieur à ce qui se fait quand on traite la matière exprès. Un prédicateur pourroit employer cent fois la fable du Phénix dans ses sermons, et pourroit néanmoins la réfuter dans un livre de physique.

(Ad 56, 57, 58). Il n'y a rien de si foible que ce qu'on dit pour excuser les anathèmes de Trente contre l'ancienne doctrine de l'Église. *Premièrement:* Si, du temps du concile de Carthage, il n'y avoit point de dissension, il faut bien que les Pères de ce concile n'ayent dict que ce que dit sainct Jérosme et les autres docteurs, c'est-à-dire qu'ils entendoient un canon inférieur. *Secondement :* Messieurs de Trente, leur donnant un autre sens contraire au sentiment de toute l'Église jusqu'à leur temps, sont les véritables autheurs de la dissension. *Troisièmement :* Si les protestans ont repoussé avec vigueur une nouveauté qui commençoit à paroistre, on leur en est obligé. *Quatrièmement :* Si quelques-uns entre eux avoient employé des expressions trop fortes, c'estoit cela seul qu'on avoit droict de blasmer, comme nous le blasmons nous-mesmes. *Cinquièmement :* Peut-on appeler cela *ramener les catholiques qui se licencioient*, lorsqu'on destruit tout d'un coup l'ancienne doctrine de l'Église sur le canon, que les autheurs graves avoient eu soin de conserver jusqu'au temps du concile de Trente ? *Sixièmement :* Ce n'est pas mettre fin aux dissensions par un anathème éternel, mais c'est rendre le schisme éternel autant qu'il dépend de messieurs de Trente, par un anathème insupportable qui condamne toute l'ancienne Église, et oblige les protestans, aussi bien que toutes les personnes qui aiment véritablement l'honneur de Dieu et le bien de l'Église, de rejetter éternellement un tel concile, lequel, s'il passoit jamais pour œcuménique, on ne pourroit plus se fier ny aux conciles œcuméniques, ny à la tradition constante de l'antiquité, parce qu'il y auroit une contradiction entre ces deux principes, et l'Église de Dieu seroit privée d'un si grand secours. Jamais imprudence et témérité ne peut estre plus grande que de dire anathème à toute l'ancienne Église, et cela par une pure animosité contre les protestans, sans aucune apparence de raison ou de nécessité. Mais c'est Dieu qui a confondu la fausse sagesse de ces fabricateurs d'un concile œcuménique prétendu, pour mettre la postérité dans la nécessité de les abandonner.

(Ad 59). Quelque droict de juger que M. de Meaux accorde à l'Église d'aujourd'huy, il conviendra tousjours qu'elle ne sçauroit renverser la doctrine constante de l'ancienne Église.

(Ad 60). Je croy d'avoir allégué d'assez bonnes raisons pour disputer aux Églises d'Afrique et mesme à celles de Rome le titre des plus sçavantes et plus diligentes dont parle sainct Augustin; et comme on n'y respond point, elles demeurent dans leur force. L'Afrique a donné quelques excellens hommes, mais en très-petit nombre; et le plus souvent il y paroist plus d'éloquence que de solidité. L'influence africaine a passé comme en proverbe. Sainct Hiérosme est le premier homme de l'Église de Rome et sainct Augustin le premier de celle qui ait apporté quelque chose de plus que l'éloquence; et peu s'en faut qu'ils ne soyent aussi les derniers. Apulée et peut-estre Martian Capella, Africains, n'estoient point chrestiens. Boëce et Cassiodore, Romains, n'estoient point ecclésiastiques, et ces messieurs ont tout emprunté des Grecs. Cependant, l'érudition à part, j'avoue que l'Église de Rome a tousjours esté la plus authorisée, et nous pouvons fort bien nous accommoder de certains livres que l'Occident a tousjours receus dans le canon du Nouveau Testament, lorsque des Grecs en doutoient encore. Mais il faut avoir la modération de s'abstenir des anathèmes là dessus.

(Ad 61). Je n'ay point voulu faire passer pour le plus fort cet argument que j'ay pris des tesmoignages qui disent qu'il n'y a point d'inspiration prophétique en Israël depuis Esdras jusqu'au Messie, et si je l'ay mis à la teste, c'est que l'ordre des temps le demandoit. Cependant, afin qu'on ne l'entende point comme monsieur de Meaux semble le vouloir, des seuls prophètes qui avoient quelque influence dans le gouvernement du peuple de Dieu, on n'a qu'à y joindre les passages de Josèphe et d'Eusèbe que j'ay cités, qui l'entendent de tout sacré volume après Artaxerxe ou après Zorobabel; mais il se peut cependant que les autheurs du livre de Tobie et de la Sagesse, etc., ayent sçu et répété les prédictions d'Isaïe, Jérémie et autres prophètes.

(Ad 62). Non seulement les Juifs, mais encore Jésus-Christ et les apostres, n'ont point faict de nouveau canon pour les livres inspirés du Vieux Testament, et l'ancienne Église a desclaré de se tenir à celuy des Hébreux, comme il a esté prouvé par tant de passages exprès.

CXXXI

Leibniz für den Cardinal Davia.

Original-Manuscript der königl. Bibliothek zu Hannover.

1702.

Der Cardinal Davia, Eminenz, verlanget vom Bi=

LEIBNIZ POUR LE CARDINAL DAVIA

Traduction de la pièce en allemand ci-dessus.

1702.

Le cardinal Davia désire savoir de l'évêque de Neustadt

schof von Neustadt und Dessau von mir Nachricht, ob etwas in dem bewußten zu thun.

Solcher konnte anjetzo nicht wie vormahls sub auspiciis hannoveranis, weil nunmehr England im Wege steht, sondern S. hochfürstl. Durchlaucht zu Wolfenbüttel geschehen.

Können so auch der römischen Kirche nützliche Dienste leisten, in denen Dingen die der ganzen Christenheit zum besten gereichen.

Dieses kann geschehen respectu der Evangelischen und respectu des Czaar.

So viel die Evangelischen betrifft, wurde nicht allein des Königs von Pohlen, sondern selbst des Königs zu Preußen Majestäte nützlich konkurriren können und vielleicht auch wollen.

Und wann der Weg ad sublationem schismatis mit der Zeit zu bahnen, nach denen einsmals getragenen Vorschlägen so von den beiden Bischöfen von Neustadt getrieben werden.

Deßwegen die Schriften nachzusehen die S. heil. fürst-

et par mon intermédiaire s'il y a quelque chose à faire par rapport au projet que nous connaissons.

Ce projet ne pourra plus être exécuté *sub auspiciis hannoveranis* comme autrefois, car l'Angleterre en empêche; mais il pourra se réaliser chez le prince à Wolfenbuttel.

Les cercles romains pourront aussi rendre d'utiles services dans ces choses qui regardent toute la chrétienté.

Cela peut arriver à l'égard des évangéliques et à l'égard du czar.

En ce qui regarde les évangéliques, il serait de l'intérêt, non-seulement du roi de Pologne, mais de celui de Prusse, de pouvoir et vouloir concourir à cette union.

Et quand une fois le chemin *ad sub'ationem schismatis*

liche Durchl. von Fried. Ulrico Calixto bekommen, wie ich euch denn auch erinnere, etwas Schriftliches deßwegen kommunizirt zu haben.

Was vor erst zu thun möchte sein, daß Jemand die Sache dahin zu richten, daß sie vom Pabste kommittirt würde; es müßte aber sein eine Person von Autorität und Erudition; der bequemste wäre vielleicht der Bischof zu Neustadt selbst, dem noch ein geehrter Katholischer so ihm anständig zu abjungiren.

Eine solche Person könnte mit einigen theologis evangelicis, so vor orthodox passiren, communiciren, welche durch ihren Herrn Autorität zur Billigkeit und Moderation zu disponiren wären.

sera frayé, les propositions des deux évêques de Neustadt pourront être poussées en avant.

Voilà pourquoi il faut revoir les écrits que S. A. S. a reçus de Fréd. Ulric Calixte; je vous rappellerai que j'ai communiqué quelque chose à ce sujet.

Ce qu'il y a à faire en premier lieu, c'est qu'on arrange les choses de manière à avoir en quelque sorte le mandat du pape. Il faudrait pour cela une personne ayant de l'autorité et de l'érudition. La plus convenable serait peut-être l'évêque de Neustadt lui-même, auquel on adjoindrait un catholique.

Une telle personne pourrait, en passant pour orthodoxe, communiquer avec les *théologiens évangéliques,* qu'il faudrait, par l'autorité de leurs maitres, disposer à la tolérance et à la modération.

1703-1716

Mort de Bossuet. — Déclaration des théologiens d'Helmstadt. — Rôle de Fabricius et défense de Molanus. — Conversions du duc Antoine Ulrich et de ses fils. — Lettres du pape Clément XI.

CXXXII

LEIBNIZIUS AD FABRICIUM, THEOLOGUM HELMESTADIENSEM.

Ex autographo prius edito, quod nunc etiam in bibliotheca Hanoverana servatur.

Dabam Hanover., 6 januar. 1706.

Perutile erit, tuum cum Dn. Tilemanno commercium. Consultum erit, ut cum Dn. Episcopo Ursino communicet; itaque illum hortare, quæso, ut ad hunc scribat et scribenda suppedita. Nam si Episcopus ostendat Regi id, fructum epistola habebit. Vellem nosse distinctius quid Dn. Tilemannus de Strimesianis judicet : ea enim discedunt, ut scis, a Dordracenis, non tantum in gratiæ universalis negotio, sed et in doctrina de vera justificatione temporariorum. Ex Serenissimo Duce Antonio his festis diebus, quibus in ejus aula egi, intellexi Dn. Richterum consiliarium intimum apud eum fuisse. Valde doleo, quod nos prætervectus est.

Molano secundum librum de regia potestate in matrimonium transmittam. Olim juvenis, ante eum editum, in Gallia discussi hanc materiam, quum Serenissimus Dux Megalopolitanus Christianus Ludovicus sententiam meam expeteret super matrimonio suo secundo, quod divortio cum cognata inaedificarat; et postea, sed sero, divortii poenitentia ducebatur.

Cogito jam iter Berolinense. Significavit mihi Dn. Jablonskius missurum te ipsi et Strimesio scriptum, quod intersit tuto reddi : id a me afferri posse. Certe curabo diligenter. Tantum suadeo, ne quid cum illis communices facile, quod ad rem pontificiam pertineat; si qua in re alia tibi videntur, mone quaeso in tempore. Vidi scriptum germanicum typis editum, pro eis qui religionem nostram cum pontificia commutent, aut huic mutationi faveant; id mihi visum est valde frigidum. Et miratus sum admitti ab auctore, quod magis Pontificii nostros damnent, quam nostri ipsos : nam certum est, plerosque Pontificios non damnare haereticos materiales. Quum te vidisse non dubitem, fac quaeso, ut judicium de eo tuum intelligam.

Recte Serenissimus Dux negotium cum suis Concionatoribus Aulicis sine strepitu et figura judicii finivit; illi quidem in publica correptione modum omnem prudentiae non minus, quam aequitatis excessere. Quod superest, et vale in multos annos novo hoc felice inchoandos, et fave..

LEIBNIZIUS.

CXXXIII

LEIBNIZIUS MOLANO.

Ex autographo nondum edito, quod nunc etiam in bibliotheca Hanoverana servatur.

13 martii, 1706.

Reverendissime Domine Abbas,

Ecce locum Bibliothecæ selectæ Clerici, ubi Pufendorfii jus feciale divinum recensetur. Rogo ut lectum remittas, quia tantum sumsi mutuum. Quia Clericus theologicus intellexit facile, animadvertit Pufendorfiana admodum superficiara esse. Si jurisprudentia intellexisset, facile animadvertisset scripta Pufendorfiana de jure naturæ et gentium, etsi non spernenda, non tamen tanti esse quanti fieri solent. Vale et fave. Deditissimus

G. G. L.

CXXXIV

MOLANUS LEIBNIZIO.

Ex autographis editis a Veesenmeyer et in publica auctione Dm Libri a Dno Philips emptis denuo inspexit Foucher de Careil.

Hannoveræ, 13 nov. 1706.

Excellentissime Domine, amice dilecte,

Pro communicatione Novellæ Bervardianæ gratias ago. Quis ille Bervardus sit, quæ ejus Nova litteraria, quidque demum intelligat per Consilium Helmestadiense, juxta scio cum ignarissimis. Sed nec ausim affirmare, me per M. L. aut Dn. L. significari, cum litterarum mearum ad amicos ordinaria sit subscriptio vel G. vel G. A. L., hoc est : Gerardus Abbas Luccensis. Quid sibi, *auctorem* me vocando consilii Helmestadiensis, censor ille velit, non capio, cum id duplicem sensum admittat, vel, quod consilium ego dederim Helmestadiensibus ipsis, vel quod de Helmestadiensibus consilium dederim aliis. Utrumque autem falsum est, cum a nemine ad dandum consilium fuerim rogatus, inter meas autem vivendi regulas primum fere locum obtineat vetus illud verbum :

Ad consilium ne accesseris, antequam voceris.

Helmestadienses certe a me consilium petiere nunquam, sed nec ullus mortalium in causa Helmestadiensi. De litibus toti Academiæ in Britannia motis, protestationem ipsorum, cum primum in lucem prodiit, legi et pro excusanda Academia cum Anglicis nostris aulicis communicavi. Paulo post fama increbuit (id quod facile erat prævidere) Episcopis Anglicanis aulæque regiæ hac protestatione factum non esse satis; neque enim quæri, an reliqui professores scriptum, Dn. Fabricio imputatum, suum faciant nec ne, sed an cum illo hac in re paria sentiant. Ubi equidem, pro salute Domus Electorialis et inclytæ illius Academiæ fama, non potui non in colloquio cum amicis optare, ut aliquanto propius et magis ad rem responderent Domini Helmestadienses. Si quis tale votum consilium appellare voluerit, eum a proprietate verborum recedere in aperto est. Quis enim tum temporis ad consilium me vocare potuisset? An Serenissimus Elector? Is domi non erat. An domini Consiliarii? Nequaquam. Nosti enim, Amicorum honoratissime, quanta illi cura et sollicitudine, per hos septem et triginta annos, quibus in his terris Ecclesiarum fui director, non solum a negotiis ad Academiam Helmestadiensem pertinentibus, sed et a consiliorum suorum de hac notitia me excluserint. Tot interea temporis theologiæ ac philosophiæ creati sunt professores, de quibus ego, primus in hac Ecclesia theologus, et per multos annos in Ernestina Academia professor, atque adeo idoneus hujusmodi scientiarum arbiter et æstimator, jure merito debuissem interrogari. Verum enim vero quis me unquam super his rebus, non dicam directe, sed vel indirecte, vel per tertium, interrogare dignatus est? Tantum abest, ut nunc eo se demittere voluerint et consilium meum postulare in re facili et quod dupondius dare potuisset. Dedit hæc tua scriptio, vir excellentissime, occasionem mihi, ut hesterno die epistolæ tuæ paragraphum primum, incipiendo a verbis : *Non sine admiratione vidi*, usque ad verba : *Theologum latitudinarium*, *etc.*, non nemini, rerum istarum gnaro prælegerem, peteremque, ut Davo mihi hac in parte OEdipus esse velit. Is rem totam, ut gesta est, narrabat. Helmestadienses nempe, postquam Britanni protestatione illa non fuerint contenti, ad rem ipsam respondere jussos; id eos, ea, qua par est, fide et promtitudine fecisse, responsum hoc missum esse ad toto divisos orbe Britannos, fluctusque in simpulo ibidem motos, jam prorsus esse sedatos; Dominum autem D. Fabricium peculiari epistola se excusasse, et petiisse nescio quid. Quæ omnia, ante hanc narrationem, *quam vere vivo*, mihi fuerunt ignota, nec nisi occasione litterarum tuarum ad meam notitiam unquam forte pervenissent. Cum Bervardo super joculari hac imputatione, quodque me theologum latitudinarium appellaverit, contentionis serram reciprocare nolo. Sit is, per me licet, sine vitio creatus censor longitudinarius, aut profunditate cognomen sortiatur : mihi certum est latitudinem ne ad essentiam quidem physici corporis in genere nedum corporis theologici pertinere. Vale, vir excellentissime, et salve ab Excell. Tuæ servo deditissimo,

GERARDO A. L.

P. S. Submisse peto ut hanc Apologiam meam Serenissimo Duci Dno Antonio Ulrico, Domino meo clementissimo, prælegere, aut si absens fuerit Serenissima Ipsa Celsitudo, transmittere ne graveris, ut videat quanta mihi ab hoc Bervardo facta sit injuria.

CXXXV

CLEMENS XI. S. P.

Ex autographo prius edito, quod nunc etiam in bibliotheca Hannoverana servatur

Romæ, 2 julii 1707.

Dilecta in Christo Filia, Nobilis Virgo, salutem, etc. Bonum est Nobilitati Tuæ, quod cor suum tradidit ad vigilandum diluculo : quod memor Creatoris sui in diebus juventutis suæ, certam et unicam, qua ad eum tenditur, viam inter offusas tenebras invenire et ingredi meruit : quod rejectis erroribus, in quibus educata fuerat, catholicam veritatem Dei ope est complexa. Lætare itaque in Domino, lectissima Virgo, et exsulta, quod gratum ipsis Angelis spectaculum exhibuisti, cujus aspectu, ne paternam nostram charitatem diu fraudares, litteras optatissimi hujus eventus nuncias, easdemque filialis tuæ erga Nos et Apostolicam Sedem devotionis testes, ad Nos dedisti. Quibus quidem litteris perlectis repletum est gaudio cor nostrum, et lingua nostra exsultatione, tum sane quia ad tua decora, quorum Nos præstantiam non ignoramus, Romanæ Ecclesiæ non vulgare ornamentum, Te in ejus sinum recepta, accessisse existimamus, tum vero in primis inspecto spirituali tui ipsius bono, cui aliter consuli non posse intelligebamus, nisi Tu cœlesti lumini obsecuta properasses ad amantissimæ Matris ubera, unde lac immaculatum exsugeres, ac nisi ultro appetiisses fontes Salvatoris, unde haurires cum gaudio salutem, quæ a cisternis dissipatis, quæ non continent aquas, frustra semper expetitur. Dum vero Deo misericordiarum Patri gratias in humilitate cordis agimus, qui Te tanto suæ gratiæ munere, Nos vero tam præcipuo lætitiæ argumento, donare voluit, eundem indesinenter rogare proponimus, ut sua in Te dona cumulet atque perficiat, confisi Te vicissim ad ea promerenda omnia pietatis studia præclare posituram, cujus boni auspicium esse cupimus Apostolicam Benedictionem, quam Nobilitati Tuæ peramanter impertimur.

CXXXVI

LEIBNIZIUS AD FABRICIUM, THEOLOGUM HELMESTADIENSEM.

Ex autographo prius edito, quod nunc etiam in bibliotheca Hannoverana servatur.

Dabam Hannover., 4 sept. 1708.

Litteras nuper accepi a D. Banagio theologo apud Roterodamenses scriptas, celeberrimo fratre ejus qui operum eruditorum historiam diarii forma edit, quibus ex me desiderant, quid veri insit rumori de Helmestadiensium Theologorum responso (1), quod Trivultiani suo diario (*Mémoires de Trévoux*) (2) etiam inseruere, multumque ea de re jactant; et quantum intelligo in opere aliquo suo tangere et examinare scriptum, calumniamque a Protestantium Ecclesiis amoliri cogitat. Ego illi significabo, a vobis una oro, rejici et longe amoveri hoc scriptum; si quid tamen voles præterea monere, una cum Dominis Collegis exspectabo monita. Circumspecte enim respondendum erit, quum futurum augurer, ut, quæ respondebo, publice compareant. Schedas tuas per hominem tibi notum et ad vos proficiscentem rite

---

(1) Quum serenissima princeps Brunswicensis Elisabetha Christina, tunc augustissima imperatrix, ad romanam Ecclesiam deserta lutherana transierit, judicium a theologis Helmestadiensibus (anno 1707) requisitum est quod sub indice: *Declaratio Helmestadiensium theologalium de discrimine exili lutheranam inter et romanam Ecclesiam, transituque ad romanos ritus non illicito*, Coloniæ primum editum prodiit, et magnam litem in protestantium castris movit. N. E.

(2) Confer *Commentaria Trivultiana* (Mémoires de Trévoux), an. 1708, p. 900 seqq., ubi inserta est *theologorum Helmestadiensum declaratio*. N. E.

tibi redditas non dubito. Quod superest, vale faveque.

LEIBNIZIUS.

P. S. Addit ex Anglia aliisque locis hac de re ad se scriptum esse, remque multum strepitum excitare.

CXXXVII

LEIBNIZIUS AD FABRICIUM, THEOLOGUM HELMESTADIENSEM.

Ex autographo prius edito, quod nunc etiam in bibliotheca Hannoverana servatur.

Dabam Hannover., 17 sept. 1708.

Agitari aliquid, quale memoras, ex ipso Serenissimo Duce intellexi. Ad eum res omnis redit, certe ipso invito non fiet; nunc adeundum compellandumque censeo, nam mihi visus est nihildum constituisse. Protestationem nondum videram, et pro ea gratias ago. Recte facit inclyta Facultas, quod a se removet, quæ in vulgus ad offensam nostrorum sparsa sunt. Sed video plerosque aliquid amplius postulaturos, nempe ut declaretur non tantum quid non sentiat, sed etiam quid sentiat. Ea declaratio, si stet intra limites Calixti et Horneii, excellentium virorum, et Principibus sui temporis probatissimorum, facile orthodoxorum allatrationes contemnet. Atque id erat, quod nuper dicebam, aliquo apologetico opere opus videri, ad rem præsentem accommodato, et e re fore ut loca parallela Calixti et Horneii adducantur. Ipsos Anglos turbatos fama nimiæ indulgentiæ et Episcopos quosdam hoc non dissimulasse intelligo, quod ad aulam nostram relatum est, tanquam nocere posset. Vides, quo talia porrigantur Sonnemanni et similium scripta, quamquam ut ab ipsis, non mala, inter nostras tamen magis nocent.

> Non tali auxilio, nec defensoribus istis
> Tempus eget.

Reprehensiones Pontificiorum institutorum dissimulandæ non sunt, quemadmodum nec a Calixto sunt dissimulatæ. Aliud est quid damnandum sit, aliud quid suadendum; multa ferimus, quæ non consulimus, et quæ, si per nos staret, impediremus. Interest profecto Ecclesiæ protestantium auctoritatem Academiæ Helmestadiensis conservari, quæ ceteris moderationis et prudentiæ christianæ facem præluxit. Nihil itaque omitti velim, quod in eam rem faciat. Opus autem est auctoritate Principum, quæ nec deerit justissimæ caussæ; modo illi rem probe cognoscant, quæ etiam ad ipsorum decus et utilitatem pertinet. Quod superest, vale et fave.

LEIBNIZIUS.

CXXXVIII

LEIBNIZIUS AD FABRICIUM, THEOLOGUM HELMESTADIENSEM.

Ex autographo prius edito, quod nunc etiam in bibliotheca Hanoverana servatur.

Dabam Hanover., 22 sept. 1708.

Etsi vulgi sermone celebretur, non esse sapientis dicere: Non putabam; ego tamen non putabam tibi responderi potuisse injustum esse processum, sed tamen ferendum. Video non plus tibi quam aliis objici posse, planeque duorum aliorum responsa tuis consentire. Interea omnino sentio responsa hujusmodi ad secundam præsertim quæstionem summo studio supprimenda esse, nec sine maxima offensione publicari posse. Nam quæ ad primam dicta sunt, nil habent quod non a multis nostrorum publice dictum comprobatumque sit; secundæ autem quæstionis affirmatio (quantum scio) apud protestantes theologos sine exemplo est. Apud Anglos theologos magna facta est rerum conversio inde ab expulsione Jacobi II. Nam quæ olim Guilielmus Forbesius docuit, ea omnia paucissimi hodie probabunt, nec nisi suspecti papismi vel certe nimiæ ad papatum inclinationis. Ipsi Episcopi plerique hodie non admodum Episcopales habentur, a Presbyterianorum sententiis multo minus quam olim recedunt. Archiepiscopi Cantuariensis Episcopalitas pene per ironiam in proverbium abiit: adeo quidam est sententiarum fluxus et refluxus. Meministi in tuis litteris Responsi cujusdam Friderici Ulrici Calixti vestris ὁμοψήφου: id quando aut qua occasione datum sit nosse velim. Rectissime facitis, quod rejicitis et a vobis profecta negatis, quæ vobis invitis non nisi interpolata prodiere. Dicis talis facti exempla haberi in Calixto, Conringio, Musæo, Hackspannio et aliis, quæ qualia sint, quum ad historiam nostræ Ecclesiæ pertineant, nosse itidem desidero. Quæ communicasti, statim ut jubes remitto. Scribit mihi quidam Lipsiæ, sermonem illic esse de Lysero nostro ad supremi concionatoris aulici munus Dresdam vocando. Dubito tamen an rumor veritate nitatur. Quod superest, vale et fave.

P. S. Etsi responsum tibi sit, quod dicis, ego tamen non desperaverim de temperatione rei. Has reddet tibi notus, qui apud Dn. Consil. Aul. Hattorf. diu egit, nunc Halas Jenamque profecturus, ubi aliquamdiu aget.

Leibnizius.

CXXXIX

Leibniz an den Herzog Anton Ulrich.

(Auszug aus den „Beiträgen zur Kenntniß und Verbesserung des Kirchen- und Schulwesens in Hannover".)

Hannover, 2. April 1709.

Durchlauchtigster Herzog, Gnädigster Herr!

Weiß nicht, ob E. Hochfürstl. Durchl. zu Handen kommen das Antwortschreiben der Theologischen Fakultät zu Tübingen an den Herrn Abt Fabritium. Nun wäre zu wünschen gewesen, daß zu einer solchen Antwort

---

Traduction de la pièce en allemand ci-dessus.

Hanovre, 2 avril 1709.

Altesse sérénissime, gracieux seigneur,

J'ignore si Votre Altesse Sérénissime a eu sous la main la réponse écrite de la Faculté de théologie de Tubingen à M. l'abbé Fabricius. Il aurait été désirable que l'on n'eût

gar keine Gelegenheit gegeben worden wäre; aber da es geschehen, hätte deren Publikation billig unterbleiben sollen. Es wird aber vermuthlich die Tübingsche Fakultät selbst sich deren nicht annehmen.

Unter andern können darinnen drei Dinge billig dem Braunschweigschen Hofe mißfallen, 1) daß man die principia helmestadiensia in universum angreift, die doch die alten berühmten Leute Calixtus und Horneius mit Wissenschaft und unter Schutz der hohen Herrschaft behauptet; dahero man auch noch billig die theologos helmestadienses dabei zu schützen hat. 2) Daß man der Königin zu Hispanien (oder zu Portugall, weil man es nicht eigentlich bedeutet) zuschreiben will, als ob sie, weiß nicht was vor Gewissensangst empfinde, und solche der Königin von England entdeckt habe; die Worte lauten also pag. 11: Testis, ut fama fert, inter angores et suspiria est augusta anima, quæ in sinum Eu-

eu aucune occasion de faire cette réponse; mais puisque c'est fait, au moins conviendrait-il de ne la point publier. Mais probablement que la Faculté de Tubingen ne fera semblant de rien.

Trois choses, entre autres, peuvent déplaire en cela à la cour de Brunswick: 1° que l'on s'attaque aux *principia helmestadiensia*, que ces vieux et renommés personnages, Calixte et Hornejus, ont maintenus en connaissance de cause et sous les auspices de l'autorité; qu'il s'ensuit qu'il y a équité à protéger en cette occurence les théologiens d'Helmstadt; 2° que l'on veut écrire à la reine d'Espagne (ou de Portugal, car on ne le dit pas précisément), parce qu'elle aurait je ne sais trop quel trouble de conscience, dont elle se serait ouverte à la reine d'Angleterre; on s'exprime à ce sujet dans les termes suivants (page 11): *Testis, ut fama fert, inter angores et suspicia est augusta anima,*

ropæ liberatricis Angliæ reginæ necessitates suas effudit. Billig sollten die Herren Theologi sich solcher zumal ungegründeten Personalien von hohen Personen enthalten, und vernehme ich, daß durch ein Kaiserlich Rescript nacher Hildesheim dergleichen freies Schreiben geahndet worden. Drittens wollen diese Tübingsche theologi in aliena republica die bekannten Worte: **und steur des Pabsts und Türken Mord** beibehalten, wissen, geben auch dem guten Abt Fabritio Schuld, daß er deren Ausmusterung gerathen; da doch ja die Lieder zu adiaphoris gehören, und jeder Herr in seinem Lande solche nach seinem Belieben und Gutbefinden fassen lassen kann. Daß man auch dem Pabst öffentlich Schuld geben will, ob wolle er sowohl als der Türk Jesum durch Mord vom Thron stoßen, ist ja sehr hart, und wird von etlichen für injurios und dem Frieden zuwider geachtet. In dem

quæ in sinum Europæ liberatricis, Angliæ reginæ necessitates suas effudit. Il serait convenable que messieurs les théologiens s'abstinssent de ces détails personnels relatifs à de grands personnages, et qui parfois sont sans fondement, et j'apprends qu'un rescrit impérial a été adressé à Hildesheim à l'occasion de cette liberté de langage; 3° que lesdits théologiens de Tubingen veulent, *in aliena republica*, le maintien des expressions connues: *denier du pape et mort des Turcs*, et accusent le bon abbé Fabricius d'en avoir conseillé la suppression, alors pourtant qu'en ce qui concerne les cantiques, c'est quelque chose d'assez indifférent, et que chaque seigneur en son pays peut laisser rédiger cela suivant son bon plaisir. Maintenant, que l'on prétende publiquement que le pape veut, à l'exemple du Turc, faire descendre Jésus de son trône, même par le meurtre, c'est un peu dur, il me semble, et d'aucuns trouvent cela injurieux et contraire à la paix.

Hannöverischen Gesangbuche ist dies Lied nicht ausgelassen; es wird aber nicht leicht in der Kirche zu Hannover gesungen; vielleicht kömmt's von Herzog Johann Friedrichs Zeiten her, daß man es vermieden.

Da E. Durchl., wie Sie neulich in Gnaden erwähnt, anjetzo auf eine Kirchenverfassung bedacht sein: so wäre zu wünschen, daß bei der Gelegenheit die theologia purior et moderatior, wie sie zu Helmstedt von vortrefflichen Leuten so lange Jahr mit so großem Lob gelehrt worden, gegen künftige Unterdrückung gesichert, und zu dessen besseren Erreichung das Corpus Julium erneuert würde. Dazu, wie ich ehemalen gemeldet, nicht besser zu gelangen, als wenn dem Verleger, so ein Buchhändler in Braunschweig, an die Hand gegeben würde, anzuhalten, daß man von ihm die etwa noch vorhandene exemplaria abnehmen und unter die Kirchen distribuiren mögte. Solche Supplik könnte Gelegenheit geben, die Materie

Le livre des cantiques hanovriens n'a point supprimé celui-là; mais on ne l'exécute guère dans l'Église d'Hannover. Peut-être est-ce depuis le temps du duc Jean-Frédéric qu'on évite de le faire.

Comme Votre Altesse, ainsi qu'elle a daigné le mentionner, médite une *constitution ecclésiastique*, il serait à désirer, qu'à l'occasion, on garantît contre toute persécution à venir la *theologia purior et moderatior*, telle que tant de gens distingués l'ont professée, au grand éloge de tous, pendant tant d'années; et que, pour mieux atteindre ce but, on révisât le *Corpus Julium*. Le meilleur moyen à employer, ce serait, ainsi que je l'ai déjà fait connaître, de donner à l'éditeur, un libraire de Brunswick, la commission de veiller à ce qu'on puisse prendre chez lui les exemplaires qui pourront lui rester pour les distribuer. A cette occasion on pourrait méditer la matière, réformer avec prudence

zu überlegen, und auf dieses Werks Erneuerung bedacht zu sein, auch deswegen zwischen den Höfen communication zu pflegen; zumal weil das Corpus Julium nicht nur das Wolfenbüttelsche, sondern auch das Calenbergsche Fürstenthum angeht, und nunmehr auch die Cellischen annehmen werden, pastores durch des Herrn Abt Molani Anstalt bei dem Hannoverschen Consistorio solches pro libro symbolico erkennen, und von der formula concordiæ schweigen. Und wäre gut, daß die Sache nicht verschoben, sondern noch bei des Herrn Abt Molani Zeiten vorgenommen würde.

Es ist nicht genug, daß E. Durchl. wohl vor die Kirche gesinnt, sondern es ist nöthig, daß Sie Ihre Wohlthat durch beständige Anstalten zu verewigen suchen. Ich wünsche, daß man noch lange nicht dessen Versäumniß beklage, und verbleibe Lebenszeit, u. s. w.

cette œuvre, et, à cet effet, nouer des communications entre les cours, principalement parce que le *Corpus Julium* n'intéresse pas seulement la principauté de Wolfenbuttel, mais aussi celle de Calenberg, et que ceux de Celle l'adopteront également; que des pasteurs, instruits à cet effet par le seigneur abbé Molanus, le reconnaissent dans le consistoire hanovrien *pro libro symbolico* et se taisent au sujet de la *formula concordiæ*. Il serait même bon que l'on ne différât point la chose, mais qu'elle fût entreprise du vivant du seigneur abbé Molanus.

Il ne suffit pas que Votre Altesse soit bien disposée pour l'Église : il est nécessaire encore qu'Elle cherche à immortaliser par des institutions durables sa bienveillance. Je souhaite qu'elles ne se fassent plus attendre, et suis pour la vie, etc.

CXL

SS. CLEMENTI XI A. ULRICHUS.

Ex autographo nondum edito quod Hanoveræ in bibliotheca regia inter Irenica asservatur.

Brunswigæ, 11 januarii 1710

Beatissime Pater,

Humillime prostratus ad Sacros Beatitudinis Vestræ pedes, omni majori, qua par est reverentia et submissione expono, quod favente Omnipotentis Dei misericordia, diu agitatam mente intentionem dogmata Protestantium abjiciendi et me pro acquirenda æterna salute in gremium Sanctæ Romanæ Ecclesiæ transferendi nunc ita opere præstiterim, ut non modo consuetam fidei professionem a S. Concilio Tridentino præscriptam manu mea descriptam, sigilique mei aviti et nominis appositione subsignatam prævia hæreseos abjuratione coram sacra Crucifixi imagine emiserim, verum etiam post impetratam ab hæresi, præmissaque sacramentali confessione, a peccatis absolutionem, cum ingenti cordis mei lætitia spirituali sacra synaxi more ac ritu catholico refectus fuerim. Quæ omnia ac singula quamvis pro ponderosis rerum ac temporum circumstantiis non publice sed occultissime fieri potuerint, fidenti tamen animo sum Sanctitatem Vestram indubitatum hoc filialis meæ cum Ecclesia reconciliationis ac in ovile Christi admissionis monumentum paternis visceribus fore acceptaturam, qui nihil aliud jam in votis gero, quam ut fidem hanc catholicam publice profiteri, et coram hominibus et angelis exercere valeam, quod quidem ipsum ad commodiores circumstantias pro majori Religionis nostræ Catholicæ bono adhuc differre compellor. Interea ad sacros Beatitudinis Vestræ pedes provolutus, eosdem venerabundus deosculor, et me Apostolicæ Beatitudinis Vestræ benedictioni et potenti contra subsecuturas procul dubio in me persecutiones, protectioni summa qua decet devotione enixe commendo, maneoque quoad vixero Beatitudinis Vestræ obedientissimus ac devotissimus filius et servus,

Antonius Ulricus,
Dux Brunsvicensis.

CXLI

INSTRUMENTUM CONVERSIONIS S. DUCIS ANTONII ULRICI.

Ex autographo prius edito, quod nunc etiam in bibliotheca Hanoverana servatur.

Bambergæ, 1 april 1710.

In nomine Domini amen,

Cum juxta notum illud Archangeli Raphaelis oraculum : *Opera Dei revelare et confiteri honorificum sit*, inscrutabili vero Dei providentiæ et bonitati, quæ est via, veritas et vita, *Serenissimum Dominum D. Antonium Udalricum Ducem Brunswicensem et Luneburgensem*, de tenebris vocare in admirabile lumen suum, et pro immensa sua in genus humanum miseratione, ad agnitionem veræ fidei perducere placuerit; idcirco ego Joannes Wernerus Episcopus Dragonensis, in Pontificialibus suffraganeus, et in spiritualibus per Civitatem et Dioecesin Banbergensem, Vicarius Generalis, insignis collegiatæ Ecclesiæ ad S. Stephanum Protomartyrem Decanus, S. S. Theologiæ Doctor, Protonotarius Apostolicus per præsens instrumentum publicum universis ac singulis grande hoc dexteræ Excelsi opus revelo ac manifestum facio, quod *Bambergæ, anno a reparata salute millesimo septingentesimo decimo, indictione tertia*, Petri naviculam gubernante Beatissimo Patre ac Domino Nostro Domino Clemente Papa XI, anno Pontificatus Ejus decimo, *die vero undecima mensis aprilis*, paulo post octavam antemeridianam ad sacellum palatii episcopalis Idem Serenissimus Dux me invitaverit, ut prævia requisitione solemni fidei catholicæ professioni a se emittendæ assisterem, unaque cum D. D. testibus infra scriptis, et ad actum illum specialiter requisitis, omnia ibidem peragenda adnotarem, atque unum aut plura instrumenta desuper conderem : in quo porro sacello antefatus Serenissimus Dux tempore et hora præmemoratis comparuit, ibique sacrificante Eminentissimo et Celsissimo Domino, D. Lothario Francisco S. Sedis Moguntinæ Archiepiscopo, Sacri Romani Imperii per Germaniam Archi-Cancellario, et Principe Electore, Episcopo ac Principe Bambergensi, post Offertorii verba in genua provolutus inspectantibus et auscultantibus primis aulæ ministris, proceribus, et tam Ecclesiastici quam aulici consilii consiliariis, aliisque in dignitate constitutis et gravibus personis, intelligibili et alta voce ad archiepiscopales dicti Eminentissimi Electoris manus sequentem fidei catholicæ professionem juxta Tridentini formulam tenerrimo animi sensu et affectu in idiomate germanico palam emisit, abjurata prius Lutheri hæresi :

Ego Antonius Udalricus, Dux Brunswicensis et Luneburgensis, firma fide et credo et profiteor omnia et singula quæ continentur in symbolo fidei, quo sancta Romana Ecclesia utitur, videlicet : Credo in unum Deum, Patrem omnipotentem, factorem cœli et terræ, visibilium omnium et invisibilium. Et in unum Dominum Jesum Christum Filium Dei unigenitum; et ex Patre natum ante omnia secula. Deum de Deo, lumen de lumine, Deum verum de Deo vero. Genitum, non factum, consubstantialem Patri, per quem omnia facta sunt. Qui propter nos homines, et propter nostram salutem descendit de cœlis. Et incarnatus est de Spiritu sancto ex Maria virgine, et homo factus est. Crucifixus etiam pro nobis sub Pontio Pilato, passus et sepultus est. Et resurrexit tertia die, secundum Scripturas; et ascendit in cœlum; sedet ad dexteram Patris. Et iterum venturus est cum gloria judicare vivos et mortuos, cujus regni non erit finis. Et in Spiritum Sanctum Dominum et vivificantem, qui ex Patre Filioque procedit. Qui cum Patre et Filio simul adoratur et conglorificatur. Qui locutus est per prophetas. Et unam sanctam Catholicam et Apostolicam Ecclesiam. Confiteor unum baptisma in remissionem peccatorum, et exspecto resurrectionem mortuorum, et vitam venturi sæculi, amen.

Apostolicas et ecclesiasticas traditiones, reliquasque ejusdem Ecclesiæ observationes et constitutiones firmissime admitto et amplector.

Item sacram Scripturam juxta eum sensum,

quem tenuit et tenet sancta mater Ecclesia, cujus est judicare de vero sensu et interpretatione sacrarum Scripturarum, admitto, nec eam umquam nisi juxta unanimem consensum Patrum accipiam, et interpretabor.

Profiteor quoque septem esse vere et proprie Sacramenta novæ legis, à Jesu Christo Domino nostro instituta atque ad salutem humani generis, licet non omnia singulis necessaria, scilicet: baptismum, confirmationem, eucharistiam, pœnitentiam, extremam unctionem, ordinem et matrimonium, illaque gratiam conferre, et ex his baptismum, confirmationem et ordinem sine sacrilegio reiterari non posse. Receptos quoque et approbatos Ecclesiæ catholicæ ritus in supradictorum omnium sacramentorum solemni administratione recipio et admitto. Omnia et singula, quæ de peccato originali, et de justificatione in sacrosancta Tridentina synodo definita et declarata fuerunt, amplector et recipio.

Profiteor pariter in Missa offerri Deo verum et proprium et propitiatorium sacrificium pro vivis et defunctis, atque in sanctissimo Eucharistiæ sacramento esse vere et realiter et substantiàliter corpus et sanguinem una cum anima et divinitate Domini nostri Jesu Christi, fierique conversionem totius substantiæ panis in corpus, et totius substantiæ vini in sanguinem, quam conversionem catholica Ecclesia transsubstantiationem appellat.

Fateor etiam sub altera tantum specie totum atque integrum Christum, verumque sacramentum sumi. Constanter teneo purgatorium esse, animasque ibi detentas fidelium suffragiis juvari. Similiter et sanctos una cum Christo regnantes venerandos atque invocandos esse, eosque orationes Deo pro nobis offerre, atque eorum reliquias esse venerandas.

Firmissime assero, imagines Christi ac Deiparæ semper Virginis, nec non aliorum Sanctorum habendas et retinendas esse, atque eis debitum honorem ac venerationem impertiendam. Indulgentiarum etiam potestatem a Christo in Ecclesia relictam fuisse, illarumque usum christiano populo maxime salutarem esse affirmo. Sanctam catholicam et apostolicam romanam Ecclesiam omnium Ecclesiarum matrem et magistram agnosco, romanoque pontifici B. Petri Apostolorum Principis successori, ac Jesu Christi vicario, veram obedientiam spondeo ac juro. Cætera item omnia a sacris canonibus et œcumenicis conciliis, ac præcipue a sacrosancta Tridentina synodo tradita, definita et declarata indubitanter recipio atque profiteor, simulque contraria omnia atque hæreses quascumque ab Ecclesia damnatas, rejectas et anathematizatas, ego pariter damno, rejicio et anathematizo. Hanc veram catholicam fidem extra quam nemo salvus esse potest, quam in præsenti sponte profiteor, et veraciter teneo, eandem integram et inviolatam usque ad extremum vitæ spiritum constantissime (Deo adjuvante) retinere et confiteri, atque a meis subditis vel illis, quorum cura ad me in munere meo spectabit, teneri, doceri et prædicari, quantum in me erit curaturum. Ego idem Antonius Udalricus Dux Brunswicensis et Luneburgensis spondeo, voveo ac juro. Sic me Deus adjuvet et hæc sancta Dei Evangelia.

Quam denique professionem postquam alta, uti præfertur, clara et distincta voce cum singulari animi devotione ad summam adstantium ædificationem publice ediderat, tactisque sacrosanctis Dei Evangeliis, jurejurando firmaverat, obtenta prius ab Eminentissimo Archiepiscopo et Principe Electore absolutione ab hæresi, sumptoque ex sacratis ejusdem manibus sanctissimo eucharistiæ sacramento, ad gremium sanctæ matris Ecclesiæ receptus fuit. *Acta hæc sunt Bambergæ in supradicto sacello palatii episcopalis anno, indictione, pontificatu, mense, die et hora, quibus supra, præsentibus testibus infra scriptis, rogatis et requisitis.*

Georgius Fridericus liber baro de Berningen, eminentissimi electoris Moguntini, episcopi et principis Bambergensis consiliarius intimus, Electoratus Moguntini consiliarius, testis adfui et subscripsi.

Wolfgangus Philippus liber baro à Schrottenberg, eminentissimi electoris Moguntini, episcopi et principis Bambergensis consiliarius intimus, principatus Bambergensis supremus aulæ mareschallus, testis adfui et subscripsi.

Hieronymus Carolus Karg de Bebenburg, eminentissimi electoris Moguntini, episcopi et principis Bambergensis consiliarius intimus, principatus Bambergensis vice-cancellarius, et judicii aulici præses, testis adfui et subscripsi.

Christophorus Martialis ab Oshen, eminentissimi electoris Moguntini qua episcopi et principis Bambergensis consiliarius intimus, supremus venatorum præfectus et satrapa in Bottenstein, testis adfui et subscripsi.

Joachimus Ignatius a Rotenhan, eminentissimi electoris Moguntini qua episcopi et principis Bambergensis consiliarius intimus, et satrapa in Zeil, testis adfui et subscripsi.

Wilhelmus Christophorus a Bubenhoven, eminentissimi electoris Moguntini, episcopi et principis Bambergensis camerarius, consilii aulici consiliarius et satrapa in Senftenberg, testis adfui et subscripsi.

Gerardus Josephus Stieble, eminentissimi electoris Moguntini, episcopi et principis Bambergensis cæremoniarius, insignis collegiatæ ad Sanctum Petrum Moguntiæ canonicus capitularis testis adfui et subscripsi.

Et ego Joannes Wernerus episcopus Dragonensis, in pontificalibus suffraganeus et in spiritualibus per civitatem et diœcesin Bambergensem vicarius generalis, insignis colgiatæ ecclesiæ ad Sanctum Stephanum Protomartyrem decanus, S. S. Theologiæ doctor, protonotarius apostolicus, quia præmissis omnibus et singulis, dum sic fierent et agerentur, ab initio usque ad finem præsens et personaliter interfui, eaque omnia et singula sic fieri vidi et audivi, ideo præsens hoc instrumentum desuper condidi, manu propria subscripsi, atque protonotariatus mei sigillum apposui, in fidem prædictorum specialiter rogatus et requisitus. Actum tempore et loco ut supra.

Johannes Wernerus
Ep. Dragonensis, Suffraganeus Bambergensis,
Protonotarius Apostolicus mpp.

Nos Lotharius Franciscus, *Dei gratia S. Sedis Moguntinæ Archiepiscopus, Sacri Romani Imperii per Germaniam Archi-Cancellarius, Princeps Elector, Episcopus et Princeps Bambergensis,* fidem indubiam facimus et testamur eundem Protonotarium Apostolicum Reverendum Dominum Joannem Wernerum Episcopum Dragonensem, nostrum in pontificalibus suffraganeum et in spiritualibus per civitatem et diœcesim nostram Bambergensem vicarium generalem, insignis collegiatæ nostræ ecclesiæ ad S. Stephanum Protomartyrem Decanum, s. s. Theologiæ doctorem esse talem, qualem se facit, ejusque scripturis et instrumensis hic et ubique plenam adhiberi et esse adhibendam fidem. In quorum evidens testimonium manu propria hoc instrumentum subscripsimus, et electorali nostro sigillo communiri fecimus.

LOTHARIUS FRANCISCUS
Archiepiscopus et Elector Moguntinus,
Episcopus Bambergensis.

CXLII

A. ULRICUS CLEMENTI PP. XI.

Ex autographo prius edito, quod nunc etiam in bibliotheca Vaticana servatur.

Bambergae, 14 aprilis 1710.

Beatissime Pater,

Exosculor devotissima qua decet reverentia paternas Sanctitatis Vestræ manus, quibus me ad gremium sanctæ matris Ecclesiæ reversum stringere dignata fuit, prout ex benignissimo Sanctitatis Vestræ Brevi, ante aliquot modo dies mihi consignato, cum immensa animi mei lætitia fusius intellexi; augetque spirituale gaudium, quo superabundo, quod apostolicum Sanctitatis Vestræ desiderium de profitenda publice religione nostra catholica in iis credam adimpletum, quæ Eminentissimus Archiepiscopus et Elector Moguntinus tamquam coram se Bambergæ facta, luculentius Sanctitati Vestræ explicabit. Et quamvis a longe probe prævideam mala, quæ exinde volunt inimici mei, mihi solatii superest, quod sperantem in Domino misericordia circumdabit. Beatus, in quo jactavi spem meam, ipse me enutriet; cui quidem tanto securius innitor, postquam Sanctitas Vestra adjutricem suam in emergentiis meis tam clemente benignitate mihi condixit, benignitatem dico, quam nunc tandem confidenter interpellare audeo, postquam fidelis esse filius inchoavi. Et nimirum D. Franciscus Georgius de Schonborn, pro quo apud Sanctitatem Vestram filiales vere preces meas pro quadam præbenda in cathedralibus ecclesiis Monasteriensi sive Paderbornensi, sive tandem Hildesiensi instantissime interponam. Eo sublimius summam hanc Sanctitatis Vestræ clementiam bonus quisque extollet, quo præcellentiores sunt animi dotes, quibus præfatum Comitem Franciscum Georgium, Eminentissimi Archiepiscopi et Principis Electoris Moguntini dignissimum nepotem scio esse insignitum. Offert is humillime ad paternas Sanctitatis Vestræ manus alium canonicatum et præbendam, quos de facto in cathedrali ecclesia Spirensi possidet, ut loco canonicatus, quam in ecclesiis cathedralibus Monasteriensi, aut Paderbornensi, aut tandem Hildesiensi a Sanctitate Vestra sperat, alteri deinde de eodem canonicatu Spirensi possit a Sanctitate Vestra providderi, eritque gratia ista mihi quoque eo sublimior, quo impensius Sanctitatem Vestram pro eadem rogo, cui filiali ac profundissima qua possum veneratione subjicior, ac ad pedes Christi in terris Vicarii maneo Sanctitatis Vestræ obedientissimus ac devotissimus filius,

Antonius Ulricus,
Dux Brunswicensis.

CXLIII

A. ULRICHUS SS. CLEMENTI PP. XI.

Ex autographo prius edito, quod nunc etiam in bibliotheca Vaticana servatur.

Brunswigæ, 9 februari 1711.

Beatissime Pater,

Accepi cum incredibili animi mei solatio clementissimum Breve, quod Sanctitas Vestra mense septembri anni proxime elapsi ad me dare dignata fuit. Redditum mihi pariter fuit juxta clementissimam Beatitudinis Vestræ mentem pretiosissimum donum duarum elegantissimarum tabularum, quæ mihi, talium rerum singulari æstimatori, propter rarum in eis relucens artificium, non potuerunt non esse acceptissimæ. Pro quo proinde Sanctitatis Vestræ in me favore grates quas possum maximas demississime refero. Excitabit in me hujus utriusque piissimæ imaginis aspectus, præter gratissimam Beatitudinis Vestræ et paterni Ejusdem erga me affectus memoriam, singularem quoque devotionem erga Christum Dominum ejusque suavissimam Matrem, piissimam patronam meam : animosque addet, ut ad exemplum ejusdem Domini ac Salvatoris mei exsultem in tribulationibus, quæ ob odium religionis novæ in dies eæque graves insurgunt.

Denique ad Sanctitatis Vestræ pedes provolutus eosque devotissime exosculans, Apostolicam benedictionem mihi clementissime impertiendam demississime efflagito Sanctitatis Vestræ obedientissimus filius.

Antonius Ulricus.

P. S. Internam animæ ac conscientiæ meæ requiem post adeptum veræ ac unicæ catholicæ fidei lumen Sanctitati Vestræ satis explicare nequeo, grates immortales supremo bonorum largitori Deo, ac post illum Sanctitati Vestræ, quæ mihi Evangelicam hanc facem accendit, indefesse pervolvens, pro felicissimo illo momento, quo orthodoxæ veritatis hujus lux mihi illuxit.

CXLIV

LEIBNIZIUS AD FABRICIUM, THEOLOGUM HELMESTADIENSEM.

Ex autographo prius edito, quod nunc etiam in bibliotheca Hanoverana servatur.

Dabam Hanoveræ, 15 martii 1712.

Nuperrimas meas acceperis. Icona etiam redditam puto. Gratias ago, quod Declarationem Tubingensium et animadversionem tuam mecum communicasti. Utramque remitto. Recte mones, viros doctos a te compellatos excessisse fines petitionis tuæ. In eo etiam inprimis mihi peccare videntur, quod te pro delatore habent; quum secum reputare debeant, scriptum, quod ediderant, non potuisse non displicere Serenissimo Duci, te licet silente; debebant etiam vani rumoris mentione abstinere. Male etiam tua paternis confundunt. Cæsareæ litteræ ad Sereniss. Ducem Wurtembergicum ad hoc certe proderunt, ut imposterum circumspectius agant qui talia argumenta tractabunt. Quod superest, vale et fave.

LEIBNIZIUS.

P. S. Monita tua contra arthriticos insultus mihi valde placent, et pro iis gratias ago. Ad evacuantia tamen non facile procedo. Compendium controversiæ gallico sermone scriptum est paucarumque paginarum, itaque non magni momenti. Miror tamen deesse. Compendium latinum etiam a me est.

CXLV

LEIBNIZIUS AD FABRICIUM, THEOLOGUM HELMESTADIENSEM

Ex autographo prius edito, quod nunc etiam in bibliotheca Hanoverana servatur.

Dabam Hanoveræ, 17 martii 1712.

Pro Considerationum libello, quem nondum videram, multas gratias ago. Quæ Dux ipse Serenissimus consignavit prudentiæ et moderationis plena sunt, nec plausibilitate carent, animumque ad multa alia non satis attendentem movere possunt. Sed commentator, etsi vir doctus et bene animatus, vereor ne crabrones irritet. Quædam enim revera justo sunt acriora, ut quod putat virum probe eruditum bona conscientia extra Rom. Ecclesiam permanere non posse : quum contra potius ipsa rerum cognitio maximum obstaculum accessioni ad Romanos objiciat. Exempli loco esto quod etiam Episcopo Meldensi (frustra in refutatione laboranti) objeci, neminem satis versatum in antiquitate, et ad rem attendentem, ut par est, nec per alia distractum, posse salva conscientia accedere Concilio Tridentino, sub anathemate jubenti, ut libri V. T. quos nos apocryphos credimus, divina auctoritate praediti et caeteris aequales censeantur, contra manifestissimas declarationes primaevae antiquitatis christianae. Si Concilium Tridentinum seponeretur, facilior foret schismatis sublatio; sed hoc stante, nisi per vim, non obtinebitur.

Fateor, si Dn. Conringius ostendisset sese etiam circa sacramenta adhaerere Remonstrantibus, adeoque Reformatis, non fuisse stationem Helmestadiensem tuiturum; sed ego putabam Remonstrantibus accessisse proprie ubi cum Reformatis pugnant.

Praefationem Uraniados accepi, sed multum me moratur emendatio operis; differendaque erit in tempus aliquod, ubi me alia non distrahent. Curabitur ne quid pereat. Sed ultimum librum ab ipso doctissimo auctore emendandum puto.

Rixatorem Hamburgensem aiunt urbe egredi non audere, metuentem ne jussu Regis Prussiae intercipiatur et in vincula trahatur. Hoc ipse sibi periculum suis clamoribus attraxit.

Ut mutem materiam, audeo petere ut inquiras Noribergae, an non sciri possit quanam arte fiant illa specula convexa vitrea, quae vilissimo pretio venduntur; quorum concavitati apparet infusam materiam quandam, prius liquidam, deinde induratam, quae opacitatem vitro conciliat, sine folio stanneo quo in speculis planis uti artifices solent. Qui me hoc doceret, ei libenter munusculum eucharisticum darem. Sed arte quadam hoc expiscandum esset ab opificibus, et quasi aliud agendo, nisi sit fortasse inter ipsos qui pro munusculo artem docere velit. Vale et fave.

LEIBZINIUS.

CXLVI.

CLEMENTI PP. XI A ULRICUS.

Ex autographo prius edito, quod nunc etiam in bibliotheca Vaticana servatur.

Brunswigae, 19 martii 1712.

Beatissime Pater,

Piissima Sanctitatis Vestrae monita circa opem oppressis Hiberniae Catholicis ferendam humillimo pariter ac alacri animo suscepi, statimque adhibito consilio ipsius P. de Burgo litteras prout sibi proficuas crediderat, ad Serenissimam Angliae Dominatricem dedi, caeteraque ita composui quatenus magis ad obtinendum finem facere posse duxi. Cum enim meo nomine catholicum ministrum ad pacis tractatus dimittere non vacet, id effeci ut ablegato Monasteriensi, quantum ad hoc etiam partes meae demandarentur. Institi quoque desuper, et quidem fortissime apud declaratam a Parlamento Angliae principem haereditariam, persuasusque sum Eandem, quantum quidem licuerit, afflictis illis fore propitiam. Verum res catholica in hisce partibus tanto armorum strepitu (proh dolor!) eo devenit, ut vix solidi quid pro ejus solamine sperare liceat, cum interim alieni a fide plena pro suis tuendis et dilatandis egurgitent vota, teste publica voce et privata. Quas inter calamitates juvat recogitare, quod divina providentia Beatitudinem Vestram Ecclesiae suae sanctae praestiterit, ut a majoribus malis et afflictionibus erepta, suî tamen conservatione gaudere adeoque Deum Optimum Maximum jugi sollicitare possit oratione, pro diuturna Sanctitatis Vestrae vita et incolumitate, cui et vota mea ardenti intermiscens affectu, humillime ad pedes Beatitudinis Vestrae declinor, eosdemque summa animi veneratione exosculans implorata apostolica benedictione maneo Sanctitatis Vestrae obedientissimus ac devotissimus filius,

Antonius Ulricus,
Dux Brunswicensis.

CXLVII

CLEMENS PP. XI DILECTÆ IN CHR. FILIÆ VIRGINI HENRIETTÆ CHRISTINÆ DUCISSÆ BRUNSWICENSI ET LUNEBURGENSI.

Ex autographo cum notis nondum edito quod in bibliotheca Vaticana asservatur.

Romae, 17 septembris 1712.

Dilecta in Christo Filia, Nobilis Virgo, salutem etc., Repletum est gaudio cor nostrum, et lingua nostra exsultatione, statim ac ex litteris Nobilitatis Tuae, nec non ex his, quae Dilectus Filius Florentius Abbas Monasterii Corbejensis Ordinis Sancti Benedicti fuse Nobis significavit, Te singulari Omnipotentis Dei beneficio veritatis viam, Tibi jam pridem a Dilecto etiam Filio Nobili Viro Antonio Ulrico Genitore tuo monstratam iniisse, relictaque ac ejurata hæresi, in qua educata fueras, orthodoxæ religionis cultum suscepisse cognovimus. Eidem propterea Patri misericordiarum et Deo totius consolationis gratias agimus immortales, quod Te ex errorum tenebris eductam in admirabile catholicæ veritatis lumen benigna manu perduxerit, adeoque in diebus nostris ex inclyta tua Domo novum, et quidem splendidum Romanæ Ecclesiæ ornamentum adjecerit. Tibi vero, lectissima Virgo, cujus eximias virtutes et decora ex hoc ipso a Te suscepto consilio, satis superque colligimus, hanc dexteræ Excelsi salutarem in Te mutationem effuse gratulamur, eoque impensius gratulamur, quod animi magnitudine tuis Natalibus plane digna Mundi opes, et omne ornamentum seculi contempseris propter amorem Domini Nostri Jesu Christi, ac ejusmodi sacrificio meritum Tibi duplicaveris ad coronam. Quamobrem centuplum illud, quod cum vita æterna promittitur iis, qui temporalia pro Salvatore dimiserint, Tibi debes jure optimo polliceri. Nos interea devotæ tuæ erga Sanctam hanc Sedem filialis observantiæ significationes perlibenter amplectimur, et Deum Optimum Maximum, qui dives est in misericordia, precamur, ut nova in dies suæ gratiæ munera Tibi largiri dignetur, ad quæ promerenda Te vicissim omnia pietatis studia ultro posituram esse non ambigimus. Et Nobilitati Tuæ paternæ Nostræ charitatis pignus apostolicam benedictionem peramanter impertimur.

CXLVIII

ANGELUS EPISCOPUS CARDINALI PAULUCCI.

<small>Ex autographo prius edito, quod nunc etiam in bibliotheca Vaticana servatur.</small>

Ruremondæ, 21 sept. 1712.

Eminentissime ac Revendissime Domine!

Sanctitatis Suæ et Eminentiæ Vestræ zelus ardens et indefessus in promovendis iis quæ ad Ecclesiæ et Religionis orthodoxæ incrementum tendunt, nullum mihi dubium relinquit, quin ea, quæ hisce annuntiaturus accedo, gratissima accidant : Die 13^a mensis currentis in hanc civitatem advenit Serenissima Princeps Henrietta Christina de Brunswick et Lunenbourg, filia Serenissimi Ducis regentis de Wolffenbüttel, Augustissimæ Imperatricis regnantis amita, quondam Abbatissa Abbatiæ Lutheranæ de Gandersheim, qua nuper dimissa, et hæresis Lutheranæ coram Principe Abbate Corbaiyensi, abjuratione facta, Religionem Romano-Catholicam amplexa est, et 20^a hujus, prævia Sacramentali confessione mihi facta, et Sanctissima Eucharistia in Ecclesia monasterij Nobilium Virginum e manibus meis publice sumpta, ibidem petiit a me Sacramento Confirmationis initiari, quod ei non sine summa animi lætitia etiam publice contuli, et præter nomina præmemorata Albertinæ nomen ipsi a matrina impositum assumpsit. Merito speramus fore ut hæc Princeps omni Virtutum genere ornatissima, quæ reliquum vitæ cursum in hoc loco, ab omni Aulæ et parentum ac consanguineorum strepitu remoto, consummare, et Deo famulari intendit, heterodoxis, ut majori Religionis, calamitosis hisce temporibus, tuendæ zelo accedantur, non leve, exemplo suo incitamentum præbeat. Pro solatio spirituali cupit monialium clausarum consortio quandoque frui, et propterea in illarum conventus, cum aliquibus piis æque ac nobilibus matronis ejus servitio mancipatis, intromitti; cum vero hic plures sint exemptæ quam mihi jure ordinario Subditæ, Eminentiæ Vestræ toties erga me reiterato favore humillime efflagitare audeo, quatenus mihi a Sanctitatis Suæ solita benignitate impetrare dignetur facultatem, piæ huic Principi concedendi licentiam, ut claustra monialium exemptarum in mea Diœcesi sita, dum id expedire judicavero, sola, aut matronis præfatis stipata ingredi possit. Ejus Soror germana Serenissima Ducissa de Schwartzenbourg, quæ ipsam huc est comitata, etiamnum Lutherana, non longe, quantum ex utriusque sermonibus colligere licuit, a conversione ad veram fidem abesse videtur: faxit Deus, ut hæc quoque ad gremium Sanctæ Matris reducatur. Finio ne longior sim, et Eminentiæ Vestræ sacras manus deosculatus profundissimo respectu persevero, Eminentissime ac Reverendissime Domine, Eminentiæ Vestræ humillimus, obedientissimus et obligatissimus servus et creatura,

† Angelus,
Episcopus Ruremondensis. mpp.

CXLIX

DECLARATIO SER.^{mi} DUCIS AUGUSTI GUILIELMI PRINCIPIS HÆREDITARII AUGUSTISSIME REGNANTIS PATRIS.

Ex autographo prius edito, quod nunc etiam in bibliotheca Vaticana servatur.

Datum Brunswici, 3 februarii 1714.

Augustus Guilielmus Dei gratia Dux Brunswicensis et Luneburgensis, pro Nobis ac posteris Nostris promittimus, ac spondemus, quod cum Serenissimus Pater ac Dominus Noster Romano-Catholicis publicum Catholicæ religionis exercitium concesserit, Nosque a S. C. M^{te} gloriosissime regnante Imperatore, ac clementissimo domino Nostro, pro eventuali satishabitione supradictæ concessionis requisiti fuerimus, præhabita matura consultatione cum statibus, ad quos grave hoc negotium pariter attinet, præfatam concessionem liberi exercitii religionis Romano-Catholicæ (si umquam ditionum harum regimen Nobis obtingeret) prorsus immutatam relinquemus, ac servabimus, eo quidem modo, ab alte memorato, Serenissimo Parente ac Domino Nostro statutum est, et a Serenissimo Electore Hannoverano dictum exercitium liberum Catholicis conformiter conceditur, idque in verbo, honore ac fide Principis promittimus, hancque assecurationem nostram propria subscriptione nec non Ducalis Sigilli Nostri appositione firmamus.

Augustus Guilielmus.

CXL

CONSENSUS SER^MI DUCIS LUDOVICI RUDOLPHI SER^MI DUCIS ANTONII ULRICI FILII SECUNDO GENITI.

Ex autographo prius edito, quod nunc etiam in bibliotheca Vaticana servatur.

Datum Brunswici, 3 februarii 1714.

Ego Ludovicus Rudolphus Dux Brunswicensis et Luneburgensis, Princeps de Blankenburg, promitto ac spondeo sub fide et dignitate mea, quod si disponente Altissimo, hujus Ducatus regimen ad me devolveretur, Romanam Catholicam religionem in utraque civitate Brunswicensi et Guelphebitana sine ulla diminutione in statu quo relinquam, eandemque constanter protegam, ad cujus majorem assecurationem hanc firmam sponsionem meam manu propria scripsi, subscripsi, ac Principatus mei sigillo munire volui.

LUDOVICUS RUDOLPHUS.

CLI

CLEMENS PP XI S^MO DUCI ANTONIO ULRICO.

Ex autographo prius edito, quod nunc etiam in bibliotheca Vaticana servatur.

Romæ, 24 martii 1714.

Dilecte Fili, Nobilis Vir, Salutem etc. Repleti sumus consolatione, superabundavimus gaudio, ubi ex literis Nobilitatis Tuæ die 26 mox elapsi mensis februarii ad Nos perscriptis cognovimus, Spiritu Domini corda Filiorum, Nepotum, Statuumque tuorum benigne movente, tandem effectum esse, ut liberum Catholicæ Religionis exercitium tuarum Ditionum incolis permittatur. Qua in re, post actas ex intimis visceribus eidem misericordiarum Patri humiles, ac uberrimas gratias, ad Nobilitatem Tuam mentem et verba nostra convertimus. Te igitur præcipuum tam præclari operis authorem paterna charitate complectimur : Tibi debita amplissimarum laudum præconia tribuimus : Tibi immortale meritum, quod apud Deum et homines assecutus es, ac felicitatem plane maximam, quam tuis subditis quæsivisti, amantissime gratulamur : Tibi demum tum in hoc, tum etiam in futuro seculo retributionem singulari studio, parem, quo Divinæ Majestatis honorem, verumque cultum promovere contendis, a Divina Bonitate fidenti prorsus animo apprecamur. Diploma autem, quo ejusmodi Catholici cultus libertatem sanciri curas, cupide præstolamur, nec interea ambigimus, quin illud ea verborum amplitudine, eaque facultatum et privilegiorum largitate concipiendum sit, quam eximius spectatusque tuus Orthodoxæ Religionis zelus, ac ipsa justissima causa postulant. Ceterum quod ad Episcopalem titulum attinet, quo Confessarium tuum a Nobis honestari rursus enixe petis, cum nihil profecto sit, in quo Nobilitati Tuæ gratificari non summopere cupiamus, votis ea in re tuis satisfacere, ac difficultates, quæ non leves occurrunt, superare satagimus. Eum propterea in scopum nunc maxime rationes expendi mandavimus, quibus id ex canonicarum regularum præscripto fieri valeat. Et Nobilitati Tuæ intimæ ac vere paternæ benevolentiæ nostræ testem Apostolicam Benedictionem peramanter impertimur.

CLII

LEIBNIZ A LA PRINCESSE DE WALES.

<small>Original autographe inédit de la bibliothèque royale de Hanovre.</small>

Sans date, mais vers 1716.

Madame,

Après avoir eu l'honneur depuis peu d'escrire une longue lettre à V. A. R., je ne devrois pas y revenir si tost, si la lettre d'un amy de Berlin ne m'avoit donné occasion de penser à une chose importante aux Églises protestantes en général, où il me paroist que V. A. R. pourroist estre un organe choisi par la Providence pour la faire réussir.

Avant d'entrer en matière, il faut vous raconter, Madame, ce qui s'est passé desjà là-dessus. Feu Monsieur de Spanheim, passant un jour par Hanover, eut ordre du Roy son maistre de sonder nostre Roy, alors Électeur, s'il n'y avoit moyen de venir à une meilleure intelligence entre les deux Églises protestantes, dont les Théologiens de Brandebourg et de Bronsvic, estant constamment les plus modérés de l'Empire, pourroient jetter les premiers fondemens. Cela fut agréé. Monsieur l'évesque Ursinus et Monsieur Jablonski furent nommés d'un costé, et Monsieur l'abbé Molanus de l'autre, qui voulut que j'y fusse joinct, ce que Monseigneur l'Électeur trouva bon. On vint à des conférences de vive voix et à des communications, par où l'on n'avança pas peu : et je croy que l'affaire seroit allée loin, si le Roy de Prusse avoit esté constant dans les mesures prises, et avoit poursuivi sur un mesme pied. Mais il estoit fort suject à changer : il se dégousta d'une affaire qui ne pouvoit pas courir la poste; et il se laissa entraisner par les projects des piétistes, et particulièrement du docteur Winklef de Magdebourg, avec son *Arcanum regium*. Ces gens encourageoient le Roy de faire des changemens chez luy au préjudice de nos Églises, en vertu de sa souveraine puissance; ce qui estoit directement contraire à ce qu'on avoit concerté : sçavoir, que les Églises de Brandebourg et de Bronsvic viendroient à des déclarations procurées par le commun accord des deux souverains. Ainsi la négotiation fut suspendue par un silence mutuel; et le Roy de Prusse cependant reconnut que l'avis des piétistes ne serviroit qu'à de nouvelles aigreurs, de sorte que tout demeura en suspens. Il pensa un jour à introduire dans le Brandebourg l'usage des Églises anglicanes; mais ce ne fut aussi qu'une pensée passagère.

Maintenant que l'Électeur de Bronsvic, devenu Roy de la Grande-Bretagne, est entré dans l'Église anglicane, sans avoir changé de religion, comme Sa Majesté déclare avec raison dans les occasions; il s'ensuit qu'elle juge que l'Église anglicane et la nostre ne diffèrent point de religion, mais seulement de rite : c'est-à-dire, dans les cérémonies et dans des dogmes non essentiels des docteurs, dont l'Église n'exige point la créance dans ses membres; et je ne doute point que V. A. R. ne soit dans le mesme sentiment. Mais de l'autre costé l'Église anglicane soustient de n'avoir pas une autre religion que celle qu'ont les Églises réformées du Brandebourg ; puisqu'aussy bien les unes et les autres ne s'attachent point au Synode de Dordrecht. Or deux choses, estant une mesme chose avec une troisième, sont une entre elles. La religion des Églises de Bronsvic est la mesme avec l'anglicane : la religion des Églises réformées de Brandebourg est aussi la mesme avec l'anglicane : donc la religion des Églises évangéliques de Bronsvic et réformées de Bronsvic est aussi la mesme, sans que la diversité des rites et des dogmes doctoresques le puisse empescher.

Il s'agit maintenant de faire en sorte que cela soit bien compris des peuples, et mis en jour par des déclarations des souverains, concertées par les théologiens. Et il semble qu'il faudroit reprendre le fil de la négotiation commencée, et non encore rompue, entre les théologiens de Brandebourg et de Bronsvic, sous l'authorité des deux rois, d'autant plus aisément que les députés vivent encore de part et d'autre ; et d'y joindre des théologiens de l'Église anglicane, comme médiateurs, puisque cette Église, estant le lien, est ce tiers lequel, estant un avec chacun des deux partis, fait qu'ils sont un entre eux. Le Roy de Prusse y est peut-estre autant et plus propre que son prédécesseur : car, quoyqu'il prenne peut-estre moins feu d'abord sur des choses de cette nature, en eschange, je croy qu'il sera plus attaché à des mesures prises, et pourra faire conduire une affaire jusqu'au bout.

Il s'agit présentement de faire entrer nostre Roy dans la résumption de cette affaire, et il faut que cela se tente avec toute la délicatesse imaginable ; et surtout il faut qu'il ne paroisse pas que j'y aye la moindre part. Le vray moyen pour cela seroit que des grands hommes de l'Église anglicane en parlassent à Sa Majesté, et la priassent d'interposer son authorité pour faire cesser, ou pour diminuer au moins, le grand schisme des Églises protestantes, qui leur a causé tant de maux, et qui les a mises autresfois à deux doigts de leur perte dans l'Empire. Et pour y mieux porter Sa Majesté, ils pourroient alléguer pour exemple, ou, comme les Anglois disent, *pour précédent*, ce que l'Église anglicane commença de faire du temps de Charles premier. Le primat et autres prélats de l'Église anglicane d'alors envoyèrent tout exprès en Allemagne un sçavant théologien de leur Église, nommé Johannes Dursus, qui eut des instructions des prélats et des recommandations de la Cour. Mais les rébellions qui commencèrent un peu après en Écosse et en Angleterre firent tomber un project si salutaire. Or il est à noter que l'affaire fut entreprise alors par des évesques et théologiens qu'on appelleroit Toris aujourd'huy ; et qu'ainsy, en cas que l'archevesque de Cantorbéry et quelques autres prélats entrassent dans cette négotiation, ceux du party contraire n'auroient point de raison de s'y opposer, et en tout cas pourroient estre convaincus par leurs prédécesseurs. Et peut-estre pourroit-on y faire entrer quelques prélats qui passent pour Toris, comme, par exemple, l'évesque de Londres.

La grande question est maintenant avec qui V. A. R.

on pourroit parler en secret, pour faire mettre en mouvement l'archevesque de Cantorbéry. Car, si ce prélat, si vénérable par son âge et par sa dignité, en parloit au Roy, et luy recommandoit cette affaire, sans qu'on en sceust ailleurs le suject de son audience, je ne doute point que le Roy n'agréast son zèle, et ne l'authorisast à en conférer en secret avec quelque peu d'autres prélats et théologiens bien intentionnés, pour prendre des mesures, et choisir quelque théologien comme secrétaire de leur congrégation, propre à entrer en communication par lettre avec nostre abbé de Loccum. Après quoy, les choses estant un peu préparées, on pourroit envoyer icy; et mesme, la communication par escrit estant commencée, avant la fin de l'hyver, quelque théologien choisi pourroit venir icy avec le Roy, sans faire semblant de rien.

Je doute qu'il soit à propos d'en parler à M. l'évesque de Lincoln, car il est grand aumosnier du Roy : il faut un homme moins élevé desjà en dignité, mais en passe d'avancer, doué de beaucoup de zèle, de modération et de capacité. Il faudroit aussi qu'il feust estimé et bienvenu de l'archevesque, et propre à estre l'entremetteur entre V. A. R. et ce primat. En cas que V. A. R. fust embarrassée sur le choix, je pourrois peut-estre luy proposer quelque suject, à moins que V. A. R. n'eust occasion de s'entretenir ellemesme avec M. l'archevesque. C'est tout ce que je puis dire pour le présent. Rien ne siéra mieux à V. A. R.: sa piété et sa prudence vont du pair, et sa dignité leur donne de l'efficace ; et il y a lieu d'espérer que la bénédiction divine n'y manquera point. Pour moy, je serois ravi de voir encore quelque fruict de mes travaux passés (1) : et au reste, ne doutant point que V. A. R. ne ménage l'affaire comme il faut, je suis avec dévotion, Madame, de V. A. R., etc., etc.

LEIBNIZ.

P.-S. — Je n'aurois rien à adjouster à une longue lettre que j'ay pris la liberté d'escrire à V. A. R. sur un suject de quelque conséquence, si la Gazette ne m'avoit appris la mort de l'archevesque de Cantorbéry, et la nomination que le Roy a faicte de M. l'évesque de Lincoln, pour remplir ce grand poste. Cela doit faire changer les mesures à l'esgard des personnes; et je croy que, si V. A. R. veut prendre l'affaire en main, il faut qu'Elle en parle elle-mesme au nouveau primat, mais sans faire paroistre que j'y aye la moindre part. Le zèle et les lumières de V. A. R. y suffisent.

Comme le nouveau primat est d'un âge, comme je croy, à se pouvoir promettre d'achever l'ouvrage s'il le commence, je croy qu'il en sera d'autant plus disposé. Il sera bon qu'il paroisse que l'affaire vient entièrement des Anglois : et elle en sera mieux receue du Roy et de la Nation. Mais je croy que le secret sera tousjours bon au commencement.

---

(1) Leibniz, après avoir presque entièrement renoncé, à cause des empêchements existants, à la réunion des protestants avec les catholiques, se tourna vers la Prusse et l'Angleterre, et travailla surtout, depuis, avec l'évêque Ursinus et Yablonski, d'une part, et Molanus, de l'autre, à la réunion des sectes protestantes entre elles. Nous avons donné cette dernière lettre de 1716, année de sa mort, qui indique et résume cette nouvelle tendance aussi belle, mais plus inexécutable que l'autre. (*Guhrauer, Deustche Schriften,* t. II) N. E.

FIN DU DEUXIÈME VOLUME.

APPENDICE

I

EXPLICATION SOMMAIRE DE L'APOCALYPSE

PAR LEIBNIZ

D'après l'original autographe inédit de Hanovre.

Janvier 1677.

Comme je méditois récemment sur l'Apocalypse, j'ay pensé qu'il falloit poser cette règle d'interprétation : *Il est vray-semblable que tous les événemens, autant que cela se peut faire, se doivent entendre de choses contemporaines à Jean.* On sait en effect que souvent les prophètes, quand ils semblent parler de faicts esloignés et pris au sens large, ont en vue des choses prochaines et assez restreintes, ce dont il ne faut pas s'estonner, parce que cette pompe des mots va bien à leur majesté. La deuxième remarque est que l'Apocalypse doit estre regardée comme un des escrits composés avec le plus d'art que nous ait laissés l'antiquité. Il y a une telle simplicité de langage, une telle propriété de mots, une si grande majesté de pensée et de telles lumières du discours, qu'on ne peut la lire attentivement sans l'admirer et sans estre ému jusqu'au fond de l'âme. C'est un style qui rappelle celuy de Platon, dont le dialogue sur l'immortalité de l'âme, le *Phédon*, en poussa quelques-uns à embrasser la mort volontaire ; celuy de Virgile, dont les vers sur la mort de

Marcellus firent couler les larmes de Livie. Aussi je m'asseure que beaucoup de ces fanatiques qui, dans ce siècle et le précédent, saisis d'un faux enthousiasme, parurent aux uns des fanatiques et aux autres des prophètes inspirés, furent poussés par une lecture et une méditation assidue de l'Apocalypse, et je ne doute pas que grande n'ait esté sa puissance sur les premiers chrestiens, pour la consolation desquelles elle fut escrite; mais, si ce grand art de la composition y est manifeste, il faut se garder de toute explication froide, forcée et minutieuse. Enfin je regarde comme prouvé et reconnu par tous que, par Babylone, il entend les Romains. Je passe les chapitres I, II, III, car ils se prestent au sens littéral, et, quant à chercher une explication facile de quelques détails, cela est inutile et peu convenable : telle est, par exemple, l'explication de Grotius, qui veut que les quatre animaux signifient les autres apostres, et les vingt-quatre prestres certains prestres vivans, tandis que ceux qu'il introduit comme siégeant en permanence devant le throsne de Dieu ne paroissent pas estre vivans. Il n'est pas nécessaire que certaines personnes soyent icy désignées par les quatre animaux d'Ézéchiel ou les vingt-quatre vieillards. Double est le nom des patriarches ou des apostres; il paroist donc les avoir adjoustés ensemble. J'aime assez le commentaire d'Irénée sur le mot Λατεῖνος, qui renferme 666. L'Évangéliste dit que c'est le nombre de l'homme : or le mot latin est un nom; on comprend très-bien que l'apostre ait préféré ce mot, Λατεῖνος, à celuy-cy, *Romanus*, qui auroit eu le tort d'exprimer trop clairement sa pensée. L'explication de Grotius me plaist sur l'animal.

Il veut sans doute parler de l'empire, troublé sous Othon et Vitellius, et restauré par Vespasien ; de mesme Grotius explique ingénieusement par l'autre animal, qui est le serviteur du premier et cause d'idolâtrie, la magie d'Apollonius, qui estoit célèbre en Asie au temps du Christ, comme son rival, et qui nuisoit ainsi beaucoup aux chrestiens, et l'on comprend l'importance de ces faicts qui touchoient de si près à l'apostre. Mais il faut parcourir avec ordre l'économie de tout l'ouvrage. Si l'on obmet les lettres aux Églises et les préparatifs de la Vision, le début paroist en estre au chapitre V; la Révélation, au chapitre VI, commence à la résurrection du Seigneur, et descrit l'état primitif de la Judée jusqu'à sa ruine sous Adrien. La résurrection du Seigneur, son ascension et son triomphe sur les ennemis, sont figurés au chapitre VI par le cavalier monté sur un cheval blanc, ceinct de la couronne et partant pour la victoire. Remarquez que le mesme cavalier revient presque dans les mesmes termes, chapitre XIX, v. 11, 12, 13. D'autres cavaliers le suivent, représentant les événemens qui ont suivy en Judée; les anges, c'est-à-dire les exécuteurs, dont l'un présage la guerre, sur laquelle il faut consulter Josèphe (XX, 1), et l'autre, la famine qui suivit et qu'avoit prédicte Agabus (*Actes*, XI, 28), et qui tomba sous le principat de Claude. (Voyez *Josèphe*, XX, 2.) Par la terre habitable, il signifie la Judée et les pays circonvoisins; car il estoit naturel que l'apostre les eust en vue. (VI, 9.) Il doit estre question icy des premiers martyrs mis à mort par les Juifs : Estienne, Jacques. Leur sang sera vengé après quelque retard, telle est la promesse; et d'ailleurs leur vengeance, c'est la ruine de Jérusalem. Christ l'a prédict (*Matthieu*, XXIII, 37, 38) : «Jérusalem, toy qui tues les prophètes, voilà que vostre maison restera déserte.» Et il adjouste peu après (XXIV, 2) : «Il ne restera pas pierre sur pierre.» Il est donc manifeste qu'icy l'Apocalypse (VI, 10) entend par la terre la Judée, et par les hommes les Juifs; car les martyrs disent : « Jusqu'à quand différerez-vous de nous venger de ceux qui habitent la terre ? » et la suite prouve que cette vengeance doit atteindre les Juifs. Suit le chapitre VII. « Le tremblement de terre, l'anxiété générale et la marque donnée à ceux d'Israël qui devront estre sauvés, » et le verset 9 et suivans, indiquent que les Gentils, eux aussi, sont appelés au salut. Viennent ensuite, chapitre VIII, les préparatifs de la ruine, que précède, comme toutes les grandes choses, un silence d'environ une demi-heure dans le ciel; et, quand il dit que, l'encensoir ayant esté jeté sur la terre, il en sortit des tonnerres, le sens est que Dieu se laisse toucher par les prières des pieux et qu'il se lève pour la vengeance. Les quatre trompettes, et le signe sur la terre, la mer, les fleuves et les estoiles, signifient l'aveuglement et l'opiniastreté, la fureur et les erreurs de la plèbe et du peuple juif (car le vulgaire est ordinairement désigné par la terre, et la multitude par la mer); c'est une allégorie sur les Juifs, les voisins des Juifs, et comme les ruisseaux qui les amenèrent en Asie, et sur leurs astres, enfin, qui sont leurs docteurs. Mais vouloir expliquer par le menu cette montagne de feu et ce nom d'absinthe donné à une estoile, c'est inutile et peu convenable; car ce sont les images poétiques de la Vision. Suivent, chapitre IX, les malédictions. La cinquième trompette paroist devoir désigner une sédition en Judée et des troubles dont ceux qui ne sont pas marqués furent frappés (v. 4). Quand il dit qu'une estoile est tombée du ciel, à qui il fut donné la clef de l'abysme (IX, 1), je l'entends de quelque grand docteur fauteur d'hérésie; et je ne trouve pas dénuée de sens l'explication de Gretius, qui veut que cet hérésiarque soit Éléazar, et ces troubles, la faction des zélateurs dont parle Josèphe (II, 3). Il dit ensuite : « Malheur d'abord! car ce fut alors seulement que les maux se répandirent sur la terre.» Il adjouste (IX, 12) que deux autres malheurs vinrent après, c'est-à-dire deux trompettes, car (VIII, 2) il y a autant de malheurs qu'il reste de trompettes (IX, 13). « Et j'entendis une voix qui sortoit des quatre coins de l'autel, » c'est-à-dire des quatre coins de la terre (voix qui disoit de délier les quatre anges enchaisnés sur l'Euphrate). L'Euphrate signifie les Gentils, et, comme autrefois les Chaldéens, de mesme, à leur imitation, les Romains, Babylone estant prise pour Rome; et si les quatre anges viennent des quatre cornes de l'autel, cela veut dire que les ennemis se précipiteront sur la Judée de toutes les parties de l'empire. Il y aura beaucoup de morts, comme dans Josaphat.

(X) L'ange dont le visage est comme le soleil est sans aucun doute le Christ; il crie qu'il n'y aura plus de temps, et que la prédiction de la trompette qui suivra le septième ordre commencera le royaume du Christ sur la terre. Comme on le voit (XII, 1; X, 7), l'interprétation du livre est difficile, à moins qu'on ne veuille voir la prophétie de Jean et les périls et les malheurs annoncés, car il adjouste: « Il faut encore que tu prophétises. » Au commencement du chapitre XI, ou à la fin du chapitre X, il adjouste qu'il luy est donné un roseau pour mesurer le temps, c'est-à-dire pour monstrer la vaste estendue de l'Église; cependant il luy est ordonné de ne pas mesurer l'intérieur du temple, mais de le rejeter, ce qui veut dire que la nation juive, le peuple sainct jusques-là, est rejeté, et que les Gentils sont appelés. Il dit que les Gentils fouleront la ville saincte, et cela à la fin du chapitre X, suivant l'édition de Luther, ou au commencement du chapitre XI, suivant d'autres éditions. Quand il dit qu'ils la fouleront quarante-deux mois, il faut entendre par cette période un temps considérable, à l'exemple de Daniel, qui a employé le mesme nombre. Je ne sçaurois dire ce qu'il entend par les deux tesmoins, à moins d'adopter la supposition de Grotius sur les deux sortes de chrestiens, les Juifs et les Gentils, et c'est en désaccord avec la beste s'élevant de l'abysme, qui les vaincra et les tuera. Grotius l'entend comme j'ay dict; mais je ne voy pas comment cela se peut, car la beste s'élevant de l'abysme est l'empire romain. (*Voir* cy-dessous, XIII). Cela est donc dict par anticipation : il faut entendre que cette double Église est dans une affliction profonde. Peut-estre ces deux tesmoins sont-ils Pierre et Paul, mis à mort à Rome. Leur résurrection, c'est la conservation des chrestiens, que l'on croyoit accablés par la persécution.

(Chapitre XII.) Suit la septième trompette et la prédiction de l'avénement de l'empire romain; elle est tracée à grands traicts, comme en abrégé, par la parabole de la femme et du dragon qui met au monde un enfant masle. La *femme*, c'est l'*Église*; l'*enfant*, c'est le *royaume* du *Christ*. L'Église reste dans le désert pendant douze cent soixante jours, c'est-à-dire le temps de l'oppression de l'Église; ce temps concorde avec la septième prédiction. Il est hors de doute que, par le nom de la femme, il faut entendre l'Église elle-mesme; la mesme chose est exprimée en deux diverses visions. La ruine du dragon, qui est vaincu par le sang de l'Agneau, est la préservation de l'Église et la conservation de la foy, que le dragon menace par sa poursuite. Il est faict en mesme temps allusion à la tradition des Juifs sur le combat des dragons avec les bons anges, à la suite duquel Lucifer fut précipité du ciel. Je trouve froide l'interprétation de Grotius, qui l'entend de Simon le magicien. Cela est trop minutieux. Il est dict qu'il a peu de temps, c'est-à-dire que le royaume du Christ suivra le combat du dragon avec la femme; et, par sa postérité (XII, 17), il pourroit bien faire allusion à la Genèse.

Ce qui est dict icy en peu de mots est développé (XIII et XIX). L'animal à sept testes doit estre Rome; il monte de la mer, c'est-à-dire des nations, car j'entends icy par la terre la Judée, par la mer les Gentils. La blessure guérie estoit la guerre, sous Othon, Vitellius et Vespasien, terminée par ce dernier; la blessure à la teste signifie le Capitole. Le nombre quarante-deux est le mesme que nous avons desjà remarqué au commencement du chapitre XI ou à la fin du chapitre XII : il signifie la reconnoissance de l'empire romain par les chrestiens jusqu'au temps de Constantin; ces quarante-deux mois concordent avec les douze cent soixante jours cités plus haut. Καιρόν, καιρούς, καιροῦ, sont l'année, deux années; cette période, donnée par l'Agneau, est tirée de la philosophie pythagoricienne pour le nombre six cent soixante-six (voyez plus haut). Grotius interprète mal le nombre des mois par Οὔλπιος, car ce nom est pris par les Grecs.

(XIII, 17, 18) : « Le nombre du nom de la beste est le nombre de l'homme : 666. » On remarque avec raison qu'autrefois on employoit pour le nom le nombre que formoient les caractères grecs de ce nom additionnés. Il est dict que c'est le nombre d'un homme, c'est-à-dire le nombre d'un nom d'homme. Irénée atteste la croyance de quelques-uns, que ce nom seroit :

31. 315. 50. 70. 200.
λα τει ν ο ς.

Cette explication n'est pas absurde, car c'est un nom

d'homme ; il y a eu un roi Latinus. L'apostre auroit donc préféré employer le mot λατεῖνος à celui de ῥωμαῖος, qui auroit offert un sens trop clair, et auroit esté sceu aisément des Romains, au grand péril des chrestiens. Il y a à objecter d'abord que ce nom n'est pas assez usité chez les Grecs pour que Jean y soit tombé d'abord, et surtout qu'il l'ait pris à Virgile, parce que c'est un nom de roy. C'est pourquoy d'autres ont préféré l'interprétation de Grotius, qui en fait le nom de Trajan, ΟΥΑΠΙΟΣ. C'est un nom d'homme, et de

Ο	70	l'homme qui, de tous les empereurs, a esté le plus
Υ	400	nuisible aux chrestiens. Or il a paru qu'il s'agis-
Α	30	soit d'un empereur romain ennemy des chrestiens.
Π	80	Le nom d'Ulpien estoit plus connu des Grecs que
Ι	10	celuy de Trajan : cela résulte d'une inscription re-
Ο	70	latée par Grūter (p. 60). Mais il faut remarquer qu'il
Σ	6	faut escrire, non Σ, qui vaut 200, mais S, comme

nous écrivons aujourd'hui le sigma, qui vaut 6, ou mieux C, comme on le rencontre souvent dans les inscriptions (il est employé pour 6 dans une inscription citée par Grūter, p. 329, et dans beaucoup d'autres que Grotius nous dit luy avoir esté communiquées par Isaac Vossius). Il y a dans l'Apocalypse, chapitre XIII, deux animaux : l'un venant de la mer, qui est l'empire romain ; l'autre venant de la terre. Et de mesme que précédemment la *mer* signifie les nations, opposées à la *terre*, c'est-à-dire à la *Judée*, de mesme icy la terre, d'où s'élève la deuxième beste, paroist signifier un homme du commun. Le sens est donc qu'il s'agit de la philosophie idolâtre, comme estoit celle d'Apollonius de Tyane, dont on dit qu'il avoit deux cornes comme l'Agneau, c'est-à-dire que, par sa magie, il rivalisoit avec le Christ. Ce qu'il disoit précédemment : « Celuy qui tue de l'épée sera tué par l'épée (XIII, 10), » s'applique assez bien à Domitien, qui persécuta les chrestiens et fut massacré par les siens. Peut-estre toutefois seroit-il plus juste de dire que la première beste est l'empire romain, et la deuxième, César Trajan, qui s'estoit élevé de terre, c'est-à-dire de la plèbe, *comme l'Agneau,* parce qu'il affectoit la probité, et qui parloit *comme le dragon,* parce qu'il rendit des édicts sanguinaires contre les chrestiens. *Il fait des miracles*, c'est-à-dire de grands exploicts; il ordonne à tous d'adorer la beste, dont la blessure avoit esté guérie, c'est-à-dire Rome; *il anime l'image de la première beste*, c'est-à-dire il rend à l'empire romain sa vigueur. Alors on pourroit entendre par le nombre de la beste celuy de la dernière beste, qui seroit le nom d'Ulpien; mais, si on l'entend de la première, c'est-à-dire de Rome, c'est Λατεῖνος qui l'emporte.

(XIV) Il prédit la ruine de Rome païenne et la consolation des martyrs. La moisson et la vendange signifient que le sainct temps d'allégresse est venu pour les fidèles, par la propagation de la foy et le chastiment des meschans, mis comme sous le pressoir, et il ne me paroist pas convenable de vouloir pousser cette explication jusqu'au détail des moindres circonstances.

Le chapitre XV est une préparation aux sept anges qui doivent verser les sept coupes sur Rome païenne, dont la ruine a esté prédicte dans le chapitre précédent.

(XVI) Les coupes sont versées sur la mer, sur la terre, les fontaines, le soleil; ces quatre coupes respondent exactement aux quatre trompettes sacrées. Il ne s'ensuit pas pourtant qu'il faille entendre absolument la mesme chose dans les deux cas, car elles sont les actes de la septième trompette; on ne reprend donc pas les conséquences des trompettes supérieures, mais elles s'expliquent mutuellement. Voicy le sens : Les hommes de toute espèce, la *terre* et la *mer*, signifient les peuples sousmis à l'empire romain; les *fontaines* et les *fleuves* sont les alliés; le *soleil* et les *estoiles*, les principaux chefs et les testes. Il est adjousté que la colère de Dieu est versée par une coupe qui la respand sur le throsne mesme de la beste, c'est-à-dire Rome; une autre coupe est versée sur l'Euphrate, qui en est desséché et prépare une voye au roy de l'Orient. Quand il parle des Parthes, des Scythes et d'autres barbares venus de l'Euphrate et du Rhin, il paroist menacer l'empire romain de l'invasion.

(XVII) Il annonce la ruine de Rome, fatale aux païens. « Les sept testes, dit-il, sont ces montagnes sur lesquelles la femme est assise, et ce sont aussi sept rois. » Personne ne doutera qu'il s'agit de Rome; et, quant aux sept rois, Auguste, Tibère, Caïus, Claude, Néron, paroissent estre les cinq qui sont tombés. Je ne croy pas qu'il énumère Galba, Othon et Vitellius, qui n'eurent que des royautés éphémères et un empire troublé, bien que Grotius les compte aussi. *L'un est encore :* seroit-ce Vespasien? *L'autre n'est pas encore venu à l'empire :* c'est Titus, et, *quand il sera venu, il demeurera peu de temps ;* en effet, il est mort de bonne heure, *et la beste qui estoit et qui n'est plus est le huictième roy,* Domitien. Grotius l'explique ainsi : Domitien s'estoit déjà attribué la majesté des Césars, du vivant de son père et de son frère; mais il avoit esté mis à l'ordre et contraint de simuler la modération jusqu'à ce qu'il eust recouvré l'empire. Il faut accepter cette explication, parce que je ne voy pas quel autre pourroit estre ce huitième; seulement cela est peu d'accord avec le nom d'Ulpien qu'on attribuoit à la beste, à moins que, comme je le disois tout à l'heure, on ne veuille entendre Domitien par cette première beste, et Ulpien par la deuxième, qui s'est élevée de terre. Mais icy revient la difficulté, parce que dans le chapitre suivant il appellera cette beste qui s'est élevée de terre un faux prophète (XIX, 20), termes qui s'appliquent, non à un empereur, mais à un chef de secte, et seroient favorables à ma conjecture relative à Apollonius. Mais il reste de l'obscurité lorsqu'il dit que le huictième roy est l'un des sept. Cela me persuaderoit presque que la beste elle-mesme est la république romaine ou le sénat, qui *est et n'est pas*, puisqu'il n'en subsistoit plus que l'ombre, et *il est des sept*, parce que le sénat est gouverné avec eux. Et je ne voy pas comment la beste entière, avec ses sept testes et ses dix cornes, pourroit estre prise pour un seul César, puisqu'il est dict que les testes sont des rois. Je suis donc très-porté à croire qu'il s'agit de la république ou du sénat. Mais je ne sçay que faire des dix rois qui n'ont pas encore receu l'empire. Peut-estre veut-il parler des empereurs futurs jusqu'à Constantin, qu'il comprend sous le nombre dix comme nombre rond. Ils auront en haine la femme, c'est-à-dire la république romaine, et ils la ravageront. Ou bien veut-il parler des nations estrangères, des Parthes et des Germains, dont il dit (XVII, 15) qu'ils auront en haine la prostituée ; et cette explication est peu vray-semblable, parce qu'il est dict qu'ils donneront le royaume à la beste jusqu'à ce que soit accomplie la volonté de Dieu. On pourroit peut-estre tout concilier de cette manière, qu'ils donneront leur puissance à la beste jusqu'à ce que la volonté de Dieu soit qu'ils ayent en haine la femme ; mais tout cela s'accorde peu avec ces paroles, que ces dix cornes sont dix rois qui n'ont pas encore receu leur royaume et qui, pendant quelque temps, auront puissance avec la beste. Il vaut donc mieux entendre par là les Césars futurs, et la haine de la femme se comprendra, non pas en ce sens qu'ils baïssent Rome à proprement dire, mais qu'ils luy seront très-nuisibles, et qu'ils la traicteront tyranniquement comme Domitien. Le reste est clair.

(XIX, v. 7). Quant à ce qu'il dit « les noces de l'agneau avec l'espouse, » il faut l'entendre par antithèse de la femme babylonienne, et l'espouse de l'Agneau paroist estre l'empire chrestien. Ce qu'il dit de la beste et du faux prophète, qui seront jetés dans le lac de feu, s'explique clairement de la beste, mais non pas aussi bien du faux prophète, dont il est à peine faict mention dans ce qui précède. Le faux prophète est sans doute le mesme que la deuxième beste, ou la magie idolâtrique, et cela ne peut se dire d'Ulpien. On remarquera d'ailleurs qu'il mesle la destruction de Rome et la ruine de l'idolâtrie, bien qu'elle ne soit pas arrivée dans le mesme temps ni par les mesmes causes ; il sembloit que ce chastiment estoit bien dû à Rome païenne, d'estre par la suite ruinée de fond en comble, et toutefois l'idolâtrie n'a disparu à Rome qu'après sa ruine, sous Honorius, et elle florissoit encore sous Théodose.

(XX) Le dragon est lié pour mille ans ; les saincts jugent la terre et règnent ; les âmes des martyrs règnent avec le Christ durant ces mille ans, c'est-à-dire que leur mémoire est honorée et vénérée. Ainsi parle Grotius ; mais il est peu d'accord icy avec ce qui suit, où il est dict que les autres morts ne ressuscitent point, à moins d'y voir une allusion à une tradition juive sur la double mort et la résurrection après mille ans, entre chaque période, à partir de l'édict de Constantin pour la liberté du christianisme, dans l'année 340, jusqu'à la domination ottomane, qui fait un espace de mille ans. Mais l'histoire nous apprend que les Sarrasins avoient desjà infligé plusieurs défaictes aux chrestiens, et que ces mille ans ne furent pas des années heureuses; puis il est dict que d'autres morts ressusciteront mille ans après les premiers (XX, 5), et, verset 12, il est dict que cela arrivera après l'avénement de Gog et Magog. Il doit donc y avoir, entre le commencement du règne des saincts et la ruine de Gog au jour du jugement, un espace de mille ans; or il y a plus de mille ans, et il ne paroist pas pouvoir estre dict qu'ils ayent esté ruinés. Cette allégorie paroist estre une continuelle allusion à de vieilles traditions où l'exactitude ne paroissoit pas nécessaire.

Le chapitre XXI, *du nouveau ciel et de la terre*, doit s'entendre du temps du règne des saincts et non de celuy qui suivra le jugement, si l'on en croit Grotius; mais cela contredit le verset 5, chapitre XXII, où il est dict que le nom de Jérusalem est au-dessus de la terre, ce qui feroit croire qu'il faudroit lire « après mille ans ».

2

LETTRE EN VERS DE LEIBNIZ

A MADEMOISELLE DE SCUDÉRY.

L'agate de Pyrrhus (1), œuvre de la nature,
Des neuf divines Sœurs faisoit voir la figure.
Vostre agate, Sapho, monstre un Parnasse uny :
C'est qu'un Parnasse entier par vous seule est rempli.

---

(1) Il est question, dans la correspondance, de l'éloge du roi, par lequel Leibniz a rehaussé ses vers sur l'agate de mademoiselle de Scudéry, et qui tranche avec les poésies un peu fades de M. de Bétoulaud.

(2) Voir les vers de M. de Bétoulaud et de mademoiselle de Scudéry, à la suite de ceux de Leibniz. Ils sont nécessaires à l'intelligence de sa lettre.

Quand cette *lyre d'or*, qui vous fut présentée,
Des poëtes fameux jusqu'aux cieux élevée,
Touchée *de vos mains*, d'un écho qui respond,
Dans ses antres sacrés fait retentir ce mont :
Apollon immobile et les Muses ravies
Sont d'admiration et de plaisir saisies.
. . . .
Vos Grecs et vos Romains, modèles héroïques,
Surpassés par Louis, surpassent les antiques.
On voit, quand vous tracez la sublime vertu,
Du merveilleux divers le lecteur suspendu;
Et, tant qu'on parlera de Rome et d'Italie,
Le temps respectera l'admirable Clélie.
Vous descouvrez à l'œil les routes des esprits.
Les philosophes ont bien peu dans leurs escrits,
Dont puisse un voyageur dans le grand monde attendre
Le secours qu'il reçoit de la *carte du Tendre*.
Enfin le dieu des chants, pour vous faire plaisir,
Cède jusqu'au trépied qui monstre l'avenir.
Les sages ont souvent des instans prophétiques,
Vos *sorts prænestins* sont des oracles delphiques.
Uranie le sçait, pour qui vostre devin
Au mérite éminent égaloit le destin.
Vous l'aviez bien prédict; la guerre est terminée,
Et la gloire des Lis se trouve couronnée.
Pour combler son bonheur Louis a faict la paix,
Que les heureux mortels luy devront désormais.
Voicy mes sentimens, que Pellisson le sage
(Qui de votre bonté m'a laissé l'héritage),
Qu'un héros, puis soumis à la fatale loy,
Crut pouvoir appeler un éloge du Roy (1).
Louis fait devenir histoire véritable
Ce qu'alors de son cœur on jugeoit vraisemblable;
Il est de sa grandeur que de ses dignes mains
Il ne dispense plus que du bien aux humains.
Quel triomphe qu'on puisse obtenir par la guerre,
Obliger est bien plus que conquérir la terre;
C'est par ce beau chemin, des demi-dieux foulé,
Qu'un mortel peut aller à la divinité.
Qu'on soit Européen, Chinois, mondain, en somme,
La magnanimité n'y regarde que l'homme.
Les héros tels que luy sont de tous les pays;
Où leur nom peut aller, ils ont les cœurs soumis.
Cette monarchie est la seule universelle,
Et de celle de Dieu le plus juste modelle;

(1) Voir tome Ier, pages 146, 162.

Et Louis, estant tel, l'auroit esté tousjours,
Sans le destin fatal au repos de nos jours.
O nécessaire mal, politique fascheuse!
Vos soupçons ont rendu l'Europe malheureuse.
Plus Louis est le Grand, plus chacun allarmé
Avance en repoussant le désastre éloigné.
Luy-mesme, trop modeste, ignorant sa puissance,
Appréhende un revers dangereux pour la France ;
Mais pour le prévenir, endossant le harnois,
Il paroist glorieux contre un monde de rois.
Mis enfin au-dessus des jalouses maximes,
Que peut-il craindre plus que le Ciel et les crimes
Il ne se verra plus dans la nécessité
De transférer les maux dont il fut menacé ;
« Et, si luy seul défend qu'on embrouille le monde,
« On verra du repos sur la terre et sur l'onde. »
Ses soins seront tournés du plus noble costé ;
Le genre humain par luy doit estre soulagé.
Il ne luy reste plus que vaincre la nature,
Et de tous ses thrésors nous donner l'ouverture.
Le ciel a faict pour luy desjà d'assez grands pas ;
« Il estoit plus qu'Hercule, il sera plus qu'Atlas. »
Son nom méritera louanges immortelles,
Tant qu'on verra briller ses *estoiles nouvelles ;*
Mais il faut de plus près domter les élémens,
Descouvrir les vertus des simples bienfaisans,
A la *fièvre vaincue* et la *dyssenterie*
Joindre des autres maux la cohue ennemie.
« S'il y fait des efforts, des siècles plus de dix
« Ne sçauront arriver à dix ans de Louis. »
Ces triomphes seront plus dignes de mémoire,
Et, bien moins que Fleurus, chargeront mon histoire.
« Ce seroit plus encor, si les esprits guéris
« La pure piété rendoit partout soumis. »
Il y fait travailler ; quoyque l'enfer s'obstine,
Jésus-Christ régnera des Hurons à la Chine.
L'empire des Chinois tend les bras à la foy,
La France à l'Orient donne la saincte loy.
Elevez-vous, Sapho, pour ces grandes matières,
Les Muses ont besoin de leurs forces entières.
Trop heureuse Sapho, si la postérité
Voit Louis dans vos vers, comme il avoit esté !

ÉPISTRE EN VERS DE M. DE BÉTOULAUD

A MADEMOISELLE DE SCUDÉRY (1)

A LA LOUANGE DE LOUIS XIV.

LE PARNASSE

A Mlle de Scudéry, en luy envoyant une agate orientale où la montagne du Parnasse se trouve naturellement représentée.

Du Parnasse fameux vous voyez la peinture,
Telle qu'en raccourcy l'a tracé la nature.
Mais, Sapho, quand sa main esbaucha ce tableau,
Elle sceut que la vostre en feroit un plus beau,
Et que vostre art, brillant d'une gloire immortelle,
Nous traceroit ce mont d'un crayon plus fidelle.
Qui connoist comme vous tous ses sentiers divers,
Où croissent d'Apol'on les lauriers les plus verds,
Où les neuf doctes Sœurs, compagnes de vos traces,
S'assemblent pour vous suivre avec toutes les Grâces,
Et choisir pour vous seule, en ces aimables lieux,
Les fleurs dont vous parez les héros ou les dieux ?
Mais, quand vous recevez de leur troupe charmante
De ces monceaux de fleurs la richesse esclatante,
En avez-vous assez pour couronner Louis,
Au bruit tousjours nouveau de cent faicts inouïs ?
C'est Mons, ou Barcelone, ou Marseille, ou Nervinde :
Partout des noms fameux pour les échos du Pinde.
Et qui pourroit alors trouver d'assez beaux sons
Pour un champ où la gloire offre tant de moissons ?
Mais que dis-je, Sapho ? Si jadis pour Achille
Le Parnasse en lauriers ne fut jamais stérile,
Si sans cesse les fleurs y renaissent pour luy,
Que ne sera-ce point pour Louis aujourd'huy ?
Soit qu'il tienne la foudre, et que la Renommée
Le peigne surmontant toute l'Europe armée ;
Soit que, moins occupé du tonnerre de Mars,
Il veuille sous l'olive honorer les beaux-arts,

---

(1) Nous sommes forcés, pour l'intelligence de la correspondance (t. II, p 219 et suiv.), de donner l'épitre en vers de M. Bétoulaud et la réponse de mademoiselle de Scudéry.

Ce mont, qui retentit aux vertus immortelles,
Peut-il manquer pour luy de couronnes nouvelles?
Non, Sapho, le Parnasse en fleurs pleines d'attraicts
Pour de pareils héros ne s'épuise jamais :
Il en aura tousjours pour le tribut de gloire
Que doivent à Louis les filles de Mémoire ;
Et je vois qu'on y peut, par vostre heureux secours,
Trouver un nouvel art de le louer tousjours.

RESPONSE DE MADEMOISELLE DE SCUDÉRY

A M. DE BÉTOULAUD.

Le Parnasse d'agate est rare et curieux ;
Mais dans vos vers, Damon, il est plus précieux,
   Et cette agréable peinture
Surpasse de beaucoup celle de la nature.
Ces beaux vers ont pourtant un visible défaut,
Car ils parlent de moy beaucoup mieux qu'il ne faut.
J'ay pour Louis, sans doute, un zèle incomparable,
Et j'en ay dans le cœur une image admirable ;
Mais tout ce que j'en dis exprime foiblement
Les talens merveilleux d'un héros si charmant.
La Victoire le suit, la Gloire l'environne,
   Il prend Ath, il prend Barcelone ;
De son illustre sang on vient d'élire un roy.
Le Rhin, tout fier qu'il est, subit tousjours sa loy,
   Et toutes les Muses ensemble
   Ne disent pas ce qui m'en semble.
Mais, comme ce héros ne peut estre flatté,
   Il n'a besoin que de la vérité ;
Et, pour estre assuré d'une immortelle gloire,
   Il ne lui faut qu'une fidelle histoire,
Qui, sans rien adjouster à ses faicts esclatans,
Le fasse triompher jusques aux derniers temps,
« Et monstre clairement que les héros d'Homère
« N'estoient auprès de luy qu'une vaine chimère (1). »

---

(1) *Éloge de Louis XIV*, par Leibniz.

3

DIALOGUE

ENTRE

UN HABILE POLITIQUE ET UN ECCLÉSIASTIQUE D'UNE PIÉTÉ RECONNUE.

Original autographe inédit de la bibliothèque royale de Hanovre.

Politique. Toutes les fois que je jette les yeux sur l'histoire de l'onzième et du douzième siècle, je suis surpris de cette manie (car je ne sçaurois l'appeler autrement) qui obligea plus de six millions d'hommes à quitter leur pays pour aller crever en Palestine ou en chemin. Certes, il faut que l'esprit ait ses maladies épidémiques et contagieuses aussi bien que le corps, et celle-cy n'a pas moins ravagé l'univers qu'une peste pourroit faire. Quand je considère par après que c'est un pape qui en fait une affaire de piété, en proposant la croisade au concile de Clermont; qu'un petit ermite (*Petrus eremita*) donne le bransle à toute l'Europe; que cet ermite, marchant à la teste de quarante mille hommes, perd tout son monde en chemin et disparoist luy-mesme; que tant de princes s'y ruinent; que, nonobstant une infinité de désastres, il arrive en Syrie presque en mesme temps par des chemins divers plus de six cent mille hommes de pied, et plus de cent mille cavaliers bien armés, dont il ne reste en peu de temps que quarante à cinquante mille hommes en tout, qui se trouvèrent au siége de Jérusalem; quand je considère enfin que ces marches et ces tueries ont duré un siècle et davantage, je suis obligé de dire que la religion est sujecte à causer de grands maux :

Tantum relligio potuit suadere malorum !

Ecclésiast. Il est vray que ces croisades ont esté aussi mal concertées que malheureuses; mais, Monsieur, voudriez-vous pour cela mespriser ces sortes d'entreprises en général, où la gloire de Jésus-Christ est intéressée? N'y a-t-il pas moyen de trouver un juste milieu, et faut-il que la piété soit assez malheureuse pour ne se rencontrer jamais avec la sagesse ny avec la puissance? Si le zèle de ces siècles a esté emporté, je croy que la froideur de ce temps-cy le peut assez tenir en balance, et vous me pardonnerez, Monsieur, si je vous dis qu'aujourd'huy on prétend de passer pour un esprit fort et politique lorsqu'on se mocque des exploicts zélés de ce temps-là. Il est vray que vos lumières et vostre mérite vous mettent au-dessus de ce reproche; néanmoins ces manies de raisonner s'emparent des esprits les plus esclairés, parce qu'elles flattent visiblement l'orgueil des hommes et cette inclination naturelle que nous avons au libertinage.

P. Vous le prenez là d'un air de prédicateur, et nous y sommes si accoustumés que cela ne me surprend plus; mais dites-moy au moins si tout ce que j'ay dict contre les croisades de ce temps-là n'est pas incontestable.

E. Ce que vous avez raconté n'est que trop vray; mais il y a des vérités auxquelles il faut opposer d'autres vérités, pour se former une juste idée des choses.

P. Je n'entends pas bien cette subtilité.

E. Vous en allez voir un exemple. Si je vous faisois un recueil de tous les défauts de quelques papes et de tous les abus qui se sont glissés dans l'Église, sans dire mot des grâces que Dieu a faictes à son espouse, de la pureté de sa doctrine, de la sainceté de tant de grands hommes qui ont rendu tesmoignage à cette communion, vous me prendriez pour un luthérien. Et cependant je ne dirois que des vérités; mais je ne dirois pas toutes celles qu'il falloit dire, ny de la manière qu'il falloit.

Tout de mesme, ceux qui estalent les maux qui ont suivy les croisades mal concertées, et qui ne font point de réflexion sur les biens qui pourroient revenir à la religion et à l'Estat des entreprises sainctes et bien conduites, favorisent l'impiété, lors mesme qu'ils disent la vérité.

Quand nous avons trouvé quelque repartie adroicte ou

ingénieuse qui peut rebuter ou dégouster celuy qui nous avance quelque proposition, quoyqu'elle soit peut-estre utile et bien fondée, nous nous contentons de cette victoire, et nous passons à d'autres matières sans examiner qui a eu raison dans le fond, au moins quand nostre interest visible n'y paroist point, car nous sommes bien aises d'avoir une défaicte qui flatte nostre paresse avec quelque apparence de raison. Tout cela vient de ce que nous ne traictons la pluspart des questions que par manière de divertissement ou pour la parade, et point du tout pour en former une conclusion qui puisse avoir quelque influence sur la practique de nostre vie, comme les escoliers en philosophie disputent des vertus, des vices et des passions, sans que cela les touche en aucune façon.

P. Voulez-vous qu'on aille se rompre la teste de mille choses peu nécessaires ? Ne suffit-il pas que chacun suive sa vocation et le train de vie qu'il a pris après une meure délibération ? Le reste doit servir plustost à nous esgayer qu'à nous peiner.

E. Il suffit sans doute que chacun suive sa vocation ; mais il est de nostre vocation de songer à l'entendement de nostre vie et à la ratification de nostre jugement dans les matières importantes et qui nous peuvent faire changer quelque chose dans nostre manière d'agir. Croyez-vous que Constantin le Grand auroit jamais pris la résolution de se faire chrestien, ou que Carloman, oncle de Charlemagne, seroit descendu du throsne pour ne songer qu'à son salut, s'ils n'avoient faict que des réflexions en passant ? Vous me dites que Constantin le Grand a vu un miracle et que Carloman a trop faict. Vous vous mocquerez mesme peut-estre de la simplicité de son siècle. Je vous demeure d'accord que le soin des affaires et le zèle de piété ne sont pas incompatibles ; ainsi l'action de Carloman n'est pas tousjours un exemple à suivre. Mais, pour ce qui est du miracle qui a obligé Constantin de se rendre chrestien, ce n'est pas une chose bien avérée, et, si elle l'estoit, je croy que la voix de Dieu qui nous parle intérieurement doit avoir autant de pouvoir sur les esprits que la vue d'un prodige qui estonne le vulgaire. C'est pourquoy je souhaiterois que les hommes voulussent se résoudre quelquefois à une espèce de retraite d'esprit, afin de considérer à loisir leur estat présent et à venir, et afin de prendre quelque résolution rigoureuse, non pas tant pour quitter le monde que pour se défaire de cette indifférence dangereuse.

P. Croyez-moy, il y en a eu beaucoup qui se sont laissés aller souvent à ces réflexions; mais, voyant que cela n'a rien produict que des troubles d'esprit qui ne servent qu'à empoisonner la douceur de ce peu de vie que la nature nous a accordée, ils en sont revenus, d'autant qu'ils ont vu que, plus on y pense, plus on s'embarrasse. J'ay esté du nombre de ces resveurs; mais Montaigne et le Vayer m'ont guéry de cette espèce de maladie.

E. Ah! Monsieur, que me dites-vous? Ce sont là les vrais moyens d'estouffer tout sentiment de christianisme et de s'abysmer dans un scepticisme malheureux. Pour moy, je ne sçaurois lire ces deux autheurs sans avoir pitié de leur aveuglement et des maux qu'ils causent dans les âmes. Je rends grâces à Dieu, non pas comme si j'avois receu de luy plus de talens que les autres, car je le cède volontiers, et j'avoue que c'est le malheur ordinaire, que ceux qui ont le plus d'esprit et de sçavoir ont le moins de dévotion; mais j'ay receu de Dieu une grâce que j'estime plus que toutes les autres et que bien des gens n'accepteroient pas, c'est que je suis pénétré des sainctes vérités et que j'entends retentir dans mes oreilles cette voix qui nous appelle au jugement. C'est pourquoy je ne songe à rien où je ne trouve quelque matière de corriger, et il n'y a point d'entretien qui ne me fournisse des occasions de rapporter tout à la gloire de ce Dieu que j'aime. Vous ne sçauriez croire, Monsieur, quelle douceur je trouve dans cette manière de vivre, et si les hommes en avoient ordinairement quelque expérience, bien des gens m'envieroient mon bonheur. Je suis persuadé que le monde est une espèce de cité aussi bien ordonnée qu'il est possible, dont le Seigneur a en main la sagesse et la puissance souveraine. Comment ne pourrois-je donc pas aimer un tel maistre, qui est la bonté mesme et qui ne me laisse rien à souhaiter? Car, si j'ay le bonheur de me conserver jusqu'au bout dans ces sentimens, si aisés par sa grâce et si raisonnables, je suis asseuré d'une félicité qui passe toute imagination ; et, si je m'esloigne de Dieu tant soit peu, je ne voy que de la misère dans la condition des hommes. C'est pourquoy je ne m'estonne point si ceux qui n'entrent pas assez là-dedans ne viennent pas volontiers à des réflexions sérieuses; car elles leur représenteroient leur estat malheureux, sans leur faire voir aucun remède. Un esclave enchaisné dans la galère fera des efforts pour destourner ses pensées de son malheur, et celuy qui attend le supplice au sortir de la prison se plongera dans une espèce de stupidité pour ne pas sentir les tourmens par avance. Mais ces premiers chrestiens qui attendoient la couronne du martyre trouvoient du plaisir dans leurs chaisnes, et, quand ils consideroient qu'ils alloient entrer dans la gloire en passant quelques fascheux momens, ils estoient bien esloignés de causer de Montaigne, qui veut qu'on aille se plonger dans la mort teste baissée, et sans y songer que le moins qu'on peut. Je croy que vous m'avouerez que celuy qui est dans ces sentimens généreux et qui est satisfaict de l'avenir peut faire des réflexions compatibles avec la douceur de la vie. J'oserois dire qu'on ne sçauroit la gouster tout de bon sans estre persuadé de ce que je viens d'expliquer ; car ne sommes-nous pas dans une prison qui nous donne mille chagrins, et, au sortir de là, n'attendons-nous pas des supplices encore plus grands que les criminels n'ont coustume d'en souffrir? En effet, ceux à qui on coupe la teste ne sentent presque rien en mourant, et la pluspart de ceux qui meurent dans leur lict sont sujects à des tourmens de l'agonie qui passent souvent ce qu'on fait souffrir aux criminels. Mais il y a encore quelque chose à craindre au delà de la mort ; car, quelque effort que nous fassions pour nous divertir des soins de l'avenir, il n'est pas en nostre pouvoir d'empescher qu'il ne nous vienne des pensées fascheuses et de travers, qui nous font songer malgré nous à ce que nous allons devenir, et qui servent d'admonition à ceux qui sont corrigibles et de chastimens aux meschans, car cette amertume est salutaire aux uns et insupportable aux autres : mais ceux qui ne sentent point se doivent estimer d'autant plus malheureux que Dieu ne leur fait pas mesme encore la grâce de les avertir. Il est pourtant vray que ceux qui n'escoutent point sa voix sont plus punissables qu'eux.

P. Vostre discours me peine et m'embarrasse, et, si j'avois prévu que vous y alliez aboutir, je me serois bien gardé de vous en donner occasion.

E. Eh quoy ! Monsieur, est-ce vous embarrasser que de vous proposer un moyen de vivre avec une satisfaction sans égale où vous puissiez tout espérer et ne rien craindre?

P. Vous me faites une terrible peinture de la vie et de la mort, et, pour me remettre, vous me faites des contes en l'air ; car toutes ces belles promesses s'en vont en fumée quand on les examine sans prévention, et j'ay souvent ouy dire ces choses à des hypocrites ou à des visionnaires. Cela fait que j'évite ces discussions inutiles, tant que je puis.

E. Et moy, je soustiens que c'est un des plus grands péchés que de détourner l'esprit tout exprès de l'attention nécessaire ; c'est esteindre le reste de la lumière divine, c'est s'opposer à la grâce naissante, c'est fort approcher du péché contre le Sainct-Esprit.

P. Ce sont de grands mots, mais je n'ay pas coustume de me laisser esblouir par leur esclat. Je croy qu'il est assez d'avoir une fois examiné les choses de près pour prendre une résolution, et, quand on l'a faict, il s'y faut tenir, sans s'embarrasser l'esprit davantage : autrement on sera tousjours en peine, flottant entre la crainte et l'espérance.

E. Je responds par une comparaison d'une matière qui vous est familière. Imaginez-vous que vous estes sur un bastion pris sur les ennemis : on a des raisons d'appréhender qu'il y a là-dessous une mine cachée ; vous la cherchez en vain, et, las de chercher, vous estes obligé de vous reposer enfin, quoy qu'il en puisse arriver. Vous ne laisserez pas de passer fort mal plusieurs momens dans cette inquiétude, et le moindre bruit vous donnera une appréhension mortelle, si vous n'estes ou fort brutal, ou fort endurcy, ou doué d'un naturel tout à faict excellent, ou si vous n'estes accoustumé à surmonter les passions par la raison : car il est vray que la raison vous ordonnera de divertir l'esprit de ce soin inutile, qui ne remédie à rien et qui vous oste le repos; mais cette mesme raison ne veut pas que vous négligiez de songer à quelque nouveau moyen de vous asseurer si vous feriez fort mal de rejetter les moindres ouvertures nouvelles dans une affaire de cette importance, sous prétexte que vous y avez assez songé, et qu'il ne faut plus s'en inquiéter. Il est vray que vous auriez droict de parler ainsi, si vous estiez seur d'avoir faict tout ce qu'un homme peut faire, et si vous aviez une méthode qui vous asseurast de n'avoir rien laissé en arrière: cela vous exempteroit de toutes les recherches futures, ce qui se peut en effect lorsqu'il s'agit de chercher cette mine; mais vous m'avouerez que vous estes trop sceptique pour croire qu'il se puisse trouver une telle méthode à l'esgard des questions esloignées des sens. Cependant n'est-ce pas estrange que vous ne prétendez vous dispenser de tous les soins que parce que le hazard n'a pas favorisé d'abord vos premières peines, et parce que vous vous estes rebuté? Asseurément, s'il s'agissoit de fouiller dans la terre pour chercher ce fourneau dangereux, vous ne seriez pas si négligent, et vous songeriez que la poudre vous pourroit enlever bras et jambe, vous laissant traisner un reste de vie pire que la mort. Et cependant, lorsqu'il s'agit de la misère ou de la félicité suprême, vous affectez une fausse tranquillité qui vous coustera cher un jour!

P. Mais il s'ensuivra que je ne pourray jamais faire autre chose, s'il faut tousjours chercher, ou s'il faut tousjours escouter ceux qui se mesleront de nous donner des leçons.

E. Vous donnez un nom odieux à mes avis. Mais ne craignez pas qu'il y ait trop de gens qui vous veuillent faire leur cour par là. Ils sçavent trop leur monde. Vous ne serez pas inquiété de ce costé. Vos affaires ne doivent pas servir de prétexte; car cette heure que nous allons employer, si j'ay le bonheur de vous faire consentir, pourroit-elle faire du tort à vos occupations, quelque grandes qu'elles puissent estre?

P. Vous estes fort pressant, et il vous faut donner cette satisfaction, car je vous considère assez pour ne pas vouloir passer auprès de vous pour un opiniastre; mais ce sera à condition que vous ne m'importuniez plus doresnavant de ces choses-là.

E. Cette condition est inique. Car voulez-vous que je trouve justement ce moment favorable que Dieu vous a peut-estre gardé? Sçachez qu'un coup n'abbat point l'arbre; songez que vous allez stipuler de moy une chose qui seroit directement contre vos intérests, et qu'il ne dépend pas de moy de promettre, ni de vous d'accepter.

P. Après avoir faict quelque violence à la résolution que j'avois prise de ne me plus engager en ces discussions, vous m'avez faict naistre quelque envie d'escouter ce que vous direz. Mais prenez garde de n'avancer que ce qui soit solide. Vous sçavez que je suis chrestien, grâce à Dieu; mais je veux que vous remontiez jusqu'à la source, et que vous feigniez d'avoir affaire à un homme qui ne vous accorde rien, non pas mesme ce qu'il croit dans son âme. Car, puisque vous m'avez traicté en sceptique, je prendray le personnage et les armes pour vous en faire repentir.

E. Ce que vous dites, Monsieur, me donne du plaisir, bien loin de m'intimider : car il y en a peu de ceux qui se picquent d'estre du grand nombre qui n'ayent besoin quelquefois d'un confortatif de leur nuance, et j'aime bien mieux que vous me contestiez mesme ce que vous croyez dans l'âme que de voir que vous m'accordiez quelque chose par manière d'acquit pour vous tirer d'affaire.

P. Eh bien donc, entrons en matière.

E. J'ay tousjours reconnu que le scepticisme est la source de l'incrédulité et du peu d'attachement aux choses spirituelles que je remarque dans les gens du monde. Car ils s'imaginent que la pluspart des choses qui se débitent dans les chaires sont des resveries; ils ont souvent remarqué que ceux qui preschent parlent suivant leurs intérests, et néanmoins ne sont pas les plus persuadés; ils ont veu qu'on mesle quantité d'absurdités et de fables parmy les enseignemens de piété ; ils ont descouvert plusieurs faux dévots, et, quand on vient à la contestation, la vivacité ordinaire aux gens qui ont tousjours paru dans les compagnies leur donne cet avantage sur ceux qui tiennent le party de la dévotion, qui s'esloignent ou qu'on esloigne du siècle, et dont la simplicité humble est bientost démontée par cet air impérieux et méprisant des autres, qui ne souffrent qu'avec impatience qu'on aille troubler leurs plaisirs ou leurs affaires. S'ils vouloient pousser la recherche à bout, peut-estre pourroient-ils s'esclairer à la fin ; mais leur légèreté ou distraction ne leur permet pas de s'attacher, et, ayant reconnu par une infinité d'exemples qu'il est aisé de disputer de tout ce qui ne tombe pas sous les sens, ils croyent qu'il n'y a rien d'asseuré, et ils se persuadent aisément que les dogmes positifs ne sont que des effets de quelques hypocrisies adroictes ou de quelques esprits mélancoliques, à qui la nature ou la fortune a osté ou défendu les plaisirs qu'ils censurent dans les autres.

J'ay donc reconnu, par plusieurs conférences, qu'on aura gagné beaucoup quand on aura faict renaistre l'envie de chercher la vérité, que le désespoir de la trouver avoit abolie.

P. Vous avez justement rencontré l'endroict où je suis le plus sensible. Car je n'ay que trop reconnu que nous sommes des ignorans, tous tant que nous sommes ; que tous nos raisonnemens ne sont fondés que sur des suppositions ; que nous manquons de principes pour juger des choses ; qu'il n'y a point de règle de la vérité, que chacun a un sens particulier et qu'il n'y en a presque pas de commun. Car d'où viendroient sans cela toutes les discussions, qui ont faict dire à un ancien que les horloges s'accorderoient plustost que les philosophes ? d'où viendroit que toutes les conférences n'aboutissent à rien, que nous ne voyons guères qu'un habile homme cède à un autre, et que mesme plusieurs personnes, que je croy chercher la vérité sincèrement, ne se rencontrent presque jamais en chemin ?

E. Peut-estre qu'il n est pas difficile de développer tout cecy. Car feignons par plaisir qu'on puisse trouver la vérité, qu'on puisse establir des principes incontestables, qu'il y ait moyen d'avoir une méthode pour en tirer des conséquences importantes, et que Dieu mesme nous envoye cette nouvelle logique du ciel : je suis néanmoins asseuré que les hommes ne laisseroient pas de se brouiller, de la façon qu'ils s'y prennent ordinairement.

P. Si vous voulez me faire voir cela, ce seroit déjà quelque chose.

E. Cela est aisé à voir, Monsieur, et je vous demande si vous ne m'accordez pas qu'il y a moyen de s'asseurer des résolutions qui se donnent en géométrie.

P. Je l'avoue.

E. Et, nonobstant cela, il y a des gens qui s'y brouillent estrangement, tesmoin ces prétendus quadrateurs du cercle ou duplicateurs du cube. De sorte que je m'asseure que nous aurions une géométrie aussi incertaine et aussi contestée que la métaphysique, s'il y avoit quantité d'escrivains semblables à un nommé Bertrand de la Coste et à un bon homme que j'ay veu à Paris, qui appelait son livre *Ars nova magna*, et qui ne promettoit pas moins que de donner la quadrature du cercle, la duplication du cube et le mouvement perpétuel tout à la fois.

P. Cela est vray, et je reconnois qu'il nous arrive quelquefois d'avoir de bons principes et de ne pas nous en servir. Mais par où connoistrons-nous si ceux que nous avons sont bons, et si nous nous en sommes bien servis? Car la géométrie est assez vérifiée par les sens et par l'événement, dont le secours nous est inutile dans les matières spirituelles et qui regardent l'avenir.

E. La nature nous a esté plus libérale que nous ne croyons, et nous avons d'autres moyens de juger des choses. Si vous aviez eu loisir d'approfondir la géométrie, vous auriez veu que ces principes ne dépendent point de l'expérience, mais de certaines propositions de la souveraine raison qui ont mesme encore lieu en d'autres matières; car, par exemple, s'il y avoit une balance exactement ajustée de deux costés et chargée de part et d'autre de deux globes égaux et de mesme matière, ne m'accorderez-vous pas qu'elle demeureroit en équilibre, quand on l'y auroit mise une fois?

P. Je l'accorde.

E. Et par où le jugez-vous, je vous en prie? Vous faut-il une expérience pour vous en asseurer, ou plustost n'y a-t-il pas une lumière intérieure qui vous oblige d'y donner les mains?

P. Il est vray que j'y engagerois hardiment tout ce que j'ay de vaillant, et cependant je vous avoue que je ne me sousviens pas d'en avoir jamais faict l'expérience.

E. Mais pensez-y un peu, et dites-moy pourquoy vous jugez ainsi.

P. C'est que je voy clairement qu'il n'est pas possible de trouver la raison de quelque diversité, lorsque tout est semblable de part et d'autre.

E. Voilà qui va bien, et je vous asseure qu'il y a quantité d'autres principes dont nous nous servons tous les jours dans le raisonnement sans les avoir appris de l'expérience; et cependant le succès les vérifie, et il n'y a point d'homme de bon sens qui ne s'y rende, lorsqu'il ne s'agit pas d'une dispute vaine, mais d'une question de practique et d'intérest. Qui est-ce qui ne soit fort persuadé que les Romains ont esté les maistres d'une grande partie de l'univers, qu'il y aura un hyver et un esté l'année qui vient? car, quoyque cela ne se puisse pas démonstrer absolument, c'est néanmoins si asseuré que nous y hazarderions nostre vie, comme nous l'exposons tous les jours, en effet, sur des principes encore moins seurs. Nous tenons pour certain que ce qui est tousjours arrivé tant que nous nous sousvenons, comme par exemple l'eschange du jour et de la nuict, arrivera encore ; et qu'il n'y a pas d'apparence que ceux qui n'ont pu concerter leurs relations entre eux puissent s'accorder dans un grand nombre de petites circonstances. C'est par là que nous jugeons qu'il y a une ville dans le monde qui s'appelle Constantinople. Ce principe de nostre religion est de la mesme nature : qu'on ne sçauroit faire un grand nombre de prédictions justes et bien circonstanciées des révolutions après quelques siècles, à moins d'estre un propre envoyé de Dieu. Et il y a quantité d'autres axiomes semblables.

P. Toutes ces choses sont bien seures; mais il y en a quantité d'autres qui ne le sont pas, et pour lesquelles les hommes se battent. Considérez seulement les animosités des théologiens, les incertitudes du droict, les contradictions des médecins, la diversité des mœurs et des maximes, et vous serez de mon sentiment. Peut-estre avouerez-vous mesme qu'il ne faut pas espérer d'en venir à bout.

E. Que me donneriez-vous, Monsieur, si je vous faisois voir une méthode asseurée de les terminer tousjours, suivant les principes d'une prudence incontestable?

P. Je vous donnerois... Je vous donnerois ma parole de vous escouter tousjours avec toute l'attention dont un homme est capable.

E. Cela ne se doit qu'à Dieu, et, si vous me l'accordez, ce ne sera que pour vous rendre attentif à Dieu. N'est-il pas vray que nous avons l'art de juger des conséquences?

P. Cela est vray, quand elles sont réduictes en forme.

E. Mais n'est-il pas tousjours facile de les y réduire?

P. Je croy que ouy, et cela se pratique dans les escoles, mais sans fruict.

E. Non, Monsieur, on ne l'y pratique pas: on commence, ou plustost on fait semblant de le faire, mais on ne le pousse pas à bout et on ne considère pas assez que la forme ne consiste pas dans cet ennuyeux *quicumque, atqui, ergo.*

P. Et en quoy donc?

E. C'est que tout raisonnement exprimé en propositions précises, suffisantes, en sorte qu'il n'y a rien à suppléer, dépouillées des paroles autant qu'on peut, enfin ordonnées ou liées de manière à produire tousjours la conclusion par la forme et non pas par la matière, c'est-à-dire aussi bien en ce cas qu'en tout autre; cela, dis-je, est un argument en forme, quoyqu'il n'observe pas l'ordre et la façon de l'escole. Car un enchaisnement ou sorite, un dilemme ou énumération de tous les cas, enfin toute démonstration mathématique formée à la rigueur, mesme un calcul d'algèbre, une opération d'arithmétique, sont des argumens en forme, aussi bien que des syllogismes vulgaires à trois termes.

P. Cela me surprend; mais j'y trouve de la raison, et je commence à voir que, si nous avions la patience ou le loisir de nous servir de cette rigueur, nous pourrions examiner tout avec ordre et méthode ; car enfin je voy bien que tout argument peut estre réduict en forme, c'est-à-dire rendu précis et simple, et, quand il l'est, on peut juger infailliblement et distinctement s'il manque quelque chose à l'intégrité ou à la connexion des suppositions. Mais j'y vois encore un embarras; car, quoyque toutes les suppositions soyent mises en forme, la difficulté demeure tout entière du costé de la matière, sçavoir si les propositions que nous avons employées sont vagues ou fausses, et si elles ont besoin de preuves, ou si elles doivent passer pour des principes.

E. Je vous donneray un moyen pour activer la recherche, c'est de n'admettre rien qui soit tant soit peu douteux, sans qu'il soit trouvé dans la mesme forme.

P. Mais on se trompe ordinairement en prenant pour certain ou douteux ce qui ne l'est pas.

E. Et voicy le remède : il faut dire à la rigueur que toute proposition a besoin de preuve, lorsqu'elle en est susceptible. Or il n'y a que deux sortes de propositions qu'il est impossible de prouver : les premières sont celles dont le contraire implique contradiction; car à quoy servira une preuve, si la mesme conclusion peut estre vraye ou fausse? Les autres sont celles qui consistent dans une expérience intérieure qui ne peut plus estre rectifiée par des indices ou tesmoins, puisqu'elle n'est pas immédiatement présente et qu'il n'y a rien entre elle et moy, comme sont ces propositions : *Je puis, je sens, je pense, je veux telle ou telle chose.* Mais de dire : *Ce que je sens subsiste hors de moy, ce que je pense est raisonnable, ce que je veux est juste:* cela n'est pas si seur.

P. Si vous n'employez pas d'autres principes que ceux que vous venez de dire, il n'y aura pas moyen d'en disconvenir; mais j'ay de la peine à comprendre comment des principes qui me paroissent si bornés et si stériles nous puissent fournir tant de choses que nous prétendons de sçavoir.

E. Je vous responds que ces principes ne sont pas si bornés qu'ils paroissent : par le principe de contradiction se démonstrent tous les axiomes, toute vérité paroist par la seule explication des termes, car autrement il y auroit contradiction dans les termes. Et les expériences intérieures nous fournissent moyen de juger les choses qui subsistent hors de nous; car, lorsque les apparences que nous sentons en nous sont bien suivies, en sorte qu'on peut faire là-dessus des prédictions avec succès, c'est par là que nous distinguons les veilles de ce que nous appelons des songes; et, sçachant d'ailleurs par les axiomes que tout changement doit provenir de quelque cause, c'est par là que nous venons à la connoissance des choses qui subsistent hors de nous.

P. Vos responses me donnent une satisfaction que je n'avois pas espérée. Or, si les principaux axiomes estoient rangés et démonstrés à la manière du géomètre, c'est-à-dire en forme et avec rigueur, et si les expériences estoient bien ordonnées et liées avec les axiomes, je croy que l'on en pourroit former des élémens admirables de la connoissance humaine, et distinguer le vray, le probable et le douteux. Je m'imagine mesme que cette entreprise ne seroit pas au-dessus des forces de quelques habiles gens; car je voy bien que, dans les matières où il n'est pas possible de passer la probabilité, il suffiroit de démonstrer le degré de la probabilité et de faire voir de quel costé la balance des apparences doit pencher nécessairement.

E. Cela seroit à souhaiter. Mais, pour en revenir à mon but, je ne demande pas tant à présent, et, puisque vous reconnoissez qu'il y a moyen de s'asseurer de ce qu'on doit juger des choses sur les apparences, contentons-nous de nous servir de cette rigueur en ce qui regarde la question de la misère ou félicité suprême. Car, puisque cela se peut, comme nous avons reconnu, il s'ensuit que tout homme de bon sens doit se servir de cette méthode incontestable, non pas en toutes choses, car cela n'est pas possible, puisque le temps n'y suffiroit pas, mais au moins dans les poincts les plus importans de la vie, et surtout lorsqu'il s'agit du souverain bonheur ou d'une misère sans bornes. N'est-ce pas une chose déplorable de voir que les hommes ont desjà eu il y a longtemps en main un secours admirable pour se garder de mieux raisonner, et qu'ils ne s'en sont pas servis parce que certains pédans avoient abusé d'une si belle invention ? Faut-il donc que le genre humain porte la peine de leur sottise, et faut-il se priver d'un moyen qui nous peut donner le repos de la vie, pour complaire à ceux dont l'air cavalier ne sçauroit souffrir ny la logique ny mesme aucune autre application sérieuse ? Je sçay que plusieurs personnes de jugement seront surprises de ce que j'avance icy en faveur de la logique et des raisonnemens en forme et à la rigueur, et je croy mesme que plusieurs, qui ne me connoistroient pas, pourroient en prendre occasion d'avoir meschante opinion de moy. Mais je croy que je leur pourrois satisfaire, s'ils se donnoient la peine de me bien entendre. Je n'ignore pas qu'ils supposent communément que les erreurs viennent rarement de la forme négligée, et qu'ils en monstrent quelques sources dont je ne disconviens pas ; mais je me fais fort de faire voir que ce ne sont que des escoulemens cachés de la forme négligée, et que, sans donner d'autres préceptes pour s'en garder, il ne faudroit qu'assez d'exactitude et assez de patience pour observer la forme avec rigueur. Mais j'entends la forme un peu autrement que le vulgaire, comme je l'ay expliqué cy-dessus. Euclide a raisonné en forme à mon avis, au moins ordinairement ; pourquoy ne suivrions-nous donc pas ailleurs cette mesme rigueur, c'est-à-dire cette simplicité de propositions dépouillées, cet ordre ou enchaisnement des raisons, ce soin de ne rien obmettre sous prétexte d'enthymème et d'obmettre toutes les propositions qu'on employe ou exprès ou par rémission? C'est ce qui a rendu les géomètres si exacts, et il n'y a rien en tout cela qui ne se puisse faire partout ailleurs.

Considérons, je vous en prie, quelle a esté l'application d'un Euclide ou d'un Apollonius, quelle patience, quelle longue suite de raisons : et cependant le fruict de ces travaux immenses n'a esté que la solution d'un petit nombre de problèmes, utiles à la vérité, mais dont la Chine, ce royaume si florissant, s'est passé depuis tant de siècles. Et nous autres, qui nous vantons d'estre chrestiens, n'avons pas le courage d'entreprendre un travail bien plus aisé et plus court, qui nous asseureroit la vraye religion, et nous donneroit le moyen de convaincre incontestablement des personnes raisonnables, le tout d'une satisfaction d'esprit qui passeroit tout ce qu'il y a de souhaitable icy-bas!

P. Il est vray que cette manière de raisonner à la rigueur nous mèneroit enfin jusqu'au bout; mais j'ay peur que nous ne nous en repentions, car peut-estre que nous trouverions tout le contraire de ce que nous prétendons. Sousvenez-vous que je parle en sceptique qui a droict d'appréhender que ce qu'on dit de la Providence et de la foy ne soyent que de belles chimères. J'ay peur que cette recherche trop exacte ne nous en descouvre l'absurdité, s'il se trouve peut-estre au bout de tout que tout est vain, et qu'il y auroit mieux valu de se tromper heureusement en conservant une légère espérance, que de rencontrer le désespoir en cherchant la certitude.

E. C'est icy le dernier effort de la sceptique mourante. Cette défiance ne vaut guères mieux que le désespoir. C'est en vain qu'on croit tromper sa conscience, et c'est un crime de n'employer pas ses forces pour apprendre son devoir. S'il y a quelque Providence, croyez-vous que Dieu se paye de cette raison? Si la crainte d'offenser un grand prince retient les plus emportés, oserons-nous nous exposer à faire contre les loix du monarque de l'univers, qui les sçauroit maintenir sans doute d'une manière capable de donner de la terreur à nous qui ne sommes que de petits vers de terre? Cette crainte est bien fondée, tandis que nous ne sommes pas bien seurs qu'il n'y a pas de tel monarque : et le moindre soubçon d'un aussi grand mal que sa colère doit toucher une personne prudente. Mais il y a bien plus que des soubçons, parce que toutes les apparences sont pour la Providence.

P. Il y a pourtant plus de difficultés que le vulgaire ne pense.

E. Ne demeurez-vous pas d'accord de l'ordre admirable des choses?

P. Non pas tout à faict. J'admire la production des choses, mais je trouve à redire à leur destruction. Tout corps organique en luy-mesme est admirablement bien faict, mais cette multitude de corps qui se choquent entre eux fait un estrange effect. Y a-t-il rien de si dur que de voir que le plus fort l'emporte sur le foible, que la justice et la puissance ne se rencontrent guères, et qu'il domine partout un certain hazard qui se joue de la sagesse et de l'équité?

E. Je vous responds que tout ce qui nous paroist extravagant sera récompensé d'une manière qui nous est encore invisible : cela mesme est conforme à l'ordre de la Providence, autrement il n'y auroit point de mérite. Cependant la Providence se conclut assez de ce que vous avez accordé; car, puisqu'une partie des choses est bien réglée, qu'il est presque impossible de n'y pas reconnoistre une sagesse infinie, il est impossible aussi de croire que cette Providence ne s'estende pas à tout. Elle aura soin de former le moindre insecte avec un artifice tout divin; il y aura quatre-vingt mille animaux visibles dans une seule goutte d'eau, et il n'y en aura pas un dont la structure ne passe toute l'adresse des inventions humaines; enfin le moindre atome sera plein de corps dynamiques et par conséquent bien formé à merveille : et comment sera-t-il donc possible que cette Providence, qui a eu soin de la moindre partie, ait négligé le tout, et ce qui est le plus noble dans l'univers, sçavoir les esprits?

P. Je m'y rendrois aisément, si vous me pouviez délivrer de quelques scrupules importans qui m'arrestent. Vous soustenez que c'est la Providence qui forme par exemple tout ce qui se trouve si heureusement uny dans la construction des animaux. Cela seroit raisonnable, s'il ne s'agissoit que de quelque cause particulière. Lorsque nous voyons un poëme, nous ne doutons pas qu'un homme ne l'ait composé; mais, lorsqu'il s'agit de toute la nature, il faut raisonner autrement. Lucrèce, après Épicure, se servoit de quelques exceptions qui font grand tort à vostre argument pris de l'ordre des choses : « Car, dit-il, les pieds ne sont pas faicts pour marcher; mais les hommes marchent parce qu'ils ont des pieds. » Et si vous demandez d'où vient que tout s'accorde si bien dans la machine de l'animal, comme s'il estoit faict exprès, Lucrèce vous dira que la nécessité porte que les choses mal faictes périssent, et que les bien faictes se conservent et paroissent seules : ainsi, quoyqu'il y ait une infinité de choses mal faictes, elles ne sçauroient se maintenir parmy les autres.

E. Ces gens se trompent véritablement, car enfin nous ne voyons rien faict à demy. Comment les choses mal faictes disparoistroient-elles si tost, et comment échapperoient-elles à nos yeux armés du microscope? Au contraire, nous trouvons de quoy estre ravis d'estonnement à mesure que nous pénétrons de plus en plus dans l'intérieur : outre qu'il y a des beautés qui ne servent point à ce qu'une espèce se maintienne et paroisse plustost qu'une autre; par exemple, la structure admirable des yeux ne donnera pas à une espèce l'avantage d'exister plus tost qu'à une autre. D'où vient que tous les animaux qui ont des ailes y monstreront une mécanique surprenante? d'où vient qu'il n'y a pas une espèce d'oiseaux qui ayent des esbauches d'ailes mal exécutées ou dans lesquelles une aile soit bien, l'autre mal faicte? car ceux qui sont bien ailés n'auroient rien qui favorisast plus tost leur formation que celle des autres, si nous n'avions pas recours à la Providence. Voyez la différence qu'il y a entre un animal favorisé par quelque accident et entre l'espèce la plus imparfaicte, et vous m'avouerez que la nature ne fait rien qui ne soit merveilleux.

P. Si je vous accordois mesme que tout est bien faict dans le monde où nous sommes, que diriez-vous à cette response d'Épicure, qu'il y a et qu'il y a eu un nombre infiny de mondes de toutes les façons, parmy lesquels il falloit nécessairement qu'il y en eust aussi quelques-uns bien faicts, ou qui se sont arrangés peu à peu? Ce n'est donc pas une grande merveille si nous nous trouvons justement dans ce monde d'une beauté passable.

E. Je vous avoue que c'est là le dernier retranchement de l'épicurisme raffiné; mais je vous feray voir clair comme le jour qu'il n'est pas soustenable, car il y a toutes les apparences du monde que les choses ne sont pas moins belles et moins concertées dans les autres régions de l'univers que dans celle-cy. Je demeure d'accord que cette fiction n'est pas impossible, absolument parlant, c'est-à-dire qu'elle n'implique pas contradiction quand on ne considère que le raisonnement présent pris de l'ordre des choses (quoyqu'il y en ait d'autres qui le destruisent absolument): mais elle est aussi peu croyable que de supposer qu'une bibliothèque entière s'est formée un jour par un concours fortuit d'atomes; car il y a tousjours plus d'apparence que la chose se soit faicte par une voye ordinaire que de supposer que nous soyons justement tombés dans ce monde heureux par hazard. Si je me trouvois transporté dans une nouvelle région de l'univers, où je verrois des horloges, des meubles, des livres, des bastimens, j'engagerois hardiment tout ce que j'ay que cela seroit l'ouvrage de quelque créature raisonnable, quoyqu'il soit possible, absolument parlant, que cela ne soit pas, et qu'on puisse feindre qu'il y a peut-estre un pays, dans l'estendue infinie des choses, où les livres s'escrivent eux-mesmes. Ce seroit néanmoins un des plus grands hazards du monde, et il faudroit avoir perdu l'esprit pour croire que ce pays où je me rencontreray est justement le pays possible où les livres s'escrivent par hazard, et l'on ne sçauroit tout aveuglément suivre plus tost une supposition si estrange, quoyque possible, que ce qui se practique dans le cours ordinaire de la nature: car l'apparence de l'une est aussi petite à l'esgard de l'autre qu'un grain de sable est à l'esgard d'un monde. Donc l'apparence de cette supposition est comme infiniment petite, c'est-à-dire moralement nulle, et, par conséquent, il y a certitude morale que c'est la Providence qui gouverne les choses. Il y en a encore d'autres démonstrations qui sont absolument géométriques ; mais elles ne peuvent pas entrer aisément dans ces discours familiers, et ce que je viens de dire doit suffire et à mon dessein présent et à vos souhaits.

P. Vous n'avez pas encore gagné, et il reste une difficulté à vaincre qui me paroist assez grande. Je suis obligé de vous avouer qu'il y a infiniment plus d'apparence pour une sagesse gubernatrice que pour un hazard autheur de tant de beautés et de tant de machines admirables. Mais, comme nous ne connoissons pas le droict de l'univers et les loix de ce grand monarque, qui n'a point d'autre règle que sa volonté, comment en pourrons-nous tirer pour nous des conséquences plus avantageuses que les autres créatures? Ce grand Dieu s'abaisseroit-t-il jusqu'à renverser l'ordre des choses pour l'amour de nous, qui ne sommes à son esgard que comme la moindre poussière dont le vent se joue? Nous voyons que tout se change, tout se destruit : comment en serions-nous exempts?

E. Il y a deux extrémités à éviter quand il s'agit des loix de l'univers : car les uns croyent que tout y va avec une nécessité machinale, comme dans une horloge ; les autres se persuadent que la souveraineté de Dieu consiste dans une liberté sans règle. Le juste milieu est de considérer Dieu non-seulement comme le premier principe et non-seulement comme un agent libre, mais de reconnoistre encore que sa liberté se détermine par sa sagesse, et que l'esprit de l'homme est un petit modelle de Dieu, quoyque infiniment au-dessous de sa perfection. Quand on a cette idée de Dieu, on peut l'aimer et l'honorer. Mais, quand on le conçoit en des termes trop métaphysiques, comme un principe d'émanation à qui l'entendement ne convient qu'équivoquement, ou comme un je ne sçay quel estre qui est cause non-seulement des choses, mais mesme des raisons, et qui par conséquent ne sçait point de raison lorsqu'il agit, on ne sçauroit avoir à son esgard de l'amour et de la confiance. Car si rien n'est juste en luy-mesme, la volonté du plus puissant est la règle de la justice ; il n'y auroit point de différence entre un tyran et entre un roy ; on le craindra, mais on ne l'aimera pas. Car peut-estre qu'il prend plaisir à nous rendre misérables ; peut-estre que ceux qui font le plus de maux icy-bas luy sont les plus agréables, et que les gens de bien ne passent chez luy que pour de chétives créatures sans vigueur. Si cela est, je vous avoue que la Providence ne vous serviroit de rien ; ce seroit en effet un démon qui gouverneroit le monde. Mais cela ne se peut. La sagesse et la justice ont leurs théorèmes éternels, aussi bien que l'arithmétique et la géométrie : Dieu ne les establit point par sa volonté ; mais il les renferme dans son essence, il les suit. Car il faudroit encore une autre sagesse pour les bien establir, ou il faudroit avouer que c'est par un pur hazard qu'il les establiroit plustost ainsi qu'autrement ; si cela estoit, la fortune ne seroit pas moins dispensatrice des grâces de Dieu qu'elle l'a esté de celles de l'empereur Sigismond, qui, pour récompenser un vieux serviteur, luy donne à choisir entre deux boîtes fermées dont l'une estoit remplie d'or et l'autre de plomb.

P. Mais si quelqu'un ne trouvoit pas cela aussi absurde que vous le pensez estre ?

E. Il y auroit moyen de le convaincre ; car ces théorèmes de la justice, de la sagesse et de la beauté souveraines sont démonstrables d'une manière géométrique et se réduisent au principe de la contradiction, en sorte que le contraire s'explique dans les termes : or nous pouvons bien juger, par ces inventions admirables de méchanique dont Dieu a sceu user, qu'il sçait trouver les constructions les plus simples à la façon des grands géomètres, c'est-à-dire les moyens qui font le plus d'effet avec le moins d'embarras ; et c'est là le principe unique de la sagesse, d'où dépend mesme la justice, et sur lequel se fonde nostre félicité.

P. Je ne voy pas bien cette connexion, et je ne m'aperçois pas comment vous passez de l'ordre qui est dans les choses physiques à celuy que nous souhaitons dans les morales.

E. Quoy ! Monsieur, vous voyez que le plus petit nerf a son usage dans le corps, aussi bien que la moindre corde dans un grand vaisseau; vous sçavez qu'un habile géomètre ne tire point de ligne qui ne serve à la démonstration: et vous douteriez si l'âme de l'homme est dans l'ordre, cette âme qui est une espèce de Dieu qui gouverne un monde à part, et qui redouble en quelque façon et représente en elle le grand monde? [Je vous entends.] Car on dit quelquefois d'un défunct: « C'estoit un habile homme, mais à quoy cela luy a-t-il servy? il est mort, et tout cet amas prodigieux de belles sciences est péri en un moment, comme s'il n'avoit jamais esté. » Nostre ignorance nous fait parler ainsi. Si nous entendions les ressorts de la Providence, nous verrions que rien ne se perd, que tout s'employe de la plus belle manière possible, qu'il est incompatible avec l'ordre des choses que nos âmes périssent et mesme qu'il s'en perde aucune perfection acquise en cette vie. Jésus-Christ dit admirablement, à son ordinaire, que tous les cheveux de nostre teste sont comptés, et qu'un gobelet d'eau fraische dont nous avons soulagé la soif d'un misérable sera récompensé. Jugez si les autres vertus et perfections seront oubliées, si nous n'avons pas suject de nous estimer heureux, et si nous ne devons pas nous appliquer à connoistre et à aimer ce bienfaicteur souverainement aimable. Car Dieu, s'il est ce qu'il ne peut manquer d'estre, a sans doute eu esgard principalement à cette sorte de créatures capables de le connoistre et de l'aimer, lorsqu'il a formé les autres; et, puisqu'il est luy-mesme un esprit et que tout n'est faict que pour les esprits, je suis asseuré que les esprits ont esté bien ordonnés préférablement à toutes les autres choses, qu'ils passent infiniment en noblesse, puisqu'ils expriment la perfection de leur Créateur d'une tout autre manière que le reste des créatures incapables de cette élévation. Cela estant, il est donc impossible que les choses soyent faictes d'une manière dont un esprit se puisse plaindre avec raison; autrement Dieu n'auroit pas esté ou assez parfaict pour s'apercevoir de ce défaut ou assez puissant pour y remédier. De là je conclus ce que j'avois avancé au commencement, que le monde est une cité composée de tous les esprits sousmis au grand monarque de l'univers, que cette cité est formée dans la dernière perfection possible, qu'il n'y a rien davantage à souhaiter pour ceux qui l'aiment, et qu'eux-mesmes, si Dieu leur donnoit le choix d'inventer quelque chose pour leur satisfaction, ne pourroient jamais s'élever par leur imagination et leurs désirs à ce bonheur qui leur est préparé.

P. Je suis tout esmeu de ces belles choses que vous dites : car enfin je n'y trouve rien à répliquer, vous l'emportez sur tous mes scrupules, et je sens un consentement d'autant plus grand qu'il estoit moins attendu. Il me semble maintenant que je suis une des plus heureuses créatures, moy qui condamnois auparavant ma misère et qui ne taschois de me divertir de la recherche de la vérité que pour n'y pas penser.

E. Il est vray que nous sommes heureux si nous voulons; car, quoyque nous ne puissions vouloir le bien sans que Dieu nous aide, il est tousjours vray que nostre félicité dépend de nostre volonté, de quelque cause que cette volonté vienne, et c'est là tout ce qu'on peut souhaiter dans la nature : à moins que nous ne voulions estre heureux par nécessité, ce qui sans doute n'est pas possible dans l'ordre des choses, autrement Dieu l'auroit faict. Mais n'allons pas nous engager dans des questions plus curieuses que nécessaires, qui peuvent naistre, et sur lesquelles j'ay satisfaict autrefois à un amy dans une conférence dont j'ay mis quelque chose par escrit et que je vous pourrois faire voir un jour. A présent je veux aller plus avant, car je ne suis pas entré en cette matière pour vous donner seulement cette joye intérieure dont je voy les marques, mais pour vous pousser au bien qui la fera durer. Vous avez senti le misérable estat des hommes qui ne sont pas pénétrés de ces vérités; vous sçavez qu'une amertume cachée infecte tous les plaisirs par lesquels ils s'efforcent de tromper leur chagrin; la seule pensée de la mort leur paroist effroyable, et ceux qui se sont le plus précautionnés n'ont point d'autre remède que la patience, et point d'autre consolation que la nécessité, à laquelle ils voyent bien que c'est une folie de s'opposer. Mais un des anciens disoit bien que ce soldat ne vaut rien, qui exécute tristement les ordres de son capitaine: il faut le suivre avec joye; et, pour estre content, il ne faut pas seulement souffrir, mais il faut mesme approuver ce qui se passe. Voyez donc ce que vous devez à Dieu, et faites connoistre, sinon aux autres, au moins à vostre conscience, que vous estes maintenant un autre homme. Vous estiez un esclave de la nécessité : vous estes devenu un ministre de Dieu, d'un Dieu qui vous aime et que vous aimez, d'un Dieu qui vous tient lieu de tout, qui fait tout ce que vous pouvez souhaiter avec prudence, et qui ne vous abandonnera jamais, si vous n'estes le premier à le négliger. Vostre bonheur est une des maximes fondamentales de son Estat gravées sur des tables de diamant : mais il faut que vostre attachement soit sincère; car on ne sçauroit tromper ce Dieu, qui perce les replis les plus cachés du cœur.

P. Je vous avoue que je me sens une certaine ardeur qui m'a esté auparavant inconnue, et que l'estat où je me trouve à présent me paroist avoir quelque chose d'élevé au-dessus de l'humain. Mais vous sçavez que les hommes sont sujects à l'impression des sens, que leur mémoire est foible, et que les saincts mesme ont senti quelquefois leur foy refroidie : adjoustez donc à l'obligation infinie que je vous ay le moyen de m'asseurer ma félicité présente.

E. Il y a deux moyens qu'il faut joindre, la prière et la practique. Je comprends sous la prière toute élévation de l'âme à Dieu, c'est-à-dire une recherche perpétuelle des raisons solides de ce qui vous fait paroistre Dieu grand et aimable ; car les méditations qui ne sont pas appuyées de raisons ne sont que des imaginations arbitraires qui s'esvanouissent à la moindre sensation. Accoustumez-vous donc à trouver partout quelque sujet d'exciter un acte de culte et d'amour, car il n'y a rien dans la nature qui ne nous fournisse de quoy luy faire un hymne. Louez son nom en tout ce qui arrive : lorsque vous voyez des meschans qui fleurissent, songez que Dieu les garde ou pour estre des objects de sa miséricorde ou pour estre des victimes de sa justice ; qu'il n'y a point de mal qui ne doive servir à un plus grand bien. Quand les choses réussissent tout autrement que vous n'auriez voulu, croyez que Dieu vous donne matière d'exercer vostre vertu, et que vous vous estes trompé ; car on se peut tromper en suivant les règles de la prudence, puisqu'on ne sçauroit songer à tout ny estre informé de tout. C'est pourquoy protestez tousjours en vous-mesme que vous ne voulez rien que par provision et jusqu'à ce que Dieu s'explique là-dessus. Accoustumez-vous surtout à remarquer qu'il y a des ordres, des liaisons et de belles progressions en toute chose ; et, comme nous n'en sçaurions encore avoir assez d'expérience en cette vie dans les matières de morale, de politique et de théologie (car Dieu exerce nostre foy dans des brouilleries apparentes qu'il sçaura bien mettre d'accord par un heureux avenir), nous ferons bien, en attendant, de nous exciter et raffermir quelquefois par ces expériences sensibles de la grandeur et de la sagesse de Dieu, qui se trouvent dans ces harmonies merveilleuses de la mathématique et dans ces machines inimitables de l'invention de Dieu qui paroissent à nos yeux dans la nature ; car elle conspire excellemment avec la grâce, et les merveilles physiques sont un aliment propre à entretenir sans interruption ce feu divin qui eschauffe les âmes heureuses, et c'est là que l'on voit Dieu par les sens, tandis qu'ailleurs on ne le voit que par l'entendement. J'ay souvent remarqué que ceux qui ne sont pas touchés de ces beautés ne sont guères sensibles à ce qui se doit véritablement appeler amour de Dieu. Car je sçay bien que plusieurs n'en ont pas une véritable idée ; mais, si vous méditez sur ce que je viens de dire, vous ne vous y sçauriez tromper. Il me reste à vous parler de la practique extérieure, qui est une suite infaillible d'un intérieur sincère. Comment est-il possible d'estre pénétré de ces grandes vérités, et de demeurer en mesme temps dans une langueur qui tient de l'incrédulité ? Jamais homme de bon sens ne s'est jetté en bas lorsqu'il a cru voir un précipice. Qui est-ce qui ne tasche pas d'éviter un lion qui vient tout en furie ? ou est-ce un courtisan sage que celuy qui ne respecte pas les yeux d'un maistre sévère, ou qui ne tasche pas de se rendre agréable à un prince capable de faire sa fortune ? Il n'est donc pas possible de trouver un homme qui aime Dieu véritablement et qui ne fasse pas quelque effort pour luy plaire.

P. Ce que vous dites est vray; mais je croy que souvent ceux qui ont bonne volonté demeurent comme en suspens, faute de bien sçavoir la volonté de Dieu.

E. Commençons par ces commandemens qui ne sont sujects à aucunes disputes, et taschons aussi, peu à peu, de nous esclairer sur les autres. Or il n'y a personne qui ne mette en doute que la charité ne nous soit recommandée plus que tout le reste : attachons-nous-y donc, et croyons-en Nostre-Seigneur, qui a renfermé dans ce précepte et la loy et les prophètes. Mais sousvenez-vous que la vraye charité comprend tous les hommes, jusqu'à nos ennemis, non pas seulement lorsqu'ils sont abattus, mais au plus fort de leur insulte. Considérons-les comme des furieux dont nous avons pitié, lorsqu'ils font tous leurs efforts pour nous nuire, et que nous repoussons sans haine. Tous les meschans sont misérables, en effect, et ne méritent pas d'estre haïs. Ils sont des hommes, ils sont faicts à l'image de Dieu, il y a eu quelque malheur dans leur éducation ou dans leur train de vie qui les a rendus comme désespérés, ils seroient tous susceptibles de la plus haute perfection si nous avions tousjours les occasions de les regagner; travaillons-y donc tant que nous pouvons, et considérons que la plus grande conqueste est celle d'une âme, puisqu'il n'y a rien de plus noble dans la nature. Et, comme c'est ordinairement l'oppression et la misère qui rend les hommes fort meschans et malfaisans, et qui leur donne une certaine dureté d'âme, taschons de prévenir le désespoir de tant de malheureux qui gémissent; ne cherchons point de gloire dans ces exploicts qui ne sont grands que comme des tremblemens de terre, les ravages des contrées et les autres malheurs publics. Considérons qu'il ne servira de rien de paroistre avantageusement dans l'histoire et d'estre malheureux en personne. Car, ne nous y trompons pas, le Seigneur est un juste juge : nous ressentirons les maux que nous avons faicts, et nous les ressentirons à pleine mesure. Rien n'eschappe à sa mémoire. L'ordre des choses, l'harmonie universelle, et cette espèce de nécessité qui veut que tout soit redressé, demandent vengeance à Dieu, non seulement des âmes perdues et du sang versé, mais encore du moindre forfaict. De l'autre costé, resjouissons-nous si Dieu a faict quelque bien par nous surtout aux âmes. Il nous tiendra bon compte non-seulement de l'événement, mais d'une bonne volonté, si elle est sincère et ardente. Néanmoins je tiens que le bonheur de ceux à qui Dieu a donné et la volonté et les forces, esclatera davantage un jour dans cet heureux pays de récompense : *Qui ad justitiam erudierunt multos fulgebunt quasi stellæ.* Mais surtout je tiens qu'il n'y a point de créature plus heureuse qu'un homme d'Estat qui a bien usé de son pouvoir, et qui a faict quelque chose de grand pour la gloire de Dieu et pour le bien public. Cela vous regarde, Monsieur, car vous ne sçauriez disconvenir du grand pouvoir que vous avez. Songez-y bien, et sousvenez-vous tousjours que vous devez un grand compte à Dieu. Car, si vous laissez eschapper quelque occasion de faire du bien, Dieu vous en demandera un compte que vostre paresse, vostre froideur et vos scrupulosités affectées à la mode du siècle ne payeront pas. Surtout prenez garde de ne pas vous abstenir de quelques entreprises louables par la crainte qu'on se mocque de vous : c'est désavouer son Dieu en quelque façon, et s'exposer à un autre désaveu bien terrible à ce grand jour. Il vaut mieux luy faire sacrifice de nostre gloire, et, travaillant pour son honneur, prendre sur nous la route d'un mauvais succès. Après avoir suivy les lumières que Dieu nous a données, asseurons-nous qu'il ne nous donnera pas lieu de nous en repentir. C'est pourquoy, lorsqu'il y a quelque apparence de bien faire, mettons-nous en campagne, sans attendre toutes les marques d'un succès infaillible, qui ne se rencontreront peut-estre jamais pour ce qui est beau et difficile. Toutes les fois qu'il s'est faict quelque grande chose, il n'y avoit guères d'apparence au commencement ; mais quelque puissant génie que Dieu avoit armé de courage a percé au travers de toutes les difficultés, et son mérite a esté d'autant plus entier. Vous me direz : « A quoy bon cette exhortation ? car je ne voy pas lieu à présent de faire quelque chose de grand pour la gloire de Dieu. » Pour moy, je n'en sçay rien. Je n'entre pas dans vos affaires d'Estat ; mais je suis persuadé que nous trouverions souvent matière de signaler nostre zèle, si nous voulions veiller sur les conjonctures pour en profiter. Mais nous voulons servir Dieu à nostre aise, et Dieu ne desdaigne pas d'accepter de nous cette offrande de services si peu empressés. Finissons enfin, et, si vous le trouvez bon, convenons de quelques loix entre nous sur lesquelles nous nous règlerons à l'avenir.

P. J'approuve fort ce conseil, et je trouve qu'il faut quelque chose de sensible qui nous exerce journalièrement ; je consens desjà à tout ce que vous trouverez bon, et je vous accorde toute l'authorité de législateur.

E. Je n'accepte que le pouvoir de vous communiquer mon project.

Premièrement : Je croy que tout homme zélé pour son salut doit chercher un compagnon d'estude, j'entends de cette estude salutaire. Il faut pour cela un amy fidelle et désintéressé, d'une intention droicte et qui ait plus d'attachement à vostre personne qu'à vostre condition, qui ait quelque sympathie avec vous, surtout du costé de l'esprit, enfin où vous puissiez trouver un soulagement et du profit tout à la fois.

En deuxième lieu : Il faut se faire un project par escrit qui serve de règle pour le reste de nostre vie qui y sera toute réduicte, et quelques grandes maximes qu'il faudra tousjours avoir en veue. Ce sera semblable aux instructions qu'on a coustume de donner aux ministres publics. Car une instruction doit venir au détail et contenir des résolutions sur les rencontres les plus importantes et les plus ordinaires qui se peuvent présenter ; on ne doit jamais violer ces résolutions que par une grande raison, et lorsqu'il arrive quelque chose de bien extraordinaire. Mais aussi n'y faut-il rien résoudre que pour cause. J'ay veu plusieurs conseils que des pères ont donné à leurs enfans en forme de testamens, et j'en ay veu bien peu qui ayent mieux aimé de donner des leçons à eux-mesmes qu'aux autres.

Troisièmement : Il faut s'examiner tous les jours sur le pied de son project pour voir à quoy on a manqué et en quoy on a réussi. Il faut faire en sorte qu'on remarque tous les jours un amendement visible; et, pour y arriver, il faut s'y faire quelquefois de nouveaux règlemens et se dicter des peines irrémissibles.

Quatrièmement : Il faut partager son temps sans trop de contrainte; il faut des jours de dépesches, des jours de visites, des jours libres, c'est-à-dire qui serviront à expédier quantité d'incidens vagues, des jours de relasche, des jours de retraicte. Il faut donner une partie de chaque jour à Dieu et à la méditation, et à cet examen dont je viens de parler.

Cinquièmement : Il faut tenir registre de tout ce qui peut servir, jusqu'aux pensées utiles; il faut un livre journal pour les choses passées, un livre mémorial pour les futures ou à faire, des papiers volans pour y mettre à la haste ce qui se présente de mémorable dans la lecture, dans la conversation, dans le travail ou dans la méditation; et l'on pourra ranger tout cela par après suivant les matières dans un recueil. Il seroit mesme à propos d'avoir un Enchiridion, ou livre manuel, dans lequel les plus importantes connoissances dont nous avons besoin soyent marquées, afin de soulager nostre mémoire dans les rencontres. [Et il seroit à propos de l'escrire en chiffres.] Et, comme il y a des choses qu'il faut sçavoir par cœur, on pourroit s'en asseurer par le moyen des vers, à quoy les burlesques seroient admirablement propres. Il n'est pas lieu icy de s'estendre là-dessus.

Sixièmement : Il faut chercher toutes adresses imaginables pour modérer les passions qui peuvent troubler l'usage de la raison. C'est pourquoy il faut s'accoustumer à ne se picquer de rien, à ne se mettre point en colère, à éviter toute tristesse, ce qui est possible quand on est bien persuadé de nos grandes vérités. Pour ce qui est de la joye, il la faut modérée et égale; car un grand espanchement des esprits est suivy d'une tristesse naturelle, et fait grand tort à la santé. Après une joye modérée, il n'y a point de passion plus belle et plus utile que l'espérance; ou plus tost cette joye égale et durable ne consiste que dans une espérance bien fondée, parce que les autres joyes sont passagères et celle de l'espérance est continuelle. J'ay remarqué qu'il n'y a que l'espérance qui soustienne et le courage et la curiosité. Aussi tost qu'elle est abbattue par les chagrins, par la vieillesse, par des maladies, par des réflexions importunes sur la misère et sur la vanité prétendue des choses humaines, adieu les entreprises nobles, adieu les belles recherches. Mais je vous ay donné une recette infaillible pour vous conserver ce grand bien, qui fait le repos de cette vie et qui donne un avant-goust d'une meilleure.

En septième lieu : Il faut exercer une véritable charité à l'esgard des autres. Voilà en quoy cela consiste, à mon avis. Il faut non-seulement ne haïr aucun homme, quelques défauts qu'il puisse avoir; mais il faut mesme aimer un chacun à proportion des bonnes qualités qui luy restent, car il n'y a point d'homme qui n'en ait beaucoup. Nous ne sçavons pas quel jugement Dieu fait de luy; peut-estre tout autre que nous, qui sommes trompés par les apparences. Néanmoins il vous est permis de pencher du costé du soubçon et d'avoir fort meschante opinion de tous les autres, autant qu'il s'agit de vous précautionner, surtout en quelque matière d'importance où il ne se faut fier que le moins qu'on peut. Mais, en eschange, il faut avoir bonne opinion de tous autant que la raison le peut permettre lorsqu'il s'agit de leur bien et de leur soulagement; voilà l'accord du serpent et de la colombe. Au reste, n'ayez pas la vanité de croire que Dieu vous considère plus que quelque autre; ne cherchez pas vos aises fièrement au dépens du prochain; mettez-vous à la place des malheureux, et songez à ce que vous diriez si vous y estiez. Travaillez à contenter tout le monde, et, s'il est possible, faites en sorte qu'on ne vous quitte point triste ny mal satisfaict. Allez plus avant, et taschez de faire du bien lors mesme qu'on ne le reconnoistra point, ou qu'on le reconnoistra mal, et lorsqu'on ne sçaura pas mesme qu'il vient de vous. Car vous devez bien faire, par un pur plaisir d'avoir bien faict, et, si vous n'estes pas de cette humeur, vous n'aimez pas encore Dieu comme il faut; car la marque de l'amour de Dieu est quand on se porte au bien général avec une ardeur suprême et par un pur mouvement du plaisir qu'on y trouve, sans autre interest, comme vous vous plairez à un beau visage, à ouïr un concert bien formé, à voir un meschant et insolant rebuté, et un misérable innocent relevé, quoyque vous n'y ayez point d'interest. Voilà le véritable effect de charité tel qu'il naist d'un amour sincère qu'on porte à Dieu, source de toutes les beautés. Songez que Dieu vous a mis dans un jardin que vous devez cultiver; quoyque vous sçachiez vostre foiblesse, vous devez néanmoins agir suivant les lumières et les forces qu'il vous a prestées. Et, s'il y a quelque manquement du costé de vostre volonté, assurez-vous du ressentiment : car Dieu ne vous demande que le cœur, puisqu'il s'est réservé l'événement. Ne vous rebutez donc jamais. Quand les bons conseils ne réussissent point, ne laissez pas de recommencer avec le mesme zèle, quoyque avec cette prudence qui s'accommode à Dieu. Dieu est le maistre, mais il est un bon maistre : pas un de vos soins ne sera perdu, lorsque vous les aurez consacrés à son service, quoyqu'il fasse semblant de ne les pas agréer. C'est pourquoy vous aurez soin de faire un mémoire de ce qu'on pourroit souhaiter pour le bien public; et, si vous estes dans un poste à y mettre la main, ne vous laissez pas arrester par les considérations de vostre interest ou de vostre réputation, car vous ne devez considérer vos biens et vostre gloire que comme des moyens que Dieu vous a mis en main pour le servir avec plus de vigueur. Vous ne les prostituerez pas mal à propos, car ce seroit rendre les grâces de Dieu inutiles : mais aussi vous ne les ménagerez point lorsqu'il y va de son service. Mettez dans ce mémoire ce que je viens de dire, non-seulement vos souhaits, mais aussi ceux des autres, quand vous y voyez de la raison. Escoutez attentivement les motifs qu'ils peuvent avoir, et pesez-les bien; car, ayant plusieurs choses à faire par vostre liste, vous préférerez les plus certaines, les plus seures, les plus nécessaires et les plus utiles. Mais, lorsqu'une proposition a quelques-uns de ces avantages, et non pas les autres, c'est alors que vous avez besoin de cette logique qui discerne les degrés des apparences des biens et des maux, pour choisir les plus faisables et les plus dignes d'estre faicts. Mais une médiocre apparence d'un grand bien sans danger nous doit suffire; et, comme vous avez des affaires d'Estat en main, et que vous avez du crédit auprès d'un grand prince qui est en réputation de sagesse, servez-vous en bien, et ne vous relaschez jamais lorsque vostre bonne volonté et vos propositions ne sont pas acceptées. Le prince est une image de Dieu d'une manière plus particulière que les autres hommes; et je vous ay recommandé cy-dessus de ne vous pas relascher, lorsqu'il semble que Dieu ne favorise pas vos travaux. Il en est de mesme à proportion à l'esgard d'un prince, et il a des réflexions auxquelles vous ne pensez point. Conservez-luy vostre zèle tout entier, et travaillez pour son service et mesme pour sa satisfaction, non-seulement avec fidélité, mais encore avec joye. Cette sousmission et cet attachement produiront peut-estre enfin quelque bon effet. Dieu a le cœur des princes en sa main; peut-estre qu'il vous fera trouver un moment favorable et une situation d'esprit où vous ferez plus par un mot dict à la volée, que vous n'aviez pu auparavant par des raisonnemens exquis. Dieu donne aux hommes l'attention, et l'attention fait tout. Une si grande espérance vous doit consoler cependant de tous les rebuts que vous pourriez rencontrer. Un prince revestu de cette grande authorité que Dieu luy a mise en main ne doit pas estre considéré comme un homme, mais comme une puissante créature semblable à une montagne ou à l'océan dont les mouvemens extraordinaires peuvent faire d'estranges effects dans le changement de l'ordre des choses. Ne voyez-vous pas qu'il peut faire remuer des armées et des peuples au moindre clin d'œil, qu'on perce des montagnes et qu'on détourne des rivières quand il signe quelque billet avec un peu de liqueur noire? Et vous avez l'injustice de prétendre qu'un si puissant estre doit céder à vos moindres efforts? S'il estoit si aisé à gouverner, on s'en trouveroit fort mal. C'est pourquoy, lorsque vous estes convaincu de l'importance de ce que vous avez à luy proposer, vous ne devez pas vous impatienter quand il n'entre pas dans vos raisons. Les choses ont tant de faces! il les regarde peut-estre d'un autre œil, et vous ne pouvez et ne devez pas prétendre qu'il les examine tousjours à fond. Cependant prenez-vous-y de plusieurs biais avec adresse et avec sousmission, et, si vous rencontrez un jour chez vostre maistre un moment aussi favorable que j'en ay trouvé aujourd'huy à vostre esgard, bon Dieu! quel bien ne procureriez-vous pas au monde! Lorsque un grand prince, exempt des foiblesses et des légeretés ordinaires, s'applique fortement au bien public, et lorsqu'il est touché de réflexions semblables aux vostres, dont les âmes élevées s'accommodent aisément, c'est alors qu'il faut croire que Dieu mesme s'en mesle, et qu'il y a lieu d'espérer de grands effects. Vous vous sousviendrez que j'ay dict cy-dessus qu'il n'y a point de perfection acquise qui se perde, mesme par la mort; plus on est puissant et sage, et plus on en sentira un jour les effects. Cela est vray mesme à l'esgard de la puissance des princes; car ils ont desjà icy-bas de grands avantages mesme pour l'autre monde, si leur cœur est tourné vers Dieu et s'ils se servent de leur pouvoir pour le servir. Mais s'ils demeurent dans l'indifférence, ou mesme s'ils tournent leurs forces au mal, ils seront d'aussi grands objects de la colère de Dieu qu'ils l'ont esté de sa bonté. Mais laissons-là les princes, quoyque je n'aye pu ny dû m'en abstenir : car, comme vous avez presque autant d'accès auprès du prince que j'en ay maintenant auprès de vous, il estoit de mon devoir de vous encourager à de si beaux desseins; et je puis dire que cette considération a esté une des plus puissantes pour m'engager à vous persécuter, jusqu'à ce moment où Dieu m'a donné un succès au delà de mon attente.

P. Je vous jure, mon cher, que vos remonstrances m'ont touché le cœur d'une manière qui m'estoit inconnue jusqu'icy; je doy ce changement à la bonté de Dieu, que je connois à présent mieux que jamais. S'il me donne la vie et le succès, j'exécuteray vos conseils, et vous m'y verrez travailler dès demain. Vous me recommandez avec raison un compagnon des estudes sainctes : en pourrois-je choisir un autre que vous? Nous dresserons ensemble ce grand project, qui doit mettre mes affaires en ordre et mon esprit en repos. Nous travaillerons aussi à régler mon temps, à faire ces autres mémoires qui me feront tousjours songer à ce que je pourray faire pour Dieu et pour le bien public. Je sens un plaisir incroyable quand je me représente les choses que vous venez d'expliquer, et quand je considère comment vous m'avez convaincu de cet heureux paradoxe de la félicité et de la grandeur humaines, et je vous advoue que je haïssois auparavant la nature, que je considérois comme autheur de notre misère. Persuadé que j'estois que tous nos soins n'estoient que des vanités, cela me donnoit une aversion indicible contre toutes les réflexions sérieuses; et je m'estonne encore comment vous avez faict pour la surmonter. Quoy qu'il en soit, je rends grâce à mon Dieu, qui m'a retiré d'un précipice dont je voy maintenant l'abysme effroyable; et, lorsque je considère l'heureux estat où je me trouve, je suis tout transporté d'amour envers l'Autheur de tous les biens. Mon Dieu, ouvrez les yeux à tous les hommes et faites-leur voir les mesmes choses que je voy : il leur seroit impossible de ne pas vous aimer. Mais vous avez vos raisons pour ne pas faire la mesme grâce à tous, et je les adore, car je suis seur qu'on ne peut rien changer dans l'ordre que vous avez estably, sans en destruire la beauté souveraine. C'est pourquoy j'approuve tout ce que vous avez faict; mais, comme vous ne vous estes pas encore déclaré sur l'avenir à mon esgard, je feray ce que je jugeray le plus conforme à vostre volonté. Je publieray vostre gloire à tout moment, je m'attacheray à considérer et à faire considérer aux autres les raisons de la sagesse éternelle, que les œuvres de vos mains font réfléchir sur ceux qui sont assez heureux pour trouver du plaisir dans la contemplation de la nature des choses. D'ailleurs l'accroissement de la vraye religion, l'unité de vostre Église, le soulagement des misères publiques, seront les objects de mes vœux. Je feray travailler incessamment à ces démonstrations incontestables de la vraye religion, car je voy les moyens, et nous y tascherons de mesler le fort avec le touchant. Il ne me reste qu'une chose à souhaiter, qui est que vous m'accordiez la grâce, mon Dieu, de transporter à beaucoup d'autres les mouvemens que je sens en moy, et surtout à ceux qui ont le plus de pouvoir pour bien faire. Pour vous, mon cher amy, puisque ces sainctes pensées se sont tournées en habitude chez vous, ayez soin de m'enflammer de plus en plus et de jour en jour, pendant le temps que mes occupations me permettront de demeurer auprès de vous, à dessein de travailler aux effects de nos projects et pour régler tout avant mon départ. Je souhaiterois de vous arracher d'icy; mais, si cela ne se peut, je ne manqueray pas de vous venir trouver. Cependant vos lettres me tiendront lieu de vostre personne, que je chériray tousjours comme l'instrument dont Dieu s'est servy pour me rappeler à la vie.

4

IRENICA

COGITATA DE INSTAURANDA ECCLESIÆ CONCORDIA, ET DE SUMMIS MALIS EX SCHISMATE PROVENIENTIBUS.

ACCEDIT EXHORTATIO AD UNITATEM ECCLESIÆ AMPLECTENDAM.

Ex autographo Leibnitii nondum edito quod Hanoveræ asservatur.

Summum est præceptum caritas.

Quam amabilis Ecclesiæ concordia sit, quantaque ex schismate mala oriantur, viri prudentes quibus aliquis est sensus pietatis, etiam inter Protestantes, non diffitebuntur. Caritatis enim, id est amoris recte ordinati, præcepto vim legis universam atque omne pietatis officium contineri Christus ipse dixit, discessurusque à visibili suorum consortio novissimum hoc discipulis mandatum reliquit, ut se mutuo amarent. Dilectissimus autem Christo discipulus nihil aliud crebrius aut fortius et scriptis et voce inculcavit. Memorabile est quod de eo narrat D. Hieronymus comm. ad Gal. 6: « Beatus, inquit, Joannes Evangelista, cum Ephesi moraretur usque ad ultimam senectutem, et vix inter discipulorum manus ad ecclesiam deferretur, nec posset in plura vocem verba contexere, nihil aliud per singulas solebat proferre collectas, quàm : Filioli, diligite alterutrum. Tandem discipuli et fratres qui aderant, tædio affecti quod eadem semper audirent, dixerunt : Magister, quare semper hoc loqueris? Qui respondit dignam Joanne sententiam : Quia præceptum Domini est, et si solum fiat, sufficit. »

Qui in schismate sunt caritatem non habent.

Hunc autem amorem fraternum, qui profecto maximum cœlestis vitæ in terris præludium est, et in prima Ecclesia erat ardentissimus, schismate labefactari, imo solvi constat; præclareque, ut omnia, S. Augustinus pluribus locis fere in iisdem verbis dixit: «Non habent Dei caritatem, qui Ecclesiæ non diligunt unitatem.» (Lib. III. de baptismo contra Donatistas, cap. XVI, init. et fin.; contra Crescent. lib. I, cap. XXIX; epistola 50 fin. aliquoties; tract. 6 in Joann.) Idem : « Membra Christi per unitatis caritatem sibi copulantur, ac per eamdem capiti suo cohærent.» (De unitate Ecclesiæ, cap. II.) Et : « Accipimus et habemus Spiritum Sanctum si amamus Ecclesiam; amamus autem, si in ejus compage et caritate consistimus.» (Tract. 32 in Joann.)

Nec vicissim erga ipsos locum habet amor fraternus.

Porro qui in schismate sunt, quemadmodum et caritatem amittunt ipsi, ita vicissim plena illa caritate amari non possunt, quæ in sola divini amoris unitate locum habet.

Amari possunt ut hominés, diligi non possunt ut fratres; vera enim caritas est ut Deum amemus propter se, cætera propter Deum, quemadmodum ait S. Augustinus, lib. III de Doctrina christiana, cap. v. Quomodo autem homines amentur propter Deum ipse explicuit Augustinus (Contra Faust. lib. II, cap. LXXVIII) : « Propter Deum amat amicum, qui Dei amorem amat in amico; unde sequitur fraternum amorem ex Dei amore nasci, et reciprocum esse. At schismaticis, abrupta caritatis communione, neganda est fraternitatis dextera sanctorumque amicitiæ nuntius remittendus. »

Imo, ob humanam infirmitatem ex schismate odia calamitatesque nascuntur.

Quanquam autem etiam impiis, ne dicam ab Ecclesia avulsis, exhibenda sint pietatis officia, amandaque in illis humanitas, quemadmodum detestanda improbitas, ut opus Dei ab opere diaboli distinguamus; ea tamen est hominum infirmitas ut raro medium teneatur. Nam utrinque qui vehementiores sunt magna speciosaque argumenta vel habent vel affectibus suis prætexunt. Nimirum hæreticum hominem post necessarias admonitiones vitandum ethnicoque ac publicano æquiparandum, ipsa veritatis oracula dixerunt : ita S. Joannes Evangelista balneo publico excessisse memoratur, cujus tecto Cerinthus hæresiarcha successerat. Et quæ potest esse societas Christi et Belial, membri vivi cum abscisso et putrefiente, amicorum Dei et hostium? Atque hæc cousque extenduntur ut aliquando etiam de medio tollendos hæreticos sit judicatum, ne contagium in bonos serperet, quod in romana Ecclesia acerrime reprehensum ab ejus hostibus ipse tamen Calvinus in Servetum admisit. Quanquam autem moderati temperamentum afferant, et inter seditiosos et tranquillos, deceptores et deceptos, ut inter dociles ac pertinaces, recte distinguant, difficilis tamen est distinctionum applicatio; et quo quisque in sua sententia obfirmatior est, eo facilius alteri

vel pertinaciam vel fraudem et αὐτοκατάκρισιν imputare solet.
Et sane contendat mihi aliquis duos disputatores acres diversarum partium, viros licet doctos et pro communi hominum captu bonos, mirabor si unquam amicos efficies inter se, aut alteri alterius sinceritatem persuadebis. Jam vehementiorum ac plerumque eloquentia et auctoritate prævalentium motus plebs pariter et proceres sequuntur. Hinc publica odia et suspiciones perpetuæ, ac mox bella intestina, ex quibus horrendæ calamitates, et christianæ disciplinæ dissolutio, imo velut exstinctio humanitatis, denique, quod omnium malorum summum est, certa pernicies animarum. Interim infideles fruuntur malis nostris, christiani mutuis cladibus atteruntur, vereque affirmari potest Galliæ superiore seculo, Germaniæ nostro, nec pestem nec famem nec alia publica flagella tantum nocuisse, quantum religionis dissidia. Neque mihi dicat aliquis consumpta aut certe fracta videri mutuis cladibus odia animosque usu et crebris congressibus mansuefactos : qui sic sentit, parum nosse videtur præsentem rerum statum ; exstincti sunt plerique testes superiorum calamitatum, succrevere alii homines quibus tanquam inexpertis malorum sacri belli prurient animi manusque. Sub cineribus male tectus ignis, daturus aliquando magnum malum, nisi Deus intercedat, melioremque illis mentem det penes quos culpa est.

Quibus mutua toleratione mederi difficile est, quanquam sit omni studio conandum.

His malis persuasi, multi viri pii ac prudentes censent saltem aliquam tolerationem civilem introducendam, concesso religionis exercitio ubi insignis est numerus dissidentium, eamque semel promissam inviolabiliter esse servandam; neque ego abnuo, atque ultro fateor partem malorum, maxime eorum quæ in humanam vitam et rempublicam redundant, non tam erroribus quam hominibus esse imputandam. Video tamen tam multas in praxi occurrere difficultates, ut generale aliquid constituere difficillimum sit, et quum res inter homines agatur, plerumque utrinque peccari : nam quibus exercitium aliquod cultus indulgetur, hi occasione oblata in illos ipsos insurgunt, quorum benignitate illud adepti sint; contra qui antea necessitati aliquid concedere tolerati sunt, mox ubi se superiores vident, beneficium concessum variis artificiis corrumpunt. Tunc ab utraque parte qui zelo ardent ac perniciosos in aliis errores videre sibi videntur, vi vel arte exstinguere malum curabunt, ubi majoris mali metus cessare videbitur, neque ulla pacta aut edicta saluti animarum præjudicare posse censebunt. Quod providens adversa pars, et exemplis edocta, semper inquieta, semper suspiciosa, dabit operam, ut sua vi, non hostium gratia quam nullam exspectat, stare possit, et prævenire quam præveniri potius judicabit : nec proinde sperandum est, ut sunt res humanæ, ullo satis temperamento tantis malis occurri posse. Itaque faciamus sane quod in nobis est ut odia minuamus, sed illud ante omnia intentissimo studio, ut ipsum schisma tanquam causam symptomatis exstinguamus, curando ut in vera Ecclesia simus, deinde et alii nobiscum.

Ecclesia est quasi Respublica sacra.

Ut appareat in quo natura Ecclesiæ catholicæ consistat, et omnigenæ errorum tenebræ illata luce dispellantur, dicendum est Ecclesiam animo concipi debere, non ut multitudinem dissolutam, sed ut Rempublicam sacram, sive corpus quoddam morale, vel mysticum, si mavis, quod hierarchia tanquam communi spiritu continetur. Data est enim illi spiritualis jurisdictio, quod utique non multitudini, sed quasi personæ sive corpori competit; data est autem a Domino, verbis usque adeo apertis atque efficacibus, ut hominem salutis suæ curam habentem atque attentum tangere profecto et commovere mihi posse videantur. Ita autem Christus (S. Matth. XVIII) : «Si peccaverit in te frater tuus, vade et corripe eum inter te et ipsum solum; si autem te non audierit, adhibe tecum ad hoc unum vel duos, ut in ore duorum vel trium testium stet omne verbum; quod si non audierit eos, dic Ecclesiæ; si autem Ecclesiam non audierit, sit tibi velut ethnicus et publicanus : amen dico vobis, quæcumque alligaveritis super terram, erunt ligata et in cœlo ; et quæcumque solveritis super terram, erunt soluta et in cœlo. » Et Joannes, XX : « Pax vobis, et sicut misit me Pater et ego mitto vos. Hoc cum dixisset insufflavit et dixit illis : Accipite Spiritum Sanctum; quorum remiseritis peccata, remittentur, et quorum retinueritis, retenta sunt. » Ex quo intelligitur Ecclesiam judicem esse, cujus sententia impune sperni non potest : qui id facere audeat, eum instar ethnici communione fidelium excludi ac peccata ei retineri posse. Constat illud de Ecclesia, non de Republica terrena, quæ initio nulla erat inter Christianos, et nunc quoque omnium consensu ligandi et solvendi animas potestatem non habet, neque de particularibus Ecclesiis solis, sed maxime de Ecclesia universa intelligendum esse, quæ omnes una communione fidei caritatisque connectat. Hæc est domus Dei vivi, columna et firmamentum veritatis. Apostoli autem concilio habito posteritati præivere et decreta sua illi ipsi Spiritui Sancto ascripsere, cujus perpetuum auxilium Ecclesiæ promissum est. Eadem sancti Patres toties et tam clare dicunt, ut cavillo locus non sit.

Pastores Ecclesiæ sacramento ordinis ab ovibus discernuntur.

Ut vero rectores hujus Reipublicæ sacræ ab aliis distinguerentur ac successionis linea turbari non possent, datus est illis character quidam sive singularis Spiritus Sancti gratia concessa primum Apostolis, deinde ab his impositione manuum et concessione potestatis propagata, ut ex Actis patet, quæ hanc vim habet ut quædam functiones eorum saluti animarum proficuæ per alios exerceri non tantum licite non debeant, sed nec possint ordinarie unquam : nam utrum in necessitatis casu extra ordinem alii quoque vices obire queant, ubi ordinarii pastores non sunt, quod Tertulliani tempore creditum indicat locus in libro de Exhortatione caritatis, in medio relinquendum censemus.

Jurisdictio Ecclesiæ à Deo habet efficaciam sive exsecutionem.

Porro cum jurisdictio ac imperium per se irrita sint, et exsecutio in omni gubernatione quædam requirenda sit, id quod in jurisdictione summum atque ultimum est, ut aiunt jurisconsulti sive ut philosophi loquuntur, vis coactiva necessaria est. Videamus ergo quomodo Deus Ecclesiæ suæ potestatem in rebelles et refractarios reddiderit efficacem.

Poterat sane Angelos mittere aut Episcopis omnibus concedere quod Petrus in Ananiam et Saphiram exercuit; sed hoc fuisset turbare divinæ administrationis œconomiam, fidei virtutum merita tollere, et paradisum hominibus reddere ante tempus. Placuit ergo ut hoc quidquid est non visi fidei oculis perciperetur, ita tamen ut apud Christianos apertissimum esset, nec magis posset in dubium revocari, quam ipsa fidei veritas.

Ejus vis in hoc consistit, ut qui sunt extra Ecclesiam sint in magno salutis periculo.

Itaque, in genere dici potest, quicumque extra Ecclesiam sunt, aut quos ligavit Ecclesia, vel quibus peccata retinuit, esse in magno salutis periculo, et illorum sacramentorum gratia privari, quorum dispensationem uni Ecclesiæ concessit Deus, et, quod caput est, difficilius ad remissionem peccatorum pervenire. Quamvis enim concedamus contritionem amore Dei super omnia animatam virtute Christi omne peccatum tollere, non tamen usque adeo vulgare atque obvium est sublimis illius contritionis beneficium, ut propter fiduciam ejus tutum sit remediis à Deo præscriptis et sacerdotis absolutione carere: at in pœnitentiæ sacramento cum usu clavium exercetur ab Ecclesia, Spiritus Dei superveniens eosdem illos divinos gratiæ motus in animo sinceri pœnitentis excitat ratione arcana quos perfecta contritio sensibili ac manifesta. Adde quod cum pertinacia et negligentia stare verus Dei amor non potest; cum vero debitam diligentiam pauci adhibeant, neque id facile sit, consequens est eos qui extra Ecclesiam sunt in animi perplexitate vivere debere atque interiore illo gaudio ac spiritualibus solatiis destitui, quæ in Ecclesia ubertim diffusa sunt. Denique etiam si explicare non possumus in quo consistat vis ligantis animas et peccata retinentis, fatendum tamen est, aut (quod absit) inania esse verba Domini, aut summi periculi esse justa Ecclesiæ sententia percelli. Porro quia necessarium est Ecclesiam sequi, debet et tutum esse ac proinde necesse est ut Ecclesia saltem in rebus salutis sit infallibilis. Hoc tum ex concessa potestate sequitur, tanquam sine qua expediri illa non potest; tum vero peculiaria habent divina promissa. Christus enim (Joann. XX) promisit Apostolis Spiritum suum, Spiritum veritatis, qui, inquit, « docebit vos omnem veritatem. » Quod ne de apostolis solis accipiatur, vetant novissima illa atque efficacissima discessuri ex conspectu Domini verba (Matth. ult.): « Et ego vobiscum sum usque ad seculi consummationem; » quemadmodum jam dixerat (Matth. XVI) portas inferorum contra Ecclesiam suam non prævalituras, et Paulus Ecclesiam vocat domum Dei, columnam et firmamentum veritatis (1 Tim.). Fateor protrita esse hæc loca minusque illos tangere qui cavillis assueti contra vim eorum occalluerunt: sed qui, præjudiciis sepositis, defæcata mente in tenore verborum manifestos sensus expendent Domini, fortasse agnoscent aut frustranea esse Christi promissa, aut exstare adhuc Ecclesiam illam θεοδίδακτον, inferorum victricem, non ignotam et latentem, sed quam audire judicem debeamus nec sine impudentia negare possimus, creditam semper sanctis Patribus, unam Ecclesiam catholicam sive sanctorum communionem, continuata inde ab Apostolis hierarchia non minus quam vera fide conspicuam, semper duraturam: quod sane innumeris locis doceri posset, si opus verbis esset in re manifesta. Constat Protestantes a romanæ Ecclesiæ communione discessisse, nec vero aut accessisse aut salvis dogmatibus suis accedere potuisse ad ullius alterius Ecclesiæ christianæ communionem: nam gravissima quæque ipsi in romana Ecclesia culpant, etiam apud Græcos aliosque Orientales observantur, et ea quæ Latini et Græci sibi mutuo exprobrant, paucis exceptis, magni apud Protestantes momenti videri non possunt ; quibus autem Jacobitæ et Nestoriani aliæque Orientis sectæ à Græcis et Latinis abeunt (si modo errores hominum simplicissimorum circa controversias subtilissimas in rebus potius quam verbis consistunt) ab ipsis Protestantibus improbantur.

Principia quoque Protestantium toto cœlo differunt a principiis non Latinorum tantum, sed et aliarum omnium orbis Ecclesiarum quæ noviter enatæ non sunt. Protestantes privato proprioque judicio fidem superstruendam censent, Orientales firmissime inhærent auctoritati ; apud Protestantes spernitur traditio, ab Orientalibus tenacissime servatur. Apud Protestantes laïcus quisque sibi potest condere fidem, imo et colligere Ecclesiam atque altare contra altare erigere, sine ulla ordinaria missione : apud cæteros omnes nefas habetur functiones ecclesiasticas nisi ab his qui recte ordinati sunt peragi aut quemquam nisi ab Episcopo ordinari. Hinc, apud Orientales, non laici sectas condidere, sed ab ipsis Patriarchis et Episcopis in deceptos populos serpsit labes, ut constat exemplo Nestorii, Dioscuri, Sergii et aliorum. Denique apud Protestantes privati homines, prætextu reformationis, Ecclesiæ doctrinam sollicitarunt : at reformatio acceptiorum dogmatum privato ausu suscepta omnibus Orientalibus videtur res plane inaudita et intolerabilis, notæque sunt Orientalium hæreses non abjiciendo ratas Ecclesiæ sententias, sed opponendo sese novis conciliorum declarationibus, quasi re illegitime aut per tumultum acta eorum canonibus non tenerentur.

Quin imo dici potest aliqua ratione populos Orientis in eadem cum Latinis Ecclesia catholica esse, non obstante schismate, quemadmodum idem dici poterat de diversarum obedientiarum populis in magno schismate Occidentis. Nam, etsi peccent quorum culpa schisma fit, quoniam tamen lineam successionis hierarchicæ non abruperunt, ideo negari non potest esse illis Episcospos et sacerdotes veros, sacramentaque apud eos valide administrari, et clavium potestatem exerceri. Quod si ergo in Ecclesia catholica esse definimus eos qui omnium Ecclesiæ sacramentorum participes fiunt, maxime autem eos qui sacramenta ordinis et clavium (quibus duobus hierarchia continetur) retinent, dici potest Latinos et Orientales saltem plerosque unius Ecclesiæ catholicæ vinculo contineri, hactenus scilicet ut populi gratia sacramentorum a Deo suæ Ecclesiæ concessa fruantur, etsi specialem illam Catholicorum appellationem non mereantur, quam communem cum principe orbis Ecclesia cæterisque ei connexis facit. Quæ vero in Orientalibus locum habent de Protestantibus plerumque dici non possunt, quamdiu missionem suorum ministrorum extraordinariam non probant.

Ne quis vero liberius sentiens putet quæ in ritibus consistunt impune negligi posse, cogitandum est eodem argumento sequi etiam baptismum aquæ posse sperni et in universum omnia sacramenta, seu ritus sacros a Christo salutis nostræ causa ordinatis : quod nemo pius ferat, neque enim nostrum est divina consilia sub examen revocare. Constat quam multa servanda suo populo præscripserit Deus quæ lege naturæ non jubebantur, et quanquam cessaverint typi secuto promissionum implemento, voluit tamen nunc quoque aliquos majoris momenti sed facillimos ritus sacros observari Deus, pertinentes ad hominum initiationem, confirmationem, reconciliationem si sunt lapsi, regimen, unionem, propagationem atque ex hac vita missionem, et his omnibus gratiæ singularis fructum adjecit, qui aliquando tanti momenti est, præsertim in duobus sacramentis baptismi et pœnitentiæ, ut eo sine magno salutis æternæ periculo non careatur. Sacramentum autem pœnitentiæ non potest concedi nisi a vero Ecclesiæ ministro, qui prius ipse ordinis sacramentum secundum hierarchiæ lineam a Deo institutam et perpetua Ecclesiæ traditione servatam accepit. Ex quibus intelligitur tria hæc sacramenta baptismi, ordinis et pœnitentiæ, aliquam non tantum vi præcepti, sed et medii ratione, habere necessitatem : unde Ecclesiæ quoque duorum posteriorum dispensatricis unicæ necessitas intelligitur.

Quum Protestantes a romana Ecclesia secessionem facerent, debebant saltem, Orientalium exemplo, dare operam ut hierarchiam verosque Episcopos ac sacerdotes et cum his connexa Ecclesiæ sacramenta retinerent; neque id difficile erat, quum etiam aliquot Episcopos ad ipsos defecisse constet. Sed divina providentia permittente factum est ut omnem excesserint in reformando modum, et indubitata apostolicæ traditionis monumenta cum novis quibusdam crepundiis confuderint, quo facilius aliquando convinci et ad repetendam unitatem Ecclesiæ adigi possent, ubi defervescente æstu ad se pariter et sacram antiquitatem redire inciperent: id vero nunc magis magisque speramus futurum, ex quo doctiores et moderatiores inter ipsos de consensu sanctorum Patrum traditionisque Ecclesiasticæ auctoritate reverentius sentire ac loqui cœperunt, nec obscure agnoscere videntur quid initio a suis sit peccatum.

Deinde discedentes olim a romana communione Protestantes, aut nunc ad eam redire detrectantes, defendere necesse est vel aliam esse communionem catholicam cui proinde debuissent accedere (qualem tamen nec possunt nominare nec conati sunt invenire), vel catholicam Ecclesiam visibilem, salutaris doctrinæ custodem et perpetua hierarchiæ successione ab Apostolis ad nos derivatam esse dudum exstinctam (quod cum manifestissimis Dei promissis ac traditione continua Ecclesiæ pugnare jam sæpe est ostensum), vel denique sese paratos esse accedere Ecclesiæ, at vitio rectorum injuste excommunicari atque excludi, quæ una excusatio audiri meretur; fatendum est enim etiam in vera Ecclesia rectores non semper esse optimos et errore vel malitia hominum injustas excommunicationum sententias ferri posse. Sed si hoc eligunt, non debent accusare Ecclesiam, tanquam impia atque hæretica docentem, alioqui enim redibunt ad explosam jam doctrinam de vera Ecclesia exstincta atque interrupta. Itaque id unum tantum supererit, ut doceant paratos sese esse ad communionem catholicam, sed exigi aliqua ab Ecclesiæ rectoribus quæ sint iniqua: quo casu, quanquam essent aliquo modo infelices (quemadmodum et injuste excommunicati, quos fatendum est injusta quoque sententia aliquod detrimentum vel saltem periculum spirituale incurrere), tamen forent excusabiles. Puto igitur nunc Protestantes eo esse redactos ut ostendant sese, etsi non damnent Ecclesiam romanam, non tamen communi unioni posse accedere, quoniam duræ nimis conditiones exigantur. Quæ ut appareant clarius, considerandum est partim integras Ecclesias Protestantium esse professas, partim viros præstantes inter ipsos scriptis editis docuisse non damnandos, sed fraterna caritate accipiendos esse quorum errores ipsum fundamentum fidei directe non evertunt. Etiamsi periculosa inde per consequentias elici possint, jam vero romanam Ecclesiam non evertere fundamentum salutis theologorum Augustanæ confessionis nostro sæculo facile doctissimus Georgius Calixtus docere non dubitavit, quæ in inferiore Saxonia Ecclesiæ plurimæ adhuc sequuntur, quod insigni nuper documento didicimus. Cum vero idem negent alii Augustani, et acriter imprimis impugnent qui in Gallia Reformati dicuntur, satisfecit istis nuper Jacobus Benignus, tunc Condomensis, nunc Meldensis Episcopus, edito libro quo catholicam doctrinam a scholasticis sejunctam opinionibus, nudam ac sinceram luculenter exhibuit, planeque evicit nihil esse in hac doctrina quod acerbissimas illas adversariorum invectivas mereretur.

Huic vero qui responderunt scriptores, verentes ne quid respublica Protestantum detrimenti caperet, quum viderent Ecclesiæ romanæ sententias propositis moderatissimis suorum admodum videri tolerabiles, negabant sese in hac expositione Romam agnoscere, neque genuinam hanc sed larvatam faciem esse, vim sententiarum dissimulari atque emolliendi studio frangi, nec totius romanæ Ecclesiæ publicas, sed quorumdam Galliæ Episcoporum privatas doctrinas proferri, denique audiendum esse oraculum ex Vaticano antequam his blandimentis fides adhiberetur. Hinc illi pro certo habuerunt librum Romæ explosum iri, aut certe laudatores non inventurum : in quo eos ratio penitus fefellit. Nam et secuta est Pontificis maximi approbatio et complurium R. R. Cardinalium atque Episcoporum applausus frequens ac publicus : ut jam nullo amplius, colore idololatriam vel antichristianismum cæteraque id genus odiosa vocabula doctrinæ catholicæ tribui possint.

Neque est quod hæc mirentur tanquam nova et ad circumveniendos ipsos comparata artificia : nam spondere ausim vel in Bellarmino ac plerisque aliis eadem posse dici, si æquus lector accedat cui non studio partium propositum sit controversiarum materiam quærere, sed potius omnia in partem meliorem interpretari.

Superest jam ut illis satisfiat, qui largientes dogmata romanæ Ecclesiæ, quemadmodum sunt exposita, nihil habere damnabile, negant tamen sese salva conscientia ad eam posse accedere : primum quia Roma ab iis quos recipit non tantum exigit ut dogmata ejus non damnent, sed etiam ut probent et a se pro veris haberi profiteantur; deinde quia vult ut anathema dicatur contrariis etiam circa res exigui momenti, quod caritati adversum et schismatiscum est, denique quia Ecclesia romana, uti damnat non damnans, ita vicissim tolerat dogmata et preces quæ Protestantibus videntur intolerabiles, unde illi qui ad eam accedunt, eo ipso vel tacite vel expresse agnoscunt cum his qui talia docent aguntque communicandum esse nihilominus ac fraternitatis tesseras jungendas : quod Protestantes salva conscientia facere non possunt. Itaque non sufficere illis fidei catholicæ expositiones tam laudabiles, quamdiu Ecclesia romana sua praxi non ostendat serio, dogmata quæ illi imputantur, non tantum a se non doceri, sed et non tolerari.

Fateor speciosas esse excusationes istas, ac credo multos etiam bene animatos his adhuc compedibus retineri. Si tamen satis vim perciperent magni illius dogmatis de vera Ecclesia visibili, nunquam interitura, nunquam deserenda, quod a nobis supra propositum et a summis viris dudum in clara luce positum est, ipsi facile satisfacerent sibi, agnoscerentque in salutaribus nec errare nec intoleranda ferre Ecclesiam, et in aliis non exigere consensum, multo minus anathematismum : certe quidquid aut permittit aut exigit, ita esse interpretandum quemadmodum postulat intentio exigentis, hoc est ita ut a nemine pio queat recusari. Si quid alicubi imprudentia hominum quorumdam præter ea

liat, Ecclesiæ ipsi non esse imputandum; verum, quia generalia dogmata, utcumque demonstrata, sæpe in animis singularium, quanquam male perceptorum, cogitatione præoccupatis vim suam non obtinent, quoniam specialia imaginationem magis percellunt et memoriam implent, operæ pretium putavi ad varias controversias descendere per compendium, neque tamen eo animo ut penitus omnia discuterem, quod immensi operis foret, et fortasse, post tot magnorum virorum labores, irriti, sed ut extremis velut lineis ductis, uno vultu, appareret Ecclesiæ dogmata non tantum auctoritate docentis, sed et magnis rationibus muniri; quæ vero contra opponuntur, etiam quum speciem aliquam habent, longe abesse a firmis demonstrationibus, atque adeo reconciliationem morari non debere. Subjiciemus denique generales quasdam animadversiones, quibus scrupuli aliqui, qui restare possunt, de anathematismis quos pronuntiat Ecclesia et de malis quos tolerat, removeantur.

5

LOUISE-HOLLANDINE, ABBESSE DE MAUBUISSON,

A L'ÉLECTRICE SOPHIE.

Revu d'après l'original autographe de la bibliothèque royale de Hanovre.

4 août 1707.

Il fait icy, ma chère sœur, une chaleur excessive ; on dit que plusieurs personnes en sont mortes, ce que j'ay peine à croire, car il me semble que tout le monde finit ordinairement par le froid. Ce qui est de vray, c'est qu'on est plus abattu par le grand chaud ; mais chaque saison a son incommodité, ou plustost je croy que c'est nous-mesmes qui avons en nous les dispositions qui nous incommodent. Cela est surtout vray de la vieillesse, et je le certifieray plus que je ne voudrois. On m'a persuadée de manger de la moutarde avec ma viande, pour me rendre, dit-on, le mouvement de la langue plus aisé; on me rapporte sur cela des exemples, vrais ou faux, de gens qui avoient la langue embarrassée comme moy, et qui, après avoir bien mangé avec de la moutarde, ont parlé plus librement. Pour moy, je ne m'en trouve pas le caquet plus affilé, et je pense bien seulement que je suis moins prise qu'une autre, parce que je croy qu'il y a bien des choses qui ne méritent guères d'estre dictes. Je receus hier la lettre que vous m'avez faict l'honneur de m'escrire, dans laquelle vous me mandez qu'on craignoit que la Princesse Électorale n'eust la petite vérole, par la peur qu'elle avoit eue en voyant quelqu'un qui l'avoit. Mais comme vous me dites qu'elle avoit musique dans sa chambre, et qu'elle y chantoit, je me rasseure qu'elle n'aura que la peur; car, si c'estoit la petite vérole, elle auroit la fièvre et mal de cœur. Vous me faites une description de son beau teint et de toute sa figure qui fait plaisir à imaginer, et vous avez bien raison de dire que, si je peignois encore, je tascherois de me la représenter assez vivement pour la peindre. En ce pays-cy, depuis que les femmes prennent du tabac et boivent des liqueurs fortes et le vin assez pur, elles sont fort laides. Madame de Nemours, qui avoit gardé les anciennes mœurs, disoit: Autres fois on estoit heureuse quand son cocher n'estoit point ivrogne; à l'heure qu'il est, on est trop heureuse quand on a une belle fille qui ne l'est pas. Vous sçavez qu'elle a tousjours pensé et parlé fort librement. On dit qu'elle a marqué dans son testament que son expérience luy a appris qu'on ne fait que mentir dans les oraisons funèbres, c'est pourquoy elle deffend qu'on luy en fasse. Ses héritiers songent plus à son héritage qu'à sa mémoire, et à l'heure qu'il est rien n'est encore décidé. Je plaindray Monsieur le Prince de Conty s'il n'a encore par devers luy que les frais du voyage. Je ne sçay que croire sur Monsieur l'Électeur vostre fils : on me dit un jour qu'il accepte le commandement de l'armée, un autre jour on me dit qu'il le refuse ; je voudrois que ce dernier fust vray, et je vous en demande des nouvelles. J'ay bien ouy parler de ce que vous me dites du sang de saint Genaro; nous avons aussy icy un sang dont on dit pareille chose, mais je n'ay pas le talent de le mettre en vogue, et je n'en ay pas non plus la volonté. Vous croyez donc que le père Vota s'en porte mieux quand vous avez mis sa bile en mouvement; je ne sçay pas assez de médecine pour en juger, mais ce quil y a de bon, c'est qu'il est homme qui entend raillerie. Vous avez bien raison de vous exercer à faire de la tapisserie; c'est un ouvrage que j'ay tousjours trouvé agréable, parce qu'on le voit avancer, et on aime cela. On achève icy un ouvrage de cette espèce qu'on admire fort pour la beauté du dessin et le choix des couleurs; c'est un très grand tapis pour l'autel; je doy aujourd'huy l'aller voir, il est faict; c'est un ouvrage de très longue haleine. Voilà une lettre pour madame Bellemont; il ne faut pas qu'elle y fasse la grimace, car sa bonne amie est une bonne personne qui n'a recours à elle, je croy, que dans son besoin. Je croy la grossesse de la Princesse Royale bien avancée; Dieu sçait avec combien de cérémonie on remerciera le bon Dieu à la naissance et au baptesme futurs. Je me porte à mon ordinaire, ayant bien chaud, ce qui n'est pas mauvais à ma santé, ny, je croy, à la vostre.

6

LOUISE-HOLLANDINE, ABBESSE DE MAUBUISSON,

A L'ÉLECTRICE SOPHIE.

Reçu d'après l'original autographe de la bibliothèque royale de Hanovre.

14 novembre 1707.

Je suis persuadée, ma chère sœur, que vous ne serez pas faschée de recevoir par moy-mesme des nouvelles de ma santé; c'est pourquoy je me fais une joye de vous en donner, et je vous en parle comme quelque chose de bien important; il l'est pour le moins autant à chacune de nous comme des affaires des autres, de quoy à nos âges on se soucie fort peu. Je me porte presque à mon ordinaire, à l'heure qu'il est. Je fus hier à l'Église, pour y entendre un fort bon sermon; je me doutois qu'il seroit tel, parce que je connois le prédicateur pour homme raisonnable et bon chrestien, et point du tout comédien en chaire. Je revins sans estre fatiguée, quoyque j'eusse esté levée assez matin. J'attends le premier beau soleil pour y aller exposer mes membres, et me promener à l'aide du prochain qui me donne la main; en attendant, je prends l'air à la fenestre, et voy arriver de loin ceux qui viennent me faire des complimens sur ma meilleure santé, de quoy je suis encore plus aise qu'eux, parce que, quand on n'a point à mourir, on est assez aise d'estre hors la maladie. Il y en a une certaine de laquelle on ne guérira point, et on ne sçait jamais laquelle sera; cest pourquoy il faut toujours compter sur cette dernière; quand on s'est mespris, ce sera pour une autre fois. Vous avez à l'heure qu'il est une cour chez vous, par ce que je voy dans vostre lettre du 1er de novembre. Madame l'abbesse, dont vous me faittes la description, n'a pas grandes pratiques de couvent à garder, à ce que je voy, et la croix attachée à un cordon bleu ne l'incommode guères. Je suis estonnée de l'opinion que tient monsieur de Leibniz, que les bestes ont une ame immortelle; il y auroit bien des choses à répliquer à cela, qui, je croy, l'embarrasseroient. Le livre qu'il vous a presté à lire contient des faicts plus incontestables que son opinion sur l'ame des bestes, quoyque je croye bien qu'elles ne sont pas sans attention. J'observe celle de ma chatte, qui en toutes choses cherche sa commodité; depuis que je ne mange plus au réfectoire, elle vient sur ma table et me fait fort bien entendre ce qu'elle veut. Les chiens de nostre clos ont encore plus d'esprit, et je m'attends bien à en estre léchée à outrance si je vas les voir tantost. Je vis il y a quelques années un vieux livre d'ancien françois, qui contient la vie de la princesse d'Orange, nostre grand' mère, qui a esté une prudentissime de son temps; il y a toute la description des intrigues de ce temps là contre nostre maison, que l'autheur appelle des happelourdes, ce qui, je croy, veut dire des tromperies. Il marque comme l'Électeur, nostre grand-père, estoit une partie de la journée à table, et qu'on en servoit 33 par jour. Madame me fit voir ce livre, qui est à une bibliothèque de Paris. La gazette de Hollande marquera sans doute la cérémonie faicte à Vienne quand on a présenté à la princesse Élisabeth le portrait de monsieur l'archiduc; il sera, luy, bien content apparemment, quand on luy fera voir celuy de la princesse, que l'Impératrice appelle la belle princesse; cest un double bonheur que S. M. Impériale ait du goust pour sa future belle-sœur. Quelle pitié si la pauvre mademoiselle de Lasson est devenue étique, ce qu'on prétend icy ne guérir jamais, et conduire lentement et douloureusement à la mort! Vous ay-je dict que la veuve du duc d'Albermale, qui l'a aimé avec tant de passion et qui l'a tant pleuré, s'est remariée depuis peu, de quoy son père et sa mère sont fort faschez? Elle a une fille de son premier mary, qu'elle croit princesse.

7

LOUISE-HOLLANDINE, ABBESSE DE MAUBUISSON,

A L'ÉLECTRICE SOPHIE.

Revu d'après l'original autographe de la bibliothèque royale de Hanovre.

8 mars 1708.

Cela n'est guères poly de vous prendre pour un médecin, et de vous parler médecine; mais vous n'en serez pas scandalisée, parce que Dieu nous a appris qu'il a establi la nature humaine avec tous ces assujettissemens. Il y a icy un grand événement: le Roy d'Angleterre partit hier pour Dunkerque, et de là va descendre en Escosse, s'il plaist à Dieu, comme dit l'apostre sainct Jacques, car c'est là où ce «S'il plaist à Dieu» est bien nécessaire. Tousjours sera-t-il vray que ce jeune

prince aura par devers luy la joye de l'espérance et celle
d'un voyage agréable; à son âge florissant, beau, bien faict,
aimable et d'une humeur à souhait, il ne luy manque qu'une
meilleure situation, et c'est ce qui dépend de la Providence.
Si elle destine le mareschal de Berwick aux mesmes succez
que le général Monk, cela sera glorieux pour luy. Il n'y a
plus quasi que vous et moy, chère sœur, qui sommes bonnes
à parler de ces histoires-là, car nous les avons vues, et les
jeunes gens qui ne les ont faict que lire nous prennent aussy
pour des chroniques. Je plains cependant les inquiétudes
que va avoir la pauvre reine, qui va se renfermer à prier
Dieu. J'ay envoyé aujourd'huy luy faire mon compliment,
mais vous sçaurez toutes ces nouvelles-là mieux que nous.
Si on alloit de plain-pied où on asseure, le cas seroit bien
différent; mais la jeunesse et la santé sont des biens pour
ce monde-cy, qui dédommagent des autres. Madame vous
aura faict donner soigneusement de ses nouvelles, sans
doute; les miennes sont comme à mon âge appartient. J'ay
besoin de la joye de recevoir des vostres, et je vous les demande à vostre premier loisir.

FIN DE L'APPENDICE DU TOME II ET DERNIER DE LA CORRESPONDANCE
DE LEIBNIZ ET BOSSUET.

INDEX

DES TOMES I ET II

Nous avons présenté à part l'Index de chaque tome; on a de la sorte, en quelques pages, un résumé exact et continu de chacun des deux volumes de la correspondance.

TOME PREMIER

A

ABRAHAM, page 82.
ACADÉMIE royale des sciences, 149, 211, 239, 244, 364.
ÆNANGRIE. Ce que c'est, 334.
AGAMEMNON au siége de Troie, 123.
ALBERTI, théologien. Reçoit une lettre de Leibniz, 41, 42, 45; il écrit à Leibniz, Appendice, 468.
ALBRIZIO, cardinal. Sa négociation avec Spinola, 4; sa lettre à l'évêque de Tina, 21.
ALCORAN, livre saint des mahométans, 255.
ALEXANDRE d'Alexandrie, 427.
ALEXANDRE III, pape, 406.
ALLEMAGNE, 2, 5, 28, 29, 85, 124, 139, 164, 165, 176, 177, 179, 205 et suiv., 211, 220, 223, 225, 231 et suiv., 310, 318, 370, 371 et suiv., 392 et suiv., 421 et suiv., 457, 485.
AMBROISE (Saint-), 120.
AMIOT, 370, 385.

AMSTERDAM, 221, 244, 292.
AMY (le Père), 325.
ANASTASE, 348, 361.
ANGLAIS, 272.
ANGLETERRE, 206, 211.
ANHALT (prince d'). Écrit à l'évêque de Tina que l'abouchement avec ses ministres ne peut se faire secrètement; il s'y oppose, 468.
ANISSON, libraire, 322.
ANNE GONZAGUE de Mantoue, fille de Charles, duc de Nevers, et femme d'Édouard, comte palatin. Écrit à la duchesse d'Osnabruck, Sophie de Brunswick, femme d'Ernest-Auguste, et lui manifeste tout le plaisir qu'elle aurait à la voir, 484; la même à la même: s'offre d'être utile à son fils, lorsqu'il viendra en France, 485; la même à la même: lui témoigne toute l'affection qu'elle ressent pour elle, 486; la même à la même: lui marque toute la douleur qu'elle éprouve de la mort du prince qu'elle a perdu, 487.

ANONYMUS RAVENNAS, ouvrage du père dom Percheron, 336.
ANTECHRIST, 104. Controverse de l'Antechrist, 121, 122, 252.
APOCALYPSE, 377.
APPENDICE, 459.
ARCHIMÈDE. Son invention, 256, 259.
ARIENS. Leur croyance, 64, 78.
ARISTOTE, 94, 192 et suiv., 205, 207, 240.
ARLES (Concile d') en 314, 76.
ARNAUD, 105, 106, 207, 244, 245, 261, 292, 306, 364.
ASIE, 368, 369.
ASOPH (Saint-), 369.
ASTRÉE (l') des païens, 112.
AUGSBOURG (Confession d'). Explications fournies par les protestants, 6; ses opinions sur l'Église universelle, 15, 31, 129, 156, 181 et suiv., 189 et suiv., 220, 225 et suiv., 266; son apologie, 339, 349, 403.
AUGUSTIN (Saint), 154, 155, 158, 195, 200, 401, 426.
AUTRICHE, 135, 169.
AUZOU (le Père). Son opinion sur les ouvrages du P. Hardouin, 307.
AVRANCHES (M. d'). Opinion de Leibniz sur ses critiques, 256.
AXUMITES ou Abyssins.

B

BAZATI (comte). Remet à Leibniz les Réflexions de Bossuet, 315, 335, 338.
BÂLE (Concile de), 128, 207, 243.
BAPTÊME *in voto*. Qu'est-ce, 3, 120 et suiv.
BARCKHAUSEN, 32, 45.
BARUCH, 401.
BASILE (Saint), 79.
BASINI, jésuite. Son catéchisme, 172.
BASTILLE, 192.
BEL, 401.
BERGEN GRIESBACH, 46.
BÉTHUNE (marquise de), 266, 276.
BÉTOULAUD, ses vers sur la mort de Pellisson, 367.
BIDASSOA, rivière, 232.
BIGNON, 288 et suiv., 308, 309, 365.

BILLETTES (Des), 279, 280, 288, 298, 366.
BLOIS, 140.
BOHÈME, 271.
BOSSUET. Écrit à Leibniz au sujet du Talmud, 24; nouvelle lettre de Bossuet sur le même entretien, 28; et de Bossuet à Leibniz pour lui annoncer la négociation de Spinola au sujet de la réconciliation des protestants, 39 et 40, 105, 135; il écrit à madame de Brinon une lettre par laquelle il répond à celle de madame la duchesse de Hanovre, fait voir que le concile de Trente a été reçu en France quant aux dogmes, explique comment les Grecs ont été admis dans l'Église, et de quelle condescendance on peut user à l'égard des protestants, 173 à 177, 184 et suiv., 197 et suiv., 200; Bossuet propose à Leibniz plusieurs questions capables de lui faire sentir l'obligation de déférer aux décisions du concile de Trente sur le dogme; méthode que le prélat a suivie en écrivant son *Histoire des variations*, 224 à 227; il accuse réception à Leibniz de la deuxième partie de son *Projet de réunion*, 236, 245; il écrit à Leibniz en lui manifestant le désir de recevoir la *Via pacis* du P. Denis, capucin, 253; il écrit à Leibniz en lui annonçant que la marquise de Béthune lui a remis son livre dynamique de la part de la duchesse de Hanovre, 266 à 268; il discute et explique à Pellisson le fait concernant les calixtins, dont Leibniz prétendait s'autoriser, 281 à 283; Bossuet répond à Leibniz, l'assure de sa fidélité au secret dont on était convenu, et lui fait voir combien ses raisonnements portaient atteinte au grand principe de l'infaillibilité qu'il admettait, 302 à 305; le même au même: il l'engage à ne pas se rebuter dans leur entreprise, 311; le même au même: il lui rend raison de la méthode qu'il a suivie dans ses Réflexions sur l'écrit de Molanus; grand obstacle qu'il voit à la réunion; en quoi consiste la vérita-

ble simplicité chrétienne, et de quelle manière toutes les questions ont été décidées dans l'Église, 312; il écrit à Pellisson, fait l'éloge de Leibniz et s'excuse d'avoir blessé ce dernier en se servant à son égard des mots d'*hérétique opiniâtre*, 344 à 346; il écrit à Leibniz, s'excuse de l'avoir blessé par quelques paroles, et tâche de renverser le système des iconoclastes, 346; il fait à madame de Brinon le récit de la mort de Pellisson et dément les bruits qui avaient couru sur son compte, 353; réponse de Bossuet à plusieurs lettres de Leibniz et en particulier à celle du 29 mars 1693; il satisfait aux difficultés tirées du culte des images, de l'erreur des monothélites et de la concession des deux espèces par le concile de Bâle, et réfute la réponse de Leibniz à la dissertation de l'abbé Pirot sur l'autorité et la réception du concile de Trente; il écrit à Leibniz et l'entretient de nouveau de la réunion des protestants, 433.

BOULOGNE, 393.
BOURGES, 382.
BOURIGNON (mademoiselle), 77.
BOUVRE (la), 261.
BRACY (Comte de), 220.
BRETAGNE, 318.
BRINON (madame de). Elle écrit à Leibniz sur l'aventure du manuscrit volé, 139; elle renvoie à Leibniz les lettres de Pellisson, 142; elle écrit à Leibniz pour lui apprendre la conversion de sa mère qui était huguenote, 162; elle écrit de nouveau à Leibniz sur cette conversion, 169; elle lui annonce que Bossuet l'a chargée de lui envoyer plusieurs de ses ouvrages, 169 à 171; elle renvoie à Leibniz les Réflexions de Pellisson *sur les différends de la religion*, 185; elle écrit à Bossuet en s'associant de tout cœur au projet de la réunion des protestants d'Allemagne, 268 à 270; elle lui dépeint fort bien le caractère de Leibniz et encourage le prélat à travailler à l'œuvre de la réunion malgré les obstacles, 294; elle annonce à Leibniz que Pellisson profitera de ses avis; sur le culte des images on ne forcera pas les protestants à un culte irréligieux, 335; elle répond à Leibniz au sujet de la généalogie de la maison de Brunswick, qu'il désirait connaître; elle lui marque le peu de cas qu'elle fait, au point de vue religieux, de tous ces titres mondains, 341; elle envoie à Leibniz tout ce qu'elle a pu tirer de l'église de Saint-Martin de Tours relativement à ses recherches généalogiques sur les maisons d'Est et de Brunswick, 352; elle lui annonce la mort de Pellisson et dément les bruits qui ont couru sur son compte, 352; elle lui apprend une nouvelle découverte de M. d'Hozier relative à ses recherches généalogiques sur les maisons d'Est et de Brunswick, 356; elle se réjouit de l'église qu'on bâtit pour les catholiques à Hanovre; M. de Meaux mande qu'on lui fait espérer des écrits de Pellisson, 366; elle lui envoie l'éloge de Pellisson dans le *Journal des Savants* et les vers de M. Bétoulaud, 366; elle écrit à Leibniz et s'efforce de le gagner à la foi catholique, 411; elle écrit à Bossuet sur le peu de bonne foi de Leibniz; elle entretient Bossuet sur les instructions demandées par la duchesse de Brunswick touchant le concile de Trente, 412; elle écrit à Leibniz et lui dit qu'elle ne compte que sur Dieu et l'Esprit-Saint pour opérer la réunion, 434; elle écrit à Bossuet, témoigne un grand empressement pour la réunion des protestants à l'Église et sollicite le prélat d'user à leur égard de toute la condescendance possible, 456 à 458; elle écrit à la duchesse de Hanovre sur les images et lui rappelle la doctrine catholique telle que l'enseigne le catéchisme, 483.
BRONSWIC. Voyez BRUNSWICK.
BROSSEAU, 201, 203 et suiv., 205; il écrit à Leibniz en lui manifes-

tant le désir qu'on a de le voir en rapport avec Pellisson et Bossuet au sujet de la controverse religieuse, 246, 263, 308.
BRUNSWICK, 47, 150, 308, 341.
BURNET, 223.

C

CAJETAN, 393.
CALIXTE, 31, 403.
CALVIN, réformateur, 220, 225 et suiv., 241, 246.
CARCAVI. Médaille du roi, 307.
CASSANDRE. Son opinion sur le concile de Trente, 129.
CASSINI, 239, 263.
CATELAN (l'abbé), savant cartésien, 205, 216.
CATHERINE DE MÉDICIS, 373 et suiv., 410.
CENTRE DE GRAVITÉ. Démonstration, 321.
CHALCÉDOINE (concile de), 225, 229, 377.
CHANTILLY, 266.
CHARLES V, 371.
CHARLES IX, 370.
CHARPENTIER, 256.
CHEVREUSE (Duc de), 27, 149.
CHINE, 261, 334.
CIMMÉRIENS, 368.
CLAVE non errante. Ce que c'est, 112.
CLÉMENT Alexandrin, écrivain, 90, 91 et suiv., 97 et suiv.
CLÉMENT VIII, pape, 273.
CLOTILDE (Dieu de), 120.
COLBERT, ministre 149.
COLOGNE, 48.
COMATUS, Qu'est-ce, 157.
COMPIÈGNE (M. de), 26.
CONCORDE (Livre de la). Voir la LXXIIIe lettre de Bossuet à Leibniz, 253.
CONCORDIA CONCORS, par Hutterus. Ce que c'est, 276.
CONCORDIA DISCORS, par Hospinien. Ce que c'est, 276.
CONSTANCE (Concile de), 128.
CONSTANCE, empereur, protecteur de l'arianisme, 78 et 243.
CONSTANTIN, empereur, 26, 27.
CONSTANTINOPLE, 377.

CONTRITION (De la), 128.
CONTROVERSES (Des). Voir l'Appendice, 459. Controverses entre catholiques et protestants, 8 et suiv., 13, 14, 66, 87.
CONTI, 217.
CONVOCATION des théologiens par l'empereur d'Allemagne, 5.
COPERNIC, 103, 191.
COPIE du plein pouvoir donné par l'empereur Léopold à M. l'évêque de Neustadt en Autriche pour travailler à la réunion des protestants d'Allemagne.
CORDEMOY, 27.
CORNEILLE, 118, 119.
COUR IMPÉRIALE. Relation pour le rétablissement de l'unité de l'Église et la réconciliation des protestants, 1 à 15.
COUSIN, président, 157, 263.
CURIEUX DE LA NATURE. Ouvrage de cette société, 310.

D

DAILLÉ, 31.
DANOIS, 272.
DE JURE SUPREMATUS, etc., 148, 244.
DELPHIQUE (temple), 369.
DENIS, capucin, auteur de la *Via pacis*, 273.
DENIS (Saint-), ville, 332, 368.
DESCARTES, 147, 157, 158, 193, 206 et suiv., 219, 244, 256 et suiv., 323 et suiv.
DEZ (le Père), prédicateur, 130; sa doctrine, 252.
DICTIONNAIRE critique, 345.
DIEU. Motifs de confiance en lui, 3; sa révélation à l'Église, 7; honneur qui lui est dû, 11, 13, 15, 62, 63, 64, 66, 70, 71, 74, 75, 77, 79 et suiv., 272 et suiv., 332 et suiv., 466 et suiv.
DIFFÉRENDS de la religion. Réflexions de Pellisson à ce sujet, 185.
DIOMÈDE, 338.
DISPUTE de Ratisbonne, 2.
DODART, médecin de la princesse de Conti, 217, 239, 244.
DRAGON, 401.
DYNAMIQUE (Traité de la) de Leibniz;

désir de Pellisson de la connaître, 195, 219, 237 et suiv. — Essai de Dynamique (voir l'Appendice), 470.
EBEDZIE, 334.

E

EBSDORF, 187.
ÉCOSSAIS, 272.
Écriture sainte, 75, 191.
Église (l') et ses dogmes, 9-11, 13, 15, 30, 31, 62-64, 67, 68, 70, 72, 73, 100, 112 et suiv., 160 et suiv., 174 et suiv., 234 et suiv., 245 et suiv., 256 et suiv., 368 et suiv., 465 et suiv.
EMS, 30.
Ἐντελέχεια ἡ πρώτη, 158, 194, 207, 240.
Éphèse (concile œcuménique d'), 426.
ÉRASME, 395.
ERNEST-AUGUSTE, duc de Hanovre. Écrit à l'évêque de Tina et le félicite du succès de son voyage en Italie, 45.
ERNEST, landgrave. Ses études sur les controverses, 128, 207, 359.
ESPAGNE, 85.
ESPAGNOLS, 131, 272.
Essai du Commentaire par le R. P. dom Pezeron, 368.
ESTHER, 401.
EUCHARISTIE, 64, 84, 154, 175, 188 et suiv., 220, 246, 371 et suiv.
EUGÈNE, pape.
EUPHRATE, fleuve. 196.
EUROPE, 2, 136, 154, 161, 184, 272.
EUSTATHIUS 368.
EXCOMMUNICATION (de l'). Ses conséquences, 103, 132 et suiv.
EXPOSITION de la foi. Ce que c'est; voir la lettre XII de Leibniz à Bossuet, 28, 30, 40, 130.
EXTRAIT de la dissertation de M. l'abbé Pirot sur le concile de Trente par Leibniz, 369 à 379.

F

FABRI (Père Honoré), pénitencier de Saint-Pierre, 128.
FABRICIUS, 357.
FERDINAND, 272.
FERMAT, géomètre, 193.
FERRARE, 375.
FERRIER, abbé, 355 et suiv., 373 et suiv.
FLÉCHIER, 163.
FLORENCE, 175, 375 et suiv.
FONTAINEBLEAU, 96.
FORCE égale, moindre et plus grande (De la). Définition (voir l'Appendice), 470.
FRANCE, 28, 57, 68, 75, 76, 85, 88, 96, 128 et suiv., 147, 149, 150, 160, 161, 164, 165, 174, 178, et suiv., 204 et suiv., 231 et suiv., 245 et suiv., 272, 310, 318, 332, 359, 368 et suiv.
FRANCFORT, 97, 132, 318.
FRÉDÉRIC de Saxe. Écrit à l'évêque de Tina et le félicite sur son heureux voyage en Italie, 47.
FURSTENBERG (de), cardinal, 284.

G

GADAON, 191.
GABRIELLE (Mère), 489.
GALATES ou Gallo-Grecs, 369.
GALILÉE, 207.
GALLOIS (l'abbé), 149, 239.
GAZETTE DE ROTTERDAM. Calomniant Pellisson, 359.
GENÈVE, 190, 225.
GEORGE-GUILLAUME, duc de Brunswick et de Lunebourg, 32.
GERMAIN (Saint-), 155, 284.
GERMAINS, peuple, 272.
GLAUCUS, 338.
GOTHS, 397.
GOURVILLE (De), 40.
GRECS. Différence entre eux et les protestants, 12, 34, 172, 174, 272.
GRÉGOIRE de Nazianze, 78 et 79.
GRETZER, jésuite, 403.
GRIMALDI (le Père), 261.
GROTIUS. Son opinion sur le concile de Trente, 129, 290.

H

HAMEL (Du), 239.
HANANYOU CATHOLICOS. Qui a fait cet ouvrage, 334.

HANNOVER. Voyez HANOVRE.
HANOVRE (duc de), 25, 26, 28, 40, 150, 152.
HANOVRE (duchesse de). Elle écrit à madame de Maubuisson au sujet du catéchisme du P. Banisi, etc., 171 et 172, 335.
HARDOUIN (le P.). Ses ouvrages, 307.
HARLING (madame de), 186.
HAYE (LA), 244, 292.
HENRI II, roi de France, 370.
HENRI III, 372.
HENRI IV, 129, 332, 368 et suiv., 410.
HÉRÉSIE, 9.
HÉRODOTE, 368, 369.
HESSE, 47.
HIÉRARCHIE, 11.
HILDESHEIM, 273.
HIPPOCRATE, médecin, 344.
HIRE (DE LA), 239.
HISTOIRE de la réformation d'Allemagne, de M. de Seckendorf. Voir la lettre LXIV de Bossuet à Leibniz, 224.
HISTOIRE des variations, etc. Voir la lettre LXIV de Bossuet à Leibniz, 224, 226, 228, 301.
HOLDEN (Henri), Anglais, docteur sorboniste, 403.
HOLLANDE, 47, 62, 97, 211, 217, 221, 244 et suiv., 253.
HOMBOURG, 121, 256.
HOMÈRE, poëte grec, 122.
HONGRIE, 167.
HOZIER ou OZIER (d'), 341, 356, 357, 358.
HUET, évêque d'Avranches, 149.
HUGENS, 149, 262.
HUMILITÉ. Ce qu'elle doit être, 72.

I

INDES. Proposition de l'évêque de Tina d'y fonder une nouvelle société, 16 à 20.
INNOCENT IV, pape, 406.
INNOCENT XI, pape, 184, 233.
INQUISITION de Rome. Ses décrets, 133.
INTOLÉRANCE. Avis de Pellisson à cet égard, 78.
ISPAHAN, 261.
ITALIE, 128.
ITALIENS, 131, 272.

J

JACQUES Ier, 374.
JEAN-BAPTISTE (Saint), 422.
JEAN-FRÉDÉRIC, duc de Limbourg. Sa lettre à l'évêque de Tina, 29; *idem*, 31.
JEAN-PHILIPPE, électeur, 392.
JEANNIN (le président), 373.
JÉSUS-CHRIST, 11, 64, 156, 163, 318 et suiv., 360 et suiv., 422 et suiv.
JOB, 117.
JOSUÉ. Son miracle, 191.
JOURNAL DES SÇAVANS, 157, 207, 263, 285, 364; éloge de Pellisson, 367.
JUDITH, 377.
JUIFS. Leur alliance avec Dieu, 74.
JULES III, pape, 370.
JURIEU. Opinion de Pellisson sur lui, 76, 77, 130, 172.

K

KIRCHER (le P.). Son ouvrage sur la Chine, 334.

L

LABBE (le Père), 283.
LAGNY (De), 323.
LANNOY (De), 376.
LAODICÉE (Concile de), 10, 128, 243.
LARROQUE, 263.
LATINS, 272.
LATRAN (Concile de), 10, 128, 243.
LEIBNIZ. Sa réponse à Bossuet au sujet du Talmud, 26; réponse de Leibniz à Bossuet, qui le félicite de son *Traité de l'Exposition de la Foi*, 29 et suiv.; il écrit à M. de Tina, 33; il écrit à Albert, théologien, 41 à 45; réponse de Leibniz à l'évêque de Neustadt touchant sa négociation, 52; sa lettre à Pellisson en réponse aux objections envoyées d'Allemagne sur l'unité de l'Église, et sur la question si elle peut tolérer les sectes, 55 à 66; il écrit à madame de Brinon touchant

les remarques de Pellisson sur son mémoire, 100 à 110, 111, 112 et suiv.; nouvelle lettre à la même sur le concile de Trente et autres, 126 à 138 et suiv.; le même à madame de Brinon sur le petit écrit de la *Tolérance des religions*, 142 à 148; il écrit à Pellisson pour l'entretenir de son ouvrage intitulé: *de Jure suprematus et legationis principum Germanorum*, à l'occasion des traités de Nimègue, 148 à 151; réponse de Leibniz à Pellisson sur le mystère de l'Eucharistie, 155 à 159; il écrit à madame de Brinon pour lui témoigner son opinion sur le concile de Trente, 160 et 161; il répond à madame de Brinon sur la conversion de sa mère, 162 à 167; il écrit à madame de Brinon touchant la négociation de M. de Neustadt, 177 à 185; il écrit à Molanus une lettre dans laquelle il lui parle de l'histoire d'une jeune prophétesse, 185 à 187; il écrit à madame de Brinon et lui annonce qu'il attend de jour en jour l'écrit que lui a promis Molanus, 197 à 199; il écrit à Pellisson et le prie de faire corriger certains errata qu'il lui signale dans un de ses écrits, 199 à 201; nouvelle lettre de Leibniz à celui-ci sur le même sujet, 203 à 211; il remercie l'abbé Pirot des expressions favorables dont il a accompagné ses *Pensées* que Pellisson a publiées avec les siennes, et il entre dans quelques détails sur ses opinions philosophiques et sur sa Dynamique, 211; il écrit à madame de Brinon sur l'ouvrage de Molanus, 212; lettre du même à la même sur le même sujet, 213; Leibniz à Bossuet sur les éclaircissements qu'il avait demandés, 214; Leibniz à Bossuet sur l'écrit de Molanus qu'il lui envoie, 221 à 223; Leibniz à Bossuet : il tâche de résoudre les cinq questions que Bossuet lui avait proposées, et le fait d'une manière qui prouve qu'il n'était guère disposé à se rendre à la vérité; belles espérances qu'il feignait de concevoir pour la conciliation des protestants avec l'Église; fausses règles qu'il proposait pour y parvenir, 227 à 236; il remercie Pellisson de l'attention qu'il a mise à la lecture de sa Dynamique, et l'entretient sur ce même sujet, 237 à 244; Leibniz répond à Brosseau et l'informe qu'il a eu, suivant son désir, une correspondance avec Bossuet sur l'acheminement à la paix de l'Église, 247; il annonce à Bossuet qu'un savant de Breslau travaille à une nouvelle édition de l'Alcoran, 254 à 258; il écrit à Pellisson et l'entretient sur son Essai de dynamique, 258 à 266; le même au même sur les condescendances dont on doit, selon lui, user à l'égard des protestants, sur l'essence de la matière, l'ouvrage de M. Seckendorf et le mécanisme du monde; il écrit à Pellisson et l'entretient sur la communion des deux espèces, 278 à 281; le même au même: il fait valoir en faveur des protestants la condescendance dont le concile de Bâle usa à l'égard des calixtins, 293; il écrit à madame de Brinon et lui fait connaître le jugement qu'il porte des raisonnements de Bossuet et de Pellisson; moyen qu'il propose pour guérir les défiances des protestants, 293; il écrit à Pellisson et l'entretient sur le livre *de Jure suprematus*, 296; il entretient Bossuet sur le livre du père Denis, capucin; les avantages prétendus que les protestants ont procurés à la religion; la conduite tenue à l'égard des calixtins et de la philosophie, 298; il entretient Pellisson de la querelle entre les jésuites et les prétendus jansénistes, 305; il écrit à Bossuet et lui parle de l'accueil qu'ils avaient fait à ses réflexions, explique quelques points de ses lettres, et fait des objections contre le principe que Bossuet avait établi touchant les décisions de l'Église, 315; il félicite Bossuet de ses considérations sur la réunion, 321; il écrit à Pellisson et lui fait connaître son avis sur le principe de mécanique de Descartes, 322 à 325; le même au même, en lui envoyant une épigramme qu'il a faite sur les bombes, 335 à 338; il écrit à Brosseau, où, en faisant remercier le R. P. Verjus pour un livre de ce père que lui avait remis le comte Balati, il joint à sa lettre la même épigramme sur les bombes, qu'il envoya aussi à Bossuet, 338; il écrit à Pellisson et lui fait connaître son opinion sur les *Cogitationes privatæ* de Molanus; Leibniz à Pellisson : c'est un extrait de la réponse de Leibniz à Pellisson du 30 décembre 1692, et la dernière de Leibniz à Pellisson, dont il apprit la mort par celle de madame de Brinon du 10 février, 352; il écrit à madame de Brinon pour déplorer la mort de Pellisson : il espère que l'abbé Ferrier, son parent, fera profiter le public des mémoires de Pellisson qu'il a en main, 355; le même à la même : il justifie Pellisson du reproche d'hypocrisie et espère que son histoire de l'Académie française sera continuée, 357 et 358; il écrit à Bossuet sur la mort de Pellisson; les réponses faites par Bossuet aux objections de Leibniz et quelques points de philosophie, 358; il informe madame de Brinon qu'il envoie à Bossuet sa réponse au discours manuscrit de l'abbé Pirot, 367; il engage Bossuet à attendre un ouvrage *gravis armaturæ* de l'abbé de Lockum et lui envoie en attendant *velitem quemdam*, 379; réponse de Leibniz au mémoire de l'abbé Pirot touchant l'autorité du concile de Trente, 380 à 410; il écrit à Molanus et s'informe de son écrit intitulé : *Explicatio ulterior methodi reunionis*, 432; il répond à madame de Brinon, qui lui avait dit qu'elle craignait que, pour faire les protestants catholiques, l'on ne fît les catholiques protestants, 435 à 437; il répond à Bossuet sur la réception et l'autorité du concile de Trente, 437 à 446; il écrit à madame de Brinon sur les obstacles qu'il trouvait à la réunion, 446 à 450; il écrit à Bossuet et se plaint de sa trop grande réserve; il loue l'expédient qu'il a proposé pour faciliter la conciliation, et marque la condescendance que les protestants croient être en droit d'exiger pour se réunir, 450 à 456; projet de Leibniz pour finir les controverses de religion, où il fait entrer son discours sur ce sujet avec le duc Jean-Frédéric de Brunswick de Lunebourg, 459.

LEIPZIG, 206.

LÉON X, pape. Approuve les concordats de la Bohême et de la Moravie, 272.

LÉRINS (Vincent de). Voyez VINCENT.

LIBAN (Mont), 172, 174.

LIÉGE, 221.

LOCKUM, 188, 367.

LORRAINE, 371.

LOUBÈRE (de LA), 207, 244, 254, 364, 365.

LOUIS XIII, 373.

LOUIS XIV, son éloge par Leibniz, 146, 162.

LUDOLPHI. Opinion de Leibniz sur ce savant, 205.

LUNEBOURG, 187.

LUTHER, réformateur, 123; sa tolérance, 189, 225, 231 et suiv.; 253, 267.

LYON, 175.

M

MABILLON (le Père), 336.

MACHABÉES, 377.

MACHIAVEL, 390.

MADIAS, roi des Scythes, 369.

MAHOMET, prophète, 249, 255.

MAISTRE (Gilles LE), premier président, 376.

MALEBRANCHE (le Père), 158, 205, 213, 216, 238, 245.

MALLEMENT, 256.

MARACCI, confesseur du pape Innocent XI, 255.

MARCA (De), 382.

MARIE (la Vierge), 371.

MARONITES, corporation religieuse, 174.

MARQUES de la vraie Église. Voir l'Appendice, 459.
MARSEILLE, 64.
MARTA (De), 372.
MAUBUISSON (Abbesse de). Écrit à la duchesse de Hanovre le récit du vol d'un écrit dont Leibniz a été victime, 138 et 139, 162, 177-185 et suiv., 216 et suiv., 335 et suiv., 342 et suiv.; elle écrit à la duchesse d'Osnabruc à Hanovre, l'informant que les écrits de M. Jurieu ne méritaient point une réponse, 483 (voir l'Appendice); elle écrit à la duchesse de Mecklembourg et lui témoigne tout le regret qu'elle éprouve du départ de sa sœur, dont le dernier vœu a été la conversion de la duchesse d'Osnabruc, 489. Appendice.
MAYENCE, 20, 164, 374.
MAZARIN, cardinal, 217, 244.
MÉDITATIONS métaphysiques de Descartes. Ce qu'en pense Pellisson, 246.
MÉLANCHTHON, réformateur, 253.
MÉMOIRE d'un protestant. Opinion de Pellisson là-dessus, 247.
MÉNANDER, 332.
MÉZERAY, 256.
MIERSERUS. Ses remarques dans le catalogue des livres chaldéens d'Ebedsie, 334.
MINDE, 32.
MIRON, 390.
MODÈNE, 309.
MOLANUS. Écrit à Leibniz, 48, 49, 172, 177, 179; sa réponse à Leibniz sur l'histoire d'une jeune prophétesse, 187, 197, 212, 213 et suiv., 221 et suiv., 231 et suiv., 236, 245, 253 et suiv., 339 et suiv., 356 et suiv.; sa lettre à Leibniz, 410; il répond à Leibniz qui s'informait de son ouvrage intitulé : *Explicatio ulterior methodi reunionis*, 433.
MOLINA, 383.
MORAVIE, 272.
MOSSUL, ville, 334.
MOULIN (Du), 390.
MOUVEMENT perpétuel mécanique. Définition, voir l'Appendice, 471.
MUNSTER (Paix de), 3.

N

NÉMÉSIS ou RHAMNOUSIA, 337.
NESEBRUCK (DE), 187.
NESTORIENS, 334.
NEUSTADT (Évêque de). Écrit à Leibniz, 50 et 51, 135, 164, 166, 167, 172, 177 et suiv., 200 et suiv., 215, 357.
NEUVILLE (DE LA), 172.
NEWTON, 262.
NICAISE, abbé, 368.
NICÉE (Concile de), 225, 229, 318.
NICOLE, 105, 121, 245.
NIMÈGUE (Paix de), 150, 211.
NORD, 131.
NORRIS (Père). Sa querelle avec Hardouin, 307.
NOUVELLES de la République des lettres, 158.
NOYELLES, général des jésuites, 184.

O

OBÉISSANCE. Sa définition, 72.
OBRECHT de Strasbourg, 189.
OCCIDENT, 122, 161, 165, 175.
ORANGE (Concile d'), 401.
ORIENT, 122, 175.
ORIENTAUX. Leurs rites, 12.
OSNABRUC ET MUNSTER. Paix qui n'est qu'une trêve, 3.
OSSAT (D'), 373 et suiv., 406.
OTTOMANS, 273.

P

PALATIN (Comte), 484. Voir l'Appendice.
PALATINE (Anne de Gonzague, princesse). Lettres d'elle. Appendice, p. 484.
PALATINAT, 47.
PALESTINE, 368.
PALLAVICINI, 376.
PAOLO (Fra), 376.
PAPE comparé à l'Antechrist, 3; opinion des protestants sur lui, 13, 29.
PARDIES (Le Père), 325.
PARIS, 90, 96, 121, 140, 202, 211, 374 et suiv.

PAUL (Saint), 87, 89, 90, 91; sa doctrine, 116, 153, 344.
PAUL de Samosate, 427.
PAUL III, pape, 370.
PAUL V, pape, 374.
PAYS-BAS, 5.
PAYVA (Jacques ANDRADIUS de), Portugais, ami de madame de Brinon, 90, 96 et suiv.
PELLISSON. Écrit à madame de Brinon sur les objections envoyées d'Allemagne, etc., 66 à 95; le même à la même touchant Leibniz et quelques savants théologiens, 96 à 100 et suiv.; il écrit à madame de Brinon sur le même sujet, 110 à 126, 127 et suiv.; le même à la même sur le mémoire de Leibniz, 139 à 142, 143 et suiv.; il écrit à Leibniz pour lui demander son avis sur le mystère de l'Eucharistie, 151 à 155, 162, 165 et suiv.; nouvelle lettre de Pellisson sur l'Eucharistie, 188 à 196; il félicite Leibniz du talent qu'il a montré dans son ouvrage, 201 à 203; il répond à deux lettres de Leibniz, l'une ayant rapport à l'ouvrage précédent, l'autre à la réunion des protestants, 215 à 221; le même au même sur son Essai de dynamique : il accuse à Leibniz la réception de la petite note et de la figure qu'il lui a envoyée, 247; il lui envoie une réponse de l'abbé Pirot et une observation sur ses principes par M. Mallement, recteur de l'Université, 248; il écrit à Bossuet et fait l'éloge du traité de Jure suprematus; il écrit à Bossuet et lui parle de sa réponse à l'écrit de Molanus et d'un écrit attribué à l'évêque de Neustadt, 285 à 287; il écrit à Leibniz et le félicite de son traité de Dynamique, 287 à 293; le même au même : il a lu à Bignon sa lettre et aussi les observations de médecine qu'on communiquera au premier médecin : il attend le jugement de l'Académie sur sa Dynamique, 322; le même au même : cette lettre roule en entier sur des sujets littéraires, 335; dernière lettre de Pellisson à Leibniz : il lui fait ses compliments de nouvelle année, lui affirme que, contrairement à ce qu'il suppose, Bossuet n'a pour lui que des sentiments d'estime et d'affection. Il le prie, en outre, de lui envoyer des nouvelles de sa cour ainsi que des siennes, 351, 368.
PENSÉES d'un ami, par Leibniz. Il approuve hautement le langage de Pellisson comme le meilleur pour obtenir la réunion des protestants à l'Église, 248.
PERCHERON (Dom), bénédictin, 336.
PERRON (Du), cardinal, 92, 122, 124, 374.
PERSE, 261, 397.
PETERSEN, docteur à Limbourg, 187.
PETIT, 140.
PEZERON (le Père), auteur de l'Essai du Commentaire, 368, 369.
PHÉDON de Platon. Opinion de Leibniz là-dessus, 239.
PIBRAC, 387.
PIE IV, pape, 332, 368, 370 et suiv.
PIERRE (Saint), 119.
PIROT, abbé de la Sorbonne, 96, 155, 189, 205, 237, 244, 332, 367.
PLINE, 147.
PLUTARQUE, 368.
POIRET. Ses écrits, 77.
POISSY (Colloque de), 370.
POLOGNE, 261.
POLONAIS, 273.
POMPONNE (DE), 284.
PONTCHARTRAIN, 289.
PORTUGAIS, 272.
PRINCESSE Palatine, 163, 484 (voir l'Appendice).
PROCOPE, 272.
PTOLÉMÉE, 191.
PUY (DU), 385.
PYRMONT (Eaux de), 187.

R

RACINE, 338.
RAISONS de persuasion. Ce que c'est, 68.
RAMAZZINI, médecin. Son histoire médicinale, 309, 329.
RATISBONNE (Colloque de), 135.
RAYNALDUS, 376.
RÉFLEXIONS de Pellisson, 245.
RÉFORMATION, 124 et suiv., 174.

REMY (Saint), 120.
RENAUDOT (l'abbé), 334.
RESMES, 338.
RICAUD, ancien consul à Smyrne, 256.
RICHELIEU (Cardinal de), 217, 244.
RICHER, 375.
ROANNEZ (Duc de), 365.
ROBERVAL, géomètre, 193.
ROMAINS, 89, 132, 272.
ROME. Comparée à Babylone, 3. Son avis sur le concile de Trente, 15, 30, 122, 128 et suiv., 163 et suiv., 181 et suiv., 234 et suiv., 257 et suiv.
ROQUE (DE LA). Opinion de Leibniz sur lui, 207.
ROSIMOND, écrivain, 255.
ROTTERDAM, 221, 244, 292.
RUDOLPHE-AUGUSTE (duc), 159.
RUSSES ou Moscovites, 273.
RUZÉ, secrétaire d'État, 408.

S

SACHSEN, 46.
SAINT-ESPRIT, 62, 63, 75, 76, 79 et suiv.
SAINT-SALVIEN, évêque de Marseille. Son opinion sur les Ariens, 64, 75, 78.
SAMARITAINS, 252.
SAXE, 223.
SCHISME (Du) proprement dit, 125, 161.
SECKENDORF, 223, 228, 253, 255 et suiv.
SFORZA PALLAVICINI (Cardinal), 128.
SMYRNE, 256.
SOCINIENS, 202.
SOPHIE (Duchesse), 139, 335.
SORBONNE, 96, 97, 205, 255, 368.
SPINOLA (Cardinal), 4.
STENONIS (Évêque de Tripoli), 31.
STRASBOURG, 29, 30, 130, 225, 252.
SUBSTANCE. Qu'est-ce, 85.

T

TALMUD, livre saint des Juifs, 24 et suiv.
THEVENOT, ami de Leibniz, 149, 207, 239, 263, 333, 364.

THOMAS (Saint), 89, 90, 374.
THOU (DE), président, 374.
TINA (Évêque de). Ses projets sur une nouvelle société des Indes, 16 à 20; sa correspondance avec le duc Jean de Limbourg, 21; *ibid.* avec le cardinal Albrizio, 21, 22, 23, 27, 29, 30; il écrit à Leibniz, 36 à 39; il écrit à Molanus, 53 et suiv.
TOBIE, 377.
TOLÉRANCE. Avis de Pellisson à cet égard, 78. — *Tolérance de la religion*, 142 et suiv.
TOSCAN, 132.
TOURNAY (Évêque de), ami de Pellisson, 141.
TOURS, 341.
TRAJAN, empereur romain, 147.
TRANSSUBSTANTIATION (Controverse de la), 180.
TRANSYLVANIE, 167.
TRENTE (Concile de), 15, 97, 105, 128, 129 et suiv., 140 et suiv., 160 et 161, 165, 166, 174 et suiv., 178 et suiv., 225, 231 et suiv., 245 et suiv., 253 et suiv., 368 et suiv., 374 et suiv., 422 et suiv.
TROIE (Siége de), 122.
TURCS, 202, 255.
TYCHO-BRAHÉ, 191.

U

ULRICH (Duc Antoine), 159, 196, 205.
ULTRAMONTAINS. Le mot employé par Leibniz, 165.
UNION DES CHRÉTIENS. Ce que c'est, 202.
URFÉ (M. d'), auteur de l'*Amant inconstant* et de la *Maîtresse volage*, 74.

V

VAL (DU), 374.
VANDALES, 397.
VAN DER HECK, 244, 292.
VARIGNON, 325.
VENISE, 296, 371.
VERJUS (Père), 338.
VERSAILLES, 217, 246.
WESTPHALIE, 252.

Via pacis du P. Denis, capucin. Son mérite, 253.
VIGILE, pape, 377.
VIGOR, 375.
VILLA-HERMOSA (duc de), 46.
VIVÈS, 395.
WOLFENBUTTEL, 31, 159, 171, 205.

Z

ZELL (Duchesse de), 159, 176, 196, 204, 332.
ZISCA, 272.
ZOSIME (Saint), pape, 426.
ZUINGLE, 225.

TOME II

A

ABEN-EZRA, page 343.
ABSOLUTION ou *pénitence*. Reçue comme sacrement dans l'Église protestante, 183.
ABSTRACTION ou *suspension*. Troisième voie proposée pour une réunion pacifique, 265 et suiv.
ABULENSIS, 430.
ACADÉMIE royale des sciences, 69; membres qui la composent, 239; traitement des académiciens réclamé par Leibniz, 241 et suiv., 273 et suiv.
ACTES de Leipzig. Ce que c'est, 68 et suiv.
ACTES des Martyrs' 411.
ADRASTE, ouvrage de Bétoulaud; son mérite, 219.
AÉRIENS, hérétiques niant l'utilité des oblations pour les morts avec la distinction de l'épiscopat et de la prêtrise, 299.
AÉTIUS, 402, 408 et suiv.
AFRICAINS, 324 et suiv.
AFRIQUE (Église d'). Ses titres à la science, 283, 305 et suiv., 324, 345, 361 et suiv., 407 et suiv., 447 et suiv.
ALBERTI. Reconnaissance que ressent pour lui Leibniz, 79, 226.
ALEXANDRIE, 285, 351, 404 et suiv.
ALGER, 86.
ALLEMAGNE, 5, 25 et suiv., 72, 92 et suiv., 98; ses théologiens, 207,

226 et suiv., 387 et suiv., 429 et suiv.
ALPES, 259.
AMALIE de Brunswick, épouse du roi des Romains, fille de la duchesse de Hanovre, 219.
AMBROISE (Saint), 327 et suiv., 419 et suiv., 424 et suiv.
AMMIEN MARCELLIN. Blâme ce qui se fait à Rome, 325.
AMPHILOCHIUS, évêque d'Ionie, 338, 347, 356 et suiv., 399 et suiv., 439, 444.
ANALYSE de la foi par le père Grégoire de Valence, 316.
ANGLETERRE, 92, 104; trahison des poudres, 229, 270.
ANOMÉENS, 401.
ANSPACH (Princesse d'), 149.
ANTECHRIST. Épithète appliquée au pape, 17, 91 et suiv.
ANTIPAPE. Sa différence avec le vrai pape, 5.
ANTONIEN, évêque, 302.
ANTONIN, archevêque de Florence, 315.
APOCALYPSE. Peinture de la demeure des saints, 106; livre contesté, 281; il brille par son esprit prophétique, 288, 344 et suiv.; refusé par le concile de Laodicée, 398 et suiv., 405 et suiv., 437 et suiv., 497 et suiv.
APPION (Contre). Ouvrage de Josèphe, 342.
APULÉE, 449.

ARIENS, considérés comme hérétiques, 298.
ARNAUD. Sa correspondance avec Leibniz, 68.
ARTAXERXÈS, 342 et suiv.
ASIE, 399.
ASPERDORF, 168.
ATHANASE (Saint). Symbole qui lui est attribué, 296 et suiv., 338, 346 et suiv., 351 et suiv., 356 et suiv.; ses lettres pascales, 398 et suiv.; son livre contre les Gentils, 408; éloge qu'il fait du Pasteur, 419 et suiv., 444 et suiv.
AUGSBOURG (Confession d'), contenant les principes des protestants, 65 et suiv.; déclaration des électeurs et des princes faite à la diète en 1530, 7 et suiv., 65 et suiv., 80; demandes faites pour terminer les controverses au moyen d'un concile, 170; son apologie, 181; elle reconnaît le symbole de saint Athanase, 296; elle met au nombre des hérétiques, sous le nom de sacramentaires, Bérenger et ses sectateurs, 299 et suiv., 383 et suiv., 395 et suiv.
AUGUSTIN (Saint). Son opinion sur les schismatiques, 11; son sentiment sur le purgatoire, 77, 261; il affirme que l'Église romaine a la primauté de la chaire apostolique; il figure dans le concile, 283; son passage du livre de la Sagesse, 284; son opinion sur les Pères de l'Église, 285 et suiv.; sa sentence mémorable, 291; il compare saint Cyprien avec les donatistes, 300 et suiv.; son opinion sur le baptême des petits enfants, 303, 307 et suiv.; sa présence au concile de Carthage, 323 et suiv.; il cite le passage de la Sagesse contre les Pélagiens, 327, 333 et suiv., 353 et suiv.; sa doctrine chrétienne, 358; sa prédestination des saints, 359 et suiv.; sa lettre contre les semi-pélagiens, 408 et suiv.; 440 et suiv., 449 et suiv.
AUTRICHE, 168.
AVRANCHES (Évêque d'). Opinion favorable de Bossuet sur son compte, 287.

II.

B

BABEL, 91.
BABYLONE, 91; continuation de la tour, 221.
BACHINI, jésuite, auteur de plusieurs ouvrages, 167.
BALAAM, 442.
BALATI, 206, 259, 383, 390 et suiv.
BALDINUS, jésuite. Opinion de Leibniz sur son compte, 67, 71.
BALE (Concile de), 5, 34 et suiv., 67, 71 et suiv., 259 et suiv.; son avis sur l'immaculée conception de la sainte Vierge, 317 et suiv., 390 et suiv.
BAPTÊME, reçu comme sacrement par l'Église protestante, 184.
BARBARES, peuple, 326.
BARONIUS, cardinal. Trompé par le passage de saint Jérôme, 334.
BARTHÉLEMY (Massacre de la SAINT-), 229.
BARUCH, 400 et suiv., 422 et suiv.
BELLARMIN, cardinal, 5.
BÉNÉDICTE, duchesse de Brunswick-Lunebourg. Reçoit une lettre de Leibniz, 148; elle répond à la lettre de Leibniz sur le concile de Trente et l'informe qu'elle l'a envoyée à Mme de Brinon, plus à même de pouvoir discuter avec lui, 150; elle écrit à Leibniz et le remercie du zèle qu'il a mis à défendre les intérêts de sa fille faussement attaquée dans sa réputation, 160; elle remercie Leibniz d'avoir pris part à la joie causée par la naissance du prince de Modène, et réfute les calomnies qui ont couru sur l'origine de sa maison, 167.
BÉRENGER. Considéré comme sacramentaire par la Confession d'Augsbourg, 299.
BERLIN, 70, 371, 426.
BERNSTORF. Lettre de Leibniz probablement à lui adressée, 224.
BÉTOULAUD, auteur de l'*Adraste*, 219; son estime pour Leibniz, 220 et suiv. Appendice, voir SCUDÉRY.
BIBLE. Son autorité, 226; ses livres canoniques, 306, 321 et suiv., 324 et suiv., 350 et suiv., 360 et suiv., 395 et suiv., 432 et suiv., 439 et suiv.
BIGNON (l'abbé), 69, 75, 208.

37

BOÈCE, 449.
BOHÊME, 70, 31.
BOINEBOURG (DE), ministre, 85.
BONIFACE II, pape. Le concile d'Afrique a recours à lui, 423.
BOSSUET, évêque de Meaux, 28 et suiv., 34 et suiv.; il écrit à Leibniz, l'engage à presser la réponse de l'abbé de Lockum au sujet des conciles de Trente et de Bâle, et lui demande un écrit entier de sa Dynamique, 74; silence gardé par Bossuet, 79 et suiv., 151 et suiv., 205 et suiv.; 218 et suiv.; M. du Héron communique ses lettres à Leibniz; politique de ce dernier; réponse de Bossuet; récapitulation de ce qui s'est passé entre eux, 227 et suiv.; il écrit à Leibniz pour l'informer que la guerre seule a mis obstacle à leur correspondance; maintenant que la paix est faite, il ne demande pas mieux que de reprendre le projet de Leibniz pour faire cesser le schisme de l'Église, 232, 233, 249 et suiv.; il écrit à Leibniz, lui fait sa nouvelle exposition des principes de l'Église catholique et applique ces principes à la question des livres canoniques, 278 et suiv.; il l'entretient sur le même sujet, lui dit qu'il compte parmi les dogmes révélés de Dieu certaines choses de fait sur lesquelles roule la religion, comme la nativité, la mort et la résurrection de J.-C., etc.; il lui explique la différence qu'on a toujours mise entre les dogmes non entièrement autorisés par le jugement de l'Église, et ceux qu'elle a déclarés authentiquement véritables, 293 et suiv.; son opinion sur les exemplaires grecs et sur le passage *Tres sunt*, etc., 205 et suiv., 309 et suiv.; il répond à ses diverses lettres en le priant de les communiquer à ses princes, et réfute les objections de Leibniz, qui proposait de suspendre les anathèmes du concile de Trente à l'égard de ceux qui ne sont pas persuadés qu'il soit légitime : abolir le concile de Trente, ce serait abolir tous les autres conciles qui l'ont précédé et auxquels toute l'Allemagne elle-même a pris part, 381 et suiv., 388 et suiv.; le même au même : il réfute une à une toutes les objections faites par Leibniz sur les livres canoniques, 395 et suiv., 432 et suiv., 439 et suiv., 447 et suiv.; bref qu'il a obtenu du pape : effet qu'il produit sur Leibniz. Introduction du t. I.
BOUILLON (DE), cardinal, ambassadeur à Rome, 105.
BRANDEBOURG, 237.
BRINON (Madame DE). Elle écrit à Leibniz et lui fait de nouvelles et pressantes instances pour le convertir, 23 à 27; elle écrit à Leibniz et s'efforce de le gagner à la foi catholique, 27 (*cette lettre est la répétition de la lettre CXX du premier volume, p.* 411). La même au même : met au-dessus de sa Dynamique l'ouvrage de la réunion, 28; elle écrit à Bossuet et l'instruit de plusieurs faits relatifs à la réunion des protestants; elle l'exhorte à ne pas se décourager dans cette grande entreprise, et lui marque le sentiment d'un docteur de Sorbonne sur les ménagements dont on pouvait user à leur égard pour les ramener, 71 à 74; elle écrit à Leibniz et se résout à l'abandonner aux lumières de Bossuet pour le convertir, 89; elle écrit à Bossuet et répond à l'objection faite par Leibniz sur le concile de Trente; elle déplore le malheur des protestants, qui se contentent de témoigner quelque bonne volonté pour la réunion sans en venir aux effets, et parle fort avantageusement de l'écrit de l'abbé Pirot en faveur du concile de Trente, 96; nouvelles instances de madame de Brinon pour convertir la duchesse Sophie de Hanovre, électrice de Brunswick, repoussées par Son Altesse qui la raille sur ce sujet, 103 à 105; la même à la même : même sujet, 105 à 107; elle écrit à la duchesse de Hanovre, Sophie, électrice de Brunswick, et lui fait ses compliments de condoléance sur la mort de l'électeur;

elle l'engage à mettre en Dieu toute sa confiance, 137 à 140; la même à la même : la félicité du mariage de sa fille qui lui procure un trône, et lui témoigne l'ardent désir qu'elle a de la voir convertie à la foi catholique, 212 à 215; elle écrit à Leibniz et lui marque l'estime particulière que mademoiselle de Scudéry a pour lui; elle regrette que leur correspondance ne soit pas plus fréquente, 220.

BROSSEAU, 28.
BRUNSWICK, 28, 36, 72 et suiv.; mort de l'électeur de Brunswick, 137 et suiv., 160.
BUCHEIM, 168.
BULLUS (Georges), savant prêtre de l'Église anglicane, 316.
BUNTINUS. Sa chronique, 225.

C

CAÏPHAS, 442.
CAJETAN, cardinal. Son commentaire sur l'Ecclésiaste de Salomon, 367, 380 et suiv., 395 et suiv., 405 et suiv.
CALIXTE, 47. Son écrit, qui ne satisfait ni Leibniz ni Molanus, 127, 158 et suiv.; ses manuscrits, 200; opinion de Bossuet sur lui, 279, 322.
CALIXTINS, 322 et suiv., 389 et suiv.
CANTIQUE DES CANTIQUES (le), livre canonique de Salomon, 342, 344 et suiv., 357.
CAPELLA (Martian), 449.
CARTHAGE (Concile de), 282, 307 et suiv., 323, 327 et suiv., 251 et suiv., 356 et suiv., 407 et suiv., 436 et suiv.
CASSIODORE. Ses Institutions, 361, 449.
CASTILLE, 167.
CATELAN (l'abbé), 68.
CATHERINE de Médicis. Refuse de reconnaître en France les décisions du concile de Trente, 41.
CATHOLIQUE. Écrit de Leibniz sous le faux titre : *Jugement d'un docteur catholique sur le projet de réunion avec certains théologiens protestants*, 50, lettre XI.

CÉLESTIN (Saint), 423.
CÉSAR, 50.
CHARLEMAGNE, 38.
CHARLES I*er*, roi d'Angleterre, 351.
CHARLES V, empereur d'Allemagne, 9.
CHEMNICK, 322.
CHRISTIAN (le prince), duc de Brunswick-Lunebourg, neveu de l'abbesse de Maubuisson, 71; il écrit à l'électrice Sophie, et lui fait part de son sentiment sur un changement de religion, sentiment bien différent en cela de celui de son frère Maximilien, 118.
CHRONIQUE de Buntinus, 225.
CHRONIQUES (les), livre des Juifs, 344.
CHRYSOSTOME (Saint), 338 et suiv., 348.
CHYPRE (île de), 348.
CITÉ DE DIEU, ouvrage de saint Augustin, 357, 360 et suiv., 441 et suiv.
CLÉMENT (Saint) d'Alexandrie, 285, 327, 333, 349 et suiv., 404 et suiv.
CLÉMENT VIII, pape. Son dessein sur la question *de auxiliis gratiæ*, 317.
CLÉMENT XI. Bossuet lui envoie son écrit remanié *de Professoribus* et ses lettres à Antoine Ulrich après son retour à l'Église, 458 et suiv.
CLUNY, 363.
COLBERT, ministre de Louis XIV. Sa générosité envers les gens de lettres, 241.
COMESTOR (Pierre), auteur de l'Histoire scolastique, 364.
COMMENTAIRE sur les Psaumes, ouvrage d'Origène, 345.
COMMONITORIUM, livre estimé, de Vincent de Lérins. Ce qu'en pense Bossuet, 300.
COMPACTATA, ouvrage, 71.
CONCORDANCES sur la sainte Écriture, par le dominicain Hugo, 364.
CONCORDE. Combien désirable entre les chrétiens : écrit en latin, probablement de la jeunesse de Leibniz, Appendice, p. 546.
CONDÉ (prince de). Sa mort, 206; se fait écrire tout ce qui a rapport à ce commerce, 207.

CONFIRMATION (Sacrement de la) conservé dans les églises protestantes, 182.
CONSTANCE (Concile de), 5, 34 et suiv., 67 et suiv., 387 et suiv.
CONSTANTIN, empereur, 346.
CONSTANTINOPLE, 273.
COPERNIC. Son système, 320.
CORINTHE, 351.
CORINTHIENS (Épître de Clément aux), 333, 349, 351 et suiv.
COUSIN (le président), 45.
COUTANCES, ville de Normandie, 71.
CROISADES. Leibniz les juge. Appendice, p. 512.
CYPRIAN (Saint), 11.
CYPRIEN (Saint), 285 et suiv., 300 et suiv., 327 et suiv., 349 et suiv., 402 et suiv.
CYRANO de Bergerac. Son Voyage au soleil, 248.
CYRILLE (Saint) de Jérusalem, 338, 347 et suiv., 349 et suiv., 351 et suiv.

D

DANEMARK, 92.
DANIEL, prophète, 286, 288 et suiv., 328, 400 et suiv., 433.
DAVIA, cardinal. Lettre de Leibniz, 223, 450.
DAVID. Ses combats, 295; ses psaumes, 342; ses prophéties, 413 et suiv.
DÉCADE 1re, 2e, 3e dans le projet de Leibniz pour faciliter la réunion des protestants, 180 à 189.
DÉCADES (Classement des articles discutés par). Nouvelle méthode de Leibniz, 180 et suiv.
DÉCALOGUE, 297 et suiv.
DEFENSORIUM, ouvrage d'Alphonse Tostat, 366.
DÉFÉRENCE. Troisième voie proposée par Leibniz pour une réunion pacifique, 266 et suiv.
DEFORIS, 389.
DENIS (SAINT-), ville, 41.
DERLEVILLE, général-major, 230.
DERTZENGEN, 224.
DESCARTES, 71, 247 et suiv.
DESMARAIS, correspondant de madame de Brinon, 73.
DEUTÉRONOME, 360.

DIALOGUE entre un habile politique et un ecclésiastique d'une piété reconnue, Appendice, 512.
DIEU. Sa révélation, 4 et suiv., 13 et suiv., 35 et suiv., 70 et suiv.; effets de sa protection, 214 et suiv.; sa bonté, 228 et suiv.; dogmes révélés, 295 et suiv., 315 et suiv., 384 et suiv., 436 et suiv.
DIJON, 69.
DILLINGEN, 6, 351.
DOCTRINE chrétienne. Ouvrage de saint Augustin, 358.
DONATISTES, 300.
DRAGONNADES de Louis XIV, 93 et suiv.

E

ECCLÉSIASTE (l'), livre canonique de Salomon, 342 et suiv., 357 et suiv.
ECCLÉSIASTIQUE (l'), livre, 283, 322 et suiv., 357, 396 et suiv., 413 et suiv., 440 et suiv.
ÉCRITURES (saintes), témoignage de la parole divine, 4 et suiv., 32 et suiv.; ses vérités, 277 et suiv., 362 et suiv., 398 et suiv.
ÉGLISE. Son influence dans les conciles, 4 et suiv.; dogmes condamnés par elle, 112 et suiv., 33 et suiv., 67 et suiv., 72 et suiv., 315 et suiv., 322 et suiv., 360 et suiv.; son infaillibilité, 388 et suiv., 431 et suiv., 445 et suiv., 447 et suiv.
ÉLIE. Surnommé le conducteur du char d'Israël, 424.
ÉLISÉE. Surnommé le conducteur du char d'Israël, 424.
EMMAEIΣ. 440.
ÉNÉE, 322.
ÉNÉIDE, 325.
ENGERN, 224.
ÉNOCH. Sa prophétie, 327.
ENS (l'), 168.
ÉPIGRAMME latine de Leibniz sur la déclaration du mariage futur du roi des Romains avec la princesse Amalie de Brunswick, 219; nouvelle épigramme latine de Leibniz sur la mort du perroquet de mademoiselle de Scudéry, 247 et 248.

ÉPIPHANE (Saint), évêque de Salamine, 338, 348 et suiv., 400 et suiv.; ses deux passages, 434, 439.
ÉPÎTRE AUX HÉBREUX, 288, 405.
ÉPÎTRE de saint Jacques, 288.
ÉRIC, duc de Saxe-Engern et Westphalie. Son contrat avec Guillaume et Magnus, ducs de Brunswick-Lunebourg, 224.
ERNEST-AUGUSTE, duc de Brunswick et de Lunebourg, 169.
ESDRAS, 287, 327, 344 et suiv., 356 et suiv., 408 et suiv., 432 et suiv.
ESPAGNE, 317.
ESPAGNOLS, 80.
ESPRIT (le SAINT-) dirigeant l'Église, 5, 10 et suiv., 39, 106, 214 et suiv., 288 et suiv.; son assistance, 315 et suiv., 321 et suiv., 407 et suiv., 437 et suiv.
ESTHER, 295, 344, 399.
ESTRÉES (D'), cardinal, opposé à la réunion, 243, 250 et suiv.
ÉTATS GÉNÉRAUX, 271.
EUCHARISTIE (Livre de l'), par Pellisson, 72, 97, 182 et suiv.
EUGÈNE, pape, 64, 67.
EUROPE, 34, 67.
EUSÈBE, 326, 338, 343 et suiv., 397 et suiv., 443.
EUTYCHIENS, 298.
ÉVANGILE. Sa morale, 26, 107, 283 et suiv., 321 et suiv., 397 et suiv., 435 et suiv.
EXCOMMUNICATION lancée quelquefois injustement, 82.
EXÉGÈSE. Principes de la nouvelle exégèse des protestants et de Leibniz, 278 et suiv.
EXPLICATIONS DES PSAUMES, ouvrage de saint Hilaire, 348.
EXPOSITION. Première voie proposée par Leibniz pour une réunion pacifique, 264.
EXPOSITION DU SYMBOLE, ouvrage de Rufin, 355.
EXPOSITION, ouvrage de Bossuet, 304.
EXTRÊME-ONCTION. Opinion des protestants sur ce sacrement, 184.
EXUPÈRE (Saint), évêque de Toulouse, 283 ; reçoit une lettre du pape, 323 et suiv., 350 et suiv., 408 et suiv.
EZÉCHIEL, 366 et suiv.

F

FABRICIUS. Sa correspondance avec Leibniz, 125, 128, 131, 133, 134, 135 à 137, 144, 146, 151, 152, 154, 191, 195, 197, 198, 221.
FAGON (Madame), 103.
FÉRIER (Abbé), 26, 28, 44.
FLORENCE, 13 ; le concile, 80 ; il aide à la réunion des Grecs et des Maronites à l'Église, 265, 365.
FOI ORTHODOXE (livre de la). Ouvrage de Jean Damas, 362.
FOUCHER, abbé, chanoine de Dijon, 69 et suiv.
FRANCE, 56 et suiv., 33 et suiv., 37 et suiv., 67, 80, 82 et suiv., 91 et suiv., 193, 199, 229, 253 et suiv., 316 et suiv., 326 et suiv., 386 et suiv.
FRANCFORT, où a eu lieu le grand concile d'Occident, 38.
FRANÇOIS-ANTOINE, évêque de Neustadt, 168.
FRÉDÉRIC Ier de Prusse. Tentatives faites pour le convertir. Introduction, et *Theiner.*
FULGENCE (Saint), 305.

G

GALLICANISME, p. 208, et Introduction.
GAULES (les), 326.
GÉLASE (Saint), pape. Tient le concile romain, 283, 307 ; son décret, 323 et suiv., 352, 361 et suiv., 408 et suiv., 438.
GENÈSE, 401 et suiv., 442.
GEORGES-LOUIS, duc de Brunswick et de Lunebourg, 170.
GEORGES-LUDWIG, duc de Brunswick et Lunebourg, électeur de l'empire romain, 243 à 246.
GÉRARD (A.-L.). Voir Molanus, lettre XXIV, 99 ; voir la lettre CIV, 247, 322 ; sa confession catholique, 328.
GERMANIE, 326.
GRANDE-BRETAGNE, 326, 351.
GRÈCE, 220, 326.
GRECS. Leurs erreurs, 13 ; leur réunion à Rome, 80, 177 et suiv., 265

et suiv., 324 et suiv., 361 et suiv., 387 et suiv., 448 et suiv.

GRÉGOIRE (Saint) de Nazianze, 343; son Dénombrement et son Iambique, 401 et suiv.

GRÉGOIRE-LE-GRAND, pape, 361.

GRÉGOIRE de Valentia, jésuite. Son livre sur l'analyse de la foi, 276; son opinion sur les décisions prononcées par le pape avec ou sans concile, 280; son analyse de la foi, 316.

GOLDASTUS, auteur du livre *De regno Bohemiæ*, 71.

GOLLERSDORF (seigneur de), 168.

GUIDI (l'abbé). Annonce à Leibniz que son projet n'est pas agréé à Rome, qui ne veut faire aucune concession, 230.

GUILLAUME, duc de Brunswick-Lunebourg; son contrat avec Éric de Saxe, 224. Sa mort en 1368, 226.

GUION (Madame), 194, 218.

H

HADELN, 224.

HANOVRE, 72, 94 et suiv., 249 et suiv., 389 et suiv., 427 et suiv.

HANOVRE (Duchesse de) 36, 72, 94; elle raille madame de Brinon sur les projets qu'a celle-ci de vouloir la convertir à la religion catholique, 108 et 109, 139, 201, 205 et suiv., 219 et suiv., 249 et suiv.

HARLAY, 208.

HART (DE), 190.

HAZEBOURG, 224.

HÉBREUX, 281, 322 et suiv., 345 et suiv., 362 et suiv.; leur épître, 396 et suiv., 431 et suiv., 443 et suiv.

HELMSTADT. La faculté de cette ville, dans les personnes de Fabricius, Calixte et Schmidt, est consultée et mise en demeure de donner son avis par le duc Antoine Ulrich. Leibniz est dans le secret et presse vivement les théologiens d'Helmstadt, 127 et suiv., 131, 133, 134, 135 à 137, 144, 146, 151, 152, 154, 162, 191, 195, 197, 198, 200, 237, 455; leur fameuse décla-

ration en faveur des mariages avec les catholiques, 430, 433 et suiv.

HENRI III, roi de France. Son assassinat, 229.

HENRI IV, roi de France, 6; son abjuration, 41, 96; son assassinat, 229.

HENRI LE BATARD, roi de Castille, 167.

HÉRÉSIES, 348 et suiv., 400 et suiv.

HERMAS. Son livre du Pasteur, 334, 351.

HÉRON (DU), envoyé de France à Hanovre, 193, 199 et 200; son rôle officieux comme intermédiaire entre le duc et la cour de France; lettres de Bossuet qu'il communique à Leibniz, 237 et suiv.; il écrit à Leibniz le 26 février 1699 : « J'ay fait copier, monsieur, de mot à mot le modèle que vous avez pris la peine de m'envoyer; » il raille Leibniz sur son rhume, lui parle de son choix à l'Académie et du traitement d'académicien, 248, 249; son rôle diplomatique, 279 et suiv.

HERTEL, bibliothécaire à Wolfenbuttel. Lettre de Leibniz qu'on suppose lui avoir été adressée, 226.

HILAIRE (Saint), 349.

HISTOIRE ECCLÉSIASTIQUE, livre d'Eusèbe, 345.

HOFMANN, 225.

HOLDEN, docteur de Sorbonne. Son avis sur sa révélation, 276.

HOLLANDE, 229.

HOMÉLIE sur la Genèse par saint Chrysostome, 348.

HONGRIE, 7.

HOZIER (D'), 26.

HUGENS, Pension que lui fait l'Académie royale des sciences, 240.

HUGO, dominicain, premier auteur des concordances sur la sainte Écriture, 364.

HUGO, ministre d'État et vice-chancelier de l'électeur de Hanovre, 190.

HUNERIC, roi, 305.

HUGUES DE SAINT-VICTOR, écrivain du douzième siècle, 363.

HUNNIUS, protestant. Son colloque à Ratisbonne avec le P. Tanner, jésuite, 277.

HUSS (Jean), 388.

I

IAMBIQUE, ouvrage de saint Grégoire de Nazianze, 399 et suiv.
ICONIE, 347.
INNOCENT Ier, pape. Sa réponse à la consultation de l'évêque Exupère de Toulouse, 283, 307; sa lettre à Exupère, évêque de Toulouse, en 405, 323, 350, 361 et suiv., 377 et suiv., 407 et suiv., 438 et suiv.
INNOCENT IV, 364.
INNOCENT XI, pape, 101.
IRÉNIQUE, 46 à 50, 50 à 64, 76, 77, 98, 100 à 102, 109, 112, 113, 115 à 117, 119, 121 à 124, 125, 126, 128, 129 à 131, 132, 133, 134, 135 à 137, 140, 141, 143, 144, 145, 146, 147, 151, 152, 153, 154, 156, 158, 161, 162, 163, 164 à 167, 189, 191, 192, 195, 197, 198, 202 à 204, 211, 221, 308. Appendice, 530 et suiv.
IRLANDE, 229.
ISAÏE, 288, 344, 356, 423 et suiv.
ISIDORE, 360.
ISIDORUS MERCATOR, 326.
ISRAEL, 342, 422 et suiv.
ITALIE, 33 et suiv., 67, 326.
ITALIENS, 80.

J

JACQUES (Saint). Son avis sur l'Extrême-Onction, 184; son épître, 396 et suiv.
JACQUES, roi d'Angleterre. Commisération de madame de Brinon sur la perte de ses trois couronnes, 104; complot des poudres pour le faire sauter, 229.
JEAN (Saint). Son Apocalypse, 106, 329 et suiv.; ses Épîtres, son Apocalypse, 398 et suiv., 405 et suiv., 436 et suiv.
JEAN de Damas. Son système de théologie, 362.
JEAN-FRÉDÉRIC, duc, 29, 85.
JEANSON (DE), cardinal, 105.
JÉRÉMIE, 344; ses lamentations, 344 et suiv., 399 et suiv., 433 et suiv.
JÉRÔME (Saint), 266; il refuse les livres du Vieux Testament pour établir les dogmes, 286, 307 et suiv., 336 et suiv., 338 et suiv., 355 et suiv.; son autorité, 360 et suiv., 396 et suiv., 445 et suiv., 447 et suiv.
JÉRUSALEM, 11, 338; prophétie de sa gloire future, 423.
JÉSUS-CHRIST, 3, 27, 35, 73 et suiv., 82 et suiv.; ses promesses, 106, 176 et suiv., 213 et suiv.; doctrine des deux volontés en lui, 259 et suiv.; sur sa naissance, 322 et suiv., 354 et suiv., 388 et suiv.
JOB, 344.
JOSÈPHE, écrivain. Son livre contre Appion, 312, 443.
JOSUÉ, 344.
JOURNAL DE PARIS, 70.
JOURNAL DES SÇAVANS, dirigé par le président Cousin, 45, 69.
JOVINIENS, sectateurs niant la virginité perpétuelle de Marie, 299.
JUDE (Saint), 327; son épître, 369 et suiv., 424 et suiv.
JUDITH, 266, 283, 289 et suiv., 322, 334 et suiv., 354 et suiv., 400 et suiv., 434 et suiv., 445 et suiv.
JUGEMENT d'un docteur catholique sur le projet de réunion avec certains théologiens protestants, 50, lettre XI.
JUGES (les), livre de Moïse, 344.
JUIFS, 286 et suiv., 411 et suiv., 443 et suiv.
JULIUS AFRICANUS. Regrette dans le prophète Daniel l'histoire de Suzanne, 285, 328.
JUNILIUS, évêque d'Afrique, 361.

K

KOLLONICZ (comte) à qui succéda Spinola comme évêque de Neustadt, 7.
KRUMBACH, 168.

L

LAODICÉE (concile de), 290; synode, 338 et suiv., 398 et suiv.; refuse l'Apocalypse, 32 et suiv.
LARRON, 97.
LATINS, 324 et suiv., 361 et suiv.

LATRAN (concile de), 5, 33 et suiv., 67.

LEIBNIZ propose un expédient à l'évêque de Neustadt et envoie un écrit irénique qui rappelle le *systema theologicum* sous ce titre supposé : *Judicium doctoris catholici*, 23 et suiv. ; il écrit à la duchesse douairière de Hanovre et l'entretient des efforts faits par l'évêque de Neustadt pour la réunion des protestants, 28 ; il écrit à madame de Brinon sur le projet de réunion des protestants, 30 à 37 ; il engage avec la duchesse de Brunswick une controverse sur le concile de Trente comme étant reçu en France pour règle de foi, 37 à 43 ; il écrit à madame de Brinon et lui fait l'éloge du livre de l'Eucharistie, 43 ; il envoie à Bossuet les méditations philosophiques intitulées : *De primæ philosophiæ emendatione et de notione substantiæ*, et lui demande son jugement sur cet ouvrage, 44 à 46 ; il écrit à l'évêque de Neustadt et le félicite de sa négociation, 46 et suiv. ; il écrit à Bossuet et lui donne son avis sur le projet de réunion en ce sens que les protestants se soumettraient aux conciles œcuméniques et à l'unité hiérarchique, sans toutefois reconnaître le concile de Trente pour œcuménique, 65 à 71 ; il écrit à la duchesse de Hanovre au sujet du purgatoire et s'appuie sur le sentiment de S. Augustin pour affirmer que ce n'est pas un article de foi, 77 ; Leibniz élève le ton et prend décidément l'offensive dans ses lettres à madame de Brinon ; craintes exprimées par Leibniz sur le sort de sa correspondance confidentielle avec l'évêque de Neustadt décédé, et réponse de l'official ; épitaphe de l'évêque défunt composée par Leibniz, 79 et suiv. ; Leibniz répond à celui qui lui communique la lettre de M... donnée à Rome le 5 février 1695, 79 à 81 ; il écrit à madame de Brinon et lui fait valoir les diverses raisons qui l'empêchent d'embrasser la religion catholique, 81, 89 ; il répond à madame de Brinon, conteste les preuves que Rome apporte pour se donner les droits de l'Église universelle, et conclut, tout en la remerciant du zèle qu'elle met à le convertir, à persévérer dans sa croyance, 90 à 96 ; il fait l'épitaphe de l'évêque de Neustadt, 100 à 102 ; il écrit à Schmidt au sujet du duc Antoine Ulrich, 109 ; le même au même sur l'ouvrage intitulé : *De jure belli et pacis*, 113 ; le même au même sur l'écrit *De tolerantia reformatorum*, 115 ; le même au même sur l'ouvrage *Historia ecclesiastica*, 119 ; le même au même sur la *Tolerantia reformatorum*, 121 ; il écrit à Molanus et lui envoie l'écrit de l'abbé Calixte, 124 ; il écrit au théologien Fabricius de Helmstadt, 125 ; il écrit à Schmidt et l'entretient du duc Antoine Ulrich ; il écrit au duc Antoine Ulrich, l'informe qu'il a communiqué à Molanus ce que Calixte avait mis par écrit et qu'il n'en a pas été content non plus que lui, 127 ; il écrit derechef au théologien Fabricius, son nouveau projet pour la réunion, 128 à 129 ; sa nouvelle lettre à Schmidt sur le même sujet, 129 ; même lettre à Fabricius, 139 ; il annonce à Molanus qu'il a lu deux de ses notes sur l'écrit de Calixte, 132 ; nouvelle lettre à Fabricius sur le même sujet, 133 ; le même au même sur le sujet précédent, 134 ; le même au même toujours sur le même sujet, 135 ; il écrit à Schmidt et s'excuse de n'avoir pu lui écrire plutôt, 140 ; le même au même sur l'écrit *Observationum juris*, 141 ; le même au même sur Calixte, Wagner et Fabricius, 143 ; nouvelle lettre à Fabricius sur les sujets précédents, 144 ; il remercie Schmidt de lui avoir communiqué les observations du Mercure, 145 ; sa lettre à Fabricius, 146 ; il écrit à Schmidt, 147 ; sa lettre anglaise à Bénédicte, duchesse de Brunswick-Lunebourg, 148 ; nouvelle lettre à Fabricius, 151 ; le même au même, 152; il écrit à Schmidt, 153; autre lettre à Fabricius, 154; il écrit à Schmidt, 156; le même au même, 158, *ibid.* 161, *ibid.* 162, *ibid.* 163, *ibid.* 164 à 167; son projet (au nom de l'abbé de Lockum) pour faciliter la réunion des protestants avec les Romains catholiques, 168 à 189; il écrit à Schmidt, 189; sa lettre à Fabricius, 191; le même à Schmidt, 192; il écrit à Bossuet, regrette l'interruption des correspondances, et entame avec lui une distinction subtile sur l'amour de Dieu et du prochain, 193; nouvelle lettre à Fabricius; 195, *ibid.* 197, *ibid.* 198; il fait la négociation Antoine Ulrich sur le projet de réunion des protestants, 198 à 201; il écrit à Schmidt, 202 à 204; il écrit au duc Antoine Ulrich, qui lui demandait où en était son projet de réunion; il lui dit qu'il serait à souhaiter, pour qu'il réussît, qu'il ne passât pas seulement par les mains des ecclésiastiques, qui n'envisagent les choses qu'à leur point de vue, mais qu'il faudrait que les princes et les politiques prissent cette affaire à cœur, 204 à 210; il écrit à Schmidt, 211; il écrit au duc Antoine Ulrich, et lui annonce qu'il a appris qu'en France on travaille fort à un nouveau règlement touchant les religionnaires, 212; il écrit à madame de Brinon, l'informe que madame l'électrice a lu avec satisfaction la lettre qu'elle lui a écrite sur le mariage de la future reine des Romains; il ajoute que ses exhortations sont fort belles, mais qu'elles ne suffisent pas pour renverser les arguments invoqués par les protestants, 216; il écrit à mademoiselle de Scudéry, s'excuse de n'avoir pas continué à lui écrire, lui envoie une épigramme latine sur le mariage du roi des Romains, ainsi qu'un madrigal, 219; il écrit à mademoiselle de Scudéry qu'il a reçu ses beaux vers sur l'agathe très-curieuse que M. Bétoulaud lui a envoyée, 221; le même à la même; la remercie des éloges qu'elle a fait de ses vers, 221; il écrit à Fabricius, 221; il envoie une lettre en italien, qu'on suppose adressée au cardinal Davia, 223; il écrit à Bernstorf, et lui annonce qu'en faisant des recherches sur la généalogie de la maison de Brunswick, il a découvert l'extrait d'un contrat passé entre les ducs de Brunswick-Lunebourg, Guillaume et Magnus d'une part, et le duc Eric de Saxe-Engern et Westphalie d'autre part, relativement à une cession de territoire, 224 et 225; il écrit une lettre que l'on croit probablement adressée à M. Hertel, bibliothécaire à Wolfenbuttel, et lui demande la copie du ban impérial: *Quia Moguntiacum Torquatum*, 226; M. du Héron lui communique les lettres de Bossuet; politique de Leibniz, qui veut annuler M. de Meaux ou du moins lui faire adjoindre un magistrat gallican; réponse de Bossuet; exposés et narration de Leibniz, récapitulation de ce qui s'est passé entre eux: ce qui est de foi et ce qui ne l'est pas, 227 et suiv.; il écrit au dos d'une lettre qu'il a reçue de l'abbé Guidi, qu'il n'a rien appris ni pour ni contre ce qu'il lui a demandé, 230; il écrit à Antoine Ulrich que l'abbé de Lockum lui a demandé une pièce curieuse pour la déposer aux archives; réponse qui a été faite, 231; il répond à Bossuet en le remerciant d'avoir renoué sa correspondance avec lui; il espère que, si le roi, l'empereur et le pape, qui tous semblent bien disposés à faire cesser le schisme, veulent sérieusement s'entendre, son projet réussira facilement, 234 à 236; il écrit à l'électrice de Brunswick pour l'informer que l'Académie royale des sciences aura deux sortes de membres, les uns rétribués, les autres honoraires; il espère faire partie de ces derniers et la prie d'en faire parler à M. de Pontchartrain, 240; il écrit à M. du Héron et lui annonce qu'il a été nommé membre honoraire et libre de l'Académie royale des sciences ; il regrette que les absents ne soient pas rétribués comme du temps de Colbert, 240 ; il communique à l'abbé de Lockum la lettre que M. du Héron lui a écrite, où il lui fait part des sentiments de Bossuet sur la reprise de leur correspondance; il ajoute, en transcrivant la réponse de M. du Héron, qu'il est ravi de voir que Bossuet est prêt à reprendre la communication, 242 ; il écrit au prince George-Ludwig, duc de Brunswick-Lunebourg, lui demande son assentiment pour continuer la correspondance relative à la réunion, et termine en disant qu'il est charitable de faire tous ses efforts pour faire réussir un projet réalisable, 243 à 246; il envoie une épigramme latine à mademoiselle de Scudéry, qui lui annonçait la mort de son perroquet favori, en ajoutant que cet oiseau, par son esprit, suffisait seul à détruire les automates de Descartes, 247 et 248; il dit à M. du Héron qu'avant de reprendre la négociation avec M. de Meaux, il est indispensable qu'il en ait l'autorisation de sa cour; il lui témoigne toute sa satisfaction d'être membre de l'Académie sans être guidé par des intérêts mercenaires, 249 à 251 ; il expose à l'électeur de Hanovre les négociations entamées pour la reprise du projet de réunion ; il fait valoir les raisons pour et contre qui justifient ou s'opposent à cette reprise et conclut en la demandant vivement, 251 ; il fait valoir à Bossuet toutes les raisons qui s'opposent à la reprise immédiate des négociations; cependant il ne doute pas qu'elle n'ait lieu bientôt ; en attendant il engage avec lui une controverse subtile sur la doctrine des deux volontés en Jésus-Christ, 254; il s'excuse auprès de lui de ne lui avoir pas communiqué plus tôt ses réflexions sur la paix de l'Église; les divisions causées par le quatrième article de la paix de Riswick ont réveillé les jalousies de parti; pour lever le schisme il faut, à son avis, que l'Église suspende à l'égard des opposants la réception d'un certain concile qui passe pour œcuménique à Rome et ailleurs, 263 à 268 ; il écrit à Bossuet, récapitule tout ce qu'il lui a déjà mandé dans ses lettres précédentes, proteste contre la difficulté mise en avant par Bossuet, que l'intention des réformés était de prétendre que pour la réunion il fallait que ceux qui ont reconnu le concile de Trente y renonçassent ; il faudrait au contraire que les catholiques n'exigeassent point des protestants l'obligation de le reconnaître, 268 à 273 ; il écrit à M. du Héron, lui parle d'un jeune homme médecin, mathématicien et dessinateur, qu'il recommande pour aller à Constantinople, 273 ; il marque à Bossuet toute l'estime que le duc Antoine Ulrich a pour lui et lui envoie un livre composé sur la foi; il demande à Bossuet son avis et ses réflexions sur cet ouvrage, et l'assure que le duc en fera autant de cas que s'ils venaient de Rome même, 274 à 277 ; il répond aux diverses lettres de Bossuet, regrette de ne pouvoir lui donner cause gagnée sans blesser sa conscience ; il continuera d'entrer dans le détail avec toute la sincérité, l'application et la docilité possibles ; mais, en cas qu'ils ne puissent s'accorder sur cet article, il faudra ou renoncer aux pensées iréniques là-dessus, ou recourir à la voie de l'exemple qu'il a alléguée autrefois, 306 à 308; il envoie à Antoine Ulrich les brouillons de deux lettres pour l'évêque de Meaux ; il y joint le papier nécessaire à la copie, 309; il donne ses instructions pour le copiste de la première lettre à expédier peu après le 14 mai, qu'il lui a donné pour date; traduction de la pièce allemande, 310 à 313 ; il répond aux deux belles lettres de Bossuet qu'il a communiquées au duc Antoine

Ulrich qui l'en remercie; il trouve fort bon qu'il ait choisi une controverse particulière agitée entre les tridentins et les protestants; il refuse à l'Église la faculté de changer en article de foi ce qui passait pour philosophique ou problématique auparavant; il examine la question des livres de la Bible; l'Église grecque l'emportait, à son avis sur les Pères latins, etc., 314 à 340; il répond à Bossuet et examine avec lui les livres de l'Ancien et du Nouveau Testament; ses réflexions et critiques sur ces ouvrages, 340 et suiv.; il l'entretient sur le même sujet, 371 et suiv.; 377; il le prie de l'éclairer de ses lumières au sujet de la négociation, 378 et suiv.; il écrit à Bossuet et engage avec lui une nouvelle controverse sur les conciles qui doivent être œcuméniques ou non, 393 et suiv.; il s'excuse auprès de Bossuet de n'avoir pu répondre plus tôt à ses lettres; son séjour à Berlin s'est prolongé; il lui envoie donc maintenant ses observations, où il répond aux deux lettres faites pour prouver que les décisions de Trente sur le canon de l'Écriture sont insoutenables, 428.

Louis XIV, 201 et suiv.

M

Macédoniens, 298.
Machabées, 266, 283 et suiv.; 322 et suiv., 349 et suiv.; 355 et suiv., 363 et suiv., 409 et suiv., 440 et suiv.
Madebourg, 237.
Madrigal composé par Leibniz et envoyé à mademoiselle de Scudéry sur la gloire du roi. Appendice, 510.
Magnus, duc de Brunswick-Lunebourg. Son contrat avec Éric de Saxe-Engern et Westphalie, 224.
Maimonide, 345.
Malachie, 343.
Malebranche, 68, 71 et suiv.
Manassès, 411. Sa prière, 432.
Marca (de). Ses services à l'Église et à l'État, 208.

Marc-Aurèle, 345.
Mariage (Sacrement du), Nom que lui donne l'Apôtre, 183.
Maronites réconciliés avec l'Église romaine, 265.
Marran. Ce que c'est, 2.
Marseille, 327.
Mathieu (Saint), 366.
Mathilde, 167.
Maubuisson (abbesse de). Ses prières à Dieu pour la conversion de sa sœur, 26, 27 et suiv., 36, 72 et suiv., 84 et suiv., 106 et suiv., 139 et suiv., 205 et suiv., 214 et suiv., 319 et suiv.
Maximilien, duc de Brunswick-Lunebourg. Écrit à l'électrice de Brandebourg, dément le bruit qu'on a fait courir sur sa conversion au catholicisme, et lui donne quelques détails sur la marche de l'armée, 110 à 112.
Mayence, 85.
Mèdes, 343.
Méliton (Saint), évêque de Sardes, 338, 344 et suiv., 397.
Messe. Controverse à ce sujet, 180 et suiv.
Méthodes de réunion (Des). Moyens proposés pour lever le grand schisme d'Occident, 1 à 21.
Miron, président. Sa démarche en faveur du tiers état en 1614, 381.
Miscellanea bohemica, 67.
Modène, 167, 220.
Moïse. Ses livres, 283, 342 et suiv., 344 et suiv., 413 et suiv., 435 et suiv.
Molanus, 66; il écrit à l'évêque de Neustadt et l'entretient de l'écrit intitulé: *Concordia christiana*, 77; il écrit à Leibniz et l'engage à venir le trouver pour lui montrer les papiers concernant l'évêque de Tina; il répond à Leibniz et lui envoie ses pensées sur l'abbé Calixte, 124; le même au même sur le même sujet, 132; ce qu'il a dit au major Derseville, 230, 255, 379 et suiv.
Montanistes ou Cataphrygiens, 299.
Moravie, 267.
Morton (De), 339.
Muhlberg, 168.

N

Nazianze, 343, 399 et suiv.
Négociation Antoine Ulrich par Leibniz (Voir la lettre LXXIX, 198), 227 et suiv.
Négociations (Reprise des) avec M. de Meaux, 23 et suiv.
Néhémie, 344, 354, 408 et suiv.
Nestoriens, 298.
Neustadt (Évêque de), 1, 29, 50 à 64; il écrit à Leibniz et l'entretien du *Jugement d'un docteur catholique*, 76, 77; mort de l'évêque de Neustadt, 79 et suiv., 253 et suiv.
Nicée (Concile de), tenu pour le culte des images, 38, 289, 327 et suiv., 349 et suiv., 387 et suiv.
Nicolas de Lyre, commentateur de la sainte Écriture, 365.
Nihms, 224.
Ninive. Prophétie de sa chute, 423.
Nombres, 402.
Nord, 25.
Normandie, 71.
Nouvelle phase de la question et grande activité déployée par les négociateurs allemands, 127 et suiv.; nouvelle exposition des principes de l'Église catholique par Bossuet et application de ces principes à la question des livres canoniques, 278 et suiv.
Nouvelles de la république des lettres, 68.
Novatiens ou cathares, 298.

O

Occident, 1, 38; du schisme, 169, 283 et suiv., 285 et suiv., 305 et suiv., 326 et suiv., 337 et suiv., 360 et suiv., 387 et suiv., 422 et suiv., 442 et suiv.
Onésimus, 299.
Optat (Saint), 422.
Oraison dominicale, 298 et suiv.
Orange, 407.
Orient, 349 et suiv., 387 et suiv.
Orientaux, 265.
Origène, 285, 286 et suiv., 327 et suiv., 343, 344 et suiv., 402 et suiv. 433.
Ordre (Sacrement de l'), conservé religieusement dans les Églises protestantes, 183.
Osnabrug (Évêque d'), 169.
Ossenbourg (Comtes d'), 226.
Ostorboch, 226.
Ottonemwingi, 226.

P

Palatine (Maison), 217.
Pallavicini, cardinal. Dit que les décisions du concile de Trente n'ont pas été acceptées en France, 43.
Paolo (Fra). Ce qu'il a publié dans les archives de Venise, 270.
Pape, 1 et suiv., 17 et suiv., propositions qui le concernent, 54, 167, 171 et suiv.; doit-il prendre part aux décisions, 276 et suiv., 317 et suiv.; sa primauté, 386 et suiv.
Paraboles (les), livre canonique de Salomon, 342.
Paradis. Sa définition, 106.
Paralipomènes (livre des), 409.
Paris, 26, 220, 240 et suiv.
Passau (Transaction de), 173.
Pasteur (Livre du), 327 et suiv., 346 et suiv., 404 et suiv., 436 et suiv., 445 et suiv.
Paul (Saint), 11, 214; son avis sur les bonnes œuvres, 228; ses épitres, 283, 329, 396 et suiv., 403 et suiv., 435 et suiv.
Paulianistes, 298.
Paulin, 354.
Pays-Bas, 326.
Pélage, 438.
Pélagiens. Passage du livre de la Sagesse cité contre eux par saint Augustin, 284, 407 et suiv., 439 et suiv.
Pellisson, 28, 37, 69 et suiv., 199 et suiv., 205 et suiv., 238 et suiv., 251 et suiv., 381 et suiv., 389 et suiv.
Pentateuque, 283, 321 et suiv.
Perron (Du), cardinal. Son influence sur le clergé de France, 40; ses écrits sur les décisions du pape avec ou sans concile, 280; son sentiment sur l'analyse de la foi, 316; sa harangue après la mort de Henri IV, 316, 317.

PERSES, 343.
PETAU, jésuite. Accusé d'avoir attribué aux Pères de la primitive Église des erreurs sur la Trinité, 316.
PÉTROBUSIENS, 363.
PHILIPPE IV, 101.
PHRYGIE, 290, 346.
PIE IV, pape. Sa profession de foi, 40; rejetée par les protestants, 258.
PIÉMONT, 229.
PIERRE (Saint). Sa lettre aux Hébreux, 281; jugement, 355.
PIERRE le Vénérable, abbé de Cluny.
PITHOU, 208.
PLATEN (baron de), 225.
PLUTON, dieu de l'Enfer païen, 77.
POIDS ET MESURES (livre des), 362 et suiv., 400 et suiv.
PONTCHARTRAIN (De), 240.
PRÉDESTINATION DES SAINTS, ouvrage de saint Augustin, 359.
PRÉFACE SUR TOBIE, écrit de Nicolas de Lyre, 365.
PROJET de Leibniz (au nom de l'abbé Lockum) pour faciliter la réunion des protestants avec les romains catholiques, 168 et suiv.; première décade, 180; deuxième décade, 182; troisième décade, 185.
PROLOGUS GALEATUS de saint Jérôme, 338, 343 et suiv., 354 et suiv., 360 et suiv., 366 et suiv.
PROVERBES (les), livre de Salomon, 357 et suiv., 414 et suiv.
PRUSSE, 428.
PSEUDO-CATHOLIQUE. Écrit de Leibniz sous le faux titre : Jugement d'un docteur catholique sur le projet de réunion avec certains théologiens protestants, 50, lettre XI.
PURGATOIRE. Opinion de Leibniz sur ce dogme, 77.
PUYS (Du), 208.

Q

QUARTODÉCIMANS, hérétiques, préférant célébrer la Pâque avec les juifs plutôt qu'avec les chrétiens, 299.
QUIA MOGUNTIACUM TORQUATUM, ban impérial; à quoi il sert, 226.
QUIÉTISME. Disputes à ce sujet, 214; opinion de l'électrice de Brunswick sur les Quiétistes, 229.

R

RABAN MAUR, 360.
RADULPHUS FLAVIACENSIS, bénédictin du Xe siècle; ce qu'il dit au commencement de son livre XIV sur le Lévitique, 362 et suiv.
RAGOTZI, prince, 119.
RAINOLD, théologien, 322.
RAPS (baron de), 168.
RATISBONNE. Colloque entre Hunnius et Banner, 277.
RECHERCHE de la vérité, 69.
RÉFLEXIONS. Ouvrage de Pellisson, 44.
REIMARUS, 378.
REINFELS, 119.
RÉPLIQUE à M. Catelan. Écrit de Leibniz, 68.
RÉUNION des protestants. Projets mis en avant pour la faire réussir, 1 à 21; écrit de Leibniz sous le faux titre : Jugement d'un docteur catholique sur le projet de réunion avec certains théologiens protestants, 50, lettre XII, 168 et suiv.
RIGAUT, 208.
RISWICK (Paix de). Divisions que le quatrième article fait naître dans l'empire, 255, 262.
ROMAINS (Roi des). Son mariage avec la princesse de Brunswick, 219, 220 et suiv., 227 et suiv., 325..
ROME, 19, 35, 36, 65 et suiv., 80 et suiv., 91 et suiv., 208 et suiv., 220 et suiv.; rejette le projet de Leibniz, 230, 243, 253 et suiv., 307 et suiv., 346 et suiv., 420 et suiv., 447 et suiv.
RUFIN, 338, 355 et suiv., 439, 440 et suiv.
RUPERT, abbé de Tuits. Ce qu'il pense du livre de la Sagesse, 363.
RUTH, 344.

S

SABELLIENS, 298.
SACRAMENTAIRES, hérétiques, 299.

SAGESSE (Livre de la), 283 et suiv., 322 et suiv., 354 et suiv., 398 et suiv., 406 et suiv., 436 et suiv., 443 et suiv.
SALAMINE, 348.
SALISBURY (Évêque de), 273.
SALOMON. Autorité de ses livres, 285 et suiv., 342 et suiv., 354 et suiv.; sa sagesse, 400 et suiv.
SALZDAHLEM, 273.
SAMUEL, 344.
SARDES, 338.
SAXE, 6, 224. Retour à l'Église de l'électeur de Saxe.
SAXE-LAUENBOURG, 224; sa conversion, Introduction.
SCHMIDT, 109, 113 à 115, 115 à 117, 119, 121 à 124, 125, 129 à 131, 140, 141, 143, 145, 147, 153, 156, 158, 161, 162, 163, 164 à 167, 189, 192, 198, 202 à 204, 211.
SCHISME. Ses résultats, 1 et suiv.; moyens de le faire cesser, 90 et suiv., 218; malheurs qu'il cause à l'Église, 233 et suiv., 305 et suiv.
SCUDÉRY (Mademoiselle de), 26, 97 ; reçoit une lettre de Leibniz, 219; estime particulière de Leibniz pour elle, 220, 221; elle lui écrit que, quoiqu'elle ait mal à un œil, elle a lu avec plaisir son obligeante lettre, 221 ; elle répond en vers à son épigramme sur la mort de son perroquet, 248 ; ses vers à Leibniz à propos de l'éloge de Louis XIV en vers français par ce philosophe, Appendice, p. 497.
SECRETIO. Ouvrage, 278.
SEDER-OLAM, chronique des Juifs, 343.
SÉLEUCUS, 347, 399.
SEMECA (Jean), dit le Teutonique. Traite d'apocryphes les livres de la Sagesse, de Jésus, fils de Sirach, de Judith, de Tobie et des Machabées, 365.
SÉRAPION, 407.
SIRACH, 354 et suiv.; sa sagesse, 400 et suiv., 441 et suiv.
SOMME de théologie, ouvrage d'Antonin, archevêque de Florence, 365.
SOPHIE, électrice de Brunswick. Répond aux instances de madame de Brinon pour la convertir et les repousse tout en la raillant sur ce sujet, 108 à 109; nouvelle lettre de la même à la même : elle la remercie de la joie que lui cause le mariage de sa fille avec le roi des Romains ; puis, abordant la question religieuse, elle fait un tableau déplorable des crimes commis au nom de la religion catholique par certains fanatiques, des persécutions de toute espèce qu'endurent les protestants, et conclut en persistant plus que jamais à rester dans sa religion, 227 à 229.
SORBONNE, 276, 387 et suiv.
STRABUS, auteur de la *Glose ordinaire*, 362, 364.
STRIGONIE, 7.
SUÈDE, 92.
SUZANNE. Son histoire, 286.
SYMBOLE DES APÔTRES, 297.
SYMBOLE DE NICÉE, 297.
SYNOPSE, écrit de saint Athanase, 356 et suiv., 400 et suiv.
SYSTEMA THEOLOGICUM. Ses rapports avec le *Judicium doctoris catholici*, 50 et Introduction.

T

TANNER, jésuite. Son colloque avec le protestant Hunnius à Ratisbonne, 277.
TÉMOIGNAGES (Livre des), 285.
TERTULLIEN, 291, 344, 421.
TESTAMENT (Ancien), 261 et suiv., 322 et suiv., 352 et suiv., 362 et suiv., 397 et suiv., 433 et suiv.
TESTAMENT (Nouveau), 428 et suiv., 433 et suiv.
TESTATUS, 430.
THEOLOGICUM SYSTEMA. Ses rapports avec le *Judicium doctoris catholici*, 50, et Introduction *passim*.
THEVENOT, 69.
THOMAS (Saint). Croit apocryphes les livres de la Sagesse, l'Ecclésiastique, Judith, Tobie et les Machabées, 366.
THOMISTES, 429.
THOU (DE), 208.
TIMOTHÉE, 14.
TINA (Évêché de), 1, 8 et suiv., 19

et suiv., 29 et suiv., 99, 205 et suiv., 243 et suiv., 251 et suiv.
TOBIE, 266; son chien, 277, 322, 354 et suiv., 362, 399 et suiv., 423 et suiv., 435 et suiv.
TORCY DE), marquis, 232, 235 et suiv., 252 et suiv., 314.
TOSTATUS (Alphonse), 332, 353 ; son écrit intitulé *Defensorium*, 366.
TOULOUSE, 283, 323, 350.
TRENTE (Concile de), 6 et suiv., 9 et suiv., 33 et suiv., 37 et suiv., 67, 180 et suiv., 265 et suiv., 273 et suiv., 286, 288 et suiv., 291 et suiv., 307 et suiv., 315 et suiv., 322 et suiv., 387 et suiv., 428 et suiv., 431 et suiv., 447 et suiv.
TRIDENTINS, 436.
TRINITÉ. 316.
TUITS, 363.

U

ULRICH (Antoine), duc, 109 ; négociation, 198 ; il écrit au roi Louis XIV et lui demande l'honneur de correspondre avec lui au sujet de la négociation de religion déjà entamée par Leibniz et dont il lui envoie le projet, 201, 227 et suiv.; il écrit à Leibniz, l'informe qu'il a reçu le cartel de l'évêque de Meaux, et manifeste toute sa joie si, par cette correspondance, la réunion pouvait se faire, 237, 249 et suiv.; réponses de Leibniz à Bossuet concertées avec le duc en 125 points, 309 et suiv., 314 et suiv.; il est édifié du zèle de Bossuet, 393 et suiv.; pièces pour servir à l'histoire de son retour à l'Église, 469 et suiv. ; Introduction, *passim*.
ULTRAMONTAINS. Voyez l'Introduction.

V

VALENTIA, 276.
VARGAS, conseiller de l'Ambassade espagnole à Trente, 270.
VASQUEZ, 186.
VENISE, 270.

VERS contre Marcion. Ouvrage de Tertullien, 345.
VERSAILLES, 293.
VETE, archiviste. 225.
VICTOR (Hugues de SAINT-), 363.
VIENNE, 101, 214.
VIERGE (Sainte) 3, 17 et suiv. Son immaculation, 317 et suiv.
VINCENT DE LÉRINS, auteur du livre intitulé *Commonitorium*, 300 ; sa règle du *semper et ubique*, 319.
VIRGILE. Cité, 325.
VLOSTORFF (René) écrit à Leibniz et lui annonce qu'ils ont un nouvel évêque à Neustadt, 99; le même au même, 378.
VOIES au nombre de trois proposées par Leibniz pour la réunion pacifique : l'*exposition*, la *déférence*, l'*abstraction* ou *suspension*, 3, 264 et suiv.
VULGATE (La), 305, 441, 444 et suiv.

W

WAGNER, 113, 161 et suiv.
WALENBURCH, 85.
WESTPHALIE, 6, 173, 224.
WICLEF (Jean), 388.
WIKNSTEN, 224.
WITTEMBERG, 237.
WOLFENBUTTEL, 108, 204; rôle officieux du ministre français du Héron qui sert d'intermédiaire entre le duc et la cour de France, 227 et suiv., 231 et suiv., 236 et suiv., 248, 249 et suiv., 306, 379.
WALES (princesse de Galles). Lettre de Leibniz, 491 à 496.

X

XIMÉNÈS, cardinal, auteur de la préface de la Bible dédiée à Léon X, 367.

Z

ZELL, 225; ses archives.
ZOROBABEL, 344, 445.

ERRATA DU TOME II.

Page 118, à la date : 7, au lieu de 2.
— 126, après la note (1), lisez : *Madame de Brinon Ob. Han. Dut.*, t. V, p. 559.
— 136, 4me ligne, à la note, après le 8me mot, supprimez les point et virgule.
— 188, 7me ligne, 7me mot, 4me lettre, *P*, au lieu de *b*.
— 223 et 450, *Davia,* lisez : *Doria.*
— 228, au lieu de 28, lisez : 228.
— 232, dernière ligne, à la note : LXXXII, au lieu de LXXII.
— 252, 19me ligne, 3me mot : *prince,* au lieu de *princc.*
— 254, Cette lettre doit porter le n° CXXVI, au lieu de CIX.
— 276, 7me ligne, 7me mot : *n'admet,* au lieu de *admet.*
— 334, 4me avant-dernière ligne, 7me mot : *autre édition* en deux mots au lieu d'un seul.
— 404, 20me ligne : 15, au lieu de 55.
— 426, 10me ligne, 7me mot : *éclat,* au lieu de *estat.*
— 431, 13me ligne, 8me mot : *autrefois,* au lieu de *autrement.*
— 431, dernière ligne, 6me mot : *Cursa,* au lieu de *Cara.*
— 489, CL, au lieu de CXL.

TABLE DES MATIÈRES

DEUXIÈME VOLUME

INTRODUCTION. . . . . I à XLVIII

Le signe A veut dire que la lettre est inédite, et le signe B qu'elle est revue ou complétée d'après l'original autographe de la bibliothèque royale de Hanovre.

NUMÉROS D'ORDRE.		DÉSIGNATION DES LETTRES.		DATES.	Numéros des pages.
Suite de la série du 1er vol.	Série du 2e volume.				
CXXXII	I	A	Des Méthodes de Réunion....		1
CXXXIII	II	A	Madame de Brinon à Leibniz.	11 février 1694.	23
CXXXIV	III	A	La même au même.........		27
CXXXV	IV	A	La même au même.........	14 avril 1694.	28
CXXXVI	V	A	Leibniz à madame la duchesse douairière de Hanovre.....	30 may 1694.	28
CXXXVII	VI	A	Leibniz à madame de Brinon.	30 may 1694.	30
CXXXVIII	VII	A	Leibniz à madame la duchesse de Brunswick........ ...	2 juillet 1694.	37
CXXXIX	VIII	A	Leibniz à madame de Brinon.	2/12 juill. 1694.	43
CXL	IX	A	Leibniz à M. l'évêque de Meaux.	3 juillet 1694.	44
CXLI	X	A	Leibnizius ad episcopum Neostadiensem............	5 julii 1694.	46
CXLII	XI	A	Judicium doctoris catholici de tractatu reunionis cum quibusdam theologis protestantibus nuper habito........		50
CXLIII	XII	B	Leibniz à Bossuet..........	12 juillet 1694.	65
CXLIV	XIII	B	Madame de Brinon à Bossuet.	18 juillet 1694.	71
CXLV	XIV	A	Bossuet à Leibniz..........	12 aoust 1694.	74
CXLVI	XV	A	Christophorus ad Leibnizium.	17/22 nov. 1694.	76
CXLVII	XVI	A	Leibniz à madame la duchesse de Hanovre.............	6 décemb. 1694.	77

NUMÉROS D'ORDRE.		DÉSIGNATION DES LETTRES.	DATES.	Numéros des pages.
Suite de la série du 1er vol.	Série du 2e volume.			
CXLVIII	XVII	A Molanus ad episcopum Neostadiensem..............	28 déc. 1694.	77
CXLIX	XVIII	A Réponse à celuy qui me communiqua la lettre de M***, donnée à Rome..........	5 février 1695.	79
CL	XIX	A Leibniz à madame de Brinon.	18/28 févr. 1695.	81
CLI	XX	A Madame de Brinon à Leibniz.	23 mars 1695.	89
CLII	XXI	A Leibniz à madame de Brinon.	18 avril 1695.	90
CLIII	XXII	B Madame de Brinon à Bossuet.	25 juin 1695.	96
CLIV	XXIII	A Reinerus Wlostorff Leibnizio, S. D.................	17 octobr. 1695.	98
CLV	XXIV	A Molanus à Leibniz.........		99
CLVI	XXV	A Epicedium reverendissimo et illustrissimo domino Christophoro Neostadiensi in Austria episcopo, de pia ecclesia merito, scriptum A. G. G. L.		100
CLVII	XXVI	A Madame de Brinon à madame la duchesse de Hanovre, Sophie, électrice de Brunswick................	22 février 1697.	103
CLVIII	XXVII	A La même à la même........	2 juillet 1697.	105
CLIX	XXVIII	A Madame la duchesse de Hanovre, Sophie, électrice de Brunswick, à madame de Brinon................		108
CLX	XXIX	B Leibnizius Schmidio. S. D...	17 augusti 1697.	109
CLXI	XXX	A Maximilien, duc de Brunswick-Lunebourg, à l'électrice de Brandebourg......	5 sept. 1697.	110
CLXII	XXXI	B Leibnizius Schmidio. S. D...	10 sept. 1697.	113
CLXIII	XXXII	B Le même au même. S. D.....	5 oct. 1697.	115
CLXIV	XXXIII	A Christian, duc de Brunswick-Lunebourg, à l'électrice Sophie.	2/12 oct. 1697.	118
CLXV	XXXIV	B Leibnizius Schmidio. S. D...	11 nov. 1697.	119
CLXVI	XXXV	B Le même au même. S. D....	26 nov. 1697.	121
CLXVII	XXXVI	A Leibnizius Molano. S. D.....	10 déc. 1697.	124
CLXVIII	XXXVII	A Molanus Leibnizio.	21 déc. 1697.	124

TABLE DES MATIÈRES.

NUMÉROS D'ORDRE.			DÉSIGNATION DES LETTRES.	DATES.	Numéros des pages.
Suite de la série du 1er vol.	Série du 2e volume.				
CLXIX	XXXVIII	B	Leibnizius ad Fabricium theologum Helmestadiensem...	21 déc. 1697.	125
CLXX	XXXIX	B	Leibnizius Schmidio. S. D....	28 déc. 1697.	125
CLXXI	XL	A	Leibniz à monseigneur le duc Antoine-Ulrich, duc de Brunswick-Lunebourg.........		127
CLXXII	XLI	B	Leibnizius ad Fabricium, theologum Helmestadiensem...	10 januarii 1698.	128
CLXXIII	XLII	B	Leibnizius Schmidio. S. D...	17 januarii 1698.	129
CLXXIV	XLIII	B	Leibnizius ad Fabricium, theologum Helmestadiensem...	1 febr. 1698.	131
CLXXV	XLIV	A	Molanus Leibnizio. S. D.....		132
CLXXVI	XLV	A	Leibnizius Molano..........		132
CLXXVII	XLVI	B	Leibnizius ad Fabricium, theologum Helmestadiensem...	15 febr. 1698.	133
CLXXVIII	XLVII	B	Idem ad eumdem..........	15 febr. 1698.	134
CLXXIX	XLVIII	B	Idem ad eumdem..........	22 febr. 1698.	135
CLXXX	XLIX	A	Madame de Brinon à madame la duchesse de Hanovre, Sophie, électrice de Brunswick.	22 febr. 1698.	137
CLXXXI	L	B	Leibnizius Schmidio. S. D...	25 febr. 1698.	140
CLXXXII	LI	B	Idem ad eumdem..........	15 mart. 1698.	141
CLXXXIII	LII	B	Idem ad eumdem..........	24 mart. 1698.	143
CLXXXIV	LIII	B	Leibnizius ad Fabricium, theologum Helmestadiensem...	31 mart. 1698.	144
CLXXXV	LIV	B	Leibnizius Schmidio. S. D...	1 april. 1698.	145
CLXXXVI	LV	B	Leibnizius ad Fabricium, theologum Helmestadiensem...	April. 1698.	146
CLXXXVII	LVI	B	Leibnizius Schmidio. S. D...	14 april. 1698.	147
CLXXXVIII	LVII	A	Leibniz to Benedicta duchess of Brunswick-Luneburg...	8/18 april. 1698.	148
CLXXXIX	LVIII	B	Leibnizius ad Fabricium, theologum Helmestadiensem...	19 april. 1698.	151
CXC	LIX	B	Idem ad eumdem..........	22 april. 1698.	152
CXCI	LX	B	Leibnizius Schmidio. S. D...	22 april. 1698.	153
CXCII	LXI	B	Leibnizius ad Fabricium, theologum Helmestadiensem...	9 maii 1698.	154
CXCIII	LXII	B	Leibnizius Schmidio. S. D...	13 maii 1698.	156
CXCIV	LXIII	B	Idem ad eumdem..........	24 maii 1698.	158

TABLE DES MATIÈRES.

NUMÉROS D'ORDRE.		DÉSIGNATION DES LETTRES.	DATES.	Numéros des pages.
Suite de la série du 1er vol.	Série du 2e volume.			
CXCV	LXIV	A Bénédicte, duchesse de Brunswick-Lunebourg, à Leibniz.	29 may 1698.	160
CXCVI	LXV	B Leibnizius Schmidio. S. D...	7 junii 1698.	161
CXCVII	LXVI	B Idem ad eumdem..........	7 junii 1698.	162
CXCVIII	LXVII	B Idem ad eumdem..........	24 junii 1698.	163
CXCIX	LXVIII	B Idem ad eumdem..........	4 julii 1698.	164
CC	LXIX	B Idem ad eumdem..........	3 aug. 1698.	164
CCI	LXX	A Bénédicte, duchesse de Brunswick-Lunebourg, à Leibniz.	13 aoust 1698	167
CCII	LXXI	A Projet de Leibniz (au nom de l'abbé de Lockum) pour faciliter la réunion des protestants avec les catholiques romains................	27 aoust 1698.	168
CCIII	LXXII	B Leibnizius Schmidio. S. D...	20 sept. 1698.	189
CCIV	LXXIII	B Leibnizius ad Fabricium, theologum Helmestadiensem...	20 sept. 1698.	191
CCV	LXXIV	B Leibnizius Schmidio. S. D...	27 sept. 1698.	192
CCVI	LXXV	A Leibniz à Bossuet..........	6/16 oct. 1698.	193
CCVII	LXXVI	B Leibnizius ad Fabricium, theologum Helmestadiensem...	14 octobre 1698.	195
CCVIII	LXXVII	B Idem ad eumdem..........	21 octobre 1698.	197
CCIX	LXXVIII	B Idem ad eumdem..........	5 nov. 1698.	198
CCX	LXXIX	A Négociation Antoine-Ulrich..	8 nov. 1698.	198
CCXI	LXXX	B Le duc Antoine-Ulrich au roy Louis XIV...............		201
CCXII	LXXXI	B Leibnizius Schmidio. S. D...	9 nov. 1698.	202
CCXIII	LXXXII	A Leibniz à Son Altesse Sérénissime le duc Antoine-Ulrich, duc de Brunswick et Lunebourg.................	7/17 nov. 1698.	204
CCXIV	LXXXIII	B Leibnizius Schmidio. S. D...	8 déc. 1698.	211
CCXV	LXXXIV	A Leibniz au duc Antoine-Ulrich....................	8 déc. 1698.	212
CCXVI	LXXXV	A Madame de Brinon à madame la duchesse de Hanovre, Sophie, électrice de Brunswick...................	18 déc. 1698.	212
CCXVII	LXXXVI	A Leibniz à madame de Brinon.	23 déc. 169.	216

TABLE DES MATIÈRES.

NUMÉROS D'ORDRE.			DÉSIGNATION DES LETTRES.	DATES.	Numéros des pages.
Suite de la série du 1er vol.	Série du 2e volume.				
CCXVIII	LXXXVII	A	Leibniz à mademoiselle de Scudéry............	26 déc. 1698.	219
CCXIX	LXXXVIII	A	Madame de Brinon à Leibniz.		220
CCXX	LXXXIX	B	Leibnizius ad Fabricium, theologum Helmestadiensem...	27 déc. 1698.	221
CCXXI	XC	A	*** à Leibniz............	27 déc. 1698.	223
CCXXII	XCI	A	Leibniz à ***............		224
CCXXIII	XCII	A	Leibniz à ***............	23 déc. 1698.	226
CCXXIV	XCIII	A	Madame l'électrice de Brunswick à madame de Brinon.	2 janvier 1699.	227
CCXXV	XCIV	A	L'abbé Guidi à Leibniz......		230
CCXXVI	XCV	B	Leibniz an den Herzog Anton Ulrich............	10 januar. 1699.	231
CCXXVII	XCVI	A	Bossuet à Leibniz..........	11 januar. 1699.	232
CCXXVIII	XCVII		Leibniz à Bossuet..........		234
CCXXIX	XCVIII	B	Anton Ulrich an den Leibniz.	25 januar. 1699.	236
CCXXX	XCIX	A	M. du Héron à Leibniz......	29 janvier 1699.	237
CCXXXI	C	A	Leibniz à madame l'électrice de Brunswick............	20 févr. 1699.	239
CCXXXII	CI	A	Leibniz à M. du Héron......	21 févr. 1699.	240
CCXXXIII	CII	A	Leibniz à l'abbé de Lockum..	24 févr. 1699.	242
CCXXXIV	CIII	B	Leibniz an den Herzog Georg. Ludwigen............	28 febr. 1699.	243
CCXXXV	CIV	A	L'abbé de Lockum à Leibniz.		247
CCXXXVI	CV	A	Leibniz à mademoiselle de Scudéry............		247
CCXXXVII	CVI	A	M. du Héron à Leibniz......	11 mars 1699.	248
CCXXXVIII	CVII	A	Leibniz à M. du Héron......	14/24 mars 1699.	249
CCXXXIX	CVIII	A	Leibniz à S. A. E. de Hanovre.	Mars 1699.	251
CCXL	CIX	A	Leibniz à Bossuet..........		254
CCXLI	CX	A	Leibniz à M. l'évêque de Meaux.		262
CCXLII	CXI	A	Leibniz à Bossuet..........	8 may 1699.	268
CCXLIII	CXII	B	Leibniz à M. du Héron......	9/19 juin 1699.	273
CCXLIV	CXIII	B	Leibniz à Bossuet..........	11 déc. 1699.	274
CCXLV	CXIV	B	Bossuet à Leibniz..........	9 janvier 1700.	278
CCXLVI	CXV	B	Le même au même.........	30 janvier 1700.	293
CCXLVII	CXVI	B	Leibniz à Bossuet..........	30 avril 1700.	306

TABLE DES MATIÈRES.

NUMÉROS D'ORDRE.			DÉSIGNATION DES LETTRES.	DATES.	Numéros des pages
Suite de la série du 1er vol.	Série du 2e volume.				
CCXLVIII	CXVII	B	Leibniz à Antoine-Ulrich....	4 mai 1700.	309
CCXLIX	CXVIII	B	Concept oder Brouillon, etc..		310
CCL	CXIX	B	Leibniz à Bossuet...........	14 may 1700.	314
CCLI	CXX	B	Le même au même..........	24 may 1700.	340
CCLII	CXXI	B	Bossuet à Leibniz..........	1er juin 1700.	369
CCLIII	CXXII	B	Leibniz à Bossuet..........	3 sept. 1700.	371
CCLIV	CXXIII	A	Leibnizius Reinero Vlostorf. S. D...................	17 déc. 1700.	378
CCLV	CXXIV	B	Leibniz à Bossuet..........	21 juin 1701.	379
CCLVI	CXXV	B	Bossuet à Leibniz..........	12 aoust 1701.	382
CCLVII	CXXVI	A	Leibniz à Bossuet..........		393
CCLVIII	CXXVII	B	Bossuet à Leibniz..........	17 aoust 1701.	396
CCLIX	CXXVIII	B	Leibnizius ad Fabricium, theologum Helmestadiensem...	27 déc. 1701.	426
CCLX	CXXIX	A	Leibniz à Bossuet..........	5 févr. 1702.	428
CCLXI	CXXX	A	Observations sur l'écrit de M. de Meaux, etc.........		429
CCLXII	CXXXI	B	Leibniz für den cardinal Davia....................	1702	450
CCLXIII	CXXXII	B	Leibnizius ad Fabricium, theologum Helmestadiensem...	6 januar. 1706.	453
CCLXIV	CXXXIII	A	Leibnizius Molano.........	13 martii 1706.	455
CCLXV	CXXXIV	B	Molanus Leibnizio.........	13 nov. 1706.	455
CCLXVI	CXXXV	B	Clemens XI. S. P..........	2 julii 1707.	458
CCLXVII	CXXXVI	B	Leibnizius ad Fabricium, theologum Helmestadiensem...	4 sept. 1708.	460
CCLXVIII	CXXXVII	B	Idem ad eumdem...........	17 sept. 1708.	461
CCLXIX	CXXXVIII	B	Idem ad eumdem..........	22 sept. 1708.	462
CCLXX	CXXXIX	B	Leibniz an den Herzog Anton Ulrich.................	2 avril 1709.	464
CCLXXI	CXL	A	S. S. Clementi XI A. Ulrichus.	11 januar. 1710.	469
CCLXXII	CXLI	B	Instrumentum conversionis S. ducis Antonii Ulrici.......	1 april. 1710.	470
CCLXXIII	CXLII	B	A. Ulrichus SS. Clementi PP. XI	14 april. 1710.	477
CCLXXIV	CXLIII	B	A. Ulrichus SS. Clementi PP. XI	9 februar. 1711.	479
CCLXXV	CXLIV	B	Leibnizius ad Fabricium, theologum Helmestadiensem...	15 martii 1712.	480
CCLXXVI	CXLV	B	Idem ad eumdem..........	17 martii 1712.	481

NUMÉROS D'ORDRE.		DÉSIGNATION DES LETTRES.	DATES.	Numéros des pages.
Suite de la série du 1er vol.	Série du 2e volume.			
CCLXXVII	CXLVI	B Clementi PP. XI A. Ulrichus.	19 martii 1712.	483
CCLXXVIII	CXLVII	A Clemens PP. XI dilectæ in Chr. filiæ virgini Henriettæ Christinæ ducissæ Brunsvicensi et Luneburgensi.....	17 sept. 1712.	484
CCLXXIX	CXLVIII	B Angelus episcopus cardinali Paulucci................	21 sept. 1712.	486
CCLXXX	CXLIX	B Declaratio serenissimi ducis Augusti Guilielmi principis hæreditarii augustissime regnantis patris..........	3 februar. 1714.	488
CCLXXXI	CL	B Consensus serenissimi ducis Ludovici Rudolphi serenissimi ducis Antonii Ulrici filii secundo geniti........	3 februar. 1714.	489
CCLXXXII	CLI	B Clemens PP. XI serenissimo duci Antonio Ulrico.......	24 martii 1714.	489
CCLXXXIII	CLII	A Leibniz à la princesse de Galles.	Vers 1716.	491
		APPENDICE.		
11	1	A Explication sommaire de l'Apocalypse par Leibniz.....	Janvier 1677.	497
12	2	B Lettre en vers de Leibniz à mademoiselle de Scudéry..	«	507
«	«	B Épître en vers de M. de Bétoulaud à Mlle de Scudéry....	«	510
«	«	B Réponse de mademoiselle de Scudéry à M. de Bétoulaud.	«	511
13	3	A Dialogue entre un habile politique et un ecclésiastique d'une piété reconnue......	«	512
14	4	A Irenica cogitata de instauranda Ecclesiæ concordia, etc....	«	546
15	5	L.-Hollandine à l'él. Sophie..	«	559
16	6	La même à la même........	14 déc. 1707.	561
17	7	La même à la même.......	8 mars 1708.	563
«	«	Index des tomes I et II.....	«	565

FIN DE LA TABLE.

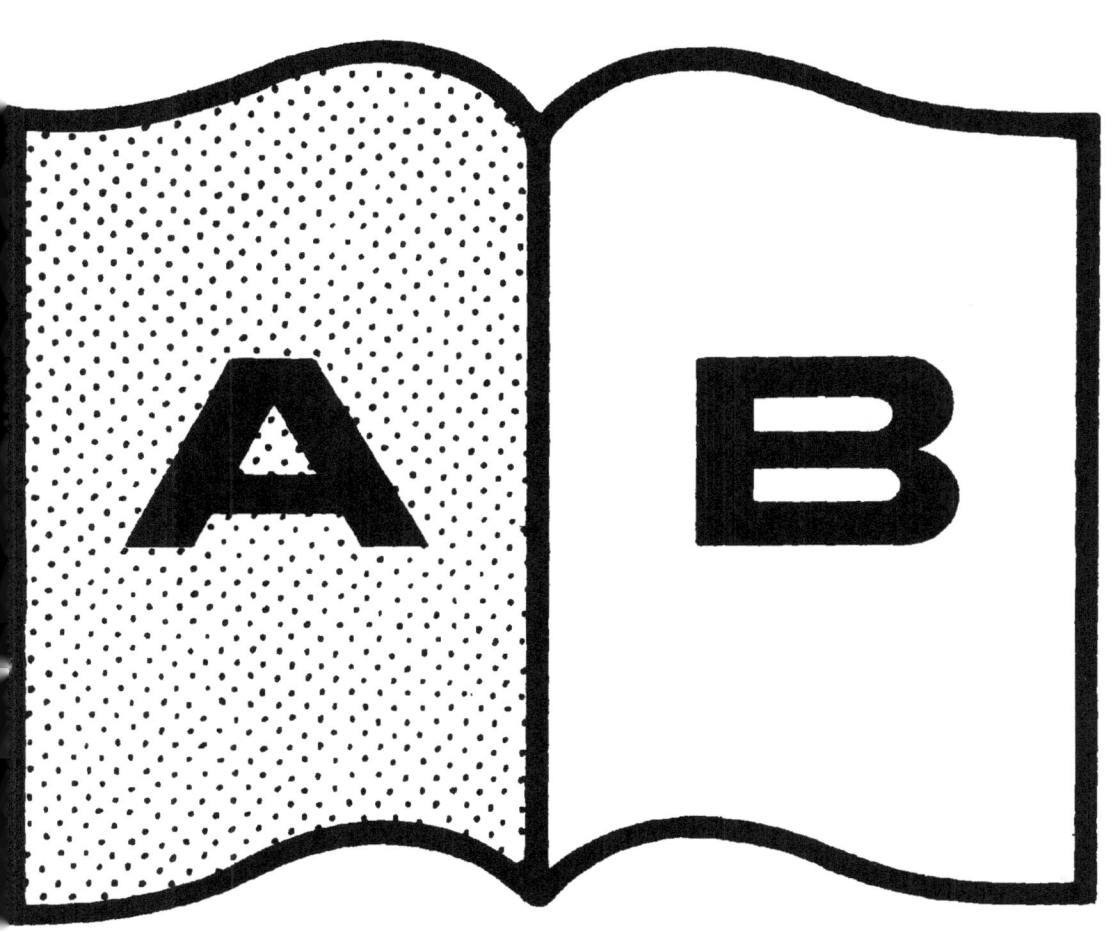

Contraste insuffisant

NF Z 43-120-14

www.ingramcontent.com/pod-product-compliance
Lightning Source LLC
Chambersburg PA
CBHW061951300426
44117CB00010B/1301